CHEZ NOUS

CHEZ NOUS

BRANCHÉ SUR LE MONDE FRANCOPHONE

SECOND EDITION

Albert Valdman
INDIANA UNIVERSITY

Cathy Pons
UNIVERSITY OF NORTH CAROLINA, ASHEVILLE

Mary Ellen Scullen
UNIVERSITY OF MARYLAND, COLLEGE PARK

Sarah Jourdain
STATE UNIVERSITY OF NEW YORK, STONY BROOK

Upper Saddle River, New Jersey 07458

Library of Congress Cataloging-in-Publication Data

Chez nous: branché sur le monde francophone / Albert Valdman ... [et al.].-- 2nd ed.
p. cm.
Rev. ed of: Chez nous / Albert Valdman. 1997.
Includes index.
ISBN 0-13-091894-6 (alk. paper)
1. French language--Textbooks for foreign speakers--English I. Valdman, Albert. II Valdman, Albert. Chez nous.

PC2129.ES V3 2001
448.2'421--dc21

2001036300

Publisher: *Phil Miller*
Editorial/Production Supervision: *Nancy Stevenson*
Editorial Assistant: *Meghan Barnes*
Development Editor: *Barbara Lyons*
VP, Director of Production and Manufacturing: *Barbara Kittle*
Executive Managing Editor: *Ann Marie McCarthy*
Marketing Manager: *Stacy Best*
Prepress and Manufacturing Manager: *Nick Sklitsis*
Prepress and Manufacturing Buyer: *Tricia Kenny*
Creative Design Director: *Leslie Osher*
Senior Art Director: *Ximena Tamvakopoulos*
Interior and Cover Design: *Anne DeMarinis*
Photo Researcher: *Francelle Carapetyan*
Interior Image Specialist: *Beth Boyd*
Manager, Rights & Permissions: *Kay Dellosa*
Director, Image Resource Center: *Melinda Reo*
Formatting and Art Manager: *Guy Ruggiero*
Illustrator: *Steven Mannion*

Photo Acknowledgments appear on p. A53,
which constitute a continuation of the copyright page.

This book was set in 10.5/13 Times Roman by TSI Graphics
and was printed and bound by World Color. The cover was printed by
Phoenix Color Corp.

Printed in the United States of America
10 9 8 7 6 5 4

ISBN 0-13-091894-6

Pearson Education LTD., *London*
Pearson Education Australia PTY, Limited, *Sydney*
Pearson Education Singapore, Pte. Ltd
Pearson Education North Asia Ltd, *Hong Kong*
Pearson Education Canada, Ltd., *Toronto*
Pearson Educación de Mexico, S.A. de C.V.
Pearson Education—Japan, *Tokyo*
Pearson Education Malaysia, Pte. Ltd
Pearson Education, *Upper Saddle River,* New Jersey

BRIEF CONTENTS

SCOPE AND SEQUENCE

COMMUNICATIVE CONTEXTS	LANGUAGE TOOLS	CULTURE AND LANGUAGE SKILLS
• Moi, je parle français	• Les pronoms sujets et le verbe *être*	**ÉCLAIRAGES** Tu et vous; Bonjour, madame; Se serrer la main, faire la bise **LISONS** Des adresses en francophonie
• La salle de classe	**1.** Identification: *voilà, il y a* **2.** Le genre et les articles au singulier	**ÉCLAIRAGES** Merci **LISONS** C'est bientôt la rentrée
• Quelle est la date?	**1.** Le nombre; les articles au pluriel **2.** Les pronoms disjoints L'alphabet et les accents	**ÉCLAIRAGES** Le calendrier: Bon anniversaire et bonne fête!; Je m'appelle... **ÉCOUTONS** Des francophones bien connus
		PARLONS Qui parle français? **LISONS** Titres de journaux **ÉCOUTONS** Je me présente **ÉCRIVONS** Voyages en francophonie
• Ma famille	**1.** Les adjectifs possessifs au singulier **2.** Les adjectifs invariables Les modes articulatoires du français: la tension	**ÉCLAIRAGES** La famille en France; Les animaux familiers **LISONS** Faire-parts de mariage
• Ils ont quel âge?	**1.** Le verbe *avoir* **2.** Les adjectifs possessifs au pluriel La prononciation des chiffres	**ÉCLAIRAGES** La Securité sociale **PARLONS** Ma famille
• Une semaine typique	**1.** Le présent des verbes en *-er* et la négation **2.** Les questions	**ÉCOUTONS** Le répondeur
		ÉCLAIRAGES CULTURELS Pourquoi est-ce qu'on parle français en Louisiane?; Pourquoi est-ce que l'état s'appelle «La Louisiane»? **PARLONS** Ton nom, c'est quoi? **ÉCRIVONS** Une famille lousianaise **LISONS** Schizophrénie linguistique (par B. Ancelet) **ÉCOUTONS** La musique des Cadiens

SCOPE AND SEQUENCE

COMMUNICATIVE CONTEXTS	LANGUAGE TOOLS	CULTURE AND LANGUAGE SKILLS
• Elles sont comment?	**1.** Les adjectifs variables **2.** Les adverbes interrogatifs La détente des consonnes finales	**ÉCLAIRAGES** Mon ami; Les amis **LISONS** Des annonces personnelles
• Qu'est-ce qu'on fait ce week-end?	**1.** Les verbes comme *préférer* et l'emploi de l'infinitif **2.** Les prépositions *à* et *de* Les voyelles /e/ et /ɛ/	**ÉCLAIRAGES** La fête de la musique; Les loisirs des Français **ÉCRIVONS** Une lettre d'introduction
• Sur campus	**1.** Le verbe *aller* et le futur proche **2.** L'impératif	**ÉCLAIRAGES** Le campus de l'université française; Les activités des étudiants **PARLONS** Jouons ensemble
		ÉCLAIRAGES CULTURELS Les sports dans le monde francophone **ÉCRIVONS** Les événements sportifs en France **PARLONS** On y va! **LISONS** Les éléphants séquestrés **ÉCOUTONS** Des portraits d'athlètes
• Des programmes d'études et des cours	**1.** Les adjectifs prénominaux **2.** Expressions de durée avec *depuis* et *il y a ... que* Les voyelles /o/ et /ɔ/	**ÉCLAIRAGES** Les universités de Montréal; L'université française **ÉCOUTONS** Une soirée bien remplie
• Qu'est-ce que vous voulez faire comme travail?	**1.** *C'est* et *il est* **2.** Les verbes *devoir, pouvoir* et *vouloir* L'enchaînement et la liaison	**ÉCLAIRAGES** La féminisation des noms de professions; Les femmes dans la société française **LISONS** Petites annonces
• Un petit job pour l'été	**1.** Les verbes en *-re* **2.** La modalité: *devoir, pouvoir* et *vouloir* au conditionnel	**ÉCLAIRAGES** Les étudiants et le travail; L'argent **PARLONS** Chez la conseillère/le conseiller d'orientation
		ÉCLAIRAGES CULTURELS Les francophones au Canada **ÉCOUTONS** Un peu d'histoire **PARLONS** Une langue bien de chez nous **LISONS** Le français au Québec **ÉCRIVONS** Les universités au Canada

SCOPE AND SEQUENCE

CHAPITRE	LEÇON	LANGUAGE USE
5 *Métro, boulot, dodo* 160	1 La routine de la journée 161	• Talking about your daily routine
	2 À quelle heure? 173	• Telling time • Making comparisons
	3 Qu'est-ce qu'on porte? 183	• Describing clothing
	Venez chez nous! La mode dans le monde francophone 196	
6 *Activités par tous les temps* 206	1 Il fait quel temps? 207	• Talking about the weather • Telling about past actions or events
	2 Vive les vacances! 220	• Talking about everyday activities • Asking questions
	3 Je vous invite 231	• Extending, accepting, and refusing invitations
	Venez chez nous! Les vacances des Français 240	

COMMUNICATIVE CONTEXTS	LANGUAGE TOOLS	CULTURE AND LANGUAGE SKILLS
• La routine du matin	1. Les verbes pronominaux et les pronoms réfléchis 2. Les adverbes: intensité, fréquence, quantité La voyelle /y/	**ÉCLAIRAGES** Métro, boulot, dodo; À quel étage? **ÉCRIVONS** La personne idéale
• Je n'arrête pas de courir!	1. Les verbes en *-ir* comme *dormir, sortir, partir* 2. Le comparatif des adverbes	**ÉCLAIRAGES** Le système des 24 heures; Les séances de cinéma **PARLONS** La journée typique
• Les vêtements et les couleurs	1. Les verbes comme *acheter* et *appeler* 2. La comparatif des adjectifs Les voyelles /ø/ et /œ/	**ÉCLAIRAGES** Le «look» des jeunes Français; Les compliments **LISONS** Quand les filles rhabillent leurs mères
		ÉCLAIRAGES CULTURELS La mode vestimentaire; La haute couture en Afrique **PARLONS** La haute couture **LISONS** Une interview avec Fatou Ndene Ndiaye **ÉCOUTONS** Dans la boutique d'Oumou Sy **ÉCRIVONS** Une comparaison
• Le temps par toutes les saisons	1. The verb *mettre* 2. Le passé composé avec *avoir* Les voyelles nasales	**ÉCLAIRAGES** Mesurer la température; Dictons **LISONS** Aller aux mûres (par P. Delerme)
• Des activités par tous les temps	1. Le verbe *faire* 2. Les questions avec les pronoms interrogatifs: *qui, que, quoi* Les voyelles nasales et les voyelles orales plus consonne nasale	**ÉCLAIRAGES** La vacances des Français **ÉCRIVONS** Une carte postale
• Qu'est-ce qu'on propose?	1. Le passé composé avec *être* 2. La modalité	**ÉCLAIRAGES** Les pratiques culturelles **PARLONS** Les invitations
		ÉCLAIRAGES CULTURELS Les D.O.M.–T.O.M. **LISONS** Martinique: Guide pratique **PARLONS** Tableaux de Gauguin **ÉCOUTONS** Les touristes perdus **ÉCRIVONS** Visite à la Réunion

SCOPE AND SEQUENCE

COMMUNICATIVE CONTEXTS	LANGUAGE TOOLS	CULTURE AND LANGUAGE SKILLS
• Au café	**1.** Les verbes *prendre* et *boire* **2.** L'article partitif La prononciation de la lettre *e*	**ÉCLAIRAGES** Le café; Service compris **LISONS** Déjeuner du matin (par J. Prévert)
• Les repas	**1.** Les verbes en *-ir* comme *finir* **2.** Les pronoms compléments d'objet direct: *le, la, l', les* Le *h* aspiré et le *h* muet	**ÉCLAIRAGES** Le déjeuner; Le dîner; Un repas pour les invités **PARLONS** Un dîner au restaurant
• Allons au supermarché	**1.** Les expressions de quantité **2.** Le pronom partitif *en*	**ÉCLAIRAGES** Les petits commerçants et les grandes surfaces; Les marchés **ÉCRIVONS** Vos habitudes alimentaires
		ÉCLAIRAGES CULTURELS L'origine des plats régionaux; Le couscous: une nouvelle spécialité française **PARLONS** Les plats régionaux **ÉCOUTONS** La salade niçoise à la radio **LISONS** Une recette pour le couscous **ÉCRIVONS** Les spécialités de chez vous
• Chez les Santini	**1.** L'adjectif démonstratif **2.** Les pronoms compléments d'objet indirect *lui* et *leur* La consonne *l*	**ÉCLAIRAGES** Où habitent les Français?; Les cités des banlieues **ÉCOUTONS** Deux appartements
• Chez Christelle	**1.** Le superlatif **2.** Les pronoms compléments d'objet *me, te, nous, vous* La consonne *r*	**PARLONS** À la recherche d'un appartement
• Tout près de la nature	**1.** Faire des suggestions avec l'imparfait **2.** L'imparfait: la description au passé	**ÉCLAIRAGES** Les résidences secondaires; Le retour à la campagne **LISONS** Quand j'étais toute petite (par J.M.G. Le Clézio)
		ÉCLAIRAGES CULTURELS Le mythe de l'hexagone; Les régions et les langues de France **LISONS** Dîner en chaussons? Méfiez-vous! **ÉCOUTONS** Découvrir la France **ÉCRIVONS** La région de... **PARLONS** Un voyage en France

SCOPE AND SEQUENCE

CHAPITRE	LEÇON	LANGUAGE USE
9 *Les relations personnelles* 330	1 **Les jeunes et la vie 331**	• Reporting what others say and write • Expressing opinions
	2 **Les grands événements de la vie 342**	• Describing and narrating past events
	3 **Les émotions 352**	• Expressing emotions
	Venez chez nous! **Les rituels dans le monde francophone 363**	
10 *Voyageons!* 372	1 **Projets de voyage 373**	• Describing future plans
	2 **Destinations 384**	• Making travel plans
	3 **Faisons du tourisme! 392**	• Asking for directions • Describing places and peoples
	Venez chez nous! **Paris, ville lumiére 402**	

COMMUNICATIVE CONTEXTS	LANGUAGE TOOLS	CULTURE AND LANGUAGE SKILLS
• Les jeunes parlent	1. Les verbes de communication *écrire, lire* et *dire* 2. La conjonction *que*	**ÉCLAIRAGES** La famille à la carte; Le langage des jeunes **LISONS** Vivement le dimanche!
• Les grands événements	1. L'imparfait et le passé composé 2. Imparfait et passé composé: description et narration La semi-voyelle /j/	**ÉCLAIRAGES** Les fêtes religieuses et officielles **ÉCOUTONS** Lise parle avec sa mère
• Pour exprimer les sentiments et les émotions	1. Les verbes pronominaux idiomatiques 2. Les verbes *connaître* et *savoir* Les semi-voyelles /w/ et /ɥ/	**ÉCLAIRAGES** Les Français s'expriment **ÉCRIVONS** Un souvenir marquant
		ÉCLAIRAGES CULTURELS Le rituel du baptême en France; Les rituels du mariage dans le monde francophone; Le Ramadan dans la culture musulmane **ÉCOUTONS** Le baptême de mon neveu **LISONS** Le rite de la circoncision en Haute Guinée (par C. Laye) **PARLONS** Le mariage **ÉCRIVONS** Souvenir d'un rituel dans votre culture
• Comment y aller?	1. Le futur 2. Le pronom *y* La liaison obligatoire	**ÉCLAIRAGES** Voyager en train en France **ÉCOUTONS** Laure téléphone à Air France
• Vous êtes de quel pays?	1. Les prépositions avec les noms de lieu 2. Le verbe *venir* La liaison avec *t*, *n* et *r*	**PARLONS** Un voyage
• Pardon, monsieur...	1. Les pronoms relatifs *où* et *qui* 2. Le pronom relatif *que*	**ÉCLAIRAGES** Où loger?; La Touraine et la ville de Tours **LISONS** Voyage à New York (par A. Camus)
		ÉCLAIRAGES CULTURELS Paris, ville lumière **ÉCOUTONS** À bord d'un bateau-mouche **PARLONS** La visite d'un monument **LISONS** Premières impressions de Paris (par Montesquieu) **ÉCRIVONS** Des Américains à Paris

SCOPE AND SEQUENCE

CHAPITRE	LEÇON	LANGUAGE USE
11 *La santé et le bien-être* 410	1 La santé 411	• Describing illnesses • Giving advice
	2 Pour rester en forme 421	• Discussing health and well-being
	3 Sauvons la Terre et la forêt 431	• Discussing environmental concerns
	Venez chez nous! L'Écologie dans le monde francophone 439	
12 *Quoi de neuf?cinéma et media* 446	1 Le grand et le petit écran 447	• Expressing opinions about the media • Expressing hypothetical or conjectural events
	2 On se renseigne 461	• Ordering events
	3 Êtes-vous branché? 470	• Expressing simultaneous events
	Venez chez nous! Le cinéma dans le monde francophone 478	

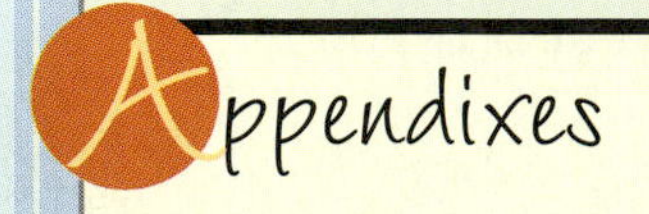

COMMUNICATIVE CONTEXTS	LANGUAGE TOOLS	CULTURE AND LANGUAGE SKILLS
• Le corps humain et les maladies	1. Les expressions de nécessité 2. Le subjonctif des verbes réguliers Les consonnes/s/ et /z/	ÉCLAIRAGES La médecine en France LISONS Le malade imaginaire (par Molière)
• Santé physique et mentale	1. Le subjonctif des verbes irréguliers 2. Le subjonctif avec les expressions de volonté et d'émotion La consonne *gn*	ÉCLAIRAGES La santé et les Français ÉCOUTONS Au cabinet du Dr Gabriel
• Pour protéger l'environnement	• Le subjonctif avec les expressions de doute	ÉCLAIRAGES La nuisance du bruit; L'écotourisme PARLONS Le mot caché
		ÉCLAIRAGES CULTURELS L'écologie dans le monde francophone ÉCOUTONS Une enquête auprès de «l'homme et la femme de la rue» PARLONS Les problèmes écologiques et leurs solutions LISONS L'arbre nourricier ÉCRIVONS Une brochure
• Qu'est-ce qu'il y a à la télé?	1. Les verbes *croire* et *voir* 2. Le conditionnel Le *e* instable et les groupes de consonnes	ÉCLAIRAGES La télévision en France LISONS Les français font leur cinéma (Truffaut)
• La lecture et vous	1. L'ordre des événements 2. Les combinaisons de pronoms compléments d'objet Le *e* instable et les groupes consonnes + /j/	ÉCLAIRAGES La presse française PARLONS Romans et magazines américains
• Les autoroutes de l'information	L'emploi des temps avec certaines conjonctions	ÉCLAIRAGES Le Minitel et l'Internet; Le nouveau vocabulaire de l'Internet ÉCRIVONS Répondre au forum
		ÉCLAIRAGES CULTURELS Les festivals internationaux du film ÉCOUTONS Le Gala des Jutras LISONS Un entretien avec Mamady Sidibé ÉCRIVONS La critique d'un film PARLONS Les films français aux États-Unis

APPENDIX 4 Lexique français-anglais APPENDIX 5 Lexique anglais-français APPENDIX 6 IPA chart

PREFACE

CHEZ NOUS, SECOND EDITION, is a complete introductory French program designed for use at colleges and universities over two or three semesters. Within an expansive cultural perspective that embraces metropolitan France and the Francophone world,* the Second Edition of **CHEZ NOUS** offers a thematically organized and highly integrative treatment of Francophone language and culture combined with the best current innovations in foreign language teaching: a functional approach to the teaching of grammar; an emphasis on the spoken language; the use of a wide array of authentic materials to convey the cultural context and develop language skills; and an emphasis on a process approach to skills development. Using a careful progression from skill-getting to skill-using activities and a mature treatment of Francophone culture, the text and its full complement of supplementary materials—including technology-based components—help students develop listening, reading, speaking, and writing skills as well as insights into other cultures by exposing them to authentic, contemporary French and encouraging them to express themselves on a variety of topics.

CHEZ NOUS, SECOND EDITION, is distinguished by the following features:

- integration of lexical and grammatical content within culturally authentic contexts
- nuanced cultural presentations encompassing the breadth and richness of the Francophone world
- emphasis on authentic materials and tasks
- process orientation to skills development
- richly varied opportunities for classroom practice
- a cyclical syllabus
- innovative treatment of pronunciation

*We recognize that the terms "Francophone" and "la francophonie" have been the subject of much scholarly debate. In our subtitle and throughout this text, we have used the terms in a strictly linguistic sense to designate people who speak French as well as countries and regions where French is spoken.

Features of Chez nous, Second Edition

Integration of lexical and grammatical content within culturally authentic contexts

A new chapter structure comprises three thematically interrelated lessons that closely integrate the presentation of lexical and grammatical content within interesting and culturally authentic contexts. A culminating fourth lesson, **Venez chez nous!**, provides expansion activities within a broader cultural framework related to the chapter theme.

- Richly illustrated presentations convey the cultural connotations of vocabulary words and expressions and provide authentic models of discourse. Newly revised cultural notes expand on the presentations and encourage active student input and cross-cultural comparisons.

- Each lesson's cultural context is reflected and reinforced in the treatment of grammar. Topics are determined by the functional and communicative needs suggested by the lesson theme. Practice activities recycle the key vocabulary of the lesson through a sequence of meaningful activities leading to self-expression.

Nuanced cultural presentations encompassing the breadth and richness of the Francophone world

More than any other program, **CHEZ NOUS, SECOND EDITION,** leads students to a deeper analysis and understanding of the diverse cultures of France and the French-speaking world.

- The revised cultural notes **(Éclairages)** are now accompanied by activities that encourage students to make cross-cultural comparisons or to use the vocabulary and structures they have just learned to explore the cultural content of the lesson.

- The cultural and thematic presentation of each chapter culminates in **Venez chez nous!**, an innovative fourth lesson that provides an in-depth and intellectually stimulating look at the chapter theme in the Francophone context. A rich pedagogical apparatus provides students with opportunities to develop further language skills while exploring the cultural topic and making cross-cultural comparisons.

Emphasis on authentic materials and tasks

The Second Edition includes an even wider variety of authentic texts, such as literary texts and other examples of authentic discourse, as the basis for listening and reading practice. Students' writing and speaking skills are developed through carefully sequenced activities leading to self-expression.

- Listening activities and models for speaking reflect the everyday language of young people.
- Varied readings and writing tasks help students develop an awareness of appropriate style.
- An increased number of literary texts expose students to many periods, genres, and well-known Francophone writers. Folk tales, proverbs, and counting rhymes further enrich the cultural content.

Process orientation to skills development

Better than any other French textbook currently on the market, the Second Edition of **CHEZ NOUS** takes a process approach to the development of strategies for reading, listening, speaking, and writing.

- **Receptive skills** (listening and reading) are developed using authentic materials that are just beyond the students' productive skill level. Preview and follow-up activities provide or activate background knowledge, introduce comprehension strategies, allow students to derive main ideas or specific details from what they hear or read, and encourage them to reflect on what they have read or heard. While some glossing is provided for essential words in the texts, it is expected that the instructor will work with students to develop necessary skills for deriving meaning in context.
- **Productive skills** (speaking and writing) are practiced via sequenced activities that emphasize authentic tasks and audiences as well as a process approach. Students gradually become proficient at carrying out a wide variety of communicative tasks.

Richly varied opportunities for classroom practice

Throughout **CHEZ NOUS, SECOND EDITION**, a wealth of classroom-tested activities provides ample practice of new lexical and grammatical features. Practice always follows a careful sequence from form-focused to meaning-focused activities, and many well-developed activities for pairs, small groups, and whole class participation are provided. Detailed marginal annotations explain how to carry out these activities and offer additional ideas for classroom use.

A cyclical syllabus

Use of a cyclical syllabus allows the instructor to focus on frequent, simpler language features first. This also allows complex structures—such as adjectives or the **passé composé**—to be presented, reviewed, and expanded upon gradually in a variety of contexts.

Innovative treatment of pronunciation

CHEZ NOUS, SECOND EDITION, surpasses all other foreign-language programs in its treatment of pronunciation. Presentations are thorough yet concise and highly student friendly. They are complemented by well-thought-out opportunities for practice.

- Pronunciation features are linked to the teaching of grammar and vocabulary.
- Explanations show how sound and intonation contrasts lead to differences in meaning and how French pronunciation is different from English.
- Notes include practical hints for improving pronunciation and spelling.

Organization of the textbook

CHEZ NOUS, SECOND EDITION, consists of twelve chapters, each of which is built around a cultural theme that is introduced by informative photographs, line drawings, and realia. The new, user-friendly organization in the Second Edition divides each chapter into three lessons that pair lexical and grammar presentations, concluding with a fourth lesson, the **Venez chez nous!** cultural magazine. All chapters contain extensive marginal annotations with ideas for presenting and practicing the material. A typical lesson includes the following components:

POINTS DE DÉPART. Reflecting the chapter theme, this opening section presents situationally oriented vocabulary through varied and appealing visuals and exchanges representing authentic everyday contexts. Grammar points from the related **Formes et fonctions** presentations are illustrated in these sections without requiring students to manipulate the new structures. The **Points de départ** section includes extensive cultural notes **(Éclairages)** written first in English, then (beginning in Chapter 7) in French, that elaborate on cultural references made in the vocabulary presentation and encourage students to make cross-cultural comparisons. Each **Points de départ** section offers a sequence of activities **(À vous la parole)** to be used in class to provide meaningful and personalized practice of the words and expressions through whole-class, paired, and small-group activities.

SONS ET LETTRES. This section presents the main phonetic features and sound contrasts of French. It emphasizes the sound contrasts that determine differences in meaning, the major differences between French and English, and the relationship between sounds and spellings. Discrimination and oral practice exercises found in the text **(À vous la parole)** are also recorded on the student audio CD packaged with the textbook.

FORMES ET FONCTIONS. Clearly written grammar explanations in English focus on authentic usage and point out features of the spoken versus the written language. Numerous examples are provided and, where appropriate, color-coded charts summarize the forms. Similarly, verb conjugations are illustrated in charts whose color shadings indicate the number of spoken forms and show how forms are derived from the base. For example, for **finir,** an arrow indicates that **finiss-,** from **ils/elles finissent,** is the base form. First and second person plural forms are derived by adding **-ons** /õ/ and **-ez** /e/. The singular forms, with identical pronunciation, are produced by deleting the final consonant of the base: **finiss-** /finis/ which becomes **fini-** /fini/. The **Formes et fonctions** section also includes class-friendly exercises that provide a full range of practice—from form-based to meaningful and personalized activities—incorporating the theme and the vocabulary of the lesson **(À vous la parole).** Icons clearly indicate pair and small-group or whole-class activities.

LISONS, ÉCOUTONS, PARLONS, OR ÉCRIVONS. Each lesson concludes with one of these activities, allowing students to put into practice the vocabulary, grammar, and cultural knowledge acquired in the lesson. Through work with an authentic text or task in a reading, listening, speaking, or writing activity, students are guided in their development of these receptive and productive skills.

The following features can be found at the end of each chapter:

VENEZ CHEZ NOUS! These newly revised and expanded cultural magazines allow students to explore the chapter theme in depth as it relates to a particular Francophone region or regions. Every cultural magazine now includes substantive process-oriented activities that promote development of all four skills while encouraging cultural analysis and cross-cultural comparisons.

VOCABULAIRE. This section summarizes the key vocabulary targeted for students' productive use. Words and phrases are grouped semantically by lesson and English equivalents are provided.

These features can be found at the end of the text:

APPENDIXES. Included are presentations of the **plus-que-parfait** and the **passé du conditionnel,** a series of colorful updated **maps, verb charts** for regular and irregular verbs, the **International Phonetic Alphabet** with key words, **French-English** and **English-French vocabularies,** and an **index** of grammar, vocabulary, and cultural topics found in the book.

MAPS. A series of colorful updated maps on the front and back endpapers provides a glimpse of the geography of France and the Francophone world.

Other Program Components

Outstanding revised ancillaries provide additional opportunities for practicing lexical and grammatical features while extending the breadth and depth of the cultural presentation and the introduction to the Francophone world. Expanded electronic ancillaries extend the Second Edition's pedagogical and cultural presentations in interesting, creative ways through an updated video program, a student audio CD, a CD-ROM, and a sophisticated website that provides additional opportunities for practice and carefully researched links that broaden students' access to information about the Francophone world.

CD-ROM. The CD-ROM accompanying the Second Edition of **CHEZ NOUS** offers interactive practice of the lexical and grammatical topics treated in each chapter, carefully structured opportunities for extended writing practice, motivating game activities, and video clips that provide models for authentic interaction and student production.

CHEZ NOUS WEBSITE. Each chapter in the website is built to correspond directly to each chapter in the main text, and includes grammar and vocabulary practice exercises, which can be graded automatically. Additionally, the **CHEZ NOUS** website provides link-based activities that offer opportunities for linguistic and cultural learning.

WORKBOOK/LAB MANUAL. Workbook exercises provide meaningful and communicative practice of the vocabulary and structures introduced in each chapter and additional skill-using activities. Each workbook chapter concludes with a **Venez chez nous!** section that is closely tied to the chapter theme, allowing students to delve deeper into the cultural focus of the textbook **Venez chez nous!** section through guided web-based activities. The laboratory exercises provide listening practice that progresses from comprehension only to production, based on what students hear. The exercises stress authentic speech and real-life tasks. Correction guides for the laboratory exercises are included in the student manual so that students can self-correct their work.

INSTRUCTOR'S RESOURCE MANUAL AND TAPESCRIPT. Included in the manual is a more extensive introduction to the components of the **CHEZ NOUS, SECOND EDITION**, program. Sample syllabi for semester courses are outlined, along with sample lesson plans. A unique feature of this instructor's manual is its cultural annotations, which provide further information about topics introduced in the textbook. The manual also provides the tapescript for the audio program and the answer key for the self-correcting exercises in the workbook.

TESTING PROGRAM. A complete testing program includes quizzes, chapter tests, and comprehensive examinations that test listening, reading, and writing skills as well as cultural knowledge. Special format exams that test listening and speaking skills are also included. For all examinations in the testing program, detailed grading guidelines are provided.

COMPUTERIZED TESTING PROGRAM. The printed Testing Program is available on disk in PC and Mac formats for use in creating quizzes and tests.

TRANSPARENCY SET. A set of fifty full-color transparencies is included for classroom use in presentation and practice. Transparencies are coded and marginal notes in the Annotated Instructor's Edition indicate clearly where each transparency can be used. In addition to illustrating the vocabulary from the **Points de départ** sections, transparencies are often included to allow instructors to complete practice activities from the textbook based on line art, without obliging students to open their textbooks in class.

VIDEOTAPE PROGRAM. The Second Edition of the **CHEZ NOUS** video program includes authentic clips that are thematically linked to the topics in each chapter. The video is accompanied by a video activities manual that takes a process-oriented approach to the development of viewing skills.

To the Student

Why did you choose to study French? Most students of French wish to develop basic language skills that they can put to practical use and to learn about how the lives of French-speaking peoples compare to their own. The

CHEZ NOUS, SECOND EDITION, program is designed to help you meet those goals. Specifically, with the aid of this textbook and the accompanying materials, you can expect to accomplish the following:

- You will come to know many features of everyday culture and civilization in France and in the three dozen countries where French is spoken. You will have the opportunity to reflect on how your life in the North American context and your values compare with those of French speakers across the globe.
- You should be able to speak French well enough to get around in a country where French is spoken. You should be able to greet people, ask for directions, cope with everyday needs, give basic information about yourself, and talk about things that are important to you: your family and friends, your activities, and your studies, for example. You should also be able to assist French-speaking visitors in this country.
- You should understand French well enough to get the main ideas and some details from a news broadcast, lecture, or conversation that you hear, and you should understand French speakers quite well when they speak slowly about topics with which you are familiar.
- You should be able to read French websites as well as newspaper and magazine articles dealing with current events or other familiar topics. With the help of a dictionary, you should be able to read more specialized material in your field of interest.
- You should be able to write French well enough to fill out forms, take notes, and write messages and letters for various purposes.
- Finally, you will gain an understanding of the structure of the French language: its pronunciation, grammar, and vocabulary. You will also gain insight into how languages function in societies. These insights may even help you to understand your native language better!

Assuring your success

Whether or not you have already studied French, you bring some knowledge of that language to your study. Many words of French origin are used in English (**soufflé, croissant, détente,** and **diplomat,** for example). You also bring to the study of French your knowledge of the world in general and of specific events, which you can use to predict what you will read or hear. You can use your knowledge of a particular topic, as well as accompanying photos or titles, to predict what will come next. Finally, the reading and listening skills you have learned for your native language will also prove useful as you study a foreign language.

Many of the materials found in **CHEZ NOUS, SECOND EDITION,** will seem challenging to you because you will not be able to understand every word you hear or read. That is to be expected; the readings in the textbook were originally written for native speakers, and listening exercises approximate native speech. So the language used in **CHEZ NOUS, SECOND EDITION,** is real, and the topics current. You should use your background knowledge and prediction skills to make intelligent guesses about what you are hearing and reading. In this way, you can get the main ideas and some details, a good first step toward real communication in a foreign language.

Since access to native French speakers is limited in most parts of the United States, the classroom offers an important opportunity for you to practice your listening and speaking skills. Unless your instructor indicates otherwise, keep your book closed. Since what you are learning is explained in the textbook, you will not need to take notes during class. Instead, it is important that you *participate* as much as possible in classroom activities. Adequate preparation is the key to success. Prepare each lesson as directed by your instructor before going to class. Be sure to complete assignments given by your instructor and review on a regular basis, not just before an exam.

Using your textbook to prepare for class

CHEZ NOUS, SECOND EDITION, is made up of twelve chapters, each organized around a cultural theme that you are likely to encounter when you come into contact with native French speakers. Each chapter is made up of three lessons that expand on this cultural theme. Each lesson includes the following sections:

The section called **Points de départ** provides a "point of departure" for the lesson by presenting vocabulary related to the chapter theme. The meaning of new words is conveyed through the use of art, photos, realia, dialogues, or brief descriptions in French. You should learn both the written and spoken forms of these words and expressions, so that you can use them in your own speech and writing. Look over the exercises found under **À vous la parole;** many of these will be used in class. Your instructor may also assign additional practice from the Workbook/Lab Manual.

Éclairages are designed to "shed light" on cultural references made in the textbook. Language cannot be separated from the culture of its speakers, and the readings and activities in **CHEZ NOUS, SECOND EDITION,** provide a cultural context for your study of French.

Sons et lettres, "sounds and letters," focuses on important pronunciation features of French and differences between French and English. This section also provides guidance in spelling French words. Exercises in the Lab Manual and on the Student audio CD help you to first recognize, then produce, the French sounds.

Each lesson includes grammar points called **Formes et fonctions.** The forms taught can be combined with the lesson vocabulary to carry out specific functions or tasks, for example, asking questions or ordering something to eat or drink. Read over the explanation in English and study the examples. Often a color-coded chart will summarize forms. Look for similarities with other structures you have already learned. Some new vocabulary may be found in these sections, for example, a list of verbs or negative expressions. Practice some of the textbook exercises; these may be used in class. Once the material has been practiced in class, your instructor may assign additional exercises from the Workbook/Lab Manual. Although most of the features presented in **Formes et fonctions** should be incorporated into your own speech and writing, some may be presented for recognition only—that is, you should recognize and understand these forms when you hear them or read them. Your instructor will indicate when this is the case.

The last section in each lesson is designed to allow you to put into practice the vocabulary, grammar, and cultural knowledge you have acquired in this and earlier lessons. Through the exercises called **Lisons, Écoutons, Parlons,** and **Écrivons,** you use your reading, listening, speaking, and writing skills to communicate with your instructor and with other class members.

At the end of each chapter you will find a colorful cultural magazine that allows you to examine the chapter theme in depth as it relates to the Francophone world. You will have further opportunities to develop your language skills while exploring the cultural topic and making cross-cultural comparisons.

You will also want to familiarize yourself with the sections of your textbook designed to give you special help. Each chapter ends with a **Vocabulaire,** a list of the vocabulary that you should be able to use in your own speech and writing. For each lesson, the words are grouped by meaning and English equivalents are provided. The appendixes of **CHEZ NOUS, SECOND EDITION,** include verb conjugations for both regular and irregular verbs and a guide to pronunciation that uses key words and phonetic symbols. Colorful maps of France and the Francophone world are provided on the front and back endpapers of the text. The **Lexique** found at the end of the book allows you to look up a word in French or in English and find its equivalent in the other language. For productive vocabulary (words presented in the chapters that you should be able to use in your speech or writing), chapter and lesson numbers indicate where a particular word or expression was first introduced. You will also find receptive vocabulary (words used in readings, in directions, or in the **Éclairages** sections that you should be able to recognize or guess from context). Finally, the **Index** lists vocabulary, grammar, and cultural topics alphabetically so that you can easily find the section you wish to read or review. **CHEZ NOUS, SECOND EDITION,** and its accompanying materials will provide you with opportunities to develop your French language skills—listening, reading, speaking, and writing—by exposing you to authentic French and encouraging you to express yourself on a variety of topics. It will also introduce you to Francophone cultures around the world and invite you to reflect on your own culture. As you begin this endeavor, we wish you **"Bon courage!"**

ACKNOWLEDGMENTS

The publication of the Second Edition of **CHEZ NOUS** represents the culmination of two years of planning, field-testing, and fine-tuning to which many instructors and students have contributed. We wish to thank our colleagues and students for their participation in this process, for their comments, and for their encouragement.

We extend our sincere thanks and appreciation to the following colleagues who reviewed the manuscript at various stages of development. We gratefully acknowledge their participation and candor.

Susanne Akins, *San Antonio College*

Joseph L. Allaire, *Florida State University*

Lisa Bansen-Harp, *University of Pittsburgh*

Anne L. Birberick, *Northern Illinois University*

Patricia Brand, *University of Colorado at Boulder*

Shelli Bruce, *University of North Texas*

Suzanne Chamier, *Southwestern University*

Kathleen Comfort, *University of Missouri–Columbia*

Steven Daniell, *Auburn University, Montgomery*

Laurent C. Dechery, *Gustavus Adolfus College*

Brigitte Delzell, *Louisiana State University*

Annie Duménil, *University of South Carolina*

Dennis F. Essar, *Brock University*

Cynthia A. Fox, *SUNY-Albany*

Barbara Gillette, *University of Delaware*

Joan Grenier-Winther, *Washington State University*

Yvette A. Guillemin Young, *University of Wisconsin–Oshkosh*

Elizabeth M. Guthrie, *University of California–Irvine*

Stanley Hamilton, *Bridgewater State College*

Karen Harrington, *East Tennessee State University*

Ellen Hofman, *Highline Community College*

John W. Howland, *Oklahoma State University*

Hannelore Jarausch, *University of North Carolina at Chapel Hill*

Gilles Labrie, *Central Michigan University*

Natalie Lefkowitz, *Western Washington University*

Hélene Lowe-Dupas, *Southern Illinois University*

Virginia M. Marino, *University of New Orleans*

Florence Martin, *Goucher College*

Arlene Malinowski, *North Carolina State University*

Lucy Stone McNeece, *University of Connecticut*

Hedwige Meyer, *University of Washington*

Jane Tucker Mitchell, *University of North Carolina at Greensboro*

Joseph A. Murphy, *West Virginia University*

Elizabeth New, *University of North Texas*

Aimée Israel Pelletier, *University of Texas at Arlington*;

Lyle R. Polly, *Southwest Missouri State University*

Donald Pomerantz, *Central Connecticut State University*

Stella Radulescu, *Northwestern University*

Munir F. Sarkis, *Daytona Beach Community College*

Patricia J. Siegel, *SUNY–Brockport*

We thank the following colleagues for their important contributions, without which the Second Edition would be incomplete: Virginie Cassidy of the University of Maryland, College Park, for the Lab Manual; and John Moses of the University of North Texas, for the Instructor's Resource Manual.

At Indiana University, we would like to thank Mary Fessner-Tarjanyi, Deborah Piston-Hatlen, and Dan O'Sullivan, who worked to secure permissions and prepare the final glossary.

At the University of North Carolina at Asheville, thanks are owed to supportive colleagues and cooperative students who tried out many of the new texts and activities. Special thanks go to Karen Martinello, who provided assistance throughout the project, formatting chapters, carefully proofreading, and consulting on many details of the manuscript.

At the University of Maryland, College Park, special thanks go to Pauline Reychman for carefully proofreading the Workbook; to Cerue Diggs, Viviane Bekrou, and Safoi Babana, for their assistance in supplying key pieces of realia and cultural content; and to Jayendu De for his technical expertise and unfailing good nature when things needed to be done and (often) redone under pressing deadlines. We would especially like to thank Virginie Cassidy, whose role in many aspects of preparing this Second Edition was so great that it simply cannot be adequately characterized in a single sentence. Thanks are also due to the teaching assistants and faculty members in the Department of French and Italian at Maryland, virtually all of whom contributed to the realization of this edition in ways large and small.

At the State University of New York, Stony Brook, we wish to thank Evelyne Pommateau for her proofreading of the video and testing programs.

Special thanks go to the staff of the Bibliothèque Municipale Jean Jaurès in Nevers, France: Hélène Marché, Isabelle Flesch, and Thomas Manse, who assisted with research.

We would also like to acknowledge the many people at Prentice Hall who contributed their ideas, talents, time, and publishing experience to this project. Thanks to Rosemary Bradley, who got this project en route, and to Charlyce Jones Owen, Editorial Director for Humanities, for seeing it through to the end. Special thanks go to our Development Editor, Barbara Lyons, who continued with us through the Second Edition and whose careful reading, suggestions, and support have been invaluable in virtually every aspect of the project. Copy editor Karen Hohner did a fine job of readying the manuscript for production; her sense of humor was much appreciated. Nancy Stevenson, production editor, meticulously oversaw every detail to bring the Second Edition through production. She kept us all on track and on schedule, and we are grateful for her patience, energy, and good cheer. We would like to thank Meriel Martinez, assistant editor, for carefully overseeing the preparation of the revised Workbook, Lab Manual, Video Program, Instructor's Resource Manual, and Testing Program. Many thanks to Heather Finstuen, media editor, for her work in developing the CD-ROM and revising the **CHEZ NOUS** website. We thank Meghan Barnes, editorial assistant, for handling many details in a timely fashion. Thanks go to Francelle Carapetyan for her outstanding photo research, and to Steve Mannion for his line art, both of which were crucial in enhancing the Francophone context for the Second Edition.

And finally, we wish to thank our families, without whose love and support this project would not have been possible. We would especially like to mention Kate, Émilie, Moyenda, and Chikondi, four special girls who gave up a lot of time with their moms so that this book could be written. And to answer Chikondi, who may well have been speaking for all of our families: "You see, this book *has* been finished long before you're all grown up!"

Chapitre 1 Présentons-nous!

Leçon 1 Je me présente

POINTS DE DÉPART Moi, je parle français

FORMES ET FONCTIONS

Les pronoms sujets et le verbe **être**

LISONS Des adresses en francophonie

Leçon 2 Dans la salle de classe

POINTS DE DÉPART La salle de classe

SONS ET LETTRES Les modes articulatoires du français: le rythme

FORMES ET FONCTIONS

1. Identification: **voilà, il y a**
2. Le genre et les articles au singulier

LISONS C'est bientôt la rentrée

Leçon 3 C'est le combien?

POINTS DE DÉPART Quelle est la date?

SONS ET LETTRES L'alphabet et les accents

FORMES ET FONCTIONS

1. Le nombre; les articles au pluriel
2. Les pronoms disjoints

ÉCOUTONS Des francophones bien connus

Venez chez nous!

Le français dans le monde

PARLONS Qui parle français?

LISONS Titres de journaux

ÉCOUTONS Je me présente

ÉCRIVONS Voyages en francophonie

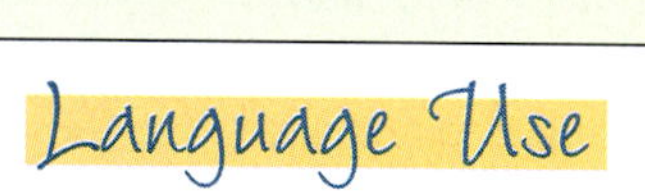

Language Use

- Greeting people
- Describing the classroom
- Giving and receiving instructions in the classroom
- Counting from 0 to 31 and telling the date

Media

- CD-ROM: Chapitre 1
- Student audio CD: Chapitre 1
- Video: Chapitre 1
- Website: **http://www.prenhall.com/cheznous**

Leçon 1 Je me présente

POINTS DE DÉPART

Additional practice activities for each **Points de départ** section are provided on the CD-ROM and website: **http://www.prenhall.com/cheznous**

Moi, je parle français

CHANTAL: Salut! Je m'appelle Chantal. Et toi, comment tu t'appelles?

ALAIN: Je m'appelle Alain.

CHANTAL: Tu es de Paris?

ALAIN: Non, moi, je suis de Montréal.

LE PROF: Bonjour, mademoiselle, monsieur.

CHANTAL ET ALAIN: Bonjour, madame.

LE PROF: Comment vous appelez-vous?

CHANTAL: Je m'appelle Chantal Lafont.

LE PROF: Et vous?

ALAIN: Roussel, Alain Roussel.

CHANTAL: Salut, Guy! Comment ça va?
GUY: Ça va. Et toi?
CHANTAL: Pas mal.
GUY: Bonjour, madame. Comment allez-vous?
LE PROF: Très bien, merci. Et vous?
GUY: Bien aussi, merci.

CHANTAL: Madame, je vous présente Guy Davy. Guy, Madame Dupont.
GUY: Enchanté, madame.
LE PROF: Bonjour, Guy.
CHANTAL: Alain, voici mon ami, Guy. Guy, je te présente mon camarade de classe, Alain.
ALAIN: Salut, Guy.
GUY: Salut.

GUY: Bon, au revoir, Chantal, Alain.
CHANTAL: Salut, Guy.
ALAIN: À bientôt. . . . Au revoir, madame.
LE PROF: Au revoir, Alain. À demain.

Comment ça va?	*How are you?*
Très bien, merci.	*Very well, thanks.*
Ça va.	*Fine.*
Pas mal.	*Not bad.*
Comme çi, comme ça.	*So-so.*
Ça ne va pas.	*Things aren't going well.*

Éclairages

Tu et *vous*

When addressing another person in French, you must choose between **tu** and **vous**, which both mean *you*. Use **tu** to address a family member, a close friend, or another student. Use **vous** to address someone with whom you have a more formal relationship or to whom you wish to show respect. For example, use **vous** with people you don't know well, with older people, and with those in a position of authority, such as your teachers. Always use **vous** also to address more than one person.

Bonjour, madame

When French people meet someone they know, or make contact with a stranger (for example, sales, office, or restaurant personnel), they always greet that person upon arriving and say good-bye when leaving. The greeting includes an appropriate title, and the last name is not used. Usually a woman is addressed as **madame** unless she is very young:

Bonjour, monsieur.
Bonsoir, madame.
Au revoir, mademoiselle.

Se serrer la main, faire la bise

When they meet or say good-bye, French people who know each other almost always shake hands, using the right hand (**se serrer la main**). Good friends and family members kiss each other lightly on each cheek. This is called **faire la bise.** When talking together, the French stand or sit closer to each other than Americans do. A French person would be offended if you kept moving away as he or she attempted to maintain normal conversational distance.

ET VOUS?

1. How do people you know typically greet and address someone they do not know well? a close friend or family member? Take a poll of your classmates. Are there differences from one family to the next? Are there cultural or regional differences?
2. What do the practices of shaking hands and **faire la bise** tell you about the importance of close physical contact in French culture?

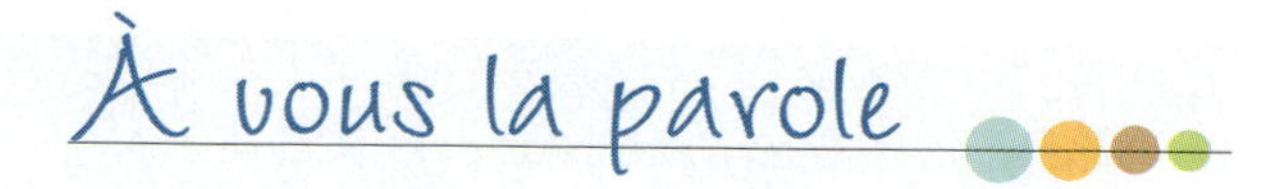

À vous la parole

A. Le mot juste. Give an appropriate response.

MODÈLE: Comment vous appelez-vous?
→Roussel, Marc Roussel.

1. Bonjour, mademoiselle.
2. Comment tu t'appelles?
3. Tu es de Montréal?
4. Ça va?
5. Comment allez-vous?
6. Comment ça va?
7. Voici mon ami David.
8. Je vous présente mon amie Claire.
9. Au revoir, monsieur.
10. Bon, à demain!

B. Présentez-vous. Get acquainted with some of your classmates and your instructor, following these suggestions.

MODÈLE: Greet your instructor.
→Bonjour, monsieur.
OU →Bonjour, madame.
(your instructor responds) →Bonjour, mademoiselle.

1. Greet and introduce yourself to a person sitting near you.
2. Ask a classmate what his or her name is, then introduce yourself.
3. Ask a classmate whether he or she is from your city.
4. Greet a classmate and ask how he or she is today.
5. Introduce two people whom you have met in class.
6. Greet your instructor and ask how he or she is today.
7. Introduce a classmate to your instructor.
8. Say good-bye to several classmates.
9. Say good-bye to your instructor.

C. Le savoir-faire. Do you know what to do in the situations described? Act out each one with classmates.

MODÈLE: You meet a very good friend.
É1 Salut, Anne! Ça va? (faire la bise)
É2 Ça va, et toi?
É1 Pas mal.

1. You and a friend run into your instructor on campus.
2. You sit down in class next to someone you do not know.
3. You are with your roommate when a new friend joins you.
4. You run into your friend's mother while doing errands.
5. You are standing near a new teacher who does not yet know your name.
6. Class is over and you are saying good-bye to a close friend.
7. Class is over and you are saying good-bye to your teacher.

D. Faisons connaissance. Imagine that you are at a party with your classmates. Greet and introduce yourself to as many guests as possible. Also, make introductions when other guests do not know each other.

MODÈLE: É1: Bonjour, je m'appelle David. Et toi?
É2: Je m'appelle Anne. Voici mon ami, Paul.
É1: Salut, Paul.
É3: Bonjour.

E. Tu es d'où? You want to find out where your classmates are from. First say where you are from, then ask where they are from.

MODÈLE: É1 Je suis de Chicago. Et toi?
É2 Moi, je suis de Lafayette.

Additional practice activities for each **Formes et fonctions** section are provided on the CD-ROM and website: **http://www.prenhall.com/cheznous**

FORMES ET FONCTIONS

Les pronoms sujets et le verbe être

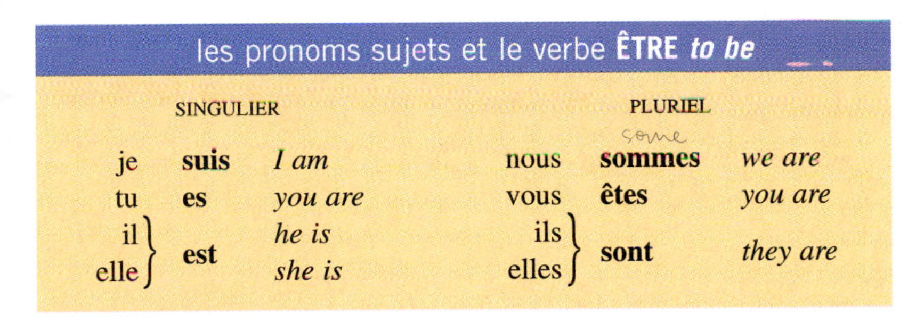

les pronoms sujets et le verbe ÊTRE *to be*

SINGULIER			PLURIEL		
je	**suis**	*I am*	nous	**sommes**	*we are*
tu	**es**	*you are*	vous	**êtes**	*you are*
il	**est**	*he is*	ils	**sont**	*they are*
elle	**est**	*she is*	elles	**sont**	*they are*

- The verb **être** means *to be*. This form is called the *infinitive*; it's the form you find at the head of the dictionary listing for the verb. Notice that a specific form of **être** corresponds to each subject. Because these forms do not follow a regular pattern, **être** is called an *irregular verb*.

- A *subject pronoun* can be used in place of a noun as the subject of a sentence:

Alain est de Paris?	*Alain is from Paris?*
—Non, **il** est de Montréal.	*—No, he's from Montreal.*

As you have learned, use **tu** with a person you know very well; otherwise use **vous**. Use **vous** also when speaking to more than one person, even if they are your friends. Pronounce the final **-s** of **vous** as /z/ if the word following it begins with a vowel sound, and link it to that word:

Guy, **tu** es de Paris?	*Guy, are you from Paris?*
Madame, **vous** êtes de Lyon?	*Madame, are you from Lyon?*
Chantal et Guy, **vous** êtes de Paris?	*Chantal and Guy, are you from Paris?*

Elles refers to more than one female person or to a group of feminine nouns. **Ils** refers to more than one male person, to a group of masculine nouns, or to a group that includes both males and females or both masculine and feminine nouns.

Anne et Sylvie, **elles** sont en forme.	*Anne and Sylvie are fine.*
Jean-Luc et Robert, **ils** sont stressés.	*Jean-Luc and Robert are stressed out.*
Martine et David, **ils** sont occupés.	*Martine and David are busy.*

- Use a form of the verb **être** in descriptions or to indicate a state of being.

Elle **est** occupée.	*She's busy.*
Tu **es** malade?	*Are you sick?*
Je **suis** stressé.	*I'm stressed out.*

- The final **-t** of **est** and **sont** is usually pronounced before a word beginning with a vowel sound.

Il est en forme.	*He's fine.*
Il est malade.	*He's sick.*
Elles sont en forme.	*They're fine.*
Elles sont stressées.	*They're stressed out.*

Je suis en forme.	*I am fine.*
... fatigué/e.	*... tired.*
... stressé/e.	*... stressed out.*
... très occupé/e.	*... very busy.*
... malade.	*... sick.*

- Use **c'est** and **ce sont** to identify people and things:

C'est Madame Dupont?	*That's Madame Dupont?*
C'est mon ami Guy.	*This is my friend Guy.*
Ce sont M. et Mme Lafarges.	*This is Mr. and Mrs. Lafarges.*

À vous la parole

A. Qui est-ce? Identify the people pictured below.

MODÈLE: →C'est Chantal.

1.

2.

3.

4.

5.

6.

7.

B. Comment ça va? Tell how everyone is feeling today.

MODÈLE: Moi? Fatigué.
→Je suis fatigué.

1. Mme Dupont? En forme.
2. Toi? Fatigué.
3. Alain? Très occupé.
4. Chantal? Malade.
5. David et toi? En forme.
6. Guy? Stressé.
7. Nous? Fatigués.
8. Vous?

C. Vous êtes de... ? Based on the name of the country people live in, guess what city they come from. You may choose a city from the list, or provide another.

Bruxelles	Florence	Genève	Madrid	Mexico	Montréal	Nice	Washington

MODÈLE: vous / en France
→Vous êtes de Paris?

1. elle / au Mexique
2. Paul / au Canada
3. Marc et Jean / en Belgique
4. nous / en Suisse
5. vous / en Italie
6. toi / aux États-Unis
7. moi / en Espagne
8. Christine et Alice / en France

D. Identité mystérieuse. Take on a new identity! Tell your classmates your name, and have them guess your city of origin.

MODÈLE: É1 Je m'appelle Françoise.
É2 Tu es de Paris?
É1 Non.
É3 Tu es de Québec?
É1 Oui, je suis de Québec.

LISONS *Des adresses en francophonie*

A. Avant de lire. As you start to read in French, you will certainly not understand every word. However, do not let this discourage you. One important strategy is to pay attention to the kind of reading you are doing and make use of what you already know. For example, this reading asks you to look at envelopes and postcards addressed to various places in the Francophone world. Before looking at them, make a list of the information you expect to find on an addressed envelope. How does this compare with what you see on the envelopes and postcards?

B. En lisant. As you look more closely at the envelopes and postcards at the top of p. 11, you will find that you understand a number of words because their form and meaning are so similar in French and English. These words are called *cognates* (**mots apparentés**). Examples in the addresses include **avenue** and **République.** Make a list of all the cognates that you find in the addresses and provide the English equivalent for each.

C. En regardant de plus près.

1. Given the context and its similarity to English, what do you think the phrase **Boîte Postale** means?
2. Given the context, what do you think the word **rue** means?
3. Provide the full forms in French for the following abbreviations:
   M. Mlle Mme B.P.
4. Although you do not see the word **code postal** in the above addresses, most of them have one. What do you think a **code postal** is? What is the **code postal** for **Abidjan,** for **Tours,** for **Vieux-Québec?** What is different about the **code postal** for this last city?
5. Some of the envelopes include the words **destinataire** and **expéditeur.** What do you think those terms mean?

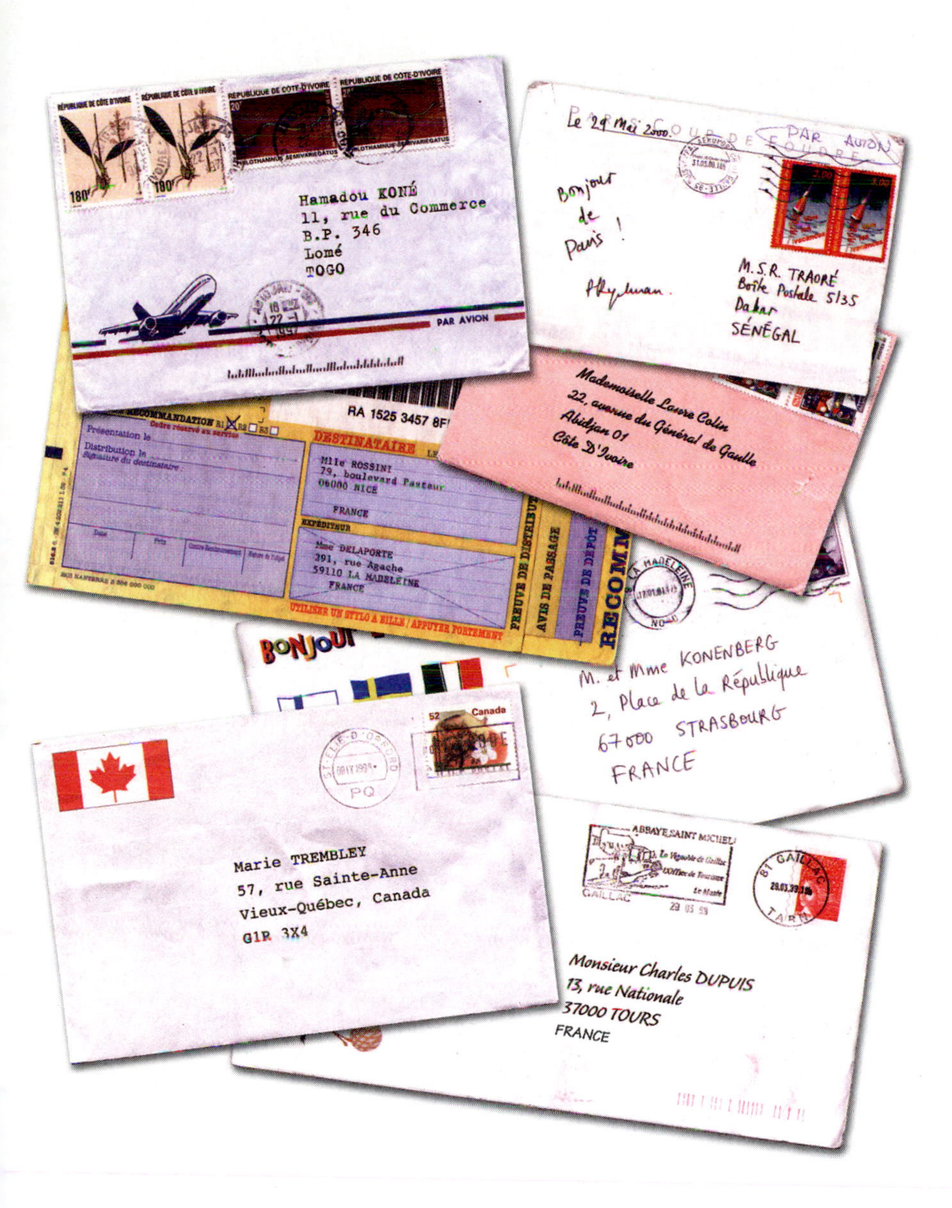

D. Après avoir lu. Now that you've studied the above addresses, address an envelope for these two people:

1. Salut, je m'appelle Marie Cécile. Je suis de Kinshasa. Mon adresse, c'est Boîte Postale 357. Il n'y a pas de code postal. Kinshasa est au Congo bien sûr.
2. Bonjour, je m'appelle Guy Leblanc. Je suis de Genève. Mon adresse, c'est Case Postale 1602. Le code postal, c'est CH-1211 Genève 1. Vous savez que Genève est en Suisse, n'est-ce pas?

Leçon 2 Dans la salle de classe

POINTS DE DÉPART

La salle de classe

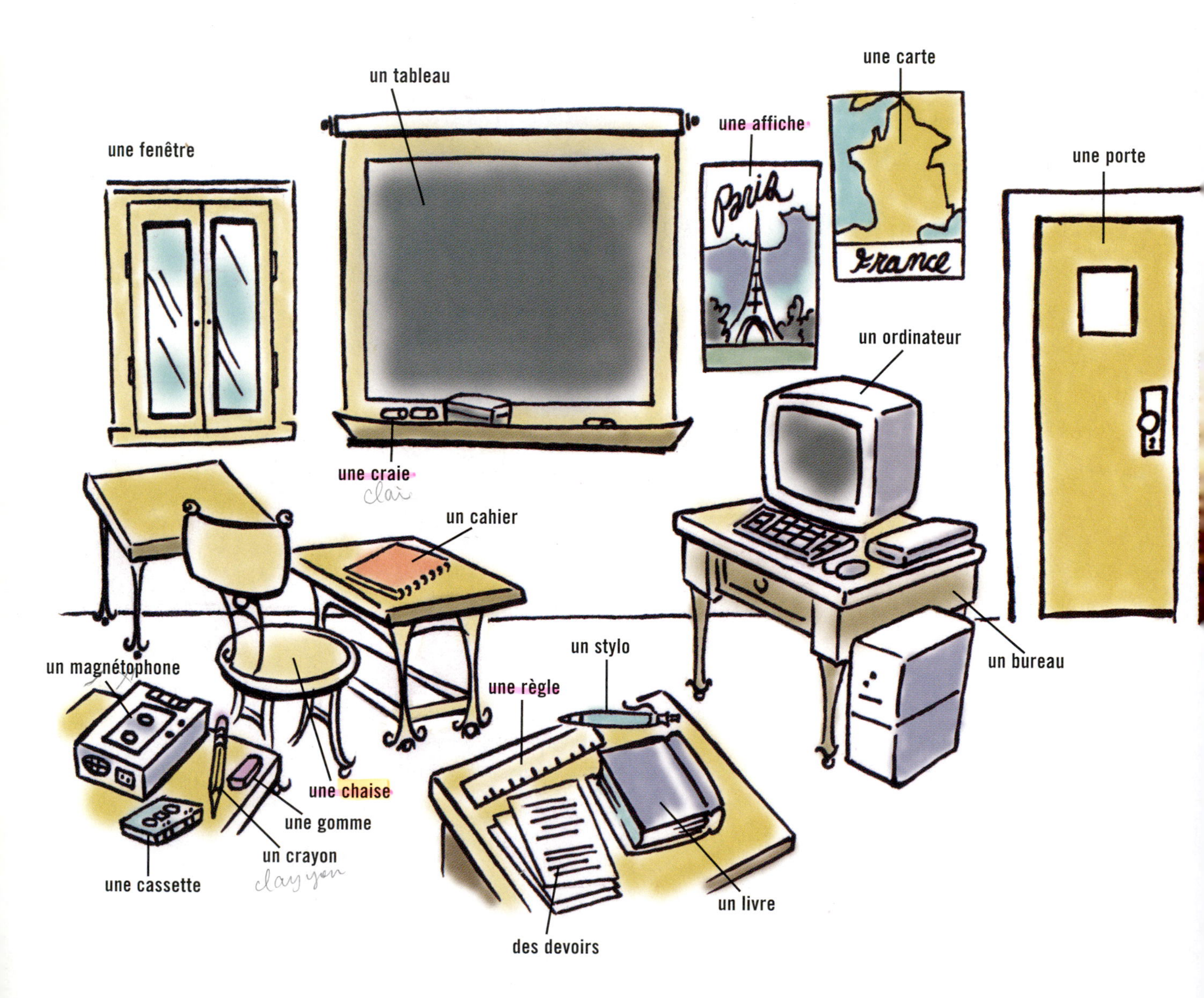

LE PROFESSEUR DIT:

Écoutez bien, s'il vous plaît!
Regardez le tableau!
Levez-vous!
Allez au tableau!
Allez à la porte!
Ouvrez la fenêtre!
Fermez le livre!
Montrez-moi votre livre!
Montrez Paris sur la carte!
Prenez un stylo!
Écrivez votre nom et votre prénom!
Lisez les mots au tableau!
Effacez le tableau!
Répondez en français!
Donnez la craie à Marie!
Rendez-moi les devoirs!
Asseyez-vous!
Merci.

LES ÉTUDIANTS RÉPONDENT:

Pardon? Je ne comprends pas.
Répétez, s'il vous plaît!
Parlez plus fort!
Comment dit-on *blackboard* en français?

Éclairages

Merci

In English, if someone says *Thank you* we frequently reply with *You're welcome*. In French it is much less common to reply to **Merci.** Sometimes, however, in formal contexts you may hear the reply **Je vous en prie.** In less formal contexts, a French speaker might say **De rien** or **Il n'y a pas de quoi**. In Canadian French the response to **Merci** is **Bienvenue.**

À vous la parole

A. Qu'est-ce que c'est? Can you identify these common classroom objects, viewed from an unusual angle?

MODÈLE: → C'est un cahier.

1.

2.

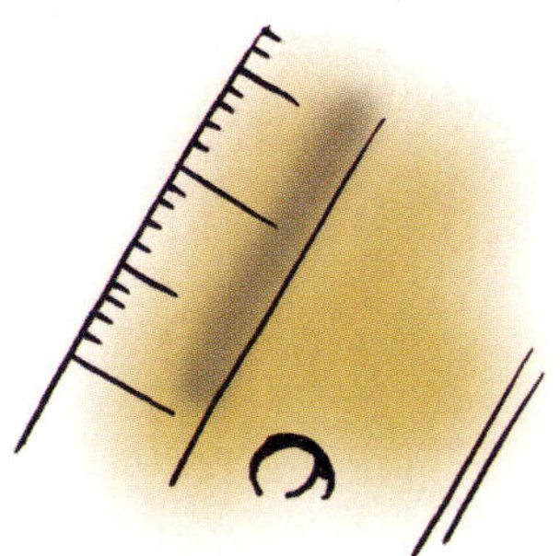

3.

4.

5.

B. Dans la salle de classe. Write down as many different classroom objects as you can see. Now compare your list with that of a classmate. Cross off the items that are common to both lists, then give yourself a point for each item on your list that your partner didn't name. Who has the most points?

MODÈLE: É1 ~~un bureau~~, ~~une fenêtre~~, un livre, ~~une carte~~, une affiche, un magnétophone
É2 ~~un bureau~~, un tableau, une craie, ~~une fenêtre~~, une porte, ~~une carte~~, un cahier
É1 = 3 pts, É2 = 4 pts

C. Bien préparé? Most well-prepared students bring something to class. Tell your partner what you brought with you today.

MODÈLE: →un livre, un cahier, un stylo, un crayon et une gomme

D. C'est logique. With a partner, complete each command in logical ways.

MODÈLE: Ouvrez . . .
→Ouvrez la fenêtre.
OU →Ouvrez le livre.

1. Regardez . . .
2. Écoutez . . .
3. Rendez-moi . . .
4. Montrez-moi . . .
5. Fermez . . .
6. Effacez . . .
7. Répondez . . .
8. Allez . . .
9. Écrivez . . .
10. Prenez . . .

E. Qu'est-ce que vous dites? What should you say in each situation?

MODÈLE: You want the teacher to speak up.
→Parlez plus fort, s'il vous plaît!

1. You want to interrupt the teacher.
2. You want the teacher to repeat.
3. You don't understand.
4. You ask how to say *door* in French.
5. You want to thank someone.
6. You can't hear what's being said.
7. You don't know how to say *please* in French.
8. Someone says **Merci!** to you.

The **Sons et lettres** section, including the practice activities, is recorded on the Student audio CD.

SONS ET LETTRES

Les modes articulatoires du français: le rythme

French speech is organized in terms of rhythmic groups, short phrases usually two to six syllables long. In English, some syllables within words are stronger than others. Compare (the strongest syllable appears in boldface):

re***peat*** ***lis***ten Chi***ca***go Minne***a***polis

In French, all of the syllables have the same strength, that is, they receive the same degree of stress. The last syllable tends to be longer but is not much stronger than the others. Listen as your teacher pronounces corresponding English and French words. In English, the syllables that are not stressed are usually short, and their vowel is the blurry, short vowel found, for example, in the last syllable of words like *bogus, furnace, sofa.* When you pronounce the French word, you will find it useful to count out the rhythm or tap it out with your finger.

1-2		1-2-3		1-2-3-4	
English	**French**	**English**	**French**	**English**	**French**
Phillip	Philippe	*Canada*	Canada	*Alabama*	l'Alabama
machine	machine	*alphabet*	l'alphabet	*francophony*	francophonie
madam	madame	*Isabel*	Isabelle	*introduction*	l'introduction

A. Le rythme. Listen to the sentences that your instructor will read. For each, tap out the rhythm and write the number of syllables.

MODÈLE: Il est de Marseille.
→ - - - - - (5)

1. Elle s'appelle Hélène.
2. C'est mon ami David.
3. Chantal est malade.
4. Alain est très occupé.
5. Guy est de Québec.

B. Le groupe rythmique. Your instructor will read each of the following sentences, dividing it into rhythmic groups. Underline the last syllable of each group. Remember: it is longer and slightly stronger than the others.

MODÈLE: →C'est le crayon de Marie.

1. Mon professeur de français s'appelle Sylvie Dupont.
2. Je vous présente mon amie Maryse.
3. Le président, c'est Jacques Cousteau ou Jacques Chirac?

C. Répétez. Practice pronouncing the following sentences with even rhythm. Count out the rhythm of each rhythmic group. The last syllable of each rhythmic group is printed in boldface characters.

1.	1-2	1-2	Bon**jour**, / ma**dame**.
2.	1-2	1-2-3	Voi**ci** / Fati**ma**.
3.	1-2-3	1-2	Il s'ap**pelle** / Pa**trick**.
4.	1-2-3-4	1-2-3-4	C'est mon a**mie** / Sylvie Da**vy**.

FORMES ET FONCTIONS

1. *Identification:* voilà, il y a

Il y a un crayon dans ton sac? — *Is there a pencil in your bag?*
—Non, **il n'y a pas de** crayon. **Voilà** un stylo. — *—No, there's no pencil. Here's a pen.*

- **Voilà** is used to point out people or things. It is used with both singular and plural nouns.

Voilà une carte de France. — *Here's/There's a map of France.*
Voilà M. et Mme Dupont. — *Here/There are Mr. and Mrs. Dupont.*

- The expression **il y a** indicates the existence or presence of a person or thing. It is used with singular and plural nouns and can also be used as a question.

Il y a une carte dans la classe de français? — *Is there a map in the French class?*
Il y a quatre fenêtres dans cette salle de classe. — *There are four windows in this classroom.*

- To say *there isn't* or *aren't any*, use **il n'y a pas de/d'**:

Il n'y a pas de fenêtres dans cette salle de classe. — *There aren't any windows in this class.*
Il n'y a pas d'affiche ici. — *There isn't any poster here.*

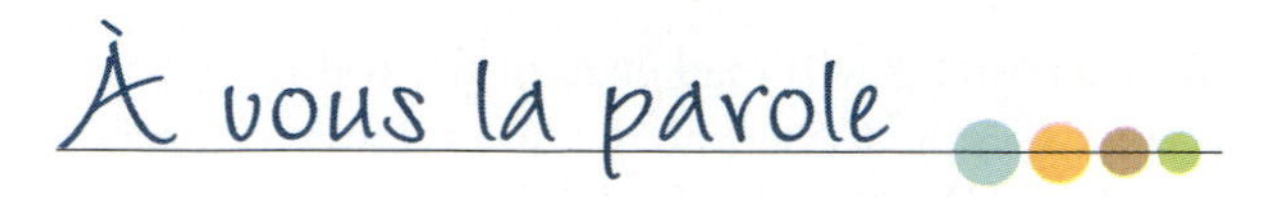

À vous la parole

A. Voilà! As your instructor asks for various classroom objects, hand them over!

MODÈLE: LE PROFESSEUR DIT: Donnez-moi un stylo!
VOUS DITES: Voilà (*and you hand over a pen*).

B. Votre salle de classe. Take turns with a classmate asking whether certain objects are found in your classroom. If so, he or she will point them out. If not, he or she will say so.

MODÈLE: une fenêtre
É1 Il y a une fenêtre ici?
É2 Oui, voilà une fenêtre.
une affiche
É1 Il y a une affiche ici?
É2 Non, il n'y a pas d'affiche.

1. un tableau
2. un bureau
3. une affiche
4. une carte
5. un magnétophone
6. un ordinateur
7. une règle
8. une cassette

C. Dans le dessin il y a . . . ? Draw a picture of a classroom containing five or six objects. Then find a partner and ask each other questions to find out what's pictured in your drawings.

MODÈLE: É1 Il y a un bureau?
É2 Oui, il y a un bureau.
OU Non, il n'y a pas de bureau.

D. Dans le sac. Put three objects into a bag; your classmates will try to guess what's inside.

MODÈLE: É1 Il y a un stylo?
É2 Non, il n'y a pas de stylo.
OU Oui, il y a un stylo. Voilà un stylo.

2. *Le genre et les articles au singulier*

All French nouns are *feminine* or *masculine* in gender. The gender of a noun determines the form of other words that accompany it—for example, articles and adjectives.

- **The indefinite article**

The indefinite articles **un** and **une** correspond to *a* or *an* in English. **Une** is used with feminine nouns and **un** with masculine nouns. **Un** or **une** can also mean *one*:

Voilà **un** magnétophone.	*Here's a cassette player.*
Donnez-moi **une** cassette.	*Give me a cassette.*
Il y a **une** fenêtre dans la salle de classe.	*There's one window in the classroom.*

Before a vowel sound, **un** ends with an /n/ sound that is pronounced as if it were part of the next word: **un**‿ami, **un**‿ordinateur.

- **The definite article**

There are three forms of the singular definite article, corresponding to *the* in English: **la** is used with feminine nouns, **le** with masculine nouns, and **l'** with all nouns beginning with a vowel sound. As in English, the definite article is used to indicate a previously mentioned or specified noun.

Voilà **la** carte.	*Here's the map.*
C'est **le** professeur.	*That's the professor.*
Donnez-moi **l'**affiche.	*Give me the poster.*

In French the definite article also designates a noun used in a general or abstract sense. In such cases, no article is used in English.

J'aime **le** football.	*I like soccer.*
Ma soeur adore **la** musique.	*My sister loves music.*

	masculin	**féminin**
indéfini	**un** cahier	**une** règle
	un‿ordinateur	**une** affiche
défini	**le** cahier	**la** règle
	l'ordinateur	**l'**affiche

Predicting the gender of nouns

Since the gender of a noun is not always predictable, it is a good idea to memorize the gender of each new word that you learn. For example, learn **une affiche** rather than **affiche** or **l'affiche.** The following guidelines will help you identify the gender of many nouns.

— Nouns designating females are usually feminine and nouns designating males are usually masculine:

l'étudiante *the (female) student* / **l'**étudiant *the (male) student*
la dame *the lady* / **le** monsieur *the man*

— The names of languages are masculine:

le français *French* **le** créole *Creole*

— Words recently borrowed from other languages are generally masculine:

le marketing **le** yoga **le** rap **le** tennis

— Some endings are good predictors of the gender of nouns:

MASCULINE ENDINGS: **-eau, -o, -isme**

le tableau, **le** stylo, **le** socialisme

FEMININE ENDINGS: **-ion, -té**

la nation, **la** télévision, **la** liberté, **la** quantité

Although you may have heard that nouns ending in **-e** are feminine, this is not the case. About half the nouns ending in **-e** are feminine and the other half are masculine!

À vous la parole

A. Dans la salle de classe. What objects can you name in this classroom?

MODÈLE: →Il y a un bureau, …

B. Voilà! Can you find the following objects in your classroom? If so, take turns with a partner indicating to whom they belong.

MODÈLE: un magnétophone
→Voilà un magnétophone; c'est le magnétophone de David.

1. un cahier
2. un crayon
3. une cassette
4. un livre
5. un stylo
6. un bureau
7. une règle
8. une gomme

C. Quel genre? Can you guess the gender of these unfamiliar words?

MODÈLE: japonais
→le japonais

1. jet
2. rock
3. bateau
4. solution
5. beauté
6. vélo
7. micro(phone)
8. communisme

LISONS *C'est bientôt la rentrée*

A. Avant de lire. The following advertisement features items for **la rentrée scolaire,** *back to school.* Before looking at the text, think about what kind of items usually go on sale right before the school year starts. Make a list, in French, of four or five items.

B. En lisant. As you read, make a list of the cognates, **mots apparentés,** that you find and provide an English equivalent for each one.

SAC À DOS TYPE "3000"
Dimensions: 34 x 18 x 42 cm,
nylon 420 deniers,
3 poches, plusieurs coloris
l'unité
16,95 euros

CRAYONS DE COULEUR TYPE "ARTISTE"
Sans bois,
le paquet de 18
1,95 euros

CARTABLE "Range-tout"
Dimensions: 41 x 18 x 33 cm,
nylon 600 deniers,
2 compartiments, 2 poches frontales,
l'unité
25,95 euros

FEUTRES MAGIQUES
le paquet de 24 dont 3 fluos
3,25 euros

CASSETTES "HIJ"
le paquet de 10
10,50 euros
Soit l'unité 1,50 euros

C. En regardant de plus près.

1. Given the context and looking at the picture, what kind of marker do you think the word **fluos** refers to?
2. The description of several of the items includes the word **l'unité** right before the price. Which items are these? Notice that one of these items could be purchased either as a **paquet de 10** for 10,50 euros or as **l'unité** for 1,50 euros. Given this information, what do you think the word **l'unité** means?
3. The description of both of the school bags contains the word **poches** and each bag has a number of them. Given the context and what you know about school bags, what do you think **poches** means?

D. Après avoir lu.

1. Would you be interested in purchasing any of these items? Which ones? Why?
2. How do the prices compare with prices for similar items in the United States (check the current exchange rate)?

Leçon 3 C'est le combien?

POINTS DE DÉPART

Quelle est la date?

C'est le quatorze juillet.

C'est le vingt-cinq décembre.

C'est le premier mai.

C'est le onze novembre.

Les mois de l'année

janvier	avril	juillet	octobre
février	mai	août	novembre
mars	juin	septembre	décembre

septembre

L	Ma	Me	J	V	S	D
					1	2
3	4	5	6	7	8	9
10	11	12	13	14	15	16
17	18	19	20	21	22	23
24	25	26	27	28	29	30

C'est le 4 septembre. *It's September 4th.*

Les nombres cardinaux de 0 à 31

0 zéro	1 un	11 onze	21 vingt et un	31 trente et un
	2 deux	12 douze	22 vingt-deux	
	3 trois	13 treize	23 vingt-trois	
	4 quatre	14 quatorze	24 vingt-quatre	
	5 cinq	15 quinze	25 vingt-cinq	
	6 six	16 seize	26 vingt-six	
	7 sept	17 dix-sept	27 vingt-sept	
	8 huit	18 dix-huit	28 vingt-huit	
	9 neuf	19 dix-neuf	29 vingt-neuf	
	10 dix	20 vingt	30 trente	

À vous la parole

A. Complétez la série. With a partner, take turns reading aloud each series of numbers and adding a number to complete each series.

MODÈLE: 2, 4, 6, ...
É1 deux, quatre, six...
É2 deux, quatre, six, huit

1. 1, 3, 5,…
2. 7, 14, 21,…
3. 6, 12, 18,…
4. 2, 4, 8,…
5. 5, 10, 15,…
6. 25, 27, 29,…
7. 31, 30, 29,…
8. 28, 26, 24,…

B. Cours de mathématiques. Create math problems to test your classmates!

MODÈLES: É1 10 + 2 = ? (Combien font dix et deux?)
É2 Dix et deux font douze.
É3 20 – 5 = ? (Combien font vingt moins cinq?)
É4 Vingt moins cinq font quinze.

C. Associations. What number do you associate with the following?

MODÈLE: la superstition
→treize

1. le vote
2. une paire
3. l'alphabet
4. le premier
5. un imbécile
6. la chance
7. l'indépendance
8. Noël

Éclairages

Le calendrier: Bon anniversaire et Bonne fête!

The French week runs from Monday to Sunday. The calendar is heavily influenced by the traditional religion, Catholicism. A saint's name is listed for each day of the year. In fact, French people celebrate two special days a year, their *birthday* (**Bon anniversaire!**) and their *saint's day* (**Bonne fête!**), which is celebrated on the day of the year corresponding to the saint who has their name. There are many religious holidays, which are also legal holidays in France, during the period between March and June: **Pâques** *(Easter),* **l'Ascension** (when Christ rose to heaven), and **la Pentecôte** (celebrated the seventh Sunday after Easter to commemorate the descent of the Holy Spirit among the apostles). Several legal holidays also occur in May: **la fête du Travail** (*Labor Day*, May 1) and **le jour de la Victoire 1945** (commemorating the Allies' victory over Nazi Germany in World War II, May 8). When a legal holiday occurs on a Tuesday or a Thursday, many schools, businesses, and government offices opt to **faire le pont** *(make a bridge),* taking the extra day off to make a long weekend.

Je m'appelle . . .

In France, children are sometimes named for a relative or for the saint on whose day they are born; they may also be named for a celebrity. Naming customs follow trends, and certain names go in and out of fashion. In France today, the most common men's names are **Michel, Jean, Pierre, André,** and **Philippe.** The most common women's names are **Marie, Monique, Françoise, Isabelle,** and **Catherine.** The most fashionable boys' names at the moment are **Maxime, Thomas, Alexandre,** and **Florian.** The most fashionable girls' names are **Marine, Laura, Camille,** and **Justine.** It is also quite trendy to give children American names such as *Kevin* or *James* for boys and *Leslie* or *Jennifer* for girls.

D. C'est quelle date? What date corresponds to each holiday?

MODÈLE: Noël
→C'est le 25 décembre.

1. le jour de l'An
2. la Saint-Valentin
3. la Saint-Patrice
4. la fête du Travail
5. la fête nationale américaine
6. la fête nationale française
7. l'Armistice

2001

JANVIER

1	L	J. de l'An
2	M	Basile
3	M	Geneviève
4	J	Odilon
5	V	Antoine
6	S	Mélaine
7	D	Epiphanie
8	L	Lucien
9	M	Alix
10	M	Guillaume
11	J	Paulin
12	V	Tatiana
13	S	Yvette
14	D	Nina
15	L	Rémi
16	M	Marcel
17	M	Roseline
18	J	Prisca
19	V	Marius
20	S	Sébastien
21	D	Agnès
22	L	Vincent
23	M	Barnard
24	M	Fr. de Sales
25	J	Conv. S. Paul
26	V	Paule
27	S	Angèle
28	D	Th. d'Aquin
29	L	Gildas
30	M	Martine
31	M	Marcelle

FÉVRIER

1	J	Ella
2	V	Présentation
3	S	Blaise
4	D	Véronique
5	L	Agathe
6	M	Gaston
7	M	Eugénie
8	J	Jacqueline
9	V	Apolline
10	S	Arnaud
11	D	N. D. Lourdes
12	L	Félix
13	M	Béatrice
14	M	Valentin
15	J	Claude
16	V	Julienne
17	S	Alexis
18	D	Bernadette
19	L	Gabin
20	M	Mardi gras
21	M	Cendres
22	J	Isabelle
23	V	Lazare
24	S	Modeste
25	D	Carême
26	L	Nestor
27	M	Honorine
28	M	Romain

MARS

1	J	Aubin
2	V	Charles
3	S	Guénolé
4	D	Véronique
5	L	Olive
6	M	Colette
7	M	Félicité
8	J	Jean de Dieu
9	V	Françoise
10	S	Vivien
11	D	Rosine
12	L	Justine
13	M	Rodrigue
14	M	Mathilde
15	J	Louise de M.
16	V	Bénédicte
17	S	Patrice
18	D	Cyrille
19	L	Joseph
20	M	PRINTEMPS
21	M	Clémence
22	J	Léa
23	V	Victorien
24	S	Cath. de Su.
25	D	Annonciation
26	L	Larissa
27	M	Habib
28	M	Gontran
29	J	Gwladys
30	V	Amédée
31	S	Rameaux

AVRIL

1	D	Hugues
2	L	Sandrine
3	M	Richard
4	M	Isidore
5	J	Irène
6	V	Marcellin
7	S	PÂQUES
8	D	Julie
9	L	Gautier
10	M	Fulbert
11	M	Stanislas
12	J	Jules
13	V	Ida
14	S	Maxime
15	D	Paterne
16	L	Benoît-J.
17	M	Anicet
18	M	Parfait
19	J	Emma
20	V	Odette
21	S	Anselme
22	D	Alexandre
23	L	Georges
24	M	Fidèle
25	M	Marc
26	J	Alida
27	V	Zita
28	S	Jour du Souv.
29	D	Catherine
30	L	Robert

MAI

1	M	F. du Travail
2	M	Boris
3	J	Phil., Jacq.
4	V	Sylvain
5	S	Judith
6	D	Prudence
7	L	Gisèle
8	M	VICT. 1945
9	M	Pacôme
10	J	Fête J.-d'Arc
11	V	Estelle
12	S	Achille
13	D	Rolande
14	L	Matthias
15	M	Denise
16	M	ASCENSION
17	J	Pascal
18	V	Eric
19	S	Yves
20	D	Bernardin
21	L	Constantin
22	M	Emile
23	M	Didier
24	J	Donatien
25	V	Sophie
26	S	Pentecôte/F. Mères
27	D	Augustin
28	L	Germain
29	M	Aymard
30	M	Ferdinand
31	J	Visitation

JUIN

1	V	Justin
2	S	Blandine
3	D	Kevin
4	L	Clotilde
5	M	Igor
6	M	Norbert
7	J	Gilbert
8	V	Médard
9	S	Fête-Dieu
10	D	Landry
11	L	Barnabé
12	M	Guy
13	M	Antoine de P.
14	J	Elisée
15	V	Germaine
16	S	F. des Pères
17	D	Hervé
18	L	Léonce
19	M	Romuald
20	M	ÉTÉ
21	J	Aloïse
22	V	Alban
23	S	Audrey
24	D	Jean Bapt.
25	L	Prosper
26	M	Anthelme
27	M	Fernand
28	J	Irénée
29	V	Pierre, Paul
30	S	Martial

JUILLET

1	D	Thierry
2	L	Martinien
3	M	Thomas
4	M	Florent
5	J	Antoine
6	V	Mariette
7	S	Raoul
8	D	Thibaut
9	L	Armandine
10	M	Ulrich
11	M	Benoît
12	J	Olivier
13	V	Henri, Joël
14	S	F. NATIONALE
15	D	Donald
16	L	N.D. Mt-Carmel
17	M	Charlotte
18	M	Frédéric
19	J	Arsène
20	V	Marina
21	S	Victor
22	D	Marie Mad.
23	L	Brigitte
24	M	Christine
25	M	Jacques
26	J	Anne, Joa.
27	V	Nathalie
28	S	Samson
29	D	Marthe
30	L	Juliette
31	M	Ignace de L.

AOÛT

1	M	Alphonse
2	J	Julien-Ey
3	V	Lydie
4	S	J.M. Vianney
5	D	Abel
6	L	Transfiguration
7	M	Gaétan
8	M	Dominique
9	J	Amour
10	V	Laurent
11	S	Claire
12	D	Clarisse
13	L	Hippolyte
14	M	Evrard
15	M	ASSOMPTION
16	J	Armel
17	V	Hyacinthe
18	S	Hélène
19	D	Jean Eudes
20	L	Bernard
21	M	Christophe
22	M	Fabrice
23	J	Rose de L.
24	V	Barthélemy
25	S	Louis
26	D	Natacha
27	L	Monique
28	M	Augustin
29	M	Sabine
30	J	Fiacre
31	V	Aristide

SEPTEMBRE

1	S	Gilles
2	D	Ingrid
3	L	Grégoire
4	M	Rosalie
5	M	Raïssa
6	J	Bertrand
7	V	Reine
8	S	Nativité N. D.
9	D	Alain
10	L	Inès
11	M	Adelphe
12	M	Apollinaire
13	J	Aimé
14	V	La Ste Croix
15	S	Roland
16	D	Edith
17	L	Renaud
18	M	Nadège
19	M	Emilie
20	J	Davy
21	V	Matthieu
22	S	AUTOMNE
23	D	Constant
24	L	Thècle
25	M	Hermann
26	M	Côme. Dam.
27	J	Vinc. de Paul
28	V	Venceslas
29	S	Michel
30	D	Jérôme

OCTOBRE

1	L	Th. de l'E.J.
2	M	Léger
3	M	Gérard
4	J	Fr. d'Assise
5	V	Fleur
6	S	Bruno
7	D	Serge
8	L	Pélagie
9	M	Denis
10	M	Ghislain
11	J	Firmin
12	V	Wilfried
13	S	Géraud
14	D	Juste
15	L	Th. d'Avila
16	M	Edwige
17	M	Baudouin
18	J	Luc
19	V	René
20	S	Adeline
21	D	Céline
22	L	Elodie
23	M	Jean de C.
24	M	Florentin
25	J	Crépin
26	V	Dimitri
27	S	Emeline
28	D	Sim., Jude
29	L	Narcisse
30	M	Bienvenue
31	M	Quentin

NOVEMBRE

1	J	Toussaint
2	V	Défunts
3	S	Hubert
4	D	Charles
5	L	Sylvie
6	M	Bertille
7	M	Carine
8	J	Geoffroy
9	V	Théodore
10	S	Léon
11	D	ARMISTICE 18
12	L	Christian
13	M	Brice
14	M	Sidoine
15	J	Albert
16	V	Marguerite
17	S	Elisabeth
18	D	Aude
19	L	Tanguy
20	M	Edmond
21	M	Prés. de Marie
22	J	Cécile
23	V	Clément
24	S	Flora
25	D	Catherine L.
26	L	Delphine
27	M	Séverin
28	M	J. de la M.
29	J	Saturnin
30	V	André

DÉCEMBRE

1	S	Avent
2	D	Viviane
3	L	Xavier
4	M	Barbara
5	M	Gérald
6	J	Nicolas
7	V	Ambroise
8	S	I. Concept.
9	D	P. Fourier
10	L	Romaric
11	M	Daniel
12	M	Jeanne F.C.
13	J	Lucie
14	V	Odile
15	S	Ninon
16	D	Alice
17	L	Gaël
18	M	Gatien
19	M	Urbain
20	J	Abraham
21	V	HIVER
22	S	Fr. Xavier
23	D	Armand
24	L	Adèle
25	M	NOËL
26	M	Etienne
27	J	Jean
28	V	Innocents
29	S	David
30	D	Roger
31	L	Sylvestre

E. Votre anniversaire et votre fête. Find a partner and ask each other when your birthday is and when your saint's day is.

MODÈLE: É1 Ton anniversaire, c'est quel jour?
É2 C'est le 30 août. Et toi?
É1 C'est le 9 mai.
É2 Et ta fête, Charles?
É1 C'est le 2 mars. Et toi, Mandy?
É2 Il n'y a pas de «Sainte Mandy».

SONS ET LETTRES

L'alphabet et les accents

Here are the letters of the alphabet together with their pronunciation in French.

a	(a)	h	(ach)	o	(o)	u	(u)
b	(bé)	i	(i)	p	(pé)	v	(vé)
c	(sé)	j	(ji)	q	(ku)	w	(double vé)
d	(dé)	k	(ka)	r	(èr)	x	(iks)
e	(eu)	l	(èl)	s	(ès)	y	(i grec)
f	(èf)	m	(èm)	t	(té)	z	(zèd)
g	(jé)	n	(èn)				

Accents and other diacritics are an integral part of French spelling.

- **L'accent aigu** is used with **e** to represent the vowel /e/ of **février:**
  Andr**é** Val**é**rie une **é**tudiante r**é**p**é**tez
- **L'accent grave** is used with **e** to represent the vowel /ɛ/ of **la règle:**
  la r**è**gle Hél**è**ne
  It is also used with **a** and **u** to differentiate words:
  la *the* vs. l**à** *there* ou *or* vs. o**ù** *where*
- **L'accent circonflexe** can be used with all five vowel letters. It often marks the loss of the sound /s/ at an earlier stage of French. The **s** is still present in English words borrowed from French before that loss occurred:
  la pâte *paste* **la bête** *beast* **le maître** *master*
  la côte *coast* **coûter** *to cost* **l'hôpital** *hospital*
- **Le tréma** indicates that vowel letters in a group are pronounced individually:
  toi vs. Loïc /lo-ik/ s'il vous plaît vs. Haïti /a-i-ti/
- **La cédille** indicates that **c** is to be pronounced as /s/ rather than /k/ before the vowel letters **a, o,** or **u:**
  ça fran**ç**ais Fran**ç**oise

À vous la parole

A. Les sigles. Match each French acronym with its full form and then provide the English equivalent.

1. l'ONU	a. l'Union Européenne
2. l'OEA	b. les États-Unis d'Amérique
3. l'OTAN	c. l'Organisation des Nations-Unis
4. l'UE	d. le Syndrome immunodéficitaire acquis
5. le SIDA	e. l'Organisation des États Américains
6. les USA	f. l'Organisation du Traité de l'Atlantique Nord

B. Qu'est-ce que c'est? Reorder the letters to identify things you find in the classroom.

MODÈLES: LYSTO
→S-T-Y-L-O, stylo.
NORACY
→C-R-A-Y-O-N, crayon.

1. LERVI	3. LATAUBE	5. TROPE	7. DAUNITETÉ
2. TAREC	4. ICASHE	6. VISODER	8. CIERA

C. Les accents. Correct the following words or phrases by adding the missing accents and other diacritics. The asterisk indicates that these words are spelled incorrectly.

1. *le francais	3. *la fenetre	5. *le verbe etre	7. *fevrier
2. *la regle	4. *un magnetophone	6. *repondez	8. *aout

FORMES ET FONCTIONS

1. Le nombre; les articles au pluriel

Plurals of nouns

Most French nouns are made plural by adding a written letter **-s:**

un livre *a book*	deux livre**s** *two books*
une fenêtre *one window*	trois fenêtre**s** *three windows*

Nouns that end in a written **-s** remain the same in the plural; nouns ending in **-eau** add the letter **-x:**

un cours *a course*	deux cours *two courses*
un bureau *one desk*	quatre bureau**x** *four desks*

Although a letter **-s** or **-x** is added to written words to indicate the plural, it is not pronounced. You must listen for a preceding word, usually a number or an article, to tell whether a noun is plural or singular.

- **Plurals of articles**

The plural form of the definite article is always **les,** which is pronounced /le/:

le livre *the book*	**les** livres *the books*
la chaise *the chair*	**les** chaises *the chairs*

The plural form of the indefinite article is always **des,** which is pronounced /de/:

un cahier *a notebook*	**des** cahiers *notebooks, some notebooks*
une affiche *a poster*	**des** affiches *posters, some posters*

In English, plural nouns often appear without any article; in French, an article almost always accompanies the noun:

Il y a **des** livres ici.	*There are books here.*
J'aime **les** affiches.	*I like posters.*

Before a vowel sound, the **-s** of **les** and **des** is pronounced as /z/:

les chaises vs. **les** images (/z/)	des bureaux vs. **des** ordinateurs (/z/)

	l'article défini		l'article indéfini	
	singulier	*pluriel*	*singulier*	*pluriel*
masculin	**le** cahier	**les** cahiers	**un** cahier	**des** cahiers
	l'ami	**les** amis	**un** ami	**des** amis
féminin	l'amie	**les** amies	**une** amie	**des** amies
	la gomme	**les** gommes	**une** gomme	**des** gommes

A. Dans la salle de classe. Ask a classmate whether each of the objects listed can be found in your classroom. He or she can respond by indicating to whom they belong.

MODÈLE: cassettes
É1 Il y a des cassettes?
É2 Oui, voilà les cassettes de Robert.

1. cahiers
2. livres
3. stylos
4. cartes
5. règles
6. devoirs
7. cassettes
8. gommes
9. affiches

B. Dans ta chambre. Ask a classmate questions to find out what objects are in his or her room.

MODÈLE: É1 Il y a des affiches?
É2 Non, mais (*but*) il y a des photos.

C. Sur mon bureau. Do you have a desk at home? In groups of three, compare what is on your desk by naming at least three items that are on it.

MODÈLE: É1 Sur mon bureau, il y a un ordinateur, des livres et une photo.
É2 Et sur mon bureau, il y a…
É3 Sur mon bureau, il y a…

2. Les pronoms disjoints

- You have already learned that subject pronouns can be used in place of a noun (for example, a person or an object) as the subject of a sentence. *Subject pronouns* appear with a *verb*:

Alain est de Paris?	*Alain is from Paris?*
—Non, **il** est de Montréal.	*—No, he's from Montréal.*

- A different set of pronouns, *stressed pronouns*, is used:
  - — in short questions that have no verb:

Je suis Corinne. Et **toi?**	*I'm Corinne. How about you?*

  - — where there are two subjects in a sentence, one of which is a pronoun:

Guy et **moi,** nous sommes fatigués.	*Guy and I are tired.*

  - — to emphasize the subject of a sentence when making comparisons:

Moi, ça va. **Lui,** il est malade.	*Me, I'm fine.* ***He****'s sick.*

  - — after **c'est** and **ce sont:**

C'est Philippe?	*Is that Philippe?*
—Oui, c'est **lui.**	*Yes, it is he.*
Ce sont M. et Mme Dupont?	*Is that Mr. and Mrs. Dupont?*
—Oui, ce sont **eux.**	*Yes, it is they.*

Here are the stressed pronouns, shown with the corresponding subject pronouns:

moi	je	**nous**	nous
toi	tu	**vous**	vous
lui	il	**eux**	ils
elle	elle	**elles**	elles

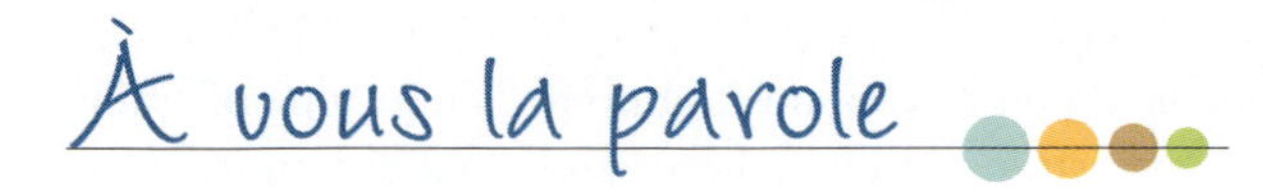

À vous la parole

A. C'est ça. Confirm to your partner who these people are.

MODÈLES: É1 C'est toi?
É2 Oui, c'est moi.
É1 Ce sont Marie et Hélène?
É2 Oui, ce sont elles.

1. C'est Guy?
2. C'est Janine?
3. C'est toi?
4. C'est Alain?
5. Ce sont Anne et Nicole?
6. C'est vous?
7. Ce sont Georges et Michel?
8. Ce sont Béatrice et Laurent?

B. Ça va? Using stressed pronouns, tell how everyone is feeling.

MODÈLE: Moi? Fatigué.
→Moi, je suis fatigué.

1. Kevin et moi? En forme.
2. Toi? Fatigué.
3. Rachid? Très occupé.
4. Nous? Malade.
5. David et toi? En forme.
6. M. Lefranc? Stressé.
7. Marc et Christine? Occupés.
8. Janine et Sarah? Très fatiguées.
9. Vous?

C. À tour de rôle. Your instructor is very forgetful! Take turns reminding him or her of your name and your classmates' names.

MODÈLE: →Moi, je m'appelle Annie; et lui, il s'appelle David.

Media

You can listen to the **Écoutons** section on the Student audio CD.

ÉCOUTONS *Des francophones bien connus*

1. Listen as Carole describes four famous French-speaking people. The first time you listen, fill in the first column of the chart with the city where they were born. The next time, fill in the second column with their birthday, written in French.

Nom	Ville d'origine	Anniversaire	Profession
Jacques CHIRAC			
Gabrielle ROY			
Emmanuelle BÉART			
M.C. SOLAAR			

2. Now listen again and try to determine why these people are famous. Write their profession in English in the last column.

Venez chez nous!
Le français dans le monde

PARLONS *Qui parle français?*

What do you know about who speaks French, where, and for what purposes?

1. The French-speaking population of the world totals approximately . . .
   a. 60 million b. 100 million c. 250 million d. 450 million
2. In a Francophone country, everyone speaks French.
   a. True b. False
3. French is an official language in the United States.
   a. True b. False
4. In the 18th century, French was the language of diplomacy and international affairs.
   a. True b. False
5. The agency for Francophony is . . .
   a. a political and economic federation, a kind of French commonwealth.
   b. the only international organization based on a language.
   c. a vehicle for recognizing the cultural diversity of French-speaking people.

le Québec

Number 1

Did you answer ... b. 100 million? You are correct. About 60 million of these people live in France; about 15 million live in countries where part of the population speaks French as a vernacular language (Belgium, Canada, Switzerland); about 25 million are people who speak French and some other language(s) as vernaculars in countries where most of the population doesn't use French every day. Give yourself two points.

la Guadeloupe

le Sénégal

Number 2

The answer is False; give yourself two points if you answered correctly. In a Francophone country, not necessarily everyone speaks French. In some countries, French is both an official language (used in government and education) and a vernacular language (used in everyday communication). Belgium is an example of a country in which French is both an official and a vernacular language. In Haiti, on the other hand, French serves as one of two official languages, but is spoken by only about 15% of the population. The vernacular language of the majority of Haitians is Haitian Creole.

Number 3

The answer is True; two points if you answered correctly. Since 1968, French and English have been declared official languages in Louisiana. Somewhere between a quarter million and a half million Cajun speakers live in the bayou region of southwest Louisiana.

la Polynésie

Number 4

Two points if you answered True. Philosophers such as Montesquieu, Voltaire, and Rousseau, had a profound effect on the politics of the era. Both Benjamin Franklin and Thomas Jefferson spoke French and lived for a time in Paris, meeting many of the great French thinkers of the day. The influence of French philosophers is seen in our own United States Constitution: the notion of separation of executive, legislative, and judicial powers is an idea developed by Montesquieu in his work **L'Esprit des lois** (*The Spirit of Laws*).

Number 5

The answer is both B and C; give yourself two points for either, four points if you answered both! In 1970 several African nations joined to form an economic entity that would promote technology and culture across French-speaking countries. The current Agency for Francophony was founded after a series of developments: France disentangled itself from its last colony and became a champion of the Third World in the West; reactions grew to the predominance of American entertainment on the world's airwaves; Canada struggled with how to accommodate Quebec's reaffirmation of its French cultural roots without tearing the country apart. The first meeting of the organization took place in 1986, and recent meetings have seen more than fifty delegations present.

How did you score?

Total your points. If you earned . . .

10–12 points **Bravo!** You're well informed about the Francophone world.
8 points **Félicitations!** You're quite knowledgeable.
6 points **Eh bien!** You've learned some new things today.
Less than 6 points **Dommage!**
But you'll learn more about French speakers in the upcoming chapters.

LISONS *Titres de journaux*

A. Avant de lire. Here is a series of headlines from the French-language press. As you read them, you will see that you do not need to know every word in order to grasp their general meaning. For example, you can guess that the article titled **Dossier Beauté: Écolo Cosméto** probably has to do with cosmetics and ecology; the subtitle contains other cognates that help confirm this guess. You can also use context to guess the meaning of unfamiliar words. For example, in the phrase **aérosols sans fréon,** you might guess that the word **sans** means *without,* since that would be an ecological improvement!

1. Regards sur la ville aimée
Le musée de la Photographie à Charleroi présente une rétrospective de Gilbert De Keyser et une excellente cuvée de jeunes photographes.
Le Soir (Bruxelles)

2. **LE DOSSIER HAÏTI PASSE AUX NATIONS-UNIES**
Résolution OEA
Haïti en marche (Miami)

3. **DOSSIER BEAUTÉ: ÉCOLO COSMÉTO**
La cosmétologie se met à l'heure écolo. Shampooings biodégradables, crèmes aux plantes, aérosols sans fréon…
20 ans (Paris)

4. **Basketball/Première ligue**
Uni et Corcelles vont mal
L'Express (Neuchâtel)

5. ***LA RÉFORME DU SYSTÈME ÉLECTORAL CANADIEN***
Le Devoir (Montréal)

6. *La bombe d'Amsterdam*
Sida: Un troisième virus?
Le Nouvel Observateur (Paris)

B. En lisant. Decide which headline/s deal/s with . . .

1. art
2. sports
3. politics/elections
4. cosmetics
5. medical news
6. the environment
7. international diplomacy

What words helped you make your decision in each case?

C. En regardant de plus près. Now that you have read through the headlines, look more closely at these features.

1. Find at least one cognate in each headline.
2. Based on the context, tell what the following words or expressions mean.
   a. Le musée de la Photographie (#1)
   b. Uni et Corcelles vont mal (#4)
   c. Résolution OEA (#2)
   d. Système électoral canadien (#5)
   e. Écolo cosméto; crèmes aux plantes, aérosols sans fréon (#3)
   f. troisième virus (#6)

D. Après avoir lu. For each headline, the source has been indicated. What does this tell you about where French is used in the world today? Can you explain why French is used all over the world?

ÉCOUTONS *Je me présente*

What information do people generally give when they introduce themselves? Listen as the five people shown introduce themselves, telling where they are from and what language they speak. Match their photos with the places they come from and find those places on the map.

Brigitte Piron

David Nokan

Pierre Trembley

Louis-Jean Dorélus

Annie Doucet

A. Vous avez compris? Who lives in . . .

1. Belgium?
2. Ivory Coast?
3. Quebec?
4. Louisiana?
5. Haiti?

B. Les langues. How many people speak a language other than French? Which of the following languages are mentioned? You may listen to the introductions more than once if you wish.

___ Baoulé
___ Cajun
___ Creole
___ (American) English
___ Flemish
___ German
___ Wolof

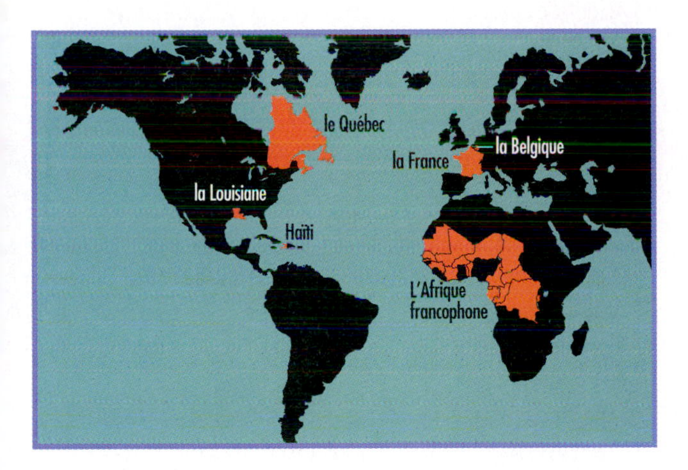

ÉCRIVONS *Voyages en francophonie*

On the inside cover of your textbook there is a world map that lists all of the Francophone countries/regions of the world. On a separate sheet of paper, make two lists: (1) Francophone countries/regions that you have already visited **(J'ai déjà visité…)**; (2) Francophone countries that you would like to visit in the future **(Je voudrais visiter…)**.

MODÈLE:	J'ai déjà visité:	Je voudrais visiter:
	le Canada	la France
	la Louisiane	le Maroc
	etc.	etc.

Compare your lists with those of other students in the class to see who has visited the most Francophone countries/regions. Talk about why you'd like to visit the other places you named.

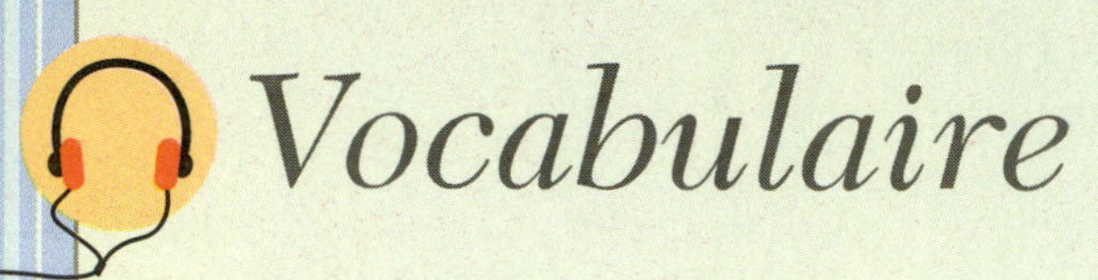

Vocabulaire

LEÇON 1

pour vous présenter	**to introduce yourself**
Comment tu t'appelles?	*What is your name?*
Comment vous appelez-vous?	*What is your name?*
Je m'appelle Chantal.	*My name is Chantal.*
Je te/vous présente Guy.	*I introduce/present Guy to you.*
Voici . . .	*Here is/are . . .*
Enchanté/e.	*Delighted.*
Je suis de Montréal.	*I am from Montreal.*

pour saluer	**to greet**
Bonjour.	*Hello.*
Bonsoir.	*Good evening.*
Comment allez-vous?	*How are you?*
Très bien, merci.	*Very well, thank you.*
Bien aussi.	*Fine, also.*
Salut.	*Hi.*
Comment ça va?	*How's it going?*
Ça va, et toi?	*Fine, and you?*
Pas mal.	*Not bad.*
Comme ci, comme ça.	*So-so.*
Ça ne va pas.	*Things aren't going well.*

pour prendre congé	**to take leave**
Au revoir.	*Good-bye.*
À bientôt.	*See you soon.*
À demain.	*See you tomorrow.*
Salut.	*'Bye.*

des personnes	**people**
Madame (Mme)	*Mrs.*
Mademoiselle (Mlle)	*Miss*
Monsieur (M.)	*Mr.*
un/e ami/e	*friend*
un/e camarade de classe	*classmate*

quelques expressions avec le verbe *être*	**a few expressions with the verb *to be***
être en forme	*to be fine*
être fatigué/e	*to be tired*
être malade	*to be sick*
être occupé/e	*to be busy*
être stressé/e	*to be stressed*
c'est/ce sont . . .	*this is . . . these are . . .*

autres mots utiles	
non	*no*
oui	*yes*

LEÇON 2

dans la salle de classe	**in the classroom**
une affiche	*poster*
un bureau	*desk*
un cahier	*notebook*
une carte	*map*
une cassette	*cassette tape*
une chaise	*chair*
une craie	*stick of chalk*
un crayon	*pencil*
des devoirs (m)	*homework*
une fenêtre	*window*
une gomme	*eraser*
un livre	*book*
un magnétophone	*tape player*
un ordinateur	*computer*
une porte	*door*
une règle	*ruler*
un stylo	*pen*
un tableau	*blackboard*

pour donner des ordres	**to give orders**
Allez à la porte!	*Go to the door!*
Allez au tableau!	*Go to the blackboard!*
Asseyez-vous!	*Sit down!*

Donnez la craie à Marie!	*Give the stick of chalk to Marie!*
Écoutez bien, s'il vous plaît!	*Listen, please!*
Écrivez votre nom et votre prénom!	*Write down your last name and your first name!*
Effacez le tableau!	*Erase the blackboard!*
Fermez le livre!	*Close the book!*
Levez-vous!	*Get up/stand up!*
Lisez les mots au tableau!	*Read the words on the blackboard!*
Montrez-moi votre livre!	*Show me your book!*
Ouvrez la fenêtre!	*Open the window!*
Prenez un stylo!	*Take a pen!*
Regardez le tableau!	*Look at the blackboard!*
Rendez-moi les devoirs!	*Hand in your homework!*
Répondez en français!	*Answer in French!*

des expressions pour la salle de classe	**expressions for the classroom**
Comment dit-on *blackboard* en français?	*How do you say "blackboard" in French?*
Je ne comprends pas.	*I don't understand.*
Pardon?	*Excuse me?*
Parlez plus fort!	*Speak louder.*
Répétez, s'il vous plaît.	*Repeat, please.*
Voilà . . .	*Here/ There is/are . . .*
il y a . . . (il n'y a pas de . . .)	*there is/are . . . (there isn't/aren't . . .)*

pour remercier quelqu'un	**to thank somebody**
Merci.	*Thank you.*
Je vous en prie.	*Don't mention it.*
De rien.	*Not at all.*
Il n'y a pas de quoi.	*You're welcome.*

des personnes	**people**
un/e étudiant/e	*student*
un professeur	*teacher*
une dame	*lady*
un monsieur	*man*

LEÇON 3

les mois de l'année	**the months of the year**
janvier	*January*
février	*February*
mars	*March*
avril	*April*
mai	*May*
juin	*June*
juillet	*July*
août	*August*
septembre	*September*
octobre	*October*
novembre	*November*
décembre	*December*
C'est le quatre septembre.	*It's September 4.*
un anniversaire	*birthday*

Ma famille et moi

Leçon 1 Voici ma famille

POINTS DE DÉPART Ma famille

SONS ET LETTRES Les modes articulatoires du français: la tension

FORMES ET FONCTIONS

1. Les adjectifs possessifs au singulier
2. Les adjectifs invariables

LISONS Faire-part de mariage

Leçon 2 État civil

POINTS DE DÉPART Ils ont quel âge?

SONS ET LETTRES La prononciation des chiffres

FORMES ET FONCTIONS

1. Le verbe *avoir*
2. Les adjectifs possessifs au pluriel

PARLONS Ma famille

Leçon 3 Nos activités

POINTS DE DÉPART Une semaine typique

FORMES ET FONCTIONS

1. Le présent des verbes en *-er* et la négation
2. Les questions

ÉCOUTONS Le répondeur

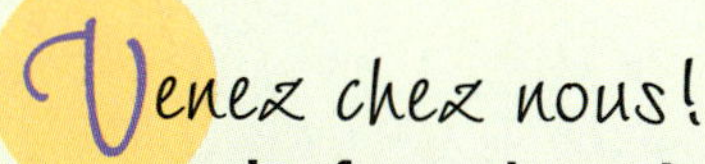

Venez chez nous! Le français en Louisiane

PARLONS Ton nom, c'est quoi?

ÉCRIVONS Une famille louisianaise

LISONS Schizophrénie linguistique

ÉCOUTONS La musique des Cadiens

Language Use

- Identifying and describing family members
- Counting from 30 to 99 and telling how old someone is
- Describing what you do at various times
- Asking yes-no questions

Media

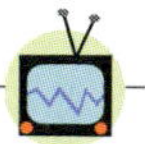

- CD-ROM: Chapitre 2
- Student audio CD: Chapitre 2
- Video: Chapitre 2
- Website: **http://www.prenhall.com/cheznous**

Leçon 1 Voici ma famille

POINTS DE DÉPART

Additional practice activities for each **Points de départ** section are provided on the CD-ROM and website: **http://www.prenhall.com/cheznous**

Ma famille

Salut, je m'appelle Éric Brunet. Voici ma famille. D'abord mes grands-parents Brunet—ce sont les parents de mon père. Mon père a une sœur; elle s'appelle Annick Roy. Paul Roy est son mari. Pourquoi mes cousins ont des noms différents? C'est parce que ma tante est divorcée et remariée. Loïc est le fils de son premier mari mais Hélène est la fille de son deuxième mari, Paul Roy. Ma mère est d'une famille nombreuse. Elle a deux frères et trois sœurs. Alors, j'ai beaucoup d'oncles, de tantes, de cousins et de cousines. Mes grands-parents Kerboul ont beaucoup de petits-enfants et mes parents, beaucoup de nièces et de neveux. Ma grande sœur Fabienne, qui est étudiante, est fiancée. Moi, je vais au lycée, et mon petit frère Stéphane va au collège. Chez nous il y a aussi des animaux familiers. Nous avons un chien, César, et deux chats, Minou et Cédille.

Jean-Pierre Brunet

Madeleine Brunet (née Guilbaud)

Yves Brunet

Micheline Brunet (née Kerboul)

Annick Roy (née Brunet) Paul Roy

Fabienne

Éric

Stéphane

Loïc Leclerc

Hélène

César Minou Cédille

	La famille		
le mari	la femme		
les parents		**les grands-parents**	
le père	la mère	le grand-père	la grand-mère
le beau-père	la belle-mère		
les enfants		**les petits-enfants**	
le fils	la fille	le petit-fils	la petite-fille
des jumeaux	des jumelles		
le frère	la sœur		
le cousin	la cousine		
l'oncle	la tante		
le neveu	la nièce		
célibataire	fiancé/e	marié/e	divorcé/e

A. Relations multiples. Describe the relationships among the various members of Éric's family.

MODÈLE: Paul Roy: Annick Roy, Éric
→C'est le mari d'Annick Roy; c'est l'oncle d'Éric.

1. Loïc: Hélène, Éric
2. Annick Roy: Yves Brunet, Paul Roy
3. Annick Roy: Madeleine Brunet, Fabienne
4. Loïc: Yves Brunet, Jean-Pierre Brunet
5. Fabienne: Annick Roy, Hélène
6. Éric: Jean-Pierre et Madeleine Brunet, Yves Brunet
7. Madeleine Brunet: Yves Brunet, Hélène
8. Jean-Pierre Brunet: Annick Roy, Fabienne

B. Le mot juste. Complete the definitions of these family relationships.

MODÈLE: La mère de ma cousine est ma...
→La mère de ma cousine est ma tante.

1. Le père de ma mère est mon…
2. La sœur de mon père est ma…
3. La fille de mon oncle est ma…
4. Le frère de ma cousine est mon…
5. Le mari de ma tante est mon…
6. La mère de mon père est ma…
7. Le fils de mon frère est mon…
8. La fille de mon frère est ma…

Éclairages

La famille en France

The face of the family is changing in France. Today's couples tend to have fewer children. Although divorce is less common than in the United States, the rate is rising. An estimated one million unmarried French men and women live together, three times the rate of twenty years ago. It is also not uncommon for an unmarried couple to have a child together. The status of couples who live together without being married, of both the same and opposite sexes, has recently been legalized by a law called the **Pacte Civil de Solidarité (le PACS)**. Although the family is changing, relations among family members still tend to be close and to have a strong influence in a French person's life. Young people, for example, have frequent contact with their extended family: grandparents, aunts, uncles, and cousins. Because of recent high unemployment rates, young people also tend to remain in their parents' home for longer periods of time. One half of all 22-year-olds and a quarter of 25-year-olds live at home.

Les animaux familiers

The French love animals. They own approximately 9 million cats, 9 million dogs, 10 million birds, and 14 million fish, hamsters, rabbits, mice, etc. Dogs are such an integral part of so many families that they are admitted into most cafés and bars, and it is not unusual for them to be brought into even the best restaurants.

ET VOUS?

1. How does the typical French family seem to compare to the typical American family, and to your own?
2. How would you characterize the role of family life in France? Is the role of family life in North America similar, in your opinion?
3. How would you feel about dining in a restaurant where pets are regularly allowed under the tables, as they often are in France? What does this custom suggest about differences in French and American attitudes toward public spaces?

C. Et vous? Tell your partner about your family and pets, using the outline below.

MODÈLE: →Je m'appelle Anne. Ma mère s'appelle Nancy et mon père s'appelle Rick. J'ai une sœur. Elle s'appelle Christy. Je n'ai pas de frère. J'ai un chien, Rusty.

Je m'appelle...
Ma mère s'appelle...
Mon père s'appelle...
J'ai ___ sœur/s, elle/s s'appelle/nt... Je n'ai pas de...
J'ai ___ frère/s, il/s s'appelle/nt...
J'ai __ chat/s/__ chien/s, ...

The **Sons et lettres** section, including the practice activities, is recorded on the Student audio CD.

SONS ET LETTRES

Les modes articulatoires du français: la tension

At the end of a syllable, French vowels are pronounced with the lips and the jaws tense. French vowels are usually shorter than corresponding English vowels, and the lips and jaws do not move during their production. When you pronounce English vowels, your chin often drops or your lips move, and a glided vowel results.

- French /i/, as in **Mimi,** is pronounced with the lips spread and tense, as if you had a frozen extreme smile. The sound produced is high-pitched.
- French /u/, as in **Doudou,** is pronounced with the lips very rounded and tense. They should also be projected forward. The sound produced is a very low-pitched, deep sound and very different from that of the vowel of English *do*.

À vous la parole

A. Présentations. Introduce Catherine's family members by choosing an appropriate name from one of the two lists; use each name only once. Remember to keep your lips tense and spread for the vowel /i/.

MODÈLES: son oncle
→Voici son oncle Yves.

sa tante
→Voici sa tante Annick.

David, Yves, Emile, Phillippe — Annick, Sylvie, Alice, Christine

1. sa cousine
2. son fils
3. son petit-fils
4. sa fille
5. son mari
6. sa petite-fille

B. Les animaux familiers. At a pet show, owners are calling their cats. Imitate what they say. Remember to protrude your lips and keep them round and tense for /u/. Also, pronounce the final consonant clearly.

1. Ici (*here*), Mistigri!
2. Ici, Minouche!
3. Ici, Doudouce!
4. Ici, Foufou!
5. Ici, Loulou!
6. Ici, Fifine!
7. Ici, Toutou!
8. Ici, Minette!

C. Slogan. In French school zones you will find a sign urging motorists to drive slowly. Practice reading the warning aloud.

Pensez à nous! Roulez tout doux! *Think of us! Drive real slow!*

FORMES ET FONCTIONS

Media

Additional practice activities for each **Formes et fonctions** section are provided on the CD-ROM and website: **http://www.prenhall.com/cheznous**

1. Les adjectifs possessifs au singulier

- Possessive adjectives indicate ownership or other types of relationships.

Voilà **ma** mère.	*There's my mother.*
C'est **ton** frère?	*Is that your brother?*
Ce sont **tes** cousins?	*Are these your cousins?*

singulier			pluriel
masculin + *consonne*	*masc/fém* + *voyelle*	*féminin* + *consonne*	
mon frère	**mon** oncle	**ma** tante	**mes** cousins
ton père	**ton** amie	**ta** mère	**tes** parents
son copain	**son** ami	**sa** sœur	**ses** amis

- The form of the possessive adjective depends on the gender and number of the noun that it modifies.

C'est **le frère** de Nicole?	—Oui, c'est **son** frère.	*Yes, it's her brother.*
C'est **la tante** d'Henri?	—Oui, c'est **sa** tante.	*Yes, it's his aunt.*
Voilà **les cousins** d'Henri.	Voilà **ses** cousins.	*There are his cousins.*

- Use **mon, ton**, and **son** before any singular noun beginning with a vowel, and pronounce the liaison /n/:

C'est **mon** amie Sylvie.	*This is my friend Sylvie.*
C'est **ton** oncle?	*Is that your uncle?*

- For plural nouns beginning with a vowel, pronounce the liaison /z/:

Voilà **ses** amies.	*There are his/her friends.*
Ce sont **mes** oncles.	*These are my uncles.*

À vous la parole

A. C'est qui? Imagine you are at a family gathering with a friend. Answer his or her questions about the people you see.

MODÈLES: É1 Ce sont tes cousins?
É2 Oui, ce sont mes cousins.

É1 C'est le frère de ton père?
É2 Oui, c'est son frère.

1. C'est ta mère?
2. Ce sont tes grands-parents?
3. C'est le mari de ta sœur?
4. C'est ton oncle?
5. Ce sont les enfants de ta sœur?
6. C'est la sœur de ta mère?
7. Ce sont tes frères?
8. Ce sont les parents de ton cousin?

B. Un arbre généalogique. Ask your partner questions so that you can draw his/her family tree.

MODÈLE: É1 Paul, comment s'appelle ta mère?
É2 Elle s'appelle Anne.
É1 Et ton père?
É2 Il s'appelle David.
É1 Il y a combien de filles? Combien de garçons?

C. Tu as ça? Ask a partner whether she/he has each of the items on the list. Your partner will then show which items she/he has.

MODÈLE: livre de français
É1 Tu as ton livre de français?
É1 Oui, voilà mon livre.
OU Non.

1. cahier
2. devoirs
3. stylo
4. règle
5. cassette
6. crayon
7. gomme
8. photos

D. Qu'est-ce que vous prenez? Imagine that your dorm/house/apartment is on fire, and you have time to take only three things. What would you take? Make a list and share it with your partner.

MODÈLE: → 1. les photos de ma famille et de mes amis
2. mes deux chats, Mickey et Minnie
3. mon ordinateur

2. *Les adjectifs invariables*

sympa(thique) ≠ désagréable

optimiste ≠ pessimiste

sociable ≠ réservé/e

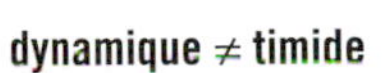

dynamique ≠ timide

idéaliste ≠ réaliste

discipliné/e ≠ indiscipliné/e

conformiste ≠ individualiste

raisonnable ≠ têtu/e

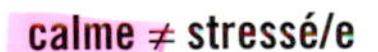

calme ≠ stressé/e

- Adjectives are used to describe a person, place, or thing. French adjectives agree in gender and number with the noun they modify. Look at the adjective endings in the examples below, noting the addition of **-e** and/or **-s** when called for.

SINGULIER	*f.*	Claire est	calme	et	réservé**e**.
	m.	Jacques est	calme	et	réservé.
PLURIEL	*f.*	Mes amies sont	calme**s**	et	réservé**es**.
	m.	Mes copains sont	calme**s**	et	réservé**s**.

- All forms of adjectives like **calme** and **réservé**, whose masculine singular form ends in a vowel, are pronounced alike. Because they have only one spoken form, they are called *invariable*. The feminine ending **-e** and the plural ending **-s** show up only in the written forms.

- Most French adjectives follow the noun they modify.

Sylvie est une étudiante **sociable.**	*Sylvie is a friendly student.*
Marc est un enfant **raisonnable.**	*Marc is a reasonable child.*

Adjectives are also used in sentences with the verb **être** where they modify the subject.

Laurent est **optimiste.**	*Laurent is optimistic.*
Marie-Louise est **calme.**	*Marie-Louise is calm.*

- With a mixed group of feminine and masculine nouns, the masculine plural form of the adjective is used.

Jeanne et Marie sont **têtues.**	*Jeanne and Marie are stubborn.*
Richard et Robert sont **réservés.**	*Richard and Robert are reserved.*
Alain et Michèle sont **disciplinés.**	*Alain and Michèle are disciplined.*

> The French often express a negative trait or thought by using its opposite in a negative sentence:
>
> Elle n'est pas sympa! — *She's not nice!*
> *instead of*
> Elle est désagréable! — *She's disagreeable!*

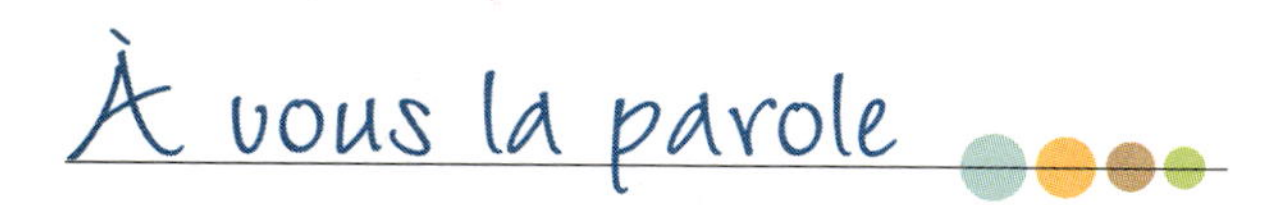

A. Le contraire. Answer each question using the opposite adjective.

MODÈLE: Ces étudiantes sont disciplinées?
→Non, elles sont indisciplinées.

1. Ces femmes sont calmes?
2. Ces professeurs sont idéalistes?
3. Ces enfants sont sociables?
4. Ces filles sont têtues?
5. Ces familles sont conformistes?
6. Ces étudiants sont pessimistes?
7. Ces étudiantes sont timides?

B. Contrastes. Compare your ideas with those of a classmate.

MODÈLE: le/la camarade de chambre idéal/e
É1 Pour moi, le camarade de chambre idéal est calme et réservé.
É2 Pour moi, le camarade de chambre idéal est calme aussi, mais il est sociable.

1. le parent idéal
2. le professeur idéal
3. l'étudiant/e typique
4. le/la partenaire idéal/e

Comment préciser une description

trop *(too)* **vraiment** *(really)* **très** *(very)* **assez** *(rather)* **un peu** *(a little)*

←——————————————————————————→

C. Descriptions. Describe each of the following people to a classmate.

MODÈLE: ton/ta camarade de chambre
→Ma camarade de chambre est un peu indisciplinée, mais elle est très sympathique.

1. ton/ta camarade de chambre
2. ton professeur préféré
3. ton/ta meilleur/e ami/e
4. ton frère ou ta sœur
5. ton père ou ta mère

LISONS *Faire-part de mariage*

A. Avant de lire. On page 50 you will find three very similar documents.

1. Look over the documents to decide for what purpose they have been designed.
2. What kinds of information would you expect to find in these documents? Choose from the list below.

____ addresses
____ ages
____ dates
____ names
____ places
____ prices
____ professions
____ relationships
____ religion
____ times
____ weather

3. Announcements such as these tend to be very *formulaic* in nature. This means that the type of information provided is highly predictable, and often the phrasing is very similar. Think of some examples in English. In what type of document would you expect to find the phrase *request the pleasure of your company* or *reply requested*?

B. En lisant. As you read, look for the following:

1. For each of the announcements, complete the following chart.

	1er faire-part	2ème faire-part	3ème faire-part
Couples' names:			
Parents' names:			
Date:			
Time:			
Place:			

2. What information do you find in these announcements that you do not usually expect to find in similar announcements in the United States?
3. Notice that the style of the first announcement is very different from that of the other two. What does it tell you about the people who sent this announcement?

2.

Guylaine *Jean-Joël*

ont la joie de vous faire part de leur mariage qui aura lieu
le Samedi 4 Août 2001 à 16 heures
en l'Église Saint Genitour à Le Blanc

M. et Mme Jacques Heret
129, rue de l'Hautil
78510 Triel-sur-Seine

M. et Mme René Périvier
6, rue de Tercé
86800 Tercé

1.

De l'aventure *Du romantisme* *De l'exotisme*

NOCES EN HIVER

Une production :
Marie-Thérèse et J. Paul BAUDIN
2, cité Dunant - 58340 CERCY-LA-TOUR
Denise et Marceau LANCIEN
Domaine de l'Isle - 58300 CHARRIN

Avec pour la première fois à l'écran
Marie-Christine et Laurent

Vous êtes cordialement invités à assister à l'Avant-Première qui se déroulera dans le magnifique cadre naturel de l'Église de Cercy-la-Tour,
le samedi 17 février 2001 à 15 h 30.

La cérémonie sera suivie d'un vin d'honneur où toute l'équipe de production aura grand plaisir à vous retrouver.

3.

Monsieur et Madame
André Lefranc

Monsieur et Madame
Dominique Santino

ont l'honneur de vous faire part du mariage de leurs enfants

Claudine et Patrice

La Cérémonie Religieuse sera célébrée le samedi 9 Juin 2001,
à 15 heures 40, en la Chapelle de l'Hautil, Route de l'Hautil - 78510 Triel

18, rue des Tournelles Pissefontaine
78510 Triel

127, rue de l'Ouest
75014 Paris

C. En regardant de plus près. Now look more closely at some features of the texts.

1. Two of the announcements begin in a very similar way:

M. et Mme André Lefranc et M. et Mme Dominique Santino
ont l'honneur de vous faire part du mariage de leurs enfants.

Guylaine et Jean-Joël
ont la joie de vous faire part de leur mariage.

Based on your knowledge of similar announcements in the U.S. and on your knowledge of cognates, what do you think these first lines mean?

2. The place for this event is listed in one case as **la chapelle,** in the other two as **l'église.** Given the context, what do you think is the meaning of the word **église?**

In France, marriage is first of all an official act. The bride and groom go with their guests to the town hall for a civil ceremony. Afterwards, there may also be a religious ceremony in a church, synagogue, or elsewhere. **Le vin d'honneur** is a ceremony during which guests drink wine, often champagne, to celebrate a happy event such as a wedding.

D. Après avoir lu. Discuss the following questions with your classmates.

1. What do you generally do when you receive an announcement of this type? Imagine that you decide to send flowers. To whom would you send each of the following cards with your flowers?
   a. Je partage votre joie.
   b. Félicitations aux nouveaux mariés!
   c. Bravo, chers amis!
2. Having seen these three examples, design a wedding announcement or invitation for yourself, a family member, or a friend.

Leçon 2 État civil

POINTS DE DÉPART

Ils ont quel âge?

Dans un bureau de la Sécurité sociale

L'EMPLOYÉE: Quel est votre âge, Monsieur Brunet?

M. BRUNET: J'ai quarante-cinq ans.

L'EMPLOYÉE: Bien. Et vos enfants?

M. BRUNET: Ma fille a vingt et un ans et les deux garçons, dix-sept et quatorze ans.

L'EMPLOYÉE: Et votre femme?

M. BRUNET: Ben..., c'est à elle qu'il faut demander ça!

Les nombres cardinaux de 30 à 99

30 trente	50 cinquante	70 soixante-dix	90 quatre-vingt-dix
31 trente et un	51 cinquante et un	71 soixante et onze	91 quatre-vingt-onze
32 trente-deux	55 cinquante-cinq	72 soixante-douze	99 quatre-vingt-dix-neuf
40 quarante	60 soixante	80 quatre-vingts	
41 quarante et un	61 soixante et un	81 quatre-vingt-un	
42 quarante-deux	69 soixante-neuf	89 quatre-vingt-neuf	

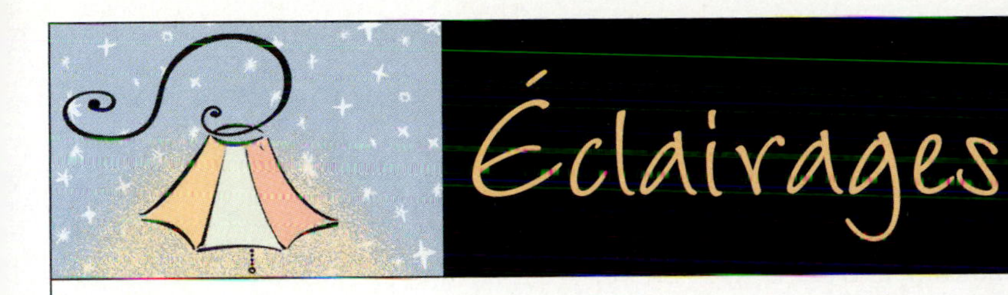

La Sécurité sociale

Social services and medical care in France are socialized, with both employers and employees paying into a common fund. Most medical expenses are fully reimbursed, with medications reimbursed at up to 80% of cost. **La Sécu** also provides monthly allowances for each child under age 21, funds parental leaves and child care for newborns, compensates for loss of salary due to accident or illness, and provides unemployment and retirement benefits.

ET VOUS?

1. How does the French social security system differ from the American one?
2. On the basis of this information, what can you infer about the role of the government in French life?

À vous la parole

A. La famille Brunet. Tell how old each of the Brunet family members is.

Jean-Pierre Brunet (72) Madeleine Brunet (69)

Yves Brunet (45) Micheline Brunet (43) Annick Roy (39) Paul Roy (51)

Fabienne (21) Éric (17) Stéphane (14) Loïc Leclerc (17) Hélène Roy (12)

MODÈLE: Quel âge ont les enfants de Jean-Pierre Brunet?
→Yves Brunet a quarante-cinq ans et Annick Roy a trente-neuf ans.

1. Quel âge a la mère de Loïc?
2. Quel âge a le père d'Hélène?
3. Quel âge a la sœur d'Éric?
4. Quel âge ont les parents d'Yves Brunet?
5. Quel âge ont les enfants d'Annick Roy?
6. Quel âge a la femme d'Yves Brunet?
7. Quel âge ont les neveux de Paul Roy?

B. Des gens connus. How old is each of these well-known people?

MODÈLE: Gérard Depardieu (1948–)
→Il a [54] ans.

1. Whitney Houston (1963–)
2. Jacques Chirac (1932–)
3. Catherine Deneuve (1943–)
4. Michael Jordan (1963–)
5. Jodie Foster (1962–)
6. Mel Gibson (1956–)
7. Julia Roberts (1967–)
8. Luciano Pavarotti (1935–)

C. Et ta famille? Ask a classmate how old various members of his or her family are.

MODÈLES: ta mère?

É1 Quel âge a ta mère?
É2 Ma mère a quarante-huit ans.

tes frères?

É1 Quel âge ont tes frères?
É2 Mon frère Robert a douze ans. Mon frère Kevin a quinze ans.

1. ta mère?
2. ton père?
3. tes frères?
4. tes sœurs?
5. tes grands-parents?
6. tes nièces?
7. tes neveux?
8. tes cousins?

SONS ET LETTRES

La prononciation des chiffres

numeral alone	*before a consonant*	*before a vowel*
un	un jour	un an
une	une fille	une affiche
deux	deux copains	deux amis /z/
trois	trois frères	trois oncles /z/
quatre	quatre profs	quatre étudiants
cinq	cinq filles	cinq enfants
six /sis/	six tantes	six oncles /z/
sept	sept livres	sept images
huit	huit cahiers	huit affiches
neuf	neuf cousines	neuf amies
dix /dis/	dix mois	dix ans /z/
vingt	vingt maisons	vingt affiches

You will have noticed that in general, final consonant letters are not pronounced in French—for example: **le chat, mes parents.**

Numbers 1–10 are exceptions. Their pronunciation depends on whether they occur by themselves, as in counting (**un, deux, trois**...), or whether they are followed by another word (**un ami, deux enfants, trois chiens**).

Except for **quatre** and **sept,** all numbers have two or three spoken forms. **Neuf** has a special form before the words **ans** and **heures: f** is pronounced /v/:

Il a neuf ans.	*He is nine years old.*
Il est neuf heures.	*It's nine o'clock.*

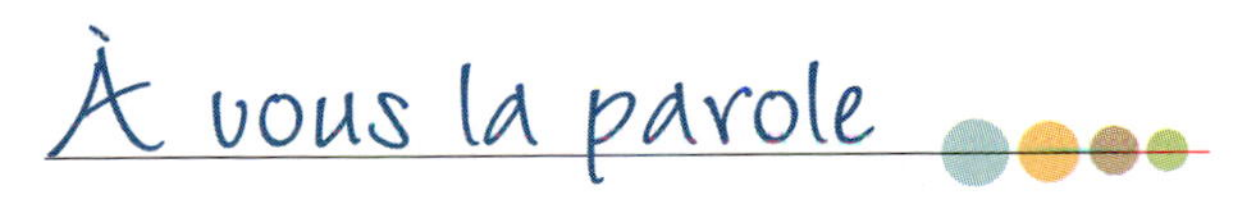

A. À la réunion de la famille Brunet. Repeat each expression.

un grand-père	un arrière-grand-père (*great-grandfather*)
trois tantes	trois oncles
dix filles	dix enfants
huit garçons	huit étudiants
cinq cousins	cinq animaux familiers

B. Dans votre famille. Now tell how many of each there are in your family.

MODÈLE: grands-parents
→Il y a deux grands-parents.

1. filles
2. étudiants
3. chiens
4. garçons
5. enfants
6. cousins
7. oncles
8. chats
9. arrière-grands-parents

C. Une comptine. Repeat the following counting rhyme.

Un, deux, trois, allons dans les bois,
Quatre, cinq, six, cueillir des cerises,
Sept, huit, neuf, dans mon panier neuf,
Dix, onze, douze, elles seront toutes rouges.

FORMES ET FONCTIONS

1. *Le verbe* avoir

- The irregular verb **avoir** *(to have)* is used to indicate possession and other relationships:

J'**ai** une sœur.	*I have a sister.*
Tu **as** un crayon?	*Do you have a pencil?*

- As you have already learned, **avoir** is also used to indicate age:

Elle **a** vingt ans.	*She is 20 years old.*
Nous **avons** dix-huit ans.	*We're 18 years old.*

- Here are the forms of **avoir**, shown with the subject pronouns:

AVOIR *to have*

SINGULIER			PLURIEL		
j'	**ai**	*I have*	nous	**avons**	*we have*
tu	**as**	*you have*	vous	**avez**	*you have*
il / elle	**a**	*he/she/it has*	ils / elles	**ont**	*they have*

- Note the following about pronunciation:
  — The first-person singular form is pronounced /e/: j'**ai**
  — The other singular forms are pronounced /a/: tu **as**, il **a**
  — Be sure to pronounce liaison /z/ for all the plural forms: nous‿**avons**, vous‿**avez**, elles‿**ont**
- Use **ne ... pas de** to express the idea of *not having any*:

Je **n'**ai **pas de** sœurs.	*I don't have any sisters.*
Nous **n'**avons **pas d'**oncle.	*We don't have an uncle.*

À vous la parole

A. Qu'est-ce qu'ils ont? Tell what each person has.

MODÈLES: je / 1 chat
→J'ai un chat.

nous / 2 chiens
→Nous avons deux chiens.

1. les Marchand / 5 filles
2. vous / 6 amis
3. Stéphane et Paul / 3 sœurs
4. je / 8 cahiers
5. tu / 4 cahiers
6. nous / 12 cassettes
7. vous / 1 ordinateur
8. Fabienne / 10 affiches

B. Qu'est-ce que vous avez? Compare with a partner what you brought to class today, and report back to your classmates.

MODÈLE: →Nous avons des cahiers. J'ai aussi un stylo et un livre.
Il/Elle a un crayon et un livre.

C. Trouvez une personne. Ask your classmates questions to find someone who has ...

MODÈLE: un frère
É1 Tu as un frère?
É2 Oui, j'ai un frère. (*you write down that person's name*)
OU Non, je n'ai pas de frère. (*you ask another person*)

1. un frère
2. trois sœurs
3. des enfants
4. un chat
5. un chien
6. une affiche
7. un magnétophone
8. un ordinateur
9. une carte
10. une photo de la famille

2. *Les adjectifs possessifs au pluriel*

- Corresponding to the subjects **nous, vous,** and **ils/elles** are the following possessive adjectives:

Voici **notre** père.	*Here's our father.*
C'est **votre** mère?	*Is that your mother?*
C'est **leur** tante.	*That's their aunt.*

Remember that **vous/votre** can refer to one person (*formal*) or to more than one.

- There is no distinction between masculine and feminine for **notre, votre,** and **leur.**
- For the plural forms, pronounce the liaison /z/ before a vowel:

Ce sont **nos**‿oncles.	*These are our uncles.*
Voici **vos**‿affiches.	*Here are your posters.*
Ce sont **leurs**‿amis.	*These are their friends.*

singulier			**pluriel**
masculin + consonne	*masc/fém* + voyelle	*féminin* + consonne	
mon frère	**mon**‿oncle	**ma** tante	**mes** cousins
ton père	**ton**‿amie	**ta** mère	**tes** parents
son copain	**son**‿ami	**sa** sœur	**ses**‿amis
	notre mère		**nos** cousines
	votre oncle		**vos**‿amis
	leur père		**leurs**‿oncles

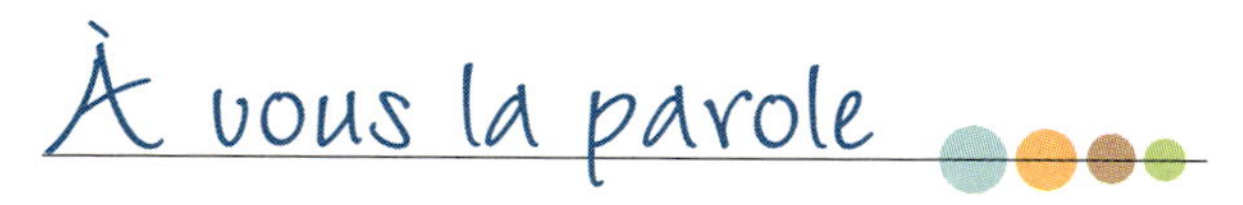

A. C'est logique. Use the possessive to point out the persons indicated.

MODÈLE: Nous avons une fille.
→Voici notre fille.

1. Nous avons deux fils.
2. Vous avez un neveu.
3. Vous avez trois cousins.
4. Ils ont une nièce.
5. Ils ont trois enfants.
6. Nous avons une tante.
7. Nous avons deux oncles.

B. Décrivons la famille Brunet. With a partner, describe family members from the points of view indicated.

MODÈLE: pour Annick Roy
→Ses parents s'appellent Jean-Pierre et Madeleine.
→Sa nièce s'appelle Fabienne.

1. pour Fabienne Brunet
2. pour Jean-Pierre et Madeleine Brunet
3. pour Annick et Paul Roy
4. pour Loïc Leclerc et Hélène Roy
5. pour Yves Brunet
6. pour Fabienne, Éric et Stéphane Brunet

C. Nous sommes la famille Brunet! Have class members take on the roles of various members of the Brunet family. Now test their memory of the family tree!

MODÈLE: à Fabienne, Éric et Stéphane Brunet
Comment s'appelle votre mère?
→Notre mère s'appelle Micheline.
Comment s'appellent vos grands-parents?
→Nos grands-parents s'appellent Jean-Pierre et Madeleine Brunet.

1. à Micheline Brunet
2. à Loïc Leroy
3. à Jean-Pierre et Madeleine Brunet
4. à Yves et Micheline Brunet
5. à Éric Brunet
6. à Annick Roy

PARLONS *Ma famille*

Sketch out your family tree on a piece of paper but do not show it to your partner. Now describe your family as your partner tries to draw your family tree. Remember to give the name and age of each person. Next, draw your partner's family tree as you listen to his or her description. Compare drawings of each family!

MODÈLE: →Voici ma famille. Ma mère s'appelle Marie. Elle a 52 ans et elle est très sociable. Mon père s'appelle Robert. Il a 54 ans. Il est un peu réservé. J'ai deux sœurs et trois chats. Mes sœurs s'appellent…

Your teacher may ask you to present your partner's family tree to the class.

Leçon 3 Nos activités

POINTS DE DÉPART

Une semaine typique

Les Dupont habitent Bruxelles. Voici une semaine typique chez eux. Le lundi matin, M. Dupont travaille normalement à la maison. Les enfants sont à l'école, et Mme Dupont travaille dans le jardin. Le mardi après-midi, Yvonne joue du piano et elle prépare sa leçon de chant. Mercredi, Mme Dupont parle au téléphone; elle invite ses parents à dîner dimanche soir. Le jeudi après-midi, M. Dupont joue au golf; il aime le sport. Vendredi soir, Simon ne travaille pas, il écoute de la musique. Samedi après-midi, Simon joue au foot avec son copain et sa sœur regarde la télé. Dimanche soir, les grands-parents arrivent, et la famille dîne ensemble.

le matin	l'après-midi	le soir				
lundi	mardi	mercredi	jeudi	vendredi	samedi	dimanche
arriver	dîner	écouter	inviter	jouer à/de	parler à	préparer
regarder	téléphoner à	travailler				

The definite article **le** is used with days of the week or times of day to refer to an activity that always happens on that particular day of the week or at that particular time:

Le lundi, je travaille à la maison.	*On Mondays, I work at home.*
Le dimanche, on dîne au restaurant.	*On Sunday, we eat out.*
Le soir, je regarde la télé.	*In the evening, I watch TV.*

Compare with the sentences below in which no article is used with the days of the week; this refers to a specific, non-repeated activity.

Je joue au tennis avec des amis **mardi.**	*I'm playing tennis with friends on Tuesday.*
Dimanche, je dîne avec ma mère.	*Sunday, I'm having dinner with my mother.*

À vous la parole

A. Associations de mots. What words do you associate with each of the verbs listed?

MODÈLE: regarder
→la télé, un film, le tableau

1. écouter
2. jouer
3. chanter
4. préparer
5. parler
6. travailler
7. aimer
8. inviter

B. Qu'est-ce que vous faites le samedi? Use the elements provided to describe to a classmate what you typically do on a Saturday.

MODÈLE: le matin / je prépare / mes leçons
→Le matin je prépare mes leçons.

le matin	je travaille	le dîner
l'après-midi	j'écoute	mes copains à dîner
le soir	je joue	au tennis
	je prépare	la télé, un film
	je regarde	à la maison
	j'invite	de la musique
		mes leçons

C. Activités préférées. Everyone's supposed to be studying, but each is thinking about his/her favorite activity! Tell what each person likes to do.

MODÈLE: Sylvie aime jouer au tennis.

D. L'agenda d'Yvonne. Tell what Yvonne is doing on each day of the week.

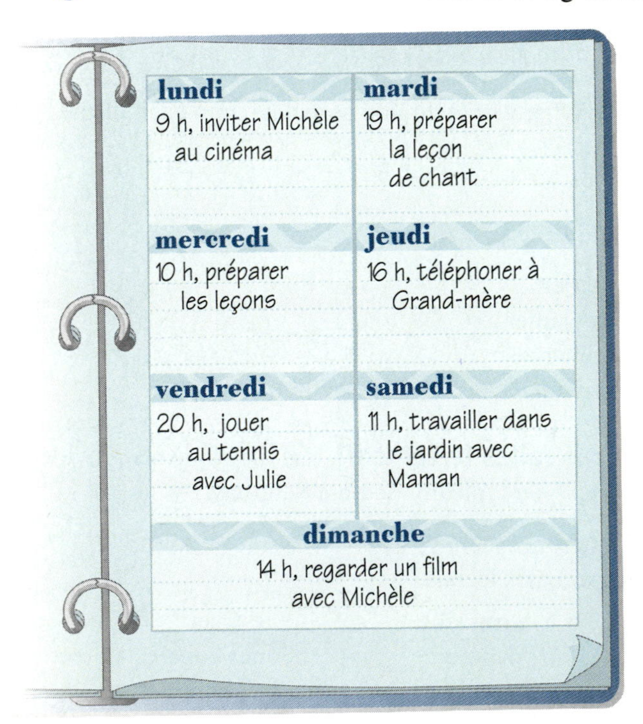

MODÈLE: Lundi matin, elle invite Michèle au cinéma.

FORMES ET FONCTIONS

1. Le présent des verbes en -er et la négation

Regular French verbs are classified according to the ending of their infinitive. Most have an infinitive form that ends in **-er.** To form the present tense of an **-er** verb, drop the **-er** from the infinitive and add the appropriate endings according to the pattern shown.

REGARDER *to look at, to watch*			
SINGULIER		PLURIEL	
je	regard**e**	nous	regard**ons**
tu	regard**es**	vous	regard**ez**
il / elle / on	regard**e**	ils / elles	regard**ent**

- Verbs ending in **-er** have three spoken forms. All singular forms and the **ils/elles** plural forms are pronounced alike. Their endings are important written signals, but they are not pronounced. The only endings that represent sounds are -**ons** and -**ez,** which correspond to the subject pronouns **nous** and **vous.**

- When a verb begins with a consonant, there is no difference in the pronunciation of singular and plural for **il/s** and **elle/s.** Use the context to decide whether the speaker means one person, or more than one:

  Mon cousin, il joue du piano. — *My cousin, he plays the piano.*
  Mes frères, ils jouent au foot. — *My brothers, they play soccer.*

- The liaison /z/ of the plural form allows you to distinguish the singular form from the plural when the verb begins with a vowel sound:

  il aime vs. ils‿aiment (/z/) — *he likes, they like*
  elle habite vs. elles‿habitent (/z/) — *she lives, they live*

- **On** is an indefinite pronoun that can mean *one, they,* or *people,* depending on the context. In conversational French, **on** is often used instead of **nous.**

  On parle français ici. — *They speak French here.*
  On joue au foot? — *Shall we play soccer?*

- In French the present tense is used to talk about a state or a habitual action:

  Je **parle** français. — *I speak French.*
  Il **travaille** le week-end. — *He works on weekends.*

- It is also used to talk about an action taking place while one is speaking:

On **regarde** la télé.	*We're watching TV.*

- To make a sentence negative, put **ne** (or **n'**) before the verb and **pas** after it:

Je **ne** travaille **pas.**	*I'm not working.*
Nous **n'**aimons **pas** le golf.	*We don't like golf.*

A. La semaine chez les Dupont. Imagine that you're Mme Dupont, and describe your family's activities throughout the week.

MODÈLE: lundi matin: Mme Dupont
→Je travaille dans le jardin.

1. lundi matin: M. Dupont, les enfants
2. mardi après-midi: Yvonne
3. mercredi: Mme Dupont
4. jeudi après-midi: M. Dupont
5. vendredi soir: Simon
6. samedi matin: Simon, Yvonne
7. dimanche soir: les grands-parents, la famille

B. Vos habitudes. Explain to a partner when you or the people you know typically do the things listed.

MODÈLES: vous / regarder la télé
→Je regarde la télé le vendredi soir.
OU →Je ne regarde pas la télé.

vous et vos parents / parler au téléphone
→Nous parlons au téléphone le week-end.

1. votre camarade de chambre / préparer ses leçons
2. vous / regarder un film à la télé
3. vous et vos amis / jouer au tennis
4. votre père / préparer le dîner
5. vous / écouter la radio
6. vous et votre frère ou sœur / parler au téléphone
7. vos parents / travailler

C. Ce soir. Tell your partner one thing you're doing tonight, and one thing you're not doing. Compare your answers as you report back to the class.

MODÈLE: É1 Ce soir, je travaille à la maison. Je ne regarde pas la télé.
É2 Moi non plus (*Me neither*), je ne regarde pas la télé. Je joue au tennis.
É1 Nous ne regardons pas la télé. Chris joue au tennis, et moi, je travaille.

D. Cette semaine. Describe to a classmate some of the things you'll be doing later this week.

MODÈLE: Jeudi soir, je prépare mes leçons; vendredi soir, je regarde un film avec mes copains; samedi, je parle au téléphone avec mes parents.

Then report back to the class what you learned about your partner.

2. *Les questions*

- There are two types of questions in English and French: *yes-no questions*, which require confirmation or denial, and *information questions*, which contain words such as **qui** (*who*) or **comment** (*how*) and ask for specific information. The simplest way to form yes-no questions in French is to raise the pitch level of your voice at the end of the sentence. These questions are said to have a rising intonation:

Suzanne est ta cousine?	*Suzanne is your cousin?*
Tu t'appelles Alice?	*Your name is Alice?*

- Another way of asking a yes-no question is by putting **est-ce que/qu'** at the beginning of the sentence. These questions are usually pronounced with a falling voice pitch:

Est-ce que vous parlez français?	*Do you speak French?*
Est-ce qu'il joue au foot?	*Does he play soccer?*

travaille-t-il au jamba juice?
joue-t-elle...? tell

- If a question is phrased in the negative, and you want to contradict it, use **si** in your response:

Tu n'es pas mariée? —**Si**, voilà mon mari.	*You're not married?* *Yes (I am), there's my husband.*
Tu n'aimes pas le français? —**Si**, j'aime le français.	*You don't like French?* *Yes, I do like French.*

When French speakers think they already know the answer to a question, they sometimes add **n'est-ce pas** to the end of the sentence for confirmation.

Vous êtes de Paris, **n'est-ce pas?**	*You're from Paris, aren't you?*
Ton père parle français, **n'est-ce pas?**	*Your father speaks French, doesn't he?*

However, be careful. French speakers do not use **n'est-ce pas** as frequently as American speakers use tag questions such as *aren't you? doesn't he? didn't you?*

À vous la parole

A. Encore la famille Brunet! Ask for confirmation from your classmates concerning the members of the Brunet family.

MODÈLE: La mère d'Éric s'appelle Micheline.
→Est-ce que la mère d'Éric s'appelle Micheline?
OU →La mère d'Éric s'appelle Micheline?

1. Éric a une sœur.
2. Sa sœur s'appelle Fabienne.
3. Il a deux cousins.
4. Ses grands-parents sont Jean-Pierre et Madeleine Brunet.
5. Il n'a pas de frère.
6. Sa tante est divorcée et remariée.
7. Elle a deux enfants.
8. La sœur de Loïc s'appelle Hélène.
9. Annick Roy a un frère.
10. Le mari de Micheline s'appelle Yves.

B. C'est bien ça? Draw a picture on the blackboard. Your classmates will try to guess what it is.

MODÈLE: (Vous dessinez un crayon.)
É1 Est-ce que c'est un stylo?
É2 C'est une craie?
É3 Ah, c'est un crayon!

C. Un remue-ménage! Ask your classmates questions to find out who does what.

MODÈLE: jouer de la guitare
É1 Tu joues de la guitare?
É2 Non, je joue du piano, mais pas de la guitare.

1. jouer de la guitare
2. travailler le week-end
3. chanter dans une chorale
4. préparer le dîner
5. danser la valse
6. travailler dans le jardin
7. écouter de la musique classique
8. ne pas regarder la télé
9. ne pas écouter le rap
10. jouer au golf

D. Une interview. Interview a member of your class that you don't know very well to find out more about him/her. Use the suggested topics, and report to the class something you learned about your partner.

MODÈLE: avoir des frères ou des sœurs
É1 Est-ce que tu as des frères ou des sœurs?
É2 J'ai une sœur mais je n'ai pas de frères.

1. avoir des enfants
2. avoir des animaux familiers
3. travailler beaucoup
4. jouer du piano ou de la guitare
5. jouer au football ou au tennis
6. regarder la télé
7. préparer le dîner
8. regarder des films
9. inviter des copains à dîner

ÉCOUTONS *Le répondeur*

You can listen to the **Écoutons** section on the Student audio CD.

A. Avant d'écouter. Fabienne has a lot of friends. Listen to the messages on her answering machine from people who are suggesting activities she can do this week. Before you listen, think about the kinds of information you would expect to hear.

B. En écoutant. As you listen, complete the first three columns of the chart below for each message.

	Who called?	Event suggested:	When?	Accept or refuse?
1.				
2.				
3.				
4.				

C. Après avoir écouté. Now, look over the chart again and decide which invitations you would accept and which invitations you would refuse if you were Fabienne. Fill in column four with this information.

Venez chez nous!

Le français en Louisiane

Pourquoi est-ce qu'on parle français en Louisiane?

Many French speakers came to Louisiana in the mid-eighteenth century. Thousands of French speakers who lived in the Canadian province of **Acadie** (in present-day New Brunswick and Nova Scotia) were deported during this period because they refused to swear allegiance to the British crown. This period of deportation is known as **Le Grand Dérangement.** Many of these people settled in Louisiana after brief stays in states along the Atlantic coast or on the island of **Saint-Domingue** (now Haiti and the Dominican Republic). The area in which they settled is known as **Le Triangle francophone.**

Où est-ce qu'on parle français en Louisiane?

Le triangle francophone, c'est le sud-ouest de la Louisiane. Ici il y a encore des gens qui parlent:

- le français cadien (le cajun)
- le français colonial
- le créole louisianais

Environ 100.000 personnes parlent une variété locale de français. Environ 10.000 personnes parlent le créole.

Le triangle francophone

Je te nomme Louisiane!

In 1681 Robert Cavelier de La Salle left Montreal in search of a route to the Pacific Ocean. He crossed the Great Lakes region, then descended the Mississippi. He arrived at the mouth of the Mississippi on April 19, 1682, planted the flag of the French monarchy, and declared that all of the territory which he had crossed should be named **Louisiane** in honor of the French king, Louis XIV.

PARLONS *Ton nom, c'est quoi?*

Comment on fait connaissance en français louisianais:

MICHEL: Ton nom, c'est quoi?
AMANDA: Moi, c'est Amanda.
MICHEL: Et où tu restes?
AMANDA: À Napoléonville, dans la paroisse Assomption.

La Nouvelle-Orléans

- Look at the above dialogue written in Lousiana French. With a partner, give the equivalent of each expression in Standard French. Then, prepare a short dialogue between two people who are meeting for the first time in Louisiana. Use Louisiana French! You may use the dialogue above as a model. Here are a few more Louisiana French expressions that may be helpful:

Louisiana French	*Standard French*
Comment les affaires?	Comment ça va?
Joliment bien, et avec vous autres?	Très bien, et vous? (*pluriel*)
Ça se plume!	Ça va très bien!

- Now act out your dialogue in front of the class.

ÉCRIVONS *Une famille louisianaise*

Mon nom c'est Amélie Ledet. J'ai 22 ans et j'habite à Montagut dans la paroisse Lafourche. Mon arrière-arrière-arrière-grand-père du côté de mon père s'appelle Jules Desormeaux. Il est né à Grand Pré, Acadie, en 1745 et il est mort en 1806. Sa femme s'appelle Marie Landry. Mon arrière-arrière-arrière-grand-mère est née à Port-Royal, Acadie, en 1751 et elle est morte en 1810. Du côté de ma mère, mon arrière-arrière-arrière-grand-père s'appelle Pierre Arceneaux. Il est né près de La Rochelle en France, en 1772. Il est mort en Acadie en 1840. Sa femme, Louise La Branche (Zweig), est née au Lac des Allemands, en Louisiane, en 1780. Elle est morte en 1845.

A. Avant d'écrire. Read the brief description about a few of Amélie Ledet's great-great-great grandparents. Based on her description, sketch the part of Amélie's family tree which she describes.

B. En écrivant. Now sketch your own family tree. Underneath include a paragraph explaining where your (great-) grandparents are from. You may use Amélie's description as a model.

C. Après avoir écrit. Exchange paragraphs with some of your classmates to get a sense of the diversity within your own class.

LISONS *Schizophrénie linguistique*

A. Avant de lire. The following excerpt is from a poem by a Louisiana French speaker, Barry Ancelet. The words in the title are cognates of words in English. Based on the title, what do you think the poem will be about?

Barry Ancelet

Schizophrénie linguistique (extrait)

I will not speak French on the school grounds.
I will not speak French on the school grounds.
I will not speak French …
…
Mais quand on doit rire, c'est en quelle langue
qu'on rit?
Et pour pleurer, c'est en quelle langue qu'on pleure?
Et pour crier?
Et chanter?
Et aimer?
Et vivre?

—Jean Arceneaux (Barry Ancelet, 1978)

B. En lisant.

1. In the poem above, the verb **rire** means *to laugh*. The verb **crier** is a false cognate. It does not mean *to cry*. Instead it means *to shout*. Which verb means *to cry*?
2. Given the context, guess the meaning of the last verb of the poem: **vivre**.

C. Après avoir lu.

1. Why do you think the poem is written in two languages, French and English?
2. What does this poem tell you about the policies that were in place in the school systems in Louisiana earlier in the twentieth century?
3. Today there is an organization in Louisiana, known as **CODOFIL (Conseil pour le développement du français en Louisiane),** which promotes the use of French in Louisiana. Match the slogans from **CODOFIL** with the English translations.

    1. Vive la différence, la Louisiane est bilingue.
    2. Allons parler français avec nos enfants.
    3. Sans les écoles, le français est foutu.
    4. On est fier de parler français.
    5. Ici, on parle français. Faites votre demande en français.
    6. Une personne qui parle deux langues vaut deux personnes.
    7. Parler français, ça ouvre des portes.

    a. French is spoken here. Make your request in French.
    b. Speaking French opens doors.
    c. We're proud to speak French.
    d. Without the schools, French is lost.
    e. Let's speak French with our children.
    f. Celebrate our differences, Louisiana is bilingual!
    g. A person who speaks two languages is worth two people.

ÉCOUTONS *La musique des Cadiens*

Laissez les bons temps rouler!

La musique cadienne est très populaire aux États-Unis comme en France. D'où vient cette musique?

Influences d'Europe: la valse, la mazurka, la polka
Influences des Antilles et de l'Amérique du Nord: la musique folklorique (*Virginia reel, hillbilly western swing*), le blues, le jazz

La musique zydeco, au rythme syncopé, est la création des Louisianais d'origine africaine. Trop pauvres pour acheter des instruments de musique, les premiers Cadiens jouaient de la musique avec des instruments pas chers: le triangle ou ti-fer (petit fer), le frottoir, la cuillère et les harmonicas. Mais aujourd'hui les instruments typiques d'un orchestre cadien sont l'accordéon, le violon, la guitare, et le ti-fer.

A. Avant d'écouter. You will be listening to a conversation between two students planning to go to a Cajun music concert. First, be sure you have carefully read the brief introduction to Cajun music.

B. En écoutant. Now listen to this conversation between two students, Jean-Baptiste and Céline.

Dewey Balfa

1. First, identify the name of group that Jean-Baptiste wants to go see:
   a. Balfa Toujours
   b. Beausoleil
   c. Clifton Chenier
2. Jean-Baptiste has tickets for the concert on which day?
3. Now identify the instruments mentioned in the conversation:
   a. accordion
   b. fiddle
   c. guitar
   d. piano
   e. triangle
4. Finally, does Céline decide to go to the concert?

C. Après avoir écouté. Have you ever listened to Cajun music? When? Where? Were the lyrics in French, in English, or in a combination of the two? Would you recommend the group you heard to a friend? Why or why not? Compare your experiences with a partner.

Vocabulaire

LEÇON 1

les relations familiales	**family relations**
un beau-père	*stepfather, father-in-law*
une belle-mère	*stepmother, mother-in-law*
un/e cousin/e	*cousin*
un enfant	*child*
une famille nombreuse	*big family*
une femme	*wife, woman*
une fille	*daughter, girl*
un fils	*son*
un frère	*brother*
une grand-mère	*grandmother*
un grand-père	*grandfather*
des grands-parents (m)	*grandparents*
des jumelles/ des jumeaux	*twins*
un mari	*husband*
une mère	*mother*
un neveu, des neveux	*nephew, nephews (and nieces)*
une nièce	*niece*
un oncle	*uncle*
des parents (m)	*parents, relatives*
un père	*father*
une petite-fille, des petites-filles	*granddaughter, granddaughters*
un petit-fils, des petits-fils	*grandson, grandsons*
des petits-enfants (m)	*grandchildren*
une sœur	*sister*
une tante	*aunt*

l'état civil	**marital status**
célibataire	*single*
divorcé/e	*divorced*
fiancé/e	*engaged*
marié/e	*married*
remarié/e	*remarried*

le caractère	**disposition, nature, character**
calme	*calm*
conformiste	*conformist*
désagréable	*disagreeable*
discipliné/e	*disciplined*
dynamique	*dynamic*
idéaliste	*idealistic*
indiscipliné/e	*undisciplined*
individualiste	*individualistic*
optimiste	*optimistic*
pessimiste	*pessimistic*
raisonnable	*reasonable*
réaliste	*realistic*
réservé/e	*reserved*
sociable	*outgoing*
stressé/e	*stressed out*
sympa(thique)	*nice*
têtu/e	*stubborn*
timide	*shy*

pour exprimer l'intensité	**to express intensity**
assez	*rather*
beaucoup	*a lot*
un peu	*a little*
très	*very*
trop	*too*
vraiment	*really*

des animaux familiers	**pets**
un animal familier	*pet*
un chat	*cat*
un chien	*dog*

quelques mots divers	**various words**
un/e camarade de chambre	*roommate*
chez	*at the home of, at the place of*
mais	*but*

un/e meilleur/e ami/e	*best friend*
un/e partenaire	*partner*
parce que	*because*
pourquoi	*why*

LEÇON 2

l'âge	**age**
l'âge (m)	*age*
un an	*one year*
avoir	*to have*
Quel est ton/votre âge?	*What is your age?*
Quel âge as-tu?/ Quel âge avez-vous?	*How old are you?*
J'ai 39 ans.	*I am 39 years old.*
un garçon	*boy*

Les nombres cardinaux de 30 à 99

30 trente	69 soixante-neuf
31 trente et un	70 soixante-dix
32 trente-deux	71 soixante et onze
40 quarante	72 soixante-douze
41 quarante et un	80 quatre-vingts
42 quarante-deux	81 quatre-vingt-un
50 cinquante	89 quatre-vingt-neuf
51 cinquante et un	90 quatre-vingt-dix
55 cinquante-cinq	91 quatre-vingt-onze
60 soixante	99 quatre-vingt-dix-neuf
61 soixante et un	

LEÇON 3

pour dire quand	**to say when**
lundi	*Monday*
mardi	*Tuesday*
mercredi	*Wednesday*
jeudi	*Thursday*
vendredi	*Friday*
samedi	*Saturday*
dimanche	*Sunday*
la semaine	*week*
le week-end	*weekend*
le matin	*morning*
l'après-midi (m)	*afternoon*
le soir	*evening*

les activités	**activities**
aimer	*to like, to love*
arriver	*to arrive*
chanter	*to sing*
danser	*to dance*
dîner	*to have dinner*
écouter de la musique	*to listen to music*
habiter	*to live*
inviter	*to invite*
jouer au foot/au golf	*to play soccer/golf*
jouer du piano/ de la guitare	*to play piano/guitar*
ne ... pas (Je ne parle pas.)	*not (I'm not talking.)*
parler au téléphone	*to talk on the phone*
préparer le dîner/ une leçon	*to fix dinner/prepare for a lesson/class*
regarder un film/ des photos/la télé	*to watch a movie/ look at photos/television*
téléphoner à quelqu'un	*to call somebody*
travailler dans le jardin	*to work in the garden/yard*

quelques lieux	**some places**
à l'école	*at school*
à la maison	*at home*

quelques sports	**some sports**
le football (le foot)	*soccer*
le golf	*golf*
le tennis	*tennis*

autres mots utiles	**other useful words**
avec	*with*
un copain/une copine	*friend*
ensemble	*together*
une leçon de chant	*singing lesson*
normalement	*normally*
si	*yes (after negative question)*
typique	*typical*

Chapitre 3 Voici mes amis

Leçon 1 Mes amis et moi

POINTS DE DÉPART Elles sont comment?

SONS ET LETTRES La détente des consonnes finales

FORMES ET FONCTIONS

1. Les adjectifs variables
2. Les adverbes interrogatifs

LISONS Des annonces personnelles

Leçon 2 Nos loisirs

POINTS DE DÉPART Qu'est-ce qu'on fait ce week-end?

SONS ET LETTRES Les voyelles /e/ et /ɛ/

FORMES ET FONCTIONS

1. Les verbes comme **préférer** et l'emploi de l'infinitif
2. Les prépositions **à** et **de**

ÉCRIVONS Une lettre d'introduction

Leçon 3 Nous allons à la fac

POINTS DE DÉPART Sur le campus

FORMES ET FONCTIONS

1. Le verbe **aller** et le futur proche
2. L'impératif

PARLONS Jouons ensemble

Venez chez nous!

Vive le sport!

ÉCRIVONS Les événements sportifs en France

PARLONS On y va!

LISONS Les éléphants séquestrés

ÉCOUTONS Des portraits d'athlètes

Language Use

- Describing someone's personality and appearance
- Asking for information
- Describing what you do and what you like and dislike doing
- Identifying places at the university
- Describing future actions
- Telling someone what to do

Media

- CD-ROM: Chapitre 3
- Student audio CD: Chapitre 3
- Video: Chapitre 3
- Website: **http://www.prenhall.com/cheznous**

Mes amis et moi

POINTS DE DÉPART

Additional practice activities for each **Points de départ** section are provided on the CD-ROM and website: **http://www.prenhall.com/cheznous**

Elles sont comment?

Denise et Annie regardent un album de photos.

DENISE: C'est toi sur la photo là, la fille élégante?
ANNIE: Bien sûr!
DENISE: Tu es jolie! Qui sont les autres jeunes filles?
ANNIE: Eh bien, ce sont mes amies du lycée.
DENISE: Comment s'appelle la petite blonde?
ANNIE: Ça, c'est Madeleine. Elle est très gentille et généreuse. Elle travaille dans une clinique maintenant.
DENISE: Et la grande fille brune et mince?
ANNIE: C'est Anne-Marie. Elle va à la fac. Elle est intelligente et très ambitieuse. Mais elle est amusante aussi; elle aime les histoires drôles.
DENISE: Et la fille rousse?
ANNIE: C'est Brigitte. Elle est très sportive et sociable; elle est monitrice de ski dans les Alpes. Pas du tout paresseuse, elle!
DENISE: Pas comme toi, donc!
ANNIE: Arrête!

jeune	d'un certain âge	âgée
belle	jolie	moche
grande	de taille moyenne	petite
mince	forte	grosse
blonde	rousse	brune
gentille	méchante	
généreuse	égoïste	
intelligente	bête	
ambitieuse	énergique	paresseuse
sportive	pantouflarde	
sérieuse	drôle	amusante

À vous la parole

A. En d'autres termes. Describe each woman, using another term.

MODÈLE: Madeleine n'est pas égoïste.
→Madeleine est très généreuse.

1. Madeleine n'est pas brune.
2. Madeleine n'est pas grande.
3. Madeleine n'est pas méchante.
4. Anne-Marie n'est pas du tout forte.
5. Anne-Marie n'est pas petite.
6. Anne-Marie n'est pas blonde.
7. Anne-Marie n'est pas bête.
8. Brigitte n'est pas paresseuse.
9. Brigitte n'est pas grande, mais elle n'est pas petite non plus.
10. Brigitte n'est pas très réservée.

B. Qui est-ce? Describe one of the women in your class so that classmates can guess who it is.

MODÈLE: É1 Elle est d'un certain âge. Elle est blonde, grande et assez mince.
É2 C'est le professeur?
É1 Oui.

C. Une personne bien connue. Describe a well-known girl or woman, real or imaginary; let your classmates guess who it is.

MODÈLE: É1 Elle est très jeune; elle a peut-être (*maybe*) dix ans. Elle est petite, mince et rousse. Elle n'a pas de parents, mais elle a une chienne, Sandy.
É2 C'est Annie, la petite orpheline.

Éclairages

Mon ami

While the term **un/e ami/e** means *a friend*, if you introduce someone as **mon ami/e** you are implicitly indicating that the person is your boyfriend/girlfriend. Another way to refer to a boyfriend/girlfriend is with the terms **un petit ami** or **une petite amie.** If you want to introduce someone who is a friend, but not a boyfriend/girlfriend, you would say, **Voici un/e de mes amis.**

Les amis

The nature of friendship varies from culture to culture. In France, friendships are often formed slowly, over years, but once established, they last a lifetime. American visitors and exchange students in France sometimes find it difficult to form friendships with French peers because of the brevity of their stays. French exchange students and visitors to the U.S., on the other hand, often report that Americans make friends very quickly, that they have many friends, but that these friendships seem superficial by French standards. A French woman living in the U.S., Raymonde Carroll, writes about cultural misunderstandings between the French and the Americans. She says that the word **ami** in French is used only for those people with whom a strong bond of friendship has been established. Americans, in contrast, use the term *friend* more loosely, in place of *acquaintance, classmate*, and even *co-worker*, as well as for close friends.

ET VOUS?

1. How do you feel about the French perceptions of friendships among Americans?
2. What factors in American society might promote the perception that friendships are formed quickly?
3. Would you characterize American friendships as "superficial"? Do you think that deeper, lifetime friendships are absent in the U.S.? Why or why not?
4. Do you agree with Carroll's observation that Americans use the word *friend* rather loosely? What advantages and disadvantages are there to using the term *friend* to refer to a wide range of relationships?

D. Voici une amie/mes amies. Bring in a photo of a female friend or friends to describe to a partner.

MODÈLE: Voici la photo d'une de mes amies. Elle s'appelle Julie. Elle est grande et blonde. Elle est intelligente et très énergique. Elle aime le tennis.

The **Sons et lettres** section, including the practice activities, is recorded on the Student audio CD.

SONS ET LETTRES

La détente des consonnes finales

As a general rule, final consonant letters are not pronounced in French:

mo~~n~~ copai~~n~~ elle es~~t~~ nou~~s~~ somme~~s~~ trè~~s~~ jeune~~s~~

However, there are four final consonant letters that are generally pronounced: **c, r, f,** and **l.** To remember them, think of the English word *careful.*

Éri**c** pou**r** neu**f** Danie**l**

An exception is **r** in the infinitive ending **-er** and in words ending in **-ier:**

chante~~r~~ danse~~r~~ joue~~r~~ le papie~~r~~ le premie~~r~~ janvie~~r~~

At the end of a word, one or more consonant letters followed by **-e** always stand for a pronounced consonant. These consonants must be clearly articulated, for they mark important grammatical distinctions such as feminine versus masculine forms of adjectives. The final **-e** doesn't represent any sound.

	Danielle es~~t~~	intellige**nt**e	amusa**nt**e	sérieu**s**e
vs.	Daniel es~~t~~	intelligen~~t~~	amusan~~t~~	sérieu~~x~~

À vous la parole

A. Prononcer ou ne pas prononcer? In which words should you pronounce the final consonant?

avec Robert	il aime danser	s'il vous plaît	pour ma sœur
neuf cahiers	le jour de Noël	le Québec	le trois février

B. Contrastes. Read each pair of sentences aloud and note the contrasts.

1. C'est Denise. / C'est Denis.
2. Voilà Françoise. / Voilà François.
3. Pascale est amusante. / Pascal est amusant.
4. Michèle est blonde. / Michel est blond.

FORMES ET FONCTIONS

Media

Additional practice activities for each **Formes et fonctions** section are provided on the CD-ROM and website: **http://www.prenhall.com/cheznous**

1. *Les adjectifs variables*

- You have learned that adjectives agree in gender and number with the noun they modify. *Invariable* adjectives (i.e., those whose masculine singular form ends in a vowel) have only one spoken form. The feminine ending **-e** and the plural ending **-s** show up only in the written forms.

Ma soeur est têt**ue.**	Mes amies sont têt**ues.**
Mon frère est têt**u.**	Mes amis sont têt**us.**

- *Variable* adjectives have masculine and feminine forms that differ in pronunciation. Their feminine form ends in a pronounced consonant. To pronounce the masculine, drop the final consonant sound. Remember that the written letter **-s** or **-x** at the end of plural adjectives is never pronounced.

singulier	*f.*	Claire est	amusan**te**	et	généreus**e.**
	m.	Jacques est	amusan~~t~~	et	généreu~~x~~**.**
pluriel	*f.*	Mes amies sont	amusan**te**~~s~~	et	généreus**e**~~s~~**.**
	m.	Mes copains sont	amusan~~ts~~	et	généreu~~x~~**.**

The feminine form of variable adjectives always ends in **-e.** The final **-e** is dropped in the masculine form; therefore, the final consonant sound, heard in the feminine form, is also dropped. Although some variable adjectives have spelling irregularities, their spoken masculine form is still derived from the feminine by dropping the final consonant sound. For example, in the feminine form **généreuse** [ʒenerøz], the final consonant is pronounced, but it is dropped in the masculine form **généreux** [ʒenerø]. In the written form, the final **-e** is dropped in the masculine and the final **-s** is changed to **-x**. Such adjectives are fully regular in pronunciation but show an irregularity in the spelling. Other regular variable adjectives that show spelling changes include:

rou**sse** → rou**x** gro**sse** → gro**s** genti**lle** → genti**l**

- Adjectives whose masculine singular form ends in **-x** do not change in the masculine plural form.

Laurent est rou**x.**	Laurent et Marcel sont rou**x.**

- As you have learned, with a mixed group of feminine and masculine nouns, the plural form of the adjective is always the masculine form.

Jeanne et Laure sont **brunes.**	*Jeanne and Laure are brunettes.*
Richard et Robert sont **blonds.**	*Richard and Robert are blonds.*
Alain et Suzanne sont **roux.**	*Alain and Suzanne are redheads.*

Note the following irregular forms:

féminin	***masculin***
belle	beau
brune	brun
sportive	sportif

A. Des jumeaux. Pierre and Marie-Christine are twins. Tell how they are alike.

MODÈLE: Marie-Christine est grande.
→Et Pierre est grand aussi.

1. Elle est rousse.
2. Elle est un peu forte.
3. Elle est assez amusante.
4. Elle est très intelligente.
5. Elle est assez grande.
6. Elle est vraiment gentille.
7. Elle est très élégante.
8. Elle est généreuse.

B. Pas mes amis! Your friends are quite different from what your mother thinks; tell how.

MODÈLE: Tes amies sont paresseuses!
→Ah non, elles sont énergiques.

1. Tes amis sont méchants!
2. Tes amis sont trop idéalistes!
3. Tes amies sont têtues!
4. Tes amis sont trop petits!
5. Tes amis sont trop bêtes!
6. Tes amis sont égoïstes!
7. Tes amies sont trop sérieuses!
8. Tes amis sont tous *(all)* pessimistes!

C. Les amis. Work with a partner to describe the friends in this photo. Describe their physical characteristics and make a guess about their personality and intelligence. Feel free to contradict each other's surmises.

MODÈLE: É1 Un garçon est assez grand et un peu fort. Il est bête.
É2 Non, il est intelligent.

D. Le monde idéal. Describe ideal people and pets, following the suggestions below. Compare in each case your ideal with that of a classmate, then with the class as a whole.

MODÈLE: le chien idéal
É1 Pour moi, le chien idéal est petit, gentil et intelligent.
É2 Pour moi aussi, le chien idéal est gentil et intelligent, mais il est grand.

1. le parent idéal
2. l'enfant idéal
3. le/la camarade de chambre idéal/e
4. le professeur idéal
5. l'étudiant idéal
6. l'ami idéal
7. le/la partenaire idéal/e
8. le chat idéal

2. *Les adverbes interrogatifs*

- To ask a question requesting specific information, it is necessary to use some type of interrogative word or expression. The interrogative word or expression usually comes at the beginning of the question and is followed by **est-ce que/qu'**:

Où est-ce que tes amis travaillent?	*Where do your friends work?*
Quand est-ce que sa copine arrive?	*When does his girlfriend arrive?*

Some of the words or expressions frequently used to ask questions are:

comment	*how*	**Comment est-ce que** tu t'appelles?
où	*where*	**Où est-ce qu'**il travaille?
quand	*when*	**Quand est-ce que** tu arrives?
pourquoi	*why*	**Pourquoi est-ce que** tu ne travailles pas?
combien de	*how many*	**Combien d'étudiants est-ce qu'**il y a?

The question **pourquoi?** can be answered in two ways:

Pourquoi est-ce que tu aimes tes amis? —**Parce qu'**ils sont très amusants.	*Why do you like your friends?* *—Because they're lots of fun.*
Pourquoi est-ce que tu téléphones? —**Pour** inviter mes amis à dîner.	*Why are you calling?* *—To invite my friends to dinner.*

When used to ask *how many*, **combien** is linked to the noun by **de/d':**

Combien de frères est-ce que tu as?	*How many brothers do you have?*
Combien d'enfants est-ce qu'ils ont?	*How many children do they have?*

- Another question construction, called *inversion,* is used in writing, in formal conversation, and in a few fixed expressions. In questions with a pronoun subject using inversion, the subject follows the verb and is connected to it with a hyphen:

Comment **vas-tu?**	*How are you?*
Comment **allez-vous?**	*How are you?*
Quel âge **a-t-il?**	*How old is he?*

Inversion is also more generally used with the verbs **aller** and **être** when the subject is a noun:

Comment **vont tes parents?**	*How are your parents?*
Où **est ta sœur?**	*Where's your sister?*

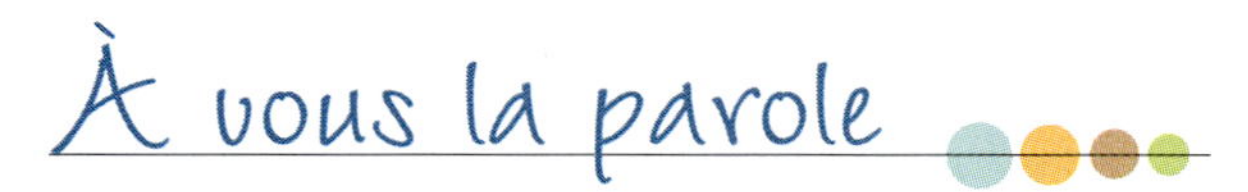

A. Pardon? You can't quite hear all that your instructor says, so use a question word or expression to ask for the missing information.

MODÈLE: J'ai *cinq* cahiers.
→Combien?

1. Nous travaillons *dans la salle de classe.*
2. Il y a un examen *mardi.*
3. Il y a *trois* étudiants français.
4. Jacques est absent *parce qu'il est malade.*
5. Elle s'appelle *Christine.*
6. Elle a *deux* sœurs.
7. Vous écrivez les devoirs *le soir.*
8. La cassette est *dans le magnétophone.*

B. À propos de Gilles. Your friend is telling you about her new boyfriend Gilles and you want more details.

MODÈLE: Gilles a deux camarades de chambre.
→Ah bon? Comment est-ce qu'ils s'appellent?
OU →Ah bon? Est-ce qu'ils sont aussi étudiants?

1. Il est assez jeune.
2. C'est bientôt son anniversaire.
3. Il est d'une famille nombreuse.
4. Il travaille le week-end.
5. Il arrive bientôt.
6. Il n'est pas en forme.
7. Il n'aime pas le sport.
8. Il a des chiens.

C. Au service des rencontres. Sandrine has called a dating service. As you listen in on her end of the phone conversation, imagine the questions she's being asked.

MODÈLE: Je m'appelle Trembley, Sandrine.
→Comment vous appelez-vous, mademoiselle?

1. J'ai vingt-deux ans.
2. Mon anniversaire, c'est le 20 janvier.
3. J'habite à Ottawa.
4. J'ai un chien et je n'aime pas les chats.
5. Je travaille le week-end seulement *(only)*.
6. Parce que je suis étudiante.
7. J'ai des cours *(classes)* le lundi, le mercredi et le vendredi.

D. Questions indiscrètes? Interview one of your classmates, asking him/her questions about the following subjects. Report back to the class what you learned about your partner.

MODÈLES: la famille
→Est-ce que tu as des frères ou des sœurs?
→Où est-ce qu'ils habitent?, etc.

la musique
→Est-ce que tu aimes la musique?
→Quand est-ce que tu aimes écouter la musique?

(you report back) Voici Ian. Il a un frère. Ils habitent à Baltimore. Il n'aime pas la musique mais . . .

1. la famille
2. les animaux
3. les amis
4. la musique
5. le sport

LISONS *Des annonces personnelles*

A. Avant de lire. Here are examples from a section of a Francophone newspaper.

1. Which section of the paper is this?

   a. Birth announcements b. Help wanted ads c. Personal ads

2. What types of information do you expect to find in this section?
3. If you were interested in placing an ad in this section of the paper, what would you do?
4. When placing an ad or announcement in the newspaper, space is at a premium, so abbreviations are often used. How might you abbreviate the following French words/expressions:

   a. jeune homme/jeune femme
   b. professeur/profession
   c. avec
   d. ans

B. En lisant.

1. Now scan the ads and provide as much of the following information as possible about the person who placed each one:

Ad	Sex	Age	Physical characteristics	Personality traits
1.	*Male*			
2.				
3.				
4.			*Green eyes*	
5.				

2. Véronique has been divorced for two years and would like to meet someone new so she has been looking at the personal ads. Read the following description of Véronique and decide to which ads she should respond. Explain your choices based on the descriptions of Véronique and of the person placing the ad.

   Véronique a 40 ans. Elle est brune, de taille moyenne et mince. Elle est professeur de musique, divorcée, avec un enfant—une petite fille de 5 ans. Véronique adore jouer au tennis, jardiner et regarder des films romantiques.

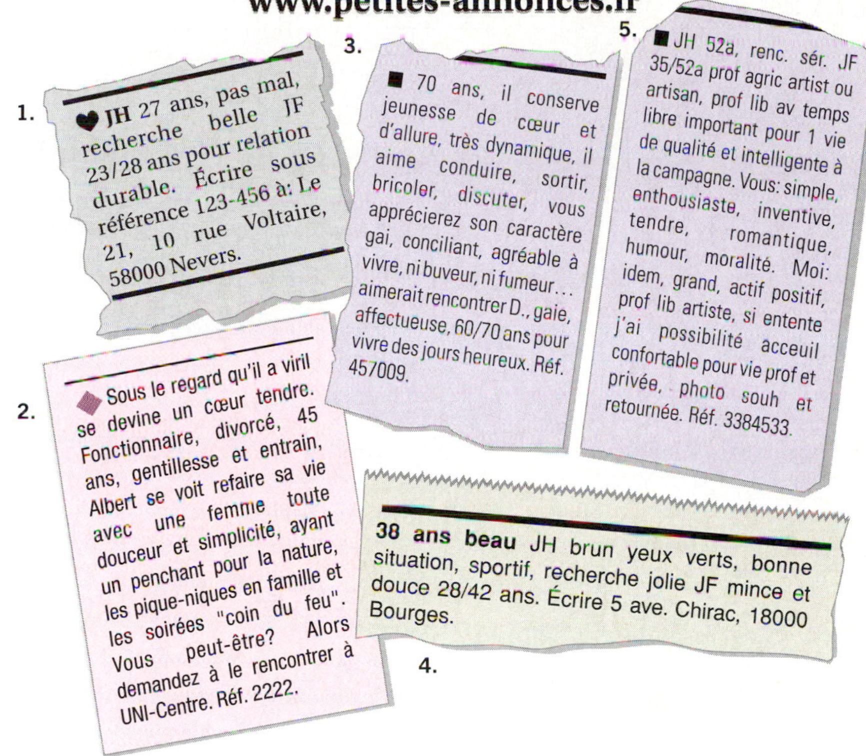

Consultez ou passez une petite annonce sur l'un de nos journaux: www.petites-annonces.fr

1. **JH** 27 ans, pas mal, recherche belle JF 23/28 ans pour relation durable. Écrire sous référence 123-456 à: Le 21, 10 rue Voltaire, 58000 Nevers.

2. Sous le regard qu'il a viril se devine un cœur tendre. Fonctionnaire, divorcé, 45 ans, gentillesse et entrain, Albert se voit refaire sa vie avec une femme toute douceur et simplicité, ayant un penchant pour la nature, les pique-niques en famille et les soirées "coin du feu". Vous peut-être? Alors demandez à le rencontrer à UNI-Centre. Réf. 2222.

3. 70 ans, il conserve jeunesse de cœur et d'allure, très dynamique, il aime conduire, sortir, bricoler, discuter, vous apprécierez son caractère gai, conciliant, agréable à vivre, ni buveur, ni fumeur... aimerait rencontrer D., gaie, affectueuse, 60/70 ans pour vivre des jours heureux. Réf. 457009.

4. **38 ans beau** JH brun yeux verts, bonne situation, sportif, recherche jolie JF mince et douce 28/42 ans. Écrire 5 ave. Chirac, 18000 Bourges.

5. JH 52a, renc. sér. JF 35/52a prof agric artist ou artisan, prof lib av temps libre important pour 1 vie de qualité et intelligente à la campagne. Vous: simple, enthousiaste, inventive, tendre, romantique, humour, moralité. Moi: idem, grand, actif positif, prof lib artiste, si entente j'ai possibilité acceuil confortable pour vie prof et privée, photo souh et retournée. Réf. 3384533.

C. En regardant de plus près.

1. In the fourth ad, we find the adjective **douce.** In the context of these types of ads, which of the following adjectives do you think is a synonym for **douce?**

   a. blanche b. forte c. paresseuse d. gentille

2. Now do some detective work. Find in the text the nouns that correspond to these adjectives:

   a. douce b. gentille c. jeune d. simple

D. Après avoir lu. Imagine that you have decided to place a personal ad in a French paper. Prepare an appealing (but honest!) description of yourself as well as a description of the desired partner.

1. First write a 4–5 sentence prose description of yourself. Include details such as age, physical traits (hair color, height, etc.), positive personality traits, preferred activities, etc.
2. Next, write a 4–5 sentence prose description of a desirable partner.
3. Finally, write a personal ad, using the ads above as models. Remember to abbreviate when possible.

Leçon 2 Nos loisirs

POINTS DE DÉPART

Qu'est-ce qu'on fait ce week-end?

Moi, je joue au foot avec des amis. Nous avons un match tous les samedis.

Mes camarades de chambre jouent dans un groupe. Ils donnent un concert samedi soir. Mamoudou joue de la guitare et Yves joue du piano.

Marc va à une boum. Il écoute de la musique et il danse avec Chantal.

Ma copine Sylvie reste à la résidence; elle regarde un film.

Ses amies Françoise et Anne-Laure jouent aux échecs.

Nicole est super sportive: elle nage trois ou quatre fois par semaine.

Georges invite souvent des amis. Il prépare le dîner.

On joue...

au football	aux cartes
au basket-ball	aux échecs
au football américain	au Scrabble
au rugby	aux jeux de société
au tennis	à la loterie
au volley-ball	
au racket-ball	
au hockey	

On joue...

du piano	de la musique classique
de la guitare	du jazz
du saxophone	du rock
de la batterie	

Quel fais tu sur le weekend?

À vous la parole

A. On joue? Based on the drawings, what is everyone doing this weekend?

MODÈLE: → On joue au tennis.

1.

2.

3.

4.

5.

6.

B. À chacun son goût. Based on the descriptions, figure out with a partner what these friends probably do on the weekend.

MODÈLE: É1: Marie-Anne est très réservée.
É2: Elle reste à la maison et regarde un film.

1. Josiane est plutôt sociable.
2. Jean-Luc est super sportif.
3. Denise est une bonne musicienne.
4. Paul adore le cinéma.
5. Laurent est fanatique de jazz.
6. Christine aime préparer le dîner.
7. Alex préfère les jeux de société.
8. Rachid est très actif.

C. Et toi? Tell the person sitting beside you three things you typically do on the weekend. Then share with your classmates what you learned about your partner.

MODÈLE: É1: Le week-end, je travaille un peu, je joue au basket et je dîne chez mes parents. Et toi?
É2: Le week-end Marcie travaille un peu, elle joue au basket et elle dîne chez ses parents.

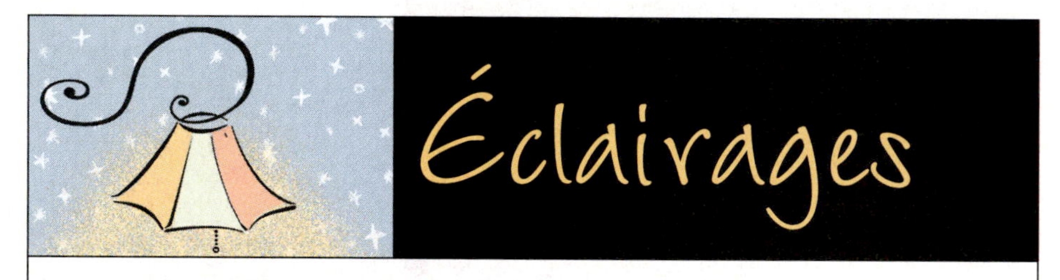

La fête de la musique

In 1982 Maurice Fleuret (1932–1990), Director of Music and Dance for the French Ministry of Culture, discovered that five million people in France, including one out of every two young people, played a musical instrument. His dream? One day a year, French people from all walks of life—singers, amateur guitar players, professional orchestra conductors—would celebrate music together in their homes, in cafés, and in the streets. That same year, he persuaded the French government to sponsor **La fête de la musique**, a nationwide celebration of music. This festival, held each year on the 21st of June, has become exactly the kind of musical bash Fleuret envisioned. On this date in most cities in France you will find musical entertainment on every street corner and in every café. You can count on the party lasting late into the night since this date also marks the summer solstice. **La fête de la musique** has enjoyed such popularity that other countries have also adopted the tradition, so now people can experience this musical festival in Belgium, Italy, Brazil, and numerous Francophone African countries.

Sur le pont des Arts—la fête de la musique, Paris

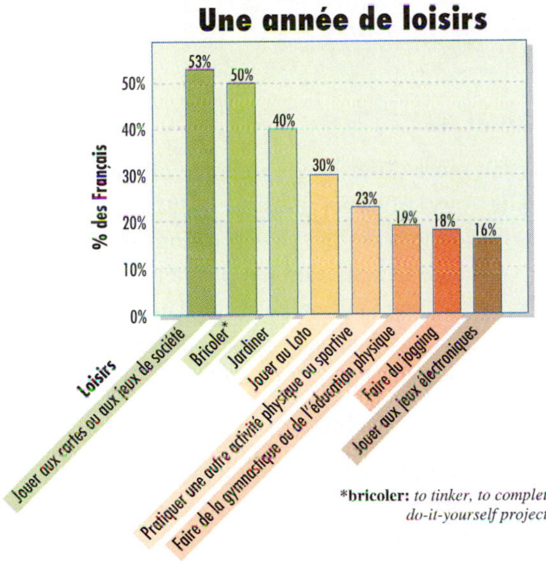

Une année de loisirs

% des Français

Loisirs

Jouer aux cartes ou aux jeux de société 53%
Bricoler* 50%
Jardiner 40%
Jouer au Loto 30%
Pratiquer une autre activité physique ou sportive 23%
Faire de la gymnastique ou de l'éducation physique 19%
Faire du jogging 18%
Jouer aux jeux électroniques 16%

***bricoler:** *to tinker, to complete do-it-yourself projects*

Les loisirs des Français

The average amount of time devoted to leisure activities has greatly increased in France over the past century because of longer life expectancies and a shorter workweek. The French now enjoy the shortest workweek of any European country, 35 hours, as well as five weeks of paid vacation each year.

The chart indicates the percentage of French people over 15 years old who participated in various leisure-time activities during 1997.

Gérard Mermet, who writes about social trends in France, claims that there is a generation gap in French perceptions about leisure: people over 40 in France typically believe that you must earn your right to personal leisure time by working hard, while younger people believe that they have a fundamental right to personal free time.

UN SONDAGE

Poll your classmates to find out what percentage of the students in your class participate in each of the eight activities included in the chart above, then compare your class's percentages with those presented for the French.

1. Posez des questions.

MODÈLES: →Est-ce que tu joues aux cartes?
→Est-ce que tu bricoles?

2. Annoncez vos résultats.

MODÈLES: Dix étudiants jouent aux cartes. Le pourcentage (%), c'est 50 pour cent.
Cinq étudiants bricolent. Le pourcentage, c'est 25 pour cent.

SONS ET LETTRES

Les voyelles /e/ et /ɛ/

The vowels of **et** and **mère** differ by their degree of tension and where they occur in words. The vowel of **et,** /e/, must be pronounced with a lot of tension and without any glide; otherwise, the vowel of English *day* is produced. Hold your hand under your chin to make sure it does not drop as you say **et;** your lips should stay tense and in a smiling position. The vowel /e/ occurs generally only at the end of words or syllables, and it is often written with **é**, or **e** followed by a silent consonant letter. It occurs in the endings **-er, -ez** and **-ier.**

la **télé**   janvi**er**   **répéter**   écout**ez**

The vowel of **mère,** /ɛ/, is pronounced with less tension than /e/, but still without any glide. It usually occurs before a pronounced consonant and is spelled with **è, ê,** or **e** followed by a pronounced consonant. It is also spelled **ei** or **ai,** as in **seize** or **j'aime,** for example.

la m**è**re   b**ê**te   j'**ai**me   **e**lle   je préf**è**re

A. Contrastes. Compare the pronunciation of each pair of words: the first word contains /e/ and the second, /ɛ/.

anglais / anglaise   français / française   assez / seize
André / Daniel   divorcé / célibataire   marié / Marcel

B. Des phrases. Read each of the sentences aloud. To avoid glides, hold the tense position of /e/ and do not move your lips or chin during its production.

1. Écoutez Hélène.
2. Hervé n'est pas bête.
3. Danielle est réservée.
4. Son père s'appelle André.
5. Sa grand-mère est âgée.

FORMES ET FONCTIONS

1. Les verbes comme préférer et l'emploi de l'infinitif

- For verbs conjugated like **préférer,** the singular forms and the third-person plural form of the present tense show the change from **é** /e/ to **è** /ɛ/. In all these forms, the endings are silent.

Quel sport est-ce que vous préf**é**rez?	Nous, on préf**è**re le football.
Nous préf**é**rons le tennis.	Eux, ils préf**è**rent le hockey.
Vous préf**é**rez le rugby?	Non, moi, je préf**è**re le golf.

PRÉFÉRER *to prefer*			
SINGULIER		PLURIEL	
je	préfèr**e**	nous	préfér**ons**
tu	préfèr**es**	vous	préfér**ez**
il / elle / on	préfèr**e**	ils / elles	préfèr**ent** ←

- Other verbs that show the same type of change are **répéter** *(to repeat)* and **suggérer** *(to suggest):*

Rép**é**tons après le professeur.	Rép**è**te après moi!
Qu'est-ce que vous sugg**é**rez?	Qu'est-ce que tu sugg**è**res?

- **Préférer** may be followed by a noun or by an infinitive:

Je préfère **le golf.**	*I prefer golf.*
Il préfère **jouer** au tennis.	*He prefers to play tennis.*

- Use the following verbs to talk about likes and dislikes:

détester	*to detest*
aimer bien	*to like fairly well*
aimer	*to like or to love*
aimer beaucoup	*to like or love a lot*
préférer	*to prefer*
adorer	*to adore*

The interrogative word **quel** *(which)* is used to ask about preferences. Although **quel** agrees in number and gender with the noun it modifies, it is always pronounced the same unless, of course, a plural form, **quels** or **quelles,** modifies a noun beginning with a vowel and a liaison is made.

Quel sport est-ce que tu préfères?	*Which sport do you prefer?*
Quelle musique est-ce que vous préférez?	*What kind of music do you prefer?*
Quels cours est-ce que tu préfères?	*Which courses do you prefer?*
Quelles‿amies est-ce que tu préfères?	*Which friends do you prefer?*

À vous la parole

A. Nos préférences. Tell what leisure activities different people prefer.

MODÈLE: Nous? La musique classique.
→Nous préférons écouter de la musique classique.

1. Toi? La télé.
2. Elle? Le tennis.
3. Vous? Le piano.
4. Eux? Le volley-ball.
5. Nous? Le jazz.
6. Lui? La valse.
7. Elles? La guitare.
8. Moi? Les cartes.

B. Les vacances. Based on the descriptions, figure out with a partner what these people probably prefer to do during their vacation.

MODÈLE: Marie-Laure est très sociable.
É1: Elle préfère les boums.
É2: Elle préfère dîner avec ses amies.

1. Guy et ses amis adorent le sport.
2. Maryse est très réservée.
3. Nous aimons la musique.
4. Le copain de Maryse est très énergique.
5. Vous n'êtes pas très énergiques.
6. La mère de mon amie aime bien le sport.
7. Je suis assez paresseuse.
8. Tu n'aimes pas beaucoup le sport.

C. Vos préférences. Compare your own preferences with those of a classmate. Report back to the class.

MODÈLE: les jeux
É1 Quels jeux est-ce que tu préfères?
É2 Moi, je préfère jouer aux échecs, et toi?
É1 Moi, j'adore jouer aux cartes.
É2 Moi, j'aime jouer aux échecs, mais Alain préfère jouer aux cartes.

1. les jeux
2. la musique
3. le sport
4. les professeurs
5. les amis

D. Vous aimez? To what degree do you like each of the activities listed? Compare your responses with those of a classmate, and report back to the class.

MODÈLE: chanter
É1 Moi, je n'aime pas chanter; je préfère danser.
É2 Moi, j'aime beaucoup chanter.
É2 J'aime beaucoup chanter, mais Éric préfère danser.

1. jouer au golf
2. danser
3. parler français
4. travailler dans le jardin
5. écouter de la musique classique
6. jouer au basket-ball
7. regarder la télé
8. chanter

2. *Les prépositions* à *et* de

- The preposition **à** generally indicates location or destination and has several English equivalents.

Elle habite **à** Paris.	*She lives in Paris.*
Il est **à** la résidence.	*He's at the dorm.*
Elle va **à** une boum.	*She's going to a party.*

As you've seen, the preposition **à** is also used in the expression **jouer à,** *to play (sports or games).*

Nous jouons **au** tennis le lundi.	*We play tennis on Mondays.*
Ils jouent **aux** cartes le samedi soir.	*They play cards on Saturday evenings.*
Elle joue **à la** loterie? Elle est riche?	*She plays the lottery? Is she rich?*

With other verbs, **à** introduces the indirect object, usually a person.

parler	Colin **parle à** la petite fille.	*Colin's speaking to the little girl.*
téléphoner	Nous **téléphonons à** Sylvie.	*We're phoning Sylvie.*
donner	Elle **donne** la photo **à** son ami.	*She gives her friend the photo.*
montrer	**Montre** le livre **à** Mme Petit!	*Show Mrs. Petit the book!*

- **À** combines with the definite articles **le** and **les** to form contractions. There is no contraction with **la** or **l'.**

à + le → au	Il joue **au** tennis.	*He plays tennis.*
à + les → aux	Ils jouent **aux** cartes avec leurs amis.	*They play cards with their friends.*
à + la → à la	Je joue **à la** loterie une fois par semaine.	*I play the lottery once a week.*
à + l' → à l'	Je parle **à l'**oncle de Philippe.	*I'm talking to Philippe's uncle.*

- The preposition **de/d'** indicates where someone or something comes from.

Mon copain Jean est **de** Montréal.	*My boyfriend Jean is from Montreal.*
Elle arrive **de** France demain.	*She arrives from France tomorrow.*

As you've seen, **de** is also used in the expression **jouer de,** *to play* (*music or a musical instrument*).

Son ami joue **du** piano dans un groupe.	*Her friend plays piano in a group.*
Elle, elle joue **de la** batterie.	*She plays the drums.*
Lui, il joue **de l'**harmonica.	*He plays the harmonica.*

De/d' also is used to indicate possession or other close relationships.

C'est le frère **du** professeur.	*It's the teacher's brother.*
Voilà la sœur **d'**Yvonne.	*There's Yvonne's sister.*
C'est le livre **de** Marc.	*It's Mark's book.*

De is used with **parler** to indicate the subject of discussion:

Il parle **du** match de foot.	*He's talking about the soccer game.*
Nous parlons **des** professeurs.	*We're talking about the professors.*

- **De** combines with the definite articles **le** and **les** to form contractions. There is no contraction with **la** or **l'.**

de + le → du	Mon amie joue **du** piano.	*My girlfriend plays the piano.*
de + les → des	On parle **des** projets pour le week-end.	*Were talking about plans for the weekend.*
de + la → de la	Moi, je joue **de la** guitare.	*I play the guitar.*
de + l' → de l'	Il joue **de l'**accordéon.	*He plays the accordian.*

À vous la parole

A. On discute. Magali and her friends are always talking about something or someone. Tell what today's subjects of conversation are.

MODÈLE: la copine de Bruno
→Elles parlent de la copine de Bruno.

1. le professeur de français
2. le match de basket le week-end dernier *(last)*
3. les problèmes du campus
4. la nouvelle *(new)* camarade de chambre de Magali
5. l'oncle de Patrice
6. les devoirs d'anglais
7. le dernier film de Spielberg

B. Des célébrités. What do these famous people do?

MODÈLE: Michael Jordan
→Il joue au basket-ball.

1. Ray Charles
2. André Agassi
3. Mia Hamm
4. Bobby Fischer
5. Venus Williams
6. Elton John
7. Mary Chapin Carpenter
8. Tiger Woods

C. Trouvez une personne qui...

MODÈLE: joue de l'harmonica
É1 Tu joues de l'harmonica?
É2 Non. *(You ask another person.)*
OU Oui. *(You write down this person's name.)*

1. parle au prof en français
2. joue de la musique classique
3. est d'une grande ville, par exemple de Chicago ou de New York
4. joue au golf le week-end
5. joue du piano
6. téléphone à ses parents le week-end
7. téléphone à ses amis le soir
8. joue du saxophone
9. joue souvent aux cartes

ÉCRIVONS *Une lettre d'introduction*

A. Avant d'écrire. Imagine that your French teacher has matched each of you with a Francophone pen pal. Your pen pal is from Switzerland and is named Janique. For your first assignment, you need to send her an e-mail in which you describe yourself and two of your close friends. Begin organizing your thoughts by filling in the chart below.

	Description physique	Caractère	Activités préférées
MODÈLE: Moi	*de taille moyenne roux, assez beau*	*sociable, énergique*	*le rock, le tennis, le basket*
1. Moi			
2.			
3.			

B. En écrivant. Now, think about how you can organize your e-mail letter. You might want to have one short paragraph describing each person. You may also want to talk about a few activities that you and your friends enjoy doing together. Don't forget to begin your letter with **Chère Janique,** and to end with **Amitiés,** and your name.

MODÈLE:

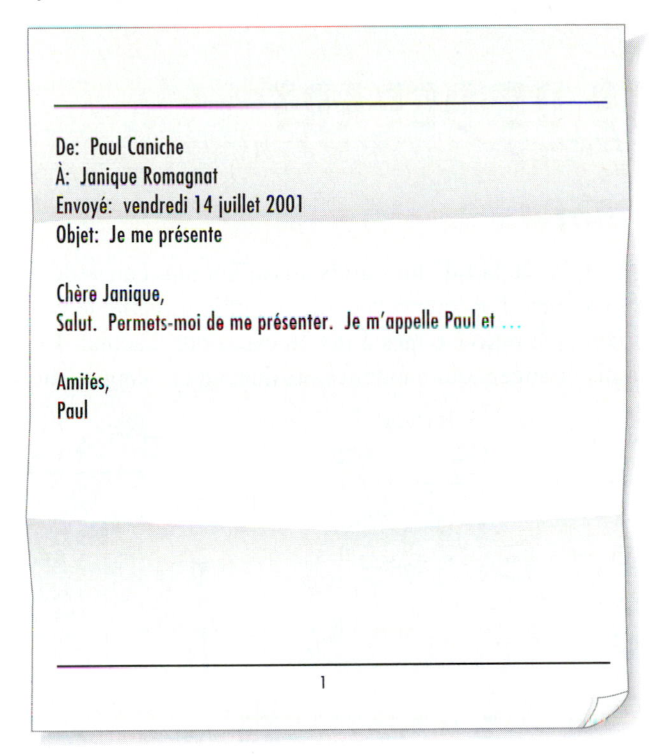

De: Paul Caniche
À: Janique Romagnat
Envoyé: vendredi 14 juillet 2001
Objet: Je me présente

Chère Janique,
Salut. Permets-moi de me présenter. Je m'appelle Paul et ...

Amitiés,
Paul

1

C. Après avoir écrit. If you would like to find out more about obtaining a French-speaking pen pal, visit the **Chez nous** website!

Once you have a French-speaking pen pal, you may decide to send a message similar to the one you have just written. Since you will want to make a good impression on your new pen pal, you will want to read your letter over carefully before sending it. Think about the following:

1. Have you said everything you wanted to say?
2. Have you included interesting and relevant information about yourself?
3. Have you asked your pen pal any questions?
4. Have you proofread your letter to avoid written mistakes? First, you should proofread your letter, then you should consider having a classmate, a more advanced French student, or your instructor proofread your letter. You may also consider running your letter through a French-language spell checker available with many word-processing programs.

Leçon 3 Nous allons à la fac

POINTS DE DÉPART

Sur le campus

Je suis étudiante et la plupart de mes amis aussi. Du lundi au vendredi, on va à la fac. Voici notre campus. J'ai tous mes cours ici, et je travaille le week-end à la BU. Après les cours, je retrouve mes amis au café pour discuter. J'habite en ville, mais j'ai des amis étrangers qui habitent la résidence et mangent au resto U.

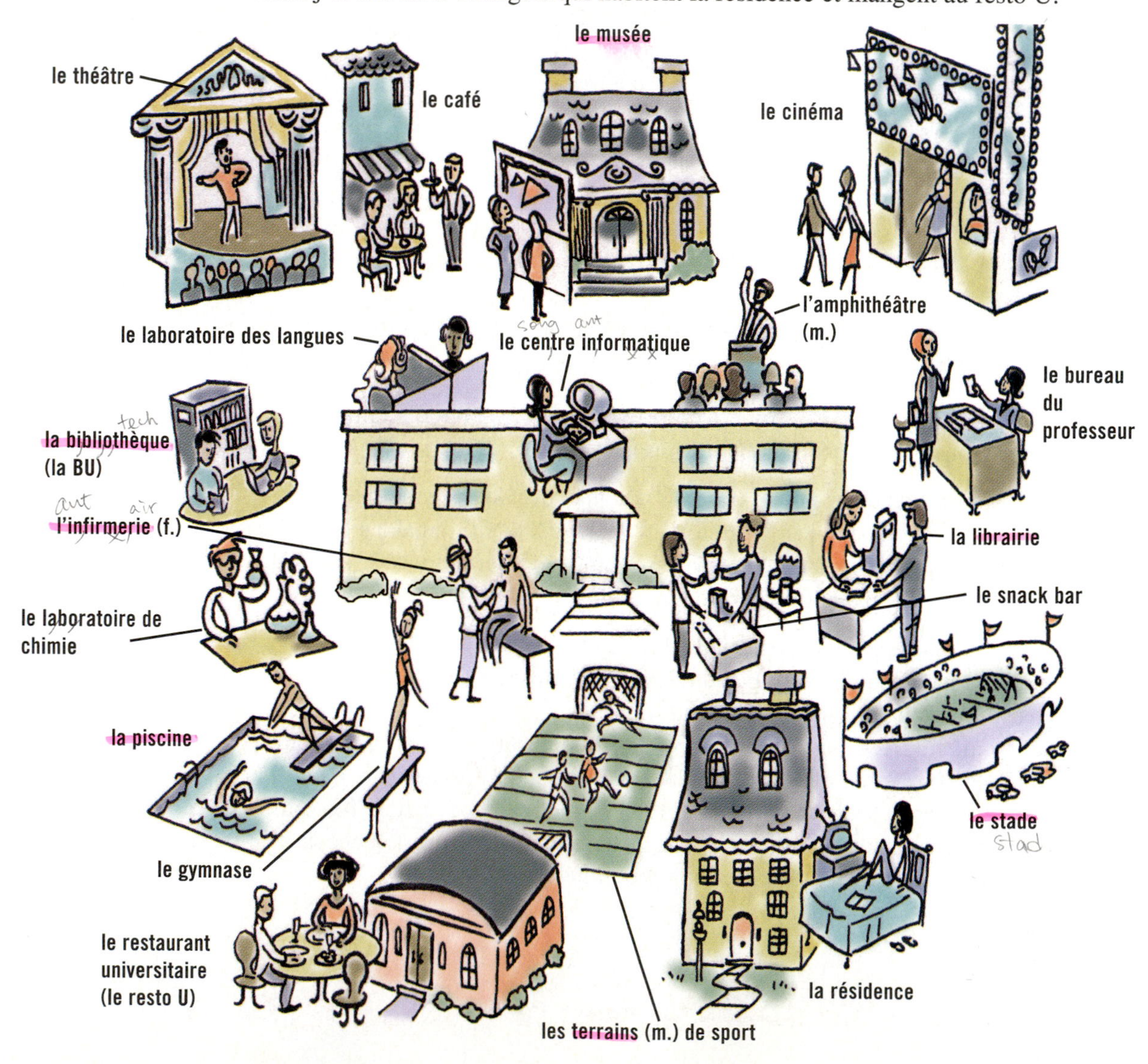

À vous la parole

A. Dans quel endroit? Where would you hear people saying this?

MODÈLE: Du rosbif, s'il vous plaît.
→au restaurant universitaire

1. Tu nages bien, toi!
2. Le match commence dans dix minutes.
3. Listen and repeat: number one.
4. Écoute! C'est une explosion!
5. Où sont les biographies, s'il vous plaît?
6. On regarde la télé ce soir?
7. Où est le docteur Martin?
8. Désolé, monsieur, je n'ai pas mes devoirs.
9. J'aime beaucoup cette statue.
10. C'est combien pour ces deux livres et un cahier?

B. Votre itinéraire. Tell your partner where you're going after this class, and find out where he/she is going. Report back to your classmates.

MODÈLE: É1 Après le cours, je vais au resto U. Et toi?
É2 Moi, je vais à la résidence.
É1 (*reporting back*) Steve va à la résidence, mais moi, je vais au resto U.

C. Vos endroits préférés. Discuss with a partner your favorite place for each activity listed. Compare notes with your other classmates.

MODÈLE: pour dîner?
É1 Moi, je préfère le resto U. Et toi?
É2 Moi, je préfère MacDo.
É1 (*reporting back*) Moi, je préfère le resto U, mais Anne préfère MacDo.

1. pour dîner?
2. pour travailler?
3. pour regarder un film?
4. pour parler avec tes amis?
5. pour pratiquer un sport?
6. pour préparer un examen?
7. pour t'amuser?

Éclairages

Le campus de l'université française

La Sorbonne

Most French universities do not have a centralized campus. The different **facultés,** or schools (for example **la Faculté des lettres,** *The School of Humanities*), are often scattered around town. In Strasbourg, for example, the **Faculté des Sciences** is housed close to the historical center in a building built in the 19th century. The **Faculté des Lettres** is located in relatively modern buildings built in the 1960s in a different part of the city. French students refer to their university as **la fac,** so instead of saying **Je vais à l'université,** they say **Je vais à la fac.** To socialize, talk about their classes, and even to study, students often go to a nearby café. With a few exceptions, notably **la Faculté des Sciences** in Nice, which is located in a beautiful park, French universities are not generally considered pretty by American standards. Buildings are rarely surrounded by green lawns or landscaping. Instead, academic departments, administrative offices, and classrooms are often housed in buildings with historical significance. Some French universities have residence halls located near classroom buildings, but if you are planning on studying at the Sorbonne in Paris, the oldest and most well-known of French universities, be prepared for a long **métro** ride to get to classes. The residence halls in Paris are at a significant distance from the **Quartier latin,** the neighborhood that is home to the Sorbonne, and they are largely filled with foreigners. Most French students, in Paris and elsewhere in France, live at home or rent a room in town.

Les étudiants mangent au resto U.

ET VOUS?

1. Décrivez votre campus. Est-ce qu'il est joli? grand? moderne?
2. Où est-ce que vous habitez? à la résidence? chez vos parents? dans un appartement?
3. Où est-ce que vous et vos amis aimez aller pour travailler?

Les activités des étudiants

A day in the life of a typical first-year college student in France might begin like this:

9 h Attend first class of the day, **Introduction aux concepts sociologiques.** This class, like most introductory classes for first-year students, would most likely be held in a large **amphithéâtre** capable of seating hundreds of students. If the class is held in one of the larger universities, such as the **Université de Montpellier,** the auditorium might even be overcrowded, with students sitting on the floors and stairs.

11 h Attend session in the **labo de langues** for pronunciation practice in English.

12 h–14 h From noon until 2 P.M., break for lunch. Most students head to the **resto U** where they meet friends, eat, and chat. A ticket for a meal at the **resto U** costs about 2,30 euros, so it is the most affordable meal option for students. Before beginning afternoon activities, many students also stop in at a café and enjoy an espresso.

Our typical student would continue with classes in the afternoon, often lasting until 7 P.M., then return home or to the **resto U** for dinner. During the course of the week, many students engage in various activities such as sports or painting or photography, some of which may be organized by university associations, while others are offered by local community associations. French universities do not have sports teams, so there are no weekend games to attend, and there are no fraternities and sororities for students to join. There are numerous **associations,** however, as well as **syndicats,** which have a political or social agenda.

ET VOUS?

1. Compare a typical day of a first-year American college student with the one described above for a French student. What similarities and what differences do you note?
2. How does your lunch-time routine compare to the one described above?
3. What would be the effects of eliminating college sports teams, fraternities, and sororities from American campuses? Would students become more politically and socially active?

FORMES ET FONCTIONS

1. *Le verbe* aller *et le futur proche*

- The irregular verb **aller** means *to go*.

Je **vais** à la librairie.	*I'm going to the bookstore.*
Tu **vas** au ciné ce soir?	*You're going to the movies this evening?*

- You have already used **aller** in greetings and commands.

Comment ça **va?**	*How are things?*
Comment **allez**-vous?	*How are you?*
Allez au tableau!	*Go to the board!*

ALLER *to go*			
SINGULIER		PLURIEL	
je	**vais**	nous ‿	**allons**
tu	**vas**	vous ‿	**allez**
il / elle / on	**va**	ils / elles	**vont**

- To express future actions that are intended or certain to take place, use the present tense of **aller** and an infinitive. This construction is called **le futur proche** *(the immediate future)*. In negative sentences, place **ne ... pas** around the form of **aller;** the infinitive does not change.

Je **vais travailler** ce soir.	*I'm going to work this evening.*
Attention, tu **vas tomber!**	*Watch out, you're going to fall!*
Il **va téléphoner** à son père.	*He's going to call his father.*
Tu **ne vas pas danser?**	*You're not going to dance?*

- To express a future action you may also simply use the present tense of a verb and an adverb referring to the future.

Mon copain arrive **demain.**	*My friend arrives tomorrow.*
Tu joues **ce soir?**	*You're playing tonight?*

Here are some useful expressions referring to the immediate future.

ce soir	*tonight*
demain	*tomorrow*
ce week-end	*this weekend*
bientôt	*soon*
la semaine prochaine	*next week*
le mois prochain	*next month*
l'été prochain	*next summer*
l'année prochaine	*next year*

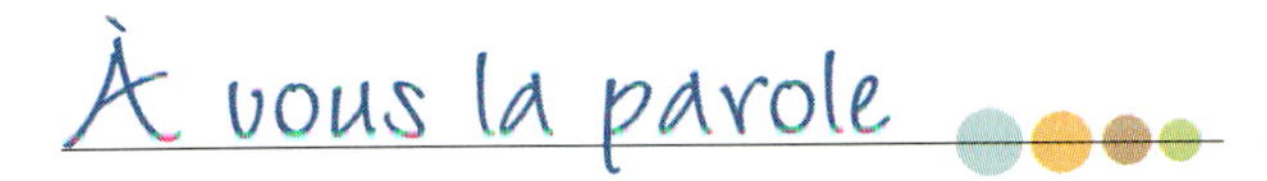

A. Où aller? Based on their interests, where are these people probably going?

MODÈLE: Anne adore nager.
→Elle va à la piscine.

1. Richard aime le basket-ball.
2. Nous aimons les films.
3. Tu désires manger des spaghettis.
4. M. et Mme Dupont aiment l'art moderne.
5. Vous adorez jouer au foot.
6. Sandrine aime les biographies.
7. J'aime beaucoup parler avec mes amis.
8. Denise et Karine adorent le café.

B. Les habitudes. Tell a partner where you usually go and why during the times indicated.

MODÈLE: le samedi soir
→Je vais au stade pour jouer au foot.

1. le lundi matin
2. le vendredi soir
3. le jeudi après-midi
4. le mercredi soir
5. le vendredi matin
6. le mardi matin
7. le samedi après-midi

C. Les projets. Figure out with a partner what these people are likely to do under the circumstances.

MODÈLE: Monique prépare son cours de chimie.
→Elle va travailler au laboratoire.

1. Christophe prépare un examen important.
2. Nous n'avons pas de cours demain.
3. Martine a beaucoup de questions pour le prof d'anglais.
4. Jean et Paul adorent la pizza.
5. Je ne comprends pas cette leçon de maths.
6. Chantal aime étudier l'histoire.
7. Vous préparez un rapport écrit.

D. Vos projets. Interview a partner about his/her plans, and report back to the class what you found out about your partner.

MODÈLE: cet après-midi
É1 Qu'est-ce que tu vas faire cet après-midi?
É2 Cet après-midi je vais travailler au labo. Et toi?
É1 Mon camarade et moi, nous allons jouer au tennis.
É2 *(reporting back)* Moi, je vais travailler au labo cet après-midi, mais Joseph va jouer au tennis.

1. cet après-midi
2. ce soir
3. demain
4. ce week-end
5. le trimestre prochain
6. l'été prochain
7. l'année prochaine

2. *L'impératif*

- To make a suggestion or tell someone to do something, the *imperative* forms of a verb—without subject pronouns—may be used. For **-er** verbs, drop the infinitive ending, **-er,** and add:

— **-e** when speaking to someone with whom you are on informal terms:

Ferm**e** la porte!	*Shut the door!*
Donn**e**-moi le cahier.	*Give me the notebook.*

The verb **aller** has an exceptional form in the singular:

Va chez toi!	*Go home!*

— **-ez** when speaking to more than one person or to someone with whom you are on formal terms:

Parl**ez** plus fort!	*Speak louder!*
Écout**ez**-moi!	*Listen to me!*

— **-ons** to make suggestions to a group of which you are part:

Jou**ons** aux cartes.	*Let's play cards.*
Regard**ons** un film.	*Let's watch a film.*

The imperative of the verb **être** is irregular in all forms:

Sois sage!	*Be good!*
Soyez calme!	*Be calm!*
Soyons raisonnables!	*Let's be reasonable!*

- To be more polite, add **s'il te plaît** or **s'il vous plaît:**

Ouvrez la fenêtre, **s'il vous plaît.**	*Open the window, please.*
Donne-moi la règle, **s'il te plaît.**	*Please give me the ruler.*

- To tell someone not to do something, put **ne (n')** before the verb and **pas** after it:

Ne regarde **pas** la télé!	*Don't watch TV!*
N'écoutons **pas** la radio.	*Let's not listen to the radio.*

A. Impératifs. Use the appropriate command forms to get your friends to do what you want.

MODÈLE: Dites *(tell)* à votre camarade de ne pas regarder la télé.
→Ne regarde pas la télé!

Dites à votre camarade…

1. d'écouter la radio
2. de fermer la porte
3. de ne pas regarder la télé
4. d'aller dans sa chambre *(room)*

Dites à votre professeur…

5. de répéter
6. de parler plus fort
7. de ne pas fermer la porte
8. de ne pas parler anglais

Proposez à vos amis…

9. de jouer au basketball
10. de regarder un film
11. d'aller au cinéma
12. de ne pas travailler

B. Pourquoi pas? You'd like to do something different in French class today. What can you suggest to the teacher? Choose from the list of possibilities, or use your own ideas.

MODÈLE: aller
→Allons au café.

aller jouer chanter parler écouter regarder

C. Situations. With a partner, provide a command or suggestion you'd be likely to hear in each situation.

MODÈLE: une mère à son enfant
→Écoute, mon enfant.

1. un professeur aux étudiants
2. une étudiante à sa camarade de chambre
3. un étudiant au professeur
4. un étudiant à son copain
5. un entraîneur *(coach)* de basket à ses joueurs

PARLONS *Jouons ensemble*

Circulate among your classmates and find out who does the following things. You need to find four people who say yes to the activities listed below. The first one to complete a row (up, down, across, or diagonally) is the winner.

MODÈLE: É1 Est-ce que tu prépares tes cours à la bibliothèque le soir?
É2 Non, je travaille à la résidence. *(ask another student)*
É1 Est-ce que tu prépares tes cours à la bibliothèque le soir?
É3 Oui, je travaille à la BU le soir. *(write his or her name in the square)*

aller au labo de langues deux fois par semaine	préparer tes cours à la bibliothèque le soir	aller au centre informatique le dimanche soir	manger au snack-bar trois fois par semaine
jouer du saxophone	chercher des livres à la librairie au début du semestre	aller au musée le week-end	aller au cinéma avec des amis le week-end
aller souvent à l'infirmerie	aller au bureau du professeur de français	nager à la piscine universitaire	aller au stade le samedi après-midi
aller au théâtre de la fac une fois par semestre	jouer au tennis le week-end	habiter une résidence universitaire	manger au resto U trois fois par semaine

Venez chez nous!
Vive le sport!

Les «Bleus» gagnent la Coupe du Monde en 1998 au Stade de France.

Le sport dans le monde francophone

From Marseille to Madagascar, from Martinique to Morocco, sports are a unifying element in Francophone life. For example, in July Europeans are glued to the TV watching the international bike race **Le Tour de France.** Throughout the year, you can find people all around the world listening to an exciting soccer match on the radio. A win by a national team, such as the French victories in the 1998 World Soccer Cup and the 2000 European Soccer Cup, fuels feelings of national honor and pride. Many people believe that these victories by the French team have also helped to promote French unity while at the same time dispelling nationalistic tendencies. The players on the French team are ethnically diverse, including Zinedine Zidane (of Algerian descent), Marcel Desailly (whose family is from Ghana), and Thierry Henry (from the French Antilles), and this diversity has been a source of team strength as well as a buffer against intolerance.

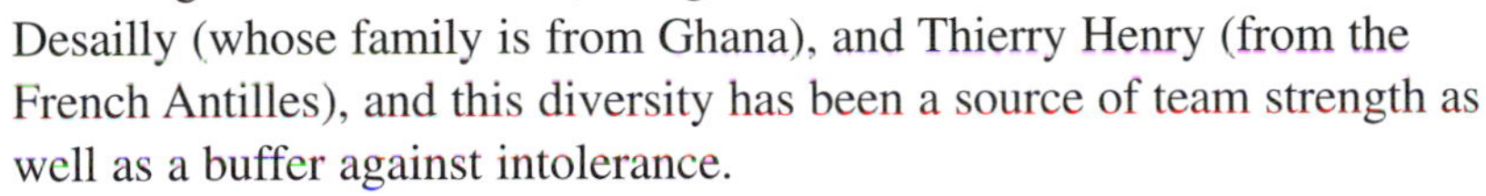

Basketball/Première Ligue
Uni et Corcelles vont mal
Le cyclisme français orphelin de «Jaja»
Le Vendée Globe: 93 jours seul autour du monde
Roland Jourdain:
«Le record, c'est la cerise sur le gâteau»
Football:
Valence-Manchester– un nul avec un air de déjà vu

Et vous?

1. Are sports a unifying element in the United States, as they are in Francophone countries? In your opinion, do ethnically diverse teams function as a buffer against intolerance? Are their victories a source of national pride?
2. How would you compare the relative importance of soccer as a sport in North America and in the Francophone world?
3. Are there sports in North America whose popularity rivals that of **Le Tour de France** and soccer in the Francophone world?

ÉCRIVONS *Les événements sportifs en France*

France is host each year to a number of international sporting events and occasionally has been the host of events such as the Olympic Games and the World Cup soccer final. Some of these events are listed on p. 110.

A. Avant d'écrire.

1. Look over the events in the chart below. Which ones are you familiar with? Have you ever watched any of these events on TV? Which ones?
2. Think about sporting events that happen on a regular basis (or occasionally) in your hometown or region, and add the relevant information for those events to the chart below.
3. Choose one event to write about and think about any additional details you might want to provide.

Quoi?	Quand?	Où?	Description
Roland-Garros	mai–juin	au stade Roland-Garros à Paris	des matchs internationaux de tennis
le Paris–Dakar	décembre–janvier	de Paris, France à Dakar, Sénégal	une course internationale de voitures
le Tour de France	juin–juillet	en France	une course internationale de vélos
les Jeux Olympiques	1992	à Albertville, France	les jeux d'hiver (le ski, la luge, le patinage, etc.)
la Coupe du Monde de Football	1998	au stade de France, à Paris	la finale du championnat international de football

B. En écrivant. Write a short paragraph in French describing the sporting event you have chosen. Remember to include information about what it is, when it takes place, where it takes place, and what it is like. You may wish to add a personal reaction if you have ever been involved with this event and/or watched it in person. (Hint: You may wish to illustrate your paragraph with a picture.)

MODÈLE: J'aime beaucoup jouer au tennis et regarder les matchs à la télé. En mai ou juin, je regarde toujours un match international qui a lieu en France. Il s'appelle «Roland-Garros» parce que les joueurs de tennis ont leurs matchs au stade Roland-Garros à Paris. (Aux États-Unis, on appelle ce match «The French Open».) Il y a beaucoup de matchs et...

C. Après avoir écrit. Read over your description and make sure that you have included all the relevant information. Look closely at your paragraph to verify that you have spelled all words correctly, that subjects and verbs agree in number, and that nouns and adjectives agree in number and gender. Share your descriptions with your classmates and learn about the variety of sporting events held in the U.S. and around the world.

PARLONS *On y va!*

Both the **Tour de France** and the **Paris–Dakar** are races that take place over a number of weeks and in many different locations. Take a look at the itinerary of the **Tour de France 2001.** Then, with a partner, make up an ideal **Tour de France.** Use the map of France in the book to locate major cities and geographical areas. Your **Tour** may begin anywhere in France, but it should pass through at least one mountainous region, and it must end in Paris. Share your itinerary with your classmates.

MODÈLE: Lundi, nous allons de Dijon à Beaune. Mardi, nous allons de Beaune à Lyon, etc.

Now look at the itinerary of the 2001 **Paris–Dakar** race. With a partner, make up an itinerary for next year's **Paris–Dakar.** Use the maps of France and Africa in the book to locate major cities, geographical areas, and countries. Your race should begin in Paris and end in Dakar. Share your itinerary with your classmates.

MODÈLE: Lundi, je vais aller de Paris à Marseille. Mardi, je vais traverser la Méditerranée, etc.

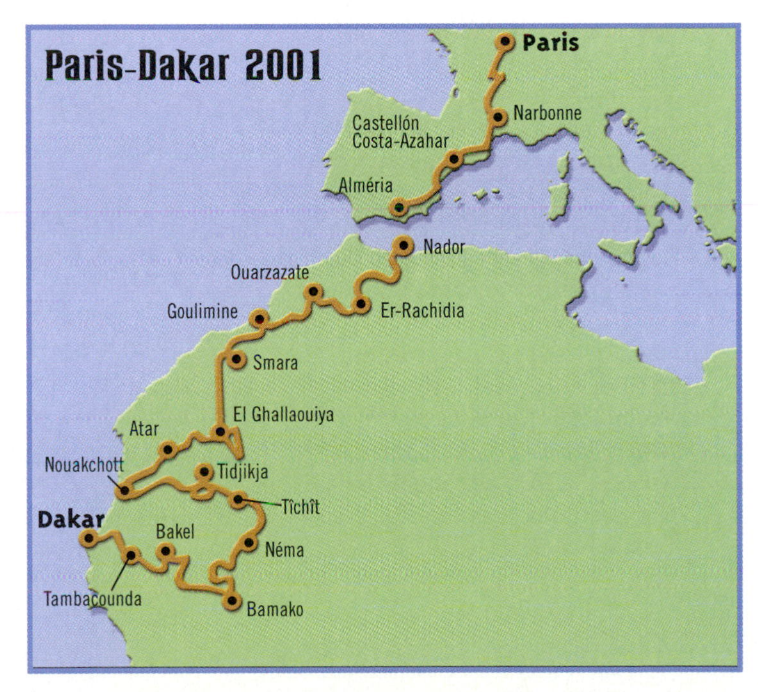

LISONS *Les éléphants séquestrés*

A. Avant de lire. Throughout much of the world, soccer is the sport with the greatest appeal. Francophone Africa is no exception. The following article comes from the sports pages of the magazine **Clés de l'Actualité.** The topic is the aftermath of a match.

1. Imagine the type of article that would appear if a favored team won an important match. List 3–4 adjectives in French that might be used in such an article to describe the team.
2. Now, imagine the type of article that might appear if a favored team lost an important match. List 2–3 adjectives that might be used.

B. En lisant. Based on the information in the article, decide whether the following phrases are *true* (**vrai**) or *false* (**faux**). Correct those statements which are false.

1. **Les éléphants** is the name of a soccer team.
2. The team plays for Nigeria.
3. **Les éléphants** lost the first match of African World Cup.
4. The government punished the team by placing the members in jail for three days.
5. The International Soccer Federation applauded the actions of the government.

Les «éléphants» séquestrés

● Parce qu'ils ont été éliminés dès le premier tour de la CAN[1] 2000, les joueurs de la Côte d'Ivoire (surnommés les «éléphants») ont été punis par le régime militaire ivoirien qui a pris le pouvoir[2] en décembre dernier. «Consignés» dans un camp militaire durant près de trois jours, les joueurs, dont la plupart gagnent bien leur vie[3] dans les clubs européens, ont reçu des «cours d'instruction civique pour apprendre[4] la discipline et le patriotisme». La FIFA[5] et le club des joueurs ont vivement réagi devant de telles pratiques. ■

[1]Coupe d'Afrique des nations [2]*seized power* [3]*earn a good living* [4]*to learn* [5]Fédération internationale de football

Les Clés n°383 / du 17 au 23 Février 2000.

C. En regardant de plus près. There are a number of verbs in this text that have cognates in English. Find in the text the French words for:

sequestered eliminated punished consigned

D. Après avoir lu.

1. Could you imagine the events described in the article occurring in the U.S.? Why or why not?
2. Do you feel that the outcome of sports events is taken too seriously by certain groups of people? Explain your answer.

ÉCOUTONS *Des portraits d'athlètes*

You can listen to the **Écoutons** section on the Student audio CD.

A. Avant d'écouter. Look at the pictures below of three Francophone athletes. Which sport do you think each plays? Can you think of two or three adjectives to describe each athlete?

B. En écoutant. Listen to the descriptions of these three athletes and fill in the missing information in the chart below.

Surya Bonaly

Mary Pierce

Benoit Brunet

Name	Sport	Age	Appearance	Character	Favorite activities
Surya Bonaly	*le patinage artistique*		*de taille moyenne, forte*		
Mary Pierce					
Benoit Brunet					

C. Après avoir écouté. Now, write a brief portrait of your own favorite athlete. Include the sport that he or she plays, the person's age, physical characteristics, personality, and any other favorite activities.

Vocabulaire

LEÇON 1

le caractère	**disposition, nature, character**
ambitieux/-euse	*ambitious*
amusant/e	*funny*
bête	*stupid*
drôle	*amusing, funny, strange*
égoïste	*selfish*
énergique	*energetic*
gentil/le	*kind, nice*
généreux/-euse	*generous, warm-hearted*
intelligent/e	*intelligent, smart*
méchant/e	*mean, naughty*
sérieux/-euse	*serious*
sportif/-ive	*athletic*
pantouflard/e	*homebody*
paresseux/-euse	*lazy*

le physique	**physical traits**
âgé/e	*elderly, old*
beau (belle)	*beautiful*
blond/e	*blond*
brun/e	*brunette*
de taille moyenne	*of medium height*
d'un certain âge	*middle-aged*
élégant/e	*elegant*
fort/e	*strong, stout*
grand/e	*tall*
gros/se	*fat*
jeune	*young*
joli/e	*pretty*
mince	*thin, slender*
moche	*ugly*
petit/e	*short*
roux/-sse	*redhead, redheaded*

pour poser une question	**to ask questions**
combien	*how much*
combien de	*how many*
comment	*how*
où	*where*
quand	*when*

en ville	**in the city**
une clinique	*private hospital*
une fac(ulté)	*college, university*
un lycée	*high school*

autres mots utiles	**other useful words**
bien sûr	*of course*
comme	*like, as*
donc	*then, therefore*
les histoires (f) drôles	*jokes*
un moniteur/une monitrice de ski	*ski instructor*
pas du tout	*not at all*

LEÇON 2

quelques sports	**some sports**
le basket(-ball)	*basketball*
le football américain	*football*
le hockey	*hockey*
le racket-ball	*racquetball*
le rugby	*rugby*
le volley(-ball)	*volleyball*

quelques jeux	**some games**
les cartes (f)	*cards*
les échecs (m)	*chess*
un jeu de société	*board game*
les jeux électroniques (m)	*video games*
la loterie	*lottery*

la musique	**music**
le jazz	*jazz*
le rock	*rock*
une batterie	*percussion, drum set*
un harmonica	*harmonica*
un saxophone	*saxophone*
un/e musicien/-ienne	*musician*

pour exprimer les préférences	**to express preferences**
adorer	*to adore, love*
aimer beaucoup	*to like or love a lot*
aimer bien	*to like fairly well*
détester	*to detest*
préférer	*to prefer*

autres loisirs	**other leisure activities**
une boum	*party*
bricoler	*to do odd jobs around the house*
un concert	*concert*
nager	*to swim*
la télé(vision)	*TV, television*

autres mots utiles	**other useful words**
actif/-ive	*active*
fanatique	*fan, fanatic*
(x) fois par semaine	*(x) times a week*
plutôt	*more, rather*
quel/le	*which*
la résidence	*dorm, residence hall*
répéter	*to repeat, to rehearse*
rester	*to stay*
souvent	*often*
suggérer	*to suggest*
super	*super*
tous les samedis	*every Saturday*

LEÇON 3

sur le campus	**on campus**
un amphithéâtre	*amphitheater, lecture hall*
la bibliothèque universitaire (la BU)	*university library*
le bureau du professeur	*professor's office*
un café	*café*
un centre informatique	*computer center*
un gymnase	*gym*
une infirmerie	*health center/clinic*
un labo(ratoire) de chimie	*chemistry lab*
un labo(ratoire) de langues	*language lab*
une librairie	*bookstore*
un musée	*museum*
une piscine	*swimming pool*
le restaurant universitaire (le resto U)	*dining hall*
un snack-bar	*snack bar*
un stade	*stadium*
un terrain de sport	*playing field, court*
un théâtre	*theater*

pour parler de l'avenir	**to talk about the future**
aller (Je vais travailler.)	*to go (I'm going to study./ I will study.)*
bientôt	*soon*
demain	*tomorrow*
l'année (f) prochaine	*next year*
l'été (m) prochain	*next summer*
le mois prochain	*next month*
la semaine prochaine	*next week*
ce soir	*tonight*
ce week-end	*this weekend*

autres mots utiles	**other useful words**
après	*after*
un cours	*course, class*
étranger/-ère	*foreign*
un examen	*exam*
ici	*here*
la plupart	*majority, most*
pour (discuter)	*in order to (discuss)*
un rapport écrit	*written report*

quelques verbes utiles	**some useful verbs**
commencer	*to begin, to start*
discuter	*to have a discussion, to talk*
manger	*to eat*
retrouver	*to meet up with*

Études et professions

Leçon 1 Une formation professionnelle

POINTS DE DÉPART Des programmes d'études et des cours

SONS ET LETTRES Les voyelles /o/ et /ɔ/

FORMES ET FONCTIONS

1. Les adjectifs prénominaux
2. Expressions de durée avec *depuis* et *il y a ... que*

ÉCOUTONS Les devoirs ou le cinéma?

Leçon 2 Choix de carrière

POINTS DE DÉPART Qu'est-ce que vous voulez faire comme travail?

SONS ET LETTRES L'enchaînement et la liaison

FORMES ET FONCTIONS

1. *C'est* et *il est*
2. Les verbes *devoir, pouvoir* et *vouloir*

LISONS Petites annonces

Leçon 3 Au travail!

POINTS DE DÉPART Un petit job pour l'été

FORMES ET FONCTIONS

1. Les verbes en *-re*
2. La modalité: *devoir, pouvoir* et *vouloir* au conditionnel

PARLONS Chez la conseillère/le conseiller d'orientation

Venez chez nous!

Présence francophone au Canada

ÉCOUTONS Un peu d'histoire

PARLONS Une langue bien de chez nous

LISONS Le français au Québec

ÉCRIVONS Les universités au Canada

Language Use

- Describing courses and studies
- Telling how long activities have been going on
- Describing jobs and workplaces
- Making suggestions
- Counting above 100

Media

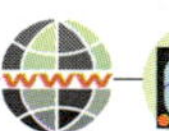

- CD-ROM: Chapitre 4
- Student audio CD: Chapitre 4
- Video: Chapitre 4
- Website: **http://www.prenhall.com/cheznous**

Leçon 1 Une formation professionnelle

POINTS DE DÉPART

Additional practice activities for each **Points de départ** section are provided on the CD-ROM and website: **http://www.prenhall.com/cheznous**

Des programmes d'études et des cours

Claire Paradis est étudiante à l'Université de Montréal. Sa spécialisation? C'est la chimie; elle a un mineur en histoire. Son ami Gilles Robillard prépare aussi un diplôme: un baccalauréat en sciences économiques, avec un mineur en allemand. Ils parlent des cours qu'ils suivent ce trimestre.

GILLES: Qu'est-ce que tu as comme cours ce trimestre?

CLAIRE: Deux cours de chimie, un cours de maths, un cours de physique et un cours sur l'histoire du Québec.

GILLES: Tu aimes les maths?

CLAIRE: Non, c'est ennuyeux, mais c'est un cours obligatoire. Et ton cours de sciences politiques, ça va?

GILLES: Ben, il est intéressant, ce cours, mais difficile.

CLAIRE: Il y a beaucoup d'examens?

GILLES: Seulement un examen final, mais il y a deux essais à écrire. J'ai une note assez médiocre pour le premier essai.

Claire Paradis

Gilles Robillard

Qu'est-ce que vous étudiez?

les lettres:	l'histoire, les langues étrangères (l'allemand, l'anglais, l'espagnol), la littérature, la philosophie, la communication
les sciences humaines:	l'anthropologie, la géographie, la linguistique, la psychologie, les sciences politiques, la sociologie
les sciences naturelles:	la biologie, la botanique, la géologie, la physiologie, la zoologie
les sciences physiques:	l'astronomie, la chimie, l'informatique, les mathématiques, la physique
les sciences économiques:	la comptabilité, l'économie
les beaux-arts:	la danse, le dessin, la musique, la peinture, la sculpture, le théâtre

le droit
la gestion
le journalisme
la médecine
les sciences de l'éducation

A. Deux étudiants. Answer these questions about Gilles' and Claire's studies.

MODÈLE: Claire prépare un diplôme en sciences économiques?
→Non, elle prépare un diplôme en chimie.

1. Son mineur est en biologie?
2. Et Gilles, quel diplôme est-ce qu'il prépare?
3. Quel est son mineur?
4. Ce trimestre, Claire suit un cours d'écologie?
5. Pour quel cours est-ce qu'elle travaille au laboratoire?
6. Elle suit un cours d'histoire?
7. Gilles suit un cours de sciences humaines ce trimestre?

B. La spécialisation. Based on the courses they're taking, what are these students majoring in?

MODÈLE: Guy: Principes de chimie analytique, Chimie physique moléculaire, Mathématiques pour chimistes
→Il prépare sans doute (*no doubt*) un diplôme en chimie.

1. Chantal: L'Europe moderne, Introduction à l'étude des États-Unis, Histoire générale des sciences
2. Albert: Civilisation allemande; Allemand écrit 1; Cours pratique d'allemand parlé
3. Roger: Introduction aux concepts sociologiques; Communication et organisation; Psychologie sociale
4. Jeannine: Théorie macroéconomique; Éléments de microéconomique; Statistique pour économistes
5. Bruno: Histoire politique du Québec; Éléments de politique; Géographie du développement
6. Anne-Marie: Biologie expérimentale; Principes d'écologie; Introduction à la génétique
7. Brigitte: Systèmes éducatifs du Québec; Philosophie de l'éducation; Sociologie de l'école

C. Votre spécialisation et vos cours. Compare your major and minor with a partner. Discuss the courses both of you are taking this semester.

MODÈLE: É1 Je prépare un B.A. en sciences politiques. J'ai un mineur en espagnol. Et toi?
É2 Moi, je prépare un B.A. en mathématiques mais je n'ai pas de mineur.
É1 Ce semestre je suis deux cours d'histoire, un cours de sociologie et ce cours de français.
É2 Bien sûr, je suis un cours de français et j'ai aussi trois cours de maths!

Éclairages

Les universités de Montréal

In Montreal there are four universities: two are French-speaking, **l'Université de Montréal (l'UdeM)** and **l'Université du Québec à Montréal (l'UQAM);** and two are English-speaking, McGill and Concordia University. **L'Université de Montréal** is the largest university in Canada, with an expansive campus located on the outskirts of town. Like many large American universities, it offers a wide range of majors and professional degrees.

The educational system in the province of Quebec is organized somewhat differently from the system in the United States. After graduating from high school, students spend two years in a **CÉGEP (Collège d'enseignement général et professionnel)**. Afterwards, many continue at a university where they may complete **un baccalauréat (un bacc)**, **une maîtrise,** and **un doctorat.** These are equivalent to the American Bachelor's, Master's, and Ph.D. degrees respectively, though the **bacc** is typically completed in three years. As in American universities, students in Canadian universities may choose highly specialized degrees in one discipline or they may choose to have a major (**un majeur**) in one discipline and a minor **(un mineur)** in another.

L'Université de Montréal

L'université française

French universities, like American and Canadian universities, are grouped by schools or colleges **(des facultés). Les sciences naturelles, les sciences physiques,** and **les maths,** for example, are often found in **la faculté des sciences.** Many French universities have only one or two schools, unlike their North American counterparts where one frequently finds several **facultés** grouped together on the same campus.

The educational system in France is organized quite differently from those in the U.S. and Canada. At the end of their high school curriculum, French students take an exam called **le baccalauréat (le bac),** which is a rigorous national exam. It is not uncommon for students to fail **le bac** on their first attempt and to repeat **(redoubler)** their last year of high school **(le lycée)** and retake **le bac.** Students who pass this exam are guaranteed entrance into the university system. Universities are heavily subsidized by the French government, so studies are quite inexpensive for college students, typically only a few hundred dollars per year, which covers all fees as well as medical insurance.

After passing the **bac,** some students continue their studies in other types of specialized schools. Business schools and engineering schools, for example, are separate entities, not part of the French university system. The most prestigious schools in France are the **Grandes Écoles.** These schools are comparable to certain high-ranking graduate schools in North America, and entrance into them is extremely competitive. It is in these schools that many future politicians, business leaders, professors, and professionals are educated.

The school calendar in France also differs from the Canadian and American calendars. In France, university classes begin in October and end in June with a final examination period that lasts several weeks. Some final exams are written, but many are oral exams. Students are not required to attend classes in order to be allowed to take final exams, and students who do not pass their exams in June may retake some exams in September.

Une étudiante à l'École Polytechnique

French universities offer the following types of diplomas: **le DEUG (Diplôme d'études générales),** which students typically receive after two years of university studies; **la licence,** the equivalent of an American B.A. or B.S. or of a Canadian **baccalauréat,** received after the third year of study; **la maîtrise,** awarded after four years of study and the writing of a master's thesis **(un mémoire),** and **le doctorat,** awarded after students have written and defended a doctoral thesis **(une thèse).**

D. Votre université et vous. Imagine that you are going to send a tape to a French-speaking pen pal, telling him/her about your university and your studies. Practice with a partner by preparing two or three short sentences on each suggested topic.

MODÈLE: votre université en général
→Mon université est très grande. Il y a beaucoup d'étudiants. Sur notre campus nous avons plusieurs (*several*) facultés: une faculté des lettres et des sciences humaines, une faculté des sciences, une faculté de droit et une faculté de médecine. Moi, je suis à la faculté des sciences.

1. votre université en général
2. votre campus (il est dans une ville? il est grand?)
3. votre faculté (quelle est votre faculté? nommez (*name*) quelques départements)
4. votre spécialisation (quels sont votre majeur et mineur? quels cours sont obligatoires? nommez quelques cours que vous suivez)
5. votre cours de français (combien d'étudiants? il est intéressant? vous travaillez beaucoup?)
6. vos professeurs (combien de professeurs différents ce semestre? ils sont intéressants? qui est votre professeur préféré?)

SONS ET LETTRES

Les voyelles /o/ et /ɔ/

The vowel of **beau,** /o/, is short and tense, in contrast to the longer, glided vowel of English *bow*. Hold your hand under your chin to make sure it does not drop as you say **beau;** your lips should stay rounded and tense. The vowel /o/ generally occurs at the end of words or of syllables, and it is written with **o, au/x, eau/x,** or combinations of **o** + silent consonants:

bi**o**logie	**au** rest**o** U	**aux** bure**aux**	il est gr**os**

The vowel of **fort,** /ɔ/, is pronounced with less tension than /o/, but still without any glide. It usually occurs before a pronounced consonant and is spelled **o:**

le pr**o**f	la f**o**rme	la n**o**te	il ad**o**re

In a few words, /o/ occurs before a pronounced consonant:

dr**ô**le	le dipl**ô**me	les **au**tres	elle est gr**o**sse

The **Sons et lettres** section, including the practice activities, is recorded on the Student audio CD.

À vous la parole

A. Contrastes. Compare the pronunciation of each pair of words. The first contains the /o/ sound; the second contains the /ɔ/ sound.

le stylo / la porte	il faut / la forme	le stylo / la gomme
Bruno / Paul	le piano / le rock	M. Lebeau / M. Lefort

B. Des phrases. Read the following sentences aloud.

1. Elle va au cours de socio.
2. Voici le bureau de Mado.
3. Colette joue du piano, Georges du saxophone.
4. Notre copain montre nos photos au prof.

C. Les abréviations. French students use many abbreviations to talk about their courses and other aspects of university life. Many of these abbreviations end in /o/ as in the list below. With a partner, practice saying each abbreviation and match it to its full form.

1. une interro	8. la socio	a. un dictionnaire	h. les sciences politiques
2. un labo	9. un intello	b. un intellectuel	i. la sociologie
3. un resto U	10. les sciences éco	c. un magnétophone	j. un restaurant universitaire
4. une compo	11. un dico	d. un laboratoire	k. l'histoire-géographie
5. les sciences po	12. l'histoire-géo	e. la philosophie	l. les sciences économiques
6. la psycho	13. MacDo	f. McDonald's	m. une composition
7. la philo	14. un magnéto	g. une interrogation (un examen)	n. la psychologie

FORMES ET FONCTIONS

Media
Additional practice activities for each **Formes et fonctions** section are provided on the CD-ROM and website: **http://www.prenhall.com/cheznous**

Les adjectifs prénominaux

- Most adjectives follow the noun in French. A few, however, are placed before the noun.

jeune nouvelle/nouvel/nouveau	vieille/vieil/vieux
petite/petit	grande/grand grosse/gros
belle/bel/beau jolie/joli	
bonne/bon première/premier	mauvaise/mauvais dernière/dernier

- **Jeune** and **joli/e** each have a single spoken form. **Jeune** has a single written form, but **joli** ends in the letter **e** only in the feminine.

une jeune étudiante	un jeune professeur
une joli**e** bibliothèque	un joli campus

- Most of the other adjectives that are placed before the noun have two spoken forms. Like other adjectives you know, the masculine form ends in a vowel sound and the feminine form ends in a pronounced consonant. But with this group of adjectives, the masculine form sounds just like the feminine form (with a pronounced final consonant) when a word beginning with a vowel sound follows it. Note that for three adjectives, **belle, nouvelle,** and **vieille,** there is a special written form used in these cases that reflects the pronunciation of the final consonant before a vowel.

C'est la première classe. C'est le premie**r**‿examen. /r/	C'est le premier jour.
C'est une mauvaise note. C'est un mauvai**s**‿examen. /z/	C'est un mauvais prof.
C'est une belle étudiante. C'est un **bel**‿étudiant.	C'est un beau garçon.
C'est une nouvelle étudiante. C'est un **nouvel**‿étudiant.	C'est un nouveau prof.
C'est une vieille amie. C'est un **vieil**‿ami. /j/	C'est un vieux copain.

• The adjectives **grande** and **grosse** behave a bit differently and have three spoken forms. Although the final consonant is pronounced when a masculine form precedes a word beginning with a vowel sound, it is pronounced with a different sound than the feminine form, as shown in the examples below.

C'est une grande piscine. /d/ — C'est un grand stade.

C'est un gran**d**‿amphithéâtre. /t/

Regarde la grosse carte! /s/ — Regarde le gros tableau!

Regarde le gro**s**‿ordinateur! /z/

À vous la parole

A. Tout à fait d'accord! Indicate that you agree.

MODÈLE: Le cours est bon?
→Oui, c'est un bon cours.

1. Le prof est mauvais?
2. L'ordinateur est gros?
3. L'étudiante est jeune?
4. Le campus est beau?
5. L'amphithéâtre est grand?
6. Le diplôme est nouveau?
7. La fac est nouvelle?
8. L'examen est le premier?

B. Ce n'est pas ça! You must contradict your partner!

MODÈLE: É1 C'est un vieux professeur.
É2 Mais non, c'est un jeune professeur!

1. C'est un mauvais livre.
2. C'est un vieil ordinateur.
3. C'est le premier essai.
4. C'est une bonne note.
5. C'est le dernier examen.
6. C'est un petit ordinateur.
7. C'est un mauvais professeur.
8. C'est une nouvelle piscine.

C. Trouvez une personne. Find people in your class who answer the following descriptions.

MODÈLE: Trouvez une personne qui…
a un bon prof de maths
É1 Est-ce que tu as un bon prof de maths?
É2 Non, je n'ai pas de cours de maths. (*you ask another person*)
É1 Est-ce que tu as un bon prof de maths?
É2 Oui, j'ai un bon prof; il s'appelle M. McDonald. (*you write down the name of this student*)

Trouvez une personne qui…

1. a un bon prof de maths
2. a de bonnes notes en français
3. a un nouvel ordinateur
4. a son premier cours à 8 heures du matin
5. a un gros dictionnaire
6. prépare un grand examen
7. est en première année de fac
8. est en dernière année de fac

2. *Expressions de durée avec* depuis *et* il y a … que

Depuis and **il y a … que** are used with an expression of time and the present tense to indicate that an event that began in the past is still going on in the present.

- **Depuis** is used with an expression of time to indicate how long an event has been going on. To ask how long something has been going on, use **depuis combien de temps?**

Depuis combien de temps est-ce que tu étudies l'espagnol?	*For how long have you studied Spanish?*
—J'étudie l'espagnol **depuis trois ans.**	*—I've been studying Spanish for three years.*
Elle habite la résidence **depuis un mois.**	*She's lived in the dorm for a month.*
On attend le bus **depuis 15 minutes.**	*We've been waiting for the bus for 15 minutes.*

- **Depuis** can also be used to indicate specifically when an event began. Use **depuis quand?** to ask when an event started.

Depuis quand est-ce que ce prof enseigne à la fac?	*Since when has this professor been teaching at the university?*
—Il enseigne ici **depuis 1999.**	*—He's been teaching here since 1999.*

- To emphasize the length of time that something has been going on, use **il y a,** plus a time expression, plus **que.**

Il y a combien de temps que tu joues du piano?	*How long have you been playing the piano?*
—Il y a deux ans que je joue du piano.	*—I've been playing the piano for two years.*
Il y a 30 minutes qu'elle attend ici.	*She's been waiting here for 30 minutes.*

Here are some useful time expressions:

une minute	*minute*	une semaine	*week*
une heure	*hour*	un mois	*month*
un jour	*day*	un an	*year*

À vous la parole

A. Ça fait longtemps! Point out how long each event has been going on.

MODÈLE: Joëlle est à la fac depuis trois ans.
→Il y a trois ans que Joëlle est à la fac.

1. Elle étudie l'anglais depuis dix ans.
2. Elle habite un appartement depuis cinq mois.
3. Elle travaille à ce restaurant depuis six semaines.
4. Elle prépare un essai depuis trois jours.
5. Elle prépare un examen depuis quatre heures.
6. Elle travaille à la bibliothèque depuis trente minutes.

B. La biographie de David. On the basis of the dates and events listed, ask and answer questions with a partner about David's life .

MODÈLE: 1990 David joue de la guitare.
É1 Depuis quand est-ce que David joue de la guitare?
É2 Il joue de la guitare depuis '90.

OU É1 Depuis combien de temps est-ce que David joue de la guitare?
É2 Il joue de la guitare depuis [douze ans].

1990 David joue de la guitare.
1992 David étudie l'anglais.
1994 David joue au rugby.
1996 David a un chien.
1997 David a une voiture (*car*).
1999 David travaille à ce café.
2000 David est à la fac.
2001 David étudie la biologie.

C. Et vous ? Find out if your partner does the following activities, and, if so, since when.

MODÈLE: participer à un sport
É1 Est-ce que tu participes à un sport?
É2 Oui, je joue au basket.
É1 Depuis combien de temps est-ce que tu joues au basket?
É2 Je joue au basket depuis trois ans.

1. participer à un sport
2. jouer d'un instrument
3. étudier une langue étrangère
4. habiter la résidence ou un appartement
5. travailler
6. avoir une voiture
7. être marié/e ou fiancé/e

ÉCOUTONS *Les devoirs ou le cinéma?*

You can listen to the **Écoutons** section on the Student audio CD.

A. Avant d'écouter. Today is a weekday. Think about what you plan to do this evening. Do you have any tests to prepare for or papers to write? Make a list in French of the homework you need to do tonight. Make another list, in French, of what you would like to do.

MODÈLE:	**Travail**	**Activités amusantes**
	préparer mes devoirs de maths	aller au cinéma
	préparer mon essai d'anglais	regarder un match de basket à la télé

B. En écoutant. Now listen as Francine and Nicolas discuss their plans for the evening. As you listen the first time, write down what academic work each of them has to do and when it must be done.

	Travail à faire	Matière	Pour quand?
Nicolas	1. *examen* 2. 3.	1. *allemand* 2. 3.	1. *demain* 2. 3.
Francine	1. 2.	1. 2.	1. 2.

Now listen again and circle the letter of the most appropriate completion of each statement below.

1. Nicolas est probablement étudiant en…
   a. sciences physiques
   b. lettres
   c. sciences économiques
2. Francine est surprise parce que…
   a. Nicolas dit qu'il est malade.
   b. Nicolas est méchant avec elle.
   c. Nicolas a beaucoup de travail.
3. Finalement Nicolas décide…
   a. d'aller au cinéma.
   b. de travailler à la bibliothèque.
   c. de rester dans sa chambre.

C. Après avoir écouté. What do you think Nicolas should have done? What do you think the rest of his week will be like?

Leçon 2 Choix de carrière

POINTS DE DÉPART

Qu'est-ce que vous voulez faire comme travail?

Dans quel domaine est-ce que vous voulez travailler?
Est-ce que vous voulez aider les gens, comme les médecins, par exemple?
Est-ce que vous voulez voyager, comme certains journalistes?
Est-ce que vous êtes doué/e pour la mécanique, comme les mécaniciens (mécaniciennes)?

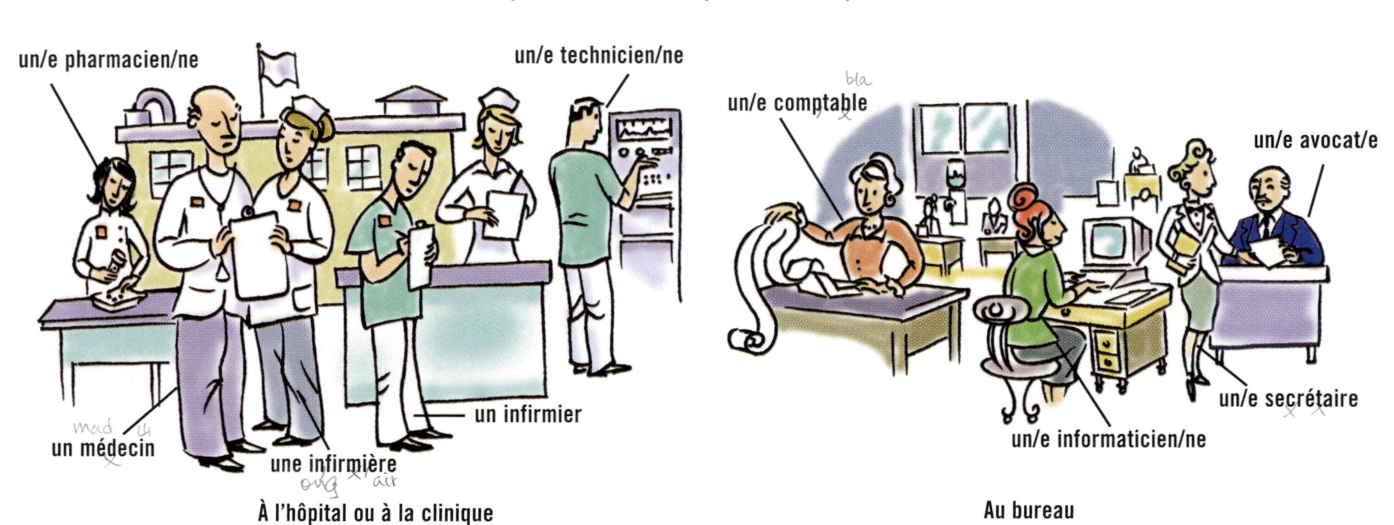

À l'hôpital ou à la clinique

Au bureau

À l'usine

À l'école

Au collège, au lycée ou à la fac

Autres métiers

un/e journaliste
un/e architecte
un/e assistant/e social/e
un/e dentiste
un écrivain

Names of professions in French may have:

1. *one form*: un professeur, un écrivain, un médecin, un ingénieur
2. *a variable article*: un/e dentiste, un/e architecte, un/e journaliste
3. *separate feminine and masculine forms*:
   une avocate, un avocat
   une infirmière, un infirmier
   une musicienne, un musicien
   une vendeuse, un vendeur
   une institutrice, un instituteur

Qu'est-ce qui vous intéresse?

Je veux avoir...
- un bon salaire
- beaucoup de prestige
- beaucoup de responsabilités
- un contact avec le public
- un travail en plein air

Je cherche un travail où...
- on peut voyager
- on peut aider les gens
- on n'est pas trop stressé
- on est très autonome
- on gagne beaucoup d'argent

La féminisation des noms de professions

In Canada, France, and other European countries, as in the United States, women are now making their careers in professions that in the past were typically male dominated. An increasing number of women are becoming doctors, lawyers, engineers, and mechanics, for example. The trend in English is toward more gender-neutral terms: instead of *waiter/waitress*, we say *server;* instead of *fireman*, *firefighter*. In French, women professionals are often identified with a separate feminine form of the noun, for example, **une musicienne** or **une actrice.** In some cases, a feminine article accompanies an invariable noun, as in **une dentiste** (vs. **un dentiste).** For some professions that lacked a feminine form, such as **un professeur,** a female professional has traditionally been addressed as **Madame le Professeur,** and students talking about their professors would say, for example, **Mon professeur de chimie est Madame Durand.** Recently much effort has been made, particularly in Canada and Switzerland, to create feminine forms in French for all professions. Canadian and Swiss students routinely use the form **une professeure** and might say, for example, **Ma professeure de pyschologie est Madame Laliberté.**

ET VOUS?

1. How do you feel about the use of gender-neutral terms in English as opposed to gender-specific terms in French?
2. Why do you think that American feminists have opted for gender-neutral terms while in France the trend is toward gender-specific terms?

Les femmes dans la société française

The status of women in France is progressively improving: a law passed in 1972 requires that men's and women's salaries must be comparable if they perform comparable work. Another law, enacted in 1983, makes it illegal to discriminate on the basis of sex or marital status when hiring. In 1999, the constitution was amended to give women **la parité politique** (rights to equal representation on local, regional, and national electoral ballots). In recent years women have attained high positions in government. For example, about 40% of French judges are women; Édith Cresson was prime minister in 1991; recently the ministries of culture, justice, health, and the environment have all been headed by women. Change is slow, however; women still occupy only 22% of all local government posts in France. The journalist and writer Françoise Giroud quipped, **La femme**

sera vraiment l'égale de l'homme le jour où, à un poste important, on désignera une femme incompétente. (*Women will really be men's equals on the day when an incompetent woman is appointed to an important position.*) The French language has begun to change to reflect these new political realities. In 1974, Françoise Giroud was referred to as **Madame *le* Ministre de la condition féminine,** but by 2000, women in cabinet positions favored being referred to as **Madame *la* Ministre**. Change is slow, however, as many traditionalists reject the use of forms like **Madame *la* Ministre** and argue strongly for preserving the grammatical distinctions in the language and hence retaining forms like **Madame *le* Ministre.**

ET VOUS?

1. Do you agree with Françoise Giroud's assessment of the day when women and men will be considered equals? How do you assess the situation?
2. Do you think that political equality between men and women (i.e., equal numbers of men and women in elected and appointed offices) can be achieved by law? Why or why not?

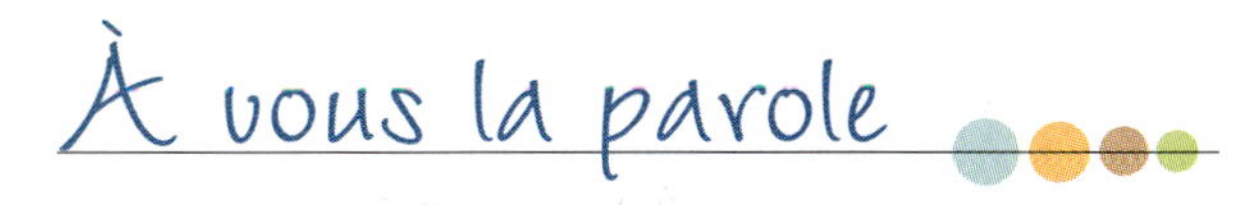

A. Classez les métiers. Name some jobs or professions that have the following features:

MODÈLE: On gagne beaucoup d'argent.
→Un médecin gagne beaucoup d'argent.
OU →Un acteur gagne beaucoup d'argent.

1. On est très autonome.
2. On travaille en plein air.
3. Un diplôme universitaire n'est pas nécessaire.
4. On n'est pas très stressé.
5. On a un contact avec le public.
6. On a beaucoup de prestige.
7. On peut travailler avec les enfants.
8. On peut voyager.

B. Offres d'emploi. Tell what kind of employee or professional is needed in each case.

MODÈLE: M. Loriot a un nouveau magasin (*store*).
—des vendeurs ou des vendeuses

1. Mlle Voltaire a un grand bureau.
2. Les Lopez désirent une nouvelle maison.
3. Le Dr Ségal est le directeur d'une nouvelle clinique.
4. Il y a beaucoup de crimes dans notre ville.
5. Il y a une nouvelle école primaire dans notre ville.
6. Mme Serres téléphone à la faculté de droit.
7. M. et Mme Duprès désirent un portrait de leurs enfants.

C. Aptitudes et goûts. Based on their description, tell what each of these people probably does for a living.

MODÈLE: Rémy est sociable. Il aime aider les gens avec leurs problèmes.
→Il est assistant social.

1. Lise s'intéresse à la mécanique. Elle est très douée pour réparer les voitures et les motos.
2. Kevin aime le travail précis. Il est très bon en maths.
3. Solange est énergique et sociable. Elle aime voyager, et elle aime le contact avec le public.
4. Camille s'intéresse à l'informatique et elle aime écrire des programmes.
5. Roger est très doué pour les sciences; il aime son travail au laboratoire de la clinique.
6. Pascale s'intéresse à la mode; elle aime aider les clients.
7. Roxanne est douée pour le dessin; elle aime dessiner des maisons et des appartements.
8. Guy aime travailler avec les enfants; il est calme et patient.

D. Vos projets de carrière. In a group of three or four students, find out what your classmates want to do and what they do not want to do as a career.

MODÈLE: É1 Toi, Mike, qu'est-ce que tu veux faire?
É2 Je veux être assistant social. J'aime travailler avec les gens.
É1 Et toi, Margot, qu'est-ce que tu ne veux pas faire?
É3 Moi, je ne veux pas devenir avocate. On travaille trop et on est trop stressé.

SONS ET LETTRES

L'enchaînement et la liaison

In French, consonants that occur within a rhythmic group tend to be linked to the following syllable. This is called **enchaînement.** Because of this feature of French pronunciation, most syllables end in a vowel sound:

il a /i la/ cinq amis /sɛ̃ ka mi/ Alice arrive /a li sa riv/

Some final consonants are almost always pronounced. These include final **-c, -r, -f, -l,** and all consonants followed by **-e:**

Éri**c** ma sœu**r** neu**f** anima**l** sei**ze** il ai**me**

Other final consonants are pronounced only when the following word begins with a vowel. These are called *liaison consonants,* and the process that links the liaison consonant to the beginning of the next syllable is called *liaison*. Liaison consonants are usually found in grammatical endings and words such as pronouns, articles, possessive adjectives, prepositions, and numbers. You have seen the following liaison consonants:

- **-s**, **-x**, **-z** (pronounced /z/): vou**s**‿avez, le**s**‿enfants, no**s**‿amis, au**x**‿échecs, trè**s**‿aimable, si**x**‿ans, che**z**‿eux
- **-t**: c'es**t**‿un stylo, elles son**t**‿énergiques
- **-n**: o**n**‿a, u**n**‿oncle, mo**n**‿ami

When you pronounce a *liaison consonant,* articulate it as part of the next word:

deu**x**‿oncles /dø zõkl/ *not* */døz õkl/
o**n**‿a /õ na/ *not* */õn a/
il es**t**‿ici /i le ti si/ *not* */il et i si/

À vous la parole

A. Contrastes: sans et avec enchaînement. Pronounce each pair of phrases. Be sure to link the final consonant of the first word to the following word when it begins with a vowel.

une classe	une université
pour Bertrand	pour Albert
Luc parle	Luc écoute
neuf frères	neuf enfants
quel cousin	quel oncle
elle déteste ça	elle aime ça

B. Liaisons. Pronounce the liaison consonants in the following phrases. Be sure to link the consonant with the following word.

nous_avons	vous_écoutez
on_a	un_an
ils_arrivent	elles_étudient
elles sont_au labo	elles vont_au resto U
le petit_animal	il a vingt_ans
mon_amie	son_enfant

FORMES ET FONCTIONS

1. C'est *et* il est

- There are two ways you may indicate someone's profession:

— Use a form of **être** + the name of the profession, without an article:

Jeannine **est** musicienne.	*Jeannine is a musician.*
Son frère **est** acteur.	*Her brother is an actor.*
Nous **sommes** instituteurs.	*We are schoolteachers.*

— Use **c'est/ce sont** + *the indefinite article* + the name of the profession:

Jeannine, **c'est une** musicienne.	*Jeannine is a musician.*
Stéphane? **C'est un** dentiste.	*Stéphane? He's a dentist.*
Leurs parents? **Ce sont des** architectes.	*Their parents? They're architects.*

- When you include an adjective along with the name of a profession, you must use **c'est/ce sont** + the indefinite article. Compare:

Anne **est** musicienne.	*Anne is a musician.*
C'est une excellente musicienne.	*She's an excellent musician.*
Ils **sont** peintres.	*They're painters.*
Ce sont des peintres très doués.	*They're very talented painters.*

À vous la parole

A. Professions et traits de caractère. For each profession, specify a fitting character trait.

MODÈLE: Anne est infirmière.
→C'est une infirmière calme.

1. Dominique est avocate.
2. Rémi est assistant social.
3. Valérie est médecin.
4. Marc est représentant de commerce.
5. Claudine est peintre.
6. Bernard et Sylvie sont informaticiens.
7. Henri et Josiane sont mécaniciens.
8. Véronique et Albert sont instituteurs.

B. Identification. Identify the nationality and profession of each of the following famous people. Choose from: **américain/e, anglais/e, français/e.**

MODÈLE: Jules Verne
→C'est un écrivain français.

1. Gustave Eiffel
2. Barbra Streisand
3. Paul Gauguin
4. Albert Camus
5. Jonas Salk
6. Leonard Bernstein
7. Charles Dickens
8. Toni Morrison

C. Quelle est leur profession? With a partner, tell what some of the people you know well do for a living.

MODÈLE: votre mère
É1 Ma mère est technicienne de laboratoire.
É2 Ma mère est professeur au lycée.

1. votre mère
2. votre père
3. votre frère ou soeur
4. votre grand-père
5. votre oncle
6. votre tante

2. *Les verbes* devoir, pouvoir *et* vouloir

- The verbs **devoir, pouvoir,** and **vouloir** are irregular.

DEVOIR *must, to have to, to be supposed to*			
SINGULIER		PLURIEL	
je	dois	nous	dev**ons**
tu	dois	vous	dev**ez**
il / elle / on	doit	ils / elles	doiv**ent**

POUVOIR *can, to be able*			
SINGULIER		PLURIEL	
je	peu**x**	nous	pouv**ons**
tu	peu**x**	vous	pouv**ez**
il / elle / on	peut	ils / elles	peuv**ent**

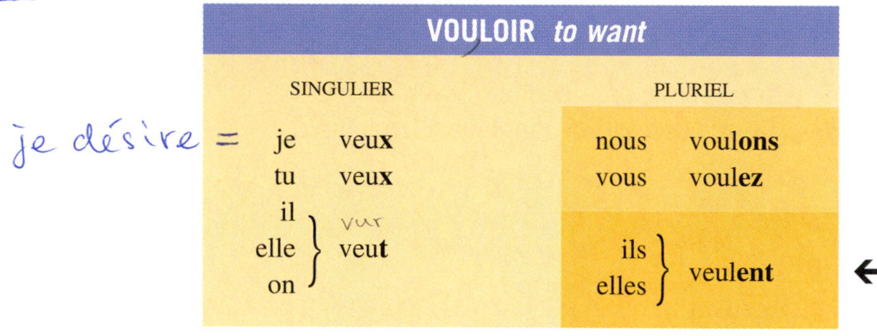

VOULOIR *to want*			
SINGULIER		PLURIEL	
je	veu**x**	nous	voul**ons**
tu	veu**x**	vous	voul**ez**
il / elle / on	veut	ils / elles	veul**ent**

- These verbs are often used:

— With an infinitive:

Tu **dois** travailler?	*Do you have to work?*
Je **veux** arriver demain matin.	*I want to arrive tomorrow morning.*
Tu ne **peux** pas arriver ce soir?	*Can't you arrive this evening?*

— To soften commands and make suggestions. Compare:

Attendez ici!	*Wait here!*
Vous **devez** attendre ici.	*You must wait here.*
Vous **voulez** attendre ici, s'il vous plaît?	*Will you wait here, please?*
Vous **pouvez** attendre ici.	*You can wait here.*

- The verb **devoir** also has the meaning *to owe*:

Il **doit** 50 euros à mon frère.	*He owes my brother 50 euros.*
Combien est-ce que je vous **dois?**	*How much do I owe you?*

- **Vouloir** is used in a number of useful expressions:

Tu **veux** aller avec nous?	*Do you want to go with us?*
Je **veux** bien.	*OK.*
Qu'est-ce que vous **voulez** dire?	*What do you mean?*
Qu'est-ce que ça **veut** dire?	*What does that mean?*

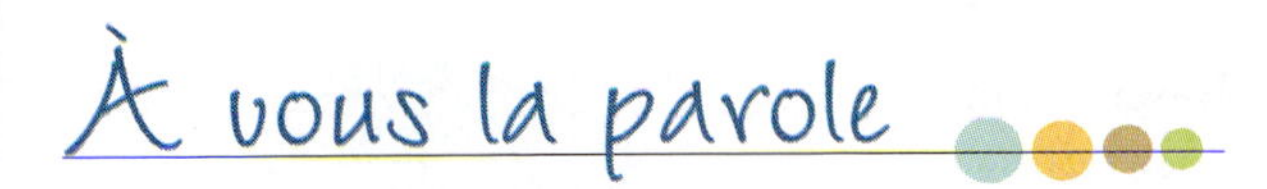

À vous la parole

A. Un peu de tact! Denise and Jean-Louis work in a department store. Denise uses a rather imperative tone with Jean-Louis. Give him the same instructions in a more tactful way.

MODÈLE: Va au bureau!
→Tu veux aller au bureau?
OU →Tu peux aller au bureau?

1. Donne la calculatrice à Paul!
2. Parle à cette dame!
3. Montre le magnétophone au monsieur!
4. Change les cassettes!
5. Va à la banque!
6. Téléphone au directeur!

Now change the orders given by the boss to both Denise and Jean-Louis.

MODÈLE: Montrez les ordinateurs aux clients!
→Vous voulez montrer les ordinateurs aux clients?
OU →Vous pouvez montrer les ordinateurs aux clients?

7. Fermez la porte du bureau!
8. Montrez ce magnétophone au monsieur!
9. Allez au bureau du comptable!
10. Téléphonez au directeur!

B. Une future profession. What can these people do for a living? With a partner, suggest possibilities.

MODÈLE: Sarah veut gagner beaucoup d'argent, mais elle ne veut pas faire d'études supérieures.
É1 Elle peut devenir actrice de cinéma, par exemple.
É2 Elle peut aussi devenir chanteuse.

1. Alain ne veut pas travailler dans un bureau; il aime travailler en plein air.
2. Ghislaine et Annie veulent travailler avec des enfants.
3. Je veux voyager, et je suis assez sociable.
4. Nous voulons un contact avec le public, et nous préférons travailler le soir.
5. Jean-Marc veut aider les gens, mais il n'est pas doué pour les sciences.
6. Adrienne est très douée pour la musique et très disciplinée.
7. Gilbert et David ne veulent pas un travail avec beaucoup de stress.

C. Vouloir, c'est pouvoir. What are your plans for the future? Compare your ideas with those of your partner.

MODÈLE: le travail
É1 Qu'est-ce que tu veux faire comme travail?
É2 Je veux être médecin ou dentiste. Et toi?
É1 Moi, je ne veux pas être médecin; je veux être architecte.

1. le travail
2. la ville
3. les voyages
4. la famille
5. l'argent

D. Désirs et réalité. Based on the pictures, take turns with a partner telling what these people want to do and what they have to do.

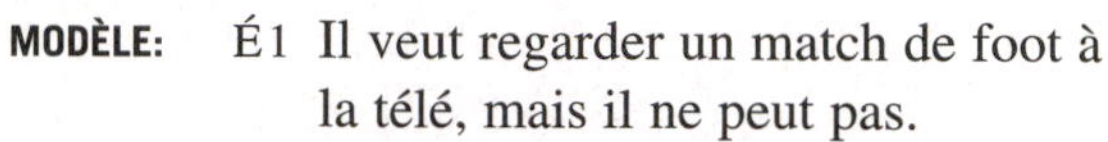

MODÈLE: É1 Il veut regarder un match de foot à la télé, mais il ne peut pas.
É2 Il doit travailler dans le jardin.

1.

2.

3.

4.

5.

6. et vous?

LISONS *Petites annonces*

A. Avant de lire. The following text is part of a page from a newspaper.

1. In what section of the paper would you expect to find this page?
2. What kind of information is usually included in this type of text? Make a list.
3. Can you tell in what country the newspaper is published? Explain your answer.

B. En lisant. Scan the page to find the answers to the following questions.

1. What would you do if you wanted to place an ad?
2. Find an ad:
   a. for an office job
   b. for a temporary position
   c. for which you need to have a car
   d. for which a car is furnished
   e. for which you need to speak two languages
3. Go back to the list you made in **Avant de lire.** Find an example for each type of information you listed.

carrières

TOUS LES POSTES ANNONCÉS SONT OUVERTS ÉGALEMENT AUX FEMMES ET AUX HOMMES.

Pour placer une annonce 599-5858 Fax: (514) 599-5862

REMPLACEMENT TEMPORAIRE
SERVICE À LA CLIENTÈLE SECTEUR DE L'IMPRIMERIE

EXIGENCES:
— Français, anglais, écrit et parlé
— Traitement de texte
— Connaissance de base de l'imprimerie
— Personne dynamique avec beaucoup d'entregent
— Aptitudes pour la vente

Pour une entrevue, demandez:
M. René Grégoire • 672-6380
300, Arran • Saint-Lambert, Qué. • J4R 1K5

ACHETEUR JUNIOR

Une entreprise manufacturière de l'Est de Montréal recherche une personne fiable et consciencieuse pour s'occuper des achats et de l'inventaire des pièces de rechange pour l'usine.
Taux horaire ($9.50 à $11.00) selon les compétences.
Faire parvenir votre C.V. à:
Journal de Montréal Dossier *296
4545, rue Frontenac H2H 2R7

MIEL LABONTÉ INC.

est à la recherche de:
DISTRIBUTEURS-LIVREURS
pour la région OUEST de l'île de Montréal

Les candidats doivent posséder un véhicule style Éconoline (diesel) de préférence.
Bonne commission.
Clientèle déjà établie.
Dépôt sur inventaire exigé.

MIEL LABONTÉ INC.
530, rang Nault
Victoriaville, QC
G6P 7R5
514-944-4955
Toute information sera gardée confidentielle.

Secrétaire

demandée avec expérience pour un petit groupe d'exécutifs. Les candidates doivent être bilingues, aptes à travailler sous pression et à maîtriser le traitement de texte (WordPerfect, Word, etc.) et les chiffriers (Excel, Lotus, etc.) Si vous êtes la personne qu'il faut pour ce poste, alors faites-nous parvenir votre curriculum vitae à l'adresse ci-dessous à l'attention de Mme Claire Lavoie.

LA CIE DE VOLAILLES MAXI LTÉE
MAXI
688, avenue du Parc
Ville Des Laurentides (St-Lin) • Québec, J0R 1C0

MULLINS *RECHERCHE*
2 PROFESSIONNELS (ELLES)
DE LA VENTE

- Pour son département de voitures usagées et neuves
- 25 ans ou plus
- Expérience vente d'autos nécessaire
- Auto fournie, salaire de base

Appelez **M. Gilles Soucisse**
ou **Phil Makade 482-0200**

C. En regardant de plus près. Now look more closely at the following features of the text.

1. Find a sentence that indicates that all jobs are offered to both men and women. In spite of this, one ad is clearly written with women in mind. Which ad is it? Which ad makes it clear that both men and women are encouraged to apply?
2. Two of the jobs require knowledge of computers. You can find one of these by looking for names of computer programs. In that ad, find equivalents for *word processing* and *spreadsheet*. Now that you know those expressions, you can find the other ad.
3. The ending **-eur** is often used to indicate profession: **serveur, acteur, docteur, vendeur.** Find other names of professions ending in **-eur,** and see if you can figure out what they mean.

D. Après avoir lu. Now that you've read the text carefully, discuss the following questions with your classmates.

1. Would you be qualified for any of the jobs listed? Explain why or why not. Do you find any of the jobs particularly interesting? Why?
2. Are these ads in any way different from ads for the same types of jobs in American newspapers?

Leçon 3 Au travail!

POINTS DE DÉPART

Un petit job pour l'été

CLAIRE: Tu as des projets pour cet été?
GILLES: Oui, je vais travailler dans un restaurant.
CLAIRE: Comme serveur?
GILLES: Oui, c'est ça.
CLAIRE: C'est un travail à plein temps ou à mi-temps?
GILLES: C'est seulement vingt heures par semaine. Et toi?

Le téléphone sonne.

CLAIRE: Attends! C'est mon portable. J'attends un appel de ma mère, je dois répondre. Excuse-moi un instant.
GILLES: Vas-y.
CLAIRE: Allô. Oui. Oui, c'est ça. Pas de problème. Alors, à bientôt. Au revoir. Excuse-moi, Gilles.
GILLES: Ça va. Et toi, pour cet été, tu as un job?
CLAIRE: Peut-être. J'ai la possibilité de travailler comme caissière dans un grand magasin. Dis donc, toi, qu'est-ce que tu vas faire avec tout cet argent que tu vas gagner comme serveur?
GILLES: Eh bien, je voudrais acheter une petite voiture, regarde cette annonce!
CLAIRE: Elle est belle, cette Renault. Elle coûte combien?
GILLES: Seulement 5.000 euros.
CLAIRE: Eh bien, avec de bons pourboires, tu pourrais avoir cette belle auto!

Les nombres à partir de 100

101 cent un
102 cent deux
200 deux cents
201 deux cent un

700 sept cents
750 sept cent cinquante
900 neuf cents
999 neuf cent quatre-vingt-dix-neuf

1.000 mille
2.000 deux mille

1.000.000 un million
2.000.000 deux millions

1.000.000.000 un milliard

2.000.000.000 deux milliards

Éclairages

Les étudiants et le travail

Les vendanges en Touraine

A recent survey revealed that only 7% of young people in France think they will be able to find an interesting job with a good salary after completing their studies. They have every reason to be worried. In 1998, 25% of all young people between the ages of 15 and 24 were unemployed **(au chômage).**

In France it is much less common than in North America for young people to hold part-time jobs during the school year. Jobs during the summer are somewhat easier to find. For example, many young people participate in **les vendanges** (*grape harvests*) during the month of September before returning to school in October.

ET VOUS?

1. Do you think American students in high school and college spend too much time on part-time jobs? Why or why not?
2. Why do you think it is relatively uncommon for students in France to hold part-time jobs? Consider the relative cost of schooling and the requirements for **le bac.**

L'argent

By the year 2002, most of Europe will have a common currency, the euro. There are seven bills **(un billet)** ranging in value from 5 to 500 euros, which depict windows and doorways on one side, symbolizing an opening to the outside world, and bridges on the other, symbolizing cooperation among nations. There are also eight coins **(une pièce de monnaie)** with one side common to all nations and the other differing by country. The euro will replace the traditional **franc** in France, Belgium, and Luxembourg. However, you can still find francs in Switzerland and in Africa: **Le franc CFA** is used throughout francophone Africa as a common currency.

L'argent de quel pays? Match the description of each of the bills and coins with its picture shown above. Indicate the number that corresponds to the bill or coin described.

MODÈLE: →1 c. C'est un nouveau billet européen.

____ a. C'est un billet qu'on utilise au Canada.
____ b. C'est un billet qu'on utilise en Afrique.
____ c. C'est un nouveau billet européen.
____ d. C'est une pièce de monnaie française.
____ e. C'est une pièce de monnaie africaine.
____ f. C'est une pièce de monnaie belge.
____ g. C'est une pièce de monnaie canadienne.

À vous la parole

A. Jobs d'été. Tell what young people typically do at the following summer jobs.

MODÈLE: dans une colonie de vacances (*summer camp*)
→On peut travailler comme moniteur ou monitrice.

1. dans un supermarché
2. dans un café
3. dans un grand magasin
4. au MacDo
5. dans un bureau
6. dans une librairie
7. dans un restaurant

B. Un petit job. Find out who in your class has a part-time job. Be sure to ask:

1. où il/elle travaille
2. ce qu'il/elle fait
3. combien d'heures et quels jours il/elle travaille
4. s'il/si elle n'a pas de travail, est-ce qu'il/elle veut trouver un petit job?

Be ready to report what you learned.

MODÈLES: É1 David travaille dans une librairie. Il est vendeur. Il travaille 20 heures par semaine, le vendredi, le samedi et le dimanche.

É2 Mary n'a pas de travail pour le moment, mais elle veut trouver un petit job à mi-temps. Elle veut travailler comme serveuse dans un restaurant ou comme vendeuse dans une librairie. Elle veut travailler seulement le week-end.

C. Elle coûte combien cette voiture? Here are some ads for used cars. With a partner, discuss how much each one costs.

Citroën

ZX Aura, 1993, automatique, climatisée, 115.000 km, garantie, 2.287€.
Tél: 03.86.90.25.95

Peugeot

106 diesel, rouge, modèle 99, 33.500 km, 6.936 €.
Tél. (soir): 01.93.20.75.11

Particulier vend Peugeot 205 Junior, 5 portes, 1989, 165.000 km, 1.486 €.
Tél: 02.48.05.09.59

Vends 405 GR, 1994, 67.000 km, options, 1ère main, 7.775 €. Heures bureau, 01.36.75.65.15

Renault

Clio Alizé, 1.4L, gris métal, 3 portes, année '96, 35.500 km, 4 pneus neige, 6.098 €.
Tél: 03.45.23.59.68

Renault Espace, '94, 6CV, turbo diesel, 7 places, 110.000 km, 11.975 €.
Tél: 06.20.52.15.76

Vends Safrane RXE, raison santé, gris foncé, année '99, toutes options, 22.000 km, excellent état, 21.343 €.
Tél: 04.70.30.86.79

Twingo, air, '97, 35.000 km, 5.945 €. Tél: 03.21.91.55.39

MODÈLE: la Twingo 1997?
É1 Combien coûte la Twingo 1997?
É2 Elle coûte cinq mille neuf cent quarante-cinq euros.

1. la Citroën ZX Aura?
2. la Peugeot 106, 1999?
3. la Peugeot 205 Junior?
4. la Peugeot 405 GR, 1994?
5. la Clio Alizé?
6. la Renault Espace?
7. la Safrane RXE?

D. Combien est-ce qu'ils gagnent? Tell how much people typically earn in the professions listed.

MODÈLES: un avocat? 110.000 euros/an
É1 Combien gagne un avocat par an?
É2 Un avocat gagne dans les (*about*) cent dix mille euros par an.

un employé de bureau? 1.500 euros/mois
É1 Combien gagne un employé de bureau par mois?
É2 Il gagne dans les mille cinq cents euros par mois.

1. un pharmacien? 4.000 euros/mois
2. un mécanicien? 2.000 euros/mois
3. un journaliste? 34.000 euros/an
4. un professeur de lycée? 2.600 euros/mois
5. un ingénieur? 46.000 euros/an
6. une chanteuse célèbre? 1.220.000 euros/an
7. un représentant de commerce? 38.000 euros/an
8. un joueur de football célèbre? 3.050.000 euros/an
9. un ouvrier sans qualification? 1.100 euros/mois

E. C'est quel numéro? Give the following numbers to a partner.

MODÈLES: votre numéro de sécurité sociale
→C'est le trois cent vingt et un, quarante-deux, cinquante-cinq, quatorze. (321-42-5514)

votre date de naissance (*birth*)
→C'est le quatorze février, mille neuf cent quatre-vingt trois. (14/2/1983)

1. votre numéro de sécurité sociale
2. votre date de naissance
3. votre numéro de téléphone
4. votre adresse
5. votre code postal

FORMES ET FONCTIONS

1. Les verbes en -re

- Verbs ending in **-re** differ from the **-er** verbs you have already learned in two ways:
  - — The singular forms have different written endings but only one oral form. Note that the final consonants in these singular forms are never pronounced.

    j'attends (*I wait*) tu entends (*you hear*) il répond (*he answers*)
  - — With these verbs, you can always tell whether someone is talking about one person, or more than one, because the **-d** is pronounced in the plural forms: elles répondent vs. elle répond.

ATTENDRE *to wait for*			
SINGULIER		PLURIEL	
j'	attend**s**	nous	attend**ons**
tu	attend**s**	vous	attend**ez**
il / elle / on	attend	ils / elles	attend**ent**

IMPÉRATIF: Attends**!** Attend**ons** ici. Attend**ez** un moment!

- Here are the most common verbs ending in **-re.**

attendre	*to wait for*	Ils **attendent** le professeur.
descendre	*to go down*	Je **descends** les escaliers (*stairs*).
entendre	*to hear*	Tu **entends** cette musique?
perdre	*to lose, to waste*	Il **perd** toujours son temps (*time*).
rendre à	*to give back*	Le prof **rend** les devoirs **aux** étudiants.
rendre visite à	*to visit someone*	Nous **rendons visite à** nos parents.
répondre à	*to answer*	Vous **répondez à** sa lettre?
en		Elle **répond en** anglais.
vendre	*to sell*	Ils **vendent** leur maison.

- Remember that English and French often differ in the use of prepositions with verbs:

J'attends le bus.	*I'm waiting **for** the bus.*
Il répond **au** prof.	*He's answering the teacher.*
Elle rend visite **à** sa mère.	*She's visiting her mother.*

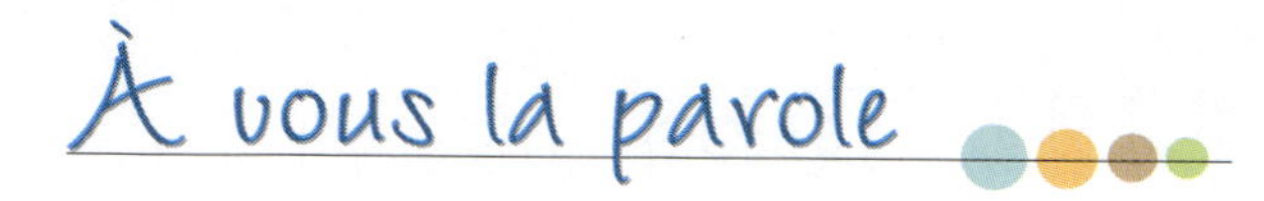

À vous la parole

A. C'est logique. Complete each sentence logically, using a verb in **-re**.

MODÈLE: nous / le patron (*boss*)
→Nous attendons le patron.

1. le secrétaire / en anglais
2. les employés / le rapport au patron
3. nous / des produits
4. moi / notre directeur à Paris
5. vous / les escaliers
6. toi / le téléphone?
7. elle / son temps
8. Marc et Pierre / le bus

B. Trouvez une personne. In your class, find someone who does or is planning to do one of the following things.

MODÈLE: descendre en ville aujourd'hui
É1 Tu descends en ville aujourd'hui?
É2 Oui, je vais chez le dentiste.

1. attendre un/e ami/e après le cours
2. descendre en ville aujourd'hui
3. ne pas entendre très bien
4. perdre souvent ses affaires (*things*)
5. rendre toujours les devoirs
6. rendre visite à ses grands-parents régulièrement
7. répondre toujours aux lettres
8. vendre ses livres à la librairie à la fin du semestre

C. Réponse personnelle. Interview a classmate, using the questions below.

MODÈLE: À qui est-ce que tu rends visite le week-end?
→Je rends visite à mes parents.
OU →Je rends visite à mes amis.

1. À qui est-ce que tu rends visite le week-end?
2. Est-ce que tu perds souvent ton temps? si oui, comment?
3. Est-ce que tu revends tes livres à la fin du semestre? pourquoi/pourquoi pas?
4. Est-ce que tu réponds rapidement aux lettres?
5. Quand est-ce que tu descends en ville, et pourquoi?

2. *La modalité:* devoir, pouvoir *et* vouloir *au conditionnel*

- You saw in **Leçon 2** that the verbs **devoir, pouvoir,** and **vouloir** can be used to soften commands and make suggestions. Compare:

Attendez ici!	*Wait here!*
Vous **devez** attendre ici.	*You must wait here.*
Vous **voulez** attendre ici, s'il vous plaît?	*Will you wait here, please?*
Vous **pouvez** attendre ici.	*You can wait here.*

● The conditional forms **tu devrais, tu pourrais, tu voudrais,** etc., soften orders or suggestions even more than the present tense forms do. The conditional forms are generally equivalent to *should, could,* and *would like to*.

Tu **devrais** écouter.	*You should listen.*
Vous **devriez** manger quelque chose.	*You should eat something.*
Tu **pourrais** rester ici?	*Could you stay here?*
Vous **pourriez** travailler demain.	*You could work tomorrow.*
Tu **voudrais** partir jeudi?	*Would you like to leave on Thursday?*
Vous **voudriez** danser?	*Would you like to dance?*

tu dev**rais**	vous dev**riez**
tu pour**rais**	vous pour**riez**
tu voud**rais**	vous voud**riez**

A. Un peu de tact! A peer counselor is giving advice to a student visiting the career center. Make her suggestions more tactful.

MODÈLE: Prépare un curriculum vitae!
→Tu devrais préparer un curriculum vitae.
OU →Tu pourrais préparer un curriculum vitae.

1. Suis un cours de gestion!
2. Prépare tes examens!
3. Cherche un job d'été!
4. Pense à l'avenir (*future*)!
5. Pense à d'autres carrières!
6. Ne travaille pas à plein temps!

Now the peer counselor is talking to a group of students.

MODÈLE: Suivez des cours de langue étrangère!
→Vous devriez suivre des cours de langue étrangère.
OU →Vous pourriez suivre des cours de langue étrangère.

7. Interviewez des professionnels!
8. Consultez les petites annonces!
9. Cherchez du travail sur Internet!
10. Corrigez votre curriculum vitae!

B. Bonnes résolutions. Suggest a New Year's resolution for your friends and neighbors.

MODÈLE: Lise mange trop de chocolat.
→Tu ne devrais pas manger trop de chocolat!

Mme Dupont n'écoute pas les étudiants.
→Vous devriez écouter les étudiants!

1. Victor ne travaille pas bien en classe.
2. M. Dupont fume trop de cigarettes.
3. Sylvie arrive toujours en retard.
4. Georges achète trop de cassettes.
5. Mme Lefranc ne va pas aux matchs de foot de sa fille.
6. Anne ne téléphone pas à ses parents.
7. M. Arnaud n'écrit pas à son frère.
8. Et vous?

C. Tu devrais! Based on what your friends are looking for in a job, make career suggestions.

MODÈLE: É1 Je veux avoir un travail en plein air.
É2 Tu devrais être agent de police.
OU Tu pourrais être serveur dans un café.

1. Je veux avoir un bon salaire.
2. Je veux travailler avec des enfants.
3. Je veux beaucoup voyager.
4. Je veux aider les gens.
5. Nous voulons avoir beaucoup de prestige.
6. Nous ne voulons pas être trop stressés.
7. Nous voulons être très autonomes.
8. Nous voulons avoir un contact avec le public.

PARLONS *Chez la conseillère/le conseiller d'orientation*

With a partner, create a dialogue that takes place in the office of a career counselor. Choose roles, then create together a dialogue to act out for your classmates.

Role A

1. a career counselor who is having trouble with his/her computer
2. a career counselor who is practicing to be an opera singer
3. a career counselor who does not like students

Role B

1. a law student with good grades who really wants to be an artist
2. a student who wants to earn a lot of money but who doesn't like to work
3. a poor English major who likes to travel

MODÈLE:
LA CONSEILLÈRE: Bonjour, mademoiselle. Comment vous appelez-vous?
L'ÉTUDIANTE: Bonjour, madame. Je m'appelle Sandrine, et j'ai un petit problème.
LA CONSEILLÈRE: Oui, je vous écoute.
L'ÉTUDIANTE: Eh bien, dans ma carrière je voudrais gagner beaucoup d'argent.
LA CONSEILLÈRE Où est le problème?
L'ÉTUDIANTE: Je n'aime pas travailler...
LA CONSEILLÈRE Alors, regardons votre dossier. Ah, attendez, quelque chose ne marche pas avec mon ordinateur. . . .

Venez chez nous! Présence francophone au Canada

Le Chateau Frontenac à Québec

Les francophones au Canada

Aujourd'hui, sur les 31 millions d'habitants au Canada, environ sept millions sont francophones. La plupart habitent le Québec, la seule province canadienne à majorité francophone.

C'est en 1763 que la France doit céder la Nouvelle-France à l'Angleterre. Mais, même si les Franco-Canadiens sont dominés politiquement et économiquement par les Anglais, ils conservent leur religion (le catholicisme), leur culture et leur langue. À cette époque, la plupart des francophones du Québec habitent à la campagne et ils sont pauvres. Vers la fin du XIXe siècle beaucoup d'entre eux immigrent donc à la Nouvelle Angleterre pour chercher du travail.

Vers 1960, le Québec connaît **la Révolution tranquille.** Le gouvernement de la province encourage la majorité francophone à participer à l'industrie et au commerce. Il encourage aussi la diffusion de la culture québécoise à travers la littérature, le théâtre, le cinéma et la chanson. En 1977, le français est déclaré seule langue officielle de la province et le gouvernement prend des mesures pour intégrer la langue de la majorité dans la vie économique: les bureaux, les banques, les usines. Les Québecois francophones peuvent maintenant travailler en français. Toutefois, les documents officiels sont publiés dans les deux langues officielles du Canada, et les droits linguistiques de la minorité anglophone de la province sont garantis.

Le vieux Montréal

Questions de compréhension. Decide whether the following statements are true or false, based on the text.

1. There are about 7 million French speakers in Canada.
2. Less than half of all French speakers in Canada live in Quebec.
3. In 1763 France ceded its Canadian territories to England.
4. Until the end of the 19th century, most French-speaking Canadians were wealthy business people.
5. In 1960, Quebec experienced "The Quiet Revolution."
6. French is the official language of Quebec.
7. All official documents in Quebec are written in both French and English.

ÉCOUTONS *Un peu d'histoire*

Listen in as Mme Picard, history professor at **l'Université Laval,** gives a lecture on the early history of **Québec.**

A. Avant d'écouter. Read over the various events Mme Picard will mention, which are listed in the **En écoutant** section. Given your knowledge of history (i.e., what happens when people arrive in a new land and battle to keep it) and your knowledge of English, what do you think the following words and expressions mean?

1. cession de la Nouvelle-France
2. défaite des troupes françaises
3. au nom du roi
4. une colonie
5. 65.000 colons français

You will be hearing several dates in French. In general, dates in French are pronounced in three parts: the thousands **(mille),** the hundreds **(cinq cents),** and the rest **(vingt-quatre).** So 1524 is pronounced **mille cinq cent vingt-quatre.**

B. En écoutant. As you listen, indicate where each event mentioned fits on the time line by writing the number of the event under the proper year.

1. Cession de la Nouvelle-France à l'Angleterre
2. Défaite des troupes françaises à Québec
3. Verrazano nomme la région Nouvelle-France
4. Jacques Cartier prend possession de la Nouvelle-France au nom du roi François Ier
5. 65.000 colons français en Nouvelle-France (contre 1.500.000 colons dans les colonies anglaises)
6. Samuel de Champlain établit une colonie à Québec

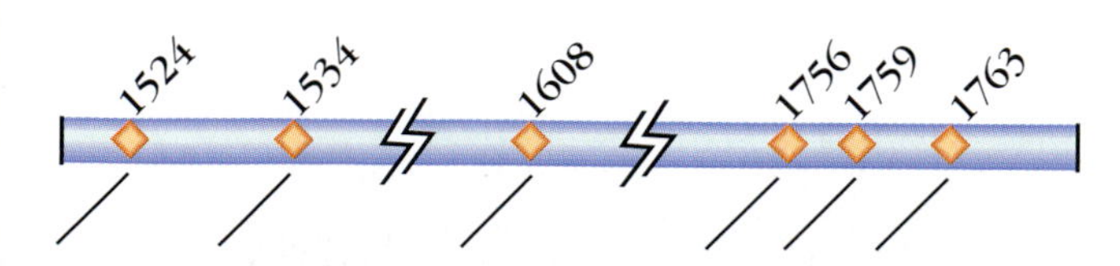

C. Après avoir écouté.

1. What name is given to **la Nouvelle-France** now?
2. Can you think of a region in the United States with a similar name?
3. How did this region/state come to have this name?

PARLONS *Une langue bien de chez nous*

Les Québécois demandent le droit à la différence: le droit de parler français sur un continent majoritairement anglophone et le droit de parler le français de chez eux, non pas le français de Paris. Comme le dit le chanteur québécois Michel Rivard dans sa célèbre chanson «Le cœur de ma vie»:

> C'est une langue de France
> Aux accents d'Amérique …

Carnaval d'hiver à Québec

Les Québécois ont leur prononciation, leurs mots à eux. Ils utilisent aussi certains mots de manière différente, par exemple:

- Les trois repas principaux de la journée sont: **le déjeuner, le dîner** et **le souper**.
- Sur les panneaux de signalisation, on trouve **arrêt** au Québec et **stop** en France.
- Voilà d'autres différences:

au Québec	**en France**
à c't'heure	maintenant
allô	bonjour
à prochaine	à la prochaine
avoir du fun	s'amuser
bienvenue	je vous en prie
ma blonde	ma petite amie
bonjour	au revoir
ça clique	cela fonctionne bien
c'est correc'	c'est bien

au Québec	en France
c'est pas pire	c'est pas mal
c'est le fun	c'est amusant
une carte d'affaires	une carte de visite
le CÉGEP	le lycée
le change	la monnaie
le char	l'automobile
mon chum	mon petit ami
cute	mignon
débarquer du train	descendre du train
embarquer dans l'autobus	monter dans le bus
la fin de semaine	le week-end
jaser	discuter
une job	un job
l'affaire est ketchup	la situation est au mieux
o.k. c'est beau	d'accord, c'est bon
pantoute	pas du tout
platte	ennuyeux
salut	bonjour
toffe	difficile
tripper	aimer beaucoup
y a rien là	ce n'est pas grave
zizique	musique

Using some of the **Québécois** words and expressions listed above, write a dialogue with one or two classmates. You may choose from the scenarios suggested below or create your own scenario. Prepare to act out your dialogue for your classmates.

Scenarios:

1. You run into a friend on campus and introduce him/her to your girlfriend/boyfriend.
2. You call a friend and invite him/her to a lecture on campus. Your friend wants to come, but there is a problem ...
3. You run into a former boyfriend/girlfriend and try to impress him/her with information about your exciting job.

MODÈLE:

ALEX: Allô Myriam, ça va?
MYRIAM: C'est pas pire.
ALEX: Je te présente ma blonde, Sabrina.
MYRIAM: Salut, Sabrina.
SABRINA: Salut, Myriam. Alex, dépêche-toi. J'ai mon cours d'histoire avec Mme Picard dans vingt minutes. Tu sais, elle n'aime pas quand on arrive en retard. On doit embarquer dans le bus maintenant.
ALEX: Oui, c'est vrai. Bonjour, Myriam.
MYRIAM: Bonjour. À prochaine.

La Loi 101

In 1977 Quebec passed **la Loi 101,** making French the only official language of the province of Quebec. The preamble to this law, an excerpt of which is included below, outlines its rationale. Look at this document and then list the five areas, in addition to its legal system, in which **la Loi 101** makes French the official language to be used by the government of Quebec.

La loi 101: La Charte de la langue française

En 1977, la loi 101 fait du français la seule langue officielle du Québec.

Charte de la langue française

[Sanctionnée le 26 août 1977]

Préambule

Langue distinctive d'un peuple majoritairement francophone, la langue française permet au peuple québécois d'exprimer son identité.

L'Assemblée nationale reconnaît la volonté des Québécois d'assurer la qualité et le rayonnement de la langue française. Elle est donc résolue à faire du français la langue de l'État et de la Loi aussi bien que la langue normale et habituelle du travail, de l'enseignement, des communications, du commerce et des affaires.

LISONS *Le français au Québec*

A. Avant de lire. This excerpt is from an informational magazine called **Emménager à Montréal** (*Moving to Montreal*), which is intended as a guide for people who are relocating to Montreal. This particular passage is concerned with the use of the French language. Before you read, answer these questions in English.

1. What issues might be of particular interest to people who are thinking of moving to Montreal from an English-speaking area?
2. You've just read about a law passed in Quebec about language use. Give the name of the law and describe its intent.

B. En lisant. As you read, look for the following information.

1. What language is commonly used by most people in Quebec?
2. According to the article, name three things for which French is used most often.
3. The law requires that two things be done mostly in French. What are they?
4. How could you learn French if you were moving to Quebec?
5. When and where could you learn French?

Le français au Québec

Le Québec se caractérise par un taux de bilinguisme élevé, dans une société où le français est la langue publique commune. C'est la langue que l'on utilise le plus souvent en recherche et développement dans les milieux de travail, les communications, le commerce et les affaires.

Le Québec tient à préserver et à promouvoir sa langue officielle. Le français représente non seulement un instrument de communication essentiel, mais aussi un symbole commun d'appartenance à la société québécoise. La réglementation de la Loi 101 prévoit donc que l'affichage et la publicité doivent être présentés majoritairement en français.

Le ministère des Relations avec les citoyens et de l'Immigration du Québec offre aux immigrants toute une gamme de cours de français GRATUITS, le jour ou le soir, à temps plein ou à temps partiel, dans les écoles spécialisées ou en milieu de travail.
(514) 864-9191.

Source: *Emménager à Montréal*, 2000/2001.

C. En regardant de plus près. Focusing on the context, can you provide an English equivalent for each of these words?

a. promouvoir b. appartenance c. affichage d. gratuit

D. Après avoir lu.

1. What do you think of the provisions of **la Loi 101** mentioned in this excerpt? Do you think they are necessary and appropriate? How do you think you would feel about this law if you were an English-speaking Canadian?
2. At this time, there is no national law specifying that English is the official language of the United States, although some groups have expressed support for such a law. Do you think an English-only law is necessary or would be beneficial? Why or why not?

L'Université d'Ottawa est unique en ce sens qu'elle permet d'étudier dans la langue de votre choix. Elle offre des cours dans les deux langues officielles et laisse aux étudiants le choix de poursuivre leurs études en français et/ou en anglais. Certains choisissent d'améliorer leurs connaissances linguistiques en suivant les cours de l'Institut des langues secondes de l'Université.

Profil linguistique des programmes		
	premier cycle	*études supérieures*
Offerts en anglais	113	89
Offerts en français	113	95
Entièrement en français	91	49
Partiellement en français	22	46
Autres langues	4	
RÉSULTATS*		
Satisfaction de la clientèle du 1er cycle		
Caractère bilingue	78%	
Contenu des cours	81%	
Qualité de l'enseignement	85%	
Disponibilité du personnel enseignant	86%	

*Source: Sondage auprès des diplômés de 1995.

Choisir l'Université d'Ottawa

AVANTAGE: LE CHOIX DE LA LANGUE

ET VOUS?

1. What advantages would a bilingual university offer? Can you think of any disadvantages?
2. Would a bilingual French-English university be appropriate in the United States? Why or why not? What about a Spanish-English university?
3. Would you be interested in going to a bilingual university like **l'Université d'Ottawa?** Why or why not?
4. Would you take a course (in philosophy or psychology, for example) taught in French if you knew you could hand in your work in English? Why or why not? If the course was in French and there was a weekly discussion section in English, would you be interested in taking it? Why or why not?

ÉCRIVONS *Les universités au Canada*

You may someday have the opportunity to travel to or even study in Canada. To decide whether you might like to spend a semester or a year at a Canadian university, find the information specified below to complete the chart. Then write a brief paragraph explaining your decision to study or not to study at that institution.

A. Avant d'écrire. Choose a Canadian university and do some research at the library or on the web to find the following information.

Name of the university: ______________________________
Contact information (address, e-mail): ______________________________
Primary language in which classes are taught: ______________________________
Number of students: __________ Number of international students: __________
Selection of possible majors (list 3–4): ______________________________
Selection of student clubs/associations (list 3–4 that might interest you): ____
____
Sports teams: ______________________________
Cost of tuition: __________ Cost of room and board: __________

B. En écrivant.

1. Begin your paragraph by stating whether you have decided you might like to study at the institution you chose:

MODÈLE: Je voudrais/Je ne voudrais pas étudier à X parce que...

2. Continue your paragraph by mentioning what elements you like and what you do not like about University X.

MODÈLE: À l'université X, j'aime bien X, mais je n'aime pas (du tout) X...

3. Develop your paragraph further by comparing the Canadian university to your college or university.

MODÈLE: À notre université, nous avons une bonne équipe de basket. À l'université X, il n'y a pas d'équipe de basket, mais il y a une équipe de hockey, alors je peux aller à quelques matchs quand je suis au Canada, etc.

4. Decide whether it would be beneficial to you to study at this university in Canada, and conclude your paragraph with a summary statement.

MODÈLE: Je voudrais être avocate internationale, donc je pense que je devrais passer un semestre à l'université X au Canada. Après un semestre, je pourrais parler assez bien le français!

C. Après avoir écrit.

1. Remember to reread your first draft to make sure you have written an interesting paragraph in which your ideas are clearly expressed.
2. Once you are satisfied with the content of your paragraph, remember to proofread your work for errors in spelling and grammar, then write a final draft incorporating all necessary changes.

Vocabulaire

LEÇON 1

des cours	**classes**
l'allemand (m)	*German*
l'anglais (m)	*English*
l'anthropologie (f)	*anthropology*
l'astronomie (f)	*astronomy*
la biologie	*biology*
la botanique	*botany*
la chimie	*chemistry*
la communication	*communications*
la comptabilité	*accounting*
la danse	*dance*
le dessin	*drawing*
l'économie (f)	*economics*
l'espagnol (m)	*Spanish*
la géographie	*geography*
la géologie	*geology*
l'histoire (f)	*history*
l'informatique (f)	*computer science*
les langues (f) étrangères	*foreign languages*
la linguistique	*linguistics*
la littérature	*literature*
les mathématiques (f) (les maths)	*mathematics*
la musique	*music*
la peinture	*painting*
la philosophie	*philosophy*
la physiologie	*physiology*
la physique	*physics*
la psychologie	*psychology*
les sciences (f) politiques	*political science*
la sculpture	*sculpture*
la sociologie	*sociology*
le théâtre	*theater*
la zoologie	*zoology*

les facultés	**colleges**
les beaux-arts	*fine arts*
le droit	*law*
la gestion	*business*
le journalisme	*journalism*
les lettres (f)	*humanities*
la médecine	*medicine*
les sciences (f) de l'éducation	*education*
les sciences économiques	*economics*
les sciences humaines	*social sciences*
les sciences naturelles	*natural sciences*
les sciences physiques	*physical sciences*

à l'université	**at the university**
un baccalauréat (en sciences économiques)	*B.A. or B.S. degree (Can.) (in economics)*
une composition	*composition, essay*
un cours (de sociologie)	*(sociology) class, course*
un dictionnaire	*dictionary*
un diplôme (en beaux-arts)	*degree (in fine arts)*
écrire	*to write*
des études (f)	*studies*
étudier	*to study*
un essai	*essay*
un examen (préparer un examen)	*exam (to study for an exam)*
une interrogation	*quiz*
un mineur (en français)	*minor (in French) (Can.)*
une note (avoir une note)	*grade (to have/receive a grade)*
préparer un diplôme (en chimie)	*to do a degree (in chemistry)*
un semestre	*semester*
une spécialisation (en français)	*major (in French)*
suivre un cours (Je suis un cours de maths.)	*to take a course I'm taking a math class.*
travailler	*to work, to study*
un trimestre	*trimester, quarter*

pour décrire les cours et les examens	**to describe courses and tests**
difficile	*difficult*
ennuyeux/-euse	*boring, tedious*
final/e	*final*
intéressant/e	*interesting*
médiocre	*mediocre*
obligatoire	*required*

quelques expressions de temps	**some time expressions**
une minute	*minute*
une heure	*hour*
un jour	*day*
un mois	*month*
Depuis combien de temps…?	*For how long…?*
Depuis quand…?	*Since when…?*

autres adjectifs	**other adjectives**
nouvelle/nouvel/nouveau	*new*
vieille/vieil/vieux	*old*
première/premier	*first*
dernière/dernier	*last*
bonne/bon	*good*
mauvais/e	*bad*

LEÇON 2

où on travaille	**where one works**
un bureau	*office*
une clinique	*private hospital*
un collège	*middle school*
une école	*elementary school*
une faculté	*college/university*
un hôpital	*public hospital*
un lycée	*high school*
une usine	*factory*

des professions	**professions**
une actrice/un acteur	*actress/actor*
un/e agent de police	*police officer*
un/e architecte	*architect*
un/e avocat/e	*lawyer*
un/e assistant/e social/e	*social worker*
une chanteuse/un chanteur	*singer*
un/e comptable	*accountant*
un/e dentiste	*dentist*
un écrivain	*writer*
une infirmière/un infirmier	*nurse*
un/e informaticien/ne	*programmer*
un ingénieur	*engineer*
une institutrice/un instituteur (un professeur d'école)	*teacher (elementary level)*
un/e journaliste	*journalist*
un/e mécanicien/ne	*mechanic*
un médecin	*physician*
un/e musicien/ne	*musician*
une ouvrière/ un ouvrier	*factory worker*
un/e peintre	*painter*
un/e pharmacien/ne	*pharmacist*
un/e professeur/e	*professor (f.–Can.)*
un/e représentant/e de commerce	*sales representative*
un/e secrétaire	*secretary*
une serveuse/un serveur	*waitress/waiter*
un/e technicien/ne	*lab technician*
une vendeuse/un vendeur	*sales clerk*

quelques mots utiles	**some useful words**
autonome	*independent*
une carrière	*career*
être doué/e	*to be talented*
un métier	*occupation, job*
en plein air	*outdoors*
le prestige	*prestige*
le public (un contact avec le public)	*public (contact with the public)*
une responsabilité	*responsibility*
un salaire	*salary*
les services	*service sector*

quelques verbes	**some verbs**
aider les gens	*to help people*
chercher	*to look for*
devenir	*to become*
devoir	*must, to have to, should*
faire	*to do*

s'intéresser à	*to be interested in*
pouvoir	*to be able to*
vouloir	*to want, to wish*
voyager	*to travel*

LEÇON 3

pour parler du travail	**to talk about work**
une annonce	*advertisement*
une caissière/un caissier	*cashier*
un job (d'été)	*(summer) job*
des projets (m)	*plans*
les petites annonces (f)	*classified ads*
à mi-temps (un travail à mi-temps)	*part-time (part-time job)*
à plein temps (un travail à plein temps)	*full-time (full-time job)*
peut-être	*maybe*
seulement	*only*
vingt heures par semaine	*twenty hours per week*
une voiture	*car*

à propos du téléphone	**about the phone**
allô	*hello (telephone only)*
un appel	*call*
un portable	*cell phone*
sonner	*to ring*

l'argent	**money**
acheter	*to buy*
un billet	*bill (paper currency)*
coûter	*to cost*
gagner de l'argent	*to earn money*
une pièce de monnaie	*coin*
un pourboire	*tip*

des lieux de travail	**work places**
un grand magasin	*department store*

verbes en -re	**verbs ending in -re**
attendre	*to wait for, to expect*
descendre	*to go down*
entendre	*to hear*
perdre	*to lose, to waste*
rendre à	*to give back*
rendre visite à	*to visit someone*
répondre	*to answer*
vendre	*to sell*

Chapitre 5 Métro, boulot, dodo

Leçon 1 La routine de la journée

POINTS DE DÉPART La routine du matin

SONS ET LETTRES La voyelle /y/

FORMES ET FONCTIONS

1. Les verbes pronominaux et les pronoms réfléchis
2. Les adverbes: intensité, fréquence, quantité

ÉCRIVONS La personne idéale

Leçon 2 À quelle heure?

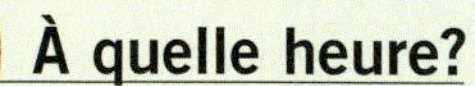

POINTS DE DÉPART Je n'arrête pas de courir!

FORMES ET FONCTIONS

1. Les verbes en *-ir* comme *dormir, sortir, partir*
2. Le comparatif des adverbes

PARLONS La journée typique

Leçon 3 Qu'est-ce qu'on porte?

POINTS DE DÉPART Les vêtements et les couleurs

SONS ET LETTRES Les voyelles /ø/ et /œ/

FORMES ET FONCTIONS

1. Les verbes comme *acheter* et *appeler*
2. La comparatif des adjectifs

LISONS Quand les filles rhabillent leurs mères

Venez chez nous! La mode dans le monde francophone

PARLONS La haute couture

LISONS Une interview avec Fatou Ndene Ndiaye

ÉCOUTONS Dans la boutique d'Oumou Sy

ÉCRIVONS Une comparaison

Language Use

- Talking about your daily routine
- Telling time
- Making comparisons
- Describing clothing

Media

- CD-ROM: Chapitre 5
- Student audio CD: Chapitre 5
- Video: Chapitre 5
- Website: **http://www.prenhall.com/cheznous**

La routine de la journée

POINTS DE DÉPART

Additional practice activities for each **Points de départ** section are provided on the CD-ROM and website: **http://www.prenhall.com/cheznous**

La routine du matin

Il est huit heures du matin. La journée commence!
Au premier étage de l'immeuble, chez les Bouchard, Thomas se réveille; il va bientôt se lever.
Sa petite sœur Valérie est déjà debout; elle se peigne dans sa chambre.
Monsieur Bouchard est en train de se raser.
Madame Bouchard se maquille et elle s'habille pour aller au travail.
Le bébé s'endort de nouveau.
Au rez-de-chaussée du bâtiment, Caroline va bientôt partir; elle se lave la figure et elle se brosse les dents.
Au deuxième étage, chez les Morin, Madame Morin se douche. Puis elle sort de la douche, et elle s'essuie.
Son mari rentre à l'appartement. Lui, il travaille tard la nuit, donc il rentre tôt le matin pour se coucher. Il se déshabille et il se couche.

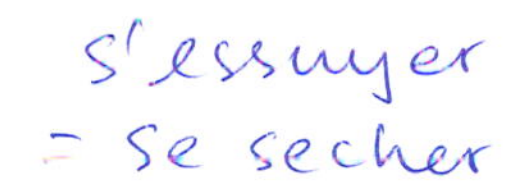

Les articles de toilette

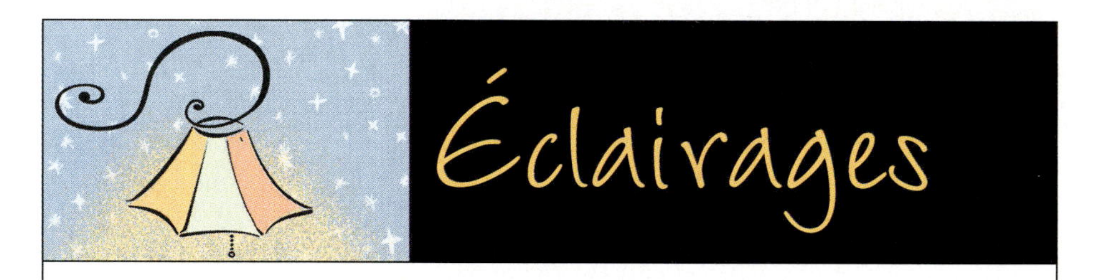

Éclairages

Métro, boulot, dodo

The expression **métro, boulot, dodo** epitomizes the daily routine of most Parisians— in fact, of people who live in any big city. In the morning, many Parisians take the **métro** (the highly efficient Paris subway), go to their **boulot** (a slang word for **un job/un travail**), then at night they return home and crawl into bed to **faire dodo** (a child's expression for **se coucher**). In English, we often call it *the daily grind.*

ET VOUS?

1. How would you describe a person whose daily routine could be summarized by the expression **métro, boulot, dodo?**
2. What does the expression **métro, boulot, dodo** lead you to believe about life in Paris? Would it apply to the daily routine of Americans who live in big cities? Would it apply to life in your hometown?
3. Can you come up with three words in French to evoke your own daily routine? Try to come up with words that describe your mornings, days, and evenings, respectively. For example, you might say, **Ma routine, c'est manger, étudier, dormir.** Or: **Ma routine, c'est pizza, télé, bibliothèque!**

À vous la parole

A. Ordre logique. Dans quel ordre est-ce qu'on fait normalement les choses suivantes?

MODÈLE: on mange, on se brosse les dents
→On mange, et puis on se brosse les dents.

1. on se lave, on s'habille
2. on se lave la figure, on se lave les mains (*hands*)
3. on se lève, on se réveille
4. on se déshabille, on se couche
5. on se peigne, on se douche
6. on se couche, on se brosse les dents
7. on se couche, on s'endort
8. on s'essuie, on se lave

B. Suite logique. Qu'est-ce que ces gens vont faire maintenant? Choisissez un verbe de la liste.

se coucher	s'endormir	s'essuyer	s'habiller	se laver
se laver les cheveux	se lever	se peigner	se raser	

MODÈLE: Michèle a un tee-shirt et un jean.
→Elle va s'habiller.

1. Adrien a un rasoir.
2. Marc va dans sa chambre.
3. Josiane veut du shampooing.
4. Isabelle est très fatiguée.
5. Jean-Louis écoute sa mère qui dit: «Allez, debout!»
6. Gilles va prendre une douche.
7. Dominique termine sa douche.
8. Jeannine a un peigne.

C. Un questionnaire. Vous faites attention à votre présentation? Un peu trop? Pas assez? Posez les questions suivantes à un/e partenaire et puis comptez les points!

1.	Vous prenez une douche ou un bain tous les jours?	**oui**	**non**
2.	Vous vous lavez les cheveux tous les jours?	**oui**	**non**
3.	Vous vous brossez les dents après chaque repas?	**oui**	**non**
4.	Vous vous peignez trois ou quatre fois pendant la journée?	**oui**	**non**
5.	Vous vous habillez différemment chaque jour ?	**oui**	**non**
6.	Vous vous maquillez/vous vous rasez tous les jours?	**oui**	**non**
7.	Vous vous mettez du parfum/de l'eau de Cologne?	**oui**	**non**
8.	Vous faites très attention de ne jamais grossir?	**oui**	**non**

Maintenant, marquez un point pour les réponses «oui», zéro pour les réponses «non» et ensuite additionnez vos points:

- Si vous avez 7 ou 8 points, vous vous intéressez peut-être un peu trop à votre apparence physique. Pensez un peu aux choses plus sérieuses.
- Si vous avez de 3 à 6 points, c'est bien. Vous faites attention à votre présentation, mais vous n'exagérez pas.
- Si vous avez moins de 3 points, attention! Vous risquez de vous négliger.

Éclairages

À quel étage?

In English, we often call the ground floor of a building the *first floor* and the floor above it the *second floor*. In French, however, the ground floor of a building is called **le rez-de-chaussée,** and the floor above it **le premier étage,** followed by **le deuxième, le troisième,** etc.

RdeCh	rez-de-chaussée	11e	onzième
1er	premier	12e	douzième
2e	deuxième	13e	treizième
3e	troisième	14e	quatorzième
4e	quatrième	15e	quinzième
5e	cinquième	16e	seizième
6e	sixième	17e	dix-septième
7e	septième	18e	dix-huitième
8e	huitième	19e	dix-neuvième
9e	neuvième	20e	vingtième
10e	dixième	21e	vingt et unième

D. Au boulot! Regardez le tableau d'information de l'immeuble commercial **La Fleur de Lys** et imaginez que vous répondez aux questions des gens qui passent. Jouez des rôles avec un/e partenaire.

MODÈLE: É1 À quel étage est le bureau de Mme Piquesous?
É2 Au treizième étage.

1. Est-ce qu'il y a un médecin dans l'immeuble?
2. Le cabinet du Dr Marteau, s'il vous plaît?
3. Où se trouve (*is located*) l'agence de voyages?
4. Je cherche le cabinet des dentistes.
5. L'ingénieur est au sixième étage?
6. Maître Requain est au vingtième étage?
7. Est-ce qu'il y un représentant de commerce dans l'immeuble?
8. Où se trouve l'agence matrimoniale, s'il vous plaît?
9. L'imprimerie (*print shop*), c'est à quel étage?
10. Le bureau de M. Desastres se trouve à quel étage?

La Fleur de Lys
rez-de-chaussée AGENCE DE VOYAGES LA TRANSCONTINENTALE
1er MLLE M. GUTENBERG - IMPRIMERIE
2e DR A. CHARLOT - MÉDECINE INTERNE
3e DRS R. TENAILLE ET S. MARTEAU, DENTISTES
6e MME J. EIFFEL, INGÉNIEUR EXPERT
11e M. K. DESASTRES - AGENT D'ASSURANCES
13e MME L. PIQUESOUS, REPRÉSENTANTE COMMERCIALE
21e ME G. REQUAIN, AVOCAT
25e MME M. LALLIANCE - AGENCE MATRIMONIALE

E. C'est où exactement? Avec un/e partenaire, dites à quel étage se trouvent les objets indiqués dans le bâtiment où vous avez votre cours de français.

MODÈLE: des téléphones
→Il y a des téléphones au rez-de-chaussée.
OU →Il n'y a pas de téléphones dans notre bâtiment.

1. un snack-bar
2. un amphithéâtre
3. une bibliothèque
4. un centre informatique
5. un laboratoire
6. des bureaux

The **Sons et lettres** section, including the practice activities, is recorded on the Student audio CD.

La voyelle /y/

The vowel /y/, as in **tu,** is generally spelled with **u.** To pronounce /y/, your tongue must be forward and your lips rounded, protruding, and tense. As you pronounce /y/, think of the vowel /i/ of **ici.** It is important to make a distinction between /y/ and the /u/ of **tout,** as many words are distinguished by these two vowels.

A. Imitation. Attention de bien arrondir les lèvres (*lips*) quand vous prononcez /y/!

tu	Luc	Lucie	l'institutrice
du	Jules	Suzanne	la rémunération
zut	Bruno	étudie	

B. Contrastes. Attention. Faites bien la différence entre /y/ (spelled "u") et /u/ (spelled "ou").

tu	tout	bout	bu
du	doux	poux	pu
zut	tous	debout	début

C. Salutations. Pratiquez des scènes de salutation avec les noms suivants.

MODÈLES: Bruno
→Salut, Bruno.

Mme Dupont
→Bonjour, Madame Dupont.

1. Bruno	Mme Dumont
2. Lucie	M. Dumas
3. Suzanne	Mme Camus

D. Comptine. Vous connaissez sans doute la comptine américaine qui commence par: *Eenie, meenie, minie, mo*... Voici une comptine française amusante pour pratiquer le contraste entre /y/ et /u/.

Il y a dans la lune
Trois petits lapins
Qui mangent des prunes
En buvant du vin.
La pipe à la bouche
Le verre à la main
En disant: «Mesdames,
Versez-nous du vin
Tout plein.»

Additional practice activities for each **Formes et fonctions** section are provided on the CD-ROM and website: **http://www.prenhall.com/cheznous**

FORMES ET FONCTIONS

1. Les verbes pronominaux et les pronoms réfléchis

- Verbs like **s'essuyer** (*to dry oneself off*) and **se laver** (*to wash up*) include a reflexive pronoun as part of the verb: this pronoun indicates that the action is reflected on the subject. In English, the word *-self* is sometimes used to express this idea.

Je **m'essuie.**	*I'm drying myself off.*
On **se lave.**	*We're washing up.*
Tu **te lèves?**	*Are you getting up?*

Here are the reflexive pronoun forms, shown with the verb **se laver.**

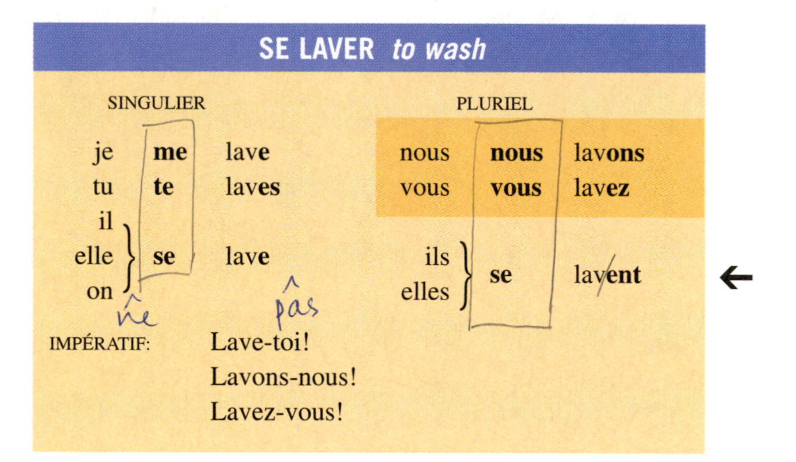

SE LAVER *to wash*

SINGULIER			PLURIEL		
je	**me**	lav**e**	nous	**nous**	lav**ons**
tu	**te**	lav**es**	vous	**vous**	lav**ez**
il / elle / on	**se**	lav**e**	ils / elles	**se**	lav**ent**

IMPÉRATIF: Lave-toi! Lavons-nous! Lavez-vous!

- Before a vowel sound, **me, te**, and **se** become **m', t', s'.**

Je **m'**essuie les mains.	*I'm drying my hands.*
Tu **t'**habilles?	*Are you getting dressed?*
Il **s'**essuie la figure.	*He wipes his face.*

- Note that reflexive pronouns always maintain their position near the verb, even in the negative and the immediate future.

Il ne **se** lave pas.	*He's not washing up.*
Je ne vais pas **m'**habiller.	*I'm not going to get dressed.*

- When a part of the body is specified, the definite article is used with the body part, instead of a possessive adjective as in English, since the reflexive pronoun already indicates whose body part is affected.

Elle se lave **la** figure.	*She's washing her face.*
Ils se brossent **les** dents.	*They're brushing their teeth.*

- In an affirmative command, the reflexive pronoun comes after the verb and is connected to it by a hyphen. Note the use of the stressed form **toi.** In negative commands, the reflexive pronoun comes before the verb.

Lave-toi la figure!	Ne te lave pas la figure!
Réveillez-vous!	Ne vous réveillez pas tôt!
Levons-nous!	Ne nous levons pas!

A. Qu'est-ce qu'on fait? Expliquez ce que font ces gens.

MODÈLE: Moi, avec le shampooing?
→Je me lave les cheveux.

1. Les enfants, avec le savon et un gant de toilette?
2. Laurent, avec son rasoir?
3. Vous, avec la serviette de toilette?
4. Toi, avec le pull-over?
5. Moi, avec le dentifrice?
6. Nous, avec le peigne?
7. Sylvie, avec le maquillage?

B. La routine chez vous. Chez vous, ou dans votre famille, qui fait les choses suivantes? Posez les questions à un/e partenaire.

MODÈLE: se lève en premier?
É1 Qui se lève en premier?
É2 Ma camarade de chambre se lève en premier. Et toi?
É1 Moi, je me lève en premier.

1. se lève en premier?
2. se douche en premier?
3. se maquille tous les jours?
4. s'habille avec beaucoup d'attention?
5. se lave les cheveux tous les jours?
6. se couche tard le soir?
7. se réveille facilement (*easily*) le matin?

C. Des enfants difficiles. La mère de Guy et Anne doit les encourager à se préparer le matin et le soir. Qu'est-ce qu'elle leur dit?

MODÈLES se réveiller!
→Allez, Guy, réveille-toi!

ne pas se raser
→Allez, Guy, ne te rase pas!

à Guy le matin:

1. se lever
2. se laver la figure
3. s'essuyer

à Anne le matin:

4. s'habiller bien
5. se peigner
6. ne pas trop se maquiller

à Guy et Anne le soir:

7. se déshabiller rapidement
8. ne pas se coucher tard

D. Trouvez une personne. Parmi vos camarades, trouvez une personne qui...

MODÈLE: se lève tôt le matin
É1 Tu te lèves tôt le matin?
É2 Non, je ne me lève pas tôt.
É3 Moi, je me lève très tôt.

1. se lève tôt le matin
2. se lève très tard le matin
3. se couche tard
4. se réveille la nuit
5. s'endort en classe
6. se déshabille et s'habille trois ou quatre fois par jour
7. se peigne en classe
8. va se coucher tard ce soir

E. Mes journées. Décrivez les trois types de journées suivants à un/e partenaire.

MODÈLE: une journée typique
É1 Décris une journée typique.
É2 Je me lève assez tôt normalement. Je me lave et je m'habille, et je vais au resto U pour manger. Après, je me brosse les dents, etc. Et toi?

1. une journée typique
2. une journée idéale
3. une journée horrible

2. Les adverbes: intensité, fréq , quantité

- The adverbs listed below indicate to what degr ing occurs.

trop	Il parle **trop.**	He talks too much.
beaucoup	Elle travaille **beaucoup**	She works a lot.
assez	Nous mangeons **assez**	We eat enough.
un peu	J'étudie **un peu.**	I study a little.
ne ... pas	Elle **ne** danse **pas.**	She doesn't dance.

- These same adverbs, followed by **de/** noun, indicate quantities.

trop de	Nous avons **tro** irs.	We have too much homework.
beaucoup de	Elle a **beauc** is.	She has lots of friends.
assez de	Vous avez rgent?	Do you have enough money?
peu de	J'ai **peu** mes.	I have few problems.
ne ... pas de	Tu **n'a** ivres?	Don't you have any books?

- Other adverbs indicate y, how often something is done. Notice that these adverbs follow the those you learned in the first section above.

tous les	e les cheveux **les** jours.	I wash my hair every day.
toujours	lève **toujours** en emier.	I always get up first.
souvent	rend **souvent** le métro.	He often takes the subway.
quelquefc	u travailles **quelquefois** ici?	Do you work here sometimes?
rareme	Elle se maquille **rarement.**	She rarely wears makeup.
ne ... j	Il **ne** chante **jamais.**	He never sings.

À vous la parole

A. Votre routine. Donnez des précisions! Comparez avec un/e partenaire.

MODÈLE: travailler le week-end
É1 Moi, je travaille beaucoup le week-end.
É2 Par contre, moi, je travaille rarement le week-end.

1. travailler le week-end
2. se réveiller tôt le matin
3. travailler dans le jardin
4. parler français
5. jouer au tennis
6. regarder la télé
7. aider les gens
8. se coucher de bonne heure (tôt)

B. Combien? Combien est-ce que vous en avez? Comparez avec un/e partenaire.

MODÈLE: des livres
É1 J'ai beaucoup de livres.
É2 Moi, j'ai peu de livres.

1. des livres
2. des CD
3. des affiches
4. des photos
5. des cassettes
6. du maquillage
7. des amis
8. de l'argent
9. des problèmes

C. Stéréotypes et réalité. Quel est le stéréotype? Et la réalité? Discutez de cela avec un/e partenaire.

MODÈLE: les Américains: manger au MacDo?
É1 Les Américains mangent toujours au MacDo.
É2 Mais moi, je ne mange jamais au MacDo.

1. les Américains: manger du fast-food?
2. les Américains: jouer au basket-ball?
3. les Africains: être sociables?
4. les Suisses: avoir beaucoup d'argent?
5. les Français: jouer au football?
6. les Français: manger de la quiche?
7. les étudiants: regarder la télé?
8. les étudiants: travailler?
9. les professeurs: être sévères?
10. les professeurs: donner des devoirs?

ÉCRIVONS *La personne idéale*

Vous cherchez une chambre dans une maison près du campus. Vous trouvez une bonne annonce. Écrivez une lettre qui explique pourquoi vous êtes la personne idéale. Bien sûr, vous devez parler de votre routine et de vos habitudes.

A. Avant d'écrire. Réfléchissez à vos habitudes. Pour vous aider, il y a une liste d'activités que vous pourriez mentionner. Choisissez les activités qui vous intéressent et indiquez quand et comment vous les faites.

mes habitudes	quand?	des précisions
me lever	*tôt*	*silencieusement*
me doucher	*le soir*	*toujours*
regarder la télé		
écouter de la musique		
inviter des amis		
travailler		
?		

B. En écrivant. Maintenant, rédigez un paragraphe qui explique vos habitudes. N'oubliez pas d'utiliser des adverbes pour rendre votre description plus intéressante. Pensez aussi aux mots que vous pouvez utiliser pour lier (*link*) votre paragraphe comme les mots illustrés ici.

alors (*then, so*)	Je ne me douche pas longtemps, **alors** je ne vais pas passer beaucoup de temps dans la salle de bains (*bathroom*).
donc (*therefore*)	Je me lève en silence, **donc** vous n'allez pas vous réveiller tôt comme moi.
et puis (*and then*)	**Et puis,** je révise en silence mes notes.

MODÈLE: →Je suis la personne idéale pour cette chambre. Par exemple, je me lève tôt le matin, mais je me lève silencieusement, donc vous n'allez pas vous réveiller. Et puis, je…

C. Après avoir écrit. Relisez votre brouillon (*draft*) et vérifiez que vous parlez de toutes les habitudes mentionnées dans la section **Avant d'écrire.** Est-ce qu'il y a des adverbes pour préciser votre description? Est-ce qu'il y a des mots qui relient le texte? Maintenant, regardez attentivement votre paragraphe et vérifiez que vos sujets et vos verbes s'accordent et que les adverbes sont bien placés.

Leçon 2 À quelle heure?

POINTS DE DÉPART

Je n'arrête pas de courir!

Denise parle:
Mon premier cours commence à neuf heures. Je pars pour la fac à huit heures et demie.

J'arrive en classe à neuf heures moins le quart. Chic alors! je suis en avance.

Le professeur entre dans la classe à neuf heures moins cinq et il commence à parler.

À dix heures et quart je regarde ma montre. Zut alors! encore un quart d'heure!

À onze heures moins vingt je vais au café. Je parle avec des camarades de classe pendant vingt minutes. Mince, je suis en retard! J'arrive au deuxième cours à onze heures dix. Dix minutes de retard.

Entre midi et une heure de l'après-midi je déjeune au resto U avec un ami, Jean-Baptiste.

L'après-midi, nous sortons pour voir le nouveau film de Gérard Depardieu. On va à la séance de 14 h 55. C'est moins cher.

Vous avez l'heure?

Il est deux heures et quart de l'après-midi. (Il est quatorze heures quinze.)

Il est neuf heures et demie du soir. (Il est vingt et une heures trente.)

Il est minuit moins le quart. (Il est vingt-trois heures quarante-cinq.)

Il est minuit.

Il est deux heures moins le quart du matin. (Il est une heure quarante-cinq.)

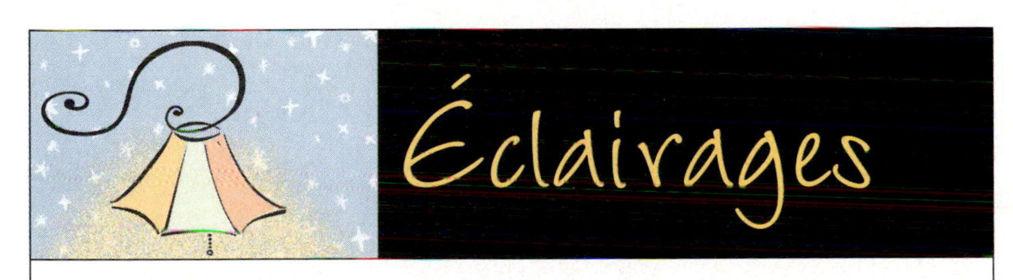

Le système des 24 heures

In French, the 24-hour clock (sometimes called *military time* in English) is used for giving times in formal conversation and in official, published documents such as schedules for courses, trains, planes, TV shows, or movies. To give times between noon **(midi)** and midnight **(minuit),** add 12 to the hour. For example, 2 P.M. is 14 h **(quatorze heures).** The expressions **et quart, moins le quart,** and **et demi/e** are not used when reporting formal times. Instead, give the exact number of minutes, for example **15 h 15** is read as **quinze heures quinze.**

Les séances de cinéma

In French movie theaters, times are given using the 24-hour clock, but the movie rarely starts at the stated time. Instead there are usually 15 or 20 minutes of advertisements, generally for products such as candy, cars, perfume, and yogurt, before the feature film begins.

À vous la parole

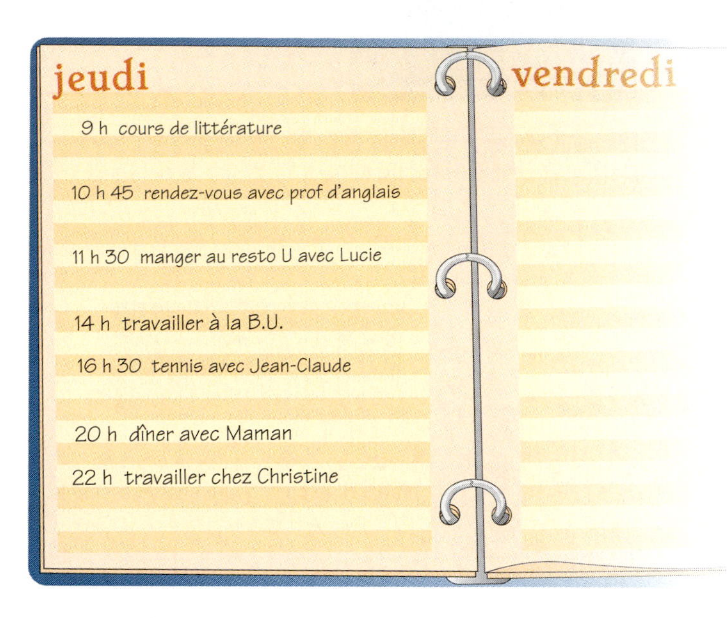

jeudi
vendredi
9 h cours de littérature
10 h 45 rendez-vous avec prof d'anglais
11 h 30 manger au resto U avec Lucie
14 h travailler à la B.U.
16 h 30 tennis avec Jean-Claude
20 h dîner avec Maman
22 h travailler chez Christine

A. Une journée bien mouvementée. Regardez l'agenda de Karine, et décrivez ses activités.

MODÈLE: À 9 heures du matin, elle a son cours de littérature.

B. Séances de cinéma. Regardez les horaires pour le cinéma UGC Ciné Cité Les Halles à Paris. Avec un/e partenaire, imaginez que vous fixez un rendez-vous pour voir un film, et créez des mini-dialogues.

MODÈLE: É1 Je voudrais voir le film **Lake Placid.**
É2 Il y a des séances à 9 h 20, 11 h 30, 13 h 40, 15 h 50, 18 h, 20 h 10 et 22 h 20.
É1 Je préfère une séance l'après-midi.
É2 Moi aussi. Allons à la séance de 15 h 50.

1. **Lake Placid**
2. **Total western**
3. **Fortress 2: Réincarcération**
4. **Gladiator**
5. **Un couple presque parfait**
6. **Fous d'Irène**

UGC CINE CITÉ LES HALLES
place de la Rotonde, nouveau Forum des Halles, Niveau -3, accès Porte du Jour, parvis de Saint-Eustache. M° Châtelet Les Halles. Rens: 08.36.68.68.58 et # 11 (2,21 F/mn). PI 51 F. TR Etud, +60 ans, (Du Dim 19h au Ven 19h): 37F; -12 ans: 33F; 1e séance du matin:29 F. CA UGC5, 5pl: 171 F, 1à 5 pers, val. du Dim 19h au Ven 19h. UGC7, 5 pl: 196 F, 1 à 5 pers, tlj, Val. 60j. ♿:16 salles.

Total western int-12 ans. Dolby SR.
Séances: 9h10, 11h05, 13h, 14h55, 16h50, 18h45, 20h40, 22h35.

Lake Placid v.o. Dolby SR.
Séances: 9h20,11h30, 13h40, 15h50, 18h, 20h10, 22h20.

Les marchands de sable int-12 ans. Dolby SR.
Séances: 9h25, 11h35, 13h45, 15h55, 18h05, 20h15, 22h25.

Les gens qui s'aiment DTS.
Séances: 9h55, 11h05, 13h, 14h55, 16h50, 18h45, 20h40, 22h35.

Fortress 2: Réincarcération v.o. Dolby SR.
Séances: 9h55, 12h, 14h05, 16h10, 18h15, 20h20, 22h25.

Un couple presque parfait v.o. DTS.
Séances: 10h30, 12h50, 15h10, 17h40, 20h, 22h20.

Gladiator v.o. Dolby SR (2 salles)
Séances salle 1: 9h10, 12h15, 15h20, 18h25, 21h35
Séances salle 2: 10h45, 14h, 17h15, 20h30.

Meilleur espoir féminin Dolby SR.
Séances: 9h20, 11h30, 13h40, 15h50, 18h, 20h10, 22h20.

Le battement d'ailes du papillon Dolby SR.
Séances: 9h20, 11h25, 13h30, 15h40, 17h50, 20h05, 22h15.

Promenons-nous dans les bois int-12 ans. Dolby SR.
Séances: 9h10, 11h05, 13h, 14h55, 16h50, 18h45, 20h40, 22h35.

Fous d'Irene v.o. Dolby SR.
Séances: 9h35, 12h05,14h35, 17h05, 19h35, 22h05.

Pariscope n° 1676 du 5 au 11 juillet 2000.

C. Dans le monde francophone. Regardez la carte des fuseaux horaires (*time zones*) et dites quelle heure il est dans les différentes villes des pays francophones. Ensuite, choisissez l'indication qui convient pour décrire ce qu'on fait à cette heure-là. Utilisez le système horaire informel.

MODÈLE: À Paris. On mange ou on se couche?
→À Paris il est midi, on mange.

1. À la Nouvelle-Orléans. On se lève ou on travaille?
2. À Cayenne. Les étudiants vont en classe ou ils rentrent chez eux?
3. À Dakar. C'est le matin ou c'est le soir?
4. À Marseille. On rentre à la maison pour manger ou on travaille?
5. À Djibouti. On fait la sieste ou on mange?
6. À Mahé. On nage ou on va à la maison pour dormir?
7. À Nouméa. On se couche ou on joue au football?

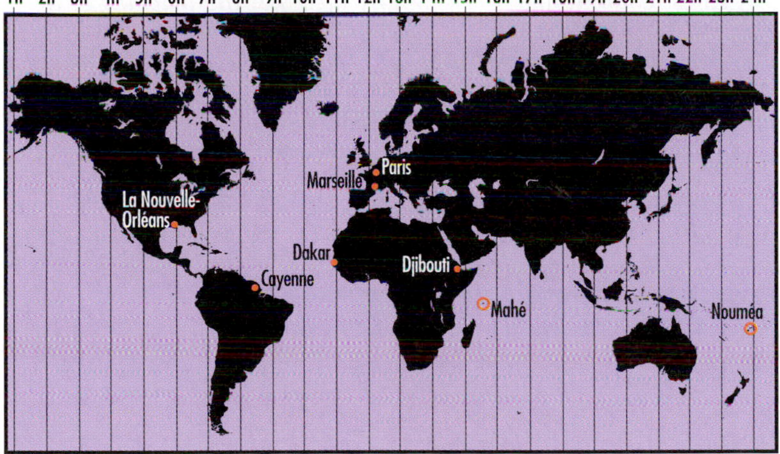

D. Les activités de demain. Quelles sont vos activités de demain? Comparez votre réponse à celle de votre partenaire. Voici quelques suggestions:

se lever	se coucher
aller en cours de/au labo de...	regarder la télé
manger	téléphoner à...
jouer à...	travailler
parler à...	

MODÈLE: à huit heures du matin
É1 Demain, à huit heures du matin, je vais me lever, et toi?
É2 Moi, à huit heures, je vais manger au resto U.

1. à huit heures du matin
2. à dix heures du matin
3. à midi et demi
4. à quatre heures de l'après-midi
5. à six heures du soir
6. à huit heures du soir
7. à minuit
8. à deux heures du matin

FORMES ET FONCTIONS

1. Les verbes en -ir *comme* dormir, sortir, partir

- You have learned that regular -**er** verbs have one stem and three spoken forms in the present indicative. Unless the verb begins with a vowel sound, you must use the context to tell the difference between the third person singular and plural:

Mon frère? **Il regarde** la télé.	*My brother, he's watching TV.*
Mes amis? **Ils regardent** le match de foot à la télé.	*My friends, they are watching the soccer game on TV.*
Ma sœur? **Elle écoute** la radio.	*My sister, she's listening to the radio.*
Ses amies? **Elles écoutent** une cassette.	*My friends, they are listening to a tape.*

- Verbs like **dormir** (*to sleep*) have two stems and four spoken forms. Their singular endings are **-s, -s, -t;** these letters are usually silent. The stem for the plural forms contains the consonant heard in the infinitive.

dormir (*to sleep*)	Il dort debout.	Ils dor**m**ent tard.
sortir (*to go out*)	Elle sort le week-end.	Elles sor**t**ent souvent.

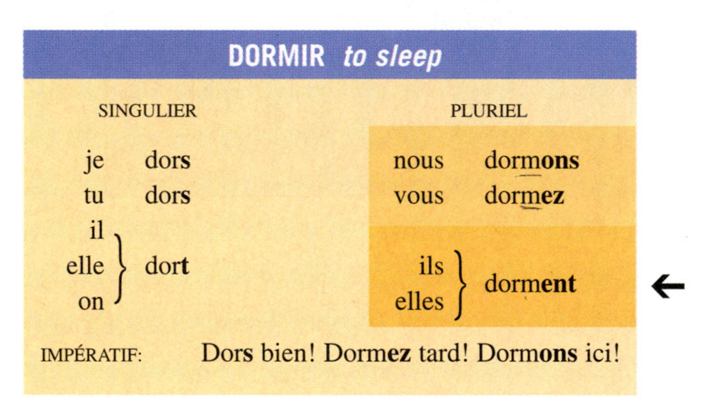

DORMIR *to sleep*			
SINGULIER		PLURIEL	
je	dors	nous	dorm**ons**
tu	dors	vous	dorm**ez**
il / elle / on	dort	ils / elles	dorm**ent**
IMPÉRATIF:	Dors bien! Dorm**ez** tard! Dorm**ons** ici!		

- Here is a list of verbs like **dormir**, along with the prepositions most often used with these verbs.

dormir jusqu'à	Je **dors jusqu'à** huit heures.	*I sleep until eight o'clock.*
partir avec	Je **pars avec** mes parents.	*I'm leaving with my parents.*
de	Nous **partons de** Montréal.	*We're leaving from Montreal.*
pour	Vous **partez pour** la France?	*Are you going to France?*
sortir avec	Elle **sort avec** ses amies.	*She goes out with her girlfriends.*
de	Les étudiants **sortent du** labo.	*The students are leaving the lab.*
servir	Qu'est-ce qu'on **sert** ce soir?	*What are they serving tonight?*

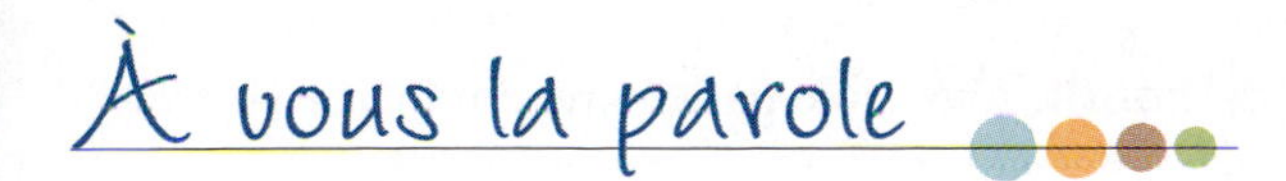

À vous la parole

A. C'est fini le boulot! Ces gens rentrent du travail; expliquez d'où ils sortent.

MODÈLE: Mlle Morin est pharmacienne.
→Elle sort de la pharmacie.

1. Nous sommes vendeurs.
2. Éric est comptable.
3. Vous êtes ouvrier.
4. Je suis actrice.
5. Jean et Louise sont instituteurs.
6. Tu es ingénieur.
7. Christine et Martine sont serveuses.

B. Notre routine. Gaëlle parle de sa famille et de ses amis. Complétez les phrases avec un verbe qui convient.

MODÈLE: Mon frère, il n'est pas énergique. Le samedi matin…
→Le samedi matin il dort.

1. Maman travaille toujours? Non, …
2. Gilles et toi, vous travaillez dans un café; vous...
3. Mes amis et moi travaillons pendant la semaine. Mais le samedi soir…
4. Mes copains travaillent dans un bureau à Paris. Le matin…
5. Karine est serveuse dans un restaurant, alors elle…
6. Tu vas au cinéma ce soir? Oui, ...
7. Mireille arrive? Non, elle…

C. Nos habitudes. Trouvez une personne qui fait les choses suivantes.

MODÈLE: dort l'après-midi
É1 Est-ce que tu dors l'après-midi?
É2 Oui, je dors quelquefois l'après-midi.

1. dort pendant les cours
2. sort pendant la semaine
3. part pour le week-end
4. sert de la pizza dans un restaurant
5. dort très tard le matin
6. sort avec un groupe d'amis
7. part de chez lui/elle très tôt le matin
8. dort l'après-midi
9. sort avec ses parents
10. part en vacances
11. sert du café quand il/elle a des invités

D. Je n'arrête pas de courir. Avec un/e partenaire, comparez votre routine.

MODÈLE: Pendant la semaine, je dors jusqu'à …
É1 Moi, pendant la semaine, je dors jusqu'à sept heures.
É2 Moi, je dors jusqu'à 8 h 30; mon premier cours commence à 9 h.

1. Pendant la semaine, je dors jusqu'à…
2. Le week-end, je dors jusqu'à…
3. Le matin, je pars pour mon premier cours…
4. Le week-end, je pars souvent pour…
5. Je sors avec mes amis…
6. Je ne sors pas quand…
7. Quand j'invite des amis chez moi, je sers…

2. *Le comparatif des adverbes*

- You have learned to use adverbs to make your descriptions more precise.

Elle dort.	*She's sleeping.*
Elle dort **tard.**	*She sleeps late.*
Elle dort **bien.**	*She sleeps well.*
Elle dort **souvent** en classe.	*She often sleeps in class.*

- The expressions **plus ... que** (*more than*), **moins ... que** (*less than*) and **aussi ... que** (*as much as*) can be used with adverbs to make comparisons.

plus ... que	Je dors **plus** tard **que** lui.	*I sleep later than he does.*
aussi ... que	Tu joues **aussi** bien **que** moi.	*You play as well as I do.*
moins ... que	Il chante **moins** fort **que** toi.	*He sings less loudly than you do.*

When a pronoun follows the comparison, it must be a stressed pronoun.

- The adverb **bien** has the irregular form **mieux,** as shown below:

Je chante bien.	*I sing well.*
Je chante aussi bien que ma sœur.	*I sing as well as my sister does.*
Je chante moins bien que toi.	*I don't sing as well as you do.*
Tu chantes **mieux** que moi.	*You sing* ***better*** *than I do.*

- When comparing amounts, **plus, moins** and **autant** are followed by **de** and a noun:

plus de ... que	Elle a **plus de** travail **que** nous.	*She has more work than we do.*
moins de ... que	Il a **moins de** devoirs **que** toi.	*He has less homework than you.*
autant de ... que	J'ai **autant d'**amis **que** vous.	*I have as many friends as you.*

À vous la parole

A. Comparaisons. Qui fait mieux que vous? Comparez avec votre partenaire.

MODÈLE: Qui chante mieux, vous ou votre mère?
É1 Ma mère chante mieux que moi.
É2 Moi aussi, je chante moins bien que ma mère.

1. Qui chante mieux, vous ou votre mère?
2. Qui travaille mieux, vous ou votre camarade de chambre?
3. Qui danse mieux, vous ou votre ami/e?
4. Qui parle mieux le français, vous ou votre professeur?
5. Qui mange mieux, vous ou votre père?
6. Qui joue mieux au basket, vous ou votre frère/votre sœur?
7. Qui s'habille mieux, vous ou votre camarade de chambre?

B. Plus ou moins! Regardez dans votre sac à dos, et comparez ce qu'il y a à l'intérieur avec un/e partenaire.

MODÈLE: Qui a plus de stylos?
→Moi, j'ai plus de stylos; j'ai trois stylos, et mon partenaire a deux stylos.
OU →Mon partenaire a moins de stylos que moi.

1. Qui a plus de stylos?
2. Qui a plus de livres?
3. Qui a plus de cahiers?
4. Qui a plus de crayons?
5. Qui a plus de devoirs?
6. Qui a plus d'argent?
7. Qui a plus de photos?

C. Votre routine. Dites si ces comparaisons sont vraies ou fausses. Expliquez votre réponse à votre partenaire.

MODÈLE: Je me lève plus tôt que mon/ma camarade de chambre.
É1 C'est vrai: moi, je me lève à sept heures, et lui, il se lève à huit heures.
É2 Pour moi, c'est faux: lui, il se lève plus tôt que moi.

1. Je me lève plus tôt que mon/ma camarade de chambre.
2. Mon/Ma camarade de chambre travaille mieux que moi.
3. Je sors plus souvent que mon/ma camarade de chambre.
4. Je vais moins souvent au labo que mon/ma camarade de chambre.
5. Mon/Ma camarade de chambre part plus souvent que moi le week-end.
6. Mon/Ma camarade de chambre dort moins profondément que moi.
7. Je travaille plus tard la nuit que mon/ma camarade de chambre.
8. Mon/Ma camarade de chambre mange aussi souvent que moi.

PARLONS *La journée typique*

Choisissez une de ces images et imaginez la journée typique d'une des personnes sur la photo. Décrivez cette journée. Vos camarades de classe vont essayer de deviner de quelle personne vous parlez.

MODÈLE: Je suis en vacances, alors je dors assez tard le matin. Je me lève en général à 10 h. Je ne me douche pas parce que je vais nager. Après, je joue au volley jusqu'à 4 h de l'après-midi. Le soir, je sors dans des bars.

Une plage à la Martinique

Un marché à Abidjan en Côte d'Ivoire

Le marché aux fleurs à Vannes en Bretagne

Leçon 3 Qu'est-ce qu'on porte?

POINTS DE DÉPART

Les vêtements et les couleurs

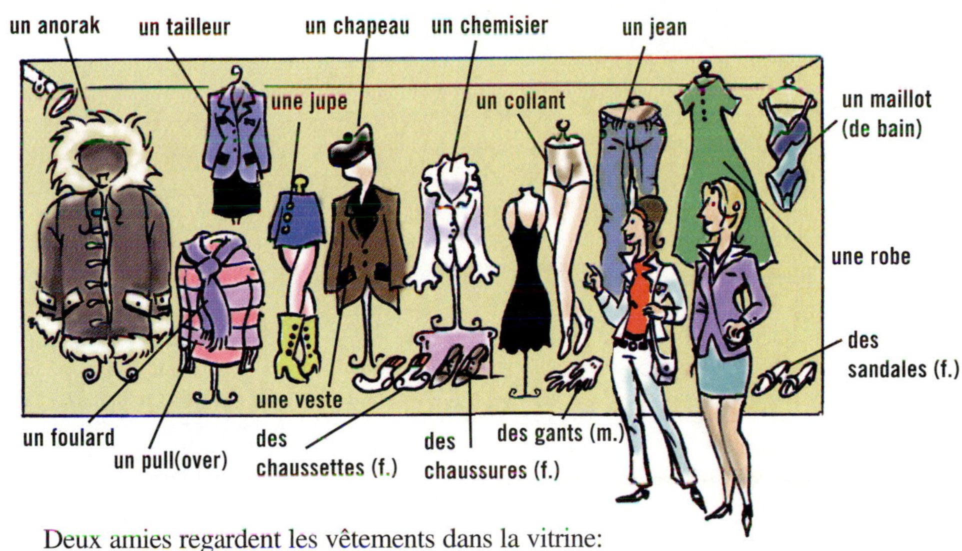

Deux amies regardent les vêtements dans la vitrine:
—J'ai envie d'acheter la belle robe noire.
—Dis donc, elle est chère; regarde le prix.
—Ah oui, en effet; en plus, elle est un peu démodée, tu ne penses pas?
—Si, mais regarde la jupe bleue; elle est moins chère.

Un monsieur parle au vendeur:
—De quelle couleur est cette chemise?
—Elle est verte.
—Ah bon? je n'aime pas le vert; vous avez du bleu?

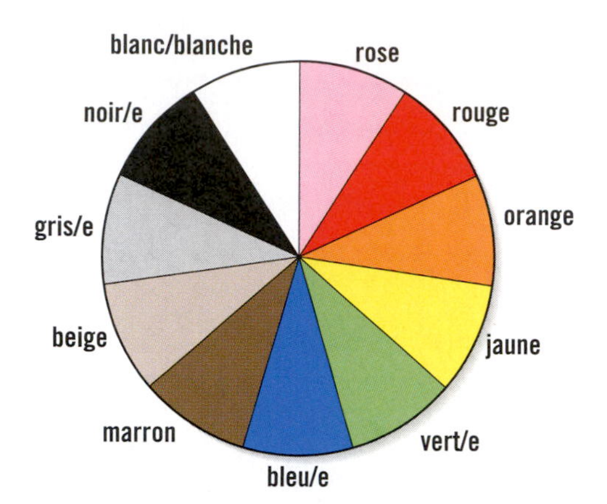

Éclairages

Le «look» des jeunes Français

According to a recent survey, 80% of French young people between the ages of 18 and 25 attach great importance to dress. Particular attention is given to shoes and sweaters, and jeans have a significant place in the wardrobes of both men and women. To describe the general impression that clothes make, use the term **le look.** There are several different types of looks. Conservative younger French people prefer a somewhat formal style, called **le style B.C.B.G. (bon chic bon genre**). The more informal look popular with rappers and skaters is called **branché** or **cool.** One of the most popular colors of clothing, for both formal and informal occasions, is black, and a neck scarf is a favorite accessory.

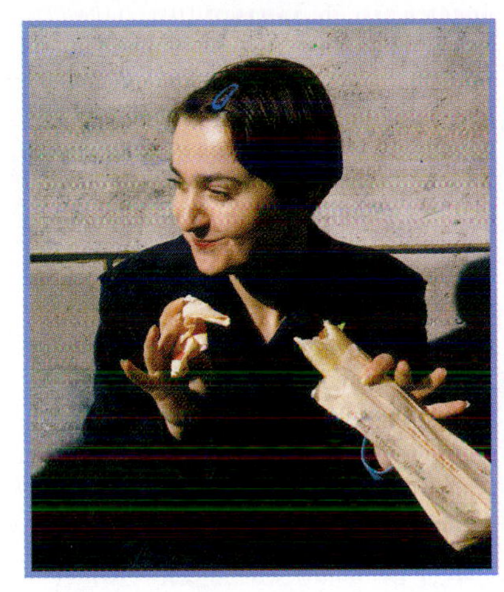

ET VOUS?

C'est quel look? Quelle description va avec chaque photo?

1. C'est le look branché.
2. C'est le look B.C.B.G.
3. C'est le look d'une étudiante française.

Les compliments

In France when people are complimented, instead of saying thanks they tend to minimize what they are praised for.

quelques compliments	**quelques réponses**
Il est chic, ton pantalon! *Your pants are really stylish!*	—Tu trouves? *—Do you think so?*
Tu parles très bien le français. *You speak French really well.*	—Ah! Pas toujours! *—Oh! Not always!*
Tu chantes vraiment bien! *You sing really well.*	—Oh, pas vraiment. *—Oh, not really.*

ET VOUS?

Les réactions. Choisissez une expression dans la colonne de droite pour répondre à chaque compliment dans la colonne de gauche.

1. Tu danses bien.	a. Vous trouvez?
2. J'aime bien vos bottes.	b. Ah! Pas toujours!
3. Vous parlez très bien le français.	c. Oh! Elles ne sont pas un peu démodées?
4. Il est chic, ton pull.	d. Oh! Pas vraiment.
5. Votre robe est très élégante.	e. Vraiment? Tu trouves?

À vous la parole

A. Qu'est-ce qu'on porte, qu'est-ce qu'on aime? Regardez ces gens. Qu'est-ce qu'ils portent? Imaginez quels types de vêtements ils aiment et n'aiment pas.

MODÈLE: É1 Le monsieur?
É2 Il porte un complet bleu et une cravate noire, mais il n'aime pas ça; il préfère les jeans et les tee-shirts.

B. Préparez la valise (*suitcase*). Imaginez que vous partez en week-end. Faites une liste de trois vêtements que vous allez mettre dans la valise. Comparez votre liste à la liste de votre partenaire.

MODÈLE: à Tahiti?
É1 un maillot de bain, des sandales, un short
É2 un maillot, des tee-shirts, des tennis

1. à Québec, en février?
2. à Lafayette, en Louisiane, en juillet?
3. à Grenoble, dans les Alpes, en janvier?
4. en Haïti?
5. à Dakar, au Sénégal?
6. à Paris, en avril?

C. Voilà ce que tu portes. Mettez-vous dos à dos avec votre partenaire, et décrivez ses vêtements. Attention! Ne regardez pas votre partenaire!

MODÈLE: É1 Tu portes un chemisier bleu et gris?
É2 Oui.
É1 Et une jupe noire?
É2 Non, ma jupe est grise aussi.

D. Et vous? Quelles sont vos préférences? Discutez ça avec un/e partenaire.

MODÈLE: Qu'est-ce que vous aimez porter pour aller en classe?
É1 Moi, pour aller en classe, j'aime porter un jean et un tee-shirt.
É2 Moi aussi, j'aime les jeans et les tee-shirts.

1. Qu'est-ce que vous aimez porter…

—pour aller en classe?
—le week-end?
—quand vous êtes avec des amis?

2. Qu'est-ce que vous n'aimez pas porter?
3. Qu'est-ce que vous ne portez jamais?
4. Est-ce que vos parents portent les mêmes vêtements que vous? Expliquez.
5. Est-ce que vos amis portent les mêmes vêtements que vous? Expliquez.

Les voyelles /ø/ et /œ/

To pronounce the vowel /ø/ of **deux,** start from the position of /e/ as in **des** and round the lips. The lips should also be tense and moved forward. It is important to lengthen the sound while continuing to keep the lips rounded, protruded, and tense. Typically, /ø/ occurs at the end of words and syllables and before the consonant /z/: **deux, jeu, peu, sérieuse, Deleuze.** When it is pronounced, the *mute e* (in words like **le, me, ce,** and **vendredi**) is pronounced with the vowel /ø/ of **deux.**

To pronounce the vowel /œ/ of **leur,** start from the position of /ø/ and relax the lips somewhat. Both vowels are usually spelled as **eu.** The vowel /œ/ is also spelled as **œu,** as in **sœur.** The vowel /œ/ of **leur** occurs before a pronounced consonant, except for /z/ as mentioned above.

/ø/	/œ/
bl**eu**	la coul**eur**
il p**eu**t	ils p**eu**vent
la vend**eu**se	le vend**eur**
vendr**e**di	une h**eu**re

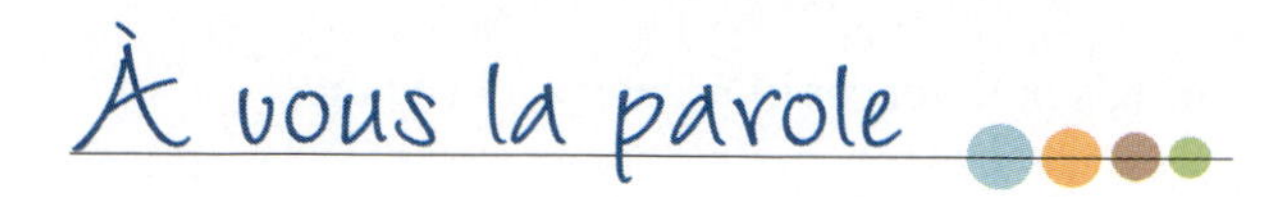

A. Contrastes. Comparez les voyelles dans chaque paire de mots.

/y/ vs. /ø/	**/ø/ vs. /œ/**
du / deux	ne / neuf
lu / le	eux / sœurs
du jus / deux jeux	la chanteuse / le chanteur

B. Au féminin. Donnez le mot ou la phrase proposé/e au féminin.

MODÈLE: le vendeur
→la vendeuse

1. le chanteur
2. le chercheur
3. il est généreux
4. ils sont malheureux
5. il est paresseux

C. Phrases. Lisez les phrases à haute voix.

1. Des cheveux bleus! Ce n'est pas sérieux!
2. Monsieur Meunier a deux neveux.
3. La sœur de Madame Francœur sort à neuf heures.
4. Le vendeur suggère ces deux couleurs.
5. Depardieu est un acteur; Montesquieu, un auteur.

FORMES ET FONCTIONS

1. *Les verbes comme* acheter *et* appeler

- You have learned that for verbs like **préférer,** the second vowel in the singular forms and the third person plural form of the present tense is pronounced like the **è** in **mère:**

Je préf**è**re le golf. Ils préf**è**rent le hockey.

- Verbs like **acheter** (to buy) and **appeler** (to call) similarly show changes in the singular forms and in the third-person plural. The final vowel in these forms is also pronounced like the /ɛ/ in **mère.**

- This pronunciation change is reflected in the spelling by the use of the **accent grave** in verbs like **acheter,** just like in **préférer:**

acheter	*to buy*	Qu'est-ce que tu **achètes**?
amener	*to bring a person*	Ils **amènent** leurs enfants.
lever	*to raise*	Elle ne **lève** jamais le doigt (*finger*).

- Verbs like **appeler** reflect the pronunciation change by doubling the final consonant of the base in the singular and third person plural forms:

appeler	*to call*	Est-ce que tu **appelles** le médecin?
épeler	*to spell*	Il **épelle** son nom.
jeter	*to throw (out)*	Elle ne **jette** pas les bananes.

- The **nous** and **vous** forms for these verbs have an *unstable e*, which usually is not pronounced. These forms, then, are two syllables long:

nous ach~~e~~tons   vous app~~e~~lez

ACHETER *to buy*

SINGULIER		PLURIEL	
j'	achète	nous	achetons
tu	achètes	vous	achetez
il / elle / on	achète	ils / elles	achètent ←

IMPÉRATIF: **Achète** ce foulard!
Achetez cette belle robe!
Achetons des jeans!

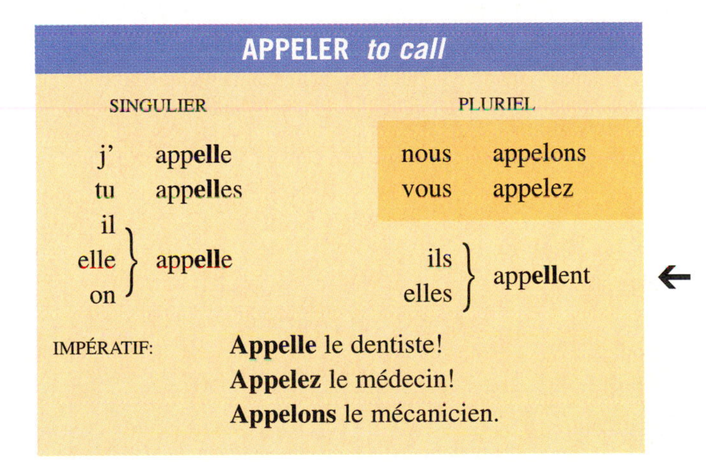

APPELER *to call*

SINGULIER		PLURIEL	
j'	appe**lle**	nous	appelons
tu	appe**lles**	vous	appelez
il / elle / on	appe**lle**	ils / elles	appe**llent** ←

IMPÉRATIF: **Appelle** le dentiste!
Appelez le médecin!
Appelons le mécanicien.

A. Des achats. Quels vêtements est-ce qu'on achète?

MODÈLE: Je dois aller à un mariage.
→J'achète un complet bleu marine.

1. Nous allons à Tahiti pour les vacances.
2. Mes parents vont à la montagne.
3. David travaille dans un grand bureau.
4. Maryse est très sportive.
5. Vous aimez le style B.C.B.G.
6. Christiane est très élégante.
7. Nous aimons les vêtements très relaxes.
8. Je n'ai pas beaucoup d'argent.

B. Mais pourquoi? Imaginez que vous avez un/e camarade de chambre très désagréable. Demandez-lui pourquoi il/elle fait les choses suivantes.

MODÈLE: jeter mon affiche préférée
É1 Pourquoi est-ce que tu jettes mon affiche préférée?
É2 Je n'aime pas ton affiche. Elle est moche.

1. acheter tous ces magazines
2. ne pas appeler tes parents
3. porter mon beau pull rouge
4. ne pas épeler correctement mon nom
5. acheter toujours des chips et du chocolat
6. jeter ma cassette préférée
7. appeler tous tes amis

C. Trouvez une personne. Circulez dans votre salle de classe et trouvez une personne qui…

MODÈLE: ne jette jamais ses vêtements
É1 Tu ne jettes jamais tes vêtements?
É2 Si, je jette mes vêtements.

1. appelle ses parents tous les week-ends
2. n'appelle jamais ses parents
3. achète tous ses vêtements
4. n'achète jamais de magazines
5. se lève toujours avant huit heures
6. ne jette jamais ses vêtements
7. jette toujours ses devoirs et ses examens corrigés
8. amène toujours des amis quand il/elle est invité/e à une fête

2. *Le comparatif des adjectifs*

- In the previous lesson, you learned to use the expressions **plus ... que, moins ... que,** and **aussi ... que,** with adverbs to make comparisons.

plus ... que	Je dors **plus** tard **que** lui.	*I sleep later than he does.*
aussi ... que	Tu joues **aussi** bien **que** moi.	*You play as well as I do.*
moins ... que	Il chante **moins** fort **que** toi.	*He sings less loudly than you do.*

- To compare the qualities of two people or things, use these same expressions with an adjective. The adjective you use agrees with the first noun.

La robe est **plus** élégante **que** le tailleur.	*The dress is more elegant than the suit.*
Le pantalon est **plus** beau **que** la jupe.	*The pants are nicer than the skirt.*
Les bottes noires sont **plus** larges **que** les bottes marron.	*The black boots are bigger than the brown boots.*

Pour décrire les vêtements:

à la mode	démodé/e
cher/chère	bon marché
long/longue	court/e
large	petit/e
fin/e	

- When comparing people, remember to use stressed pronouns.

Christiane est plus grande que **moi.**	*Christiane is taller than I am.*
Vous êtes moins sociables qu'**eux.**	*You are not as friendly as they are.*
Je suis aussi grand/e que **lui.**	*I'm as tall as he is.*

Caroline est plus âgée que sa petite sœur, Virginie, et leur cousin, Louis.

LISONS *Quand les filles rhabillent leurs mères*

Dominique Zoë Une maman qui fait rêver

Zoé, 12 ans et demi, et Dominique, 43 ans, Hôtesse de l'air.

Que pensez-vous de la manière dont votre mère s'habille?

Zoé: Dans la vie, maman a deux uniformes. Celui qu'elle porte pour travailler: un tailleur bleu marine assez moche;[1] et celui qu'elle porte dans la vie: son tailleur-pantalon Agnès B. Il est joli, ce tailleur, mais on ne la voit jamais habillée autrement[2]....
J'adorerais qu'elle porte des jupes. Mais elle a toujours peur d'être grosse et moche[3]....

Pourquoi lui avez-vous choisi cette tenue?

Zoé: Parce que j'ai envie d'avoir une maman qui fait rêver. Habillée dans cette tenue Cerruti, je la vois comme une star qui monterait les marches pendant le Festival de Cannes... Et puis, j'adore le gris, les paillettes,[4] les débardeurs.[5] Ça lui va vraiment très bien....

Que pensez-vous de la tenue choisie par votre fille?

Dominique: Je suis très fière[6] de son choix. Zoé fait de l'aquarelle, elle a un vrai sens des couleurs. D'ordinaire, c'est vrai que j'ai toujours tendance à privilégier[7] le confort plutôt que l'élégance, le pratique plutôt que le compliqué. J'aime bien pouvoir m'habiller en cinq minutes le matin, d'où le choix du fameux «uniforme» Agnès B. Mais la tenue que je porte aujourd'hui me plaît[8] beaucoup. Je la porte réellement avec plaisir.

Propos recueillis par Caroline Rochman.

[1] *ugly* [2] différemment [3] *the steps* [4] *sparkles* [5] *sleeveless top*
[6] *proud* [7] préférer [8] *pleases me*

Marie-Claire, mai 2000.

A. Avant de lire. This excerpt is from an article in *Marie-Claire*, a popular women's magazine in France. The original article features five adolescent daughters who were asked to select clothes for their mothers to wear. Before reading the article, look at the pictures that accompany it and answer the questions below.

1. What is the mother, Dominique, wearing in the "before" and "after" shots? Which outfit do you prefer and why?
2. What do you think about the way your mother dresses? Do you share the same taste in clothes? Do you think your mother would appreciate your advice on what to wear?

B. En lisant. As you read, look for the following information.

1. What uniform does Dominique wear to work?
2. What is her other uniform?
3. How would Zoé like her mother to dress?
4. What are two qualities that Dominique looks for in her clothes?
5. How much time does she like to spend getting dressed in the morning?
6. Does she like the outfit her daughter selected for her? Justify your answer.

C. En regardant de plus près. Now go back to the text and look closer at the following elements.

1. Look at the title of the article, **Quand les filles rhabillent leurs mères.** You know the word **habiller.** What do you think **rhabiller** means?
2. Based on the context, what do you think the word **tenue** means?
3. Dominique explains that Zoé is artistic—**[elle] fait de l'aquarelle**—and has **un vrai sens des couleurs.** What do you think **l'aquarelle** means, given the context?
4. In the last sentence of the text, what does the pronoun **la** refer to?

D. Après avoir lu.

1. Do you or your parents have an everyday "uniform" that you routinely wear for reasons of practicality or comfort? What is it?
2. How would you dress your mother if you could go to Nordstrom's or Saks Fifth Avenue and pick out whatever you wanted? Do you think she would like your selection? Why or why not?
3. Do you think the results would be different if the article were about sons dressing their mothers—or their fathers? Why or why not?

Venez chez nous!
La mode dans le monde francophone

La mode vestimentaire

La mode vestimentaire, c'est-à-dire la manière ou le style de s'habiller, change de pays[1] en pays. En France quand on parle de la mode, on pense immédiatement à la haute couture, Coco Chanel, Christian Dior et Yves Saint Laurent. Et quand on pense à la haute couture, on pense souvent aux longues robes fantaisistes, aux tailleurs très chics et aux manteaux de fourrure. Les nouvelles collections, les nouveaux styles et tissus, et les nouvelles couleurs sont présentés deux fois par an, chaque automne et chaque printemps[2], lors des[3] défilés de mode à Paris et à New York. Quand on pense à la haute couture, on pense aussi et surtout[4] au prix. Les vêtements des grands couturiers coûtent extrêmement cher, beaucoup plus cher que les styles «prêt-à-porter» qu'on trouve dans la plupart des grands magasins.

[1]*country* [2]*spring* [3]*at the occasion of* [4]*especially*

Un peu de vocabulaire. Reliez chaque mot avec sa définition.

1. un couturier
2. le prêt-à-porter
3. cher
4. le tissu
5. un défilé de mode
6. le prix

a. le matériel avec lequel on fait des vêtements (exemples: le coton, le polyester, le cuir)
b. la valeur d'une chose (par exemple, 12 euros ou $10)
c. une personne qui fabrique des vêtements
d. les vêtements fabriqués et vendus en masse au public
e. une succession de personnes (des mannequins) qui portent les nouveaux vêtements
f. qui coûte beaucoup d'argent

Et vous?

1. Est-ce que vous aimez les styles des grands couturiers? Pourquoi (pas)?
2. Les grands défilés de mode se passent à Paris et à New York. Est-ce que vous pensez que les grands couturiers et les vêtements qu'ils créent jouent un rôle important dans la vie des Américains?
3. Quels sont d'autres grands noms de la couture?
4. Quelles sont vos marques de vêtements préférées? (Tommy Hilfiger? Old Navy? Levis? par exemple) Pourquoi?
5. Où est-ce que vous achetez vos vêtements? Est-ce que vous achetez de la haute couture ou du prêt-à-porter? Pourquoi?
6. Le prix, est-ce qu'il est important pour vous? Est-ce que vous achetez les vêtements qui coûtent cher? Pourquoi (pas)?

PARLONS *La haute couture*

Avec un/e partenaire, imaginez que vous commentez un défilé de mode à Paris. Préparez une description à partir de cette image. Décrivez le style, le tissu, les couleurs et d'autres détails importants des vêtements sur cette image. Ensuite, présentez votre commentaire.

MODÈLE: Voici la collection d'automne. Regardez les belles robes rayées. Ce sont des mini-robes en coton. Les mannequins portent aussi des sandales à talons hauts (*high heels*).

La créatrice Sonia Rykiel et ses mannequins

La Haute Couture en Afrique

Ce n'est pas uniquement en Europe ou en Amérique du Nord qu'on trouve de la haute couture. Depuis 1998, on peut trouver au Niger le plus grand défilé de mode des couturiers africains au FIMA (le Festival International de la Mode Africaine). Au Sénégal, la haute couture est au premier plan[1] lors de[2] la Semaine Internationale de la Mode de Dakar (SIMOD). À ces défilés, on trouve des couturiers comme Monsieur Alphadi, Madame Dieng Diouma et Madame Oumou Sy qui montrent leurs créations—des styles traditionnels africains à côté de[3] styles plus européens.

[1]*in the foreground* [2]*at the occasion of* [3]*alongside*

Et vous?

1. En général, les grands couturiers africains ne sont pas très connus (*well known*) en Amérique du Nord. Pourquoi pas, d'après vous?
2. Les vêtements qu'on porte peuvent transmettre un message culturel, ethnique ou politique aux autres. Avec vos camarades de classe, faites une liste de personnes qui utilisent la mode pour indiquer leurs personnalités et leurs valeurs et dites comment.
3. En Afrique, la façon de s'habiller peut aussi transmettre un message social ou politique. Quel peut être le message d'un homme d'affaires sénégalais qui porte un costume traditionnel, par exemple un boubou, au travail? Et quel peut être le message d'une femme politique au Niger qui porte un tailleur d'Yves Saint Laurent?

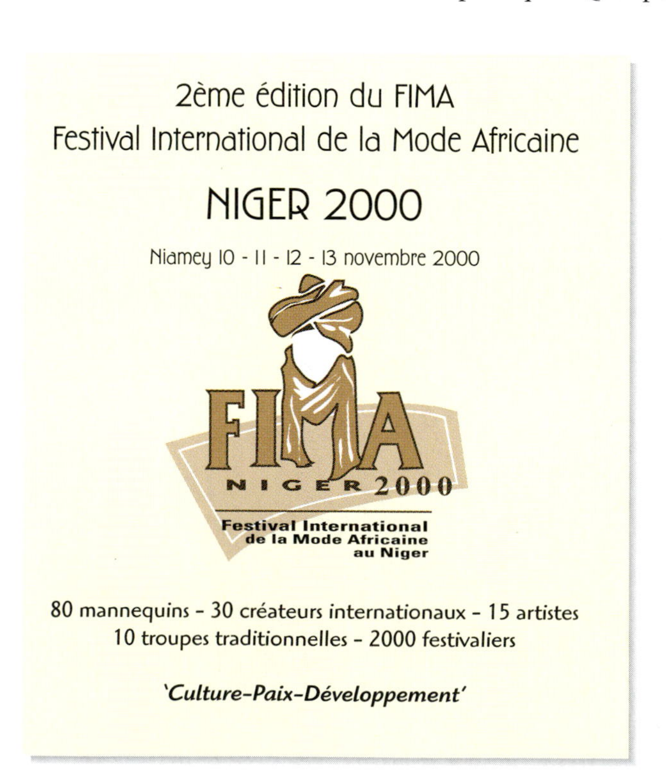

2ème édition du FIMA
Festival International de la Mode Africaine
NIGER 2000
Niamey 10 - 11 - 12 - 13 novembre 2000
FIMA
NIGER 2000
Festival International
de la Mode Africaine
au Niger
80 mannequins - 30 créateurs internationaux - 15 artistes
10 troupes traditionnelles - 2000 festivaliers
'Culture-Paix-Développement'

Show Room Alphadi/13 rue Paul Bert/75011 Paris/France.
www.alphadi.com; alphadi@club-internet.fr

LISONS *Une interview avec Fatou Ndene Ndiay*

A. Avant de lire. You are going to read some excerpts from an interview with a Senegalese fashion designer, Fatou Ndene Ndiay. Before reading, answer the following questions.

1. If you were interviewing a fashion designer, what questions would you ask?
2. Imagine that you are traveling to Senegal. What clothes would you bring with you? Why did you choose these clothes? Discuss your choices with a partner.

B. En lisant. Look for the following information as you read.

1. Where did Ms. Ndiaye study to learn the art of fashion design?
2. Where does she now practice her trade?
3. Why does Ms. Ndiaye want to participate in fashion shows?
4. How does Ms. Ndiaye describe the way Senegalese women dress and how they look?

La haute côuture africaine

*atou Ndene Ndiaye, styliste et modéliste à Dakar* 

(*Amina* nº 325)

Elle a étudié le stylisme et le modélisme en France. Aujourd'hui, elle se lance dans la création à Dakar. Elle veut aussi se faire une place au soleil du Sénégal. Elle a bien voulu répondre à nos questions.

Comment êtes-vous devenue styliste?

J'ai toujours rêvé de mode et de style. Après l'école, je me suis inscrite[1] dans une école de couture. Deux ans plus tard, j'ai ouvert un petit atelier dans mon quartier. Mais mon intention était de faire une carrière internationale. Alors, je suis partie en France avec l'aide et le soutien[2] de mes parents. J'y suis restée deux ans dans une école de stylisme et de modélisme à Nice.

Comment se définit votre style par rapport aux autres?

J'ai mon style et je pense que chaque styliste doit avoir sa propre touche, différente de celle des autres. Je ne pense pas être limitée dans mes créations. D'ailleurs, je touche à tous les tissus.

Avez-vous l'intention de faire des défilés de mode?

Oui, je suis styliste et je voudrais faire sentir[3] l'art qui est à l'intérieur de moi. Et je compte faire beaucoup de défilés.

Que pensez-vous de la façon[4] de s'habiller de la femme sénégalaise? Quels sont les tissus les plus à la mode?

La femme sénégalaise s'habille avec beaucoup de charme et d'élégance et elle est appréciée dans le monde entier. Les tissus les plus recherchés sont la soie,[5] le crêpe, le voile, la bazin, le chaka et la mousseline.

Que pensez-vous de l'élection de Miss Sénégal dans un futur proche?

Je peux seulement dire qu'au Sénégal ce ne sont pas les beautés qui manquent. Les femmes sont tellement belles, charmantes, élégantes, qu'à chaque élection, le jury a du mal à choisir.

[1] *enrolled* [2] l'aide financier [3] *to make felt* [4] la manière [5] *silk*

Website: http://www.senegalonline.com/media/amina/amina2.htm; date: 7/31/2000

C. En regardant de plus près. Now look more closely at the following features of the text.

1. Based on the context, choose the best synonym in French for each of the words or expressions below:

   a. **se lancer**
   commencer terminer continuer

   b. **par rapport aux**
   similaires aux différent des en comparaison avec

   c. **a du mal**
   est mal a des difficultés a envie de

2. Based on the context, decide which English word is the closest to the meaning of **manquent** in the expression **ce ne sont pas les beautés qui manquent?**

   are present are made up are lacking

D. Après avoir lu. You would like to get more information about Ms. Ndiaye and her fashion designs. Come up with four or five follow-up questions that you could ask.

You can listen to the **Écoutons** section on the Student audio CD.

ÉCOUTONS *Dans la boutique d'Oumou Sy*

Un autre styliste sénégalais s'appelle Oumou Sy. Elle habite et travaille à Dakar. Elle fait des vêtements, des bijoux (*jewelry*), des tissus et de la broderie. Elle participe aux défilés de mode en Europe et en Afrique et ses créations sont vendues à Paris, à Londres, à Genève et à Dakar. Pour acheter ses vêtements, vous pouvez consulter son site sur le web. Vous pouvez aussi commander ses vêtements et ses bijoux par téléphone.

Imaginez que vous travaillez pour une entreprise qui s'assure de la qualité du service des standardistes (*operators*) auprès des clients. Vous écoutez les conversations et vous vérifiez que les standardistes font bien leur travail.

Oumou Sy

A. Avant d'écouter.

1. Réfléchissez à un appel téléphonique qu'on fait pour commander quelque chose. Qu'est-ce que vous dites? Que dit le/la standardiste? Faites une liste des formules de politesse et d'autres expressions que vous pensez entendre.
2. Quand ils appellent, les clients cherchent des renseignements ou passent une commande pour des vêtements créés par un styliste africain.
   a. Quelles sont les questions qu'ils pourraient poser?
   b. Faites une liste des vêtements qu'ils pourraient commander.

B. En écoutant. Écoutez ces deux conversations et répondez aux questions suivantes:

1. Dans le premier appel, qu'est-ce que la dame commande?
   a. une veste b. une robe pagne c. un boubou brodé
2. Combien est-ce qu'elle va payer?
   a. 95 euros b. 85 euros c. 115 euros
3. Dans le deuxième appel, qu'est-ce que le monsieur voudrait acheter?
   a. une cravate et une chemise b. un complet c. un pantalon et une chemise
4. Combien coûte la chemise?
   a. 53 euros b. 63 euros c. 43 euros
5. Est-ce que les deux standardistes font bien leur travail? Justifiez votre réponse.

C. Après avoir écouté. Maintenant, regardez les images ci-dessous (*below*) et écoutez de nouveau les descriptions données par les standardistes. Puis, indiquez quel vêtement correspond à chaque image: **un pagne, un boubou, une chemise batik.**

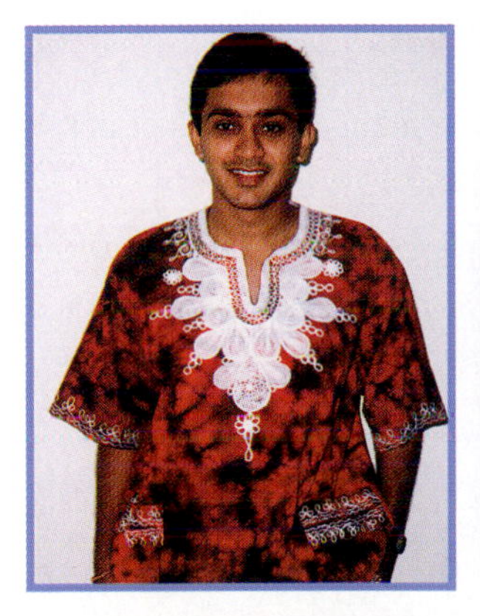

ÉCRIVONS *Une comparaison*

À la Martinique et à la Guadeloupe dans la mer des Caraïbes, on trouve une grande variété de vêtements. La plupart du temps, les jeunes s'habillent comme les Parisiens et, dans les grandes villes de ces îles, on peut trouver des magasins avec la mode de Paris. Mais, il y a aussi un costume traditionnel que les gens portent pour les festivals, pour le Carnaval et pour d'autres manifestations culturelles.

À la Martinique

À Pointe-à-Pitre, Guadeloupe

A. Avant d'écrire.

1. Regardez les images ci-dessus (*above*). Pour chaque image, faites une liste des vêtements (et de leurs couleurs) que vous voyez.
2. Est-ce qu'il y a un costume local chez vous que les gens portent pour des festivals ou des fêtes? Si oui, faites une liste des vêtements typiques et des accessoires.

B. En écrivant. Choisissez un des sujets suivants pour votre composition:

Écrivez une comparaison entre le costume traditionnel des Caraïbes et le style traditionnel de votre région.
OU
Écrivez une comparaison entre le costume traditionnel des Caraïbes et le style des jeunes de cette région.

1. Pour faire des descriptions intéressantes et imagées, n'oubliez pas les adjectifs et les adverbes d'intensité, de fréquence et de quantité. Comparez les deux phrases suivantes: Quelle phrase est la plus imagée? la plus intéressante?
   - Les femmes à la Martinique portent des jupes.
   - Avec le costume traditionnel, les femmes à la Martinique portent souvent de longues jupes rouges et jaunes.
2. Pour faire des comparaisons, n'oubliez pas le comparatif des adjectifs et des adverbes!
3. Commencez votre paragraphe en décrivant les deux styles de vêtements.
4. Continuez votre paragraphe en parlant des similarités et des différences entre les deux styles de vêtements.
5. Terminez votre paragraphe en indiquant quel style vous préférez et pourquoi.

C. Après avoir écrit. Relisez votre paragraphe. Est-ce que vous voulez ajouter d'autres informations? Regardez bien la forme de votre paragraphe. Est-ce que les adjectifs s'accordent avec les noms (masculin, féminin, singulier, pluriel)? Est-ce que tous les verbes sont conjugés? Corrigez si nécessaire et puis rendez votre composition.

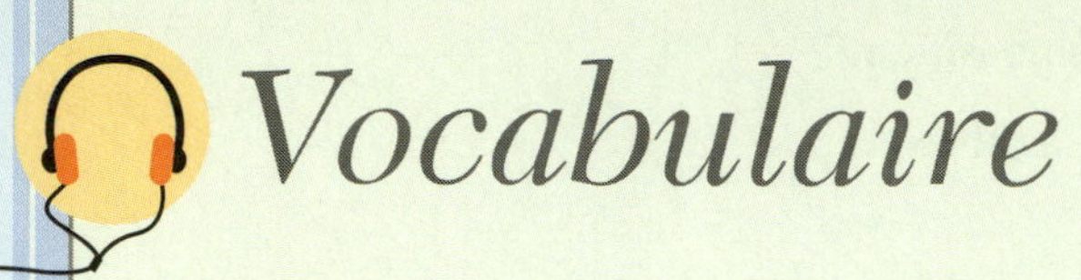

Vocabulaire

LEÇON 1

la routine de la journée	**the daily routine**
être debout	*to be up*
rentrer	*to return home*
la routine	*routine*
se brosser (les dents, les cheveux)	*to brush (one's teeth, one's hair)*
se coucher	*to go to bed*
se déshabiller	*to undress*
se doucher	*to shower*
s'endormir	*to fall asleep*
s'essuyer	*to dry off, towel off*
s'habiller	*to get dressed*
se laver (la figure, les mains)	*to wash (one's face, one's hands)*
se lever	*to get up*
se maquiller	*to put on makeup*
se peigner	*to comb*
se raser	*to shave*
se réveiller	*to wake up*

les articles de toilette	**toiletries**
une brosse à dents	*toothbrush*
du dentifrice	*toothpaste*
un gant de toilette	*wash mitt*
du maquillage	*makeup*
un peigne	*comb*
un rasoir	*razor*
un savon	*bar soap*
une serviette de toilette	*towel*
du shampooing	*shampoo*

pour parler d'un immeuble	**to talk about a building**
un appartement	*apartment*
un bâtiment	*building*
le rez-de-chaussée	*ground floor*
le premier étage	*second floor*
le deuxième étage	*third floor*

pour exprimer la fréquence	**to express frequency**
toujours	*always, still*
tous les…	*every . . .*
quelquefois	*sometimes*
rarement	*rarely*
ne … jamais	*never*

autres mots utiles	**other useful words**
alors	*then, so*
assez	*enough*
une chambre	*a bedroom*
déjà	*already*
de nouveau	*again*
être en train de … (+ infinitif)	*to be busy (doing something)*
une journée	*day*
la nuit	*nighttime*
puis	*then*
tôt	*early*
tard	*late*

LEÇON 2

pour parler de l'heure	**to talk about the time**
une montre	*watch*
en avance (Je suis en avance.)	*early (I am early.)*
en retard (Je suis en retard.)	*late (I am late.)*
pendant	*during, for*
jusqu'à	*until*
Vous avez l'heure?	*What time is it?*
Il est (une heure/ huit heures).	*It is (one o'clock/eight o'clock).*
et quart	*00:15*
et demi/e	*00:30*
moins vingt	*00:40*
moins le quart	*00:45*
du matin	*in the morning, A.M.*
de l'après-midi	*in the afternoon, P.M.*
du soir	*in the evening, P.M.*
midi	*noon*
minuit	*midnight*

quelques expressions utiles	**some useful expressions**
Chic (alors)!	*Great!*
Mince!	*Shoot!*
Zut (alors)!	*Darn!*

quelques verbes utiles	**some useful verbs**
commencer	*to begin*
courir	*to run*
dormir	*to sleep*
partir	*to leave*
servir	*to serve*
sortir	*to go out*
voir (un film)	*to see (a film)*

pour comparer	**to compare**
aussi … que	*as … as*
mieux … que	*better … than*
moins … que	*less … than*
plus … que	*more … than*
autant … que	*as much … as*

LEÇON 3

les vêtements	**clothing**
un anorak	*parka with hood*
un blouson	*heavy jacket*
des bottes (f)	*boots*
un chapeau	*hat*
des chaussettes (f)	*socks*
des chaussures (f)	*shoes*
une chemise	*man's shirt*
un chemisier	*blouse*
un collant	*pantyhose*
un complet/un costume	*man's suit*
une cravate	*tie*
un foulard	*silk scarf*
des gants (m)	*gloves*
un imper(méable)	*raincoat*
un jean	*jeans*
une jupe	*skirt*
un maillot (de bain)	*swimsuit*
un manteau	*overcoat*
un pantalon	*slacks*
un pull (over)	*pullover sweater*
une robe	*dress*
des sandales (f)	*sandals*
un short	*shorts*
un tailleur	*woman's suit*
un tee-shirt	*T-shirt*
des tennis (m)	*tennis shoes*
une veste	*jacket, suit coat*

les couleurs	**colors**
beige	*beige*
blanc/blanche	*white*
bleu/e	*blue*
gris/e	*gray*
jaune	*yellow*
marron	*brown*
noir/e	*black*
orange	*orange*
rose	*pink*
rouge	*red*
vert/e	*green*

au magasin	**at the store**
avoir envie de…	*to want, desire…*
porter (une robe)	*to wear (a dress)*
le prix	*price*
la vitrine	*display window*

verbes comme acheter	**verbs like *acheter***
acheter	*to buy*
amener	*to bring (along) a person*
lever	*to raise*

verbes comme appeler	**verbs like *appeler***
appeler	*to call*
épeler	*to spell*
jeter	*to throw/throw out*

pour décrire	**to describe**
bon marché	*cheap*
cher/chère	*expensive*
chic	*chic, stylish*
court/e	*short*
démodé/e	*old-fashioned, out-of-date*
de quelle couleur est …?	*what color is …?*
fin/e	*elegant, refined*
large	*big, large*
long/longue	*long*
à la mode	*fashionable*

Activités par tous les temps

Leçon 1 Il fait quel temps?

POINTS DE DÉPART Le temps par toutes les saisons

SONS ET LETTRES Les voyelles nasales

FORMES ET FONCTIONS

1. Le verbe *mettre*
2. Le passé composé avec *avoir*

LISONS Aller aux mûres

Leçon 2 Vive les vacances!

POINTS DE DÉPART Des activités par tous les temps

SONS ET LETTRES Les voyelles nasales et les voyelles orales plus consonne nasale

FORMES ET FONCTIONS

1. Le verbe *faire*
2. Les questions avec les pronoms interrogatifs: *qui, que, quoi*

ÉCRIVONS Une carte postale

Leçon 3 Je vous invite

POINTS DE DÉPART Qu'est-ce qu'on propose?

FORMES ET FONCTIONS

1. Le passé composé avec *être*
2. La modalité

PARLONS Les invitations

Venez chez nous!

Les vacances des Français

LISONS Martinique: Guide pratique

PARLONS Tableaux de Gauguin

ÉCOUTONS Les touristes perdus

ÉCRIVONS Visite à la Réunion

Language Use

- Talking about the weather
- Telling about past actions or events
- Talking about everyday activities
- Asking questions
- Extending, accepting, and refusing invitations

Media

- CD-ROM: Chapitre 6
- Student audio CD: Chapitre 6
- Video: Chapitre 6
- Website: **http://www.prenhall.com/cheznous**

Il fait quel temps?

POINTS DE DÉPART

> **Media**
>
> Additional practice activities for each **Points de départ** section are provided on the CD-ROM and website: **http://www.prenhall.com/cheznous**

Le temps par toutes les saisons

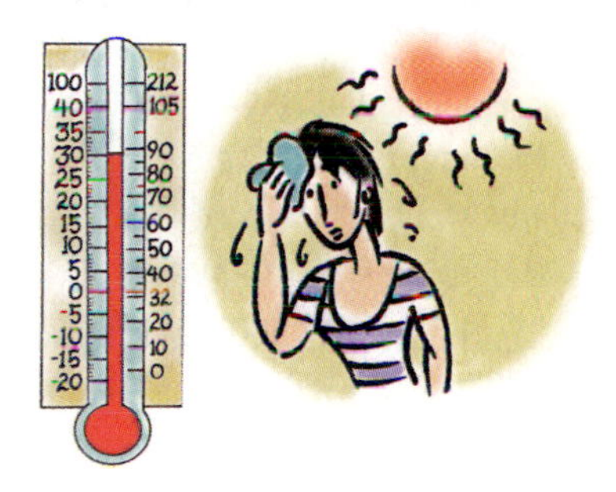

En été, il fait chaud et humide.

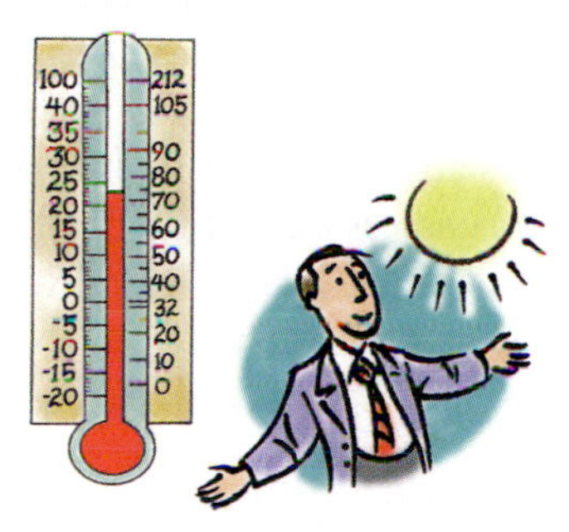

Il fait beau. Il y a du soleil et le ciel est bleu.

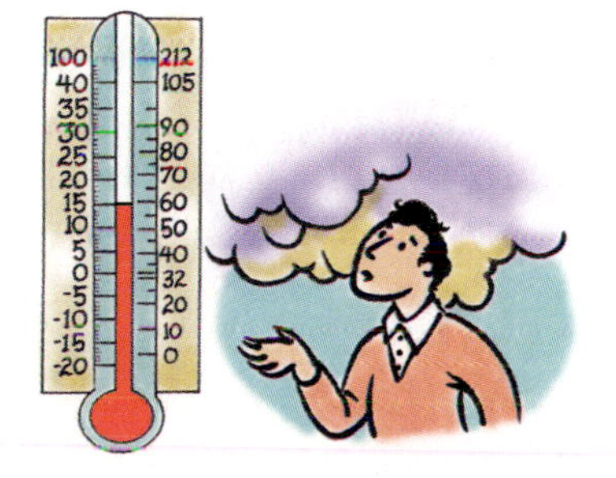

Le ciel est couvert; il y a des nuages. Il va pleuvoir.

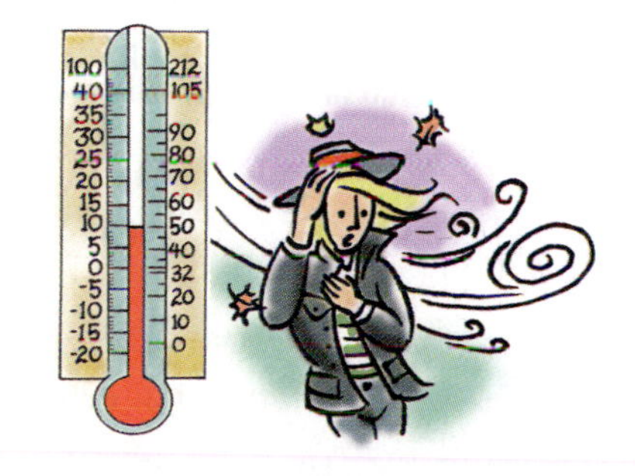

Au printemps, il fait frais et il y a du vent.

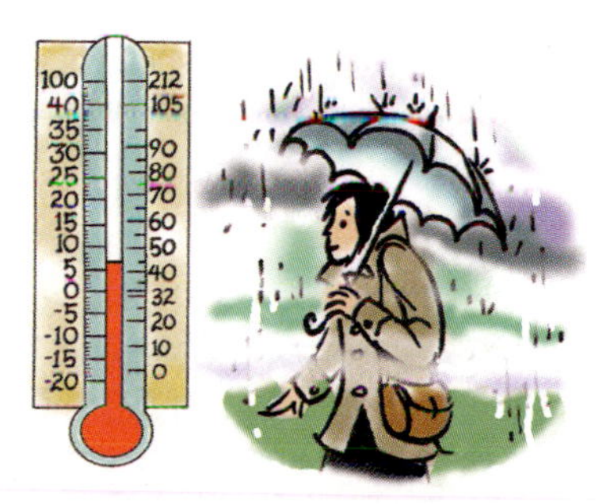

En automne, il fait mauvais. Il pleut et il y a du brouillard.

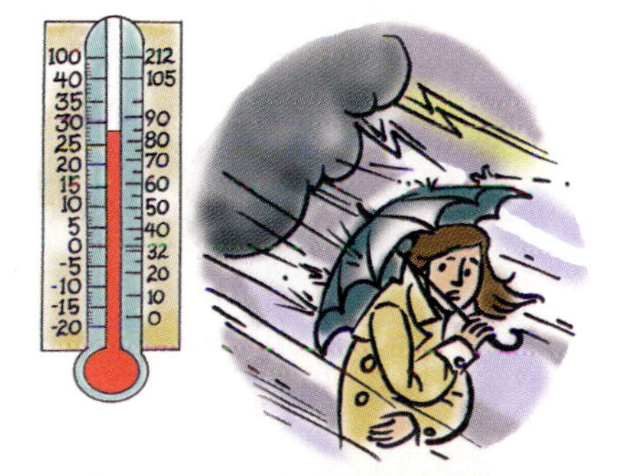

Il y a un orage: il y a des éclairs et du tonnerre.

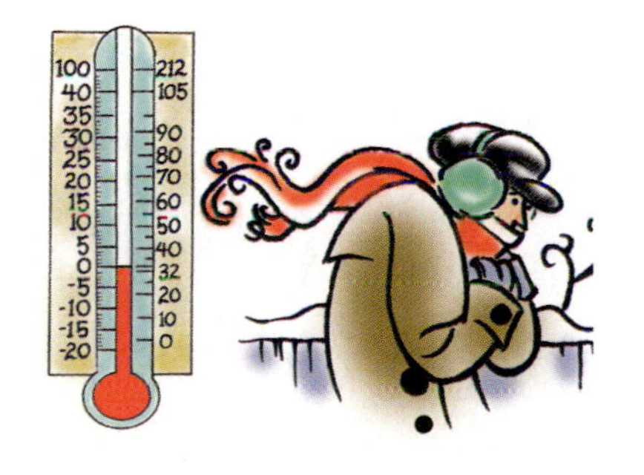

En hiver, il gèle; il y a du verglas.

Il fait froid et il neige.

To indicate that a person feels cold or hot, use the verb **avoir:**

Il fait 30°C; **j'ai** très **chaud.**	*It's 87 degrees; I'm very hot.*
Il commence à neiger; **nous avons froid.**	*It's starting to snow; we're cold.*

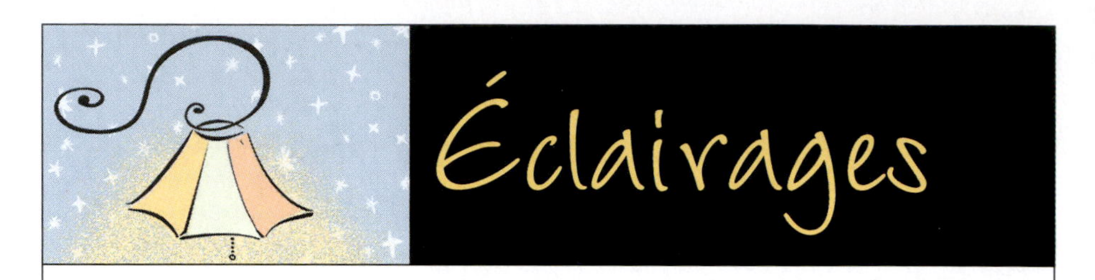

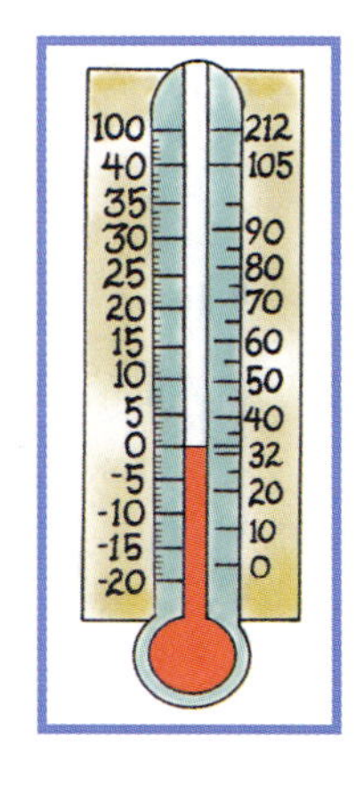

Mesurer la température

In Francophone countries, as throughout much of the world, temperature is measured in degrees Celsius. To convert from Celsius to Fahrenheit, divide by 5, multiply by 9, and add 32. To convert from Fahrenheit to Celsius, subtract 32, multiply by 5, and divide by 9. To make things easier, just remember a few key expressions that correspond to certain temperatures. For example:

35°C (= 95°F)	Il fait très chaud!
25°C (= 77°F)	Il fait bon.
10°C (= 50°F)	Il fait frais.
0°C (= 32°F)	Il fait froid.

À vous la parole

PRÉVISIONS POUR LE 2 AVRIL

Ville par ville, les minima/maxima de température et l'état du ciel.
S: soleil; C: couvert; P: pluie; V: vent fort; O: orages; N: neige

AMÉRIQUES		
BRASILIA	19/28	S
CHICAGO	7/21	S
MEXICO	10/24	S
MONTRÉAL	-6/0	N
NEW YORK	5/14	C
LA NOUVELLE ORLÉANS	10/26	S
TORONTO	2/13	C

FRANCE métropole		
AJACCIO	9/19	S
BIARRITZ	8/16	P
CAEN	3/10	C
LILLE	3/11	C
NICE	9/16	S,V
PARIS	3/12	C

FRANCE d'outre-mer		
CAYENNE	23/27	P
FORT-DE-FR.	23/28	S
PAPEETE	25/31	P

AFRIQUE		
ALGER	13/21	S
DAKAR	20/26	O
KINSHASA	23/29	P
LE CAIRE	16/27	S
TUNIS	15/26	P

A. Quel temps fait-il? D'après le journal, dites quel temps il fait dans ces villes francophones.

MODÈLE: Paris
→À Paris, il fait assez frais et le ciel est couvert.

1. Paris
2. Alger
3. Dakar
4. Montréal
5. Nice
6. la Nouvelle Orléans
7. Papeete
8. Fort de France
9. Tunis

B. Prévisions météorologiques. Voilà le temps qu'on annonce pour la France. Demandez à votre partenaire quel temps il va faire et quelle sera la température.

MODÈLE: à Lyon
É1 Quel temps est-ce qu'il va faire à Lyon?
É2 À Lyon, il va pleuvoir.
É1 Et la température?
É2 Il va faire onze degrés, donc il va faire assez frais.

1. à Paris
2. à Bordeaux
3. à Perpignan
4. à Brest
5. à Nice
6. dans les Alpes
7. à Lille
8. à Strasbourg
9. à Bastia

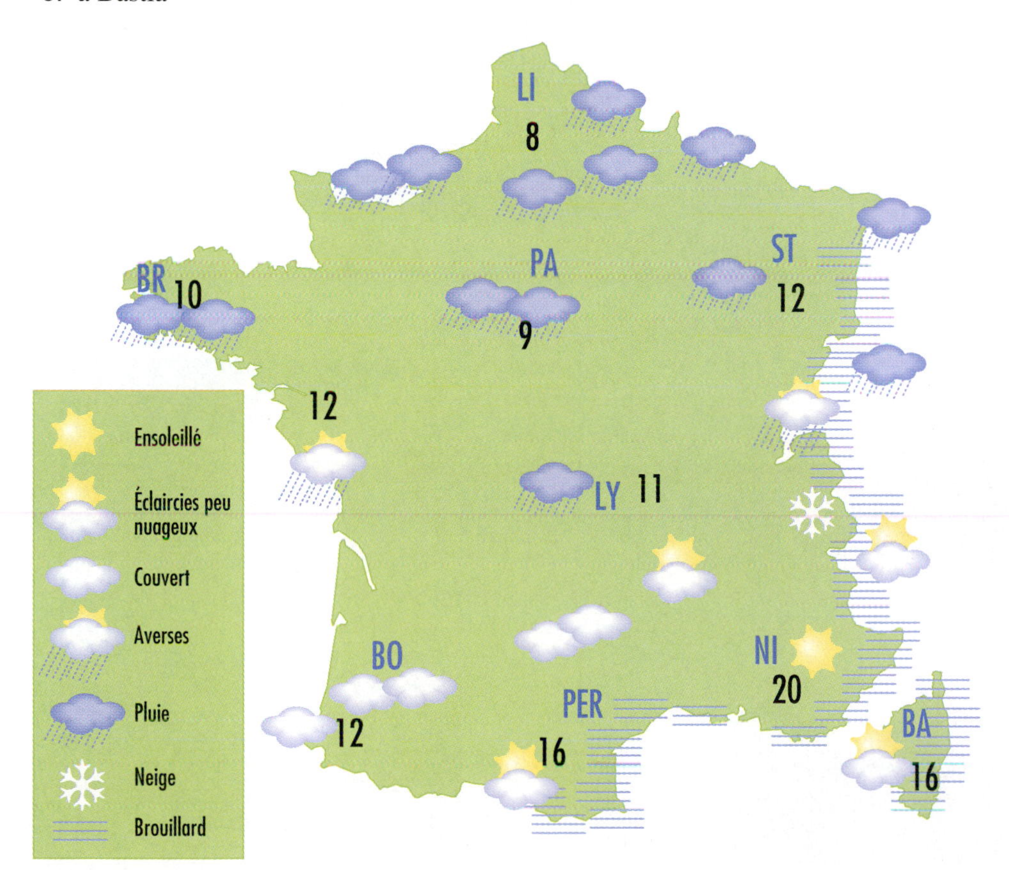

C. Vos préférences. Avec un/e partenaire, posez les questions suivantes pour découvrir les preferences de votre partenaire.

MODÈLE: É1 Quand est-ce que tu n'aimes pas aller en classe?
É2 Je n'aime pas aller en classe quand il neige beaucoup ou quand il y a un orage.

1. Quand est-ce que tu aimes sortir?
2. Quand est-ce que tu n'aimes pas faire du shopping?
3. Quand est-ce que tu aimes faire du sport?
4. Quand est-ce que tu préfères rester chez toi?
5. Quand est-ce que tu aimes aller au cinéma?
6. Quand est-ce que tu n'aimes pas voyager?

Les saisons de l'année

le printemps
(au printemps)
mars
avril
mai

l'été
(en été)
juin
juillet
août

l'hiver
(en hiver)
décembre
janvier
février

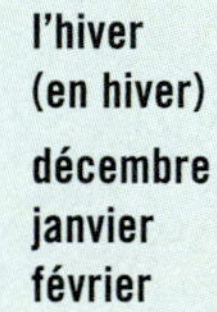

l'automne
(en automne)
septembre
octobre
novembre

D. Nous sommes en quelle saison? Pour chaque phrase, décidez avec un/e partenaire de quelle saison on parle.

MODÈLE: En Bretagne le ciel est souvent couvert, il y a souvent de la pluie mais il fait bon. On peut jouer au tennis ou au golf.
É1 C'est le printemps ou peut-être l'automne.
É2 Je pense que c'est le printemps parce qu'il y a beaucoup de pluie.

1. En France on célèbre la fête nationale. Mais c'est la saison des orages: il y a des éclairs et du tonnerre.
2. Il y a souvent du brouillard en Bourgogne. Il gèle et il y a du verglas.
3. À Paris le temps est variable. Souvent, il y a du vent et le ciel est gris. Les cours commencent à l'université.
4. À la Martinique il fait très chaud et humide et il y a des nuages. Il pleut souvent.
5. Il fait très beau à la Guadeloupe. Il ne fait pas trop chaud et le temps est sec (*dry*). C'est un temps parfait pour travailler dans le jardin.
6. Il y a beaucoup de soleil à Tahiti. On porte un maillot de bain.
7. On est sûr d'avoir du soleil et un temps chaud en France. Voilà pourquoi les Français partent en vacances.
8. Il fait froid et il neige dans les Alpes et dans les Pyrénées.
9. C'est la belle saison en France. Le ciel est bleu, sans nuages. Il fait très beau. Mais les étudiants sont stressés parce que les examens commencent.
10. Il fait très beau en Normandie. Mais il peut faire trop froid pour aller nager.

E. Quel est le climat chez vous? Avec un/e partenaire, posez des questions pour découvrir quel temps il fait d'habitude chez elle/lui et chez les membres de sa famille, pendant les mois indiqués.

MODÈLE: en janvier, chez ses parents
É1 Quel temps fait-il en hiver chez tes parents?
É2 Chez mes parents, en Louisiane, il fait assez frais et le ciel est souvent couvert en hiver.

1. en mars, chez ses parents
2. au printemps, chez ses grands-parents
3. en juillet, chez elle/lui
4. en automne, chez ses grands-parents
5. en novembre, chez elle/lui
6. en hiver, chez ses parents

Éclairages

Dictons

Many languages have proverbs that make reference to the weather, but proverbs, like so many other aspects of language, cannot be translated literally. You have to understand the message of a proverb, not just its literal meaning. One French proverb evoking the weather is **Après la pluie, le beau temps.** This saying suggests that after each hardship suffered there will be easier times ahead. To some extent, we could convey the message of this French proverb with a similar, though not quite identical, English proverb: *Every cloud has a silver lining.*

ET VOUS?

1. In what way(s) is the English proverb quoted above similar to the French proverb? How is it different?
2. Why might weather proverbs be commonly found in languages throughout the world?
3. Brainstorm with classmates a list of proverbs in English that evoke the weather. How would you explain the meaning of each proverb to a foreign visitor?

SONS ET LETTRES

Les voyelles nasales

Both English and French have nasal vowels. In English, any vowel followed by a nasal consonant is automatically nasalized, as in *man, pen, song.* In French, whether the vowel is nasal or not can make a difference in meaning. For example:

beau	/bo/	*handsome*	vs.	**bon**	/bõ/	*good*
ça	/sa/	*that*	vs.	**cent**	/sɑ̃/	*a hundred*
sec	/sɛk/	*dry*	vs.	**cinq**	/sɛ̃k/	*five*

There are four nasal vowels in French. Use this phrase to remember them:

un /œ̃/ **bon** /bõ/ **vin** /vɛ̃/ bl**anc** /blɑ̃/

Nasal vowels are always written with a vowel letter followed by a nasal consonant (**m** or **n**), but that consonant is not usually pronounced: **mon, dans, cinq.**

- The vowel /õ/ is usually spelled **on: l'oncle**
- The vowel /ɑ̃/ is spelled **an** or **en: janvier, le vent**
- For /ɛ̃/ there are several spellings: **vingt, le chien, l'examen, le bain**
- The vowel /œ̃/, which is rare and often pronounced like /ɛ̃/, is spelled **un: brun, lundi**
- Before **b** and **p,** all nasal vowels are spelled with **m: combien, la campagne, le temps, impossible**
  Note this exception: **le bonbon**

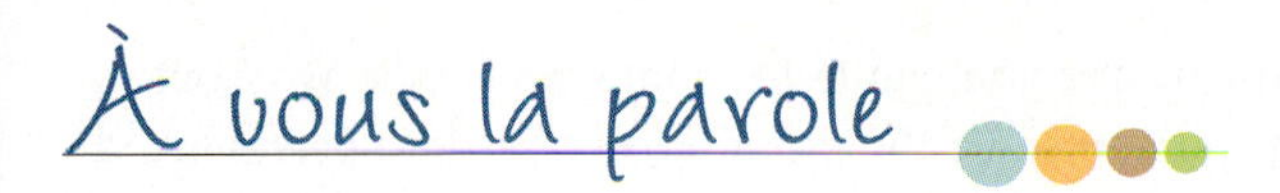

A. Contrastes. Répétez et faites bien les contrastes.

beau / bon	allô / allons	sec / cinq
fine / fin	Jeanne / Jean	américaine / américain

B. Quelle voyelle nasale? Faites attention à bien faire les contrastes de ces voyelles nasales.

1. le vin / le vent
2. cent pages / cinq pages
3. c'est long / c'est lent
4. il vend / ils vont
5. la langue / elle est longue
6. le pain / le pont

Media

The **Sons et lettres** section, including the practice activities, is recorded on the Student audio CD.

C. Phrases. Répétez chaque phrase.

1. Allons, allons! Voyons! Voyons!
2. En septembre, il fait souvent du vent.
3. Alain et Colin vont à Lyon par le train.
4. On annonce une température de vingt-cinq degrés.

FORMES ET FONCTIONS

Additional practice activities for each **Formes et fonctions** section are provided on the CD-ROM and website: **http://www.prenhall.com/cheznous**

1. Le verbe mettre

- The verb **mettre** has a wide range of meanings.

Mettez vos manteaux dans l'armoire!	*Put your coats in the wardrobe!*
Tu **mets** un pull-over?	*Are you putting on a sweater?*
Tu peux **mettre** la table?	*Can you set the table?*
Nous **mettons** une heure pour arriver là.	*It takes us one hour to get there.*

- Here are the forms of the verb **mettre.**

METTRE *to put*			
SINGULIER		PLURIEL	
je	mets	nous	mett**ons**
tu	mets	vous	mett**ez**
il / elle / on	met	ils / elles	mett**ent** ←

IMPÉRATIF: Mets la table! Mett**ez** un pull! Mett**ons** nos livres là!

- As is the case for all verbs in **-re,** you can tell if someone is talking about one person or more than one person since the plural form ends in a pronounced consonant.

Elle met son pull-over.	Ils me**tt**ent des gants.

- **Promettre,** *to promise,* is conjugated like **mettre.**

Elle promet d'inviter mes amis.	*She promises to invite my friends.*

À vous la parole

A. Bien s'habiller. Pour chaque situation, dites quels vêtements on met normalement.

MODÈLE: Il pleut et il fait assez froid. On...
→On met un imperméable ou un blouson.

1. Il fait bon mais pas trop chaud. Je...
2. Il y a du soleil et il fait très chaud. Vous...
3. Il fait assez frais et il y a du vent. Ils...
4. Il va y avoir un orage. Tu...
5. Il neige et il y a du verglas. Elle...
6. C'est la belle saison: le ciel est bleu et il fait chaud. Nous...
7. Il y a du brouillard; il fait assez froid et humide. Il...

B. Des promesses. Qu'est-ce que ces personnes promettent dans les situations suivantes?

MODÈLE: vous à vos parents quand vous sortez avec des amis
→Je promets de rentrer avant minuit.

1. une femme à sa camarade de chambre quand elle emprunte (*borrow*) son pull-over préféré
2. un étudiant sérieux à son professeur quand il va être absent pour un examen
3. vos parents à votre grand-mère quand c'est son anniversaire
4. vous à votre père quand vous utilisez sa nouvelle voiture
5. vos amis quand ils empruntent vos notes de cours
6. vous à votre professeur quand vous empruntez un livre

C. Vous mettez combien de temps? Demandez à un/e partenaire combien de temps il/elle met normalement pour faire les trajets suivants.

MODÈLE: É1 Combien de temps est-ce que tu mets pour aller à la fac le matin?
É2 Je mets quinze minutes pour aller à la fac.

1. pour aller à la fac le matin
2. pour aller à la bibliothèque
3. pour aller en ville
4. pour rentrer chez vous le soir
5. pour aller chez vos parents
6. pour arriver à la plage
7. pour aller à la montagne

2. *Le passé composé avec* avoir

- To express an action completed in the past, use the **passé composé.** The **passé composé** is composed of an auxiliary, or helping, verb and the past participle of the verb that expresses the action. Usually, the present tense of **avoir** is the helping verb.

J'**ai travaillé** hier.	*I worked yesterday.*
Tu **as mangé?**	*Did you eat?*
Il **a fait** beau ce week-end.	*The weather was nice this weekend.*
Nous **avons écouté** la météo à la radio.	*We listened to the forecast on the radio.*
Vous **avez regardé** la météo à la télé.	*You watched the forecast on TV.*
Ils **ont annoncé** du beau temps à la radio.	*They predicted nice weather on the radio.*

- The specific meaning of the **passé composé** depends on the verb and on the context.

Hier on **a montré** un film.	*Yesterday they showed a film.*
Mais j'**ai** déjà **préparé** les devoirs!	*But I have already done the homework!*
L'hiver dernier il **a fait** très froid.	*Last winter it was very cold.*
Mais j'**ai** beaucoup **travaillé**!	*But I did work a lot!*

- To form the past participle

— for **-er** verbs, add **-é** to the base, which consists of the infinitive form minus the **-er** ending:

quitt**er**	J'ai quitt**é** la maison à huit heures.	*I left home at eight o'clock.*

— for **-ir** verbs, add **-i** to the base, which consists of the infinitive form minus the **-ir** ending:

dorm**ir**	Tu as dorm**i** pendant le concert?	*Did you sleep during the concert?*

— for **-re** verbs, add **-u** to the base, which consists of the infinitive form minus the **-re** ending:

attend**re**	Ils ont attend**u** devant le café.	*They waited in front of the café.*

- Here are past participles for irregular verbs that you know.

avoir	J'ai **eu** froid.	*I was cold.*
devoir	Il a **dû** étudier hier soir.	*He had to study last night.*
être	On a **été** surpris.	*We were surprised.*
faire	Il a **fait** beau.	*It was nice weather.*
mettre	J'ai **mis** un chapeau.	*I put on a hat.*
pleuvoir	Il a **plu** hier.	*It rained yesterday.*
pouvoir	J'ai **pu** travailler.	*I was able to work.*
vouloir	Elles n'ont pas **voulu** partir.	*They didn't want to leave.*

- In negative sentences, place **ne** and **pas** around the conjugated auxiliary verb.

Il **n'**a **pas** fait beau hier.	*The weather wasn't nice yesterday.*
Nos parents **n'**ont **pas** téléphoné.	*Our parents didn't call.*

Here are some useful expressions to use in referring to the past.

hier	*yesterday*
avant-hier	*the day before yesterday*
samedi dernier	*last Saturday*
l'année dernière	*last year*
il y a longtemps	*a long time ago*
il y a deux jours	*two days ago*
ce jour-là	*that day*
à ce moment-là	*at that moment*

À vous la parole

A. La météo d'hier. Regardez la carte météorologique et dites quel temps il a fait hier au Canada et en Nouvelle-Angleterre.

MODÈLE: au Nouveau-Brunswick
→Au Nouveau-Brunswick il y a eu du verglas et il a plu.

1. à Chicoutimi
2. à Montréal
3. en Nouvelle-Angleterre
4. à Ottawa
5. à Gaspé
6. à Sherbrooke

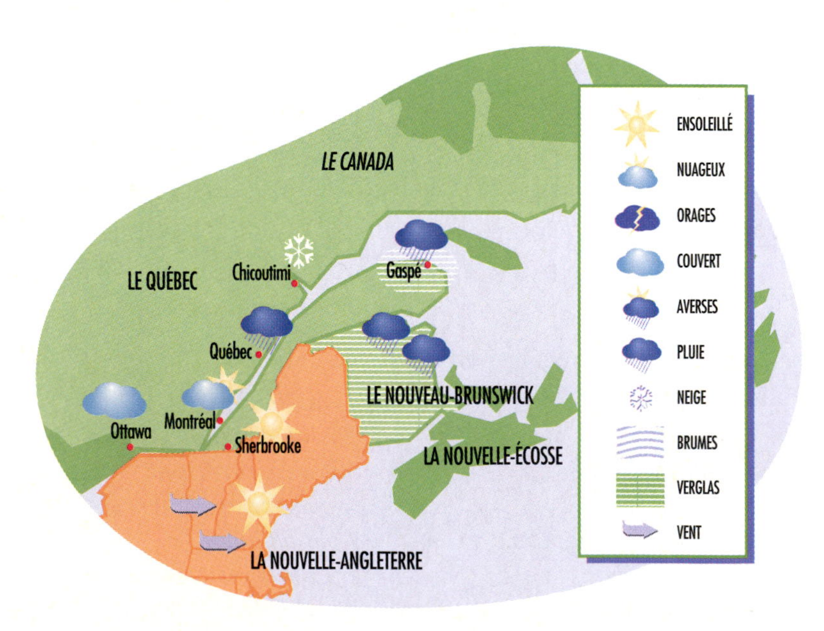

B. Mais c'est logique! Racontez ce que ces gens ont fait à l'endroit mentionné.

MODÈLE: Qu'est-ce que Jeanne a fait au magasin hier?
→Elle a acheté une jolie robe.
ou →Elle a travaillé; c'est une vendeuse.

1. Qu'est-ce que vous avez fait au labo de langues ce matin?
2. Qu'est-ce que les Brunet ont fait à la piscine l'été dernier?
3. Qu'est-ce que tu as fait à la bibliothèque hier?
4. Qu'est ce que nous avons fait au gymnase hier soir?
5. Qu'est-ce que tu as fait chez toi hier soir?
6. Qu'est-ce que Daniel a fait au stade avant-hier?
7. Qu'est-ce que vos camarades ont fait chez eux le week-end dernier?
8. Qu'est-ce que le prof a fait dans son bureau ce matin?

C. Normalement, mais... Racontez à votre partenaire vos habitudes et aussi les exceptions!

MODÈLE: dormir
→Normalement, je dors jusqu'à sept heures, mais samedi dernier j'ai dormi jusqu'à dix heures.

1. dormir
2. manger
3. quitter la maison
4. travailler à la bibliothèque
5. jouer
6. regarder la télé
7. passer les vacances

D. Quelle sorte de journée? Vous êtes normalement très actif, assez actif ou sédentaire? Vos camarades de classe vont juger. En groupes de trois, racontez vos activités d'hier matin, après-midi et soir. Vos camarades vont prendre des notes, et ensuite ils vont décider si vous avez passé une journée plutôt active ou calme.

MODÈLE: É1 matin: mangé au resto U
travaillé au labo
après-midi: joué au tennis
préparé le dîner
soir: joué au basket
regardé la télé
É2 Cette personne a passé une journée assez active.

LISONS *Aller aux mûres*

A. Avant de lire. The reading passage below, by Philippe Delerme, is about one of the simple pleasures in life, picking blackberries **(les mûres)**.

1. If you wanted to pick blackberries (or other fruits which you enjoy), where would you go?
2. In which season will you find ripe fruits?
3. How should you dress and what would you need to bring with you?
4. What would you do with the fruit once you had picked it?
5. Would you go alone or with friends? Why?

Aller aux mûres

C'est une balade à faire avec de vieux amis, à la fin de l'été. C'est presque la rentrée, dans quelques jours tout va recommencer; alors c'est bon, cette dernière flânerie[1] qui sent déjà septembre. On n'a pas eu besoin de s'inviter, de déjeuner ensemble. Juste un coup de téléphone, au début du dimanche après-midi:
--Vous viendriez cueillir des mûres?
--C'est drôle, on allait justement vous le proposer!
On s'en revient[2] toujours au même endroit, le long de la petite route, à l'orée du bois.[3] Chaque année, les ronciers[4] deviennent plus touffus, plus impénétrables....
Chacun s'est muni d'une boîte en plastique où les baies ne s'écraseront pas.[5] On commence à cueillir sans trop de frénésie, sans trop de discipline. Deux ou trois pots de confitures suffiront, aussitôt dégustés[6] aux petits déjeuners d'automne. Mais le meilleur plaisir est celui du sorbet. Un sorbet à la mûre consommé le soir même, une douceur glacée où dort tout le dernier soleil fourré[7] de fraîcheur sombre.
... On parle de tout et de rien. Les enfants se font graves, évoquant leur peur ou leur désir d'avoir tel ou tel prof. Car ce sont les enfants qui mènent la rentrée, et le sentier[8] des mûres a le goût de l'école. La route est toute douce, à peine vallonnée: c'est une route pour causer. Entre deux averses,[9] la lumière avivée se donne encore chaude. On a cueilli les mûres, on a cueilli l'été. Dans le petit virage aux noisetiers,[10] on glisse[11] vers l'automne.

[1] une promenade [2] On retourne [3] *at the edge of the woods* [4] *the thickets* [5] *will not be crushed* [6] mangés avec plaisir [7] *filled* [8] la petite route [9] de grosses pluies très fortes et rapides [10] *hazelnut trees* [11] *slip*

Extrait de: Philippe Delerme, *La première gorgée de bière et autres plaisirs minuscules.* Gallimard, 1997.

B. En lisant. First, skim the text to understand the general message conveyed. Answer the questions in this section while skimming, then turn to the section **En regardant de plus près** where you will be guided through a more detailed reading of the text.

1. According to the author, when is the best time to pick blackberries (day, time, and season)?
2. With whom does the author like to go blackberry picking and why?
3. The author's intent in writing this text was to:
   a. Discourage people from picking blackberries.
   b. Encourage more people to pick blackberries.
   c. Describe his memories of blackberry picking.

C. En regardant de plus près.

1. Look again at the first paragraph. Guessing from the context, select the most likely meaning for each expression:

une balade:	a. a postcard	b. a song	c. a walk
la rentrée:	a. the holidays	b. the start of school	c. the winter
déjeuner:	a. to eat breakfast	b. to eat lunch	c. to eat dinner

2. In the second paragraph, the author talks about where he goes to pick blackberries. What is one word, a cognate to a word in English, which he uses to describe the thickets?
3. Based on the description of the berry pickers which the author gives in the third paragraph, which French adjectives would you use to best describe them?
   Ils sont: a. agités b. calmes c. fâchés d. indisciplinés
4. The word **meilleur** means *better* when it is used in a comparison. In the context of **Le meilleur plaisir...** from paragraph 3, what do you think **meilleur** means?
5. Find in the text the French expression *to pick blackberries.* The verb for *to pick* is also used again, in a metaphorical sense, in the last paragraph. What else has been *picked?* What message is the author trying to convey with this metaphor?

D. Après avoir lu.

1. Compare the description of berry picking that you formulated before reading this passage with the author's description. What are the similarities and differences? To what do you attribute these similarities and differences?
2. If you wanted to describe the passage of one season to the next, of spring to summer, for example, which details of everyday life would you focus on?

Leçon 2 Vive les vacances!

POINTS DE DÉPART

Des activités par tous les temps

À la plage, on peut faire . . .
de la natation
du ski nautique
du surf
de la voile
de la planche à voile

À la campagne, on peut faire . . .
des pique-niques
du cheval
du vélo

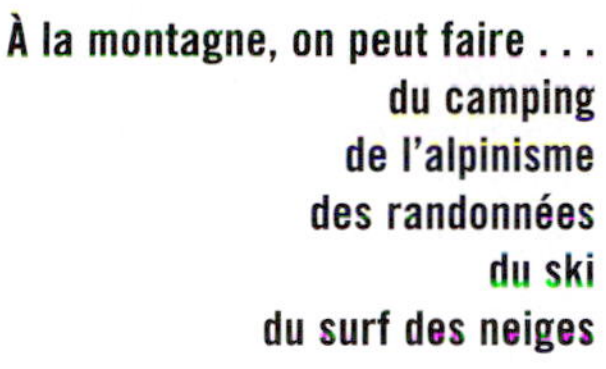

À la montagne, on peut faire . . .
du camping
de l'alpinisme
des randonnées
du ski
du surf des neiges

En ville, on peut faire . . .
du tourisme
des visites de musées ou de monuments
des courses
du jogging

Projets de vacances

M. KELLER:	Cette année nous n'allons pas aux sports d'hiver.
MARC:	Ah, non, c'est pas vrai! Zut alors!
M. KELLER:	Si, cette année vous n'allez pas faire du ski en février, mais du ski nautique.
CATHERINE:	Chouette! Alors nous allons aux Antilles? À Tahiti?
M. KELLER:	Pas tout à fait, ma grande. J'ai des billets d'avion pour aller aux Seychelles, dans l'Océan Indien.
MARC:	Bravo! Vive les Seychelles!
CATHERINE:	Et la voile, la planche à voile!
M. KELLER:	Et vive la pêche et le repos!

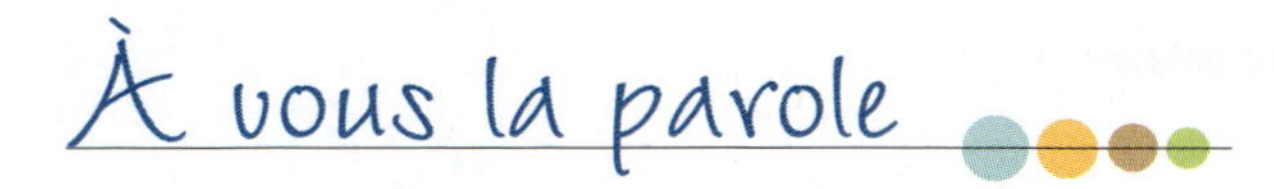

A. Qu'est-ce qu'on peut faire? Suggérez des activités logiques.

MODÈLE: Qu'est-ce qu'on peut faire à la montagne, quand il y a de la neige?
→On peut faire du ski.
OU →On peut faire du surf des neiges.

1. à la plage, en été?
2. à la campagne, quand il fait beau?
3. au gymnase, quand il fait mauvais?
4. à la montagne, quand il fait beau?
5. au stade, en automne?
6. à la piscine, quand il fait chaud?
7. en ville, quand il fait beau?
8. en ville, quand il fait mauvais?

B. Suggestions. Proposez une activité à votre partenaire; il/elle va donner sa réaction.

MODÈLE: Vous êtes à la montagne.
É1 Nous allons faire une randonnée.
É2 Chouette! J'adore la nature!
OU Zut alors! Je n'ai pas de bonnes chaussures!

1. Vous êtes à la montagne.
2. Vous êtes à la plage.
3. Vous êtes à la campagne.
4. Vous êtes en ville.

Éclairages

Les vacances des Français

Since 1982, all salaried workers in France have had the right to five weeks of paid vacation each year. Most take a portion of their vacation during the month of August. Many factories close down during August, and as a tourist in Paris, you may find that some stores and restaurants are also closed at this time of year. Another popular time for vacationing is February. Most schools close for approximately two weeks during this winter month, allowing families to take advantage of many winter sporting activities such as skiing in the Alps or Pyrenees. In an effort to avoid the major traffic jams that would be caused if everyone left for vacation at the same time, French schools are divided into three zones with partially overlapping vacation schedules; one zone has its vacation during the first two weeks in February, another the last two weeks, and the third the middle two weeks.

ET VOUS?

1. How many weeks of paid vacation are typical in the United States? How does this situation compare with that of France and what factors might account for the differences?
2. The right to longer paid vacations has often played into labor union negotiations in France. Knowing this, and that many businesses shut down for weeks at a time for vacation, what conclusions can you draw about the value the French place on vacation? Are vacations valued in a similar way in the United States?
3. Does your school/region have a winter break? If not, why not? If so, when does it occur and what do people typically do during this break? How does this compare to winter break activities in France? Do you think you would benefit from a winter break? Why or why not?

C. À l'Office du tourisme. En parlant avec un/e partenaire, expliquez ce que les gens en vacances peuvent faire dans votre région.

MODÈLE: É1 J'habite à Asheville, en Caroline du Nord. Nous sommes à la montagne. Il fait beau en été, et on peut faire du camping et des randonnées. En hiver, il neige et on peut faire du ski. Et toi?
É2 Moi, j'habite à Baltimore, dans le Maryland. Il y a un port et un grand aquarium, ...

D. Les vacances idéales. Demandez à un/e camarade quelles sont ses vacances idéales, et ensuite dites ce que vous préférez.

MODÈLE: É1 Quelles sont tes vacances idéales?
É2 Moi, je voudrais aller à la plage, où il fait chaud. Je voudrais faire de la natation et jouer au volleyball. Et toi?
É1 Pour moi, les vacances idéales, c'est la montagne en hiver. Je voudrais faire du ski et du surf des neiges.

Les voyelles nasales et les voyelles orales plus consonne nasale

In the following pairs, compare the nasal vowel and the oral vowel plus /n/ or /m/. The nasal consonants must be pronounced with a strong release and the preceding vowel is never nasalized.

bon /bõ/	bonne /bɔn/
Simon /simõ/ (man's name)	Simone /simɔn/ (woman's name)
mon cousin /kuzɛ̃/	ma cousine /kuzin/
l'an /lɑ̃/	l'année /lane/

Avoid adding a short /n/ sound when a nasal vowel occurs before a consonant. Lengthen the nasal vowel:

le camping	la planche à voile	la campagne
une randonnée	la montagne	

À vous la parole

A. Donnez le féminin. Attention à bien prononcer le /n/ final du féminin.

MODÈLE: Il est bon.
→Elle est bonne.

1. Il est brun.
2. C'est Jean.
3. C'est mon cousin.
4. Ils sont fins.
5. Voilà Simon.
6. Ils sont bons.

B. Les groupes de mots. Attention à prononcer une longue voyelle nasale.

1. mon	mon-tagne
2. sans	san-té (*health*)
3. camp	cam-ping
4. un	in-dien
5. franc	fran-çaise
6. l'un	lun-di

C. Les phrases. Lisez chaque phrase.

1. Ma cousine Adrienne a onze ans.
2. Jean et Jeanne préparent leur leçon de chant.
3. La femme de Monsieur Dupont s'appelle Yvonne.
4. Mon oncle Stéphane va à la montagne ce matin.
5. Les grands-parents de Marianne habitent en Provence; au printemps, ils vont en Louisiane.

D. Mini-dialogue. Répétez après le modèle.

—Allô! C'est Simone?
—Non, c'est Simon.
—Simon?
—Oui, Simon Falcone.

E. Poème. Répétez après le modèle.

> Les sanglots longs des violons de l'automne
> Blessent mon coeur d'une langueur monotone.
> —Extrait de Paul Verlaine, *«Chanson d'automne»*

FORMES ET FONCTIONS

1. *Le verbe* faire

- As you have seen, the verb **faire** is used in most weather expressions and to express a wide variety of activities. Here are the forms of the irregular verb **faire** (*to do*).

FAIRE *to do*			
SINGULIER		PLURIEL	
je	**fais**	nous	**faisons**
tu	**fais**	vous	**faites**
il / elle / on	**fait**	ils / elles	**font**

IMPÉRATIF: **Fais** tes devoirs! **Faites** attention! **Faisons** une promenade!
PASSÉ COMPOSÉ: **J'ai fait** mes devoirs.

- A question using **faire** does not necessarily require using **faire** in the answer:

Qu'est-ce que tu **fais** cet après-midi?	*What are you doing this afternoon?*
—S'il ne pleut pas, je joue au golf.	*—If it's not raining, I'm playing golf.*

- **Faire** is used in many idiomatic expressions; it is one of the most common and useful French verbs.

Il fait chaud.	*It's hot.*
Tu fais beaucoup de sport?	*Do you do a lot of sports?*
Je fais de la sociologie.	*I'm studying sociology.*
Fais tes devoirs!	*Do your homework!*
Faites attention!	*Pay attention!*
Il fait une faute.	*He's making an error.*
Deux et deux font quatre.	*Two and two are four.*
Faisons une promenade.	*Let's take a walk/go for a walk.*
On fait la vaisselle.	*We're doing the dishes.*
Elles font des courses.	*They're running errands.*

À vous la parole

A. Suite logique. D'après les indications, dites ce que font ces personnes.

MODÈLE: Nous allons à la campagne pour le week-end.
→Nous faisons du camping.

1. J'ai un nouveau maillot de bain.
2. Vous écoutez une cassette au labo de langues.
3. Tu ne veux pas faire une faute.
4. Anne fait une liste pour aller en ville.
5. Nous portons des chaussures confortables.
6. J'adore la nature.
7. Vous aimez les sports d'hiver.
8. Tu vas au gymnase?
9. Mes cousins ont un cheval.

B. Et vous, qu'est-ce que vous faites? Pour chaque situation, demandez à un/e partenaire ce qu'il/elle fait normalement, et dites ce que vous faites vous-même.

MODÈLE: quand vous êtes très stressé/e
É1 Qu'est-ce que tu fais quand tu es très stressé?
É2 Je fais des courses. Et toi?
É1 Je fais une promenade.

1. quand vous êtes très stressé/e
2. quand vous rentrez chez vous le soir
3. quand vous partez en vacances
4. quand vous voulez faire un peu d'exercice physique
5. quand vous êtes fatigué/e
6. quand vous êtes en très bonne forme

C. Sous la pluie et le beau temps. Avec un/e partenaire, dites ce que vous faites normalement…

MODÈLE: quand il fait chaud
É1 Qu'est-ce que tu fais normalement quand il fait chaud?
É2 Je fais de la natation. Et toi, qu'est-ce que tu fais?
É1 Moi aussi, je fais de la natation et de la voile.

1. quand il fait chaud
2. quand il neige
3. quand il pleut le week-end
4. quand il gèle
5. quand il y a du verglas
6. quand il fait beau

D. Les activités de vos camarades. Circulez dans votre salle de classe pour savoir qui…

MODÈLE: fait souvent la vaisselle
É1 Est-ce que tu fais souvent la vaisselle chez toi?
É2 Non, jamais.
(É1 *demande à une autre personne*)

1. fait souvent la vaisselle
2. fait des courses le week-end
3. fait quelquefois du jogging
4. fait une promenade tous les jours (*every day*)
5. fait du camping en été
6. fait du ski
7. fait du cheval

2. *Les questions avec les pronoms interrogatifs:* qui, que, quoi

- In questions asking *what,* use **qu'est-ce qui** and **qu'est-ce que:**
  - — **Qu'est-ce qui** is used as the subject of a question and is followed by a verb:

Qu'est-ce qui se passe?	*What's happening?*
Qu'est-ce qui est sur la photo?	*What's in the photo?*

  - — **Qu'est-ce que** is used as the direct object and is followed by a subject:

Qu'est-ce que vous faites?	*What are you doing?*
Qu'est-ce que tu as mis dans ton sac?	*What did you put in your bag?*

ÉCRIVONS *Une carte postale*

A. Avant d'écrire.

1. Quand vous êtes en vacances, est-ce que vous écrivez des cartes postales? Qu'est-ce que vous décrivez? Faites une liste de trois ou quatre choses que vous écrivez normalement sur une carte postale.
2. À qui est-ce que vous envoyez (*send*) des cartes postales?

B. En écrivant. Choisissez quelqu'un dans votre classe à qui vous allez envoyer votre carte postale et puis regardez le modèle. Dans votre carte postale, dites:

1. où vous passez les vacances
2. le temps qu'il fait
3. les endroits (*places*) visités, vos activités
4. la date de votre retour

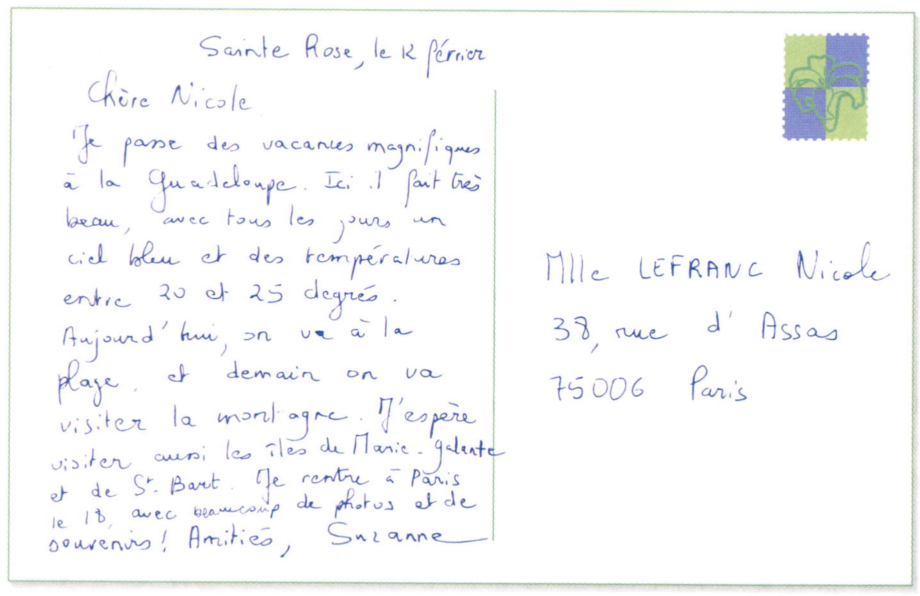

Sainte Rose, le 12 février

Chère Nicole

Je passe des vacances magnifiques à la Guadeloupe. Ici il fait très beau, avec tous les jours un ciel bleu et des températures entre 20 et 25 degrés. Aujourd'hui, on va à la plage, et demain on va visiter la montagne. J'espère visiter aussi les îles de Marie-Galante et de St. Bart. Je rentre à Paris le 18, avec beaucoup de photos et de souvenirs! Amitiés, Suzanne

Mlle LEFRANC Nicole
38, rue d'Assas
75006 Paris

C. Après avoir écrit. Avant de donner votre carte postale à votre camarade de classe (ou au professeur), vérifiez que vous avez inclus tous les éléments requis. Ensuite, regardez-la encore une fois pour vous assurer qu'il n'y a pas de fautes d'orthographe ni de grammaire. Puis, «envoyez» votre carte postale. Si vous avez de la chance, vous allez recevoir une carte postale aussi. Lisez-la et écrivez une courte réponse.

Je vous invite

POINTS DE DÉPART

Qu'est-ce qu'on propose?

—On organise une petite fête pour samedi soir; tu es libre?
— Non, désolé, je ne peux pas.

—Vous êtes libres samedi? J'ai des places pour un ballet, «Coppélia» de Delibes.
—Ah oui, c'est très gentil à vous!

—Je pourrais t'accompagner à l'exposition.
—Chouette; on se retrouve devant le musée?

—Alors, rendez-vous au Palais des Congrès pour voir le concert de rock?
—Oui, à 19 h 30.

—Tu voudrais nous accompagner au théâtre? On joue une pièce de Molière.
—Volontiers! J'adore le théâtre.

—Il y a un bon film au Cinémathèque.
—Chouette! On sort ensemble?

—On va passer une soirée tranquille.
—Je regrette, je ne peux pas venir. Je dois travailler.

Pour inviter quelqu'un:

Tu es/Vous êtes libre?
On sort ensemble?
Tu veux m'accompagner?/Vous voulez nous accompagner?

Pour accepter ou refuser une invitation:

Oui, je suis libre.	Je suis désolé/e…	je ne suis pas libre.
J'accepte avec plaisir.	Je regrette…	je suis pris/e.
C'est gentil à toi/vous.	C'est dommage,	j'ai déjà un rendez-vous.

À vous la parole

A. Qu'est-ce qu'on fait? Le Centre Pompidou est un musée à Paris qui a une bibliothèque et des théâtres. Regardez les dessins et décrivez les activités de chaque personne.

1.

2.

3.

MODÈLE: 1. Un jeune homme cherche un livre, etc.

B. Tempérament et distractions. Vous avez des amis chez vous pour deux semaines. D'après ce qu'ils aiment, proposez des activités.

MODÈLE: Alice n'est pas très sociable, mais elle n'aime pas lire.
→Est-ce que tu veux passer une soirée tranquille avec nous?

1. Thierry est fanatique du cinéma.
2. Laurent aime la musique de Mozart.
3. Luc est très sportif.
4. Brigitte aime les arts.
5. Marcel et Nicole aiment la nature.
6. Julie aime les sports d'hiver.
7. Marie-Christine aime jouer aux cartes.
8. David aime surtout le théâtre.
9. Carole fait de la danse classique.

C. Oui ou non? Avec un/e camarade de classe, vous allez imaginer les situations suivantes.

MODÈLE: On vous invite à aller au musée demain. Vous ne voulez pas y aller.
É1 Tu veux aller au musée avec moi? Il y a une bonne exposition.
É2 Je regrette (Désolé/e), je ne suis pas libre.

1. On vous invite à un concert. Vous acceptez avec plaisir.
2. On vous invite à aller au théâtre. Vous demandez quelle pièce on joue.
3. On vous invite à faire une randonnée, mais vous n'aimez pas les promenades.
4. On cherche quelqu'un pour jouer au bridge. Vous aimez ce jeu.
5. On a des places pour un concert de rock. Vous aimez ce type de musique, mais vous avez un rendez-vous ce jour-là.
6. On cherche quelqu'un qui joue du saxophone pour former un petit orchestre. Vous voulez accepter mais vous jouez d'un autre instrument.

D. Les distractions du week-end dernier. Vous allez découvrir comment vos camarades de classe ont passé le week-end dernier. Vous allez obtenir les renseignements suivants en faisant le tour de la classe. Vous allez essayer d'obtenir quelques détails. Ensuite vous allez faire un rapport.

MODÈLE: organiser une fête
É1 Est-ce que tu as organisé une fête?
É2 Moi, j'ai organisé une fête avec ma camarade de chambre.
É1 Tu as invité beaucoup de personnes?
É2 Seulement cinq ou six amis.
(*Vous faites le rapport*:)
É1 É2 Julie a organisé une petite fête avec sa camarade de chambre. Elle a invité quelques amis.

1. aller à un concert ou au théâtre
2. faire une randonnée ou du camping
3. aller à un événement sportif
4. aller à un musée ou une exposition
5. inviter quelqu'un
6. organiser ou aller à une fête

Éclairages

Les pratiques culturelles

A recent survey by the French Ministry of Culture indicates the percentage of French people who have participated in various leisure activities in the course of a year. It is common for the French to get together with friends and family to go to concerts, movies, and museums, and often such activities are included in a family's vacation plans. The French also frequently invite close friends and family for festive dinners at each other's homes and at restaurants. For many, an invitation to a Saturday dinner or a party at a friend's house means arrival at 7 P.M. for an **apéro** (*a before-dinner drink*), then dinner, dancing, talk and games, which may last into the early hours of the morning.

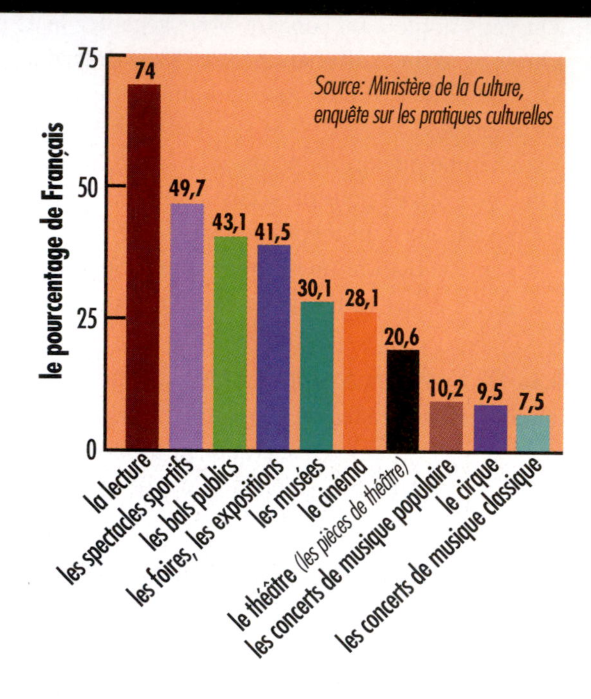

ET VOUS?

Avec un/e partenaire, comparez vos réponses aux questions suivantes.

MODÈLE: À votre avis (*In your opinion*), quelles sont les activités préférées des Américains?
É1 Moi, je pense que les Américains préfèrent regarder la télévision. Tu es d'accord (*Do you agree*)?
É2 Non, moi, je pense que les Américains préfèrent le sport.

1. Selon (*According to*) le tableau, beaucoup de Français aiment lire. Et les Américains, est-ce qu'ils aiment lire aussi?
2. À votre avis, quelles sont les activités préférées des Américains?
3. Quelles sont vos activités préférées? Celles de vos amis? de vos parents?
4. Les Français assistent souvent aux activités culturelles. À quelles sortes d'activités culturelles est-ce qu'on peut assister dans votre ville? Auxquelles est-ce que vous avez assisté?
5. Qu'est-ce que vous faites en général le samedi soir? et vos amis? et vos parents?

FORMES ET FONCTIONS

1. *Le passé composé avec* être

- To tell what you did in the past, you've already learned that most French verbs form the **passé composé** with the present tense of **avoir.** However, some verbs use the present of **être** as an auxiliary. These are usually verbs of motion:

aller	*to go*	Tu es allé au musée ce matin?
arriver	*to arrive*	Je suis arrivé au théâtre juste avant le début du spectacle.
venir	*to come*	Il est venu chez nous pour sa fête d'anniversaire.
revenir	*to return*	Elle est revenue à la fête après dix heures.
devenir	*to become*	Elle est devenue médecin.
entrer	*to go/come in*	Anne est entrée dans le magasin.
rentrer	*to go/come back*	Nous sommes rentrés tard après la soirée dansante.
retourner	*to go back*	Il est retourné en France.
partir	*to leave*	Les amies sont parties ensemble.
sortir	*to go out*	Rémi est sorti avec Juliette.
passer	*to go/come by*	Le médecin est passé hier.
rester	*to stay*	Les enfants sont restés à la maison avec un baby-sitter.
tomber	*to fall*	Elle est tombée dans la rue (*street*).
monter	*to go up*	Louise est montée dans sa chambre.
descendre	*to go down*	Nous sommes descendues en ville pour dîner.
naître	*to be born*	Elle est née en 1982.
mourir	*to die*	Il est mort l'été dernier.

- For verbs that form the **passé composé** with **être,** the past participle agrees in gender and number with the subject.

Mon frère est arrivé hier.	*My brother arrived yesterday.*
Ma sœur est arrivé**e** ce matin.	*My sister arrived this morning.*
Ses cousins sont allé**s** au musée.	*Her cousins went to the museum.*
Ses cousines sont descendu**es** en . ville aussi.	*Her cousins went downtown too.*

- Pronominal verbs also use **être** in the **passé composé.** Note, however, that when a noun follows the verb, no past participle agreement is made.

Il s'est endormi.	*He felt asleep.*
Ils se sont couché**s.**	*They went to bed.*
Elle s'est lavé**e.**	*She washed up.*
Elle s'est lavé les cheveux.	*She washed her hair.*

- This scale illustrates the relative force of different forms of commands and suggestions:

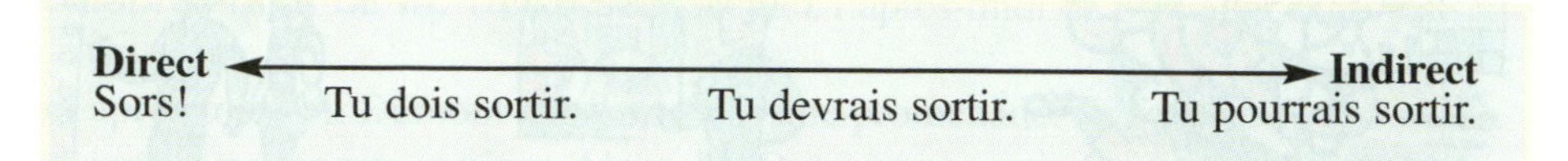
Direct ← → Indirect
Sors!
Tu dois sortir.
Tu devrais sortir.
Tu pourrais sortir.

- To soften a demand into a request, you can use the conditional of **vouloir.**

Demand	**Polite request**
Je veux sortir avec mes amis.	Je **voudrais** sortir avec mes amis.
Il veut nous accompagner au ballet.	Il **voudrait** nous accompagner au ballet.

SINGULIER		PLURIEL	
je	voudr**ais**	nous	voudr**ions**
tu	voudr**ais**	vous	voudr**iez**
il / elle / on	voudr**ait**	ils / elles	voudr**aient**

À vous la parole

A. Du tact, s'il vous plaît! Exprimez ces voeux d'une façon plus polie.

MODÈLE: Je veux un café.
→Je voudrais un café.

1. Ils veulent nous accompagner.
2. Vous voulez voir un film.
3. Elle veut aller au concert.
4. Nous voulons assister au ballet.
5. Tu veux acheter des billets.
6. Je veux voir l'exposition.
7. Vous voulez passer une soirée tranquille.

B. La concierge. Vous travaillez dans un grand hôtel à Paris. Suggérez une activité appropriée pour ces personnes d'après leurs intérêts.

MODÈLE: Nous aimons la musique classique.
→ Vous pourriez assister à un concert.

1. J'adore la danse classique.
2. Jeannine n'est pas très énergique.
3. Nous sommes amateurs de théâtre.
4. Georges et Laurent sont super sportifs.
5. Nous aimons les films étrangers.
6. Annie étudie l'art moderne.
7. M. et Mme Delors aiment bien manger.

C. Invitations. Qu'est-ce que vous voudriez faire ce week-end? Invitez un/e camarade à vous accompagner. Votre camarade peut décider d'accepter ou de refuser l'invitation.

MODÈLE: É1 Je vais voir le nouveau film de Jodie Foster ce week-end; est-ce que tu voudrais m'accompagner?
É2 (*accepte*) Je veux bien! J'adore Jodie Foster.
É2 (*refuse*) Je voudrais bien, mais je ne peux pas; je dois travailler tout le week-end.

PARLONS *Les invitations*

Vous allez inviter des camarades de classe. Ils vont accepter ou refuser vos invitations d'après leurs intérêts. Pour commencer, faites les activités suivantes:

1. Faites une liste de trois activités que vous aimeriez proposer à des camarades de classe.
2. Faites une liste de trois personnes dans la classe que vous voudriez inviter. N'oubliez pas le professeur!
3. Révisez les expressions qu'on utilise pour inviter quelqu'un et pour accepter ou refuser une invitation.

Maintenant, proposez vos activités à trois personnes différentes qui vont accepter ou refuser vos invitations d'après leurs intérêts. Bien sûr, vos camarades de classe vont vous inviter aussi et vous devez accepter ou refuser leurs invitations à votre tour.

Venez chez nous!
Les vacances des Français

Les D.O.M.-T.O.M.

«Où va le Père Noël après le 25 décembre?» La bonne réponse n'est probablement pas «sur la Côte d'Azur» car en hiver dans le Midi de la France il ne fait pas assez chaud pour se bronzer à la plage ou nager dans la mer. Une meilleure réponse pourrait être: «aux Antilles, aux Seychelles, à l'île Maurice ou à Tahiti.» Ce sont de bonnes destinations touristiques si vous voulez trouver le soleil en hiver et des plages, et si vous voulez entendre parler français!

Certains de ces territoires sont des **départements d'outre-mer (D.O.M.)** et des **territoires d'outre-mer (T.O.M.).** Les D.O.M.-T.O.M. sont d'anciennes colonies françaises qui continuent à être associées administrativement et politiquement à la France. Depuis 1946, les D.O.M. ont la même organisation administrative que les départements de la France métropolitaine. Les T.O.M. ont une plus grande autonomie administrative. Les habitants des D.O.M.-T.O.M. sont des citoyens français. Dans la plupart des D.O.M., on parle le créole en plus du français.

Trouvez les D.O.M.-T.O.M. Regardez la carte du monde francophone au début de votre livre et trouvez les cinq D.O.M. et les cinq T.O.M.

Et vous?

1. Est-ce qu'il y a des territoires aux États-Unis qui ont le même statut que les D.O.M.-T.O.M. ont par rapport à la France? Lesquels?
2. Comme vous avez remarqué sur la carte, la France a des territoires partout dans le monde. Est-ce que c'est un avantage pour la France? De quelle façon?
3. Ces territoires sont associés administrativement et politiquement à la France. Quels sont les avantages de cette situation pour les territoires eux-mêmes?
4. Suggérez quelques raisons historiques pour lesquelles la France a développé des liens *(ties)* avec ces territoires.

LISONS *Martinique: Guide pratique*

La Martinique est une destination populaire pour les Français, les Québécois et les Américains. Cette île, située dans la mer des Caraïbes, a un climat très agréable.

A. Avant de lire. The following passage is excerpted from a travel guide written by **l'Office Départementale du Tourisme de la Martinique.** Before reading answer the following questions:

1. Who do you think is the intended audience for this guide?
2. The title of the booklet is **Martinique: Guide pratique.** Given this, what kind of information would you expect to be included? Make a list.

B. En lisant. As you read, look for the following information.

1. What is the capital of Martinique?
2. What is the climate like?
3. Name three natural resources of Martinique.
4. Which languages are spoken and understood in Martinique?
5. As an American, do you need a visa to enter Martinique? What is required?
6. What type of clothes would you need to bring to visit Martinique?

Martinique: Guide Pratique

Informations générales

Histoire et administration
Christophe Colomb débarqua à la Martinique en 1502 et depuis 1635, excepté de courtes périodes d'occupation anglaise, elle partage[1] les destinées de la France. Département français depuis 1946, sa structure administrative et politique est identique à celle des départements de la métropole. Siège[2] de la préfecture, Fort-de-France est la capitale administrative, commerciale et culturelle de la Martinique.

Géographie
La Martinique fait partie du groupe des petites Antilles ou « Iles au vent ». Elle est baignée à l'Ouest par la Mer des Antilles et à l'Est par l'Océan Atlantique. Elle se trouve à environ 7.000 km de la France et 440 km du continent américain.

Climat
Le climat est relativement doux à la Martinique et la chaleur n'y est jamais insupportable. La température moyenne se situe aux environs de 26°C, mais sur les hauteurs, il fait plus frais. De l'Est et du Nord-est, des brises régulières, les alizés, rafraîchissent l'atmosphère.

Ressources économiques
Principales ressources naturelles de l'île: le rhum, le sucre, l'ananas, la banane. La Martinique produit également des conserves de fruits, des confitures et des jus de fruits locaux. Le tourisme connaît un essor[3] remarquable et tend à devenir le secteur économique de pointe.

Langue
Le français est parlé et compris par toute la population mais on entend beaucoup le créole. Bien entendu, l'anglais est également parlé surtout dans les lieux touristiques.

Informations pratiques

Formalités d'entrée
Les Français peuvent entrer en Martinique avec leur carte nationale d'identité ou leur passeport. Les ressortissants des États-Unis et du Canada sont admis sans visa pour un séjour inférieur à trois mois. Une pièce d'identité est toutefois requise.

Conseils vestimentaires
Au pays de l'éternel été, vous porterez des vêtements légers et décontractés pour vos excursions: maillot de bain, short et sandales pour la plage. Les femmes s'habillent généralement le soir davantage[4] que les messieurs pour lesquels veste et cravates ne sont exigés que[5] rarement. Toutefois n'oubliez pas un lainage et vos lunettes de soleil.

[1] *shares* [2] *Seat* [3] *development* [4] *more* [5] *are only required*

C. En regardant de plus près.

1. In the section on climate, look at the phrase **mais sur les hauteurs, il fait plus frais.** Given the context and the fact that the word **hauteurs** is related to the adjective **haut/e** (*high*), can you provide a synonym in French for **les hauteurs?**
2. Look at the noun **les ressortissants** in the section **Formalités d'entrée.** Can you see an **-ir** verb in the noun? Which one? Given the meaning of that verb and the context, what does the word **ressortissants** mean?
3. The word **vestimentaires** in the section **Conseils vestimentaires** is related to another French word you know. Given the context, what do you think this adjective means?
4. In the same section, you see the noun **un lainage.** If you know that the word **laine** means *wool* and given the context, what do you think **un lainage** is?

D. Après avoir lu.

1. How did the list that you made above correspond with the type of information that was provided in the guide? What information do you think is missing for potential visitors to Martinique?
2. Based on the information provided above, would you be interested in visiting Martinique? Why or why not?

PARLONS *Tableaux de Gauguin*

Paul Gauguin. "Arearea" (*Joyousness*), 1892.
Musée d'Orsay, Paris, France. Scala/Art Resource.

Une autre île de rêve, c'est Tahiti. Tahiti fait partie de la Polynésie française dans l'océan Pacifique. C'est ici que le peintre Paul Gauguin (1848–1903) a réalisé beaucoup de ses tableaux. Vous notez dans ces images des couleurs vives, des paysages exotiques, tropicaux, et des femmes tahitiennes. Le paysage et le peuple de Tahiti ont eu une grande influence sur l'art de Gauguin.

Avec un/e partenaire, choisissez un des tableaux de Gauguin. Imaginez que vous êtes les personnages de ce tableau et créez leur dialogue. Est-ce que ces personnes parlent de la météo? Parlent-elles de leurs projets? De leurs familles? Ensuite présentez votre dialogue.

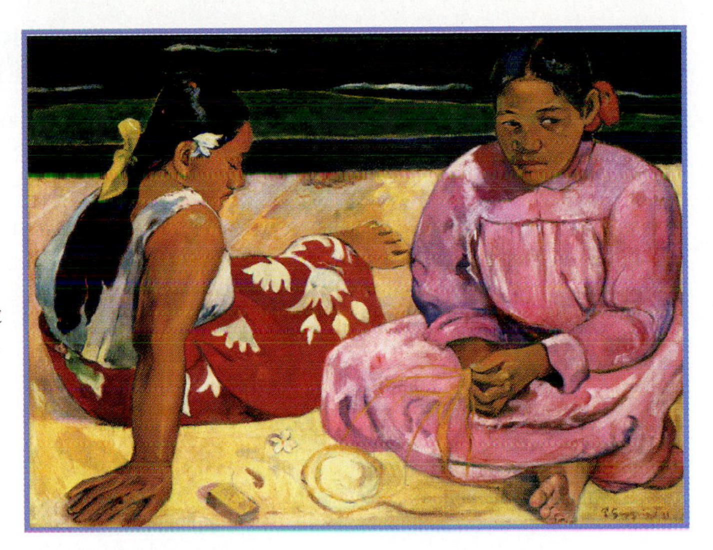

Paul Gauguin. "Women of Tahiti or On the Beach," 1891.
Oil on canvas. Musée d'Orsay, Paris, France. Réunion des Musées Nationaux/Art Resource, NY.

ÉCOUTONS *Les touristes perdus*

A. Avant d'écouter. Imaginez que vous visitez la Guadeloupe pour la première fois. Vous vous perdez et vous ne pouvez pas retrouver votre hôtel. Qu'est-ce que vous pourriez faire? Quelles questions est-ce que vous pourriez poser?

B. En écoutant. Écoutez cette conversation entre deux touristes et un Guadeloupéen qui leur donne les directions. Puis, répondez aux questions.

1. Où est-ce que les deux touristes veulent aller?
2. Quel est leur problème?
3. Est-ce qu'ils trouvent les informations nécessaires?
4. Qu'est-ce qu'ils décident de faire et pourquoi?

C. Après avoir écouté. Consultez le site Web de **Chez nous** où vous allez trouver des liens intéressants pour des sites sur les îles de la Guadeloupe. Bon voyage!

The **Écoutons** section is recorded on the Student audio CD.

La Réunion

Situation: Dans l'océan Indien, à l'est de Madagascar. L'île forme, avec l'île Maurice et l'île Rodrigues, l'archipel des Mascareignes. D'origine volcanique, elle est divisée en deux par des montagnes.

Climat: Tropical sur les côtes, tempéré et sec dans les hauteurs. Saisons: chaude et humide, décembre–mars; fraîche, mai–novembre. Cyclones tropicaux entre novembre et avril.

Capitale: Saint-Denis (122.584 habitants).

Population: 1990: 592.000; prévue 2000: 685.000; une population multiethnique composée d'Européens, d'Africains, de Malgaches, d'Indiens tamouls, d'Indiens musulmans, de Chinois, de Comoriens, et de Métis.

Langues: français (officielle), créole réunionnais.

Économie: Produits agricoles, surtout canne à sucre.

Sports/loisirs: Mer: le surf, la planche à voile, la plongée, la pêche au gros, la voile; Air: le parapente, le deltaplane; Eaux vives: canoë kayak, descente de rapide, descente en rappel, jet-ski; À découvrir: randonnées, balades à cheval, survol de l'île en hélicoptère, musées, jardins botaniques, la cuisine réunionnaise.

ÉCRIVONS *Visite à la Réunion*

Imaginez que vous allez visiter la Réunion. Regardez les images de l'île et consultez les renseignements écrits ci-dessus. Puis, rédigez un courriel (une lettre par courrier électronique) à un/e ami/e ou à un membre de votre famille dans lequel vous invitez cette personne à vous accompagner.

On fait de la planche à voile à la Réunion.

Au marché à Saint Paul

A. Avant d'écrire.

1. Décidez quand vous voulez partir.
2. Choisissez quelques activités que vous pourriez pra tiquer sur l'île.
3. Choisissez quelques endroits que vous voudriez visiter.

B. En écrivant. Commencez à rédiger votre courriel. N'oubliez pas les expressions que vous avez apprises pour inviter quelqu'un.

C. Après avoir écrit.

1. Relisez votre courriel et vérifiez que vous avez inclus tous les éléments nécessaires.
2. Relisez votre courriel de nouveau pour vérifier qu'il n'y a pas de fautes d'orthographe, des erreurs d'accord sujet-verbe ou nom-adjectif et que vous avez utilisé de bonnes expressions pour inviter quelqu'un.

Vocabulaire

LEÇON 1

pour parler du temps	**to talk about the weather**
Quel temps fait-il?	*What's the weather like?*
Il fait beau.	*It's beautiful weather.*
Il fait bon.	*It's warm weather.*
Il y a du soleil.	*It's sunny.*
Le ciel est bleu.	*The sky is blue.*
Il y a du brouillard.	*It's foggy.*
Il y a des nuages.	*It's cloudy.*
Le ciel est couvert.	*The sky is overcast.*
Il y a du vent.	*It's windy.*
Il fait mauvais.	*The weather's bad.*
Il fait humide.	*It's humid.*
Il neige. (neiger)	*It's snowing. (to snow)*
Il y a du verglas.	*It's icy, slippery.*
Il y a un orage.	*There is a (thunder) storm.*
Il y a des éclairs.	*There is lightning.*
Il y a du tonnerre.	*There is thunder.*
Il pleut. (pleuvoir) (la pluie)	*It's raining. (to rain) (rain)*

pour parler de la température	**to talk about the temperature**
Il fait 10 degrés (m).	*It's 10 degrees.*
Il fait chaud.	*It's hot (weather).*
Il fait frais.	*It's cool (weather).*
Il fait froid.	*It's cold (weather).*
Il gèle. (geler)	*It's freezing. (to freeze)*
J'ai chaud/froid.	*I'm hot/cold.*

les saisons (f)	**the seasons**
au printemps (m)	*in the spring*
en été (m)	*in the summer*
en automne (m)	*in the fall*
en hiver (m)	*in the winter*

quelques verbes	**some verbs**
mettre	*to put*
promettre	*to promise*
quitter	*to leave*

pour parler du passé	**to talk about the past**
hier	*yesterday*
avant-hier	*the day before yesterday*
samedi dernier	*last Saturday*
l'année dernière	*last year*
il y a longtemps	*a long time ago*
il y a deux jours	*two days ago*
ce jour-là	*that day*
à ce moment-là	*at that moment*

LEÇON 2

quelques activités	**some activities**
faire…	
de l'alpinisme	*to go moutain climbing*
du camping	*to camp, to go camping*
du cheval	*to go horseback riding*
du jogging	*to go jogging (to jog)*
de la natation	*to swim*
des pique-niques	*to picnic*
de la planche à voile	*to windsurf*
une promenade	*to go for a walk*
des randonnées	*to take a hike*
du ski	*to ski*
du ski nautique	*to water-ski*
du sport	*to do/play sports*
du surf	*to surf*
du surf des neiges	*to snowboard*
du tourisme	*to go touring, to go sightseeing*
des visites de musées ou de monuments	*to visit museums or monuments*
du vélo	*to ride a bicycle, to go bike riding*
de la voile	*to go sailing*

autres expressions avec faire	**other expressions with faire**
Qu'est-ce que tu fais/ vous faites?	*What are you doing/ do you do?*

faire attention	*to pay attention, to be careful*
faire des courses (f)	*to run errands*
faire des devoirs (m)	*to do homework*
faire une faute	*to make a mistake*
faire de la sociologie	*to study sociology*
faire la vaisselle	*to do the dishes*
deux et deux font quatre	*2 + 2 = 4*

des projets de vacances	**vacation plans**
un billet (d'avion)	*(plane) ticket*
à la campagne	*in the countryside*
à la montagne	*in the mountains*
à la plage	*at the beach*
la pêche (aller à la pêche)	*fishing (to go fishing)*
le repos	*rest*
les sports d'hiver	*winter sports*

quelques expressions utiles	**some useful expressions**
Bravo!	*Great! Well done!*
Chouette!	*Neat!*
pas tout à fait	*not quite*
Vive… (les Seychelles)!	*Hurray for… (the Seychelles)!*
Zut!	*Darn!*

pour poser une question	**to ask a question**
Qu'est-ce que/qui…?	*What … ?*
Qui?	*Who?*
Quoi?	*What?*

LEÇON 3

pour inviter quelqu'un	**to invite someone**
Tu es/Vous êtes libre?	*Are you free?*
On sort ensemble?	*Shall we go out together?*
Tu veux/Vous voulez m'accompagner?	*Would you like to come with me?*
un rendez-vous	*meeting/appointment*

pour accepter une invitation	**to accept an invitation**
Oui, je suis libre.	*Yes, I am free.*
(J'accepte) Avec plaisir.	*(I accept) With pleasure.*
C'est gentil à toi/vous.	*That's kind (of you).*
Volontiers.	*With pleasure, gladly.*

pour refuser une invitation	**to refuse an invitation**
Je suis désolé/e…	*I am so sorry …*
C'est dommage…	*It's too bad …*
Je ne peux pas.	*I can't.*
Je regrette…	*I'm sorry …*
Je ne suis pas libre.	*I'm not free.*
Je suis pris/e.	*I'm busy.*
J'ai déjà un rendez-vous.	*I already have a meeting/date/appointment.*

des distractions	**amusements/diversions**
aller à un concert	*to go to a concert*
assister à un ballet	*to attend a ballet*
jouer une pièce	*to perform a play*
organiser une fête	*to plan a party*
passer une soirée tranquille	*to spend a quiet evening*
se retrouver (devant)	*to meet (in front of)*
voir une exposition	*to see an exhibition*
une place	*seat, place*

quelques verbes	**some verbs**
descendre	*to go down*
entrer	*to go/come in*
monter	*to go up*
mourir	*to die*
naître	*to be born*
passer	*to go/come by*
rentrer	*to go/come back*
rester	*to stay*
retourner	*to go back*
revenir	*to return*
tomber	*to fall*
venir	*to come*

Chapitre 7

Du marché à la table

Leçon 1 Qu'est-ce que vous prenez?

POINTS DE DÉPART Au café

SONS ET LETTRES La prononciation de la lettre *e*

FORMES ET FONCTIONS

1 Les verbes *prendre* et *boire*

2 L'article partitif

LISONS Déjeuner du matin

Leçon 2 À table!

POINTS DE DÉPART Les repas

SONS ET LETTRES Le *h* aspiré et le *h* muet

FORMES ET FONCTIONS

1 Les verbes en *-ir* comme *finir*

2 Les pronoms compléments d'objet direct: *le, la, l', les*

PARLONS Un dîner au restaurant

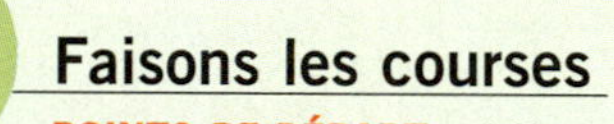

Leçon 3 Faisons les courses

POINTS DE DÉPART Allons au supermarché

FORMES ET FONCTIONS

1 Les expressions de quantité

2 Le pronom partitif *en*

ÉCRIVONS Vos habitudes alimentaires

Venez chez nous!

Traditions gastronomiques

PARLONS Les plats régionaux

ÉCOUTONS La salade niçoise à la radio

LISONS Une recette pour le couscous

ÉCRIVONS Les spécialités de chez vous

Language Use

- Ordering food and drink in a restaurant
- Describing meals and regional dishes
- Shopping for food
- Specifying quantities

Media

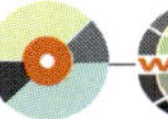

- CD-ROM: Chapitre 7
- Student audio CD: Chapitre 7
- Video: Chapitre 7
- Website: **http://www.prenhall.com/cheznous**

Leçon 1 Qu'est-ce que vous prenez?

POINTS DE DÉPART

Media

Additional practice activities for each **Points de départ** section are provided on the CD-ROM and website: **http://www.prenhall.com/cheznous**

Au café

RICHARD: J'ai faim. On va au MacDo?

HÉLÈNE: Des hamburgers, des frites et du coca, quelle horreur! Allons au café, c'est plus sympa.

(au café)

LE SERVEUR: Qu'est-ce que je vous sers?

HÉLÈNE: J'ai très soif. Je voudrais seulement quelque chose à boire. Euh, une limonade, s'il vous plaît.

RICHARD: Moi, j'ai faim. Je prends un croque-monsieur et une bière.

(plus tard)

RICHARD: Monsieur!... L'addition, s'il vous plaît.

LE SERVEUR: J'arrive.... Voilà.

HÉLÈNE: C'est combien?

RICHARD: Quatorze euros. On partage?

HÉLÈNE: Volontiers.

Boissons chaudes

Boissons rafraîchissantes

Boissons alcoolisées

Casse-croûte

A. Classez les boissons. Proposez des boissons...

MODÈLE: Proposez des boissons chaudes.
→le café, le thé, le chocolat chaud

1. Proposez des boissons rafraîchissantes.
2. Proposez des boissons gazeuses (*carbonated*).
3. Proposez des boissons alcoolisées.
4. Proposez des boissons qui contiennent un jus de fruit.
5. Proposez des boissons qui contiennent de la caféine.
6. Proposez des boissons pour prendre avec le dîner.

B. Qu'est-ce que je vous sers? Vous êtes au café. Dites ce que vous allez prendre d'après la situation donnée. Un/e camarade de classe va prendre la commande.

MODÈLE: Vous êtes au MacDo.
É1 Qu'est-ce que je vous sers?
OU Vous désirez?
É2 Un hamburger avec des frites et une limonade.

1. Il fait très chaud.
2. Vous avez très froid.
3. Vous devez travailler très tard.
4. Il est 14 h et vous n'avez pas encore mangé.
5. C'est le matin.
6. Vous mangez une pizza et vous voulez boire quelque chose.
7. Vous avez très faim.
8. Vous avez très soif.

C. Au café. Imaginez que vous êtes le serveur ou la serveuse. Vous prenez la commande de vos camarades qui sont les clients.

MODÈLE: É1 Madame!
É2 Vous désirez?
É1 Un café-crème.
É2 Oui, et pour vous, mademoiselle?
É3 Je voudrais un sandwich au jambon.
É2 C'est tout?
É3 Non, une bière aussi, s'il vous plaît.
É2 Alors, pour monsieur, un café crème et pour mademoiselle, un sandwich au jambon et une bière.

Éclairages

Le café

Il y a peut-être 50.000 cafés en France aujourd'hui. Le café est encore l'endroit° préféré pour prendre une boisson, un sandwich ou une glace. Souvent, les cafés ont des terrasses où il est agréable de s'asseoir. On peut prendre une boisson et regarder les gens° passer. On va au café pour boire ou manger mais aussi pour voir ses amis et discuter et, dans les cafés des petites villes et des quartiers° résidentiels, pour jouer. Les jeunes jouent au baby-foot ou au flipper et les adultes aux cartes ou aux dominos.

place
people
neighborhoods

ET VOUS?

1. Est-ce que vous allez souvent au café? Pourquoi, ou pourquoi pas?
2. Si vous allez au café, qu'est-ce que vous prenez d'habitude (en général)?
3. Où est-ce que vous allez d'habitude pour voir vos amis?

Service compris

Dans les cafés, comme dans les restaurants en France, le service est toujours compris.° C'est-à-dire que quand le serveur ou la serveuse vous apporte° l'addition, il y a déjà un supplément inclus, généralement de 15%. Vous pouvez laisser un pourboire° en plus, mais ce n'est pas nécessaire.

included
brings
tip

SONS ET LETTRES

La prononciation de la lettre *e*

You know that the letter **e** at the end of a word is usually not pronounced; it tells you that the consonant it follows is pronounced. Compare:

un anglais   vs.   une anglaise

However, final **e** may be pronounced in one-syllable words such as the pronouns **je** and **le,** the definite article **le,** the preposition **de,** and the negative marker **ne.**

Within a word, the letter **e** is pronounced in several different ways:

- Like the sound in **deux** [ø] or that of **soeur** [œ]
  - — when followed by a single consonant letter:

    un semestre   premier   une partenaire   vous devez
  - — when followed by a consonant plus **r** or **l:**

    regretter   un secret   refléter
- Like the sound in **mère** [ɛ]
  - — in the final syllable of a word, when it is followed by one or more consonants:

    le concert   un architecte   hier
  - — in a non-final syllable, when it is followed by two or more consonants (but see the exception below for double consonants):

    une question   mercredi   le restaurant   quelque
  - — in a non-final syllable, when followed by an **x** (that letter represents the consonant groups **gz** or **ks):**

    un exemple   expliquer   un examen
- Like the sound in **thé** [e] when it is followed by a double consonant:

  le dessert   pressé   un effort
- Sometimes, in one-syllable words like **je, te, le, de, ce,** etc., and in words like **samedi** and **allemand,** the letter **e** is not pronounced; it is *elided.* For this reason a letter **e** pronounced with the vowel of **deux** or of **sœur** is called an **unstable e.**

Compare the following two words. Look especially at the number of consonants before the unstable **e:**

vendredi   samȩdi

An unstable **e** is usually dropped within words when it comes after only one pronounced consonant. In **samedi,** it comes after a single consonant, /m/, so it is dropped. But in **vendredi,** it comes after two pronounced consonants, /dr/, so it is retained.

Each **Sons et lettres** section, including practice activities, is recorded on the Student audio CD.

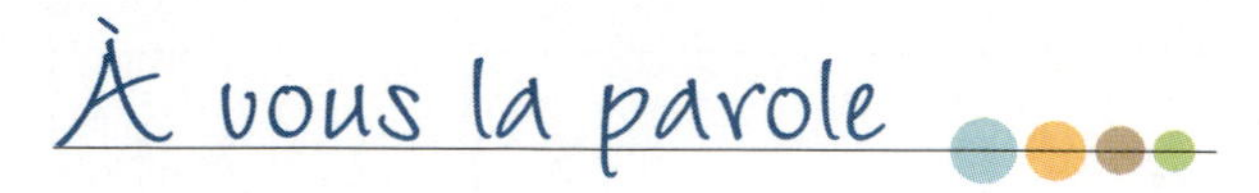

A. Comparez. Comparez la prononciation de **e** dans chaque colonne.

	[ø] comme dans *deux*	**[ɛ] comme dans *mère***
1.	pr**e**nez	d**e**rnier
2.	d**e**main	hi**e**r
3.	d**e**voir	dét**e**ster
4.	p**e**tit	**e**xemple
5.	m**e**nu	r**e**staurant
6.	d**e**mande	acc**e**pte

B. Contrastes. Comparez la chute et le maintien du **e** instable. Répétez:

sam~~**e**~~di	vendr**e**di
rar~~**e**~~ment	quelqu**e**fois
ach~~**e**~~tez	pr**e**nez
Mad~~**e**~~leine	Margu**e**rite

C. Éliminer ou garder? Lisez les phrases suivantes en prononçant ou en faisant tomber les **e** instables, selon le cas. Attention aussi aux **e** qui se prononcent avec la voyelle de **mère** et qui ne tombent jamais.

1. C'est maintenant.
2. Achetez ça seulement.
3. Il a recommandé l'omelette à Annette.
4. Appelez le mercredi ou le vendredi, jamais le samedi.
5. Elle explique la leçon à sa partenaire allemande.
6. Ils refusent de faire les exercices pour la classe d'espagnol.

FORMES ET FONCTIONS

Additional practice activities for each **Formes et fonctions** section are provided on the CD-ROM and website: **http://www.prenhall.com/cheznous**

1. Les verbes prendre *et* boire

The verbs **prendre** and **boire** show some irregularities in their formation.

PRENDRE *to take*

SINGULIER		PLURIEL	
je	pren**ds**	nous	pren**ons**
tu	pren**ds**	vous	pren**ez**
il / elle / on	pren**d**	ils / elles	pre**nnent**

IMPÉRATIF: **Prends** un café! **Prenez** du vin! **Prenons** une pizza!

PASSÉ COMPOSÉ: J'ai **pris** du chocolat chaud.

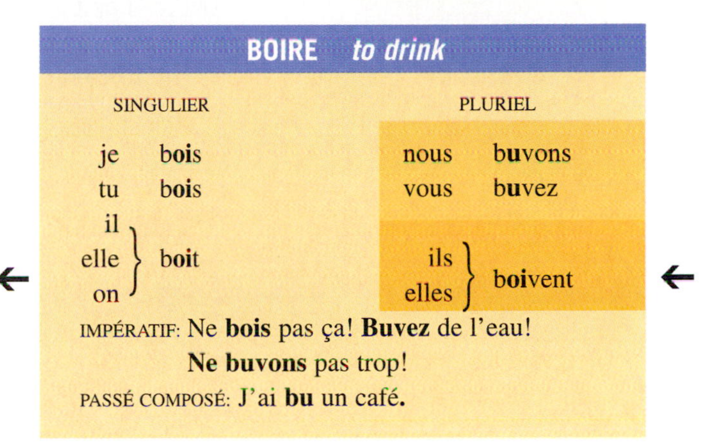

BOIRE *to drink*

SINGULIER		PLURIEL	
je	boi**s**	nous	**buv**ons
tu	boi**s**	vous	**buv**ez
il / elle / on	boi**t**	ils / elles	**boiv**ent

IMPÉRATIF: Ne **bois** pas ça! **Buvez** de l'eau! **Ne buvons** pas trop!

PASSÉ COMPOSÉ: J'ai **bu** un café.

- The verb **prendre** is used with foods or beverages.

Je **prends** un citron pressé.	*I'm having lemonade.*
Qu'est-ce que tu **as pris?**	*What did you have?*
—Un coca.	*—A Coke.*
On **prend** un sandwich au jambon et des frites.	*We're having a ham sandwich and fries.*

- **Prendre** also means *to take.*

On **prend** le bus ou un taxi?	*Shall we take the bus or a taxi?*
Tu **prends** ton sac?	*Are you taking your bag?*

- **Apprendre,** *to learn,* and **comprendre,** *to understand,* are formed like **prendre.**

Tu **apprends** l'italien?	*You're learning Italian?*
Ils **comprennent** l'arabe.	*They understand Arabic.*

- **Boire** means *to drink.*

Qu'est-ce que tu **bois?**	*What are you drinking?*
On **boit** du vin rouge.	*We're drinking red wine.*
Je n'**ai** rien **bu.**	*I haven't drunk anything.*

À vous la parole

A. Quelle consommation? Qu'est-ce que ces personnes prennent ou boivent?

MODÈLE: le jeune homme? et son amie?
→Il prend une bière.
OU →Il boit une bière.
→Elle prend un verre d'eau minerale.
OU →Elle boit un verre d'eau minérale.

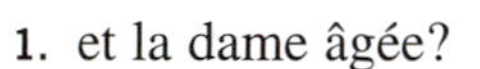

1. et la dame âgée?

2. et les enfants?

3. et le monsieur?
4. et la petite fille?

5. et les ouvriers?

B. Pays et langues. Dites quelle/s langue/s ces personnes comprennent ou apprennent selon la ville ou le pays indiqué. Voici la liste des langues: **l'allemand, l'espagnol, le français, l'italien, le portugais, le russe.**

MODÈLES: Bruno habite au Portugal.
→Alors il comprend le portugais.

Je vais en Russie.
→Alors tu apprends le russe.

1. Isabella habite en Italie.
2. J'habite en Russie.
3. Franz habite en Allemagne.
4. Nous habitons en France.
5. Mes cousins habitent en Espagne.
6. Guy et Paul vont à Moscou.
7. Nous allons au Mexique.
8. Martine va en Allemagne.
9. Je vais au Portugal.
10. Nous allons au Québec.

C. Vos habitudes. Dites ce que vous prenez dans ces situations. Comparez votre réponse avec la réponse de votre partenaire.

MODÈLE: le matin, avant d'aller aux cours?
É1 Moi, je prends un café noir.
É2 Et moi, un jus d'orange.

1. pendant la journée?
2. quand vous n'avez pas le temps de manger?
3. quand vous regardez la télé?
4. quand vous êtes au cinéma?
5. après un film, une pièce ou un concert, quand vous sortez avec des amis?
6. quand vous avez très soif?

2. *L'article partitif*

- Consider the following statements.

J'aime le café.	*I like coffee.*
Je n'aime pas le thé.	*I don't like tea.*
J'adore les croissants.	*I love croissants.*
Je déteste les bananes.	*I hate bananas.*

Nouns are of two types in French and in English. *Count nouns* refer to things that can be counted, for example, croissants. *Mass nouns* are things that normally are not counted, like coffee, tea, sugar, and water. Notice that, as in the examples above, count nouns can be made plural; mass nouns are normally used only in the singular.

- When you refer to a noun not previously specified, use the indefinite article if it is a count noun.

Il a mangé **un** sandwich.	*He ate a sandwich.*
Je prends **une** pizza.	*I'm having a pizza.*
Elle a acheté **des** oranges.	*She bought some oranges.*

Use the *partitive article* if it is a mass noun.

Tu veux **du** coca?	*Do you want some Coke?*
Tu prends **de la** crème?	*Do you take cream?*
Je sers **de l'**eau minérale.	*I'm serving mineral water.*

- Note the differences in meaning between the definite article, on the one hand, and the indefinite and partitive articles on the other hand. The definite article denotes a specific or presupposed item. The indefinite or partitive article denotes an unspecified item.

Definite article	**Indefinite or partitive article**
Il a pris **l'**orange. *He took the orange.*	Il a pris **une** orange. *He took an orange. (any orange)*
Vous voulez **les** sandwichs? *Do you want the sandwiches?*	Vous voulez **des** sandwichs? *Do you want sandwiches? (any sandwiches)*
Elle a mangé **le** pain. *She ate the bread.*	Elle a mangé **du** pain. *She ate some bread.*

- In negative sentences, both the indefinite and the partitive articles are replaced by **de/d'**:

Il prend **une** Orangina?	—Non, non, il ne prend pas **d'**Orangina.
Je peux avoir **des** glaçons?	—On n'a pas **de** glaçons, mademoiselle.
Vous servez **du** thé?	—Non, nous ne servons pas **de** thé, monsieur.

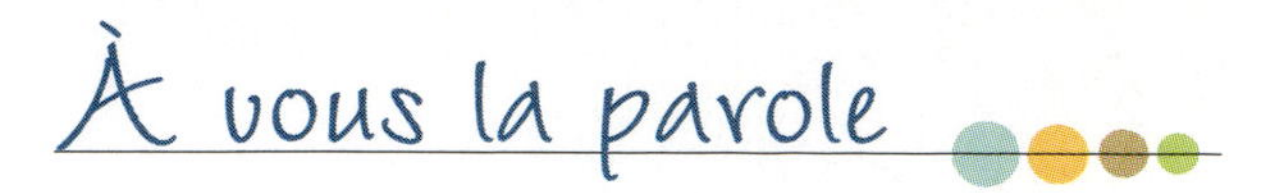

A. Ce n'est pas logique! Corrigez les phrases illogiques.

MODÈLE: Avec le café je prends du vin blanc.
→Avec le café je prends de la crème.

1. Comme dessert je prends une pizza.
2. Avec une pizza je prends du café.
3. Quand j'ai très soif, je prends du vin.
4. Généralement, je prends de la bière avec des glaçons.
5. Quand il fait très chaud on prend du chocolat chaud.
6. Dans un thé au citron on met des frites.
7. Quand on veut manger quelque chose on prend de la limonade.
8. Quand on veut boire quelque chose on prend de la pizza.

B. Au café. D'après sa description, imaginez ce que chaque personne prend.

MODÈLE: Victor n'a jamais assez de temps pour manger le matin.
→Il prend seulement du café noir.

1. Mme Sauvert fait très attention à manger correctement.
2. Sophie voudrait un dessert.
3. Corinne n'a pas très faim.
4. Richard a très soif.
5. André est végétarien.
6. Le petit Nicolas a très faim.
7. M. Berger mange souvent au fast-food.

C. Vos habitudes et préférences. Complétez chaque phrase et comparez votre réponse avec la réponse de votre partenaire.

MODÈLE: Le matin, je prends toujours...
É1 Le matin, je prends toujours du café.
É2 Je déteste le café. Moi, je prends toujours du thé.

1. Le matin, je prends toujours...
2. Quand je vais au MacDo, je prends toujours...
3. Le week-end, je prends...
4. Quand j'ai très soif, j'aime...
5. Quand je travaille très tard le soir, je prends souvent...
6. Ma boisson préférée, c'est...

LISONS *Déjeuner du matin*

A. Avant de lire. The title of the poem that you are going to read is "Déjeuner du matin." What does it lead you to expect the poem will be about? As you read, consider the series of events that comprise the **déjeuner du matin.** Try to determine why the poet, Jacques Prévert, is describing this meal. Prévert is known for his use of simple language to convey profound meanings.

B. En lisant. This poem takes the form of a narrative, that is, it recounts a series of events.

1. How many characters are there in the poem? Who might these people be?
2. How is the series of events recounted, and from whose point of view? Does it surprise you to know that Prévert began his career as a writer of screenplays?
3. Summarize what occurs in the poem. For example, (a) the man had a cup of coffee, (b) …

C. En regardant de plus près.

1. The characters of the poem have no names; they are referred to simply as **il** and **je.** What is the effect of this? Notice at what point the pronoun **je** is introduced.
2. What is the overall mood of the poem? What techniques has Prévert used to convey that mood?
3. The title of the poem is "Déjeuner du matin." Is breakfast, or eating breakfast, the subject of the poem? Why has Prévert used this title?

D. Après avoir lu. Now that you have read and discussed the poem:

1. Try to imagine the following:
   a. what took place just before the action of the poem
   b. what takes place after the action of the poem
2. Recount one of your own daily activities, using the style of Prévert.

Déjeuner du matin

Il a mis le café
Dans la tasse
Il a mis le lait
Dans la tasse de café
Il a mis le sucre
Dans le café au lait
Avec la petite cuiller
Il a tourné
Il a bu le café au lait
Et il a reposé la tasse
Sans me parler
Il a allumé
Une cigarette
Il a fait des ronds
Avec la fumée
Il a mis les cendres
Dans le cendrier
Sans me parler
Sans me regarder
Il s'est levé
Il a mis
Son chapeau sur sa tête
Il a mis
Son manteau de pluie
Parce qu'il pleuvait
Et il est parti
Sous la pluie
Sans une parole
Sans me regarder
Et moi j'ai pris
Ma tête dans ma main
Et j'ai pleuré.

—*Jacques Prévert,* Paroles, *Éditions Gallimard*

Leçon 2 À table!

POINTS DE DÉPART

Les repas

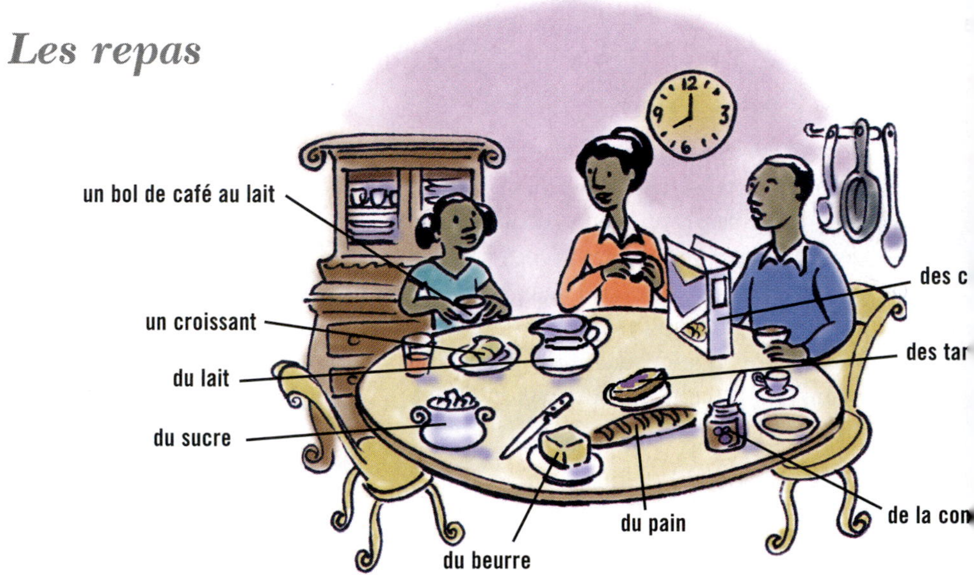

Les Sangala habitent à Bordeaux; ils prennent le petit déjeuner vers huit heures.

Les Canadiens prennent souvent un petit déjeuner copieux.

Les Dupuis habitent une ferme en Touraine; ils déjeunent chez eux à midi et demi. Mme Dupuis aime bien faire la cuisine.

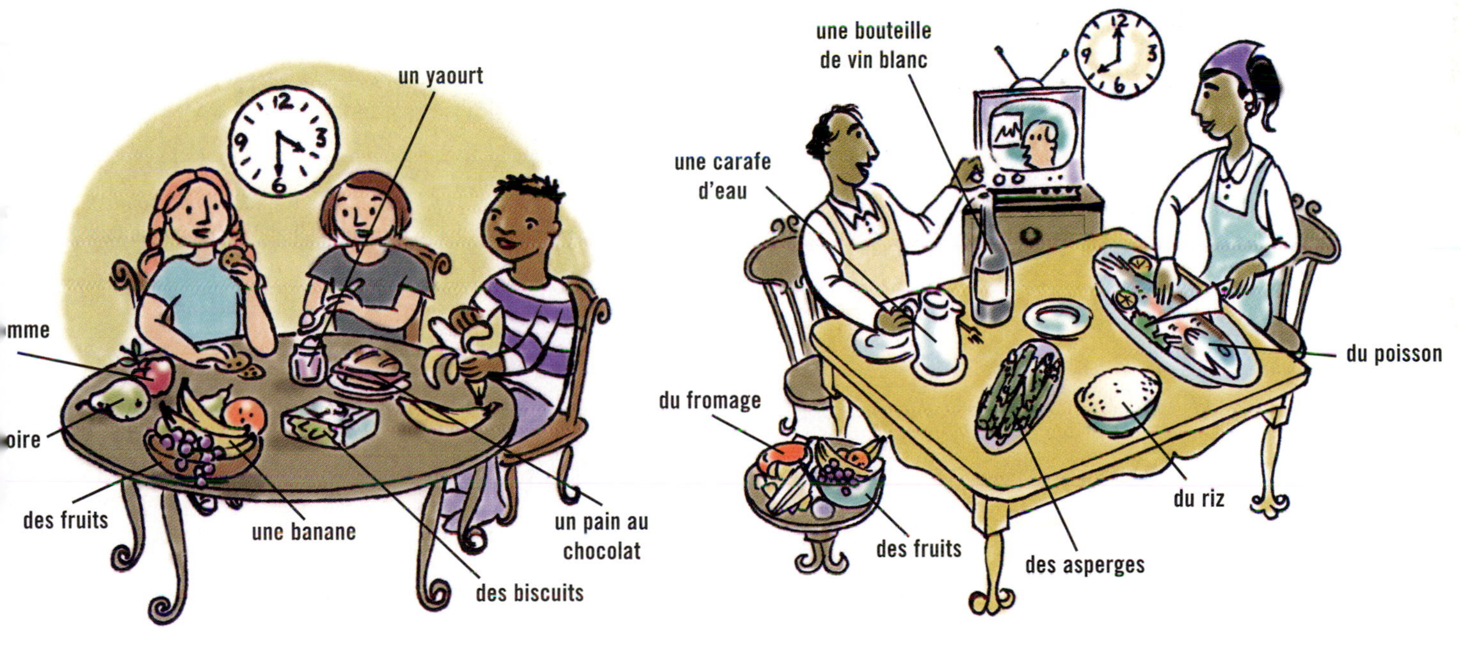

Marie-Christine, Jean-Pierre et Gilbert habitent en Belgique; ils prennent le goûter vers quatre heures et demie.

M. et Mme Haddad habitent en Algérie; ils dînent vers huit heures.

Le déjeuner

Pour les Français, le repas principal de la journée est le déjeuner. Quand c'est possible, les gens rentrent à midi pour manger en famille. Autrement, ils mangent dans un restaurant près de leur travail. Le déjeuner ordinaire consiste en une entrée (des crudités, de la charcuterie°, du melon, des fruits de mer°), un plat principal (de la viande ou du poisson) servi avec un légume, une salade verte et un fromage et/ou un dessert. À la fin du repas, on prend le café.

charcuterie°: cold meats
fruits de mer°: seafood

Le dîner

Le repas du soir, le dîner ou le souper, est moins copieux. Il commence souvent par une soupe. Ensuite on peut servir une omelette, des pâtes, de la viande ou du poisson avec un légume. Pour finir, un peu de fromage, un yaourt ou des fruits. Le dîner en famille commence assez tard, vers huit heures. Souvent on regarde le journal télévisé pendant le repas.

A. Quel repas? Selon la description, identifiez le repas.

MODÈLE: M. Maisonneuve prend des œufs sur le plat avec du jambon et des rôties.
→Il prend le petit déjeuner.

1. Mme Lopez sert des pains au chocolat et de la limonade à ses enfants.
2. Mme Leroux prend seulement du café et un croissant.
3. Nicolas prend un yaourt et une pomme.
4. M. et Mme Poirier prennent des œufs avec des rôties.
5. Il est une heure; les Schumann mangent du poisson avec du riz.
6. Nous sommes à Montréal, le soir. Mme Ladouceur sert de la soupe.
7. Avant de rentrer au bureau, Maryse et Gabrielle prennent un hamburger et des frites au MacDo.
8. Il est huit heures du soir, et les Deleuze mangent du rosbif et des pommes de terre.

B. Les bonnes combinaisons. Qu'est-ce qu'on prend avec la boisson ou l'aliment mentionné?

MODÈLE: avec le café?
→du sucre ou du lait

1. avec le thé?
2. avec le pain?
3. avec les œufs?
4. avec le poulet?
5. avec le poisson?
6. avec le fromage?
7. avec les hamburgers?

C. Quels ingrédients? Avec quoi est-ce qu'on fait les plats suivants? Avec un/e partenaire, mettez-vous d'accord sur les ingrédients.

MODÈLE: une omelette?
É1 Avec quoi est-ce qu'on fait une omelette?
É2 On fait une omelette avec des œufs, du lait et du beurre.
É1 Et aussi avec du jambon et du fromage.

1. un citron pressé?
2. une omelette?
3. un sandwich?
4. une salade de fruits?
5. une tartine?
6. un croque-monsieur?
7. un café au lait?
8. un pain au chocolat?

D. Vos préférences. Qu'est-ce que vous prenez d'habitude dans les situations suivantes? Comparez vos habitudes avec celles d'un/e camarade de classe.

MODÈLE: comme boisson, au petit déjeuner?
É1 D'habitude, je prends du café noir avec du sucre.
É2 Moi, je ne prends pas de boisson le matin.

1. comme boisson, au petit déjeuner?
2. à manger, au petit déjeuner?
3. à manger, au déjeuner?
4. comme goûter, l'après-midi?
5. quand vous voulez prendre une boisson, l'après-midi?
6. comme boisson, au dîner?
7. quand vous n'avez pas dîné, tard le soir?
8. quand vous êtes très stressé/e?
9. comme boisson, quand vous avez des invités?

Éclairages

Un repas pour les invités

Le grand repas de la semaine est le déjeuner du dimanche. Souvent on invite des membres de la famille ou de bons amis. Ces déjeuners sont très animés, et très longs: il peuvent durer entre deux et trois heures. Avant le repas, on sert souvent un apéritif (un petit whisky ou du porto, par exemple) avec des amuse-gueules (des cacahouètes°, des olives ou des chips). Le repas commence par un hors d'œuvre, suivi d'une entrée (un poisson, par exemple) et d'un plat principal. Après le plat principal, il y a souvent une salade, et après un plateau avec trois ou quatre variétés de fromages. Quand on a des invités on sert aussi un dessert spécial qu'on a préparé ou qu'on a acheté à la pâtisserie. Pour un repas du dimanche ou de fête, les Français servent plusieurs vins et peut-être même du champagne. Une autre possibilité pour des occasions spéciales est de dîner au restaurant avec de la famille ou des amis.

peanuts

ET VOUS?

1. Qu'est-ce que vous faites pour fêter des occasions spéciales chez vous? Comparez les traditions dans votre famille avec les traditions des Français.
2. Quand vous invitez des amis, qu'est-ce que vous servez à boire et à manger? Décrivez un repas de fête chez vous et comparez ce repas au repas de fête des Français.

SONS ET LETTRES

Le *h aspiré* et le *h muet*

In French the letter **h** does not represent any sound. Most words beginning with **h** behave as if they began with a vowel; in other words, *elision* and *liaison* are normally made. These words are said to contain **un h muet.**

l'hiver	l'histoire
les‿hommes /z/	les‿habitudes /z/
pas d'huile	s'habiller

- Other words beginning with **h** behave as if they began with a consonant: there is neither *elision* nor *liaison.* These words contain **un h aspiré.** In the glossary at the end of this textbook and in the vocabulary lists in each chapter, these words are preceded by an asterisk (*).

un *hamburger	la *Hollande
les *haricots verts	les *hors-d'œuvre

- Some words that begin with a vowel letter also behave as if they contain **un h aspiré.**

le nombre *un	le *onze novembre

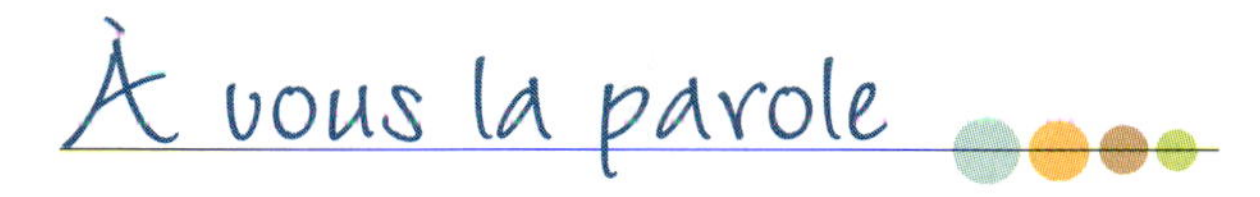

A. Contrastes. Comparez les deux mots ou expressions.

1. les *haricots verts — les hommes
2. la *Hollande — l'huile (*oil*)
3. un *hamburger — un hôpital
4. les *homards (*lobsters*) — les huîtres (*oysters*)

B. Phrases. Répétez chaque phrase.

1. J'aime les *haricots verts avec l'huile d'olive et du citron.
2. Comme fruits de mer je préfère les huîtres, mais mon mari adore le *homard.
3. On a réservé une table le *onze avril à huit heures.
4. À cet hôtel, ils servent des asperges à la sauce *hollandaise.

FORMES ET FONCTIONS

1. Les verbes en -ir comme finir

To form the present indicative of verbs like **finir,** add **-iss-** to the base for the plural forms: **fin ir** → **fin iss-.**

- Like other **-ir** verbs, these verbs have four spoken forms. The final /s/ of the plural form is dropped in the singular.

ils **finissent** /finis/ le repas   il **finit** /fini/ son dessert

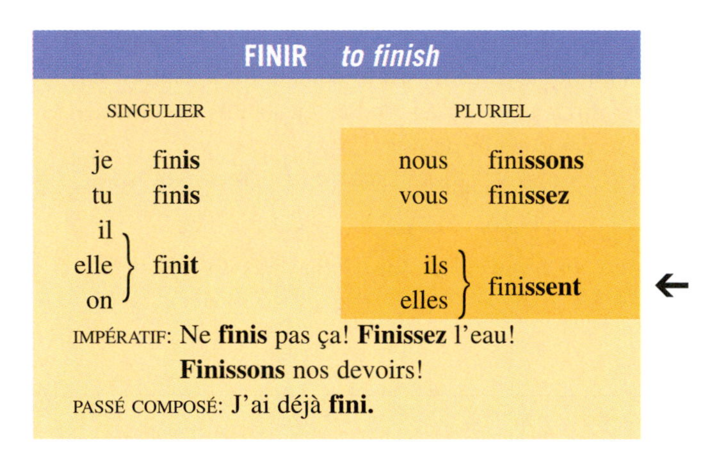

FINIR *to finish*			
SINGULIER		PLURIEL	
je	fin**is**	nous	fin**issons**
tu	fin**is**	vous	fin**issez**
il / elle / on	fin**it**	ils / elles	fin**issent** ←

IMPÉRATIF: Ne **finis** pas ça! **Finissez** l'eau! **Finissons** nos devoirs!

PASSÉ COMPOSÉ: J'ai déjà **fini.**

- Some **-ir/-iss-** verbs are derived from common adjectives. They express the meaning that someone or something is becoming more like the adjective:

maigre	*thin, skinny*	maigrir	*to lose weight*
grosse	*large, fat*	grossir	*to gain weight*
grande	*large, tall*	grandir	*to grow taller, to grow up (for children)*
rouge	*red*	rougir	*to blush*
pâle	*pale*	pâlir	*to become pale*

- Some other common verbs conjugated like **finir** are:

choisir	*to choose*	Qu'est-ce que tu as **choisi** comme dessert?
obéir à	*to obey*	**Obéis** à ta mère! Pas de chocolat avant le repas!
désobéir à	*to disobey*	Ces enfants **désobéissent** toujours à leur père.
punir	*to punish*	Tu **punis** ton fils parce qu'il a mangé trop de bonbons?
réfléchir à	*to think*	Je **réfléchis** bien avant de choisir le plat principal.
remplir	*to fill*	Tu **remplis** ton sac avec des pommes de terre?
réussir à	*to succeed/ pass*	Elle ne **réussit** jamais à faire une mousse au chocolat.

À vous la parole

A. Nos habitudes alimentaires. Est-ce que ces personnes grossissent ou maigrissent?

MODÈLE: Suzanne prend toujours un dessert.
→Elle grossit certainement.

1. Vanessa mange beaucoup de crudités et de salades.
2. Nous aimons les sauces avec beaucoup de crème.
3. Tu préfères le poisson grillé.
4. Mes parents adorent les fruits et les légumes.
5. Vous mangez souvent au fast-food.
6. Je préfère le yaourt à la glace.
7. Bruno prend souvent de la pizza avec du coca et de la glace comme dessert.
8. Nous dînons souvent chez Quick.

B. Le choix est à vous! Qu'est-ce que vous choisissez? Comparez votre réponse avec la réponse de votre partenaire, puis avec celles de vos camarades de classe.

MODÈLE: entre une glace au chocolat et un yaourt
É1 Entre une glace et un yaourt, moi, je choisis le yaourt; c'est très bon.
É2 Berk! Je n'aime pas le yaourt, moi, je choisis plutôt la glace.

1. entre une glace au chocolat et un yaourt
2. entre le poulet et le poisson
3. entre les pommes de terre sautées et le riz
4. entre les asperges et les haricots verts
5. entre une poire et une banane
6. entre le fromage et un yaourt
7. entre des céréales et un croissant
8. entre un oeuf sur le plat et une tartine

C. Trouvez une personne. Dans votre classe, trouvez une personne qui...

MODÈLE: grossit toujours en hiver
É1 Est-ce que tu grossis toujours en hiver?
É2 Non, je ne grossis jamais.
É3 Oui, je grossis toujours en hiver.

1. rougit toujours quand il/elle fait une faute
2. finit toujours ses devoirs le/la premier/-ère
3. grossit toujours en hiver
4. grandit toujours
5. réfléchit toujours avant de répondre
6. réussit toujours à ses examens
7. maigrit quand il/elle est stressé/e
8. grossit quand il/elle est stressé/e
9. ne désobéit jamais au code de la route

2. *Les pronoms compléments d'objet direct:* le, la, l', les

- A direct object receives the action of a verb, answering the question *who* or *what.* The direct-object pronoun replaces a direct-object noun phrase; it agrees in gender and number with the noun it replaces.

Elle prend **la quiche?**	Oui, elle **la** prend.	*Yes, she's having it.*
Elle met **le verre** sur la table?	Oui, elle **le** met sur la table.	*Yes, she puts it on the table.*
Elle achète **le vin?**	Oui, elle **l'**achète.	*Yes, she is buying it.*
Elle achète **les pommes?**	Oui, elle **les**‿achète. /z/	*Yes, she's buying them.*

- Here are the forms of the direct-object pronouns. In the plural, liaison /z/ is pronounced before a vowel.

	singulier	**pluriel**
masc	le	les
m/f + voyelle	l'	les‿ /z/
fém	la	les

- To point out people or objects, the direct-object pronouns precede **voilà.**

Sylvie? **La** voilà. — *Sylvie? There she is.*
Mes recettes? **Les** voilà. — *My recipes? There they are.*

- In most other cases, direct-object pronouns precede the conjugated verb:

Vous aimez les fruits de ce marchand? — *Do you like this merchant's fruits?*
—Nous ne **les** achetons jamais. C'est trop cher. — *—We never buy them. It's too expensive.*

Il est où le dernier croissant? — *Where's the last croissant?*
—Je ne sais pas. Je ne **l'**ai pas pris. — *—I don't know. I didn't take it.*

Ce gâteau a l'air bon. — *This cake looks good.*
—Oui, mais je ne vais pas **le** prendre. C'est trop cher. — *—Yes, but I'm not going to get it. It's too expensive.*

- The negative **ne** never comes between an object pronoun and verb:

Ces fruits, nous ne **les** achetons jamais.	... *we never buy them.*
Le dernier croissant, je ne **l'**ai pas pris.	... *I didn't take it.*
Ce dessert, je ne vais pas **le** manger.	... *I'm not going to eat it.*

- In the **passé composé,** the past participle agrees in gender and number with a preceding direct-object pronoun:

J'ai donné **le fromage** à Karine.	Je **l'**ai donné à Karine.
J'ai donné **la pomme** à Ludovic.	Je **l'**ai donné**e** à Ludovic.
J'ai donné **les biscuits** à Gaëlle.	Je **les** ai donné**s** à Gaëlle.
J'ai donné **les bananes** à Rémy.	Je **les** ai donné**es** à Rémy.

In French you cannot emphasize a word by adding stress to it, as in English: "Did you see *John* or *Bill?*" "I saw *John.*" One way to emphasize a word or phrase in French is to place it at the very beginning of the sentence, and put a pronoun equivalent in its place: **Les asperges,** tu **les** aimes?

A. Où est-ce que c'est rangé? Après avoir fait les courses, Mme Deleuze a bien rangé toutes les provisions. M. Deleuze a faim mais il n'arrive pas à trouver de quoi manger. Aidez-le en expliquant où les aliments se trouvent. Voici quelques possibilités....

dans le placard	dans le frigo	à la cave	dans le congélateur

MODÈLE: les pommes de terre?
→Les voilà à la cave.

1. les œufs?
2. le sel?
3. le poisson?
4. les bouteilles de vin?
5. les yaourts?
6. le sucre?
7. les céréales?
8. la glace?

B. Vos goûts. Est-ce que vous aimez le plat ou le produit suggéré? Si non, indiquez quelque chose de la même catégorie que vous préférez. Comparez votre réponse avec la réponse de votre partenaire.

MODÈLE: les croque-monsieurs
É1 Les croque-monsieurs, je les aime.
É2 Je ne les aime pas. Je préfère les sandwichs au jambon.

1. le lait
2. les pommes de terre
3. les haricots verts
4. les poires
5. la bière
6. le pain grillé
7. le poisson
8. le poulet
9. la glace au chocolat
10. le roquefort

C. Les occupations et les loisirs. Quels sont les occupations et les loisirs de vos camarades de classe? Posez des questions à deux camarades, et ensuite comparez les réponses.

MODÈLE: faire la cuisine
É1 Tu aimes faire la cuisine?
É2 Oui, j'aime la faire.
É3 Non, je n'aime pas la faire.

1. faire la cuisine
2. faire les courses
3. mettre la table
4. faire la vaisselle
5. inviter des amis
6. préparer le repas
7. regarder la télé pendant le dîner

PARLONS *Un dîner au restaurant*

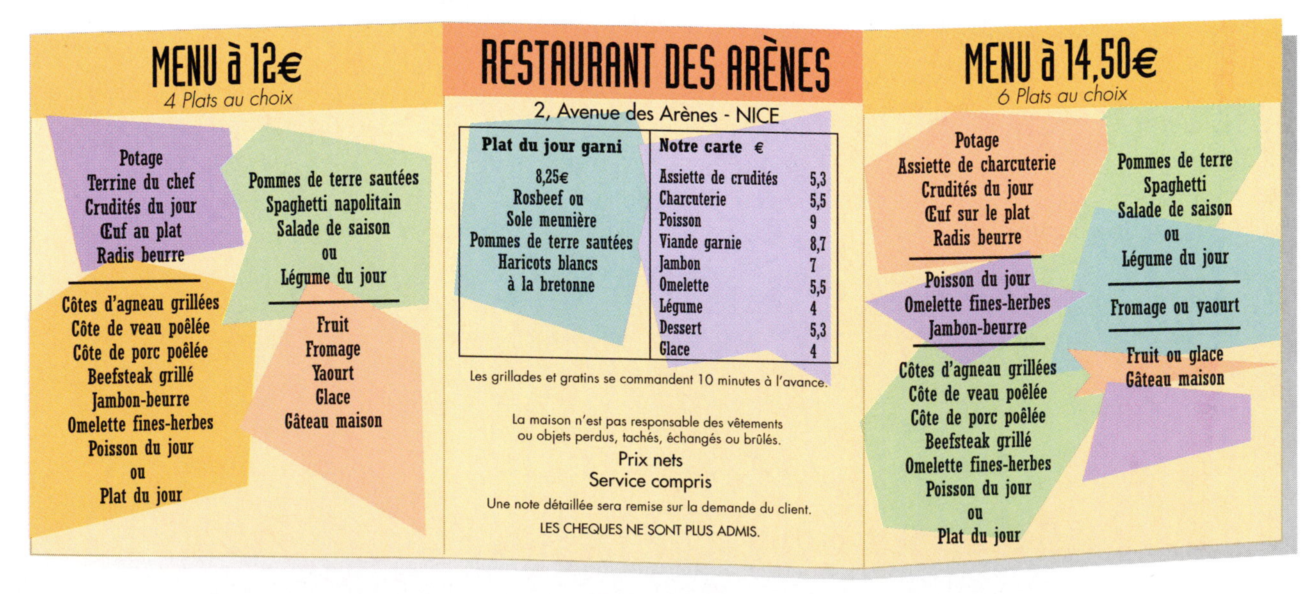

le petit saint-benoît

4, Rue Saint-Benoît - PARIS (6e)
Téléphone: 042 60 27 92

Hors-d'œuvre
Melon
Tomate-concombre
Crudités
Radis beurre
Pâté de campagne
Œuf dur mayonnaise
Viande froide mayonnaise

Plat du jour
Pièce de bœuf h. verts
Côtes d'agneau grillées
Poulet rôti garni
Boudin purée
Hachis parmentier

Légumes - Purée - Pommes boulangère - Salade verte

Fromage - Camembert - Brie - Chèvre - Yaourt - Gruyère - Pont l'évêque - Roquefort

Desserts Tarte myrtilles - Tarte citron - Tarte framboises 22 - Framboises au sucre - Gâteau au chocolat - Glaces

Regardez les menus du **Petit Saint-Benoît** et du **Restaurant des Arènes.** D'après ce que vous aimez manger, choisissez un de ces restaurants. Ensuite, imaginez que vous allez dîner dans ce restaurant avec des amis. Une personne va jouer le rôle du serveur et les autres vont commander ce qu'ils veulent manger.

MODÈLE:

LE SERVEUR:	Bonsoir, messieurs, dames. Qu'est-ce que je vous sers?
VOUS:	Nous allons prendre deux menus à 14 euros 50.
LE SERVEUR:	Bien, et pour commencer?
VOUS:	Je vais prendre les crudités du jour.
LE SERVEUR:	Et vous, madame?
VOTRE CAMARADE:	Je vais commencer par l'assiette de charcuterie.
LE SERVEUR:	Et comme plat principal? etc.

Maintenant, imaginez que les choses ne vont pas si bien. Choisissez une ou deux des situations suivantes et commandez de nouveau.

1. Une personne ne peut pas décider de ce qu'elle veut manger.
2. Une personne dans le groupe a très faim et veut tout commander.
3. Le serveur arrive avec les entrées et il a fait une grosse erreur.
4. Le serveur n'arrive pas, puis il ne fait pas très attention à la commande.
5. Une personne veut maigrir mais les autres veulent un grand repas de fête.

Leçon 3 Faisons les courses

POINTS DE DÉPART

Allons au supermarché

C'est samedi. Les Mathieu font les courses à Super U.

M. MATHIEU: Qu'est-ce qui va bien avec le rôti de porc? Des haricots? J'aime ça, moi.

MME MATHIEU: Il n'y a pas de haricots aujourd'hui.

M. MATHIEU: Alors, des épinards?

MME MATHIEU: Les enfants les détestent. Les petit pois, c'est mieux.

M. MATHIEU: Mais ils sont trop chers. Trois euros le kilo!

MME MATHIEU: C'est vrai, mais ils ont l'air délicieux et assez frais.

M. MATHIEU: Et pour le dessert, des fruits?

MME MATHIEU: Non, les fraises sont trop mûres, les pêches trop vertes et le reste trop cher.

Le rayon boulangerie-pâtisserie
Le rayon charcuterie-poissonerie-boucherie
une baguette
des crevettes (f.)
du rosbif
des pâtisseries (f.)
un rôti de porc
du thon
du saumon
du gigot
un pain de campagne
la
iterie
un pain de mie
Le rayon boulangerie-pâtisserie
un gâteau
u pâté
une tarte
Le rayon charcuterie-poissonnerie-boucherie
un petit pan
s plats
éparés
des carottes (f.)
une tomate
des petits pois
un concombre
un oignon
une pêche
les surgélés
Les surgélés
La caisse
caisse
des champignons
Le rayon fruits et légumes
Le rayon fruits et légumes
un melon
de l'huile (f.)
du vinaigre
le chariot
huile
VINAIGRE
PÂTES
Moutarde
des raisins (m.)
des fraises (f.)
de la moutarde
des pâtes

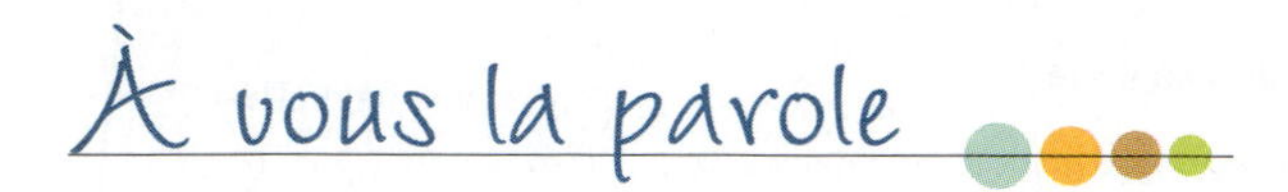

À vous la parole

A. Quel rayon? Nous sommes au supermarché. Où est-ce que vous entendez cela? Choisissez dans cette liste.

au rayon crémerie	au rayon boulangerie-pâtisserie
au rayon charcuterie	au rayon fruits et légumes
au rayon viandes et poissons	au rayon surgelés

MODÈLE: Je voudrais une demi-douzaine de petits pains, s'il vous plaît.
→C'est au rayon boulangerie-pâtisserie.

1. Je mets les croissants dans un sac?
2. Qu'est-ce que tu préfères, le pâté de campagne ou le jambon?
3. Vous avez des sardines?
4. Comme dessert, on prend de la glace ou un sorbet?
5. Je vous recommande le brie, madame.
6. Il y a des côtelettes d'agneau et du poulet.
7. La pâtissière fait des gâteaux magnifiques!
8. Les melons sont beaux, mais ils sont chers.

B. Des achats. Qu'est-ce que ces gens ont acheté? Avec un/e partenaire, suggérez un ou deux produits.

MODÈLE: Pascale a été au rayon viandes.
É1 Elle a acheté un rôti.
É2 Et aussi un poulet.

1. Nicolas a trouvé un beau dessert.
2. M. Dumas va faire une salade.
3. Mme Ducastel a voulu acheter des fruits.
4. M. et Mme Camus choisissent entre le saumon et la truite.
5. Marc a seulement acheté des surgelés.
6. Gisèle est allée au rayon crémerie.
7. Christophe est passé au rayon légumes.

C. Vos goûts. Quelle est votre réaction si votre partenaire vous offre les choses suivantes? Choisissez une des expressions suivantes pour répondre:

C'est super!	C'est délicieux!	J'aime ça.
Oui, pourquoi pas?	Je déteste ça.	Quelle horreur!

MODÈLE: les bananes trop mûres
É1 Tu aimes les bananes trop mûres?
É2 Quelle horreur! Je déteste ça!

1. les bananes trop mûres
2. les bananes vertes
3. le sel sur le melon
4. les fraises trop mûres
5. les spaghetti à la sauce tomate
6. le poulet à la moutarde avec beaucoup d'oignons
7. la soupe aux carottes
8. les tranches fines de concombre sur du pain
9. le saumon fumé (*smoked*)

D. Faisons les courses. On prépare un grand dîner. Décidez d'un menu avec votre partenaire. Qu'est-ce qu'on peut acheter?

MODÈLE: comme entrée?
É1 On peut acheter du jambon et des crudités.
É2 Je déteste ça. Je préfère acheter des crevettes.
É1 C'est cher, mais d'accord. Et comme plat principal? ...

1. comme entrée?
2. comme plat principal?
3. comme légume?
4. comme fromage?
5. comme boisson?
6. comme dessert?

Éclairages

Les petits commerçants et les grandes surfaces

Pour les courses de tous les jours, les Français vont chez les petits commerçants. Par exemple, le matin ils achètent la baguette du petit déjeuner chez le boulanger et les journaux° et les magazines chez le marchand de journaux. Pour les repas de fête, ils vont à la pâtisserie où ils achètent un gâteau ou des tartelettes. Autrement, comme les Américains, les Français vont faire les gros achats une ou deux fois par semaine dans les supermarchés ou les grandes surfaces comme Intermarché ou Super U. Dans les supermarchés on trouve un rayon crémerie, un rayon boucherie, etc., alors on peut tout acheter en même temps° au même endroit.° Les grandes surfaces offrent aussi toutes sortes de nourriture. En plus, on y trouve des vêtements, des livres, des disques compacts, des appareils électroniques (comme des télés, des magnétophones, etc.), et différentes choses pour la maison.

newspapers

at the same time; at the same place

Une épicerie à Cannes

Un marché en plein air

Les marchés

Pour acheter des fruits et des légumes frais, les Français aiment faire leur marché, surtout le samedi et le dimanche. Faire son marché, cela veut dire aller à un marché couvert ou en plein air. Il est vrai que les marchés sont moins confortables que les supermarchés, en particulier en hiver ou quand il pleut. Alors pourquoi est-ce que les gens les préfèrent? C'est parce que les produits sont un peu moins chers et plus frais, et surtout parce que les marchés sont plus vivants. Là-bas on trouve une grande variété de couleurs, d'odeurs et de bruits°. Les marchands crient: «Regardez ma belle tomate! Demandez, mesdames, mes belles fraises du Périgord! Goûtez mes pêches juteuses! Achetez, Monsieur, ma belle laitue°, et pas chère!»

noises

lettuce

Il y a des marchés dans tous les pays° francophones. Aux Antilles et en Afrique ils sont encore plus vivants et intéressants qu'en Europe. La foule° est plus dense et les couleurs plus variées, les odeurs plus fortes, le langage plus expressif. Aller au marché est vraiment une bonne manière d'apprécier la culture des pays francophones.

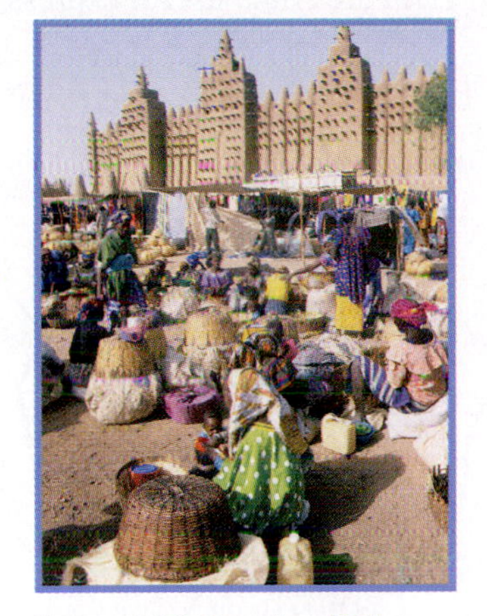
Un marché à Djenné au Mali

countries

crowd

ET VOUS?

1. Où est-ce que vous allez pour faire vos courses? Pour acheter du pain, par exemple? Pour acheter du poisson? Pourquoi?
2. Est-ce qu'il y a des grandes surfaces chez vous? Nommez-les.
3. Est-ce que vous allez quelquefois au marché pour faire des achats? Pourquoi ou pourquoi pas?

FORMES ET FONCTIONS

1. Les expressions de quantité

- In **Chapitre 5, Leçon 1,** you learned that adverbs of quantity are followed by **de/d'** when used with nouns.

trop de	Il y a **trop de** sucre.	*There's too much sugar.*
beaucoup de	Elle a **beaucoup de** riz.	*She has lots of rice.*
assez de	Vous avez **assez d'**huile?	*Do you have enough oil?*
peu de	J'ai très **peu de** café.	*I have very little coffee.*
ne … pas de	Tu **n'**as **pas de** sel?	*Don't you have any salt?*

- Nouns of measure are used in the same way.

une tasse de	Prends **une tasse de** café.	*Have a cup of coffee.*
une boîte de	Donne-moi **une boîte de** sardines.	*Give me a can of sardines.*
un kilo de	Achète **un kilo de** pommes.	*Buy a kilo of apples.*
un litre de	Il faut **un litre de** lait.	*We need a liter of milk.*

- Here are some useful expressions for specifying quantity.

À vous la parole

A. À table. Combien est-ce que vous prenez de ces aliments?

MODÈLE: Vous prenez de l'eau?
—Oui, donnez-moi un verre d'eau.

1. Vous prenez du jambon?
2. Vous prenez du café au lait?
3. Vous prenez du pain?
4. Vous prenez des crudités?
5. Vous prenez du vin?
6. Vous prenez de la viande?
7. Vous prenez du fromage?
8. Vous prenez du thé?

B. Préparation pour un repas. Qu'est-ce qu'il faut acheter, et en quelle quantité? Décidez avec votre partenaire.

MODÈLE: Maryse va faire une omelette au jambon pour quatre personnes.
É1 Elle doit acheter une douzaine d'œufs.
É2 Et aussi quatre tranches de jambon.
É1 Oui, c'est ça.

1. Georges va inviter deux amis pour prendre le dessert.
2. Mme Salazar va faire un rôti de porc et des petits pois pour elle, son mari et ses trois enfants.
3. Nous sommes en hiver. M. Bertrand voudrait préparer une salade de fruits.
4. Marie-France va servir du saumon à sept personnes. Quels légumes est-ce que vous lui suggérez?
5. Céline a invité ses parents, son fiancé et les parents de son fiancé pour le déjeuner de dimanche. Qu'est-ce qu'elle pourrait servir comme entrée?
6. M. Charpentier a des amis chez lui; avec sa femme, ses deux enfants et lui, ça fait sept personnes. Il va chez le boulanger. Qu'est-ce qu'il devrait acheter?
7. M. Papin a invité son chef de bureau (*boss*) et sa femme pour dîner. Qu'est-ce que les Papin pourraient préparer comme plat principal? Et comme dessert?

C. Vous préparez un repas. Vous et vos amis, vous avez invité des gens à dîner. D'abord, décidez d'un menu. Ensuite, préparez une liste de choses à acheter. Finalement, distribuez les responsabilités: qui achète quoi, et où?

MODÈLE: É1 Comme entrée, on peut servir du jambon.
É2 Oui, c'est bon et ce n'est pas cher. Ensuite, du rosbif ou du poulet?
É3 Moi, je préfère le poulet avec des haricots verts.
É1 Donc, on va au rayon charcuterie pour acheter quatre tranches de jambon?
É2 Et au rayon boucherie pour acheter un gros poulet de deux kilos.
É3 Je vais au marché samedi matin pour acheter un kilo de haricots verts et...

Suggestions:

1. un dîner d'anniversaire
2. un pique-nique
3. un petit déjeuner copieux
4. un repas pas cher
5. une autre idée? Précisez!

2. *Le pronom partitif* en

- The pronoun **en** replaces nouns used with the partitive article or the plural indefinite article **des:**

Tu as **du beurre?** —Oui, j'**en** ai.	*Do you have butter?* *—Yes, I have some.*
Vous avez acheté **de l'huile?** —Oui, j'**en** ai acheté.	*Did you buy oil?* *—Yes, I bought some.*
Il n'y a pas **de sucre?** —Si, il y **en** a.	*There isn't any sugar?* *—Yes, there is some.*
Qui veut **des fraises à la crème?** —Jean, il **en** veut. Il aime bien ça.	*Who wants strawberries with cream?* *—John wants some. He likes that.*

- Like the direct-object pronouns, **en** is placed immediately before the conjugated verb of a sentence, unless there is an infinitive. In that case, it precedes the infinitive.

Qui a pris **du jus d'orange?** —Ce monsieur **en** a pris. —Moi, je n'**en** ai pas pris.	*Who drank orange juice?* *—That man drank some.* *—Me, I didn't drink any.*
Tu vas acheter **des œufs?** —Non, je ne vais pas **en** acheter. —Claude, lui, il va **en** acheter.	*Are you going to buy eggs?* *—No, I'm not going to buy any.* *—Claude, he's going to buy some.*

- To replace nouns modified by an expression of quantity (including numbers), use **en.** The expression of quantity is placed at the end of the sentence.

Elle sert **beaucoup de glace?** —Oui, elle **en** sert **beaucoup.**	*Does she serve a lot of ice cream?* *—Yes, she serves a lot (of it).*
Tu as pris **du vin rouge?** —Oui, j'**en** ai bu **un verre.**	*Did you have some red wine?* *—Yes, I drank a glass (of it).*
Combien de **melons** est-ce que vous allez prendre? —Nous allons **en** prendre **trois.**	*How many melons are you going to have?* *—We'll take three (of them).*

À vous la parole

A. Qu'est-ce qu'il a acheté? Daniel achète des provisions. D'après les indications, qu'est-ce qu'il a acheté?

MODÈLE: Il en a acheté une douzaine.
→Il a acheté une douzaine d'œufs.
ou →Il a acheté une douzaine de citrons.

1. Il en a pris un pot.
2. Il en a acheté un morceau.
3. Il en a pris une douzaine.
4. Il en a acheté une bouteille.
5. Il en a pris deux paquets.
6. Il en a commandé deux.
7. Il en a pris beaucoup.
8. Il en a acheté un kilo.
9. Il en a demandé dix tranches.
10. Il en a acheté une boîte.

B. Elle en prend combien? Voici la liste des provisions que Mme Serre achète pour sa famille. Quelles quantités est-ce qu'il lui faut?

MODÈLE: des carottes
→Elle en achète un kilo.

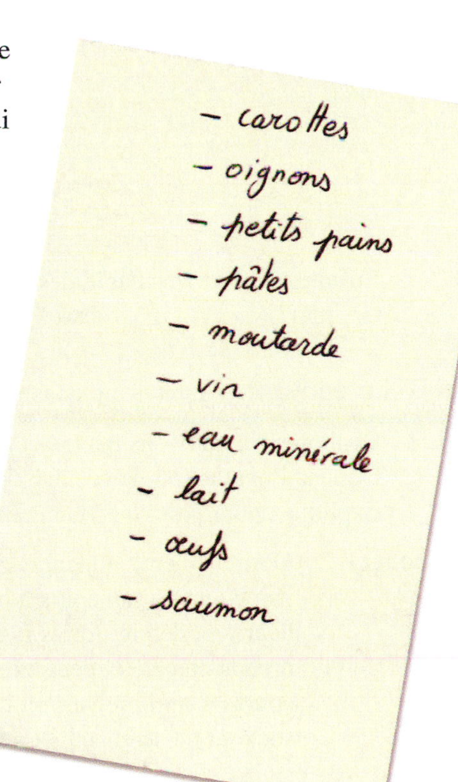

- carottes
- oignons
- petits pains
- pâtes
- moutarde
- vin
- eau minérale
- lait
- œufs
- saumon

C. Qu'est-ce que vous avez? Donnez une réponse logique et personnalisée, et comparez avec votre partenaire.

MODÈLE: des sœurs?
É1 J'en ai une.
É2 Je n'en ai pas.

1. des sœurs?
2. des frères?
3. des amis?
4. des problèmes?
5. de l'argent?
6. des devoirs?
7. des responsabilités?
8. des vacances?

ÉCRIVONS *Vos habitudes alimentaires*

A. Avant d'écrire. Pensez à vos habitudes alimentaires. Pendant une journée typique, combien de fois est-ce que vous mangez? Quand? Qu'est-ce que vous mangez?

1. Pour vous aider à organiser vos pensées, complétez ce tableau.

À quelle heure est-ce que je mange/bois?	Qu'est-ce que je prends?
MODÈLE: *vers 10 h*	*un café (peut-être un croissant)*
à midi	*un sandwich, de la soupe*

2. Ensuite, évaluez vos habitudes: Est-ce que vous mangez...
   très mal? assez bien? très bien?

B. En écrivant. Maintenant, dans un paragraphe, expliquez vos habitudes.

1. Expliquez ce que vous mangez et à quel moment.
2. Donnez l'évaluation de vos habitudes alimentaires.
3. Expliquez pourquoi vous mangez (très) mal/(assez) bien/(très) bien.

MODÈLE: →Normalement, je mange très mal. Le matin, je ne mange pas parce que j'ai un cours à huit heures et je dors jusqu'à sept heures et demie. Après mon premier cours, vers dix heures, je prends un café et peut-être un croissant, et je vais à un autre cours. À midi, je vais au restaurant universitaire. Je prends souvent un sandwich et de la soupe, etc.

C. Après avoir écrit.

1. Relisez votre paragraphe. Vérifiez que vous avez inclus toutes les informations nécessaires.
2. Relisez de nouveau votre paragraphe pour éliminer des fautes d'orthographe et des fautes de grammaire.
3. Échangez votre paragraphe avec quelqu'un dans votre classe. Est-ce qu'il/elle le comprend? Faites les changements nécessaires.

Venez chez nous!

Traditions gastronomiques

PARLONS *Les plats régionaux*

La France a la réputation d'être le pays de la bonne table et des bons vins. C'est une réputation bien méritée. La cuisine française est très variée. Chaque région a ses plats particuliers qui dépendent de son climat, de ses produits et de ses traditions culturelles. Regardez les images des spécialités et des plats régionaux. Avec un/e partenaire, décrivez chaque plat et essayez de l'identifier.

MODÈLE: É1 Regarde cette image. C'est une soupe.
É2 Oui, une soupe de poissons. Il y a des morceaux de poissons.
É1 Oui, et aussi des tomates parce que la sauce est rouge.
É2 C'est la bouillabaisse de Marseille?
É1 C'est possible. Oui, c'est ça.

Voici la liste des plats:

- la choucroute d'Alsace
- la quiche lorraine
- les crêpes et les galettes de Bretagne
- la bouillabaisse de Marseille et de la région maritime
- le coq au vin de Bourgogne
- la fondue du Jura

L'origine des plats régionaux

Savez-vous que les plats régionaux les plus célèbres—la quiche lorraine, la choucroute alsacienne, la salade niçoise et la bouillabaisse—étaient à l'origine des plats de pauvres, c'est-à-dire, des plats qu'on faisait avec des produits assez ordinaires, donc pas chers, ou des restes? Prenons la bouillabaisse, par exemple. Au début, c'était un plat fait avec des poissons que les pêcheurs ne pouvaient pas vendre. On faisait bouillir ces poissons, on ajoutait de la tomate et on servait cette soupe avec des tranches de pain. Aujourd'hui on fait la bouillabaisse avec des produits plus «nobles», donc plus chers; par exemple, on ajoute des fruits de mer et on la sert avec des tranches de pain grillé.

ET VOUS?

1. Est-ce qu'il y a des plats aux États-Unis considérés à l'origine comme des «plats de pauvres», faits aves des restes, mais qui sont devenus maintenant des spécialités regionales bien connues?
2. Les spécialités regionales décrites ici sont basées sur des produits frais et des ingrédients de la région. Est ce qu'il y a des spécialités dans votre région? Est-ce qu'on peut trouver ces spécialités partout aux États-Unis maintenant ou est-ce qu'elles se trouvent uniquement dans votre région?

ÉCOUTONS *La salade niçoise à la radio*

You can listen to the **Écoutons** section on the Student audio CD.

A. Avant d'écouter. **La bonne cuisine** joue un rôle très important dans la société française. Il y a même des émissions à la radio qui parlent de cela; par exemple, **Le goût du monde** sur RFI (**Radio France Internationale**) et **Ça se bouffe pas, ça se mange,** sur France-Inter. Quelquefois, on entend des recettes de cuisine sur ce genre d'émission. Avant d'écouter, pensez aux mots qui sont employés dans une recette. Connaissez-vous **la salade niçoise?** Faites une liste, en français, des ingrédients. Maintenant, faites une liste, en anglais, des expressions de cuisine (par exemple, *mix, baste, bake*) que vous pensez entendre dans cette recette.

B. En écoutant.

1. Écoutez et cochez les ingrédients nécessaires pour faire **une salade niçoise.**

___ des anchois	___ de l'huile d'olive	___ des pommes de terre
___ du basilic	___ de la moutarde	___ du poivre
___ des champignons	___ des œufs durs	___ des poivrons verts (*green peppers*)
___ des concombres	___ des oignons	___ du sel
___ du fromage	___ des olives noires	___ du thon
___ des haricots verts	___ du persil (*parsley*)	

2. Écoutez une deuxième fois et indiquez les quantités précises des ingrédients suivants qu'il faut pour préparer **une salade niçoise pour quatre personnes.**

___ tomates	___ poivrons verts	___ filets d'anchois
___ concombres	___ petits oignons	___ olives noires

3. Mme Rossini dit clairement que pour faire une bonne salade niçoise, il est nécessaire d'avoir certains ingrédients qui viennent de la région de Nice. Écoutez une dernière fois et identifiez ces ingrédients.

C. Après avoir écouté.

1. Comparez la liste que vous avez faite avec la vraie liste d'ingrédients d'après Mme Rossini. Combien d'ingrédients est-ce que vous avez noté? Est-ce qu'il y a des ingrédients qui vous surprennent?
2. Est-ce que vous avez déjà mangé une salade niçoise? Si oui, parlez de votre expérience avec un/e partenaire. Est-ce que la salade niçoise que vous avez mangée ressemble à celle de Mme Rossini?

Le couscous: une nouvelle spécialité française

Le couscous est un plat d'origine maghrébine. (Le Maghreb, c'est la région en Afrique du Nord qui comprend le Maroc, l'Algérie et la Tunisie.) Au Maghreb, il y a le couscous ordinaire pour la famille et le couscous plus élaboré, quand on reçoit des invités. Le couscous ordinaire est composé d'un pot-au-feu (de la viande et des légumes) servi avec de la semoule° et une sauce piquante. Pour les invités, on ajoute plus de viande et de légumes, et on choisit des viandes de meilleure qualité. Le plus souvent, le chef de la famille fait asseoir ses invités autour d'une table basse° sur laquelle on pose un grand plat rond en bois°. Avec le couscous on boit généralement du petit-lait aigre° et fermenté ou du thé à la menthe.

De l'Afrique du Nord, le couscous s'est répandu° vers l'Afrique, en particulier dans les pays du Sahel (la Mauritanie, le Sénégal, le Mali, le Tchad) et vers la France. La popularité du couscous en France date de l'arrivée de deux groupes d'Afrique du Nord: les pieds-noirs° et les immigrés maghrébins. Aujourd'hui le couscous est servi dans les restaurants arabes et beaucoup de maisons françaises. Alors on l'appelle «la nouvelle spécialité française».

semolina, ground hard winter wheat

low

wooden

sour

has spread

people of European descent who have lived in Africa and returned to France

LISONS *Une recette pour le couscous*

A. Avant de lire. This recipe for couscous comes from a cookbook entitled **150 recettes pour cuisinières nulles** (*150 Recipes for Hopeless Cooks*). Before you read, answer these questions in English.

1. Based on the title of the cookbook, what would you expect the recipe to be like?
2. Based on **Le couscous: la nouvelle spécialité française,** what ingredients do you think will be mentioned?

Couscous

Préparation: 30 minutes **Cuisson:** 2 heures en tout

Ingrédients

150 à 200 g de viande par personne / navets[1] / courgettes[2] / oignons / concentré de tomate en tube / graine de couscous fine / 3 cuillerées d'huile d'olive / épices couscous / harissa[3] en tube / ail[4] / sel, poivre.

... Voici donc mon couscous.

Demandez au boucher du plat de côtes de mouton.... Pour ceux qui n'aiment pas le mouton, ajoutez du poulet, également coupé en morceaux....

Comme légumes, je ne mets que des navets et des courgettes, à la mode berbère.... Il vous faut aussi des oignons, du concentré de tomates en tube, de la graine (préférez la «fine») et des épices couscous (raz-el-hanout).

Dans la marmite[5] de couscoussier, mettez 3 grandes cuillerées d'huile d'olive. Faites-y revenir 3 gros oignons coupés grossièrement et mettez les morceaux de viande.... Couvrez le tout d'eau chaude .... Salez, poivrez, pressez l'équivalent de 2 cuillerées à café de tomate en tube et ajoutez 2 cuillerées à café d'épices. Mettez le couvercle.

Dans le second couscoussier, mettez de l'eau à chauffer salée, poivrée, épicée de 1 cuillerée de raz-el-hanout. Quand l'eau bout, mettez-y les navets, couvrez.... Quand vous voyez qu'ils commencent à s'attendrir, mettez les courgettes ... coupées en morceaux .... Quand navets et courgettes sont cuits, arrêtez le feu et laissez en attente....

Pendant que la viande continue de cuire, préparez la graine. Il en faut 1 verre à moutarde par personne, que vous versez dans un saladier. Salez et humectez[6] d'eau discrètement, en mélangeant avec une cuiller. Laissez en attente. Au bout de 15 mn, la graine a gonflé[7].... la graine doit être souple ... mais sans être trop humide....

Pendant ce temps, la viande continue de cuire ... Il faut qu'elle cuise 2 h ...

La sauce piquante est le condiment indispensable au couscous: mettez 2 cuillerées à café de harissa en tube dans un petit récipient. Délayez avec du jus de viande et faites à vos invités les recommandations d'usage: «Attention, ça pique.»

[1]*turnips* [2]*zucchini* [3]*North African hot sauce* [4]*garlic* [5]*pot* [6]mettez de l'eau [7]*has swollen*

Extrait de Françoise Prévost, *150 recettes pour cuisinières nulles.*

B. En lisant. As you read, look for the following information.

1. Complete the chart, in English, with the ingredients given in the recipe.

Couscous Ingredients				
Meat	Vegetables	Grains	Spices	Other
MODÈLE: *lamb*				

2. List the steps involved in making couscous.

MODÈLE: 1. put three tablespoons of olive oil in couscous pot
2. sauté three large onions, etc.

C. Après avoir lu. Now that you have read the recipe, complete the following activities.

1. Is this recipe different from other recipes you have seen? In what ways? Why do you think it is different?
2. Try to make couscous following this recipe with a group of friends!

ÉCRIVONS *Les spécialités de chez vous*

A. Avant d'écrire. Vous allez préparer une petite brochure publicitaire pour décrire un aspect de la gastronomie de votre région.

1. D'abord, en petits groupes faites une liste des plats et des boissons typiques de votre région.
2. Ensuite, chaque personne doit choisir un des plats ou une des boissons. Notez les ingrédients nécessaires pour préparer ce plat/cette boisson. Est-ce que cette spécialité est liée aux produits agricoles de votre région?
3. Troisièmement, notez l'origine de ce plat/cette boisson. Est-ce que c'est une spécialité à l'origine mexicaine? italienne? chinoise?
4. Finalement, notez les traditions associées à ce plat/cette boisson. Est-ce qu'on mange ce plat pour une fête? Avec qui est-ce qu'on le mange? etc.

B. En écrivant. Maintenant rédigez un ou deux paragraphes qui parlent de cette spécialité. Vous pouvez utiliser **Le couscous: la nouvelle spécialité française** comme modèle.

C. Après avoir écrit. Pour rendre votre brochure publicitaire plus intéressante:

1. Tapez votre description. N'oubliez pas de la relire pour vérifier que vous avez inclus toutes les informations nécessaires, et corrigez les fautes de frappe et de grammaire!
2. Trouvez une photo de votre spécialité pour accompagner votre description.
3. Trouvez (ou écrivez) une recette (en français) de votre spécialité.

Vocabulaire

LEÇON 1

au café ou au restaurant	**in the cafe or in the restaurant**
l'addition	*bill*
avoir faim	*to be hungry*
avoir soif	*to be thirsty*
boire	*to drink*
partager	*to share*
Le service est compris?	*Is the service included?*

des boissons chaudes	**hot drinks**
un café (crème)	*coffee (with cream)*
un chocolat chaud	*hot chocolate*
un thé (au citron)	*tea (with lemon)*

des boissons rafraîchissantes	**cold drinks**
un citron pressé	*lemonade*
un coca(-cola)	*cola*
de l'eau (minérale) (f)	*water (mineral water)*
des glaçons (m)	*ice cubes*
un jus d'orange	*orange juice*
une limonade	*lemon-lime soft drink*
une Orangina	*Orangina orange soda*

des boissons alcoolisées	**alcoholic drinks**
une bière	*beer*
le vin (rouge, blanc, rosé)	*wine*

des casse-croûte	**snacks**
un croque-monsieur	*grilled ham and cheese sandwich*
des crudités (f)	*cut-up raw vegetables*
des frites (f)	*French fries*
une glace	*ice cream*
un *hamburger	*hamburger*
une pizza	*pizza*
une salade	*green salad*
un sandwich (au jambon, au fromage)	*(ham, cheese) sandwich*

verbes comme prendre	**verbs like prendre**
apprendre	*to learn*
comprendre	*to understand*
prendre	*to take (to have a meal)*

autres mots utiles	**other useful words**
quelque chose	*something*
seulement	*only*

LEÇON 2

les repas	**meals**
le petit déjeuner	*breakfast*
le déjeuner	*lunch*
le goûter	*afternoon snack*
le dîner, le souper	*dinner*
faire la cuisine	*to cook*

au petit déjeuner	**at breakfast**
prendre le petit déjeuner	*to have breakfast*
le bacon	*bacon*
le beurre	*butter*
un café au lait	*coffee with milk*
des céréales (f)	*cereal*
la confiture	*jam*
un croissant	*croissant*
du lait	*milk*
un œuf (sur le plat)	*(fried) egg*
du pain	*bread*
un pain au chocolat	*chocolate croissant, bread with chocolate*
une rôtie	*piece of toast (Can.)*
du sucre	*sugar*
une tartine	*slice of bread*
une tranche de pain grillé	*piece of toast*

au déjeuner	**at lunch**
un apéritif	*before-meal drink*
une entrée	*appetizer or starter*
une soupe	*soup*
un plat principal	*main dish*
un dessert	*dessert*

des aliments	**food**
les asperges	*asparagus*
les biscuits (m)	*cookies*
le fromage	*cheese*
les *haricots verts (m)	*green beans*
les légumes (m)	*vegetables*
le poisson	*fish*
les pommes de terre (f)	*potatoes*
le poulet	*chicken*
le riz	*rice*
une tarte aux pommes	*apple pie*
la viande	*meat*
un yaourt	*yogurt*

des fruits	**fruits**
une banane	*banana*
une poire	*pear*
une pomme	*apple*

des épices (f)	**spices**
le poivre	*pepper*
le sel	*salt*

des boissons	**other drinks**
un bol (de café au lait)	*bowl (of coffee with hot milk)*
une bouteille (de vin)	*bottle (of wine)*
une carafe (d'eau)	*carafe (of water)*
une tasse (de café)	*cup (of coffee)*
un verre (de jus d'orange)	*glass (of orange juice)*

pour décrire	**to describe**
copieux /-euse	*copious, hearty*
grillé/e	*grilled, toasted*

verbes en -ir comme finir	**verbs ending in -ir like finir**
choisir	*to choose*
désobéir à	*to disobey*
finir	*to finish*
grandir	*to grow taller, to grow up (for children)*
grossir	*to gain weight*
maigrir	*to lose weight*
obéir à	*to obey*
pâlir	*to become pale*
punir	*to punish*
réfléchir à	*to think*
remplir	*to fill*
réussir à	*to succeed/pass*
rougir	*to blush*

LEÇON 3

les rayons du supermarché	**supermarket aisles**
le rayon boulangerie-pâtisserie	*bakery/pastry aisle*
une baguette	*long, thin loaf*
un pain de campagne	*round loaf of bread*
un pain de mie	*loaf of sliced bread*
des petits pains (m)	*rolls*
un gâteau	*cake*
une tarte	*pie*
le rayon boucherie	*meat counter*
du bifteck haché	*ground beef*
une côtelette d'agneau	*lamb chop*
du rosbif	*roast beef*
le rayon charcuterie	*deli counter*
du pâté	*pâté*
des plats préparés (m)	*prepared dishes*
un rôti (de porc)	*pork roast*
le rayon fruits et légumes	*produce aisle*
une fraise	*strawberry*
une pêche	*peach*
des raisins (m)	*grapes*
une carotte	*carrot*
un champignon	*mushroom*
un concombre	*cucumber*
les épinards (m)	*spinach*
les *haricots (m)	*beans*
un melon	*cantaloupe*
un oignon	*onion*
les petits pois (m)	*peas*
une tomate	*tomato*
le rayon poissonnerie	*fish counter*
des crevettes (f)	*shrimp*
un saumon	*salmon*
du thon	*tuna*
le rayon surgelés	*frozen foods aisle*
les surgelés (m)	*frozen foods*

des condiments	**condiments**
l'huile (f)	*oil*
la moutarde	*mustard*
le vinaigre	*vinegar*

pour décrire	**to describe**
avoir l'air (bon)	*to appear/seem (good)*
délicieux/-euse	*delicious*
frais/fraîche	*fresh*
mûr/e	*ripe*

des quantités	**quantities**
assez de	*enough*
une assiette de (crudités)	*plate of (crudités)*
une boîte de (sardines)	*can of (sardines)*
une boîte de (céréales)	*box of (cereal)*
un demi-kilo de (tomates)	*half-kilo of (tomatoes)*
une douzaine d'(œufs)	*dozen (eggs)*
un kilo de (pommes)	*kilo of (apples)*
un litre de (lait)	*liter of (milk)*
un morceau de (fromage)	*piece of (cheese)*
un paquet de (riz)	*package of (rice)*
un pot de (moutarde)	*jar of (mustard)*
une tranche de (pâté)	*slice of (pâté)*

Chapitre 8

Nous sommes chez nous

Leçon 1 La vie en ville

POINTS DE DÉPART Chez les Santini

SONS ET LETTRES La consonne *l*

FORMES ET FONCTIONS

1. L'adjectif démonstratif
2. Les pronoms compléments d'objet indirect *lui* et *leur*

ÉCOUTONS Deux appartements

Leçon 2 Je suis chez moi

POINTS DE DÉPART Chez Christelle

SONS ET LETTRES La consonne *r*

FORMES ET FONCTIONS

1. Le superlatif
2. Les pronoms compléments d'objet *me, te, nous, vous*

PARLONS À la recherche d'un appartement

Leçon 3 La vie à la campagne

POINTS DE DÉPART Tout près de la nature

FORMES ET FONCTIONS

1. Faire des suggestions avec l'imparfait
2. L'imparfait: la description au passé

LISONS Quand j'étais toute petite

Venez chez nous!

À la découverte de la France: les provinces

LISONS Dîner en chaussons? Méfiez-vous!

ÉCOUTONS Découvrir la France

ÉCRIVONS La région de…

PARLONS Un voyage en France

Language Use

- Describing where you live
- Making comparisons
- Making suggestions
- Describing in the past

Media

- CD-ROM: Chapitre 8
- Student audio CD: Chapitre 8
- Video: Chapitre 8
- Website: **http://www.prenhall.com/cheznous**

Leçon 1 La vie en ville

POINTS DE DÉPART

Chez les Santini

Additional practice activities for each **Points de départ** section are provided on the CD-ROM and website: **http://www.prenhall.com/cheznous**

Saint-Laurent-du-Var, près de Nice

Les Santini habitent à Saint-Laurent-du-Var, une petite ville située dans la banlieue de Nice. M. et Mme Santini ont deux enfants, Nicolas et Véronique. Ils habitent un grand immeuble, La Laurentienne, dans une rue tranquille d'un quartier résidentiel.

L'appartement des Santini est au sixième étage—on peut prendre les escaliers ou l'ascenseur. C'est un cinq-pièces, avec une grande salle de séjour, une salle à manger et trois chambres. Il y a aussi une salle de bains, des toilettes (un W.-C.) et une grande cuisine. L'appartement a une grande terrasse qui donne sur la rue, et dans la chambre de M. et Mme Santini il y a un petit balcon qui donne sur la cour. Au sous-sol, il y a un garage où les Santini garent leur voiture. Ils ont des voisins sympathiques au sixième étage.

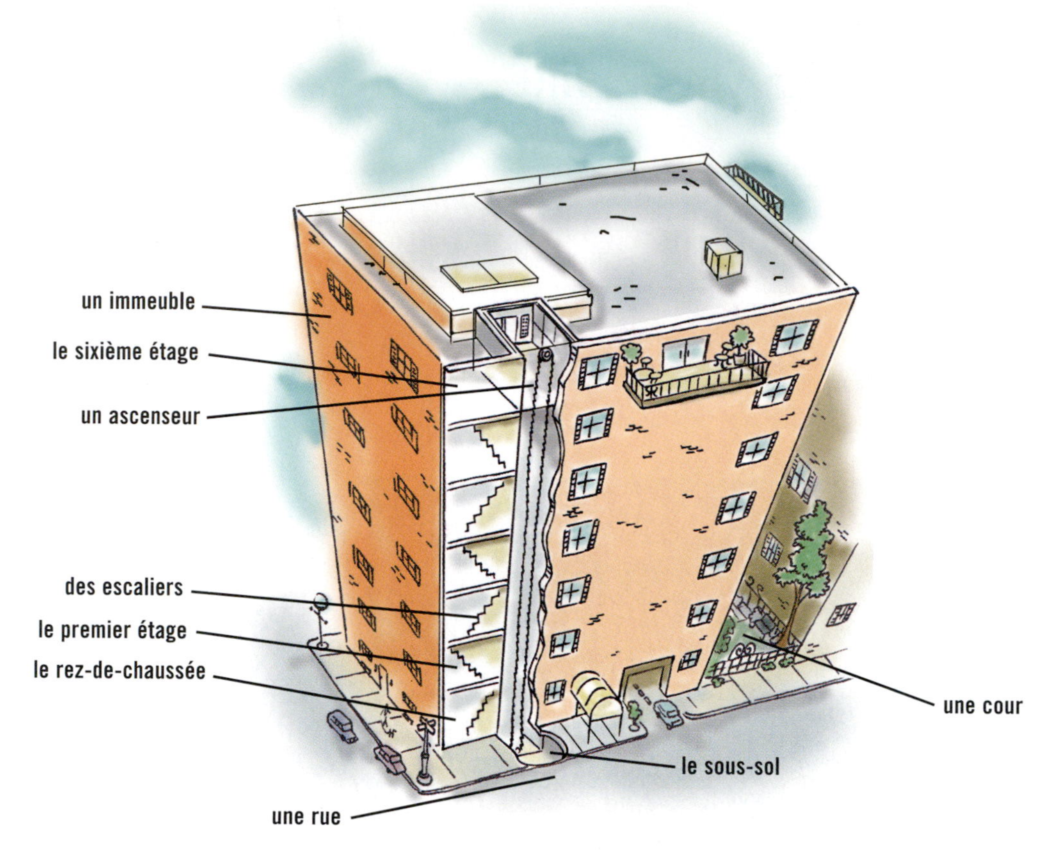
un immeuble
le sixième étage
un ascenseur
des escaliers
le premier étage
le rez-de-chaussée
une cour
le sous-sol
une rue

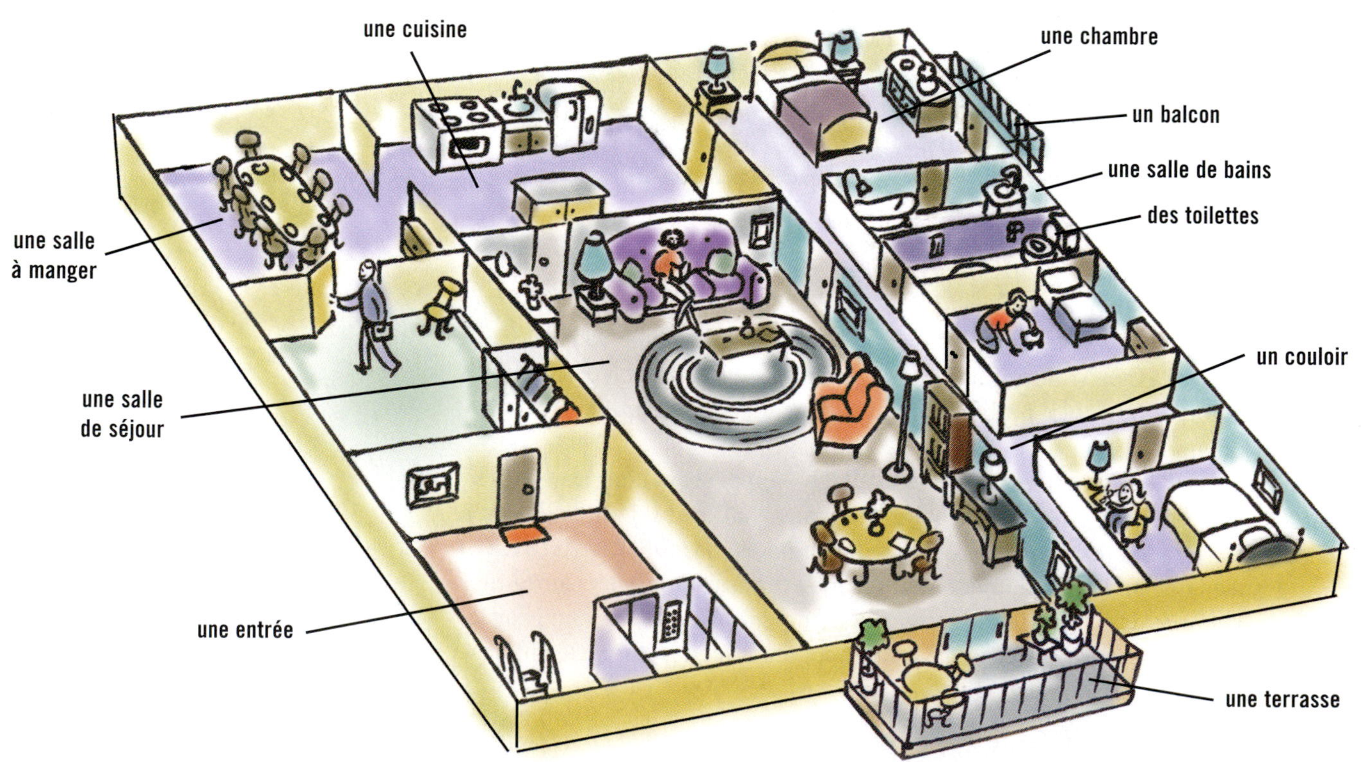
une cuisine
une chambre
un balcon
une salle de bains
des toilettes
une salle à manger
un couloir
une salle de séjour
une entrée
une terrasse

À vous la parole

A. Où est-ce qu'ils sont? Expliquez où sont ces gens.

MODÈLE: Nicolas fait ses devoirs.
→Il est dans sa chambre.

1. Mme Santini prépare un goûter pour les enfants.
2. Véronique met la table.
3. M. Santini regarde un film à la télé.
4. Nicolas se douche.
5. Mme Santini range (*puts away*) des vêtements.
6. Les enfants jouent aux cartes.
7. M. Santini regarde les voitures qui passent.
8. Le voisin frappe (*knocks*) à la porte.
9. M. Santini fait la vaisselle.
10. Véronique fait la sieste.
11. Mme Santini gare la voiture.

B. Où allez-vous? Où est-ce que vous préférez faire les choses suivantes? Comparez vos préférences avec celles de vos camarades de classe.

MODÈLE: faire la sieste
É1 J'aime aller dans ma chambre pour faire la sieste.
É2 Je préfère rester dans la salle de séjour, devant la télé.
É3 J'aime aller sur la terrasse.

1. faire la sieste
2. regarder un film
3. faire les devoirs
4. prendre un goûter
5. écrire des lettres
6. lire un magazine
7. parler avec des amis

Éclairages

Où habitent les Français?

Environ 56% des familles en France habitent une maison individuelle, mais dans les centres urbains les appartements sont privilégiés. La majorité des Français (54%) sont propriétaires de leur logement (maison ou appartement); 40% sont locataires, c'est-à-dire qu'ils paient un loyer chaque mois. Parfois les charges (l'électricité et le gaz) sont comprises° dans le loyer et parfois c'est en supplément. Les autres (6% des Français) sont logés gratuitement, souvent par leur employeur ou leurs parents.

included

Dans les grandes villes comme Paris, Lyon et Marseille, beaucoup de Français habitent un appartement dans un grand immeuble, et la plupart, au lieu de° le louer, achètent leur appartement. Ces immeubles ont souvent une personne qui s'appelle «un/e concierge» qui s'occupe de l'immeuble. Elle distribue le courrier (les lettres et les paquets), elle nettoie° l'entrée et les escaliers de l'immeuble, et elle surveille la porte d'entrée et la cour. En échange, elle ne paie pas de loyer pour son appartement dans l'immeuble, souvent un studio au rez-de-chaussée. En France, le nombre de pièces (sans compter la cuisine, la salle de bains ou les toilettes) détermine la classification des appartements. Un studio est un appartement avec une seule pièce (plus éventuellement cuisine/salle de bains/toilettes).

instead of
cleans

Dans les grandes villes de France, il existe beaucoup de quartiers résidentiels. Les gens qui y habitent ont le sens d'appartenir° à une petite communauté: il y a le café du coin°, le boulanger et d'autres petits commerçants chez qui on peut faire les commissions° de tous les jours. Il y a peut-être même un marché en plein air certains jours de la semaine. Dans les grandes villes, c'est le quartier qui donne un aspect plus personnel à la vie urbaine souvent trop impersonnelle.

to belong
corner
errand

Les cités des banlieues

Dans la banlieue (c'est-à-dire à l'extérieur) des grands centres urbains on trouve souvent des groupes de bâtiments nommés des H.L.M. (achèlèm), des habitations à loyer modéré. Ces appartements sont subventionnés° par le gouvernement français, et ils permettent à des gens de condition modeste d'habiter un appartement sans payer un gros loyer. Les H.L.M. sont souvent critiqués du fait qu'ils ont un aspect stérile, mais on commence à faire des efforts pour les rendre plus attirants°.

subsidized

attractive

ET VOUS?

1. Qu'est-ce que vous pensez des logements aux États-Unis par rapport au système français? Est-ce que la plupart des Américains habitent des maisons individuelles? Aux États-Unis, est-ce qu'il existe des gens qui bénéficient de logements subventionnés par le gouvernement?
2. Quelles notions est-ce que vous associez avec le mot *suburb* en anglais? Est-ce que vous pensez que les Français font le même type d'association avec le mot **banlieue?** Pourquoi ou pourquoi pas?

C. Une comparaison. Avec un/e partenaire, comparez l'endroit où vous habitez avec l'appartement des Santini.

MODÈLE: Les Santini habitent un appartement de cinq pièces.
É1 Moi, j'habite un deux-pièces.
É2 Moi, j'ai une chambre à la résidence.

1. Les Santini habitent la banlieue d'une grande ville.
2. Ils habitent un quartier tranquille.
3. Ils habitent un grand immeuble.
4. Ils sont propriétaires.
5. Ils habitent au septième étage.
6. Il y a un ascenseur et aussi des escaliers dans l'immeuble.
7. Les Santini habitent un appartement de cinq pièces.
8. Chez les Santini il y a une grande cuisine.
9. Il y a trois chambres chez eux.
10. Ils ont une terrasse et aussi un balcon.

D. Trois appartements. Voici trois appartements. Avec un/e partenaire, décrivez chaque appartement et choisissez l'appartement que vous préférez.

MODÈLE: →Le premier appartement est un quatre-pièces. Il y a deux petites chambres, mais il n'y a pas de balcon et il n'y a pas de terrasse, etc. ... Je préfère le quatre-pièces, parce que...

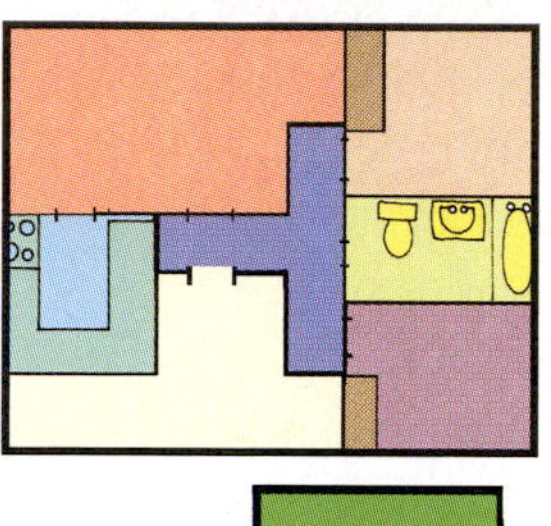

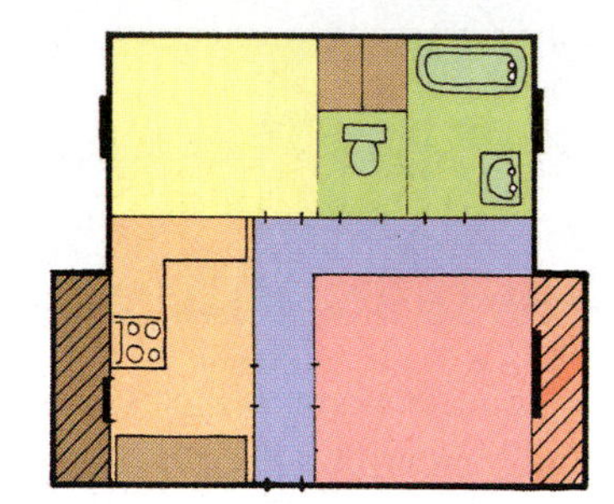

The **Sons et lettres** section, including the practice activities, is recorded on the Student audio CD.

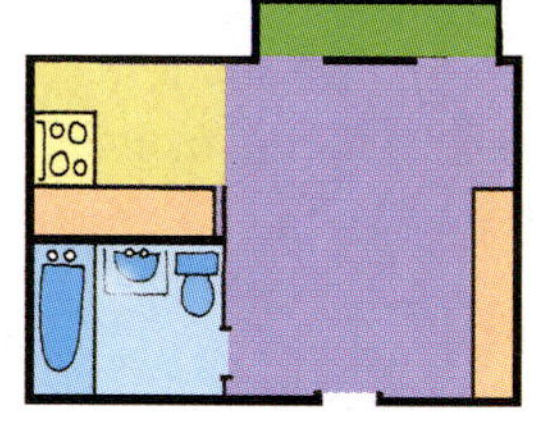

SONS ET LETTRES

La consonne *l*

Say the English word *little.* Notice how your tongue moves from the front to the back of your mouth. In English, we have two ways of producing the consonant **l:** a front **l,** with the tongue against the upper front teeth, and a final **l,** pronounced with the tongue pulled back. To pronounce a French **l,** however, always keep your tongue against your upper front teeth, just like the English front **l.** Compare the differences in pronunciation of a final **l** in English and French:

English	***French***
ill	il
bell	belle
bowl	bol

La prononciation de *-ill-*

The combination of letters **-ill-** has two pronunciations: with the /l/ sound of **il** or the /j/ sound at the end of **travail.** It is difficult to predict how that combination is to be pronounced in a given word; the pronunciation of individual words must be memorized. Compare:

/l/		/j/	
mille	un million	les Antilles	Camille
la ville	le village	la fille	la famille
Lille	les Lillois	se maquiller	elle se maquille
tranquille		s'habiller	il s'habille

À vous la parole

A. Répétitions. Répétez les mots et les groupes de mots suivants après votre professeur.

le ciel	un cheval	la vaisselle	la parole	la foule
il gèle	elle épelle	matrimonial	tranquille	Jules
une ville calme	dans quelle salle	le journal idéal		

B. Construisons des phrases. Répétez les mots, puis les phrases qui les contiennent.

lui	il	Émile	Lui, il s'appelle Émile.
elle	s'appelle	Nicole	Elle, elle s'appelle Nicole.

C. Qui habite au premier? Avec un/e partenaire, posez des questions et répondez.

MODÈLE: au premier: Luc et Michèle Martel
É1 Qui habite au premier étage?
É2 Luc et Michèle Martel.

1. au cinquième: Émile et Nicole Blondel
2. au quatrième: Charles Lemont et Adèle LeBrun
3. au troisième: Gilles et Chantal Roussel et leurs enfants: Claire, Pascale, Daniel
4. au deuxième: Paul et Alice Lalonde
5. au premier: Luc et Michèle Martel
6. au rez-de-chaussé: les concierges, M. et Mme Dali

D. La lettre «L». Voici un petit poème du livre *Comptines en forme d'alphabet* par Jo Hoestlandt. Répétez cette strophe après votre professeur.

Quelle Belle de nuit en colère
A lancé son collier de perles là-haut,
Son céleste collier d'étoiles
Dans la Voie lactée?

Additional practice activities for each **Formes et fonctions** section are provided on the CD-ROM and website: **http://www.prenhall.com/cheznous**

FORMES ET FONCTIONS

1. L'adjectif démonstratif

- The demonstrative adjective is used to point out specific people or things that are close at hand. The singular form corresponds to *this* or *that* in English; the plural, to *these* or *those*.

Tu aimes **les** appartements?	*Do you like apartments (in general)?* or *Do you like the apartments (you just saw)?*
Tu aimes **ces** appartements?	*Do you like these apartments?*

- Note the masculine singular form used before a noun beginning with a vowel sound. It is pronounced like the feminine form but has a different spelling.

Regarde **ce** balcon!	*Look at this balcony!*
Regarde **cet** immeuble!	*Look at that building!*
Regarde **cette** chambre!	*Look at this bedroom!*

- Here are the forms of the demonstrative adjective.

	féminin	**masculin**	
		devant voyelle	*devant consonne*
singulier	**cette** chambre	**cet**‿appartement	**ce** bâtiment
pluriel	**ces** terrasses	**ces**‿escaliers	**ces** propriétaires

À vous la parole

A. Regarde ça! Imaginez que vous avez trouvé l'appartement de vos rêves. Montrez les choses que vous remarquez à votre ami/e.

MODÈLE: un grand immeuble
→Regarde ce grand immeuble!

1. un ascenseur rapide
2. des escaliers superbes
3. une grande cuisine
4. une belle terrasse
5. une grande cour
6. une entrée magnifique
7. des belles chambres
8. un petit balcon

B. C'est vous l'agent immobilier. Imaginez que vous vendez un appartement. Quels commentaires est-ce que vous faites aux clients?

MODÈLE: le quartier
→Ce quartier est tranquille.

1. l'immeuble
2. les appartements
3. l'ascenseur
4. le quatre-pièces
5. les chambres
6. le balcon
7. la cuisine
8. la salle de bains

C. Qui c'est? Apportez en classe la photo d'une célébrité et posez des questions à vos camarades de classe pour savoir qui sont ces personnes.

MODÈLE: É1 Qui est ce monsieur?
OU Qui est cet homme?
É2 C'est Jacques Chirac, un des présidents de la République française.

2. *Les pronoms compléments d'objet indirect* lui *et* leur

- You have learned that nouns that function as direct objects follow the verb directly and can be replaced by a direct object pronoun.

Tu vois **cet immeuble?**	—Oui, je **le** vois.
Elle attend **le propriétaire?**	—Oui, elle **l'**attend.
Vous aimez **ces appartements?**	—Non, nous ne **les** aimons pas.

- In French, nouns that function as indirect objects are generally introduced by the preposition **à.**

Je donne le loyer **à la propriétaire.**	*I'm giving the rent* ***to the landlady.*** (or *I'm giving* ***the landlady*** *the rent.*)
Tu as écrit **à tes parents?**	*Did you write* ***(to) your parents?***

- In the above sentences, the indirect object pronouns **lui** (*to him, to her*) and **leur** (*to them*) can be substituted for **à la propriétaire** and **à tes parents.**

Je **lui** donne le loyer.	*I'm giving the rent* ***to him/her.***
Tu **leur** as écrit?	*Did you write* ***to them?***

- Just as with the other pronouns you've already seen, **lui** and **leur** are placed immediately before the conjugated verb, unless there is an infinitive. If there is an infinitive in the sentence, **lui** and **leur** precede the infinitive.

Je **lui** parle au sujet du loyer.	*I'm speaking* ***to him/her*** *about the rent*
Nous **leur** avons téléphoné.	*We called* ***them*** *up.*
Tu vas **lui** donner l'argent pour les charges?	*Are you going to give* ***him/her*** *the money for utilities?*
Elle peut **leur** expliquer combien ça coûte par mois.	*She can explain* ***to them*** *how much it costs per month.*

- Two main groups of verbs take indirect objects.

— Verbs of communication:

demander	*to ask*	On va **leur demander** l'adresse.
dire	*to say*	Qu'est-ce que tu vas **lui dire?**
écrire	*to write*	Je **lui écris** une fois par semaine.
expliquer	*to explain*	Tu peux **lui expliquer** ce problème?
montrer	*to show*	Qui va **lui montrer** la chambre?
parler	*to speak*	Je **leur parle** souvent au téléphone.
répondre	*to answer*	Elle ne **leur** a pas **répondu.**
téléphoner	*to phone*	Nous **leur** avons **téléphoné** hier.

— Verbs of transfer:

acheter	*to buy*	Je **leur** ai **acheté** un petit appartement.
apporter	*to bring*	La propriétaire **lui** a **apporté** le colis (*package*).
donner	*to give*	On peut **leur donner** l'adresse.
emprunter	*to borrow*	Je **lui emprunte** la voiture.
offrir	*to give (a gift)*	Elle **lui offre** un cadeau pour son anniversaire.
prêter	*to lend*	Tu **leur prêtes** tes robes?
remettre	*to hand in/over*	Nous **lui** avons **remis** le loyer.
rendre	*to give back*	Je **lui** ai **rendu** le livre.

À vous la parole

A. De quoi est-ce qu'on parle? Pour chaque phrase, trouvez au moins une possibilité logique.

MODÈLE: Je lui écris souvent des lettres.
→J'écris souvent des lettres à ma mère.
OU →J'écris souvent des lettres à mon copain.

1. Je leur téléphone souvent le week-end.
2. Je lui ai rendu visite l'été passé.
3. Je voudrais lui donner mon adresse.
4. J'aime leur parler.
5. Je lui prête mes affaires.
6. Je leur explique mes problèmes.
7. Je peux lui demander de l'argent.
8. Je leur offre des cadeaux.

B. Qu'est-ce qu'on peut offrir? Ces gens ont acheté un nouvel appartement. D'après les indications, qu'est-ce qu'on pourrait leur offrir comme cadeau?

MODÈLE: Ma sœur n'a pas de tableaux. (*paintings*)
→Je lui offre une belle affiche.

1. Mes parents ont un nouveau magnétoscope (*VCR*).
2. Mon oncle adore faire la cuisine.
3. Ma tante adore les plantes et les fleurs.
4. Ma cousine aime lire.
5. Mes grands-parents aiment la musique.
6. Mon cousin n'a pas de camarade de chambre.
7. Mes amis ont une belle terrasse.

C. Trouvez une personne. Trouvez une personne...

MODÈLE qui prête ses vêtements à sa/son camarade de chambre
É1 Est-ce que tu prêtes tes vêtements à ta camarade de chambre?
É2 Non, je ne lui prête jamais mes vêtements.
OU →Oui, je lui prête mes robes et mes pull-overs.

1. qui écrit des lettres à son/sa petit/e ami/e
2. qui dit toujours bonjour au professeur
3. qui parle souvent à ses parents
4. qui offre des cadeaux à ses amis
5. qui demande souvent de l'argent à ses parents
6. qui emprunte souvent des vêtements à ses amis
7. qui achète des bonbons pour ses nièces et ses neveux
8. qui emprunte de l'argent à ses amis

You can listen to the **Écoutons** section on the Student audio CD.

ÉCOUTONS *Deux appartements*

A. Avant d'écouter. Imaginez que vous voudriez trouver un appartement. Faites une liste de vos critères de sélection, c'est-à-dire, ce que vous espérez trouver dans l'appartement.

B. En écoutant. Maintenant, écoutez Gérard qui décrit deux appartements qu'il a visités.

1. Pour chaque appartement, cochez les critères qu'il mentionne. Est-ce que Gérard a les mêmes critères que vous?

	Appartement #1	**Appartement #2**
en centre-ville	____	____
deux-pièces	____	____
cuisine équipée	____	____
salle de bains	____	____
W.-C.	____	____
balcon	____	____
parking	____	____

2. Écoutez une deuxième fois pour vérifier que vous avez coché tous les détails que Gérard a mentionnés.

C. Après avoir écouté.

1. D'après la description des deux appartements, est-ce que Gérard devrait prendre le premier ou le second? Pourquoi?
2. Et vous, quel appartement est-ce que vous préféreriez? Pourquoi?

Je suis chez moi

POINTS DE DÉPART

Chez Christelle

Christelle habite un vieil immeuble rénové dans le centre-ville de Nice. Son studio se trouve sous les toits: il n'est pas très élégant mais il est agréable. En plus, il n'est pas cher: son loyer est de seulement 450 euros par mois. Le studio est meublé: il y a une belle armoire ancienne pour ranger ses vêtements et des rideaux neufs. Par terre il y a un beau tapis. Les autres meubles sont un peu usés mais ils sont confortables, surtout le lit et le fauteuil. Il y a des affiches aux murs. Le coin cuisine est petit mais bien équipé: il y a un petit réfrigérateur à côté de l'évier, une cuisinière et aussi un four. Il y a aussi des grands placards—c'est très pratique pour mettre ses affaires. Dans le studio il y a aussi une salle de bains moderne et des W.-C.

Voici l'immeuble où se trouve le studio de Christelle.

Prépositions

à côté de	*next to*	à gauche (de)	*to the left (of)*	derrière	*behind*	sous	*under*
à droite (de)	*to the right (of)*	dans	*in*	devant	*in front of*	sur	*over*

A. Chez Christelle. Pour décrire où habite Christelle, faites des phrases en combinant un élément de la colonne A avec un autre de la colonne B. Attention à l'accord de l'adjectif.

MODÈLE: l'immeuble / vieille
→L'immeuble est vieux.

A	B
1. l'immeuble	ancienne/moderne
2. le studio	nouvelle/rénovée
3. le loyer	belle/laide
4. le fauteuil	chère
5. la salle de bains	confortable/inconfortable
6. l'armoire	grande/petite
7. les rideaux	vieille, usée/neuve
8. le tapis	bien équipée
9. la cuisine	agréable/désagréable

B. La chambre de Van Gogh. Van Gogh (1853–1890), un artiste néerlandais bien connu, a habité en France. Voici un de ses tableaux; c'est sa chambre en Provence. Décrivez cette chambre.

MODÈLE: Dans cette chambre, il y a un petit lit. À côté du lit, il y a...

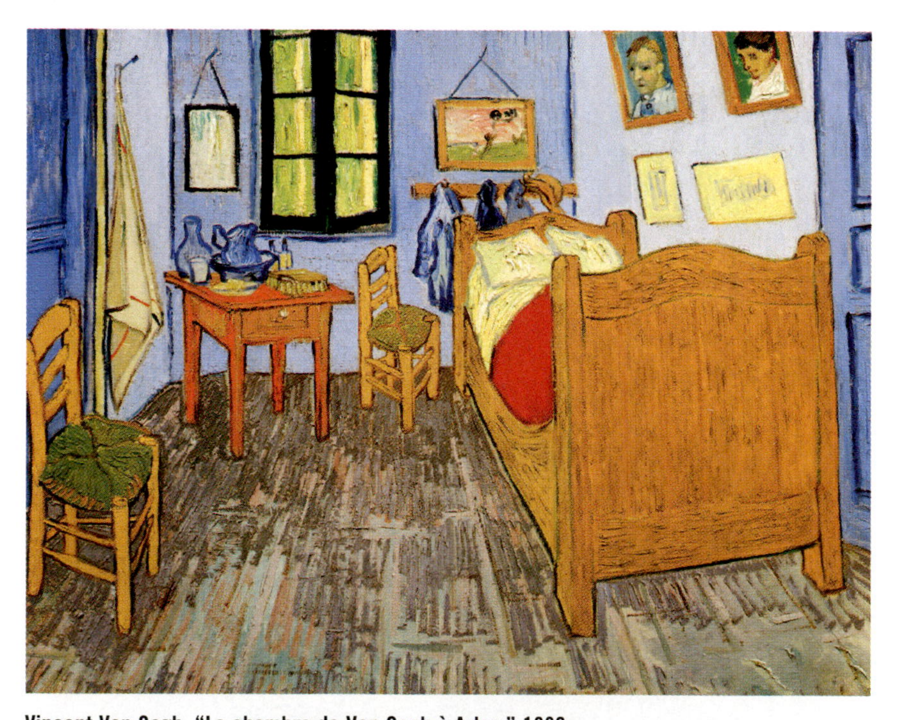

Vincent Van Gogh, "La chambre de Van Gogh à Arles," 1889.
Oil on canvas. 57.5 x 74 cm. Musée d'Orsay, Paris, France. Erich Lessing/Art Resource, NY.

C. Ma chambre. Avec un/e partenaire, décrivez votre chambre à la résidence, dans votre appartement, ou chez vos parents.

MODÈLE: Dans ma chambre, il y deux fenêtres avec des rideaux. Il y a un grand lit,...

D. C'est bien chez moi. Vous habitez la résidence ou un appartement meublé? C'est quelquefois un peu stérile. Qu'est-ce que vous pourriez faire ou qu'est-ce que vous avez déjà fait pour rendre plus personnel votre environnement? Discutez avec un/e partenaire.

MODÈLE: É1 J'habite la résidence universitaire dans une petite chambre.
É2 Qu'est-ce que tu as fait pour la rendre plus personnelle?
É1 Rien! Mais, je pourrais mettre des plantes; j'adore les plantes. Et toi?
É2 Moi aussi, je suis à la résidence, mais j'ai une chambre très agréable. J'ai mis un beau tapis par terre et beaucoup d'affiches aux murs. C'est très bien chez moi.

La consonne *r*

The French /r/ has no equivalent sound in English. To pronounce /r/ in French, begin by saying **aga;** then move your tongue up and back until you pronounce a continuous sound: **ara.** Practice by alternating the two sounds: **aga/ara, aga/ara,** etc.

Note the pronunciation of /r/ in **liaison** and linking across words **(enchaînement).**

Liaison:	le premier‿étage	le dernier‿immeuble
Link across words:	un séjour‿agréable	Il sort‿avec moi.

À vous la parole

A. Répétitions. Répétez les mots après votre professeur.

la **r**ue	la **r**oute	la **r**ose	la te**rr**asse	a**rr**iver
Pa**r**is	la ga**r**e	premiè**r**e	se**r**vi**r**	maig**r**i**r**

B. La bonne forme. Donnez les formes de la troisième personne (singulier et pluriel) du présent de l'indicatif des verbes suivants.

MODÈLE: servir
→elle sert, elles servent

sortir partir dormir maigrir servir

C. Phrases. Répétez chaque phrase.

1. La te**rr**asse donne su**r** la **r**ue.
2. L'ascenseu**r** s'a**rr**ête au de**r**nie**r** étage.
3. Ma**r**ie p**r**end l'aut**r**e appa**r**tement.

FORMES ET FONCTIONS

1. Le superlatif

● You have learned to compare two people or things using the expressions **plus, moins,** and **aussi ... que** with an adjective.

Cette chambre est **plus grande que** l'autre.	*This bedroom is bigger than the other one.*
Le balcon est **moins large que** la terrasse.	*The balcony is less wide than the terrace.*
Le fauteuil est **aussi usé que** le canapé.	*The armchair is as worn as the couch.*

● To express the idea of the superlative, use the appropriate definite article before the word **plus** or **moins.** If the adjective normally precedes the noun, the superlative expression will as well.

C'est le fauteuil **le moins confortable.**	*It's the least comfortable armchair.*
C'est **le plus bel** immeuble du quartier.	*It's the nicest building in the neighborhood.*

● The superlative for the adjective **bon/ne** uses the irregular form **meilleur/e,** just like the comparative form.

Cet appartement est **meilleur que** l'autre.	*This apartment is better than the other one.*
Ce sont **les meilleurs** voisins du monde.	*These are the best neighbors in the world.*

À vous la parole

A. Tu exagères! Votre mère exagère toujours. Imaginez ses réactions quand elle visite votre nouvel appartement. Dans chaque cas, utilisez un superlatif.

MODÈLES: Cette chambre est belle.
→En effet (*yes, indeed*), c'est la plus belle chambre du monde.

Ce canapé n'est pas confortable.
→En effet, c'est le canapé le moins confortable du monde.

1. Cet immeuble est grand.
2. Ce quartier est beau.
3. Cet appartement est meilleur que les autres.
4. Ce fauteuil est confortable.
5. Cette chambre est petite.
6. Ce loyer n'est pas cher.
7. Cette cuisine n'est pas pratique.

B. Dans votre ville. Avec un/e partenaire, parlez de la ville où vous étudiez et décidez quel/le est…

MODÈLE: le plus beau quartier
É1 Pour moi, le plus beau quartier, c'est le centre-ville.
É2 Non, c'est le campus de l'université.

1. le plus beau quartier
2. le quartier le plus animé
3. le plus grand immeuble
4. le musée le plus intéressant
5. le plus joli parc
6. le restaurant le plus chic
7. le café le plus fréquenté
8. le meilleur grand magasin

C. Distribution des prix. Avec un/e partenaire, expliquez qui, dans votre famille, est…

MODÈLE: le plus grand
É1 Moi, je suis le plus grand de ma famille.
É2 Mon père est le plus grand; il est plus grand que moi.

1. le plus grand
2. le moins grand
3. le plus âgé
4. le plus jeune
5. le plus intelligent
6. le plus sportif
7. le moins sérieux
8. le plus sociable
9. le plus généreux

2. *Les pronoms compléments d'objet* me, te, nous, vous

- The pronouns **me/m', te/t', nous,** and **vous** function as direct object pronouns, corresponding to **le, la, l',** and **les.** They also serve as indirect object pronouns, corresponding to **lui** and **leur.**

Direct object pronouns

Tu **m'**attends devant l'immeuble?	*Will you wait for me in front of the building?*
Attention! On **te** regarde.	*Watch out. They're looking at you.*
Elles **nous** ont invités chez elles.	*They invited us to their place.*
Je vais **vous** faire visiter la maison.	*I'm going to show you around the house.*

Indirect object pronouns

Je **te** téléphone tout de suite.	*I'll call you right away.*
Vous **me** parlez?	*Are you talking to me?*
Il **nous** a montré des photos de sa maison.	*He showed us pictures of his house.*
Qui **vous** a dit que l'appartement est à louer?	*Who told you that the apartment is for rent?*

- Here is a summary of object pronouns:

	personne	**direct**	**indirect**
singulier	*1ère*	me/m'	me/m'
	2e	te/t'	te/t'
	3e m.	le/l'	lui
	f.	la/l'	lui
pluriel	*1ère*	nous	nous
	2e	vous	vous
	3e	les	leur

À vous la parole

A. Esprit de coopération et esprit de contradiction. Vous allez proposer quelque chose. Un/e de vos partenaires va donner son accord, l'autre va refuser.

MODÈLE: É1 Tu m'attends?
É2 Oui, je t'attends.
É3 Non, je ne t'attends pas.

1. Tu m'aides à ranger l'appartement?
2. Tu me téléphones?
3. Tu m'invites chez toi?
4. Tu me prêtes ton studio à Paris?
5. Tu vas m'écrire?
6. Tu vas me montrer ta chambre?
7. Tu vas m'accompagner à l'agence immobilière (*real estate agency*)?

B. Réciprocité. Répondez que vous êtes d'accord.

MODÈLE: Je t'invite à dîner si tu me prêtes de l'argent.
→Alors, je te prête de l'argent.

1. Je t'écris si tu me donnes ton adresse.
2. Je te téléphone si tu me donnes ton numéro de téléphone.
3. Nous t'accompagnons au musée si tu nous invites à la fête.
4. Nous t'offrons le dessert si tu nous aides à écrire cette lettre.
5. Je t'amène (*take*) au cinéma si tu me prêtes ta voiture demain.
6. Je t'explique le problème si tu répares mon vélo.
7. Nous te prêtons de l'argent si tu nous accompagnes à la bibliothèque.

C. Qu'est-ce qu'ils font? Qu'est-ce que ces gens font pour vous? Parlez-en avec un/e camarade, et ensuite comparez vos réponses avec celles des autres étudiants.

MODÈLE: vos parents
→Ils me téléphonent le week-end; ils me prêtent de l'argent pour payer mes études; ils me donnent des conseils.

1. votre frère ou sœur
2. votre camarade de chambre
3. votre meilleur/e ami/e
4. votre copain/copine ou votre mari/femme
5. vos professeurs
6. vos parents

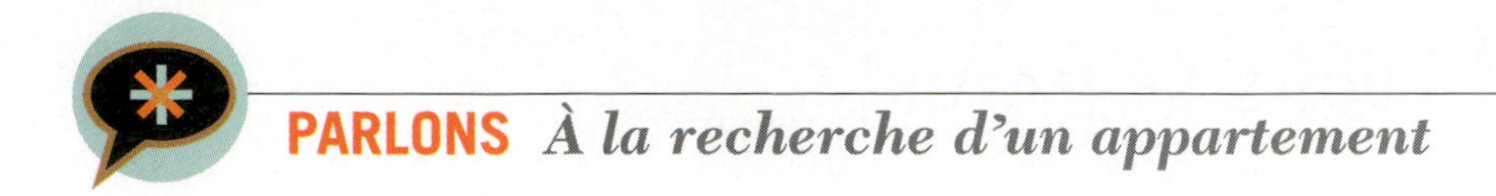

PARLONS *À la recherche d'un appartement*

A. Avant de jouer. Imaginez que vous cherchez un appartement. Quelles sont les questions que vous voudriez poser à un/e agent immobilier à propos d'un appartement à louer? Si vous êtes un/e agent immobilier, comment persuader un/e client/e à prendre l'appartement? D'abord, créez une liste de questions pour le/la client/e et une liste de commentaires possibles pour l'agent immobilier.

B. Jouez des rôles. Maintenant, jouez avec un/e partenaire l'un ou l'autre des deux rôles: client/e ou agent immobilier.

MODÈLE: AGENT IMMOBILIER: J'ai un très bel appartement au cinquième étage.
CLIENT/E: Il a combien de pièces? Je voudrais un deux-pièces, moi.

Ensuite, échangez les rôles.

C. Après avoir joué. Finalement, présentez votre dialogue.

Leçon 3 La vie à la campagne

POINTS DE DÉPART

Tout près de la nature

Les Santini possèdent une petite villa qui se trouve loin de la ville. Ils ont passé le week-end dernier là-bas. M. Santini en parle avec son collègue M. Deleuze.

M. DELEUZE: Qu'est-ce que vous avez fait le week-end dernier?
M. SANTINI: Nous sommes allés à la campagne où nous avons une petite maison.
M. DELEUZE: C'était bien?
M. SANTINI: Formidable! C'était calme, j'ai bricolé, je suis allé à la pêche et avec les enfants, nous nous sommes promenés dans les bois. Comme il a fait très beau, on a même fait un pique-nique au bord du lac.

M. DELEUZE: Vous avez un jardin aussi?

M. SANTINI: Oh, nous avons un petit potager et quelques arbres fruitiers, c'est tout. C'est ma femme qui s'occupe de tout cela.

M. DELEUZE: Alors, il me semble que vous avez passé un week-end agréable.

M. SANTINI: En effet, on se détend toujours quand on est à la campagne.

Une résidence secondaire en France

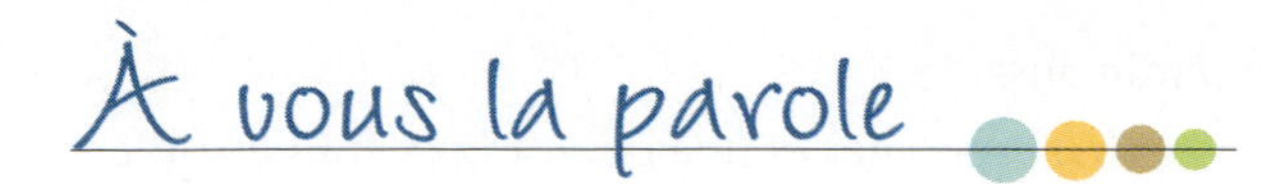

À vous la parole

A. Quel est l'endroit? D'après la conversation, quel est l'endroit décrit?

MODÈLE: Pour avoir une meilleure vue de la vallée, il faut la monter.
→C'est la montagne.

1. Il n'y a pas assez de vent pour faire du bateau à voile.
2. Il y a beaucoup de grands arbres anciens ici!
3. Tu veux traverser (*cross*) ici? L'eau n'est pas trop profonde.
4. Il y a un petit potager, et voilà les champs pour les animaux.
5. Tu veux nager un peu?
6. Quand est-ce qu'on va arriver au sommet?
7. C'est un bon endroit; il y a beaucoup de poissons ici!
8. Voilà les pommes de terre, et ici, ce sont mes belles tomates.
9. Mettons la tente ici, sous un arbre.

B. Projets pour une sortie. Avec deux ou trois camarades de classe, faites des projets pour une sortie. Imaginez qu'il fait beau et que vous avez une journée de libre. Choisissez une destination et des activités.

MODÈLE: É1 On va à la montagne?
É2 Je préfère aller au bord d'un lac.
É3 Moi aussi. On peut faire de la natation, etc.

C. Plaisirs de la ville, plaisirs de la campagne. Vous préférez habiter la ville ou la campagne? Pourquoi? Discutez cela avec un/e partenaire et dressez une liste des avantages et des inconvénients.

MODÈLE: É1 Moi, je préfère habiter la ville; il y a beaucoup de bons restaurants et des cinémas.
É2 Il y a trop de bruit (*noise*) et de voitures en ville; je préfère le calme à la campagne.

la ville: avantages = les restaurants, les cinémas;
inconvénients = le bruit, les voitures
la campagne: avantages = le calme, …

D. La maison de vos rêves. Imaginez que vous pouvez acheter une résidence secondaire. Décrivez-la d'après vos préférences et comparez vos idées avec celles d'un/e partenaire.

1. Elle se trouve au bord de la mer? à la montagne? à la campagne?
2. C'est une grande ou une petite maison? simple ou élégante?
3. Qu'est-ce que vous faites quand vous allez à votre résidence secondaire?

MODÈLE: Ma résidence secondaire se trouve à la montagne. C'est un petit chalet, très simple mais confortable. Il ne fait pas trop chaud en été, et il y a toujours de la neige en hiver. En été, donc, je peux faire des randonnées, et en hiver je peux faire du ski.

Éclairages

Les résidences secondaires

Environ 12% des familles françaises ont une résidence secondaire. C'est un record mondial!° Une résidence secondaire est généralement une maison ou un chalet où on va pour passer le week-end ou les vacances. Dans 80% des cas la résidence secondaire est une maison, souvent avec un jardin. Les autres résidences secondaires peuvent être une caravane, un camping-car ou un appartement. La moitié (50 pour cent) des résidences secondaires est située à la campagne. Les autres sont à la mer ou à la montagne. Les résidences secondaires permettent diverses activités de loisir: les sports, par exemple, la pêche ou la chasse°, le jardinage et le bricolage. Pas forcément° une résidence luxueuse, la résidence secondaire est surtout un endroit où on peut aller pour échapper au bruit et au stress de la vie de tous les jours.

world

hunting

necessarily

Le retour à la campagne

En France on constate° un renversement historique du mouvement de la population. Avant les années soixante, les gens de la campagne allaient vers les banlieues des grands centres urbains à la recherche d'emplois et d'une vie sociale et culturelle plus animée. Vers les années soixante, les habitants du centre des grandes villes ont commencé à chercher dans les banlieues un jardin et une vie plus calme. Ce mouvement s'est développé pour des raisons économiques: le prix des appartements dans le centre de Paris, par exemple, a fait que beaucoup de personnes à salaire moyen ne pouvaient plus y habiter.

notes

Aujourd'hui on observe encore ce mouvement du centre et de la banlieue des grandes villes vers les petites villes et la campagne. Les ouvriers et les cadres moyens°, qui n'ont pas les moyens° de profiter des avantages des centres-villes, veulent échapper à leurs inconvénients: le bruit, la pollution atmosphérique, les problèmes de circulation, le crime. Ils recherchent un cadre de vie plus agréable et les joies de la nature. Ils peuvent maintenant trouver loin des grandes villes la «petite» maison individuelle bien équipée, qui est le rêve de la plupart des Français.

middle management; means

ET VOUS?

1. Est-ce qu'il est courant pour des Américains d'avoir une résidence secondaire? Est-ce qu'elles sont réservées à une élite? Quels sont les lieux privilégiés pour ces résidences? Quel type de résidence sont ces résidences secondaires aux États-Unis?
2. Est-ce qu'il existe ces mouvements vers les petites villes et la campagne aux États-Unis? Si oui, pourquoi?

FORMES ET FONCTIONS

1. *Faire des suggestions avec l'imparfait*

- The imperfect **(l'imparfait)** is a tense that is used in a variety of ways. For example, it is used with **si** to make suggestions and to soften commands.

Si on **faisait** une promenade?	*How about taking a walk?*
Si tu **allais** à la pêche?	*Why don't you go fishing?*
Si nous **allions** à la montagne?	*How about going to the mountains?*

- To form the **imparfait,** drop the **-ons** ending of the **nous** form of the present tense and add the **imparfait** endings. The only exception to this rule is the verb **être,** which has an irregular stem, **ét-,** as shown below.

L'IMPARFAIT					
INFINITIVE	jouer	partir	finir	descendre	être
NOUS FORM	**jou**ons	**part**ons	**finiss**ons	**descend**ons	
IMPARFAIT STEM	**jou-**	**part-**	**finiss-**	**descend-**	**ét-**
je	jou**ais**	part**ais**	finiss**ais**	descend**ais**	ét**ais**
tu	jou**ais**	part**ais**	finiss**ais**	descend**ais**	ét**ais**
il / elle / on	jou**ait**	part**ait**	finiss**ait**	descend**ait**	ét**ait**
nous	jou**ions**	part**ions**	finiss**ions**	descend**ions**	ét**ions**
vous	jou**iez**	part**iez**	finiss**iez**	descend**iez**	ét**iez**
ils / elles	jou**aient**	part**aient**	finiss**aient**	descend**aient**	ét**aient**

À vous la parole

A. Un week-end à la campagne. Transformez ces ordres en suggestions.

MODÈLE: Jouons au golf!
→Si on jouait au golf?

1. Faisons une randonnée dans les champs!
2. Travaille dans le jardin!
3. Descendez au bord du lac!
4. Organisons un pique-nique!
5. Cherchons des pommes!
6. Fais du bricolage!
7. Allons à la pêche!
8. Faites une promenade dans la forêt!

B. Pour le pique-nique. En groupes de trois personnes, organisez un pique-nique. Mettez-vous d'accord sur l'endroit, la nourriture et les boissons et, enfin, les distractions. Utilisez le verbe indiqué.

MODÈLES: aller
É1 Si on allait à la plage? (ou chez Tracy? etc.)

acheter
É2 Si tu achetais des petits pains?

faire
É3 Si on faisait une randonnée?

1. aller
2. prendre
3. boire
4. apporter
5. acheter
6. jouer
7. faire

C. Projets pour le week-end. Avec un/e partenaire, faites des projets pour un week-end dans la nature. Décidez-vous de la destination, du logement et des activités.

MODÈLE: É1 Si on allait à la plage?
É2 Oui, et si on faisait du camping?
É1 Bonne idée! Si on faisait des promenades sur la plage le matin? etc.

2. L'imparfait: la description au passé

- You have learned to use the **imparfait** to make suggestions. You can also use this tense to describe situations and settings in the past. Look at the following examples:

— To set the time:

Il **était** une heure du matin.	*It was one o'clock in the morning.*
C'**était** en hiver.	*It was during the winter.*

— To describe the weather:

Il **neigeait** et il **faisait** froid.	*It was snowing and it was cold.*
Le ciel **était** gris.	*The sky was gray.*

— To describe people and places:

C'**était** une belle maison.	*It was a nice house.*
La dame **avait** les cheveux roux.	*The woman had red hair.*
Elle **portait** un manteau noir.	*She was wearing a black coat.*

— To express feelings or describe emotions:

Nous **avions** peur.	*We were afraid.*
Ils **étaient** contents.	*They were happy.*

- Use the **imparfait** to express habitual actions in the past:

Tous les week-ends nous **faisions** une randonnée dans les bois.
Every weekend we would take (we took) a hike in the woods.

Quand j'étais petit, on **passait** les vacances chez mes grands-parents.
When I was little, we used to spend vacations at my grandparents'.

Here are some words and expressions often used with the **imparfait** to describe things that were done on a routine basis:

quelquefois	*sometimes*
souvent	*often*
d'habitude	*usually*
toujours	*always*
le lundi, le week-end	*every Monday, every weekend*
tous les jours, tous les soirs	*every day, every evening*

À vous la parole

A. Une journée à la campagne. Complétez les phrases pour décrire une journée à la campagne pour la famille Santini.

MODÈLE: il / faire beau
→Il faisait beau.

1. il / faire chaud
2. le ciel / être bleu
3. les enfants / jouer dans le jardin
4. Mme Santini / préparer un pique-nique
5. M. Santini / travailler dans le jardin
6. les grands-parents / regarder les enfants
7. les enfants / jouer au foot

B. Test de mémoire. Regardez ces photos avec un/e partenaire, et ensuite fermez vos manuels. Pouvez-vous vous rappeler tous les détails? Pour chaque photo, indiquez:

1. quelle était la saison
2. quel temps il faisait
3. comment étaient les gens
4. quelles étaient leurs activités

C. Votre enfance. Posez des questions à un/e camarade de classe pour savoir ce qu'il/elle faisait pendant son enfance.

MODÈLE: habiter ici
É1 Est-ce que tu habitais ici?
É2 Non, j'habitais à Chicago avec mes parents.

1. habiter ici
2. avoir des animaux
3. aimer aller à l'école
4. faire du sport
5. jouer d'un instrument
6. sortir souvent avec des amis
7. partir souvent en vacances
8. avoir une résidence secondaire

LISONS *Quand j'étais toute petite*

A. Avant de lire. J.M.G. Le Clézio is a well-known and prolific French author. The excerpt you are about to read is from **Printemps et autres saisons,** a collection of short stories. Each one is set in a different season and tells the story of a particular woman. In this excerpt, Zinna, a young woman who has left her home in Morocco for the South of France, describes her childhood home in the **Mellah** (the Jewish quarter). Before you begin reading, describe your childhood home (or a home you remember particularly) to your partner in French.

B. En lisant.

1. Two houses are described in this passage. To whom do they belong?
2. Describe each house. Include its size, the number of rooms, and any other physical features mentioned.
3. Who lived in the second house? Describe her. With whom did she live, and why?

C. En regardant de plus près. Now think about the structure and larger meaning of this short text.

1. Early in the text, how does the narrator make it clear that Tomi (Gazelle) has often heard stories of Zinna's life in the Mellah?
2. Zinna's memory of the rooftop of her childhood home is vivid: Describe the activities and the people involved.
3. This rooftop is contrasted with the balcony of the house of the elderly neighbor, Rachel. What does Zinna imagine about this balcony, which she has never visited?
4. Why do you think the author contrasts these two places?

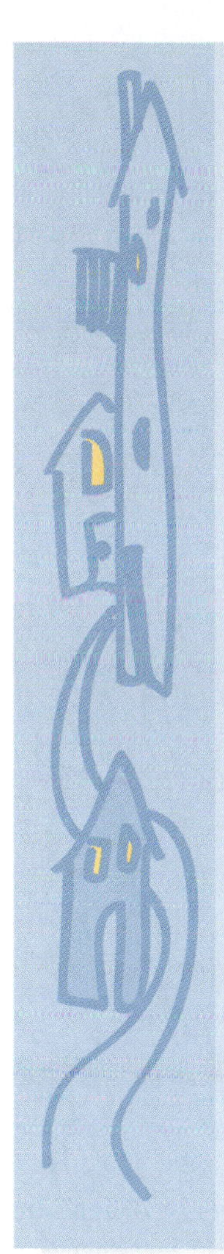

«Tu sais, Gazelle, quand j'étais toute petite, il n'y avait pas de plus beau quartier que le Mellah.»

Zinna commençait toujours ainsi. Elle s'asseyait sur la plage, et Tomi se mettait à côté d'elle. C'était généralement le matin…

«Alors, nous habitions une maison très vieille, étroite, juste une pièce en bas où couchait mon père avec mon oncle Moché, et moi j'étais dans la chambre du haut. Il y avait une échelle[1] pour grimper[2] sur le toit,[3] là où était le lavoir.[4] C'était moi qui lavais le linge, quelquefois Khadija venait m'aider, elle était grosse, elle n'arrivait pas à grimper l'échelle, il fallait[5] la pousser. À côté de chez nous, il y avait la maison bleue. Elle n'était pas bleue, mais on l'appelait comme ça parce qu'elle avait une grande porte peinte en bleu, et les fenêtres à l'étage aussi étaient peintes en bleu. Il y avait surtout une fenêtre très haute, au premier, qui donnait sur un balcon rond. C'était la maison d'une vieille femme qu'on appelait la tante Rachel, mais elle n'était pas vraiment notre tante. On disait qu'elle était très riche, qu'elle n'avait jamais voulu se marier. Elle vivait[6] toute seule dans cette grande maison, avec ce balcon où les pigeons venaient se percher. Tous les jours, j'allais voir sa maison. De son balcon, je rêvais[7] qu'on pouvait voir tout le paysage, la ville, la rivière avec les barques qui traversaient, jusqu'à la mer. La vieille Rachel n'ouvrait jamais sa fenêtre, elle ne se mettait jamais au balcon pour regarder…»

[1]*ladder* [2]*climb* [3]*roof* [4]*washtub* [5]*it was necessary* [6]*lived* [7]*imagined*

Extrait de: J.M.G. Le Clézio, *Printemps et autres saisons,* Gallimard, 1989.

D. Après avoir lu.

1. Draw a sketch of each house as you imagine it to be, based on the description in the passage. Compare your sketches with those of a partner.
2. Describe your childhood home to a partner who will make a sketch of what you depict. How does the drawing compare with your memories?

Venez chez nous!
À la découverte de la France: les provinces

Le Mythe de l'hexagone

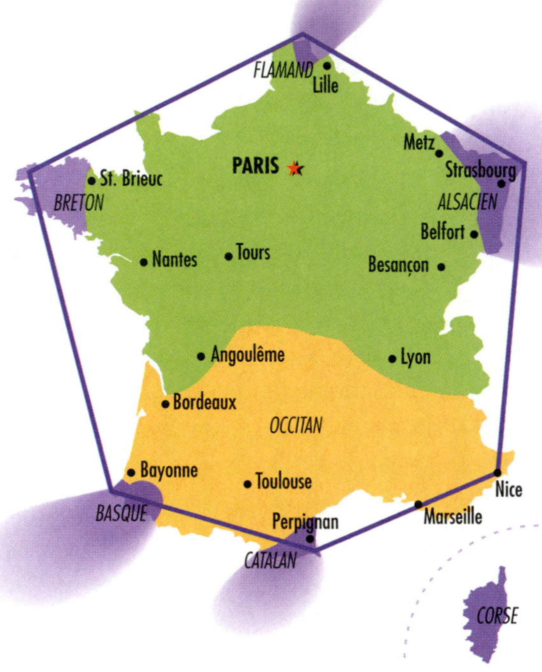

La France actuelle a la forme générale, au moins pour les Français, d'une figure géométrique avec six côtés plus ou moins égaux: un hexagone. C'est aussi un hexagone équilibré, avec trois côtés bordés par des mers (la Manche, l'océan Atlantique et la Méditerranée) et trois côtés limités par d'autres pays (l'Espagne; l'Italie, la Suisse et l'Allemagne; le Luxembourg et la Belgique).

Certains Français pensent que les frontières de la France d'aujourd'hui sont des frontières naturelles et que la France a toujours eu cette forme. En fait, l'Hexagone est le résultat d'événements politiques qui, au cours d'une douzaine de siècles, ont réuni peu à peu des peuples de langues et de cultures différentes. Le royaume de France s'est constitué d'abord de la réunion au XIIe siècle de deux grands ensembles culturels, les régions de langue d'oïl au nord et celles de langue d'oc au sud. Puis, d'autres régions ont été ajoutées à ce nouvel ensemble:

- la Bretagne en 1532
- le Pays Basque en 1620
- le Roussillon, la région autour de Perpignan, en 1659
- l'Alsace en 1681
- la Corse en 1768
- la Savoie et la région de Nice en 1860

Fête traditionnelle basque

Les régions et les langues de France

Les habitants des régions françaises ont conservé une partie de leur culture qui s'exprime, par exemple, à travers les traditions régionales de la cuisine française. Il y a aussi la musique et les fêtes régionales. La diversité culturelle du pays se manifeste également par la langue, car dans ces régions on entend encore parler les langues traditionnelles. Les communautés locales essaient de préserver ces langues, et on commence à introduire les langues régionales à l'école. Voici quelques exemples de la langue de ces régions qui, tous, veulent dire: «Venez chez nous…!»

- En Bretagne, le breton: **Deit genomb é Breizh**!
- En Alsace et dans la région de Metz en Lorraine, les dialectes allemands et l'allemand standard: **Komme zü uns ens Elsass**!
- En Corse, le corse: **Venite in Corsica**!
- Au Pays Basque, le basque: **Zatozte Euskal herrirat**!
- Dans tout le Midi, divers dialectes occitans: **Venetz en Occitania**!

Et vous?

1. Avec un/e partenaire, faites une liste des régions des États-Unis.
2. Quelles sortes de spécialités (la cuisine, la musique, les fêtes) est-ce qu'on trouve dans ces régions?
3. D'après vous, est-ce qu'il existe des langues régionales aux États-Unis comme en France? Expliquez.

LISONS *Dîner en chaussons? Méfiez-vous!*

A. Avant de lire. The excerpt you are going to read discusses how some words in French mean different things depending on the region of France in which they are used. This passage was written by Henriette Walter, a French linguist. Can you think of any words that you use in English that are unique to your region of origin? One example is the word for *soft drink* in English. Depending on the region, it can be referred to as *soda, pop, Coke,* or *tonic.* How do you say this? Do you have any friends or family members who use a different term?

B. En lisant. As you read the text, look for information, as follows.

1. Complete the following chart with the various meanings for the words **dîner** and **souper.**

	À Paris	Dans d'autres régions
le dîner		
le souper		

2. Now do the same thing for the words **chausson** and **botton.**

	Pour Henriette Walter	Pour la plupart de ses amis
des chaussons		
des bottons	XXXXXXXXXX	

3. According to Henriette Walter, when it comes to questions of language, who uses standard language and who uses deviant forms?

C. En regardant de plus près. Now look more closely at the text to answer the following questions.

1. You probably don't know the meaning of the word **interlocuteur.** Looking carefully at its constituent parts can help you to figure out its meaning. For example, the word begins with the prefix **inter-** and ends with the suffix **-eur.** What information does this give you about the meaning of the word? Now consider the middle, **-locut-.** Can you think of any English words like this? Given all of these various pieces, what do you think **interlocuteur** means?

2. Look at the word **malentendus.** What is the prefix for this word? What does it mean? What French verb do you know that is related to the main part of this word? What does it mean? Based on these bits of information and the context, what do you think **petits malentendus** means?
3. According to Henriette Walter, the use of these regional words means different things to those hearing them and to those using them. What does their use signal to those who hear them? What does it signify for those who use them?

Dîner en chaussons? Méfiez-vous!

Mais, attention! Si on vous invite à dîner, ou à souper, sans plus de précision, vous ne pouvez être sûr de rien, car[1] si, à Paris, le *dîner* est le repas du soir, nombreuses sont les régions où c'est le repas de midi, celui du soir étant le *souper.* Comme à Paris, le *souper* se prend beaucoup plus tard dans la nuit, généralement après le spectacle,[2] il pourrait y avoir des rendez-vous manqués![3]

Enfin, si l'on me parle de *chaussons,* personnellement je comprendrai qu'il s'agit de ces «petites chaussettes tricotées[4] que portent les bébés qui ne marchent pas encore», alors que pour la plupart des gens autour de moi, les *chaussons* sont des «pantoufles[5] de laine, au talon[6] recouvert». Ces mêmes personnes, lorsqu'elles veulent parler de ce que j'appelle des *chaussons* (de bébé), emploieront le terme de *bottons*. Et il me faut toujours faire un petit effort sur moi-même pour accepter l'usage, pour moi bizarre, de mes interlocuteurs. Tant il est vrai qu'en matière de langue, ce sont toujours les autres qui semblent dévier de la norme.

Les linguistes enquêtent

L'emploi de mots comme ... *dîner* ou *botton* peut évidemment être la source de petits malentendus. Il peut aussi devenir un indice permettant à celui qui l'entend de deviner que telle personne est originaire de telle localité, ou encore, pour celui qui l'emploie, de l'utiliser comme un signe d'appartenance à une même communauté linguistique.

[1]parce que [2]*show* [3]*missed appointments* [4]*knitted* [5]*slippers* [6]*heel*

Extrait de: Henriette Walter, *Le français dans tous les sens,* Robert Laffont, 1988.

D. Après avoir lu.

1. Have you ever been in a situation, perhaps with a speaker of English from another country, where the use of a particular term caused a misunderstanding? Explain the situation to a partner.
2. Can you think of any distinctive features of your own speech or language? What do they indicate about you? Do you use these features or do you change your speech according to your audience? Explain.

ÉCOUTONS *Découvrir la France*

A. Avant d'écouter. Regardez la carte de France qui se trouve au début de votre livre. Faites une liste des régions que vous avez étudiées jusqu'à présent ou que vous connaissez. Comparez votre liste avec celle de votre partenaire. Maintenant, choisissez trois de ces régions et faites une liste de leurs caractéristiques géographiques.

B. En écoutant.

1. Écoutez une première fois et écrivez les noms des régions que vous entendez.
2. Écoutez une deuxième fois et d'après la description et votre connaissance de la géographie française, identifiez les régions en écrivant leurs noms sur la carte.

C. Après avoir écouté. Imaginez que vous avez beaucoup d'argent et que vous voudriez acheter une maison secondaire en France pour les vacances. Dans quelle région est-ce que vous voudriez acheter ou faire construire une maison? Pourquoi? Comparez votre choix à celui de votre partenaire.

ÉCRIVONS *La région de...*

A. Avant d'écrire. Imaginez que vous préparez une brochure sur une région de France. D'abord, choisissez une région qui vous intéresse. Qu'est-ce que vous avez besoin de savoir pour préparer cette brochure? Consultez des guides et des vidéos touristiques et des sites Internet pour répondre aux questions suivantes:

La peinture rupestre dans la grotte de Lascaux en Dordogne

1. Où se trouve cette région en France? (près de la mer? à côté de Paris?)
2. En quelle(s) saison(s) est-ce qu'on devrait visiter cette région? Pourquoi? (Quel temps fait-il dans les différentes saisons?)
3. Quels sont les sites touristiques les plus intéressants dans cette région? Décrivez-les.
4. Quelles activités est-ce qu'on peut y pratiquer? Est-ce qu'il y a des activités pour des personnes qui aiment le sport, les beaux arts, l'histoire?
5. Qu'est-ce qu'on peut y manger? Décrivez un ou deux plats de cette région.

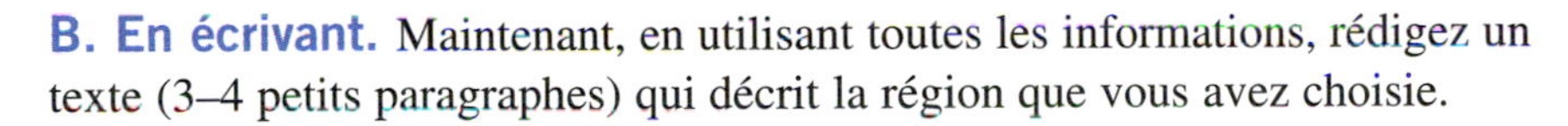

B. En écrivant. Maintenant, en utilisant toutes les informations, rédigez un texte (3–4 petits paragraphes) qui décrit la région que vous avez choisie.

MODÈLE: → La région de Provence se trouve dans le sud de la France, sur la mer Méditerranée. C'est une région où il fait très beau en hiver et aussi en été, donc c'est une région à visiter par toutes les saisons…

C. Après avoir écrit. Pour élaborer votre projet, vous pouvez ajouter des images (photos, dessins, tableaux) de la région.

PARLONS *Un voyage en France*

Imaginez qu'avec deux de vos amis vous décidez de faire un voyage de quinze jours en France cet été. Mais dans le groupe, il y a des personnalités très différentes:

A. Cette personne est très sportive. Il/Elle adore assister aux matchs de tennis et de foot et il/elle aime bien faire de l'alpinisme, du canoë et du kayak.
B. Cette personne se spécialise en histoire de l'art. Il/Elle veut visiter tous les musées possibles.
C. Cette personne voudrait faire un voyage gastronomique. Il/Elle veut manger des spécialités de différentes régions, surtout le poisson.

En groupes de trois, jouez les rôles. Essayez de persuader vos amis de visiter les sites qui vous intéressent et de faire ce que vous préférez. Créez un itinéraire qui plaît à tout le monde.

Le port de la Rochelle

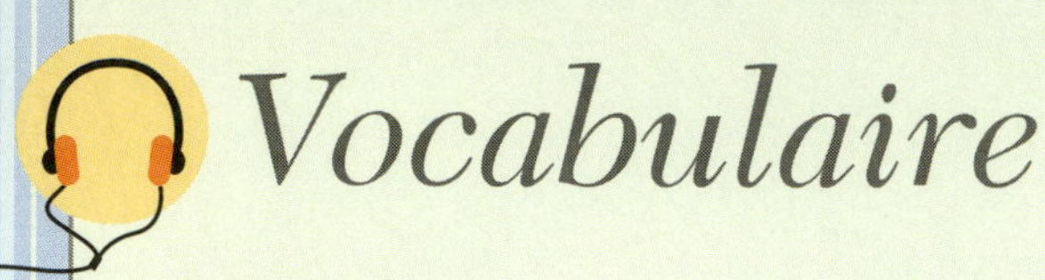

Vocabulaire

LEÇON 1

pour décrire un immeuble	**to describe a building**
un ascenseur	*elevator*
une cour	*courtyard*
des escaliers (m)	*staircase, stairs*
un garage	*garage*
garer	*to park*
un immeuble	*building*
le sous-sol	*basement*
un/e voisin/e	*neighbor*

pour situer un immeuble	**to situate a building**
la banlieue	*suburbs*
le centre-ville	*downtown*
un quartier (résidentiel)	*(residential) neighborhood*
une rue	*street*
situé/e	*located, situated*

pour parler d'un appartement	**to talk about an apartment**
un balcon	*balcony*
un cinq-pièces	*3-bedroom apartment with separate living room and dining room*
un couloir	*hallway*
une cuisine	*kitchen*
donner sur	*to look onto or lead out to*
une entrée	*entrance, foyer*
un/e propriétaire	*landlord/landlady; homeowner*
une salle à manger	*dining room*
une salle de bains	*bathroom*
un séjour, une salle de séjour	*living room*
un studio	*studio apartment*
une terrasse	*terrace*
des toilettes (f), des W.-C. (m)	*toilet, water closet*

verbes de communication	**verbs of communication**
demander	*to ask*
dire	*to say*
écrire	*to write*
expliquer	*to explain*
montrer	*to show*

verbes de transfert	**verbs of transfer**
apporter	*to bring*
donner	*to give*
emprunter	*to borrow*
offrir	*to give (a gift)*
prêter	*to lend*
remettre	*to hand in/over*

LEÇON 2

des meubles	**furniture**
une armoire	*armoire, wardrobe*
un canapé	*couch*
une cuisinière	*stove*
un évier	*sink*
un fauteuil	*armchair*
un four	*oven*
une lampe	*lamp*
un lit	*bed*
un placard	*cupboard, kitchen cabinet*
un réfrigérateur	*refrigerator*
des rideaux (m)	*curtains*
une table basse	*coffee table*
un tapis	*rug*

pour décrire un appartement ou un meuble	**to describe an apartment or a piece of furniture**
agréable	*pleasant*
ancien/ne	*old, antique*
confortable	*comfortable* (material objects)
équipé/e	*equipped*
meublé/e	*furnished*
moderne	*modern*
neuf/neuve	*brand new*
par terre	*on the floor*
rénové/e	*renovated*
usé/e	*worn, worn out* (objects)

pour dire où	**to say where**
à côté de	*next to*
à droite (de)	*to the right (of)*
à gauche (de)	*to the left (of)*
dans	*in*
derrière	*behind*
devant	*in front of*
sous	*under*
sur	*over, on top of*

autres mots utiles	**other useful words**
des affaires (f)	*belongings, things*
le coin cuisine	*kitchenette*
le loyer	*rent*
un mur (m)	*wall*
ranger	*to arrange, to tidy up*
sous les toits	*in the attic*

LEÇON 3

la vie à la campagne	**life in the country**
bricoler	*to putter around; to do odd jobs*
le bricolage	*puttering around; odd jobs*
se détendre	*to relax*
une ferme	*farm*
un jardin	*garden, yard*
un potager	*vegetable garden*
une villa	*house in a residential area, villa*

la nature	**nature**
un arbre (fruitier)	*(fruit) tree*
un bateau à voile	*sailboat*
un bois	*woods*
le bord de la mer	*seashore*
un champ	*field*
une colline	*hill*
une forêt	*forest*
un lac	*lake*
une rivière	*large stream or river (tributary)*
une vallée	*valley*

quelques mots utiles	**some useful words**
au bord (du lac)	*on the shore (of the lake)*
formidable	*great*
loin (de)	*far (from)*
posséder	*to own*
s'occuper de	*to take care of*
se trouver	*to be located*

pour parler des activités habituelles dans le passé	**to talk about habitual activities in the past**
d'habitude	*usually*
le lundi	*every Monday*
le week-end	*every weekend*

Chapitre 9 Les relations personnelles

Leçon 1 Les jeunes et la vie

POINTS DE DÉPART Les jeunes parlent

FORMES ET FONCTIONS

1. Les verbes de communication *écrire, lire* et *dire*
2. La conjonction *que*

LISONS Vivement le dimanche!

Leçon 2 Les grands événements de la vie

POINTS DE DÉPART Les grands événements

SONS ET LETTRES La semi-voyelle /j/

FORMES ET FONCTIONS

1. L'imparfait et le passé composé
2. Imparfait et passé composé: description et narration

ÉCOUTONS Lise parle avec sa mère

Leçon 3 Les émotions

POINTS DE DÉPART Pour exprimer les sentiments et les émotions

SONS ET LETTRES Les semi-voyelles /w/ et /ɥ/

FORMES ET FONCTIONS

1. Les verbes pronominaux idiomatiques
2. Les verbes *connaître* et *savoir*

ÉCRIVONS Un souvenir marquant

Venez chez nous!

Les rituels dans le monde francophone

ÉCOUTONS Le baptême de mon neveu

LISONS Le rite de la circoncision en Haute Guinée

PARLONS Le mariage

ÉCRIVONS Souvenir d'un rituel dans votre culture

Language Use

- Expressing opinions
- Reporting what others say and write
- Describing and narrating past events
- Expressing emotions

Media

- CD-ROM: Chapitre 9
- Student audio CD: Chapitre 9
- Video: Chapitre 9
- Website: **http://www.prenhall.com/cheznous**

Leçon 1 Les jeunes et la vie

POINTS DE DÉPART

Additional practice activities for each **Points de départ** section are provided on the CD-ROM and website: **http://www.prenhall.com/cheznous**

Les jeunes parlent

Les jeunes se prononcent sur...

La famille

Mes parents ont divorcé quand j'avais cinq ans, et j'ai ressenti l'absence de mon père. Heureusement, mon grand-père était là. Ancien instituteur, il m'a appris à aimer les livres, en particulier les livres d'histoire. Ma mère était toujours très autoritaire—et moi, j'étais un enfant rebelle. *Pierre, 22 ans, étudiant en histoire*

Je fais partie d'une famille assez «traditionnelle»: mon père travaille et ma mère, c'est une femme au foyer. J'ai des bons rapports avec mes parents. Ils m'ont donné une morale, une vision du monde, le goût du travail et une présence très sécurisante. Je suis bien dans ma peau. *Sarah, 18 ans, bachelière*

Pour parler de la famille

un père/une mère célibataire
un homme/une femme au foyer
un père/une mère absent/e
une famille monoparentale/reconstituée/étendue
une union libre
un beau-père, une belle-mère, un beau-frère, une belle-sœur, les demi-frères et sœurs
être autoritaire
    indulgent/e
    rebelle
avoir des bons rapports avec
être bien dans sa peau

L'avenir

Je trouve que la formation universitaire est une bonne formation, qui donne un esprit d'analyse. Le problème, c'est qu'elle ne nous garantit pas un emploi. *Étienne, 22 ans, étudiant*

J'ai mon bac depuis un an, et je n'ai pas encore réussi à trouver un poste. Je bosse le week-end comme ouvreuse dans un cinéma. Je pense que nos parents ont eu plus de chance que nous. Mon rêve, c'est d'obtenir un travail utile à l'avenir. *Christine, 20 ans*

J'essaie de travailler mieux mais je redouble, parce que l'an dernier, je n'ai rien fait. D'un côté, je me dis qu'il faut bouger pour arriver plus haut. De l'autre, je laisse passer des heures. Nos profs nous poussent de plus en plus, ils essaient de nous ouvrir les yeux. *Nadine, 17 ans, lycéenne*

Éclairages

La famille à la carte

Qu'est-ce qu'une «famille»? Avec ou sans enfants? Deux parents, un seul, davantage°? De quel sexe? Nos idées sur la famille évoluent, et le vocabulaire le signale: on parle de familles monoparentales, de pères et de mères célibataires, de mères qui travaillent et de pères absents, de familles reconstituées, d'unions libres. En fait, le mariage «traditionnel», où la femme reste au foyer, est un phénomène devenu assez rare en France aujourd'hui: 75% des Françaises de 25 à 49 ans travaillent. Et au lieu de se marier, 15% des couples en France choisissent de vivre ensemble en «union libre», trois fois plus qu'il y a vingt ans. La population accepte mieux l'union libre aussi: en 1976, 62% des Français la condamnaient ou la trouvaient choquante. Aujourd'hui par contre, ils sont moins de 30%.

davantage: more

Une famille sénégalaise

Premier mythe: la famille est en crise. En fait, 90% des jeunes Français sont heureux° dans leur cellule familiale, d'après un sondage° de la SOFRES (Société française d'enquêtes par sondage). Autre mythe: la famille dite «étendue» disparaît. En cas d'urgence, on compte toujours sur maman, la belle-mère, les grands-parents, un frère, une tante.

heureux: contents
sondage: survey

ET VOUS?

1. À votre avis, est-ce que la famille américaine est en crise? Est-ce que la famille dite «étendue» disparaît chez nous?
2. Est-ce que vous pouvez citer des statistiques ou des exemples pour soutenir votre opinion?

Le langage des jeunes

C'est l'écrivain Jean-Paul Sartre qui a dit, «Il n'y a pas de sentiment plus communément partagé que de vouloir être différent des autres.» C'est peut-être la devise° des jeunes, qui veulent se distinguer par leurs vêtements, leur musique et, surtout, par leur langage. Comment décrire le langage des jeunes? La difficulté, c'est qu'il est toujours en train de changer. Le vocabulaire des jeunes, c'est comme le poisson: il ne reste pas frais longtemps! Voici quelques expressions courantes pour parler de ce qui est «bon» et de ce qui est «mauvais»:

motto

bon	***mauvais***
C'est génial.	C'est nul.
cool, supercool	craignos
mortel	lassedégue

La dernière expression, *lassedégue,* est un exemple d'un mot en *verlan.* Le verlan est un jeu langagier créé par des jeunes dans la banlieue parisienne. En verlan, on forme des mots en renversant les syllabes, par exemple, *dégueulasse*° devient *lassedégue* et l'envers° devient *verlan.* D'autres exemples de verlan qui sont passés dans la langue sont *chébran* qui vient de *branché* et veut dire «cool», *laisse béton* qui vient de *laisse tomber* et veut dire «arrête», et *meuf* qui vient de *femme.* D'autres mots en argot° qui sont souvent employés par les jeunes sont: *frangin* et *frangine* pour *frère* et *sœur,* un *mec* ou un *type* pour un *homme* et une *nana* ou une *gonzesse* pour une *femme,* un *boulot* pour un *travail* et la *bagnole* pour la *voiture.*

mauvais; *reverse*

slang

ET VOUS?

1. D'après vous, est-ce qu'il existe un langage des jeunes aux États-Unis? En quoi est-ce qu'il diffère de la langue ordinaire?
2. En France, quelques expressions de verlan et d'autres mots argotiques sont passés dans la langue courante et sont utilisés par tout le monde. Est-ce que vous pouvez trouver des exemples en anglais de ce même phénomène?

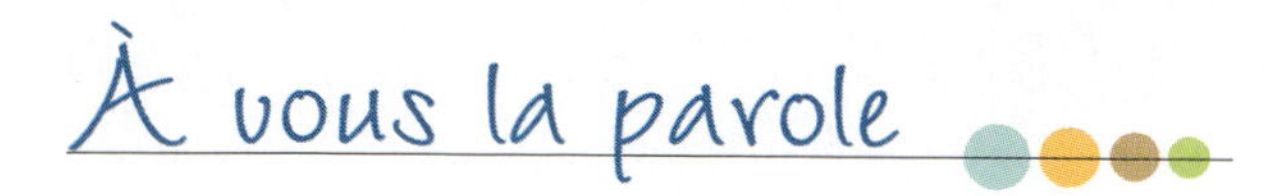

A. Définitions. Trouvez la définition pour chaque expression de la première colonne.

MODÈLE: une mère célibataire
→une mère qui n'a pas de partenaire

1. une mère célibataire
2. l'homme au foyer
3. une famille étendue
4. un père absent
5. une famille monoparentale
6. une famille reconstituée
7. l'union libre

a. un couple pas marié
b. un père qui n'habite pas avec ses enfants
c. une famille avec un seul parent
d. une famille avec des demi-frères ou sœurs
e. une mère qui n'a pas de partenaire
f. les parents, les grands-parents, les cousins...
g. un père qui s'occupe de ses enfants

B. D'accord ou pas d'accord? Est-ce que vous êtes d'accord avec les assertions suivantes de jeunes Français? Parlez-en avec un/e partenaire et expliquez votre réponse.

MODÈLE: Grandir dans une famille monoparentale, c'est une tragédie pour l'enfant.
É1 Si la famille étendue est là, ce n'est pas une tragédie.
É2 Donc, on n'est pas d'accord.

1. La famille exerce très peu d'influence sur les jeunes.
2. On apprécie toujours les parents autoritaires.
3. Les parents et les profs aujourd'hui nous poussent beaucoup.
4. Pour réussir, il faut avoir un diplôme.
5. Un diplôme ne garantit pas un emploi.

C. Cause probable. Avec un/e partenaire, expliquez comment on est probablement arrivé à la situation décrite.

MODÈLE: Solange ne réussit pas à l'université.
É1 Elle ne travaille pas assez.
É2 Ou bien elle a un job et elle travaille trop.

1. Lucie a redoublé l'année dernière.
2. Luc n'a pas obtenu le bac.
3. C'est sa mère qui a dû exercer l'autorité parentale.
4. Sébastien a eu beaucoup de succès dans ses études.
5. Stéphane n'a pas pu entrer à l'université.
6. À 28 ans Hervé habite encore chez ses parents.
7. Hélène a facilement trouvé un poste.

D. Points de vue français et américains. Formez des groupes de deux ou trois étudiants. Pour chacune des opinions suivantes, dites si vous êtes d'accord et pourquoi.

MODÈLE: On a des bons rapports avec ses grands-parents.
É1 Je suis d'accord. Aux États-Unis, on a des bons rapports avec ses grands-parents. Par exemple, ma grand-mère m'a appris à aimer la musique.
É2 Je ne suis pas d'accord. Aux États-Unis, les grands-parents habitent souvent loin; on a surtout des bons rapports avec ses parents.

1. On a des bons rapports avec ses grands-parents.
2. À l'université beaucoup d'étudiants laissent passer des heures sans rien faire.
3. La formation universitaire ne garantit pas un emploi.
4. Après l'université, c'est quoi notre avenir?
5. Nos parents ont eu plus de chance que nous quand ils étaient jeunes.
6. Nos profs nous poussent à travailler de plus en plus.

E. Et vous? Avec un/e partenaire, complétez les phrases suivantes selon votre propre expérience.

MODÈLE: Mes parents m'ont appris à...
É1 Mes parents m'ont appris à aimer la musique classique.
É2 Et moi, mon père m'a appris à apprécier la nature.

1. Mes parents m'ont appris à...
2. J'étais un enfant...
3. Ma famille, c'est une famille...
4. J'ai des bons rapports avec...
5. Pour mes études, je travaille...
6. Mes professeurs...
7. Mon rêve, c'est de...
8. Je suis bien dans ma peau parce que…

Additional practice activities for each **Formes et fonctions** section are provided on the CD-ROM and website: **http://www.prenhall.com/cheznous**

FORMES ET FONCTIONS

1. Les verbes de communication écrire, lire *et* dire

- Here are three useful verbs of communication: **écrire,** *to write;* **lire,** *to read;* **dire,** *to say, to tell.*

SINGULIER		PLURIEL	
je/j'	**écris**	nous	**écrivons**
	lis		**lisons**
	dis		**disons**
tu	**écris**	vous	**écrivez**
	lis		**lisez**
	dis		**dites**
il / elle / on	**écrit**	ils / elles	**écrivent**
	lit		**lisent**
	dit		**disent**

IMPÉRATIF:	Écris!	Écrivez!	Écrivons!
	Lis!	Lisez!	Lisons!
	Dis!	Dites!	Disons!
PASSÉ COMPOSÉ:	il a **écrit**	il a **lu**	il a **dit**

- **Décrire,** *to describe,* is conjugated like **écrire.**
- All these verbs may take direct and indirect objects.

J'écris **une lettre à mes parents.**	*I'm writing a letter to my parents.*
Tu **leur** dis **bonjour** de ma part?	*Will you say hello to them for me?*
Décris **ton cousin à Gabriel.**	*Describe your cousin to Gabriel.*
Elle lit **ses poèmes à ses amis,** mais elle ne **les** lit pas **à ses parents.**	*She reads her poems to her friends, but she doesn't read them to her parents.*

À vous la parole

A. Étudiants étrangers. Tout le monde est d'accord! Comment est-ce que ces étudiants disent «oui»? Choisissez un mot de la liste: **oui, da, ja, sí, yes.**

MODÈLE: Maria est espagnole.
→Elle dit «sí».

1. Peter et Helmut sont allemands.
2. Louis-Jean est haïtien.
3. Moi, je suis russe.
4. Isabel est mexicaine.
5. Michèle et moi, nous sommes belges.
6. Toi, tu es américaine.
7. Georges et toi, vous êtes suisses.
8. Alan, il est anglais.

B. Qu'est-ce qu'ils écrivent? Choisissez dans la liste ce qu'écrivent ces jeunes gens.

MODÈLE: Marc travaille pour le journal (*newspaper*) de l'université.
→Il écrit des articles.

des articles	des critiques	des recettes	des mémoires
des lettres	des poèmes	des programmes	des chansons

1. Anne et moi, nous étudions l'informatique.
2. Jacques et toi, vous êtes bons correspondants.
3. Je suis étudiant en littérature.
4. Karen aime faire la cuisine.
5. Joëlle et Lilian sont poètes.
6. Tu travailles pour un magazine.
7. Alain va souvent au théâtre.
8. Chantal et Élizabeth jouent dans un groupe de rock.

C. Sondage. Trouvez une personne qui…

MODÈLE: lit le journal tous les jours
É1 Est-ce que tu lis le journal tous les jours?
É2 Oui, je lis le *New York Times.*
OU Non, je ne lis pas le journal, je regarde les infos à la télé.

1. lit le journal tous les jours
2. écrit à ses parents
3. dit toujours la vérité
4. écrit pour le journal de l'université
5. a lu au moins un roman (*novel*) cette année
6. va préparer un mémoire ce semestre
7. veut nous dire quel est son âge
8. a déjà écrit une lettre dans une langue étrangère

2. *La conjonction* que

- In French, use the conjunction **que** to report what someone says or to ask for or give an opinion. Notice that the conjunction is not always expressed in English.

Elle dit **que** sa mère est très exigeante.	*She says that her mother is very strict.*
Je pense **que** nos parents ont eu de la chance.	*I think our parents were lucky.*
Vous trouvez **qu'**elle travaille bien?	*Do you think she works hard?*

- Here are some useful phrases for expressing an opinion:

Je pense que oui.	*I think so.*
Je pense que non.	*I don't think so.*
Je pense que vous avez raison.	*I think you're right.*
Je trouve que...	*I think that...*

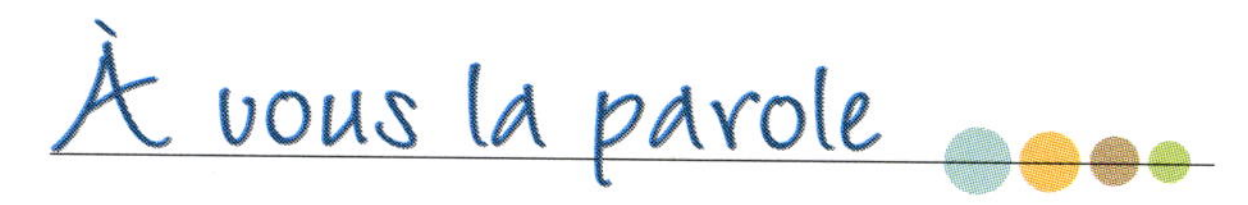

A. Qu'est-ce qu'on dit? Parmi les jeunes Français, qui dit quoi?

MODÈLE: Je suis bien dans ma peau.
→ Sarah dit qu'elle est bien dans sa peau.

Sarah	Pierre	Nadine	Étienne	Christine

1. J'ai mon bac depuis un an.
2. Je fais partie d'une famille traditionnelle.
3. Mon rêve, c'est d'obtenir un travail utile.
4. J'étais un enfant rebelle.
5. Je bosse comme ouvreuse le week-end.
6. J'ai des bons rapports avec mes parents.
7. J'essaie de travailler mieux.
8. La formation universitaire ne garantit pas un emploi.

B. D'accord ou pas d'accord? Êtes-vous d'accord, oui ou non? Discutez de cela avec un/e partenaire.

MODÈLE: L'homme au foyer, c'est une excellente idée.
É1 Je pense que non; les hommes n'ont pas assez de patience avec les enfants.
É2 Moi, je pense que oui: mon père est resté à la maison avec ma sœur et moi quand nous étions petits.

1. L'homme au foyer, c'est une excellente idée.
2. Grandir dans une famille monoparentale, c'est difficile.
3. Ne pas avoir d'enfants, c'est une tragédie.
4. Les adolescents veulent toujours se distinguer de leurs parents.
5. Être rebelle, c'est tout à fait (complètement) normal pour les adolescents.
6. Nos parents ont eu plus de chance que nous.
7. Les jeunes d'aujourd'hui travaillent plus que la génération de leurs parents.

LISONS *Vivement le dimanche!*

A. Avant de lire. The Canadian magazine **L'actualité** devoted thirty pages of an issue to the family.

58 VIVEMENT LE DIMANCHE!
Les rituels ont beau changé, le dimanche reste la journée «sacrée» des familles

1. You will read excerpts from the article called **Vivement le dimanche!** Notice the brief description for this article: it contrasts the verbs **changer** and **rester** and puts the word **sacrée** in quotations. What are the main points the writer is making?
2. Now write the word *Sunday* in the center of a piece of paper, and around it all the associations you have with this word—these may be activities, feelings, people, etc. When you have finished, look at your associations. Do they group logically in any way? Are they mostly positive or negative?

B. En lisant. As you read excerpts from the article, consider the following points:

1. The text reproduced here consists of three main parts: the writer's memories of Sundays past, a transition to the present time, and a narration of where he goes and whom he talks to on a particular Sunday. Can you identify these three parts of the text?
2. Now look at the description of the writer's childhood memories. In this description, he appeals to the various senses. Find memories that might relate to: (a) sight, (b) hearing, (c) smell, (d) taste. Can you find indications in his description that the writer has idealized the Sundays of his childhood?
3. In the second part, beginning with the third paragraph, the writer sets up a series of contrasts to explain why people like Sundays. Which activities do these contrasts suggest?
4. As he travels around Montreal on a Sunday, the writer speaks to a number of people, four of whom are quoted here. Find their names and describe their general view of Sundays.
5. In paragraph 7, the writer evokes the bustle of midday activity. Make a list of the various activities he describes.
6. At the end of his day, the writer goes looking for the young people of Montreal; what does he assume when he can't find them?

Vivement le dimanche!

Jour de repos, jour de rattrapage, jour de retrouvailles?
Les rituels ont beau changé, le dimanche reste la journée des familles.

Il y avait dans les dimanches de mon enfance une solennité, des rubans de satin et de la dentelle blanche aux robes de mes sœurs, et de la musique classique à la radio AM de Radio-Canada. Il y avait aussi du rosbif fumant quand mon grand-père venait dîner après la messe et des légumes nouveaux et exotiques comme du brocoli.

Il faisait toujours beau. C'était le dimanche que les tulipes s'ouvraient au printemps et que les perdrix[1] sortaient sur les routes de gravier en automne. L'air et la lumière n'avaient pas la même texture.

Le dimanche est encore une journée hors cadre. Les chaises du jardin remplacent celles de la cuisine, le vélo remplace l'auto, on lit John Le Carré plutôt qu'un rapport annuel... C'est pour ça qu'on aime le dimanche et qu'on lui trouve une couleur propre. C'est aussi pour ça que d'autres le détestent et s'y ennuient, privés d'un rythme auquel ils sont dopés.

«C'en est presque angoissant!» dit Giovanni Calabrese, éditeur, un de ceux qui dé-tes-tent. «C'est le vide.[2] On n'est pas portés à sortir, ni à recevoir du monde, ni à s'amuser. Il n'y a pas d'activité, pas de circulation dans les rues. Les rares passants sont des promeneurs ou des chauffeurs du dimanche. Ça m'enrage!»

Que fais-tu le dimanche? «Je dors!» Mon amie Élaine Hamel, maquilleuse et coiffeuse, me répond... décoiffée et pas maquillée, en robe de chambre dans l'embrasure de la porte. À 11h, un dimanche matin, je pensais pas la réveiller. Je m'excuse. Je suis confus. Je dis que je reviendrai. Mais 10 minutes plus tard, nous sommes assis devant un café.

«Le dimanche a perdu son côté sacré, dit Élaine. Quand j'étais petite, j'allais à l'église... religieusement! Aujourd'hui, j'ai remplacé la religion par la culture: je vais au cinéma. Ma famille est à Québec et il y a comme un code établi: c'est le dimanche qu'on se téléphone. C'est aussi une journée un peu spirituelle, celle où je pense à mes amis et où je leur écris.»

Vers midi, la ville se réveille enfin. C'est l'heure où on espère tout à coup «faire quelque chose» de son dimanche. Les parents et leurs enfants sont partout. Quand la fourmi[3] lance au crapaud[4] «espèce de gros cochon!»[5] c'est le délire chez les enfants qui sont venus voir *Poucette*[6] au cinéma Berri. À l'autre bout de la ville, des enfants de bonne famille font des constructions de blocs hallucinantes avec leurs parents dans la salle de jeu du Centre canadien d'architecture. La famille Essiambre est en train de bruncher chez la mère Tucker. Le Biodôme, le Planétarium et les marchés aux puces[7] se remplissent.[8]

Les montréalais haïtiens, eux, s'endimanchent encore. Pierre-Émile, dans la vingtaine, explique que les dimanches haïtiens demeurent[9] très vivants. «Moins qu'en Haïti, mais il y a encore beaucoup de fêtes: baptêmes, premières communions, confirmations, mariages ... Chez les catholiques, c'est plus vivant que chez les protestants. Les protestants ne boivent pas d'alcool, ne dansent pas le dimanche. Ils sont très conservateurs.»

L'heure du blues approche. Tout le monde m'a parlé de ce creux de vague,[10] mélancolique, qui marque les dernières heures du dimanche. La fin du week-end est proche, il est temps de faire les devoirs que les enfants ont repoussés jusqu'à l'ultime échéance, le métro-boulot-dodo arrive à grands pas.

Et les jeunes, qu'on dit de plus en plus sans travail et sans attaches familiales, échappent-ils à ce nowhere? Je vais finir mon dimanche aux Foufounes électriques bar-caverne de la rue Sainte-Catherine, chambre de torture musicale, épicentre de la jeunesse no future de Montréal. «Ici, c'est le soir le plus plat!»[11] De fait, c'est vide. «C'est comme si tout était organisé pour qu'il y ait rien à faire.» Nathalie, 20 ans, qui vit à peu près chez son père («Mon lit et mes affaires sont là mais j'y suis pas souvent»), vient de souper avec lui. «Dans le fond, s'il y avait pas le dimanche, il y aurait pas grand journées où je le verrais...»

Et si le bar est si tranquille le dimanche soir, c'est peut-être que les autres sont encore en visite chez papa ou maman!

[1]*partridges* [2]*emptiness* [3]*ant* [4]*toad* [5]*pig* [6]*Thumbelina* [7]*flea market* [8]*fill up* [9]rester [10]*low point* [11]*flat*

Adapté de: Luc Chartrand, *Vivement le dimanche! L'actualité* (Montréal), juillet 1994.

C. En regardant de plus près. Now that you've read through the article, look more closely at the following features.

1. In paragraph 4, when describing Giovanni Calabrese's attitude toward Sundays, the author writes the word **détestent** as **dé-tes-tent.** What is he trying to convey by doing this?
2. The article contains a number of words or expressions that are particular to Canadian French. What is the meaning of the following?
   a. **des chauffeurs du dimanche** (paragraph 4)
   b. **bruncher** (paragraph 7)
   c. **souper** (paragraph 11)
3. In paragraph 9, the writer describes **l'heure du blues: la fin du week-end est proche, le métro-boulot-dodo arrive.** What does he mean?

D. Après avoir lu. Now discuss these questions with your classmates.

1. With what view of Sunday do you most identify, and why?
2. Are Sundays in Montreal very different from or very similar to Sundays in your town?
3. What are your own childhood memories of Sundays?
4. What are your Sundays like now?

On visite le Biodôme de Montréal.

Les grands événements de la vie

POINTS DE DÉPART

Les grands événements

La mère de Sylvie regarde son album de photos.

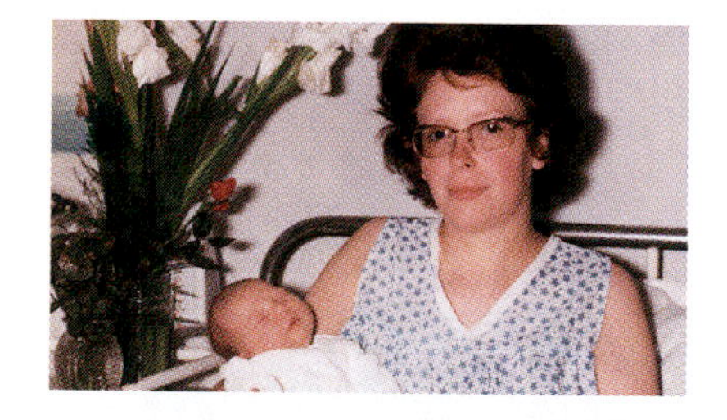

Le 9 mai 1980, Sylvie est née; elle était adorable!

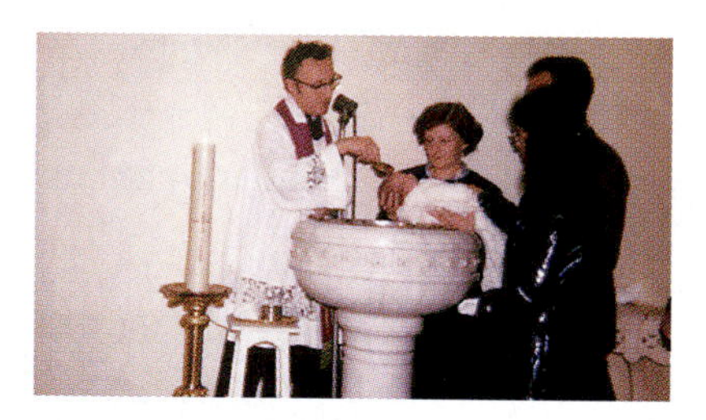

Voilà Sylvie à son baptême, avec sa marraine et son parrain.

Le jour de Noël 1982; Sylvie avait deux ans.

C'était l'anniversaire de Sylvie: six bougies, six ans et beaucoup de cadeaux.

Été 1995, Sylvie a passé les grandes vacances à la plage avec son amie Valérie.

Le mariage de Sylvie et de Bernard. D'abord la cérémonie civile a eu lieu à la mairie et ensuite la cérémonie religieuse, à l'église; la mariée était en blanc, le marié en smoking!

Les voeux

Meilleurs vœux!	*Best wishes!*	Joyeux Noël!	*Merry Christmas!*
Félicitations!	*Congratulations!*	Bon anniversaire!	*Happy birthday!*
Bonne année!	*Happy New Year!*		

Éclairages

Les fêtes religieuses et officielles

Des oeufs et des poules en chocolat

La plupart des jours fériés° français sont des fêtes traditionnelles catholiques.

legal holidays

Noël est la plus grande fête de l'année. On décore le sapin (l'arbre de Noël) et on échange des cadeaux. Le soir du 24 décembre (pour certains c'est après la messe de minuit), on se réunit pour un grand repas, le réveillon. Les plats traditionnels sont la dinde aux marrons° et les huîtres.

turkey with chestnuts

Le jour de l'An est précédé par le réveillon de la Saint-Sylvestre, la nuit du 31 décembre.

La fête des Rois (l'Épiphanie) a lieu le 6 janvier. On partage un gâteau, la galette, où on a caché la fève—un petit personnage en plastique ou en céramique. La personne qui trouve la fève dans sa part de galette est nommée le roi° ou la reine° et porte une couronne en papier.

king; queen

La Toussaint, le 1er novembre

La Chandeleur, c'est le 2 février. Traditionnellement on mange des crêpes. Si vous faites sauter la crêpe et elle retombe dans la poêle°, vous aurez de la chance toute l'année.

pan

Pâques. Cette fête célèbre la résurrection du Christ. On offre aux enfants des œufs et des poules° en chocolat.

hens

La fête du Travail. Le premier mai les ouvriers organisent des défilés° et on offre un brin de muguet° aux membres de sa famille.

parades; a sprig of lily of the valley

La fête nationale. Cette grande fête célèbre la prise de la Bastille et le début de la Révolution le 14 juillet 1789. Le soir, toutes les villes et les quartiers des grandes villes organisent un bal public et on tire un feu d'artifice°. Le matin, les Parisiens peuvent assister au grand défilé militaire sur les Champs-Élysées, transmis en direct par la télévision.

fireworks

La Toussaint. Le 1er novembre on honore les morts de la famille en mettant des chrysanthèmes sur leur tombe.

ET VOUS?

Quelles sont les fêtes les plus importantes chez les Américains, et dans votre famille? Comment est-ce que vous célébrez ces fêtes? Parlez-en avec un/e partenaire.

À vous la parole

A. Le savoir dire. Qu'est-ce que vous dites dans les situations suivantes?

MODÈLE: C'est l'anniversaire de votre mère.
→Bon anniversaire!

1. Vos amis ont eu un enfant.
2. C'est le 25 décembre.
3. C'est la Saint-Sylvestre.
4. Vous assistez à un mariage.
5. Votre ami fête ses 20 ans.
6. Vos parents fêtent leurs 25 ans de mariage.
7. C'est le Jour de l'An.

B. Jeu d'association. À quelle occasion est-ce que vous associez ces choses ou ces personnes? Parlez-en avec un/e partenaire.

MODÈLE: un voyage
É1 Ce sont les grandes vacances.
É2 C'est un mariage.

1. un gâteau
2. des cadeaux
3. un document officiel
4. un grand repas
5. un défilé militaire
6. des fleurs
7. la marraine
8. le maire
9. le prêtre, le pasteur, le rabbin
10. le bébé

C. Tous les éléments. Quels sont les éléments importants pour une fête? Avec un/e partenaire, décrivez une fête d'après la liste d'éléments proposée.

l'endroit
les vêtements
les gens importants
les activités
ce qu'on mange et boit

MODÈLE: un anniversaire
É1 On peut fêter un anniversaire à la maison ou dans un restaurant, par exemple.
É2 Normalement, la famille et les amis sont présents. Il y a presque toujours un gâteau avec des bougies quelquefois.
É1 Oui, on chante et on offre des cadeaux.

1. Noël
2. un mariage
3. un baptême
4. la fête nationale
5. les grandes vacances

SONS ET LETTRES

La semi-voyelle /j/

When the letter **i** immediately precedes a vowel sound, it is pronounced /j/, as in the English word *yes*. It forms a single syllable with the following vowel. Compare:

le mari / le marié	étudie / étudiez	bougie / changiez

Note that when **i** is preceded by a group of consonants and followed by a vowel sound, it is pronounced /i/ and forms a separate syllable. Compare:

le chien / le cli-ent	bien / ou-bli-er

The letter **y** is often pronounced /j/:

joyeux	foyer	Lyon

Media

The **Sons et lettres** section, including the practice activities, is recorded on the Student audio CD.

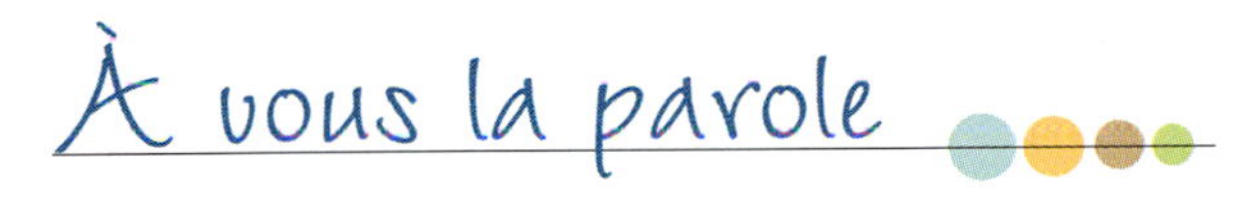

A. Imitation. Répétez ces mots ou expressions qui contiennent la semi-voyelle /j/ devant une voyelle orale.

mieux	le mariage	officiel	la mariée
l'union	traditionnelle	génial	monsieur
société	un million	vous chantiez	nous voulions

B. Contrastes. Comparez les deux mots ou expressions.

1. la vie / les vieux — le mari / le mariage
2. l'oubli / le mieux — elle étudie / elle va étudier
3. le cri / crier — tu oublies / vous oubliez
4. Étienne / Gabriel — c'est bien / c'est génial

C. Phrases. Maintenant lisez ces phrases.

1. Ces étudiantes étudiaient les sciences économiques à Lyon l'an dernier.
2. N'oubliez pas que la cérémonie officielle pour le mariage est le 3 février.
3. Dans la société actuelle, il y a des familles traditionnelles avec des femmes au foyer mais aussi des couples qui vivent en union libre.

FORMES ET FONCTIONS

1. L'imparfait et le passé composé

Both the **imparfait** and the **passé composé** express past actions and states. The use of one or the other depends on the context and the speaker's view of the action or situation.

- Use the **passé composé** to express an action or state that occurred at a specific point in time, for a specified length of time, or for a certain number of times.

Elle est née **jeudi, le 9 mai 1991.**	*She was born on Thursday, May 9, 1991.*
Ils ont habité cette maison **pendant vingt ans.**	*They lived in this house for twenty years.*
Elle a été malade **pendant les grandes vacances.**	*She got sick during summer vacation.*
Elle a visité le Canada **deux fois.**	*She visited Canada twice.*

- Use the **imparfait** to express habitual actions or enduring states in the past.

Sylvie **était** une enfant très sérieuse.	*Sylvie was a very studious child.*
Son père **travaillait** souvent **le week-end.**	*Her father often used to work on weekends.*
D'habitude la famille **allait** au parc le dimanche.	*Usually the family would go to the park on Sundays.*

Actions or states expressed by the **imparfait** are not linked to a specific moment in time and therefore do not focus on a specific beginning or end.

- Use the **imparfait** to express an ongoing action, in contrast with a completed action, which is expressed by the **passé composé.**

Sylvie **regardait** la télé quand sa marraine **a téléphoné.**	*Sylvie was watching TV when her godmother called.*
Ils **quittaient** l'église quand il **a commencé** à pleuvoir.	*They were leaving the church when it started to rain.*

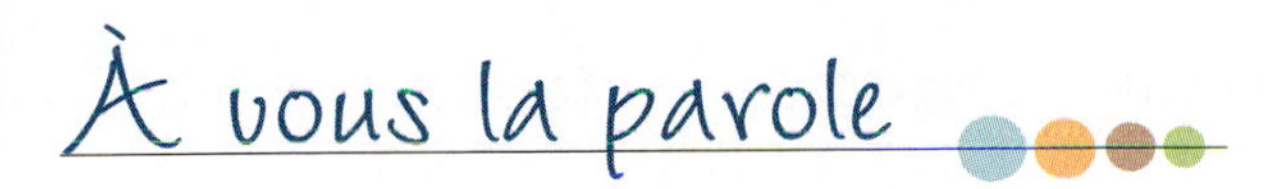

À vous la parole

A. Hier, ça n'allait pas! Sylvie a eu des problèmes hier. Les choses n'ont pas marché comme d'habitude. Expliquez!

MODÈLE: arriver en avance
→D'habitude elle arrivait en avance.
→Mais hier elle n'est pas arrivée en avance.

1. prendre le petit déjeuner
2. arriver la première
3. apporter son cahier
4. préparer la leçon
5. finir les devoirs
6. apporter ses livres
7. travailler à la bibliothèque
8. appeler ses amis

B. Qu'est-ce qui se passait? Regardez l'image et décrivez ce qui se passait quand Solange est arrivée à la boum.

MODÈLE: →Quand Solange est arrivée, Marc travaillait dans sa chambre.

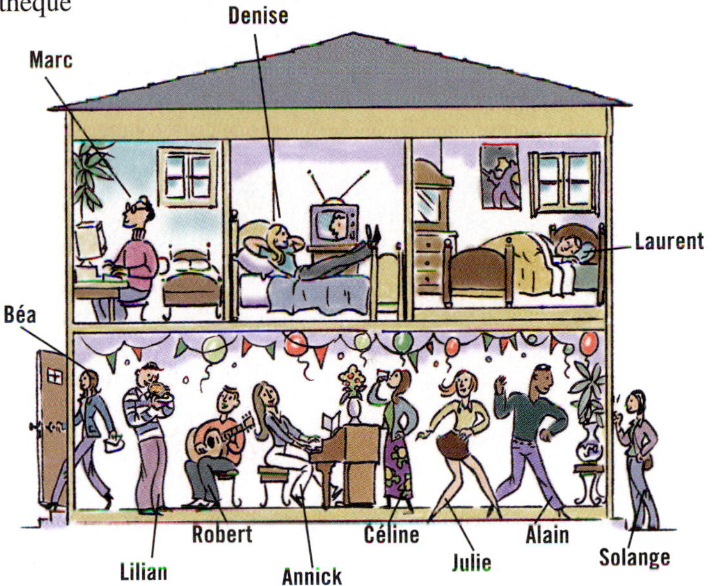

C. Mes quinze ans. Avec un/e partenaire, rappelez-vous vos quinze ans. Comment étiez-vous? Qu'est-ce que vous faisiez? Qu'est-ce que vous avez fait?

MODÈLE: le caractère
É1 Moi, à quinze ans, j'étais très timide.
É2 Moi, à quinze ans, j'étais très indépendant et individualiste.

les voyages
É1 À quinze ans, je suis allée à Washington visiter les monuments et les musées.
É2 Et moi, je suis allé en Floride avec ma famille.

1. le caractère
2. le physique
3. les amis
4. le sport
5. les voyages
6. les études
7. la musique
8. les projets pour l'avenir

2. *Imparfait et passé composé: description et narration*

The **passé composé** and the **imparfait** serve different functions in a narrative.

- The **passé composé** indicates that an event in the past has been completed. In a story or narrative, the **passé composé** is used to recount actions or events that move the story forward. In other words, the **passé composé** *advances the plot*; it answers the question, *What happened?*

Bernard **a terminé** ses études en juin.	*Bernard finished his studies in June.*
Il **a quitté** la fac.	*He left the university.*

- In contrast, the **imparfait** provides background information. *It describes the setting or situation* and answers the questions, *What were the circumstances? What was going on?*

Compare the following examples.

Il **était** fatigué.	*He was tired.*
Il **voulait** prendre des vacances.	*He wanted to take a vacation.*
Mais il n'**avait** pas d'argent.	*But he didn't have any money.*
Il **devait** trouver un emploi.	*He needed to find work.*
Alors il **a lu** les petites annonces.	*So he read the newspaper ads.*
Et il **a écrit** des lettres.	*And he wrote letters.*
Enfin, un jour, il **a eu** une réponse.	*Finally, one day, he got a response.*
Il **était** très heureux.	*He was very happy.*

This time line illustrates the use of the **passé composé** and the **imparfait.**

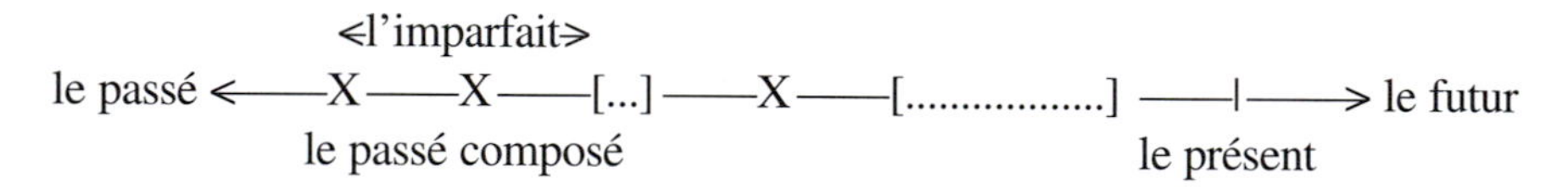

- Use the **imparfait** to describe *time, weather, ongoing actions, physical characteristics, psychological states* and *feelings, intentions* and *thoughts.* The following verbs, when used in the past, will usually appear in the **imparfait.**

avoir	Elle **avait** dix ans en 1990.
devoir	Elle **devait** travailler le jour de la Toussaint.
être	Ils **étaient** contents le jour de leur mariage.
faire	Il **faisait** froid. (*in weather expressions*)
penser	Je **pensais** qu'elle allait venir au baptême.
pouvoir	Ils ne **pouvaient** pas venir à la fête d'anniversaire.
vouloir	Il ne **voulait** pas sortir.

À vous la parole

A. Des excuses. Pourquoi est-ce que ces gens ne sont pas venus en classe? Expliquez la situation ou l'événement, selon le cas.

MODÈLE: Valérie: elle / être malade
→Valérie n'est pas venue parce qu'elle était malade.

David: il / tomber dans les escaliers
→David n'est pas venu parce qu'il est tombé dans les escaliers.

1. Bernard: sa mère / téléphoner
2. Adrien: il / rater (*missed*) l'autobus
3. Maria: elle / dormir
4. Gilberte: son chien / manger ses devoirs
5. Annick: elle / préparer un examen
6. Grégory: il / travailler à la bibliothèque
7. Christiane: elle / avoir un accident
8. Koffi: il / devoir terminer un rapport

B. Un accident de voiture. Racontez cette histoire au passé; employez le passé composé ou l'imparfait, selon le cas.

MODÈLE: Il est huit heures du soir.
→Il était huit heures du soir.

1. Il fait très froid.
2. Il y a de la glace sur la route.
3. Je vais un peu vite.
4. Soudain, une autre voiture passe devant moi.
5. J'essaie d'arrêter la voiture, mais je ne peux pas.
6. Je heurte (*hit*) l'autre voiture.
7. Deux hommes sortent de cette voiture.
8. Ils ne sont pas contents.
9. Mais moi, je suis content parce que personne n'est blessé (*injured*).
10. Je téléphone à la police.
11. Ils arrivent tout de suite après.

C. Racontez l'histoire. Racontez la journée d'Adrien d'après les dessins et en utilisant les mots clés.

MODÈLE: →Hier, c'était samedi. Adrien s'est réveillé à huit heures, etc.

être samedi, se réveiller, faire beau, ne pas avoir cours

prendre le petit déjeuner, le téléphone / sonner, être Julie, vouloir jouer, dire oui

l'après-midi / faire chaud, jouer au tennis, tomber, être anxieuse

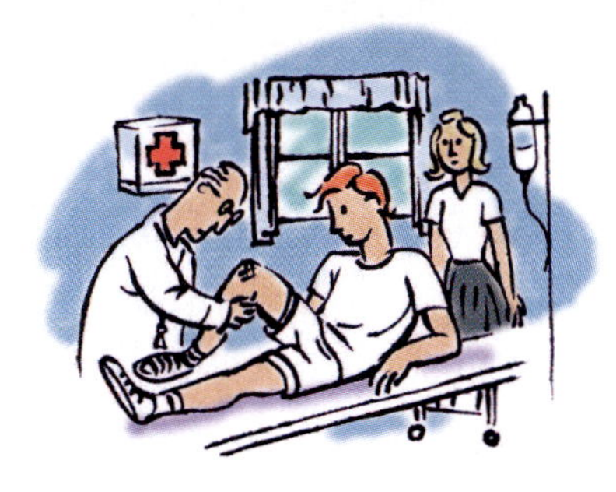

aller à l'hopital, le médecin / dire / ne pas être sérieux

Maintenant, racontez votre journée d'hier à un/e partenaire.

D. Jouons aux alibis. Un crime a été commis — le gâteau d'anniversaire du professeur a été volé (*stolen*) entre midi et treize heures! Avec un/e partenaire, préparez un alibi. Mettez-vous d'accord sur tous les détails. Attention! vos camarades de classe vont vous séparer et ensuite essayer de détruire votre alibi en vous posant des questions très détaillées!

MODÈLE: É1 Où étiez-vous hier à midi?
É2 Mon copain et moi, nous étions au resto U.
É1 Qu'est-ce que vous avez mangé?
É2 Moi, un sandwich au jambon et lui, une salade.

ÉCOUTONS *Lise parle avec sa mère*

You can listen to the **Écoutons** section on the Student audio CD.

A. Avant d'écouter. Dans cette conversation téléphonique, la mère de Lise lui donne des nouvelles (*news*) de sa famille et de leurs connaissances. Avant d'écouter, pensez aux événements possibles pour lesquelles votre mère (ou un autre membre de votre famille) vous téléphonerait afin de vous les annoncer.

B. En écoutant. Complétez le tableau suivant avec la personne mentionnée, la nouvelle, et la réaction de Lise. La première nouvelle est donnée comme modèle.

Personne mentionnée	Nouvelle	Réaction de Lise
her brother	*passed his exams*	*relief*

C. Après avoir écouté. Imaginez que vous téléphonez à un/e bon/ne ami/e pour annoncer une nouvelle. Avec un/e partenaire, créez un dialogue.

MODÈLE: des fiançailles

É1 Allô, Claire? C'est Christine. Écoute, David et moi, on va se marier.

É2 C'est vrai? Félicitations! Je suis très contente pour vous! C'est pour quand, le mariage?

É1 On n'a pas encore décidé; peut-être pour le mois d'octobre...

Leçon 3 Les émotions

POINTS DE DÉPART

Pour exprimer les sentiments et les émotions

CHRISTINE: Tu as l'air content, toi!

ANDRÉ: En effet, je suis tout à fait ravi. Écoute les bonnes nouvelles: mon frère s'est fiancé. Il va se marier au mois de juin.

CHRISTINE: C'est super. Tu connais la copine de ton frère?

ANDRÉ: Oui, et on s'entend bien. Mais dis-moi, qu'est-ce que tu as, toi? Tu n'as pas l'air heureuse. Tu te fais du souci?

CHRISTINE: Eh bien, je suis assez inquiète; je n'ai pas de nouvelles de ma sœur. Elle a eu un bébé il n'y a pas longtemps et elle se dispute beaucoup avec son mari. Elle doit se reposer mais c'est elle qui fait tout le travail.

ANDRÉ: Calme-toi. Elle est probablement trop occupée pour appeler. Téléphone-lui.

Les sentiments et les qualités du cœur

être heureux/-euse, content/e, ravi/e	être triste, malheureux/-euse
être inquiet/inquiète, anxieux/-euse	être énervé/e, stressé/e
être surpris/e	être en colère, furieux/-euse, fâché/e
être embarrassé/e, gêné/e	être affectueux/-euse, aimable
être fidèle	être amoreux/-euse
être jaloux/-ouse	être sensible, tendre, doux/douce

Et alors, qu'est-ce qu'on dit quand les gens perdent leur sang-froid?

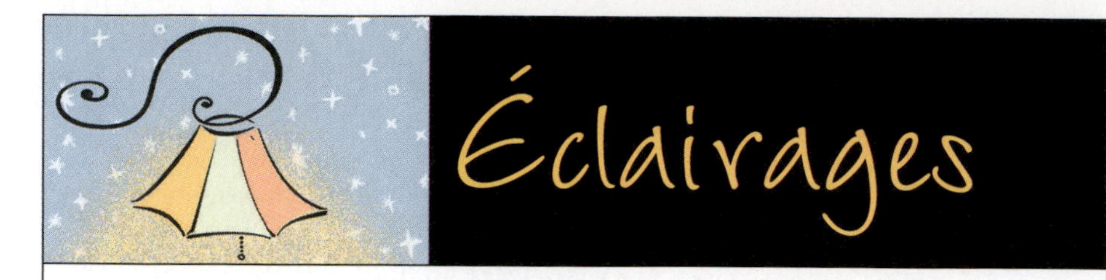

Les Français s'expriment

Il y a beaucoup d'expressions fixes que les Français utilisent pour exprimer les émotions. L'accent et l'intonation sont très importants!

La surprise:	Mon Dieu! Oh, là, là!
La joie:	Super! Sensationnel! Formidable! Chouette!
L'embarras:	Excusez-moi! Oh, pardon! Je suis désolé/e!
La colère:	Zut! Mince! Flûte! Espèce d'imbécile! Crétin!
L'indifférence:	Bof! Ça m'est égal.
La tendresse:	Ma chérie/mon chéri, mon petit lapin, mon chou

ET VOUS?

Le mot juste. Qu'est-ce que vous dites dans les situations suivantes?

1. Vous avez laissé vos devoirs dans la voiture.
2. Vous avez reçu une bonne note pour un examen très difficile.
3. Vos amis vous demandent si vous préférez aller au cinéma ou regarder une vidéo; vous n'avez pas d'opinion.
4. Vous regardez un enfant adorable, votre nièce ou neveu.
5. Votre camarade de chambre a emprunté votre livre de français et l'a laissé à la bibliothèque.
6. Vous avez fait tomber un verre chez votre grand-mère.
7. Vous apprenez que votre ami/e vient d'avoir un accident de voiture.

À vous la parole

A. Lecture des visages. Est-ce que vous savez lire les émotions peintes sur le visage d'une personne?

MODÈLE: →Cette dame est malheureuse; peut-être qu'elle a appris une mauvaise nouvelle.

1. 

2. 

3. 

4. 

B. Des conseils. Quel conseil est-ce que vous donnez?

MODÈLE: Votre camarade de chambre a des soucis.
→Ne t'en fais pas! Ça va s'arranger.

1. Une amie est très anxieuse avant un examen.
2. Votre ami est furieux parce qu'il pense qu'on l'a insulté.
3. Un monsieur s'énerve parce qu'il n'y a plus de place dans l'autobus.
4. Votre amie a tendance à être un peu égoïste.
5. Votre petit frère pleure parce qu'il ne peut pas trouver sa vidéo préférée.
6. Une femme est furieuse et elle crie très fort.
7. Vos copains sont anxieux avant un match de tennis.
8. Vos camarades s'inquiètent au sujet de leurs notes.

C. Comment vous sentez-vous aujourd'hui? Expliquez à votre partenaire comment vous vous sentez aujourd'hui. Il/Elle va réagir.

MODÈLE: É1 Ça va aujourd'hui?
É2 Pas vraiment. J'ai un examen important, et je suis un peu anxieux.
É1 Ne t'en fais pas! Tu vas réussir à cet examen.

D. Les sentiments. Expliquez à votre partenaire dans quelle/s situation/s vous ressentez les sentiments suivants.

MODÈLE: la tristesse
→Je suis triste quand mes parents se disputent.

1. le bonheur
2. la jalousie
3. l'inquiétude
4. l'anxiété
5. la colère
6. la surprise
7. la déception

SONS ET LETTRES

Les semi-voyelles /w/ et /ɥ/

The semivowel /w/ is always followed by a vowel, and that vowel is very often /a/. To pronounce /w/, start from the vowel /u/ of **vous** but pronounce it together with the following vowel: **vous/vois; tout/toi.** When followed by the sound /a/, the semivowel is usually spelled **oi,** as in **moi, trois.** It can also be spelled **ou,** as in **oui** or **jouer.** The spelling **oy** represents the sound /waj/, as in **employé** or **royal.** The semivowel /w/ also occurs in combination with the nasal vowel /ɛ̃/. In this case, it is spelled **oin: loin** or **moins.**

To pronounce the semivowel /ɥ/, as in **lui,** start from the /y/ of **du** but pronounce it together with the following vowel: **lu/lui.** The sound /ɥ/ is frequently followed by the vowel /i/: **huit, je suis, la nuit, bruit, nuage, ennuyeux, s'essuyer.** It is always spelled with the letter **u.**

À vous la parole

A. Contrastes. Comparez les paires de mots suivantes.

la j**oi**e	j**oy**eux	la l**oi**	l**oin**
le r**oi**	r**oy**al	un m**oi**s	m**oin**s
l'empl**oi**	empl**oy**er		

Maintenant, comparez les mots avec /w/ et /ɥ/.

oui	h**ui**t	L**ou**is	l**ui**
j**oin**t	j**uin**	le s**oi**e	ess**ui**e

B. Poème. Lisez ce petit poème.

Le ver luisant
Ver l**ui**sant°, tu l**ui**s° à min**ui**t
Tu t'allumes sous les ét**oi**les°
Et quand tout dort, tu t'introd**ui**s°
Dans la lune° et ronge sa m**oe**lle°.

—Robert Desnos, *Chantefables et Chantefleurs.* Librairie Grund, 1970.

glowworm; shine
stars
penetrate
moon; gnaw its marrow

FORMES ET FONCTIONS

1. Les verbes pronominaux idiomatiques

- Certain verbs change meaning when combined with a reflexive pronoun:

appeler	J'appelle mon chien.	*I'm calling my dog.*
s'appeler	Je **m'appelle** Didier.	*My name is Didier.*
entendre	J'entends un bruit.	*I hear a noise.*
s'entendre avec	Je **m'entends** bien **avec** eux.	*I get along well with them.*

- Here are some common idiomatic pronominal verbs:

s'amuser	Ils **se sont** bien **amusés.**	*They had a lot of fun.*
s'appeler	Je **m'appelle** Julie.	*My name is Julie.*
s'asseoir	**Asseyez-vous**!	*Sit down!*
se dépêcher	Il ne **se dépêchait** jamais.	*He never hurried.*
se détendre	Tu devrais **te détendre.**	*You should relax.*
s'énerver	Elle **s'énerve!**	*She's getting irritated.*
s'ennuyer	Je **m'ennuie**!	*I'm bored!*
s'entendre (avec)	Je **m'entends** bien avec lui.	*I get along well with him.*
se fâcher (avec)	Elle **s'est fâchée** avec moi.	*She got angry at me.*
s'inquiéter	Ne **t'inquiète** pas!	*Don't worry!*
s'intéresser à	Tu **t'intéresses à** la musique?	*Are you interested in music?*
s'occuper de	Tu **t'occupes** de lui?	*Are you taking care of him?*
se passer	Qu'est-ce qui **se passe**?	*What's happening?*
se promener	Elle **se promène** dans le parc.	*She takes a walk in the park.*
se rappeler	Je ne **me rappelle** pas.	*I don't remember.*
se reposer	On **se repose.**	*We're resting.*

- Many verbs can be used with a reflexive pronoun to show that the action is mutual, or reciprocal. In English we sometimes use the phrase *each other* to express this idea.

se téléphoner	Nous **nous sommes téléphoné.**	*We phoned each other.*
se retrouver	On **se retrouve** au café?	*Shall we meet at the café?*
s'embrasser	Ils **se sont embrassés.**	*They kissed.*
se fiancer	Ils **se sont fiancés.**	*They got engaged.*
se marier	Ils **se sont mariés.**	*They got married.*
se séparer	Ils **se sont séparés.**	*They separated.*

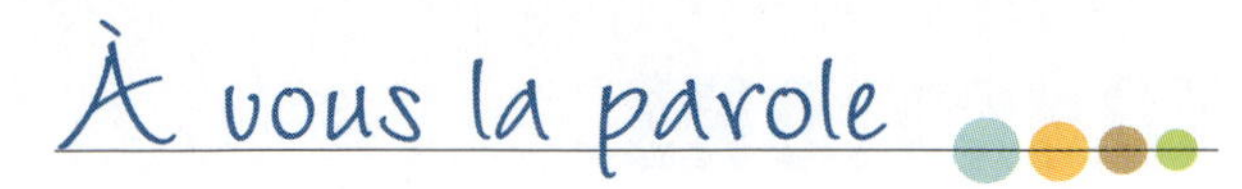

A. À la maternelle. Christophe se rappelle sa classe à l'école maternelle. Pour compléter ses descriptions, choisissez un verbe qui convient dans la liste ci-dessous.

MODÈLE: La maîtresse était toujours calme.
→Elle ne s'énervait jamais.

s'amuser	se dépêcher	s'énerver	s'ennuyer
s'entendre	se fâcher	s'occuper de	se reposer

1. Pendant la récréation les enfants jouaient ensemble.
2. À midi, on se pressait pour aller à la cafétéria.
3. Une vieille femme préparait le déjeuner.
4. Après le déjeuner, tout le monde faisait la sieste.
5. Jacques et moi, nous étions des bons amis.
6. Je trouvais très intéressantes nos activités en classe.
7. Jacques était souvent en colère.

B. Histoire d'amour. Racontez cette histoire d'amour en vous servant des verbes indiqués.

MODÈLE: se rencontrer
→Ils se sont rencontrés au cinéma.

1. se parler de
2. tomber amoureux (*to fall in love*)
3. se fiancer
4. se marier
5. s'entendre bien
6. se disputer
7. se séparer
8. divorcer

C. Trouvez une personne. Trouvez une personne qui…

MODÈLE: s'entend bien avec ses parents
É1 Est-ce que tu t'entends bien avec tes parents?
É2 Non, je ne m'entends pas bien avec eux.
OU Oui, je m'entends bien avec eux.

1. s'entend bien avec ses parents
2. se rappelle son premier jour à l'école
3. s'amuse quelquefois en classe de français
4. s'occupe toujours du dîner le soir
5. ne s'énerve jamais
6. s'est dépêchée ce matin
7. va se détendre ce week-end
8. se rappelle les heures de bureau du professeur

D. Quand? Avec un/e partenaire, expliquez à quel moment cela vous arrive de…

MODÈLE: vous fâcher
É1 À quel moment est-ce que tu te fâches?
É2 Je me fâche quand ma camarade de chambre emprunte mes affaires.

1. vous fâcher
2. vous inquiéter
3. vous amuser
4. vous dépêcher
5. vous énerver
6. vous ennuyer
7. vous détendre

2. *Les verbes* connaître *et* savoir

The verbs **connaître** and **savoir** both mean *to know,* but they are used in somewhat different ways.

- **Connaître** means *to be acquainted with* or *to be familiar with* and usually refers to places and persons.

Je **connais** bien sa famille.	*I know his/her family well.*
Il ne **connaît** pas Abidjan.	*He is not familiar with Abidjan.*
Vous **connaissez** ce poème?	*Are you familiar with this poem?*

- When used in the **passé composé** with persons, **connaître** means *to have met.*

J'**ai connu** mon copain l'été dernier. *I met my boyfriend last summer.*

CONNAÎTRE *to know, to be familiar with*			
SINGULIER		PLURIEL	
je	connai**s**	nous	connaiss**ons**
tu	connai**s**	vous	connaiss**ez**
il / elle / on	connaî**t**	ils / elles	connaiss**ent**
PASSÉ COMPOSÉ: J'**ai connu** Jamila l'été dernier.			

- **Savoir** means *to know facts, information,* or *how to do something.* It is used in five types of constructions:

— Followed by an infinitive:

Tu **sais** danser le tango?	*Do you know how to dance the tango?*
Ma mère ne **sait** pas se détendre.	*My mother doesn't know how to relax.*

— Followed by a noun:

Il **sait** sa leçon par cœur.	*He knows his lesson by heart.*
Je ne **sais** pas tout.	*I don't know everything.*
Nous **savons** la réponse.	*We know the answer.*

— Followed by a sentence introduced by **que:**

Je **sais qu'**ils sont séparés.	*I know that they are separated.*
Elle **sait que** nous sommes fiancés.	*She knows that we're engaged.*

— Followed by a sentence introduced by a question word or **si** (*whether*).

Je ne **sais** pas **comment** sa copine s'appelle.	*I don't know his girlfriend's name.*
Tu **sais pourquoi** ils divorcent?	*Do you know why they're divorcing?*
Vous **savez si** elle est toujours fâchée?	*Do you know whether she is still angry?*

— Used alone:

Qu'est-ce qu'elles **savent?**	*What do they know?*
Je **sais.**	*I know.*

When used to talk about the past, **savoir** is usually used in the imperfect. When used in the **passé composé, savoir** means *to have learned* or *found out.*

J'**ai su** qu'elle a eu un accident.	*I found out that she had an accident.*

SAVOIR *to know*

SINGULIER		PLURIEL	
je	sais	nous	sav**ons**
tu	sais	vous	sav**ez**
il / elle / on	sait	ils / elles	sav**ent**

PASSÉ COMPOSÉ: **J'ai su** où il habitait.

À vous la parole

A. Des gens de talent. Qu'est-ce que ces gens savent faire?

MODÈLE: les membres de l'équipe Les Canadiens de Montréal
→Ils savent bien jouer au hockey sur glace.

1. Fred Astaire et Ginger Rogers
2. Luciano Pavarotti
3. Andre Agassi
4. Agatha Christie
5. votre prof de français
6. votre frère ou sœur
7. votre meilleur/e ami/e
8. vous

B. Les connaissances. Avec un/e partenaire, dites qui vous connaissez et qui vous ne connaissez pas.

MODÈLE: la famille de votre beau-frère/belle-sœur
→Je connais la sœur de mon beau-frère, mais je ne connais pas sa mère.

1. la famille de votre beau-frère/belle-sœur
2. la famille de votre camarade de chambre
3. la famille de vos voisins
4. la famille de votre prof de français
5. la famille de votre meilleur/e ami/e
6. la famille de votre ami/e
7. la famille de votre femme/mari/fiancé/e

C. L'espion international. L'Interpol recherche Claude Martin, un grand espion. Est-ce que vous le connaissez? Qu'est-ce que vous savez à son sujet? Faites des phrases en employant **connaître** ou **savoir.**

MODÈLES: où il travaille
→Je sais où il travaille.

la ville où il est né
→Je connais la ville où il est né.

1. M. Martin
2. qu'il parle portugais
3. les noms de ses camarades
4. sa femme
5. quand il est parti d'Italie
6. qu'il parle allemand
7. où Martin habite
8. pourquoi il est allé en Belgique
9. ses amis à Liège
10. quand il va repartir

D. Trouvez une personne. Trouvez quelqu'un parmi vos camarades de classe qui sait/connaît...

MODÈLE: jouer de la guitare
→Est-ce que tu sais jouer de la guitare?

1. parler italien
2. une personne célèbre
3. le président de l'université
4. faire du ski
5. la ville de Washington
6. le Mali
7. jouer d'un instrument
8. le prénom du professeur
9. combien d'étudiants il y a à l'université

ÉCRIVONS *Un souvenir marquant*

Racontez votre souvenir le plus marquant.

A. Avant d'écrire. Pensez à un souvenir très marquant. Pour vous aider à organiser vos pensées, réfléchissez aux questions suivantes.

Quelle était l'occasion?	
C'était un souvenir heureux ou triste?	
Qui était là?	
Qu'est-ce que vous avez fait?	
Quelles étaient vos émotions?	

B. En écrivant. Maintenant, composez votre texte sous forme de paragraphe(s):

MODÈLE: →Mon souvenir le plus marquant, c'est un souvenir heureux. J'avais cinq ans, et j'étais fille unique. Un jour, mes parents m'ont dit qu'ils allaient à l'hôpital me chercher un petit frère ou une petite sœur. Ma grand-mère s'est occupée de moi. Deux jours après, quand j'ai entendu la voiture de mon père, j'ai crié: «Voici notre bébé! Voici notre bébé!» C'était ma petite sœur. Ma sœur, c'est toujours ma meilleure amie.

C. Après avoir écrit. Relisez votre texte:

1. Est-ce que vous avez employé le passé composé et l'imparfait dans des contextes appropriés?
2. Êtes-vous satisfait/e de votre texte?
3. Finalement, donnez un titre à votre texte, par exemple, «L'arrivée de ma sœur».

Venez chez nous!
Les rituels dans le monde francophone

Chaque culture exprime ses valeurs à travers ses rites et ses rituels. Voici quelques exemples de rituels du monde francophone.

Un baptême en France

Le rituel du baptême en France

Comme vous savez, la plupart des Français sont des catholiques quoiqu'un grand nombre ne soit pas pratiquant. Cependant, après la naissance (*l'arrivée*) d'un bébé, les parents pensent souvent à faire un baptême même s'ils ne sont pas croyants. À part le côté religieux, il y a aussi l'aspect festif qui comprend en France, bien sûr, un grand repas de fête auquel la famille et quelques amis intimes sont invités.

ÉCOUTONS *Le baptême de mon neveu*

A. Avant d'écouter. Vous allez entendre une conversation téléphonique entre deux amies au sujet du baptême de l'un de leurs neveux. Avant d'écouter, faites un remue-méninges (*brainstorm*) avec un/e partenaire et dressez une liste en anglais de tous les mots que vous associez avec un baptême. Maintenant dressez une liste en français des émotions qui sont associées à un baptême et des expressions que les gens pourraient utiliser.

B. En écoutant. Écoutez la conversation et complétez le tableau avec les renseignements que vous entendez. Vous pouvez écouter plusieurs fois.

C'est le baptême de:			
Ses parents:			
La marraine:		*Relation familiale:*	
Le parrain:		*Relation familiale:*	
Les événements principaux:	*1)* *2)* *3)*		
Les invités:			

Les femmes et les enfants dansent lors d'un baptême musulman au Mali.

C. Après avoir écouté.

1. Comparez la liste des associations que vous avez faite avant d'écouter avec la description de ce baptême. Est-ce qu'il y a des différences? Expliquez.
2. Est-ce que vous avez assisté à un baptême aux États-Unis? Avec un/e partenaire, discutez des similarités et des différences avec un baptême à la française.

LISONS *Le rite de la circoncision en Haute-Guinée*

A. Avant de lire. You are going to read an excerpt from **L'enfant noir,** written by Camara Laye at the age of 25 while studying in Paris. This autobiographical novel recounts his experiences growing up in **la Haute-Guinée** in sub-Saharan Africa. One important test **(une épreuve)** he experienced is the rite of circumcision, which marks the transition from childhood to adulthood for adolescent males in African Muslim culture. Laye devotes a whole chapter—from which this passage is excerpted—to this major rite of passage, which is accompanied by public festivities, including music and dancing. Look at the picture of a celebration on p. 364 and describe, in French, what you see to a partner.

Plus tard, j'ai vécu une épreuve autrement inquiétante que celle des lions, une épreuve dont le jeu est totalement absent: la circoncision.

J'étais alors en dernière année du certificat d'études, j'étais enfin au nombre des grands .... Mais ce n'était pas le tout d'être un grand, il fallait[1] l'être dans toute l'acceptation du mot, et pour cela naître à la vie d'homme ... j'avais l'âge, à présent, et il me fallait[2] à mon tour renaître, à mon tour abandonner l'enfance et l'innocence, devenir un homme.

Je n'étais pas sans crainte[3] devant ce passage de l'enfance à l'âge d'homme, j'étais à dire vrai fort angoissé, et mes compagnons d'épreuve ne l'étaient pas moins. Certes, le rite nous était familier, la partie visible de ce rite tout au moins, puisque,[4] chaque année, nous avions vu[5] les candidats à la circoncision danser sur la grande place de la ville; mais il y avait une part importante du rite, l'essentielle, qui demeurait[6] secrète et dont nous n'avions qu'une notion extrêmement vague, sauf en ce qui regardait l'opération même que nous savions douloureuse.

Entre le rite public et le rite secret, il y a une antinomie[7] complète. Le rite public est dédié à la joie. Il est l'occasion d'une fête, une très grande et très bruyante[8] fête à laquelle la ville entière participe et qui s'étend[9] sur plusieurs journées. Et c'est un peu comme si à renfort de bruit et de mouvement, de réjouissances et de danses, l'on cherchait à nous faire oublier ce qu'il y a d'angoissant dans l'attente et de réellement pénible dans l'épreuve; mais l'angoisse ne se dissipe pas si aisément, si même elle faiblit par intervalles, et la douleur de l'excision n'en demeure pas moins présente à l'esprit; d'autant plus présente que la fête n'est pas une fête comme les autres: bien que toute dédiée à la joie, elle revêt par moments une gravité qui se conçoit puisque l'événement que la fête signale est le plus important de la vie, est très exactement le début d'une nouvelle vie; or, en dépit du bruit et du mouvement, du ruissellement[10] des rythmes et du tourbillon[11] de la danse, chaque retour de cette gravité sonne comme un rappel de l'épreuve, rappelle le visage obscur du rite secret.

Mais quelle que soit[12] l'angoisse et quelle que soit la certitude de la souffrance, ... je voulais naître, renaître! Je savais parfaitement que je souffrirais,[13] mais je voulais être un homme, et il ne semblait pas que rien fut[14] trop pénible pour accéder au rang d'homme. Mes compagnons ne pensaient pas différemment; comme moi, ils étaient prêts à payer le prix du sang.

[1]il était nécessaire de [2]c'était nécessaire pour moi [3]la peur [4]parce que [5]*had seen* [6]restait [7]*opposition* [8]*loud, noisy* [9]dure [10]*running* [11]*whirlwind* [12]*no matter what* [13]*conditional form* [14]*literary past of* être

Extrait de: Camara Laye, *L'enfant noir.* Plon, 1953.

B. En lisant. As you read, look for answers to the following questions.

1. About how old is the author at the time of the rite of circumcision? How do you know?
2. The author says the rite has two sides, a public side and a secret side. Which elements characterize the public side?
3. The author does not tell us much about the secret aspects of the rite. From what he does say, what can you infer about the nature of the private rite?
4. The rite is accompanied by a public festival lasting several days. What is the prevailing feeling or emotion of the festival? According to the author, what is the predominant emotion of the new initiates?
5. For Camara Laye and his fellow initiates, what is the most important aspect of this rite?

C. En regardant de plus près. Look closely at the following features of the text.

1. The author uses the word **angoisse** or **angoissé** several times in this excerpt in connection with his feelings about the upcoming secret rite. Can you find a synonym in French to express this emotion?
2. In the third paragraph, the author characterizes the procedure as **douloureuse.** Find a related word in the fourth paragraph and tell what these words mean.
3. Look at the expression **à renfort de bruit et de mouvement, de réjouissances et de danses** in the fourth paragraph. Given the context, what does **à renfort** mean?
4. Also in the fourth paragraph, the author says of the festival: **elle revêt par moments une gravité.** If you know that **revêt** is related to the words **vêtir** and **vêtement,** what do you think the expression means?

D. Après avoir lu.

1. Think about your culture and/or your religion. Is there a rite or a ceremony that marks the passage between childhood and adulthood? What might that be? Explain your answer to a partner.
2. The author expresses both joy and apprehension about the rite of circumcision. Can you think of a time when you were both excited by and fearful of an important event in your life? Share your experiences with a classmate.

Les rituels du mariage dans le monde francophone

Les gens se marient partout, mais les rituels du mariage varient d'un pays à l'autre. Comme vous savez, en France on se marie d'abord à la mairie et après à l'église si les mariés le désirent. Les robes que portent les mariées en France et au Québec sont souvent blanches et ressemblent aux robes de mariée que vous avez sans doute vues aux États-Unis. En Afrique francophone, les mariées de familles aisées dans les grandes villes peuvent s'habiller de la même façon ou elles peuvent se vêtir de robes plus traditionnelles. Quelquefois, il y a même deux mariages: un mariage à l'européenne et un mariage plus traditionnel à l'Africaine. Au Maroc, il y a un rituel spécial pour la mariée: les femmes décorent les mains de la nouvelle mariée avec le henné pour la protéger du mal et pour porter bonne chance et lui donner de la fertilité.

PARLONS *Le mariage*

Au Maroc, une mariée se fait décorer les mains au henné.

Un mariage en France

Un mariage au Mali

Voici quelques images de mariage dans le monde francophone

1. D'abord avec un/e partenaire, décrivez chaque image. Qui sont les personnes? Où est-ce qu'ils sont? Qu'est-ce qu'ils portent?

MODÈLE: →Dans cette photo, je pense que la femme se prépare pour aller à son mariage. Elle porte...

2. Maintenant, choisissez deux images et faites une comparaison avec un/e partenaire.

MODÈLE: →Dans cette photo, il y a une jeune femme qui porte… mais dans l'autre la mariée a l'air plus âgée. Je préfère la robe de.... parce que....

3. Pensez à un mariage auquel vous avez assisté récemment. Décrivez ce mariage à vos camarades de classe. Montrez-leur des photos de ce mariage si vous en avez.

MODÈLE: → L'été dernier, ma cousine s'est mariée. C'était super. Moi, j'étais une demoiselle d'honneur. Ma robe n'était pas très belle, mais j'ai rencontré le frère du marié. Il était très gentil et très beau. Nous avons beaucoup dansé…

Le Ramadan dans la culture musulmane

Le Ramadan est un rituel pratiqué par les musulmans, les gens qui croient en la religion islamique. Ils sont plus d'un million en France. L'islam est donc devenu la deuxième religion après le catholicisme. Au Maghreb (au Maroc, en Algérie, et en Tunisie), ils sont en vaste majorité.

Le Ramadan, le neuvième mois de l'année lunaire du calendrier islamique, est une période de jeûne. Pendant un mois, les musulmans doivent jeûner pendant la journée; entre le lever et le coucher du soleil ils ne peuvent ni manger, ni boire, ni fumer. Pendant ce mois, la mosquée devient un lieu de rencontre social et spirituel où les gens se retrouvent pour réciter les prières ensemble. Ce mois est une période de joie. Au coucher du soleil, les familles et les amis se retrouvent chez les uns et les autres pour de grands repas qui peuvent durer très tard dans la nuit. Ces repas de rupture du jeûne consiste en certains aliments qu'on mange spécialement pendant cette période. Au Maroc, par exemple, on mange des dattes et une bonne soupe de «Harira». Il y a aussi toutes sortes de pâtisseries préparées pour le mois du Ramadan. Aux pays où il fait chaud, il y a des foires et des fêtes foraines en plein air où les gens se rencontrent et s'amusent à la tombée de la nuit. À la fin de ce mois-là, les interdictions tombent, et il y a trois jours de fête qui s'appellent l'Aid-el-Fitr (qui veut dire *la fête de la rupture du jeûne*).

ÉCRIVONS *Souvenir d'un rituel dans votre culture*

A. Avant d'écrire. D'abord, lisez le texte au sujet du rituel islamique, le Ramadan. Pensez aux rituels que vous pratiquez. Est-ce qu'il y a des rituels dans votre famille? votre religion? votre région? Choisissez un rituel avec des traditions que vous pouvez décrire et faites une liste avec les éléments importants de ce rituel. Pensez à la dernière fois que vous avez participé à ce rituel, et indiquez un ou deux détails.

MODÈLE: Noël dernier chez moi

Eléments importants	Détails
un sapin de Noël	*L'année dernière mon père a coupé le sapin dans la forêt.*
des guirlandes de popcorn	*Mon frère a fait du popcorn avec du beurre!*
des oranges	*1. Nous avons mis des oranges dans le sapin.*
	2. Des souris (mice) *ont mangé nos oranges!*

B. En écrivant.

1. Maintenant, écrivez un paragraphe pour décrire la dernière fois que vous avez participé à ce rituel. N'oubliez pas de donner des détails et d'utiliser le passé composé et l'imparfait!

MODÈLE: Noël dernier chez moi

→Une des traditions dans ma famille, c'est de décorer le sapin de Noël. Quand j'étais jeune, mon père et mon frère, Christophe, allaient dans la forêt pour couper un sapin. L'année dernière, c'était un peu différent. Mon frère Christophe ne pouvait pas rentrer pour Noël. Mon père a coupé le sapin tout seul...

2. Relisez votre texte et rajoutez encore des détails. Regardez ce modèle. Notez que vous pouvez rajouter des adjectifs, des adverbes, des phrases pour mieux expliquer chaque situation, etc.

MODÈLE: Noël dernier chez moi (révision)

→Une des traditions dans ma famille, c'est de décorer le sapin de Noël. Quand j'étais jeune, mon père et mon frère **aîné,** Christophe, allaient dans la forêt **la semaine avant Noël** pour couper un sapin. L'année dernière, c'était un peu différent. Mon frère Christophe **étudiait au Sénégal, alors il** ne pouvait pas rentrer pour Noël. Mon père a coupé le sapin tout seul, **et nous avons gardé une branche pour Christophe**....

C. Après avoir écrit

Relisez votre texte une dernière fois. Faites attention aux formes des verbes et à l'accord des adjectifs.

Vocabulaire

LEÇON 1

pour parler de la famille	**to talk about the family**
un beau-frère	*brother-in-law*
une belle-sœur	*sister-in-law*
un demi-frère	*half-brother*
une demi-sœur	*half-sister*
divorcer	*to divorce*
une famille étendue	*extended family*
une famille monoparentale	*single-parent family*
une famille reconstituée	*blended family*
une femme/un homme au foyer	*housewife/househusband*
l'union libre (f)	*cohabitation*

pour décrire une personne	**to describe a person**
absent/e	*absent, missing*
ancien/ne	*former*
autoritaire	*authoritarian*
avoir des bons rapports avec	*to get along well with*
être bien dans sa peau	*to have confidence in oneself*
indulgent/e	*indulgent, lenient*
nous ouvrir les yeux	*to open our eyes*
rebelle	*rebellious*

pour parler des études	**to talk about studies**
avoir une formation, un diplôme	*to have an education, a degree*
bosser	*to work (colloq.)*
bouger	*to move*
un goût (pour le travail)	*a taste/liking (for work)*
laisser passer des heures	*to waste time*
obtenir	*to obtain*
pousser	*to push, encourage*
redoubler	*to repeat a grade, to be held back*

les verbes de communication	**verbs of communication**
décrire	*to describe*
dire	*to say, to tell*
écrire	*to write*
lire	*to read*

pour exprimer une opinion	**to express an opinion**
avoir raison	*to be right*
Je pense que oui.	*I think so.*
Je pense que non.	*I don't think so.*
Je trouve que...	*I think that...*

autres mots utiles	**other useful words**
l'avenir	*the future*
avoir de la chance	*to be lucky*
essayer	*to try*
faire partie de	*to belong to*
garantir	*to guarantee*
heureusement	*luckily*
ne...rien	*nothing*
un poste	*a job, position*
ressentir	*to feel, be affected by*
un rêve	*dream*

LEÇON 2

les grands événements de la vie	**major life events**
un baptême	*baptism*
une bougie	*candle*
un cadeau	*present, gift*
une église	*church (Roman Catholic)*
une marraine	*godmother*
un parrain	*godfather*
les grandes vacances	*summer vacation*
un mariage	*wedding*
une mariée	*bride*
un marié	*groom*
une cérémonie civile	*civil wedding*
la mairie	*city hall*

des vœux	wishes
un vœu	*wish*
Meilleurs vœux!	*Best wishes!*
Félicitations!	*Congratulations!*
Bon anniversaire!	*Happy birthday!*
Joyeux Noël!	*Merry Christmas!*
Bonne année!	*Happy New Year!*

quelques mots utiles	some useful words
d'abord	*first*
ensuite	*then*

LEÇON 3

les sentiments	feelings
amoureux/-euse	*in love*
anxieux/-euse	*anxious*
content/e	*happy*
en colère	*angry*
embarrassé/e	*embarrassed*
énervé/e	*irritable*
fâché/e	*angry*
furieux/-euse	*furious*
gêné/e	*bothered, embarrassed*
heureux/-euse	*happy*
inquiet/inquiète	*uneasy, anxious*
jaloux/-ouse	*jealous*
malheureux/-euse	*unhappy*
ravi/e	*delighted*
surpris/e	*surprised*
triste	*sad*

les qualités du cœur	qualities of the heart
affectueux/-euse	*affectionate, warm-hearted*
aimable	*lovable*
doux/douce	*gentle*
fidèle	*faithful, loyal*
sensible	*sensitive*
tendre	*tender, affectionate*

pour exprimer les sentiments	to express feelings
crier	*to yell*
perdre son sang-froid	*to lose one's composure*
pleurer	*to cry*

quelques verbes pronominaux	some pronominal verbs
s'amuser	*to have fun*
s'appeler	*to be called*
s'arranger	*to be all right, to work out*
s'asseoir	*to sit down*
se calmer	*to calm down*
se dépêcher	*to hurry up*
s'énerver	*to become irritated/ worked up*
se faire (du souci)	*to worry*
Ne t'en fais pas! / Ne vous en faites pas!	*Don't worry!*
s'ennuyer	*to become bored*
s'embrasser	*to kiss*
s'entendre (avec)	*to get along (with)*
se fâcher (avec)	*to get angry (at)*
s'inquiéter	*to worry*
s'intéresser à	*to be interested in*
s'occuper de	*to take care of*
se passer	*to happen*
se promener	*to take a walk*
se rappeler	*to remember*
se reposer	*to rest*
se retrouver	*to meet*
se téléphoner	*to phone one another*

dans la vie sentimentale	in one's emotional life
se disputer	*to argue*
se fiancer	*to get engaged*
se marier	*to get married*
se rencontrer	*to meet*
se séparer	*to separate*

autres verbes utiles	other useful verbs
connaître	*to know, be familiar with*
savoir	*to know*

quelques expressions utiles	some useful expressions
fort	*loudly*
grave	*serious*
Je t'en prie.	*I beg you, I implore you.*
une nouvelle	*piece of news*
si	*whether, if*
tout à fait	*completely*

Chapitre 10 Voyageons!

Leçon 1 Projets de voyage

POINTS DE DÉPART Comment y aller?

SONS ET LETTRES La liaison obligatoire

FORMES ET FONCTIONS

1. Le futur
2. Le pronom *y*

ÉCOUTONS Laure téléphone à Air France

Leçon 2 Destinations

POINTS DE DÉPART Vous êtes de quel pays?

SONS ET LETTRES La liaison avec *t, n* et *r*

FORMES ET FONCTIONS

1. Les prépositions avec les noms de lieu
2. Le verbe *venir*

PARLONS Un voyage

Leçon 3 Faisons du tourisme!

POINTS DE DÉPART Pardon, monsieur...

FORMES ET FONCTIONS

1. Les pronoms relatifs *où* et *qui*
2. Le pronom relatif *que*

LISONS Voyage à New York

Venez chez nous! Paris, ville lumière

ÉCOUTONS À bord d'un bateau-mouche

PARLONS La visite d'un monument

LISONS Premières impressions de Paris

ÉCRIVONS Des Américains à Paris

Language Use

- Describing future plans
- Making travel plans
- Asking for directions
- Describing places and peoples

Media

- CD-ROM: Chapitre 10
- Student audio CD: Chapitre 10
- Video: Chapitre 10
- Website: **http://www.prenhall.com/cheznous**

Leçon 1 Projets de voyage

POINTS DE DÉPART

Additional practice activities for each **Points de départ** section are provided on the CD-ROM and website: **http://www.prenhall.com/cheznous**

Comment y aller?

M. et Mme Mathieu partent en vacances.

Ils prennent un taxi pour aller à la gare. Ils ont beaucoup de valises.

Ils prennent le train pour aller à l'aéroport Roissy-Charles-de-Gaulle à Paris.

Ils attendent leur vol pour aller au Cameroun. Ils vont rendre visite à leur fille, Mireille, qui travaille là-bas.

Dans le taxi

MME MATHIEU: Tu as tout? On n'a rien oublié?

M. MATHIEU: Voyons. J'ai nos passeports, les billets de train et les billets d'avion. Tu as l'appareil-photo?

MME MATHIEU: Oui, je l'ai. Mais, j'ai laissé les pellicules sur la table dans la cuisine, zut!

M. MATHIEU: Ne t'en fais pas. On va en acheter à l'aéroport.

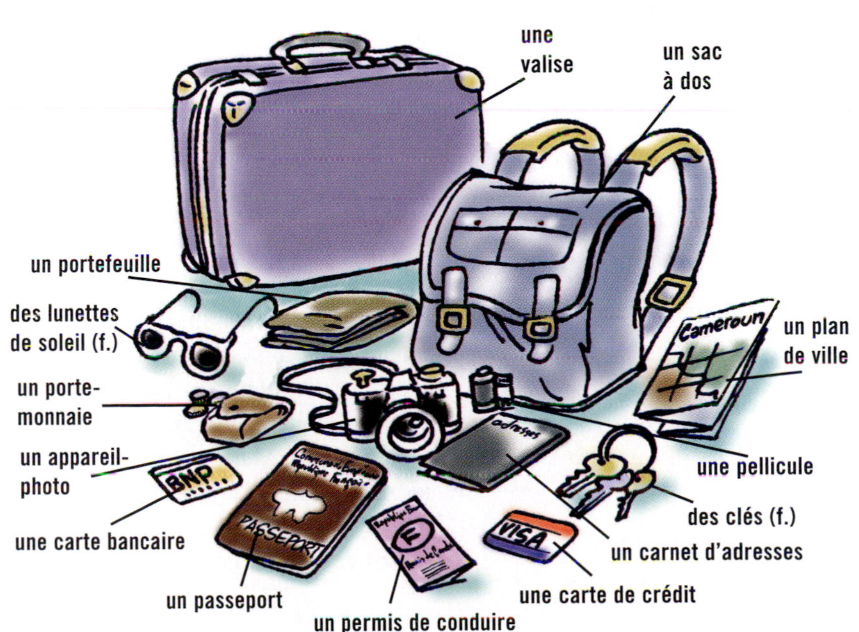

Les moyens de transport

l'avion (m)	le bateau	le bus	le car
le métro	la mobylette	la moto	le RER
le taxi	le train	le vélo	la voiture

When specifying a means of transportation, use …

- **prendre** plus the means of transportation preceded by an article or possessive:

Je prends **le** métro.	*I'm taking the subway.*
Ils prennent **un** taxi.	*They're taking a taxi.*
Elle prend **son** vélo.	*She's taking her bike.*

- verbs of travel such as **aller, partir,** or **voyager** followed by the preposition **en** or **à,** as specified below. In these cases, no article is used.

en avion, bateau, bus, car, métro, RER, taxi, train, voiture
à mobylette, moto, pied, vélo

Nous partons **en** avion pour le Mali.	*We're leaving by plane for Mali.*
Moi, je vais au travail **en** métro, mais Christine y va **à** pied.	*I take the subway to work, but Christine goes on foot.*
Ils préfèrent voyager **en** train.	*They prefer to travel by train.*

Voyager en train en France

Le système des trains français est nationalisé. Tous les trains sont sous le contrôle de la Société Nationale des Chemins de Fers Français (la SNCF). Comme l'Amtrak américain, la SNCF contrôle le transport des passagers, mais elle contrôle aussi le transport des marchandises. Le TGV (train à grande vitesse) est un des trains les plus rapides au monde. Ce train dessert trois grands axes du système ferroviaire français: le sud-est, le sud-ouest et le nord (voir la carte du réseau TGV). Il fait les 400 kilomètres qui séparent Lyon de Paris en seulement deux heures. En 1994, on a terminé la construction d'un tunnel sous la Manche entre Calais en France et Folkestone en Angleterre. Le terme «Chunnel» combine *Channel* et *tunnel.* Cet événement a été important puisqu'il a permis de relier le Royaume-Uni au continent européen. Ainsi, au départ de Lyon il faut seulement cinq heures pour arriver en Angleterre.

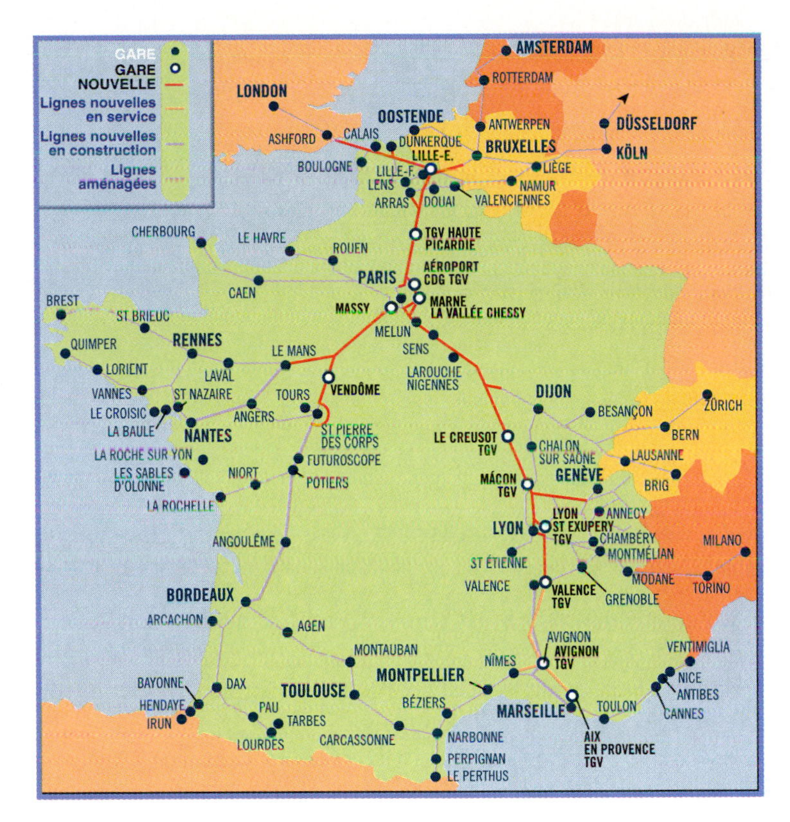

ET VOUS?

1. Les Français, et les Européens, voyagent plus souvent en train que les Américains. Pourquoi?
2. Quels sont les avantages et les inconvénients de voyager en train aux États-Unis?

À vous la parole

A. Quel moyen de transport? D'après les indications, quel/s moyen/s de transport est-ce qu'on va probablement utiliser?

MODÈLE: Lise habite la banlieue parisienne; elle va faire des courses à Paris.
→Elle va prendre le RER pour aller à Paris, et ensuite le métro ou l'autobus pour faire ses courses.

1. Mme Duclair habite à Paris; elle va rendre visite à sa grand-mère à Lyon.
2. Les Lefranc vont quitter la France pour passer des vacances aux Antilles.
3. La petite Hélène va à l'école primaire près de chez elle.
4. Robert habite une petite ville; il descend en centre-ville pour faire des courses.
5. M. Rolland doit traverser Paris pour aller au travail.
6. Michel et Annie vont faire un pique-nique à la campagne.
7. Mme Antonine voyage pour son travail: elle va à Lyon, à Rome et à Berlin.
8. Les Leclair vont visiter les îles grecques pour les vacances.

B. Rev'Afrique. Voici les titres de vacances proposées dans une brochure de Rev'Vacances. Avec un/e partenaire, décidez quels sont les moyens de transports utilisés, au départ de Paris et à l'arrivée.

MODÈLE: La Réunion en liberté: tour auto
É1 On prend l'avion pour arriver à la Réunion.
É2 Oui, et ensuite on voyage en voiture.

1. Océan Indien: cocktail d'îles tropicales
2. Madagascar: circuit en 4X4 ou minibus
3. Le grand tour du Sénégal
4. Okavango safari
5. Kenya safari: savanes et grands fauves
6. Zanzibar: l'île aux épices

C. Parlons des moyens de transport. Avec un/e partenaire, discutez de ces questions.

1. Comment est-ce que vous allez aux cours? Comment est-ce que vous faites vos courses?
2. Est-ce qu'il y a un service de bus dans votre ville? Un métro? Comment est-ce que les gens vont au travail normalement?
3. Comment est-ce que vous rentrez chez vous pour les vacances?
4. Est-ce que vous avez une voiture? Si oui, quelle sorte de voiture: une voiture française, japonaise, américaine?
5. Est-ce que le train passe par votre ville? Où est-ce qu'on peut aller par le train en partant de votre ville?
6. Comment sont les trains américains comparés aux trains français? Est-ce qu'il existe un TGV aux États-Unis?
7. Pour voyager aux États-Unis, quel est votre moyen de transport préféré? Pourquoi?

D. Qu'est-ce qu'il faut? De quoi est-ce que les touristes ont besoin?

MODÈLE: pour trouver les monuments dans une grande ville
→Ils ont besoin d'un plan de la ville.

1. pour payer l'hôtel?
2. pour louer une voiture?
3. pour mettre leur argent?
4. pour prendre des photos?
5. pour téléphoner à un/e ami/e?
6. pour acheter des souvenirs?
7. pour se protéger contre le soleil?
8. pour rentrer dans leur chambre d'hôtel?

E. Dans votre sac. Est-ce que vous avez un sac, un sac à dos, ou une poche (*pocket*)? Qu'est-ce qu'il y a à l'intérieur? Comparez ce que vous avez avec un/e partenaire.

MODÈLE: É1 Voilà mon sac. Voyons, j'ai un portefeuille avec mon permis de conduire et ma carte bancaire, j'ai des lunettes, un carnet d'adresses et un stylo.

É2 Je n'ai pas de sac ou de sac à dos. Dans mes poches, j'ai mon portefeuille avec un peu d'argent et mon permis, et voilà mes clés.

SONS ET LETTRES

La liaison obligatoire

Recall that liaison consonants are pronounced only when the word that follows begins with a vowel. The pronunciation of these consonants is called **liaison.** Liaison is always accompanied by **enchaînement:** the liaison consonant is pronounced as part of the following word: **nous allons** /nu za lõ/.

Liaison is not always made. In addition to occurring before a vowel, liaison depends on grammatical factors. Cases where liaison must always be made are called **liaisons obligatoires.** They are relatively limited. In this lesson and in Lesson 2 we list the cases of **liaisons obligatoires.**

Liaison /z/ is the most common liaison consonant because it indicates the plural. It is usually spelled **-s,** but in some cases it is spelled **-x.** Always pronounce liaison /z/:

- After the plural form of articles and adjectives that precede the noun:

  les‿hôtels /z/ — des‿autos /z/ — ces‿étages /z/

  les‿anciennes‿églises /z/ /z/ — les grands‿immeubles /z/ — ces beaux‿avions /z/

- After the adjectives **gros** and **mauvais:**

  un gros‿homme /z/ — un mauvais‿hôtel /z/

- After numerals:

  trois‿heures /z/ — quatre-vingts‿ans /z/ — le six‿avril /z/

- After the plural subject pronouns **nous, vous, ils, elles:**

  nous‿habitons /z/ — vous‿utilisez /z/ — ils‿ont payé /z/ — elles‿adorent /z/

- After one-syllable adverbs and prepositions **(pas, plus, très; dans, sans, sous)** and the combination of the preposition **à** and **de** with the plural definite articles:

  très‿intéressant /z/ — dans‿un appartement /z/ — aux‿Antilles /z/ — sans‿argent /z/

Media

The **Sons et lettres** section, including the practice activities, is recorded on the Student audio CD.

A. Contrastes. Remplacez le premier mot par le second.

MODÈLE: un gros bateau / avion
→un gros avion

1. un mauvais quartier / endroit
2. deux mois / ans
3. ils partent / arrivent
4. nous prenons / utilisons
5. le dix mai / avril
6. les belles rues / avenues
7. ces beaux musées / hôtels
8. nous louons / achetons
9. c'est sur / sous un avion

B. Phrases. Répétez chaque phrase.

1. Elles achètent deux autres appartements.
2. Vous avez trouvé ces anciennes églises?
3. Ils attendent leurs oncles depuis trois heures.
4. Ces grands immeubles sont dans un immense parc.
5. Les hôtels des deux autres touristes sont très agréables.

Additional practice activities for each **Formes et fonctions** section are provided on the CD-ROM and website: **http://www.prenhall.com/cheznous**

FORMES ET FONCTIONS

1. Le futur

- One may express future events in French by using the **futur proche** or the **futur.** The two grammatical structures do not carry precisely the same meaning for French speakers. Compare:

a. Ma tante **va avoir** un enfant.	*My aunt's going to have a baby.*
b. Ils vont se marier et ils **auront** beaucoup d'enfants.	*They're going to get married, and they'll have lots of kids.*

In **a** we assume that the aunt is expecting. In **b** it is not certain that the couple to be married will have *any* children, let alone many.

- The difference between the **futur proche** and the **futur** is not primarily one of the nearness or remoteness of the future event, but of its degree of certainty or definiteness. Compare:

Je **ferai** la vaisselle plus tard.	*I'll do the dishes later (perhaps).*
Je **vais faire** la vaisselle.	*I'm going to do the dishes (right away).*
L'été prochain je **vais aller** en Suisse.	*Next summer I'm going to Switzerland (definite).*
Un jour, j'**irai** en Afrique.	*Someday I'll go to Africa (indefinite).*

- Use the **futur** to soften instructions and emphatic commands.

Vous **traverserez** l'avenue et vous **tournerez** à gauche dans la rue Colbert.	*You cross the avenue and turn left at Colbert Street.*
Tu **fermeras** la porte!	*Close the door!*

- To form the future tense, add the future endings to the future stem.

LE FUTUR				
INFINITIVE ENDING	**-er**	**-ir**	**-ir/-iss-**	**-re**
FUTURE STEM	**chanter-**	**partir-**	**finir-**	**vendr-**
je	chanter**ai**	partir**ai**	finir**ai**	vendr**ai**
tu	chanter**as**	partir**as**	finir**as**	vendr**as**
il / elle / on	chanter**a**	partir**a**	finir**a**	vendr**a**
nous	chanter**ons**	partir**ons**	finir**ons**	vendr**ons**
vous	chanter**ez**	partir**ez**	finir**ez**	vendr**ez**
ils / elles	chanter**ont**	partir**ont**	finir**ont**	vendr**ont**

- The following verbs have irregular future stems:

acheter	j'**achèter**ai	devoir	je **devr**ai	pleuvoir	il **pleuvr**a
aller	j'**ir**ai	être	je **ser**ai	pouvoir	je **pourr**ai
appeler	j'**appeller**ai	faire	je **fer**ai	savoir	je **saur**ai
avoir	j'**aur**ai				

À vous la parole

A. Préparatifs de voyage. La famille Meunier part en voyage. Mme Meunier donne des ordres très clairs à son mari Éric et à ses enfants. Changez les impératifs selon le modèle.

MODÈLE: Éric, achète les billets!
→Eric, tu achèteras les billets!

1. Éric, réserve une chambre!
2. Éric, prépare la voiture!
3. Les enfants, faites les valises!
4. Hervé, range ta chambre!
5. Hélène, fais la vaisselle!
6. Hervé, mets ton beau pantalon!
7. Hervé, prends cette valise!
8. Éric, appelle un taxi!

B. Prévisions Météo. Où est-ce que vous irez? Voici les prévisions de la météo pour le Canada et pour le monde entier. Quel temps est-ce qu'on prévoit pour les villes indiquées?

MODÈLE: à Ottawa
→ Demain, il fera beau. La température sera de 18 degrés. Ce soir elle descendra jusqu'à 6 degrés.

1. à Québec
2. à Winnipeg
3. à Calgary
4. à Vancouver
5. à Paris
6. à Bruxelles
7. à Londres
8. à Honolulu

Au Pays		Demain
Iqaluit	P/Nuageux	-5/-12
Yellowknife	Ensoleillé	11/-2
Whitehorse	Ensoleillé	13/0
Vancouver	Averses	14/8
Victoria	Averses	13/8
Edmonton	P/Nuageux	15/2
Calgary	P/Nuageux	19/3
Saskatoon	Ensoleillé	12/1
Régina	P/Nuageux	11/2
Winnipeg	Nuageux	12/5
Thunder Bay	Averses	12/2
Sudbury	Nuageux	17/5
Rouyn	P/Nuageux	16/7
Ottawa	Ensoleillé	18/6
Québec	Ensoleillé	18/5
Moncton	Ensoleillé	17/6
Frédéricton	Ensoleillé	19/6
Halifax	Ensoleillé	14/1
Charlottetown	Ensoleillé	13/0
Saint-Jean	Ensoleillé	8/2

Le monde		Demain
Amsterdam	Ensoleillé	16/15
Athènes	Ensoleillé	22/13
Beijing	P/Nuageux	19/12
Berlin	Ensoleillé	14/3
Bruxelles	Ensoleillé	16/5
Buenos Aires	Nuageux	15/11
Honolulu	P/Nuageux	29/23
Lisbonne	Ensoleillé	27/14
Londres	P/Nuageux	19/8
Los Angeles	Ensoleillé	23/12
Madrid	Ensoleillé	28/13
Mexico	Ensoleillé	29/13
Moscou	P/Nuageux	9/2
New Delhi	P/Nuageux	34/23
New York	P/Nuageux	17/11
Paris	Ensoleillé	19/6
Rio	P/Nuageux	30/22
Rome	Ensoleillé	22/11
Tokyo	P/Nuageux	21/15
Washington	Nuageux	15/22

C. Boule de cristal. Imaginez que vous allez chez une voyante. Voici ses prédictions. Avec un/e partenaire, voyons si vous avez bien compris.

MODÈLE: Je vois que beaucoup d'argent passe entre vos mains.
É1 Je serai très riche.
É2 Je travaillerai dans une banque.

1. Je vois que vous voyagez beaucoup à cause du travail.
2. Je vois beaucoup d'enfants dans votre avenir.
3. Je vous vois devant une grande maison.
4. Je vous vois en compagnie d'une belle femme/d'un bel homme.
5. Je vois que vous avez beaucoup d'amis.
6. Je vois que vous êtes très célèbre.

D. Rêvons des vacances. Avec un/e partenaire, imaginez un voyage à la ville ou l'endroit de vos rêves. Qu'est-ce que vous ferez?

MODÈLE: à Strasbourg
É1 Nous nous promènerons dans la vieille ville. Nous visiterons la cathédrale.
É2 Nous mangerons également une bonne choucroute.

1. en Touraine
2. à la Martinique
3. à La Nouvelle-Orléans
4. au Maroc
5. à Tahiti
6. au Québec
7. en Suisse
8. à Paris

E. L'an 2050. Parlez de vos prédictions pour l'an 2050 avec un/e partenaire.

MODÈLE: travailler dans les usines
É1 On ne travaillera plus dans les usines.
É2 Tout le travail sera fait par des robots.

1. utiliser des ordinateurs
2. lire des journaux
3. voyager en train
4. parler anglais
5. explorer la planète Mars
6. habiter sur la lune ou dans l'espace
7. choisir une femme comme présidente des États-Unis

2. *Le pronom y*

- The pronoun **y** means *there.* It refers back to the name of a place, which can be introduced by a preposition such as **à, en, dans, chez, devant,** or **à côté de.**

Tu es allé en Provence l'été dernier? —Oui, j'**y** suis allé avec mes parents.	*Did you go to Provence last summer?* *—Yes, I went there with my parents.*
Tes cousins habitent au Canada? —Non, ils n'**y** habitent plus.	*Do your cousins live in Canada?* *—No, they don't live there anymore.*
Qui va aller chez Cécile? —Pas moi; j'**y** suis allée hier.	*Who's going to Cécile's house?* *—Not me; I went there yesterday.*

- Like the other object pronouns, **y** is placed immediately before the conjugated verb, unless there is an infinitive.

Tu **y** vas?	*Are you going there?*
Je ne peux plus **y** rester. Cet hôtel est abominable.	*I can't stay here any longer. This hotel is awful.*
Paris? Oui, nous **y** sommes allés l'été dernier.	*Paris? Yes, we went there last summer.*

À vous la parole

A. C'est logique. De quelle ville francophone est-ce qu'on parle probablement? Il y a souvent plusieurs possibilités.

En Afrique: Dakar, Abidjan, Lomé, Libreville, Ougadougou, Bamako
En Amérique du Nord: Québec, Montréal, Sherbrooke, Chicoutimi, La Nouvelle-Orléans
Les D.O.M.-T.O.M.: Fort-de-France (Martinique), Port-au-Prince (Haiti), Pointe-à-Pitre (Guadeloupe), Cayenne (Guyane), Saint-Denis de la Réunion, Nouméa (Nouvelle-Calédonie)
En Europe: Paris, Strasbourg, Lille, Marseille, Genève, Bruxelles, Monaco

MODÈLE: On y va pour les sports d'hiver.
→À Genève.
ou →À Montréal.

1. On y trouve des belles plages.
2. Les gens y parlent créole.
3. On y parle anglais, français et le pidgin.
4. On y parle wolof et français.
5. On peut y passer des vacances magnifiques.
6. On y va pour le Carnaval.
7. Les Américains y vont pour parler français sans quitter l'Amérique du Nord.

B. Les voyageurs. En choisissant l'expression appropriée dans la colonne B, dites pourquoi on visite les endroits indiqués.

MODÈLE: André va aller à Paris.
→Il va y aller pour visiter la tour Eiffel.

A	B
1. Les Kerboul sont allés à La Nouvelle-Orléans.	acheter du vin
2. Les Dupuis vont aller dans les Alpes.	voir le Carnaval
3. Raymond veut aller à la Guadeloupe.	visiter les Pyramides
4. André va aller à Paris.	visiter la tour Eiffel
5. Les Brunet sont allés à la mer Méditerranée.	apprendre l'espagnol
6. Christiane voudrait aller au Mexique.	apprendre le créole
7. Les Santini vont en Égypte.	nager
8. M. Lescure va aller dans la région de Bordeaux.	faire du ski

C. Vos habitudes. Demandez à votre partenaire s'il/si elle va aux endroits suivants pendant les vacances. Il/Elle doit vous donner une raison pour sa réponse.

MODÈLE: dans des bons restaurants
É1 Tu vas quelquefois dans des bons restaurants?
É2 Non, je n'y vais jamais.
É1 Pourquoi pas?
É2 Parce qu'ils sont très chers et je n'ai pas assez d'argent pour y aller.

1. au théâtre
2. aux concerts de musique classique
3. à Euro Disney ou à Disney World
4. aux musées
5. en Louisiane
6. en Europe
7. aux Antilles
8. dans un pays francophone autre que la France

You can listen to the **Écoutons** section on the Student audio CD.

ÉCOUTONS *Laure téléphone à Air France*

A. Avant d'écouter. Vous allez entendre une conversation téléphonique entre Laure Deleuze et un agent d'Air France. Laure prépare un voyage de Nice à Londres. Répondez aux questions suivantes avant d'écouter.

1. À votre avis, quelles questions est-ce que Laure va poser à l'agent?
2. Qu'est-ce que l'agent va demander à Laure?
3. Faites une liste des questions possibles pour chacun, d'après le modèle.

Les questions de Laure	Les questions de l'agent
Est-ce que vous avez des vols directs de Nice à Londres?	Quand est-ce que vous voulez partir?

B. En écoutant.

1. Écoutez une première fois et cochez chaque question de votre liste qui a été réellement posée pendant la conversation. Est-ce qu'il y avait des questions que vous n'aviez pas prévues? Si oui, ajoutez ces questions à votre liste.
2. Écoutez une deuxième fois et répondez à ces questions:
   a. Pendant quel mois est-ce que Laure voudrait voyager?
   b. Combien de temps est-ce qu'elle veut rester en Angleterre?
   c. Pourquoi est-ce que Laure va pouvoir payer son billet moins cher?
   d. Pourquoi est-ce qu'elle doit prendre une décision rapidement?

C. Après avoir écouté. Avec un/e partenaire, imaginez que vous êtes Laure et que vous avez décidé de réserver votre place pour aller à Londres. Téléphonez à l'agent (qui sera joué par votre partenaire) pour réserver votre place. Imaginez la conversation.

Leçon 2 Destinations

POINTS DE DÉPART

Vous êtes de quel pays?

Je suis Denise Duclos. Je suis suisse. J'habite à Lausanne. Je parle allemand aussi bien que français. Je prends l'avion pour aller à Bruxelles pour une réunion de travail. Je vais rentrer en Suisse ce soir.

Je m'appelle David Diouf. Je suis du Sénégal et j'étudie à Paris. Ma langue maternelle, c'est le wolof mais je parle aussi français. Je prends bientôt l'avion pour aller à Dakar. Je vais passer les vacances chez moi cet été.

Mon nom, c'est Pierre Piron. Je suis belge et j'habite à Bruxelles. Je retourne au Mali où je vais reprendre mon travail pour Médecins sans frontières.

Continents	*Pays*	*Adjectif de nationalité*
L'Afrique	l'Algérie	algérien/algérienne
	le Maroc	marocain/e
	le Sénégal	sénégalais/e
	la Côte-d'Ivoire	ivoirien/ivoirienne
	le Cameroun	camerounais/e
L'Asie	l'Inde	indien/indienne
	la Chine	chinois/e
	le Japon	japonais/e
	le Viêt-nam	vietnamien/vietnamienne
L'Océanie	l'Australie	australien/australienne
L'Amérique	le Canada	canadien/canadienne
... du Nord	les États-Unis	américain/e
	le Mexique	mexicain/e
... du Sud	la Colombie	colombien/colombienne
	l'Argentine	argentin/e
	le Brésil	brésilien/brésilienne
L'Europe	l'Allemagne	allemand/e
	l'Angleterre	anglais/e
	la Belgique	belge
	la Suisse	suisse
	la France	français/e
	l'Italie	italien/italienne
	l'Espagne	espagnol/e
	les Pays-Bas	néerlandais/e
	le Portugal	portugais/e

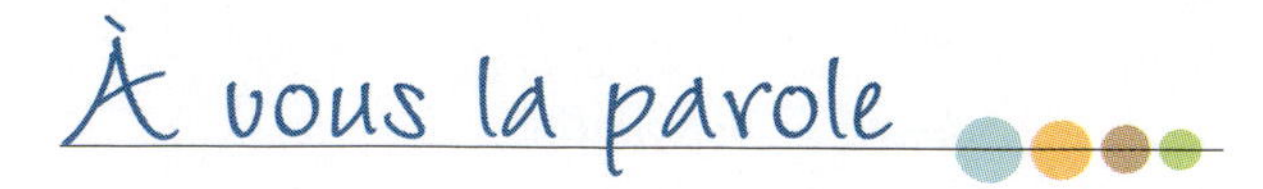

A. C'est quel pays? Décidez quel pays on visite, d'après la description.

MODÈLE: On visite le palais de Buckingham et le musée britannique.
→C'est l'Angleterre.

1. On s'asseoit à la terrasse d'un café pour admirer la tour Eiffel.
2. On visite le Vatican.
3. Il y a des pyramides aztèques.
4. On peut visiter les marchés de Casablanca.
5. On visite le château Frontenac à Québec.
6. Là il y a l'administration centrale de la Communauté Européenne.
7. C'est le seul pays d'Europe où on parle espagnol.

B. Introduction. Selon l'endroit où chaque personne habite, indiquez une nationalité et des langues possibles.

MODÈLE: Luc Auger habite à Québec.
→Il est canadien. Il parle français, et probablement un peu anglais.

1. Maria Garcia est de Buenos Aires.
2. Sylvie Gerniers habite à Bruxelles.
3. Chantal Dupuis est de Genève.
4. Paolo Dos Santos habite à Rio de Janeiro.
5. Helmut Müller est de Berlin.
6. Maria Verdi habite à Milan.
7. Jin Lu est de Pékin.

C. Un voyage. Avec un/e partenaire, imaginez que vous pouvez visiter un pays lointain. Quel pays est-ce que vous visiterez? Qu'est-ce que vous y ferez?

MODÈLE: É1 Je visiterai la Suisse, parce que j'ai des cousins là-bas. Je ferai du ski dans les Alpes.
É2 Et moi, je visiterai l'Égypte. J'irai voir les pyramides.

SONS ET LETTRES

La liaison avec *t*, *n* et *r*

After /z/, the next most common liaison consonant is /t/. It is usually spelled **-t,** but in some cases it is spelled **-d.** Pronounce liaison /t/:

- After the adjectives **petit** and **grand,** the form **cet,** and the numbers **huit, vingt, cent:**

  un peti**t**‿animal /t/ — un gran**d**‿immeuble /t/ — ce**t**‿hiver /t/

  il a hui**t**‿ans /t/ — ving**t**‿heures /t/ — cen**t**‿appartements /t/

- Liaison /t/ must also be pronounced in certain fixed phrases:

  Quel temps fai**t**-‿il? /t/ — Quelle heure es**t**-‿il? /t/ — Commen**t**‿allez-vous? /t/

- Although it is not obligatory, liaison is often made after the verb forms **ont, sont, vont,** and **font.** These are cases of optional liaison:

  ils son**t**‿ici /t/ — elles fon**t**‿un voyage /t/ — elles von**t**‿en Afrique /t/

- Liaison /t/ is *never* pronounced after the word **et:**

  Pierre e~~t~~ Alain — ving**t**‿e~~t~~ un /t/

Liaison /n/ occurs in the following cases:

- After **un** and the possessives **mon, ton, son:**

  un‿hôtel /n/ — mo**n**‿église /n/ — to**n**‿auto /n/ — so**n**‿histoire /n/

- After the pronouns **on** and **en,** and the preposition **en:**

  o**n**‿y va /n/ — il e**n**‿a /n/ — e**n**‿octobre /n/

- After the adjectives **bon, certain, prochain:**

  un bo**n**‿avion /n/ — un certai**n**‿hôtel /n/ — le prochai**n**‿autobus /n/

Liaison /R/ occurs in **dernier** and **premier:**

  le premie**r**‿étage /R/ — le dernie**r**‿avion /R/

A. Beaux voyages. Refaites les phrases en indiquant quel pays sera visité. Faites bien la liaison avec **on** et **en.**

MODÈLE: Caire
→On ira en Égypte.

1. Londres
2. Madrid
3. Alger
4. Dublin
5. Berlin
6. Sydney
7. Rome
8. Buenos Aires

B. Contrastes. Remplacez le premier nom par le second.

MODÈLE: un beau bateau / avion
→un bel avion

1. le dernier train / avion
2. le premier juin / août
3. le prochain taxi / autobus
4. un certain voyage / hôtel
5. un grand restaurant / hôtel
6. le petit magasin / immeuble
7. un mauvais magnétophone / appareil-photo
8. un gros monsieur / homme

C. Posons des questions. Posez la question qui a comme réponse la phrase donnée. Utilisez l'inversion.

MODÈLE: Elles font la vaisselle.
→Que font-elles?

1. Ils vont en Irlande.
2. On est loin de l'aéroport.
3. Elles sont devant la gare.
4. Ils font leurs devoirs.
5. Nous allons bien.
6. Il neige et il fait froid.
7. Il est treize heures.

FORMES ET FONCTIONS

1. Les prépositions avec les noms de lieu

- You have learned to use the prepositions **à** (meaning *to, at,* or *in*) and **de** (meaning *from*) with the names of cities.

Elle arrive **à** Paris.	*She's arriving in Paris.*
Nous allons **à** Lille.	*We're going to Lille.*
Ils viennent **de** Québec.	*They're coming from Quebec City.*

- To express *to, at, in,* or *from* with the name of countries, states, and continents, use the following prepositions in French:

	feminine country	**masculine country beginning with a vowel**	**masculine country beginning with a consonant**	**plural country**
to, at, in	**en** Suisse	**en** Haïti	**au** Maroc	**aux** Seychelles
from	**de** Belgique **d'**Afrique	**d'**Iran	**du** Canada	**des** États-Unis

The names of all the continents are feminine. As a general rule, country names that end in **-e** are feminine, but you should note the following exceptions: **le Mexique, le Mozambique.** In general, names of countries that end in any letter other than **-e** are masculine: **le Canada, le Brésil, les États-Unis, les Pays-Bas.**

Ils habitent **en** Amérique latine.	*They live in Latin America.*
Nous sommes allés **en** Australie.	*We went to Australia.*
Salikoko a fait ses études **au** Canada.	*Salikoko studied in Canada.*
Mon chef de bureau va **aux** Pays-Bas.	*My boss is going to the Netherlands.*
Je viens **du** Sénégal.	*I'm from Senegal.*

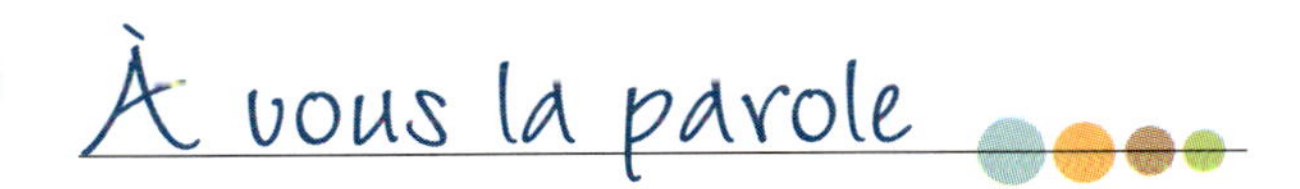

A. Vos connaissances en géographie. Dites dans quel continent sont situés ces pays.

MODÈLE: le Brésil
→C'est en Amérique.

1. le Mexique
2. l'Israël
3. le Nigéria
4. la Suisse
5. la République Dominicaine
6. l'Afrique du Sud
7. la Chine
8. les États-Unis

B. Escales. Quelquefois il n'y a pas de vol direct entre deux villes. Dites dans quel pays les personnes suivantes doivent s'arrêter pour arriver à leur destination.

MODÈLE: Mlle Schmidt: Berlin–Madrid–Lisbonne
→Elle doit s'arrêter en Espagne.

1. M. Ducret: Paris–Lisbonne–Abidjan
2. M. Thompson: Londres–Montréal–Chicago
3. Mme Smith: Londres–Paris–Barcelone
4. Mme Marconi: Marseille–Genève–Casablanca
5. Mlle Schmidt: Berlin–Londres–Québec
6. Mlle Bordes: Paris–New York–Mexico
7. M. Noyau: Marseille–Rome–Moscou

C. Vos origines. Beaucoup d'Américains ont des parents ou des grands-parents qui sont nés dans un pays étranger. Est-ce que certains de vos parents ou de vos camarades sont nés à l'étranger?

MODÈLE: É1 Tes parents ou tes grands-parents sont nés dans un pays étranger?
É2 Oui, ma grand-mère. Elle est née en Chine. Et toi, où est-ce que tu es né?
É3 Moi, je suis né aux États-Unis, en Californie.

2. *Le verbe* venir

- The verb **venir** means *to come* or *to come from*:

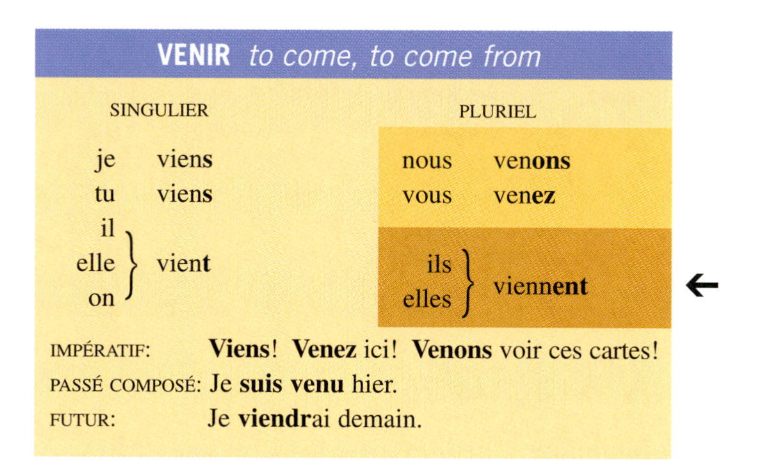

VENIR *to come, to come from*

SINGULIER		PLURIEL	
je	vien**s**	nous	ven**ons**
tu	vien**s**	vous	ven**ez**
il / elle / on	vien**t**	ils / elles	vienn**ent**

IMPÉRATIF: **Viens**! **Venez** ici! **Venons** voir ces cartes!
PASSÉ COMPOSÉ: Je **suis venu** hier.
FUTUR: Je **viendr**ai demain.

- **Devenir** (*to become*), **revenir** (*to come back*), and **obtenir** (*to obtain*) are conjugated like **venir:**

Quand est-ce que tu **reviens** de Genève?	*When are you coming back from Geneva?*
Mon frère **est devenu** très raisonnable.	*My brother has become very reasonable.*
Qu'est-ce que vous **devenez** ces jours-ci?	*What's new with you these days?*
J'ai **obtenu** mon diplôme.	*I got my degree.*

- To express an event that has just occurred, use **venir de** plus an infinitive.

Le train **vient de partir.**	*The train has just left.*
Nous **venons d'acheter** nos billets.	*We've just purchased our tickets.*

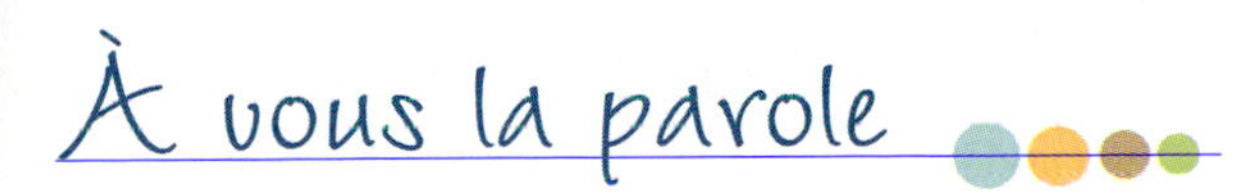

A. L'apprentissage des langues. Dites d'où ces personnes reviennent.

MODÈLE: Elles ont appris le portugais.
→Elles reviennent du Portugal ou du Brésil.

1. Elle a appris l'italien.
2. Il parle bien espagnol.
3. Nous avons appris l'anglais.
4. Je parle romanche.
5. Ils ont appris l'allemand.
6. Elles parlent chinois.
7. Il a appris le français.

B. Changement de caractère. Comment est-ce que ces gens changent? Choisissez l'adjectif qui convient dans la liste.

adorable	désagréable	égoïste	paresseux	raisonnable	discipliné	sociable	timide

MODÈLE: Je rougis.
→Je deviens timide.

1. Tu ne travailles pas beaucoup.
2. Roger écoute ses parents.
3. Nous sommes furieux.
4. Mes chats sont gentils aujourd'hui.
5. Je ne donne rien aux autres.
6. Vous parlez aux gens.

C. Avant de venir en classe. Expliquez à un/e partenaire ce que vous venez de faire, juste avant d'arriver en classe.

MODÈLE: É1 Moi, je viens de déjeuner au resto U. Et toi?
É2 Moi, je viens de travailler au labo de langues. Je viens de terminer mes devoirs.

PARLONS *Un voyage*

Avec un/e camarade de classe, faites des projets de voyage dans un pays francophone (ou plusieurs pays francophones). Utilisez la carte du monde francophone que vous avez dans votre manuel, et mettez-vous d'accord sur:

1. votre point de départ et votre destination (ou vos destinations);
2. l'intérêt touristique de cette région (ou de ces régions);
3. les choses que vous avez besoin d'apporter avec vous;
4. la plus belle saison pour y aller;
5. les moyens de transport que vous allez utiliser;
6. le nombre de jours que vous allez passer dans chaque endroit.

Ensuite, présentez vos projets à la classe.

MODÈLE: Nous avons une semaine de vacances au mois de mars, et nous voulons aller à la Martinique. Nous allons prendre l'avion de New York à Fort-de-France....

Faisons du tourisme!

POINTS DE DÉPART

Pardon, monsieur...

Les Asgarelly, des touristes mauriciens, viennent d'arriver à Tours. Ils se trouvent sur le boulevard Heurteloup tout près de la Place Leclerc. Ils arrêtent leur voiture pour demander des renseignements à un passant.

MME ASGARELLY: Pardon, monsieur. L'office du tourisme, s'il vous plaît?

LE PASSANT: Vous êtes passés juste devant. Il est là, en face.

MME ASGARELLY: Ah, oui, je le vois. Où est-ce que je peux garer ma voiture?

LE PASSANT: Il y a un parc de stationnement tout près, là, sous la place, devant la gare.

MME ASGARELLY: Je tourne à gauche ici?

LE PASSANT: Non, vous ne pouvez pas. Continuez tout droit jusqu'à la place Jean-Jaurès et faites demi-tour.

MME ASGARELLY: Là, où il y a le feu rouge?

LE PASSANT: Non, avant. Il y a un rond-point.

MME ASGARELLY: Merci beaucoup, monsieur.

LE PASSANT: Je vous en prie.

Prépositions de lieu

sous	sur
devant	derrière
en face de	à côté de
près de	loin de
à droite de	à gauche de

À l'hôtel

Après avoir visité l'office du tourisme, les Asgarelly arrivent à l'hôtel.

LA RÉCEPTIONNISTE: Bonjour, monsieur. Bonjour, madame.

M. ASGARELLY: Bonjour, madame. Nous avons une réservation.

LA RÉCEPTIONNISTE: Votre nom?

M. ASGARELLY: Asgarelly. Deux chambres.

LA RÉCEPTIONNISTE: Voyons. Oui, une chambre avec un grand lit et une autre à deux lits.

M. ASGARELLY: C'est ça. C'est pour trois nuits.

MME ASGARELLY: Les chambres ont une salle de bains et des W.-C.?

LA RÉCEPTIONNISTE: Votre chambre a une baignoire et la chambre de vos enfants une douche. Cela vous convient?

MME ASGARELLY: Parfaitement.

LA RÉCEPTIONNISTE: Voulez-vous qu'on vous aide à monter les bagages?

Éclairages

Où loger?

Lorsqu'on part en vacances en France, il y a plusieurs possibilités pour se loger selon ses désirs et son budget. Dans les villes, on peut rester dans un hôtel. Il y a des hôtels de luxe qui ont trois ou quatre étoiles* données par le Guide Michelin mais il existe aussi des hôtels avec une étoile. Cette dernière catégorie d'hôtel ne coûte pas très cher mais n'offre pas beaucoup de confort en général. Par exemple, dans un hôtel d'une étoile, il y a de fortes chances que la chambre soit sans W.-C. Il faut partager avec d'autres personnes les toilettes et la douche qui se trouvent dans une salle de bains à part.

Si on est jeune, on peut rester dans **une auberge de jeunesse.** Le prix est très raisonnable et on a l'avantage de rencontrer des jeunes gens de plusieurs pays. Mais, généralement, on n'a pas de chambre privée. On dort dans une chambre avec plusieurs lits un peu comme à la résidence universitaire et on partage les toilettes et les salles de bains.

Une auberge de jeunesse

*stars

Un camping au Bois de Boulogne

Pendant l'été en France, **les campings** sont pleins de gens qui voyagent avec **des caravanes, des camping-cars** ou simplement **une tente.** On y trouve beaucoup de jeunes mais aussi des familles avec des enfants et des personnes de tous les âges. Les campings sont souvent situés tout près des lieux touristiques intéressants.

Une autre possibilité est de rester dans **un gîte rural** à la campagne. Là, vous restez chez des gens. Vous avez aussi quelques repas qui sont compris dans le prix. C'est surtout une bonne option si on veut avoir un contact avec les gens du pays.

ET VOUS?

1. Est-ce que les voyageurs aux États-Unis ont les mêmes choix pour le logement que les voyageurs en France?
2. Où est-ce que vous aimez vous loger quand vous partez en vacances? Dans un hôtel? Dans un camping? Pourquoi?
3. Quels sont les avantages et les inconvénients des campings? Des auberges de jeunesse? Des gîtes ruraux?

A. Où est-ce qu'ils vont loger? D'après la description des touristes, dites où ils vont probablement loger.

MODÈLE: Les Merten voudraient avoir un contact avec les gens de la campagne.
→Ils vont loger dans un gîte rural.

1. Les Martini voudraient une chambre avec mini-bar, télévision et téléphone.
2. Christine va passer trois jours à Bordeaux mais c'est une étudiante et elle a un budget modeste.
3. Les Garcia voyagent avec leur caravane.
4. Marcel et ses copains veulent passer plusieurs semaines en Suisse sans dépenser trop d'argent.
5. Yvon aime la nature; il voyage avec son vélo et sa tente.
6. Les Smith aiment la campagne et ils voudraient pratiquer leur français.

B. À la réception. D'après les indications, jouez les rôles réceptionniste/client avec un/e partenaire.

MODÈLE: 2 personnes pour 2 nuits; 1 grand lit, une douche, une télé

É1 Bonjour, madame. Je voudrais une chambre avec douche.
É2 Pour combien de personnes?
É1 Deux.
É2 Vous désirez un grand lit ou deux lits?
É1 Un grand lit. Il y a une télévision dans les chambres?
É2 Bien sûr. Vous allez rester combien de nuits?
É1 Deux nuits.

1. 2 personnes pour 2 nuits; 2 petits lits, une baignoire et une douche, une télé
2. 2 personnes pour 3 nuits; un grand lit, une télé, une baignoire et une douche
3. 3 personnes pour 1 nuit; un grand lit et un petit lit, un téléphone, une douche
4. 1 personne pour 2 nuits; un petit lit, une douche

Éclairages

La Touraine et la ville de Tours

Pendant la Renaissance, les rois de France ont choisi la Touraine comme lieu de résidence. Cela explique le grand nombre de magnifiques châteaux dans la région. Au Moyen Âge, on construisait des châteaux fortifiés sur des collines, avec des tours et des murs — des châteaux forts — pour des raisons militaires. À la Renaissance, on ne construisait plus les châteaux sur des collines. Au contraire, on les construisait au bord de l'eau pour mieux pouvoir y aller. Il n'y avait plus de murs mais des jardins. Les châteaux de la Renaissance contiennent des grandes pièces avec des larges fenêtres — des galeries. Des artistes, certains venus d'Italie comme Léonard de Vinci, ont contribué à remplir ces châteaux d'œuvres d'art: statues, tableaux et beaux meubles.

Le touriste trouve à Tours les traces d'un riche héritage culturel: des monuments et des constructions de la période gallo-romaine, du Moyen Âge et de la Renaissance. Aujourd'hui la ville possède un grand nombre d'industries légères* et connaît une grande activité culturelle et intellectuelle. Le Centre de Congrès Vinci, construit récemment, tout en verre et en métal, est un des chefs-d'œuvre de l'architecture moderne. Le TGV met la ville de Tours à seulement une heure de Paris.

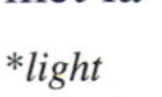

*light

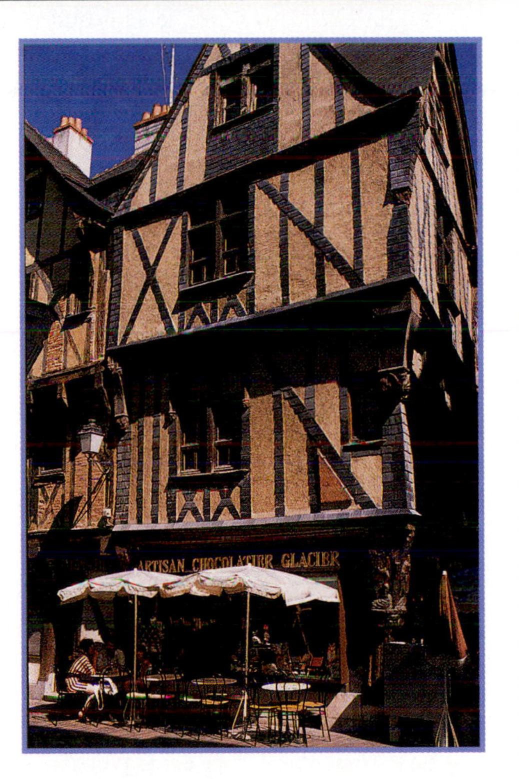

Place Plumereau, Tours

C. Le sens de l'orientation. En consultant le plan de Tours, dites quelle est la plan relation entre les deux sites.

MODÈLE: la poste et le palais de justice: à côté de ou en face de?
→La poste est à côté du palais de justice.

1. la cathédrale et les Halles: loin de ou près de?
2. le musée des Beaux-Arts et la place François Sicard: derrière ou devant?
3. le musée des Beaux-Arts et la cathédrale: à coté de ou en face de?
4. la gare et la Faculté des Lettres: loin de ou près de?
5. la poste et la place Jean-Jaurès: à droite de ou à gauche de?
6. le parc de stationnement et la place du Géneral Leclerc: sous ou devant?

D. Les bonnes instructions. Imaginez que vous êtes devant la gare à Tours. Si vous suivez les instructions données par votre partenaire, où est-ce que vous arrivez? Choisissez une destination dans la liste.

MODÈLE: É1 Vous tournez à gauche dans le boulevard Heurteloup, ensuite à droite dans la rue Nationale et à droite dans la rue de la Scellerie. Vous vous arrêtez au coin de cette rue et de la rue Voltaire.
É2 C'est le Grand Théâtre?
É1 Oui, c'est ça.

la cathédrale	la Basilique Saint-Martin
le Grand Théâtre	les Halles
le musée des Beaux-Arts	la place Plumereau
la préfecture	la poste

1. Vous traversez le boulevard Heurteloup. Vous descendez la rue Bernard Palissy. Vous allez tout droit. À la place François Sicard vous tournez à droite.
2. Vous tournez à gauche dans le boulevard Heurteloup et traversez la Place Jean Jaurès. C'est sur votre droite à côté du Palais de Justice.
3. Vous tournez à gauche dans le boulevard Heurteloup, vous traversez la rue Nationale, vous continuez tout droit. À la deuxième rue, vous tournez à droite. Vous tournez à gauche dans la rue Néricault Destouches. C'est là, à quelques mètres.
4. Le plus facile, c'est de descendre la rue Nationale jusqu'à la Loire et de prendre la rue des Tanneurs juste avant le quai de Pont-Neuf. Vous allez jusqu'à la faculté des Lettres. Ensuite, vous tournez à gauche en face de la fac dans une petite rue piétonnière (*pedestrian street*).
5. Traversez le boulevard Heurteloup et descendez la rue de Buffon. Tournez à droite à la Place de la Préfecture et continuez tout droit. C'est au coin de la Rue Bernard Palissy sur votre droite.
6. Traversez le boulevard Heurteloup, descendez la rue de Buffon, tournez à gauche dans la rue de la Scellerie et continuez tout droit. Traversez la rue Nationale. Descendez la rue des Halles. C'est au bout sur votre gauche.

E. Le Bon Samaritain. Avec un/e partenaire, vous allez jouer les rôles du touriste et d'un Tourangeau/d'une Tourangelle qui lui indique le chemin le plus court entre les points indiqués de la ville de Tours.

MODÈLE: de la gare à la cathédrale
É1 Pour aller à la cathédrale, s'il vous plaît?
É2 Vous traversez le boulevard Heurteloup et vous prenez la rue Jules Simon. Vous descendez cette rue. Vous allez voir la cathédrale à votre droite.

1. de la gare à l'hôtel de ville (*city hall*)
2. de l'hôtel de ville à la Faculté des Lettres
3. de la cathédrale à la poste
4. de la place Plumereau à l'hôtel de ville
5. du musée des Beaux-Arts à la place Plumereau

FORMES ET FONCTIONS

1. *Les pronoms relatifs* où *et* qui

- Relative pronouns allow you to introduce a clause that provides additional information about a person, place, or thing. When the relative pronoun **qui,** equivalent to the English *who,* is used to introduce this information, it is always followed by a verb.

David est un guide **qui** a beaucoup de talent.	*David is a tour guide who is very talented.*
Rome est une ville **qui** est connue pour son architecture.	*Rome is a city that is known for its architecture.*

- **Où** can be used to introduce a place or a time, equivalent to the English *where* or *when.*

C'est une ville **où** il y a beaucoup de monuments historiques.	*It's a city where there are many historical monuments.*
L'automne en France, c'est la saison **où** il commence à faire froid.	*Autumn in France is the season when it starts to get cold.*

A. En quelle saison? En quelle saison est-ce que ces situations existent?

MODÈLE: On va à la campagne chercher des pommes.
→L'automne est la saison où on va à la campagne chercher des pommes.

1. On peut faire un pique-nique à la montagne.
2. On peut faire du ski.
3. On va souvent au bord de la mer.
4. On fait des randonnées dans la forêt.
5. On commence à faire du jardinage.
6. On cherche des fleurs à la campagne.
7. On assiste aux matchs de football américain.
8. On a envie de voyager dans les pays chauds.

B. Les grandes villes. Avec un/e partenaire, est-ce que vous pouvez décrire ces grandes villes?

MODÈLE: New York
É1 New York est une ville où il y a beaucoup de grands magasins.
É2 New York est aussi une ville qui a beaucoup de théâtres et de cinémas.

1. San Francisco
2. Paris
3. La Nouvelle-Orléans
4. Los Angeles
5. Washington
6. Boston
7. Québec
8. Bruxelles

C. Quelles sont vos préférences? Pour le logement, les vacances, les gens? Discutez de cela avec un/e partenaire.

MODÈLE: J'aime les hôtels…
É1 J'aime les hôtels qui sont très modernes.
É2 Moi, j'aime surtout les hôtels où il y a une piscine.

1. J'aime les hôtels…
2. Je préfère les villes…
3. Je n'aime pas les musées…
4. J'aime les vacances…
5. J'aime surtout visiter des endroits…
6. J'aime les gens…
7. Je n'aime pas beaucoup les gens…

2. *Le pronom relatif* que

- As you have learned, a relative pronoun allows you to introduce a clause that provides additional information about a person, place, or thing. The relative pronoun connects the clause that provides additional information to the main clause. In the example below, the clause that provides additional information, called the *subordinate clause,* is set off by brackets.

La petite fille était ma meilleure amie. La petite fille habitait à côté.

La petite fille [**qui** habitait à côté] était ma meilleure amie.	*The little girl who lived next door was my best friend.*

In this example, the relative pronoun that refers to the little girl, **qui,** is the subject of the subordinate clause. As you have learned, **qui** is always followed by the verb of the subordinate clause.

- **Que** is used when the relative pronoun is the direct object of the subordinate clause. Use **qu'** before words beginning with a vowel. The subject of the subordinate clause follows **que/qu'.**

C'est une ville. J'aime beaucoup cette ville.

C'est une ville [**que** j'aime beaucoup].	*It's a city that I like a lot.*

Like **qui,** the relative pronoun **que/qu'** can refer either to a person or a thing.

Le guide **que** j'ai eu était très enthousiaste.	*The guide (whom/that) I had was very enthusiastic.*
Nous avons visité le musée **que** Mme Lerond a recommandé.	*We visited the museum (that) Mrs. Lerond recommended.*

In English, the words *whom* or *that* may be left out, but in French **que** must always be used.

- When you use the **passé composé,** the past participle agrees in number and gender with the preceding direct object pronoun. In both examples below, **que/qu'** refers to a feminine plural noun, and the feminine plural form of the past participle is used.

Voilà les lettres **que** j'ai écrit**es.**	*Here are the letters (that) I wrote.*
Vous connaissez les musiciennes **qu**'ils ont invit**ées** à jouer?	*Do you know the musicians (that) they invited to play?*

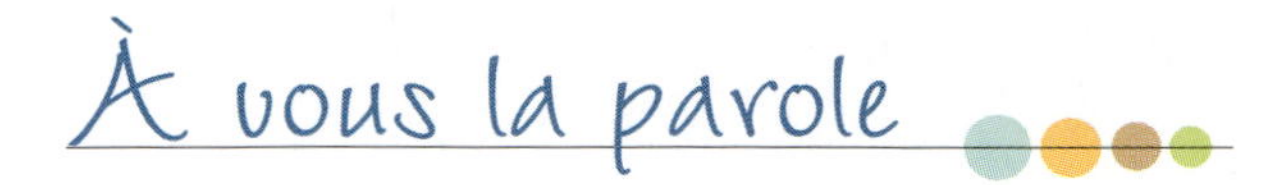

A. Que de beaux souvenirs! Isabelle montre les jolis souvenirs de son voyage. Donnez une forme emphatique à ses déclarations.

MODÈLE: J'ai pris ces photos.
→Voilà les photos que j'ai prises!

1. J'ai acheté cette carte.
2. J'ai trouvé ces brochures.
3. J'ai acheté ce livre.
4. J'ai acheté ce cadeau.
5. J'ai rapporté ces chocolats.
6. J'ai trouvé cette affiche.

B. Le mot juste. Le voyageur a besoin d'un vocabulaire précis. Dans les définitions, on emploie souvent des propositions relatives. Est-ce que vous et votre partenaire pouvez définir les choses suivantes?

MODÈLES: un magnétoscope
É1 C'est un appareil qu'on utilise pour regarder une vidéo.

1. un appareil-photo
2. un magnétophone
3. un portable
4. un musée
5. un office du tourisme
6. une agence de voyage
7. une réceptionniste
8. un agent de police

C. Souvenirs de voyage. Quels sont vos souvenirs d'un voyage que vous avez fait? Discutez de cela avec un/e partenaire.

MODÈLE: le jour du départ
É1 C'était un jour que j'attendais avec beaucoup d'impatience.
É2 C'était un jour où il a fait très beau.

1. l'endroit visité
2. l'hôtel
3. les activités
4. le dernier jour des vacances
5. le retour

LISONS *Voyage à New York*

A. Avant de lire. This selection is an excerpt from **Journaux de voyage** by Albert Camus (1913–1960). Camus, who was born in Algeria and went to France in 1939, was the author of influential novels, among them **L'étranger** and **La Peste,** as well as of plays and essays. He won the Nobel Prize for Literature in 1957. During his career, he also worked as a journalist. As a member of the French Resistance against the Nazis, he published the important clandestine newspaper **Combat** during the Second World War. It was as a journalist that he had occasion to travel to New York City in 1946.

1. What does the title of this collection, **Journaux de voyage,** tell you about the type of text you are about to read? How will it be formatted? What types of information are you likely to find?
2. What comes to your mind when you think of the city of New York? Compare your associations with those of a classmate.

Albert Camus, 1952

B. En lisant.

1. While you are reading the first paragraph, look for clues that give you information about:
   a. how Camus is traveling to New York;
   b. the weather upon his arrival;
   c. how he is feeling as he arrives.
2. In the second paragraph, Camus gives his first description of New York City. Which words and expressions does he use?
3. In the third paragraph, Camus describes how he is treated by the authorities when he arrives. Why does he arrive later than other passengers?
4. In the final paragraph of the excerpt, he describes some of the first things he notices as he goes out walking in New York. What does he mention?

VOYAGE À NEW YORK

À 12 heures aujourd'hui, on aperçoit la terre. Depuis le matin, des mouettes[1] survolaient le bateau et semblaient suspendues, immobiles, au-dessus des ponts. Coney Island qui ressemble à la porte d'Orléans nous apparaît d'abord. «C'est Saint-Denis ou Gennevilliers», dit L. C'est tout à fait vrai. Dans le froid, avec le vent gris et le ciel plat, tout cela est assez cafardeux.[2] Nous ancrons dans la baie d'Hudson et ne débarquerons que demain matin. Au loin, les gratte-ciel de Manhattan sur un fond de brume.[3] J'ai le cœur tranquille et sec que je me sens devant les spectacles qui ne me touchent pas.

Lundi. Coucher très tard la veille. Lever très tôt. Nous remontons le port de New York. Spectacle formidable malgré ou à cause de la brume. L'ordre, la puissance, la force économique est là. Le cœur tremble devant tant d'admirable inhumanité.

Je ne débarque qu'à 11 heures après de longues formalités où seul de tous les passagers je suis traité en suspect. L'officier d'immigration finit par s'excuser de m'avoir tant retenu. «J'y étais obligé, mais je ne puis vous dire pourquoi.» Mystère, mais après cinq ans d'occupation! ...

Fatigué. Ma grippe[4] revient. Et c'est les jambes flageolantes[5] que je reçois le premier coup de New York. Au premier regard, hideuse ville inhumaine. Mais je sais qu'on change d'avis. Ce sont des détails qui me frappent: que les ramasseurs d'ordures[6] portent des gants, que la circulation est disciplinée, sans intervention d'agents aux carrefours,[7] etc., que personne n'a jamais de monnaie dans ce pays et que tout le monde a l'air de sortir d'un film de série. Le soir, traversant Broadway en taxi, fatigué et fiévreux,[8] je suis littéralement abasourdi[9] par la foire lumineuse. Je sors de cinq ans de nuit et cette orgie de lumières violentes me donne pour la première fois l'impression d'un nouveau continent (une énorme enseigne[10] de 15 m pour les Camel: un G.I. bouche[11] grande ouverte laisse échapper d'énormes bouffées de *vraie* fumée. Le tout jaune et rouge.[)] Je me couche malade du cœur autant que du corps, mais sachant parfaitement que j'aurai changé d'avis[12] dans deux jours.

[1]oiseaux maritimes [2]déprimant [3]brouillard [4]*flu* [5]*on shaky legs* [6]*garbage collectors* [7]*intersections* [8]*feverish* [9]stupéfait [10]*billboard* [11]*mouth* [12]*I will have changed my mind*

Extrait de: Albert Camus, *Journaux de voyage*. Paris: Gallimard, 1978.

C. En regardant de plus près. Now that you have read the text, look more closely at the following features.

1. In the first paragraph, Camus mentions **les gratte-ciel de Manhattan.** You already know the meaning of the word **ciel.** What are **les gratte-ciel?**
2. Camus made this trip in 1946, just after the Second World War. He makes two oblique references to the war.
   a. In the third paragraph, he writes about being detained upon arrival: **«Mystère, mais après cinq ans d'occupation!»** What does he mean by this?
   b. In the last paragraph, he writes **«Je sors de cinq ans de nuit...»** How can you explain this comment?

D. Après avoir lu.

1. How would you describe Camus' first impression of New York? Does he believe that his opinion of New York may change with time?
2. How do Camus' impressions compare with your own opinions of New York?

Paris, ville lumière

Paris, comme vous le savez, est la capitale de la France. C'est aussi la ville la plus visitée du monde. C'est une belle ville pleine d'histoire, de monuments intéressants, de cathédrales, de bons restaurants et de grands magasins et petites boutiques de spécialités. Il y en a pour tous les goûts.

Paris est connu sous le nom de Ville Lumière. D'où cette désignation vient-elle? C'est parce qu'à la fin du dix-neuvième siècle et au début du vingtième, Paris était le centre artistique et culturel du monde et la capitale de l'élégance, du luxe et des plaisirs. Beaucoup d'écrivains, de musiciens et d'artistes passaient au moins un an dans la Ville Lumière pour apprendre leur métier ou trouver de l'inspiration. Voilà pourquoi la fin du dix-neuvième siècle est connue en France comme la Belle Époque.

Et vous?

1. Quand vous pensez au centre culturel des États-Unis, à quelles villes est-ce que vous pensez? Pourquoi?
2. Dans votre région, où se trouve le centre culturel? Décrivez cette ville.

ÉCOUTONS *À bord d'un bateau-mouche*

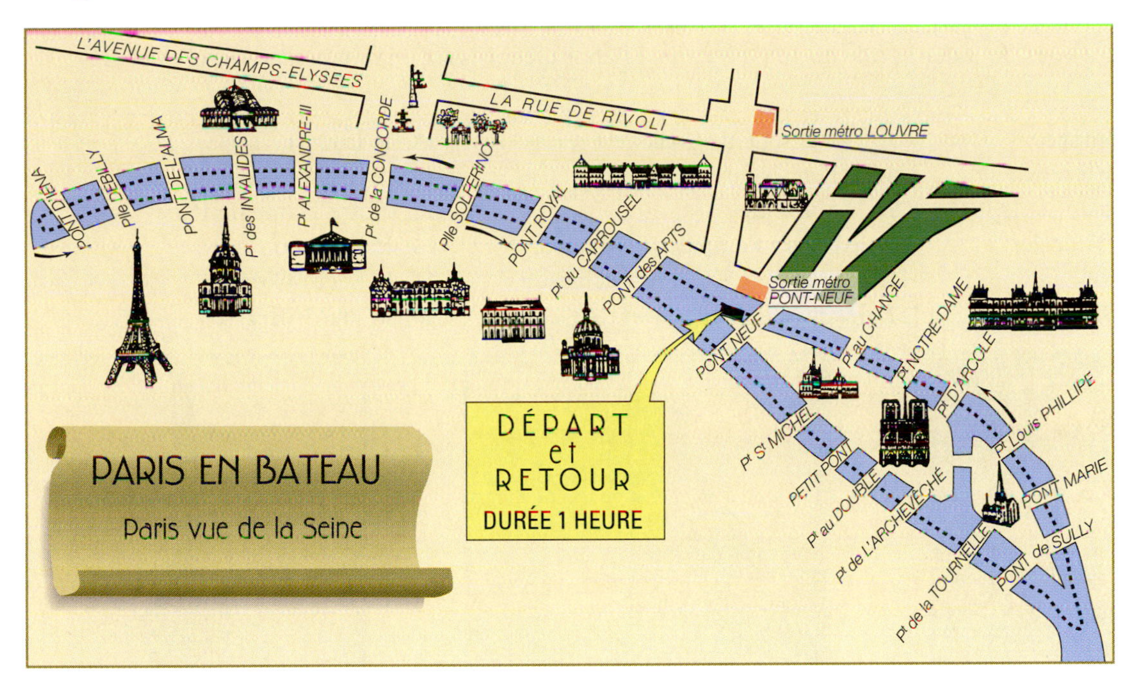

A. Avant d'écouter. Une façon de découvrir Paris est de prendre un bateau-mouche. Ces bateaux font des circuits touristiques sur la Seine toujours accompagnés par une visite guidée des monuments qu'on voit du bateau. Avant d'écouter cet extrait d'une visite guidée à bord d'un bateau-mouche, regardez le plan de Paris et répondez aux questions suivantes.

1. Est-ce que vous reconnaissez des monuments? Lesquels? Écrivez le nom de tous les monuments que vous reconnaissez ou que vous pensez connaître.
2. Identifiez le point de départ pour le circuit touristique et tracez la route avec votre doigt. Combien de temps dure le circuit?

B. En écoutant.

1. Écoutez. Encerclez et numérotez les monuments qui sont décrits.
2. Écoutez encore et écrivez le nom de chaque monument qui est décrit.
3. Écoutez une dernière fois et notez un fait intéressant pour chaque monument décrit.

C. Après avoir écouté.

1. Avec un/e partenaire, essayez de nommer des monuments qui n'ont pas été décrits dans la visite guidée.
2. Quels monuments est-ce que vous voudriez visiter? Pourquoi?
3. Consultez le site Web de **Chez nous** pour avoir plus de renseignements sur les bateaux-mouches et pour faire une visite virtuelle.

PARLONS *La visite d'un monument*

Maintenant, c'est à vous de jouer le rôle de guide à Paris. D'abord, choisissez un monument. Voici quelques possibilités:

1. l'Arc de Triomphe
2. les Champs-Élysées
3. la Conciergerie
4. le jardin des Tuileries
5. Montmartre
6. le musée d'Orsay
7. l'Obélisque de Louksor
8. le Pont-Neuf
9. la Sorbonne
10. le Centre Pompidou (Beaubourg)
11. le cimetière du Père-Lachaise
12. les Invalides
13. le Louvre
14. le Moulin Rouge
15. Notre-Dame de Paris
16. le Panthéon
17. le Sacré-Cœur
18. la tour Eiffel

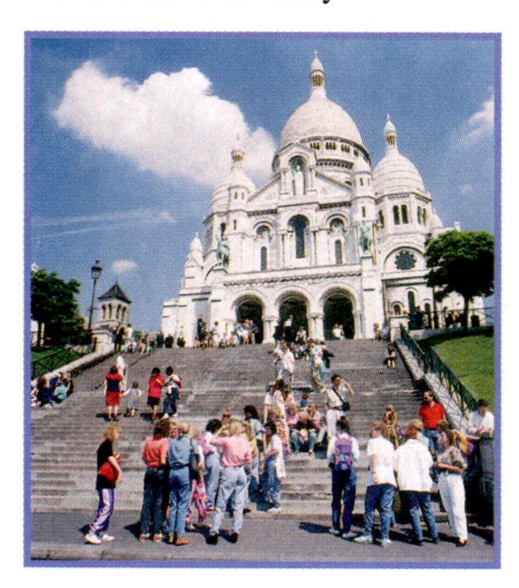

Sacré-Coeur, Montmartre

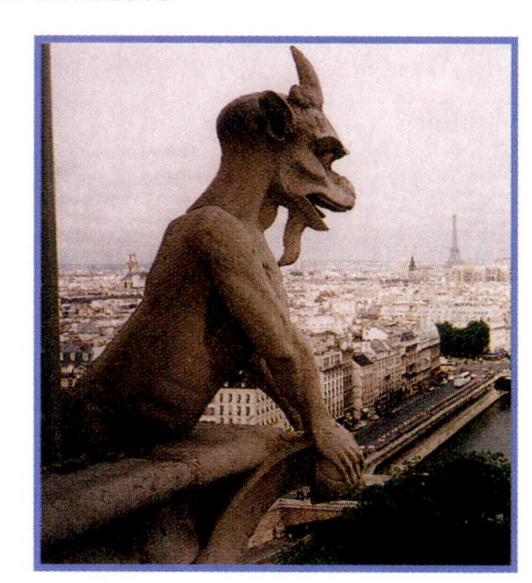

Une gargouille

La tour Eiffel

Ensuite, préparez une description de votre monument. Pour préparer cette présentation, répondez aux questions suivantes:

1. Où se trouve ce monument? Dans quel arrondissement? Dans quelle rue? À côté de quels autres sites importants? Est-ce qu'il y a une station de métro à proximité?
2. Quand est-ce que ce monument a été construit? Par qui? Pourquoi est-ce que ce monument est important aujourd'hui?

Pour trouver des renseignements, consultez le site Web de **Chez nous,** des encyclopédies et des guides touristiques.

Finalement, présentez votre monument à vos camarades de classe. N'oubliez pas d'emporter des images (des photos, des affiches, etc.) de votre monument!

LISONS *Premières impressions de Paris*

A. Avant de lire. The selection you are about to read is from **Lettres persanes** by Montesquieu, published in 1721. This novel takes the shape of a series of letters written to their friends by two Persian men, Usbek and Rica, traveling abroad between 1712 and 1720. Using this literary device, Montesquieu is able to shift his point of view, describing the familiar Paris scene through the eyes of outsiders. He can thus expose the unreasonableness of many Paris conventions, treat the "normal" as fantastic and the fantastic as normal, in order to show that all our beliefs are habits and that truth is something relative and local.

In the extract of the letter you will read, Rica has just arrived in Paris and writes of his first impressions. What do you imagine might impress a young man from the Orient just arriving in a large, Western capital city? Make a list of the things you think he might mention.

B. En lisant. As you read, look for the following information:

1. How much time has Rica spent in Paris when he writes the letter?
2. What surprises Rica about the houses? Who does he think must live in them? Why?
3. Rica claims that no one walks in Paris. How do Parisians get around, according to him?
4. Has he changed his manner of walking to suit life in Paris?
5. What happens to him as a result when he is walking about?

Lettre 24
Rica à Ibben, à Smyrne
Nous sommes à Paris depuis un mois, et nous avons toujours été dans un mouvement continuel…

Paris est aussi grand qu'Ispahan.[1] *Les maisons y sont si hautes qu'on jugerait qu'elles ne sont habitées que par des astrologues. Tu juges bien qu'une ville bâtie en l'air, qui a six ou sept maisons les unes sur les autres, est extrêmement peuplée, et que, quand tout le monde est descendu dans la rue, ils'y fait un bel embarras.*

Tu ne le croirais pas peut-être: Depuis un mois que je suis ici, je n'y ai encore vu marcher personne. Il n'y a point de gens au monde qui tirent mieux parti[2] *de leur machine*[3] *que les Français: ils courent; ils volent. Les voitures lentes d'Asie, le pas*[4] *réglé de nos chameaux,*[5] *les feraient tomber en syncope.*[6] *Pour moi, qui ne suis point fait à ce train,*[7] *et qui vais souvent à pied sans changer d'allure, j'enrage quelquefois comme un Chrétien: car encore passe qu'on m'éclabousse*[8] *depuis les pieds jusqu'à la tête, mais je ne puis pardonner les coups de coude*[9] *que je reçois régulièrement et périodiquement. Un homme qui vient après moi, et qui me passe, me fait faire un demi-tour, et un autre, qui me croise de l'autre côté, me remet soudain où le premier m'avait pris; et je n'ais pas fait cent pas, que je suis plus brisé*[10] *que si j'avais fais dix lieues.*[11]

[1]la plus grande ville de Perse [2]*take better advantage of* [3]*body* [4]*step* [5]*camels* [6]*faint* [7]*rhythm* [8]*splatter* [9]*jabs from the elbow* [10]*broken* [11]environ 40 kilomètres

Extrait de: Montesquieu, *Lettres persanes*, 1721.

C. En regardant de plus près. Now take a closer look at the following features of the text.

1. Look at the expression **il s'y fait un bel embarras** at the end of the second paragraph. Based on the context, what do you think **un embarras** could be?
2. You know the negative expression **ne … pas.** In this passage, you also see the negative phrase **ne … que** in the expression **ne sont habitués que par des astrologues.** This expression is equivalent to **seulement.** Find a negative phrase in this passage that is used twice and is equivalent to **ne … pas.**

D. Après avoir lu.

1. With a partner, find several humorous passages in this excerpt. What makes them funny, in your opinion?
2. Do you think Rica's description of what happens to him when he goes out walking is realistic? Why or why not? How does Montesquieu use exaggeration to make a point?
3. If you are from a small town, think about your impressions when you first visited a big city. In what ways were they similar to the reactions of Rica? In what ways were they different? Share your impressions with a partner.

ÉCRIVONS *Des Américains à Paris*

C'est Thomas Jefferson qui a dit: «Every man has two countries, his own and France.» Jefferson, comme tant d'autres Américains, était fasciné par la France et par la ville de Paris. Nommé Ambassadeur des États-Unis en France, il y est allé en 1784, succédant Benjamin Franklin, et il y est resté cinq ans. Paris attirait non seulement des diplomates mais aussi des artistes, des ingénieurs, des écrivains et

Benjamin Franklin

Josephine Baker

des chanteurs. À Paris, ils ont trouvé une certaine liberté, personnelle et artistique, qui manquait à leur vie américaine. Ils ont découvert aussi une autre façon de voir le monde, une autre perspective culturelle.

A. Avant d'écrire. Vous allez préparer une description de la vie parisienne d'un/e Américain/e. D'abord, choisissez une personne dans une des catégories suivantes:

Diplomates	Ingénieurs/Aventuriers	Écrivains	Musiciens	Danseurs/Comédiens
John Adams	Thomas Edison	e.e. cummings	Louis Armstrong	Fred Astaire
Benjamin Franklin	Robert Fulton	Ernest Hemingway	Aaron Copland	Josephine Baker
Thomas Jefferson	Charles Lindbergh	Katherine Anne Porter	Duke Ellington	P.T. Barnum
Franklin Roosevelt	Samuel Morse	Gertrude Stein	George Gershwin	Isadora Duncan
Woodrow Wilson	Orville & Wilbur Wright	Mark Twain	Cole Porter	Buster Keaton

Ensuite, cherchez des renseignements sur le voyage (ou les voyages) à Paris de cette personne. Pour trouver des renseignements, consultez le site Web de **Chez nous,** des encyclopédies et des biographies.

B. En écrivant. Pour préparer votre description, répondez aux questions suivantes:

1. Quand et pourquoi est-ce que cet Américain/cette Américaine est allé/e à Paris?
2. Combien de temps est-ce qu'il/elle y est resté/e? Pourquoi?
3. Où est-ce qu'il/elle a passé du temps? (dans des cafés? des bars? des théâtres?)
4. Comment est-ce que les Français ont réagi à cet Américain/cette Américaine?
5. Quelles impressions est-ce qu'il/elle a formées de Paris?

Rédigez deux paragraphes qui expliquent le voyage à Paris de cet Américain/cette Américaine. Dans le premier paragraphe, donnez des détails de son voyage (questions 1–3). Dans le deuxième paragraphe, parlez de ses impressions de Paris et des réactions des Parisiens (questions 4 et 5). Terminez votre texte avec une phrase qui résume l'importance du voyage parisien pour cette personne.

C. Après avoir écrit. Relisez votre texte pour vérifier si vous y avez mis toutes les informations nécessaires. Rajoutez des détails intéressants, corrigez les fautes, puis échangez votre texte avec des camarades de classe qui vont le lire. Ils vont vous dire s'ils ont compris le texte, et ils vont proposer des changements si nécessaire.

Vocabulaire

LEÇON 1

moyens de transport	**means of transportation**
un avion	*plane*
un bateau	*boat*
un bus	*city bus*
un car	*excursion bus*
un métro	*subway*
une mobylette	*moped, motorscooter*
une moto	*motorcycle*
le RER	*commuter train from Paris to suburbs*
un taxi	*taxi*
un train	*train*
un vélo	*bicycle*

pour faire un voyage	**to take a trip**
un aéroport	*airport*
un appareil-photo	*camera*
un carnet d'adresses	*address book*
une carte bancaire	*debit card*
une carte de crédit	*credit card*
des clés (f)	*keys*
une gare	*train station*
des lunettes (f) de soleil	*pair of sunglasses*
un passeport	*passport*
une pellicule	*roll of film*
un permis de conduire	*driver's licence*
un plan de ville	*city map*
un portefeuille	*wallet*
un porte-monnaie	*change purse*
une valise	*suitcase*
un vol	*flight*

autres expressions utiles	**other useful expressions**
à pied	*on foot*
avoir besoin de	*to need*
oublier	*to forget*
tout	*everything*

LEÇON 2

Les continents	**the continents**
l'Afrique (f)	*Africa*
l'Amerique (f)	
du nord	*North America*
du sud	*South America*
l'Asie (f)	*Asia*
l'Europe (f)	*Europe*
l'Océanie	*South Pacific*

pour parler des pays	**to talk about countries**
Il est ... (de France/ d'Italie/du Mexique).	*He is from ... (France/ Italy/Mexico).*
une frontière	*border*
un pays	*country*
l'Algérie (f)	*Algeria*
l'Allemagne (f)	*Germany*
l'Angleterre (f)	*England*
l'Argentine (f)	*Argentina*
l'Australie (f)	*Australia*
la Belgique	*Belgium*
le Brésil	*Brazil*
le Cameroun	*Cameroon*
le Canada	*Canada*
la Chine	*China*
la Colombie	*Colombia*
la Côte-d'Ivoire	*Ivory Coast*
l'Espagne (f)	*Spain*
les États-Unis (m)	*the United States*
la France	*France*
l'Inde (f)	*India*
l'Italie (f)	*Italy*
le Japon	*Japan*
le Maroc	*Morocco*
le Mexique	*Mexico*
les Pays-Bas (m)	*the Netherlands*
le Portugal	*Portugal*
le Sénégal	*Senegal*
la Suisse	*Switzerland*
le Viêt-nam	*Vietnam*

pour parler des nationalités	**to talk about nationalities**
Elle est... (belge/ française).	*She is ... (Belgian/ French).*
algérien/algérienne	*Algerian*
allemand/e	*German*
américain/e	*American*
anglais/e	*English*

argentin/e	*Argentinian*
australien/australienne	*Australian*
belge	*Belgian*
brésilien/brésilienne	*Brasilian*
camerounais/e	*Cameroonian*
canadien/canadienne	*Canadian*
chinois/e	*Chinese*
colombien/colombienne	*Colombian*
espagnol/e	*Spanish*
français/e	*French*
italien/italienne	*Italian*
indien/indienne	*Indian*
ivoirien/ivoirienne	*Ivorian*
japonais/e	*Japanese*
marocain/e	*Moroccan*
mexicain/e	*Mexican*
portugais/e	*Portuguese*
sénégalais/e	*Senegalese*
suisse	*Swiss*
vietnamien/vietnamienne	*Vietnamese*

pour parler des langues	**to talk about languages**
l'arabe	*Arabic*
le chinois	*Chinese*
l'italien	*Italian*
le japonais	*Japanese*
le portugais	*Portuguese*
la langue maternelle	*native language*

verbes comme venir	**verbs like venir**
venir	*to come, to come from*
devenir	*to become*
obtenir	*to obtain*
revenir	*to come back*

LEÇON 3

pour se loger	**lodging**
loger (dans un hôtel)	*to stay (in a hotel)*
une auberge (de jeunesse)	*inn, (youth) hostel*
une baignoire	*bathtub*
un camping	*campground*
un camping-car	*RV*
une caravane	*camper (vehicle)*
un gîte (rural)	*(rural) bed and breakfast*
un hôtel	*hotel*
une tente	*tent*

à l'hôtel	**in the hotel**
Cela vous convient?	*Does this suit you?*
monter les bagages	*to take up/carry up luggage*
un/e réceptionniste	*receptionist*
une réservation	*reservation*

pour se renseigner	**to get information**
un guide	*guide (tour guide or guidebook)*
un office du tourisme	*tourism office*
un/e passant/e	*passerby*
des renseignements (m)	*information*
s'il vous/te plaît	*please*

pour dire où	**to say where**
au coin de	*at the corner (of)*
en face de	*facing, opposite*
là	*there*
près (de)	*near to*
tout droit	*straight ahead*

pour y aller en voiture	**to go there by car**
(s') arrêter	*to stop*
continuer	*to go on/keep going*
un demi-tour (faire demi-tour)	*U-turn (to make a U-turn)*
un feu rouge	*stoplight*
garer	*to park*
un parc de stationnement	*parking lot*
un rond-point	*traffic circle*
tourner	*to turn*
traverser	*to cross*

autres mots utiles	**other useful words**
parfaitement	*perfectly, completely*
une place	*square*

Chapitre 11 La santé et le bien-être

Leçon 1 La santé

POINTS DE DÉPART Le corps humain et les maladies

SONS ET LETTRES Les consonnes /s/ et /z/

FORMES ET FONCTIONS

1. Les expressions de nécessité
2. Le subjonctif des verbes réguliers

LISONS Le malade imaginaire

Leçon 2 Pour rester en forme

POINTS DE DÉPART Santé physique et mentale

SONS ET LETTRES La consonne *gn*

FORMES ET FONCTIONS

1. Le subjonctif des verbes irréguliers
2. Le subjonctif avec les expressions de volonté et d'émotion

ÉCOUTONS Au cabinet du Dr Gabriel

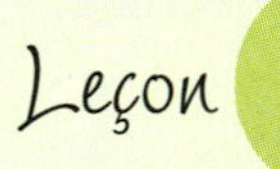

Leçon 3 Sauvons la Terre et la forêt

POINTS DE DÉPART Pour protéger l'environnement

FORMES ET FONCTIONS

Le subjonctif avec les expressions de doute

PARLONS Le mot caché

Venez chez nous!

L'écologie dans le monde francophone

ÉCOUTONS Une enquête auprès de «l'homme et la femme de la rue»

PARLONS Les problèmes écologiques et leurs solutions

LISONS L'arbre nourricier

ÉCRIVONS Une brochure

Language Use

- Describing illnesses
- Giving advice
- Discussing environmental concerns
- Discussing health and well-being

Media

- CD-ROM: Chapitre 11
- Student audio CD: Chapitre 11
- Video: Chapitre 11
- Website: **http://www.prenhall.com/cheznous**

Leçon 1 La santé

POINTS DE DÉPART

Additional practice activities for each **Points de départ** section are provided on the CD-ROM and website: **http://www.prenhall.com/cheznous**

Le corps humain et les maladies

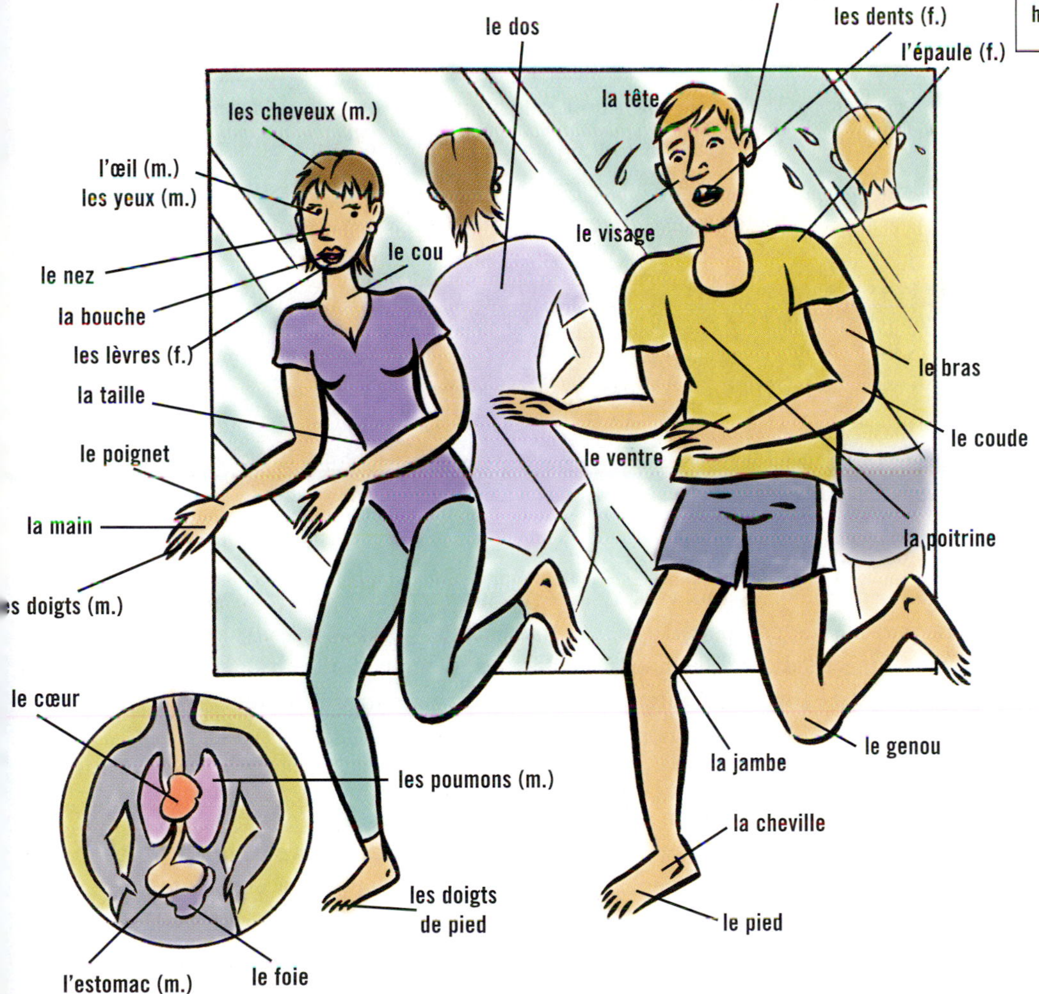

Vous avez mal?

To indicate the location of body pains, use the expression **avoir mal à** plus the definite article and the body part. Remember that the preposition **à** contracts with the definite article in some cases:

J'ai mal à la tête.	*I have a headache.*
Il **a mal au** cœur.	*He's nauseated.*
Elle **a mal aux** pieds.	*Her feet hurt.*

Un malade imaginaire

Jacques Malveine est hypocondriaque. Pensant qu'il va mourir, il a appelé S.O.S. Médecins.

JACQUES: Je tousse, j'ai mal à la gorge, mon nez coule, j'ai du mal à respirer. Je me sens très mal. C'est une pneumonie, n'est-ce pas, docteur?

LE MÉDECIN: Mais non, c'est un petit rhume. Vous n'avez même pas de fièvre!

JACQUES: Je dois rester longtemps au lit pour me soigner?

LE MÉDECIN: Pas du tout, au contraire, l'air frais vous fera du bien. Je vous donne quand même une ordonnance pour un médicament.

Éclairages

La médecine en France

Les Français ont un excellent système médical. Ils sont tous assurés par un système de Sécurité sociale qui couvre les dépenses médicales de presque toute la population. Les malades doivent payer le médecin et le pharmacien, mais la plupart de leurs frais médicaux* leur sont remboursés. De plus, toutes les personnes assurées dans un pays de la Communauté Économique Européenne ont leurs frais médicaux remboursés pendant leur séjour en France. Un système de Sécurité sociale similaire existe dans d'autres pays européens et au Canada.

En France on est toujours sûr de trouver un médecin et un pharmacien, même la nuit. Dans chaque ville et chaque quartier des grandes villes, il y a un médecin et un pharmacien de garde qu'on trouve en téléphonant à la police. Les gens qui sont très malades peuvent faire venir le médecin chez eux en payant une petite somme supplémentaire. Il y a aussi un service de S.O.S. Médecins pour les urgences. Pour les grippes, les rhumes, et d'autres petites maladies, les Français ont tendance à consulter un pharmacien. Ils lui décrivent les symptômes et suivent les conseils qu'ils reçoivent.

ET VOUS?

Comparez le système de Sécurité sociale en France et le système en place aux États-Unis pour payer les frais médicaux. Quels sont les avantages et les inconvénients de chaque système?

medical expenses

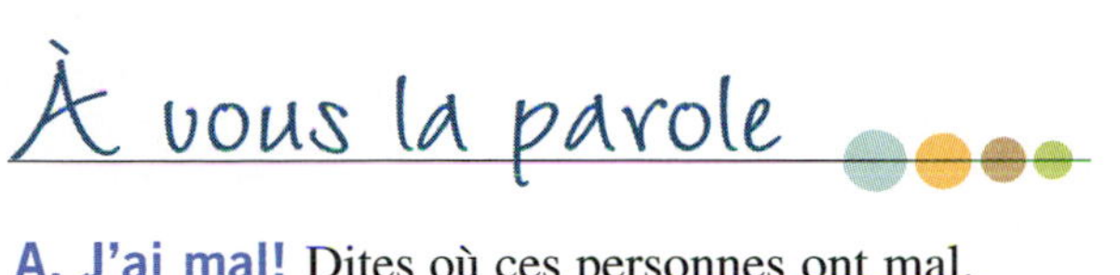

A. J'ai mal! Dites où ces personnes ont mal.

MODÈLE: Christiane
→Christiane, elle a mal au dos.

Thérèse
Denis
Mme Parizeau
M. Dubosc
Paul
Christiane

B. Les excès. Dites où on peut avoir mal si on fait les choses suivantes.

MODÈLE: Si on mange trop de chocolat,…
→On a mal au ventre ou mal au cœur.

1. Si on regarde trop l'écran (*screen*) de l'ordinateur,…
2. Si on fait trop de jogging,…
3. Si on crie trop,…
4. Si on mange trop,…
5. Si on boit trop de vin,…
6. Si on écoute trop souvent de musique trop forte,…
7. Si on a trop de problèmes,…
8. Si on est très fatigué,…

Maux et remèdes

Quand on a:	On peut prendre:
• de la fièvre, une grippe	• de l'aspirine
• un rhume	• des gouttes pour le nez
• une toux	• un sirop
• une angine, une bronchite, une infection	• un antibiotique comme par exemple de la pénicilline
• un coup de soleil	• une pommade
• mal à l'estomac, mal au cœur	• une tisane à la menthe

C. Diagnostics. Faites un diagnostic pour chaque symptôme que vous donne un/e partenaire.

MODÈLE: É1 J'ai mal à la gorge et j'ai 40° de fièvre.
É2 Tu as sans doute une angine.

1. J'ai mal partout et un peu de fièvre.
2. J'ai 39° de température.
3. Mon nez commence à couler.
4. Je tousse beaucoup et j'ai mal à la gorge.
5. J'ai une forte fièvre et j'ai du mal à respirer.
6. Mon dos est tout rouge et ça me fait mal.

D. Les malades imaginaires. Avec un petit groupe de camarades, imaginez que vous avez des petits problèmes de santé. Vous allez dire où vous avez mal et quelle est la cause des douleurs. Une personne dans le groupe va proposer des solutions.

MODÈLE: É1 J'ai mal à la tête. J'ai trop travaillé pour préparer ce cours.
É2 Tu devrais prendre de l'aspirine et dormir plus.
É3 Moi, je pense que j'ai un rhume. Je tousse et j'ai le nez qui coule.
É2 Alors, toi, tu devrais…

SONS ET LETTRES

Les consonnes *s* et *z*

- The letter **s** may represent either the sound /s/ or the sound /z/. A number of word pairs are distinguished by these two consonant sounds. In the middle of words, **-ss-** is pronounced as /s/ and **-s-** as /z/:

le de**ss**ert	*dessert*	le cou**ss**in	*cushion*	le poi**ss**on	*fish*
le dé**s**ert	*desert*	le cou**s**in	*cousin*	le poi**s**on	*poison*

- At the beginning of words and after a nasal vowel, the letter **s** is pronounced /s/; in liaison it is pronounced /z/. Compare:

ils **s**ont / il**s**‿ont vous **s**avez / vou**s**‿avez ain**s**i / l'A**s**ie

- Next to a consonant **s** is pronounced /s/:

rembour**s**er re**s**ter l'e**s**tomac re**s**pirer

But note the exception **Alsace,** where **s** is pronounced /z/.

- The letter **x** is pronounced:
  - /s/ in: si**x** soi**x**ante Bru**x**elles
  - liaison /z/ in: si**x**‿hommes di**x**‿aspirines
  - /gz/ in: l'e**x**amen e**x**agérer e**x**actement **X**avier
  - /ks/ in: le ta**x**i l'e**x**périence

- Be sure not to assimilate /s/ with /ʃ/ to produce the first sound of **chez;** to avoid this, lengthen the sound of /s/. Compare:

les **s**iens / les **ch**iens vous ca**ss**iez / vous ca**ch**iez

The **Sons et lettres** section, including the practice activities, is recorded on the Student audio CD.

À vous la parole

A. Contrastes. Prononcez chaque paire de mots.

a**ss**ez / le vi**s**age
ils pa**ss**ent / ils **s**e tai**s**ent
les É**c**o**ss**ai**s**es / les Anglai**s**es
tou**ss**er / une ti**s**ane
soi**x**ante / e**x**acte
in**s**upportable / la ré**s**olution
in**s**ensible / l'égli**s**e
pa**ss**é / ba**s**é
Alce**s**te / l'Al**s**ace
e**x**otique / di**x**

B. Lecture. Lisez les phrases suivantes.

1. Solange tousse souvent; il faut qu'elle se soigne.
2. Utilisez les tisanes pour les maux d'estomac.
3. L'assurance social va rembourser ces ordonnances.
4. Exactement: Xavier est resté à Bruxelles.
5. Ses cousins sont tous des Parisiens et ses amis des Mexicains.
6. Laisser ces soixante chiens chez Lucien n'est pas une bonne solution.

C. Proverbe. Répétez ce proverbe.

Poisson sans boisson, c'est poison.

FORMES ET FONCTIONS

> **Media**
> Additional practice activities for each **Formes et fonctions** section are provided on the CD-ROM and website: **http://www.prenhall.com/cheznous**

1. Les expressions de nécessité

- You have learned to use a form of the verb **devoir** plus an infinitive to describe what one *must* or *should* do.

Pour maigrir, tu **dois manger** moins.	*To lose weight, you must eat less.*
Avec une si forte fièvre, elle **devrait se coucher.**	*With such a high fever, she should go to bed.*

- The following expressions that include the impersonal subject **il** can also be used with an infinitive to express obligation in a more general way:

il faut	*you have to/must*
il ne faut pas	*you must not*
il est nécessaire de	*it is necessary to*
il est important de	*it is important to*
il est utile de	*it is useful to*

Il faut prendre des antibiotiques quand on a une infection.	*You have to take an antibiotic when you have an infection.*
Il ne faut pas aller à l'école avec une fièvre.	*You mustn't go to school with a fever.*
En été, **il est important de porter** des lunettes de soleil.	*In summer, it's important to wear sunglasses.*

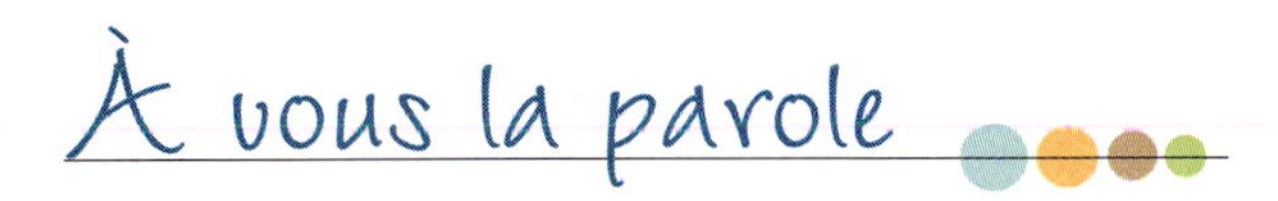

A. Bien habillé. Où est-ce qu'il faut mettre ces vêtements?

MODÈLES: un foulard
→Il faut le mettre autour (*around*) du cou.

un chapeau?
→Il faut le mettre sur la tête.

1. des chaussettes?
2. un pull-over?
3. des gants?
4. des chaussures?
5. une cravate?
6. des tennis?
7. des bottes?

B. Oui ou non? Quand on a un gros rhume, est-ce qu'il faut faire les choses suivantes, oui ou non?

MODÈLE: rester au lit?
→Non, il ne faut pas rester au lit.

1. prendre de l'aspirine?
2. appeler le médecin?
3. prendre des gouttes pour le nez?
4. prendre un antibiotique?
5. bien manger?
6. sortir avec ses amies?
7. se coucher tôt?

C. S.O.S. pharmaciens! Avec un/e partenaire, à tour de rôle, jouez le rôle d'un/e pharmacien/ne et donnez des conseils pour chaque problème de santé.

MODÈLE: É1 Je me sens toujours fatigué.
É2 Est-ce que vous dormez bien la nuit?
É1 Pas toujours.
É2 Ah, il est important de dormir huit heures par nuit. Il faut se coucher avant minuit aussi.

1. J'ai mal à la gorge et j'ai le nez qui coule.
2. J'ai une forte fièvre et j'ai mal partout.
3. J'ai beaucoup de difficulté à maigrir.
4. J'ai une angine.
5. J'ai vraiment mal au cœur.
6. Je n'ai vraiment pas d'énergie.

2. *Le subjonctif des verbes réguliers*

- You have learned to use the indicative mood to state facts and ask questions, the imperative to express commands, and the conditional (with **devoir, pouvoir,** and **vouloir**) to make suggestions. Whenever you express obligation, wishes, emotions, or doubt in complex sentences in French, you will need to use the *subjunctive* mood, **le subjonctif.** Compare the use of the present indicative and the present subjunctive:

Nous **travaillons** plus qu'eux.	*We work harder than they do.*
Il faut que nous **travaillions** plus qu'eux.	*We have to/must work harder than they do.*

- All verbs take the same set of present subjunctive endings. These endings are added to the present stem, which is found by dropping the present indicative ending **-ons** from the **nous** form.

LE SUBJONCTIF				
INFINITIVE ENDING	**-er**	**-ir**	**-ir/-iss-**	**-re**
NOUS FORM:	**donn**ons	**dorm**ons	**grossiss**ons	**descend**ons
Il faut que...				
je	donn**e**	dorm**e**	grossiss**e**	descend**e**
tu	donn**es**	dorm**es**	grossiss**es**	descend**es**
il / elle / on	donn**e**	dorm**e**	grossiss**e**	descend**e**
nous	donn**ions**	dorm**ions**	grossiss**ions**	descend**ions**
vous	donn**iez**	dorm**iez**	grossiss**iez**	decend**iez**
ils / elles	donn**ent**	dorm**ent**	grossiss**ent**	descend**ent**

- The present subjunctive is used in complex sentences whose main clause contains a verb expressing necessity or obligation. The subordinate clause containing the present subjunctive form is always introduced by the conjunction **que.** Some of these verbal expressions are:

il faut que	*you have to/must*
il ne faut pas que	*you must not*
il est nécessaire que	*it is necessary that*
il est important que	*it is important that*
il est utile que	*it is useful that*
il est urgent que	*it is urgent that*
il vaut/vaudrait mieux que	*it is/would be better (best) that*

Il faut que vous **arrêtiez** de boire de l'alcool.	*You have to stop drinking alcohol.*
Il vaudrait mieux que nous **écoutions** le docteur.	*It would be best if we listened to the doctor.*
Il est nécessaire qu' ils **se soignent**!	*They have to take care of themselves!*

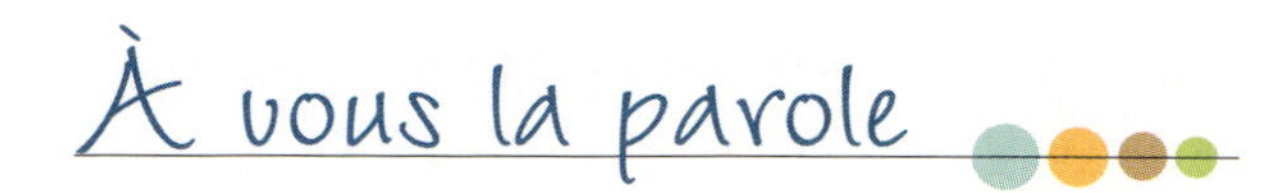

A. C'est logique. Qu'est-ce qu'on demande dans chaque cas? Choisissez un verbe de la liste.

MODÈLE: une mère à son enfant
→Il faut que tu manges tes carottes!

arrêter	jouer	parler	téléphoner
finir	manger	rendre	travailler

1. un professeur à ses élèves
2. une étudiante à sa camarade de chambre
3. un agent de police à un automobiliste
4. une sœur à son petit frère
5. un médecin à un patient
6. une jeune femme à son mari
7. une patronne (*boss*) à son employée

B. Pour une meilleure santé. Avec un/e partenaire, dites à ces gens ce qu'il faut faire.

MODÈLE: Mes filles veulent sortir mais elles ont de la fièvre.
É1 Mais il ne faut pas qu'elles sortent.
É2 Il vaut mieux qu'elles ne sortent pas.

1. Nous ne nous soignons pas assez.
2. Pascal ne maigrit pas.
3. Fatmah ne veut pas manger de légumes.
4. Nous ne consultons jamais le médecin.
5. Je ne consulte pas le dentiste.
6. Ma sœur continue à grossir.
7. Mon fils a mal aux yeux mais il continue à lire tard le soir.

C. Obligations. Qu'est-ce que vous avez à faire? Pour chaque verbe dans la liste, précisez vos obligations en discutant avec un/e partenaire. Ensuite, comparez vos responsabilités avec celles de vos camarades de classe.

MODÈLE: écrire
É1 Il faut que j'écrive un essai pour mon cours de composition.
É2 Et moi, il faut que j'écrive une lettre à ma mère.

1. écrire
2. travailler
3. rendre
4. finir
5. téléphoner
6. sortir

LISONS *Le malade imaginaire*

A. Avant de lire. The following passage is an excerpt from a play by Molière, **Le malade imaginaire,** written in 1673. "Molière" is the stage name of Jean-Baptiste Poquelin, born in 1622 to a bourgeois family in Paris. Molière's comedies still have broad appeal. An astute observer of behavior and language, he depicts widely recognizable types such as the miser, the hypocrite, and the arrogant nobleman. Conversely, Molière praises the good sense of the common man, often represented in his plays by the servant who outwits the foolish master. In this scene, the imaginary invalid Argan talks with his servant, Toinette, who has disguised herself as a doctor. Before reading the scene, answer these questions in English.

1. List a few differences that you might expect when reading a play as opposed to literary prose.
2. Given the title of the play, **Le malade imaginaire**, and the fact that it is a comedy, what do you think the plot is about?

B. En lisant. As you read, supply the following information from the text on page 420: (1) List two types of cases the "doctor" claims to like; (2) indicate, in two columns, Argan's symptoms and Toinette's corresponding diagnosis.

C. En regardant de plus près. Now look more closely at the text.

1. Look at the expression **Donnez-moi votre pouls** in the second remark of the "doctor," Toinette. Given the context and its resemblance to a word in English, what do you think **le pouls** means?
2. In that same remark, Toinette says, **Ouais!** This spelling represents a slang pronunciation of a common word you know in French. What is it?
3. Argan says that his doctor has diagnosed him as having problems with **le foie** and that others say he has problems with **la rate.** This is a small organ that is situated near the stomach. What do you think it could be?
4. Argan also says that he feels **des lassitudes par tous les membres.** What does he mean by **les membres?** Provide a definition for this word with two French words for body parts that you know.

D. Après avoir lu.

1. Imagine what Toinette might prescribe for Argan's "medical" problem.
2. Molière wrote many witty comedies in the seventeenth century. This particular play pokes fun at the doctors of the day. What is humorous about this scene? Discuss your reaction to it with a partner.
3. Imagine how this scene might be staged. Provide stage directions and then try them out with classmates reading the parts of Toinette and Argan.

Scène X.— TOINETTE, en médecin; ARGAN

TOINETTE: Vous ne trouverez pas mauvais, s'il vous plaît, la curiosité que j'ai eue de voir un illustre malade comme vous êtes; et votre réputation qui s'étend[1] partout, peut excuser la liberté que j'ai prise.

ARGAN: Monsieur, je suis votre serviteur....

TOINETTE: Je suis médecin passager, qui vais de ville en ville, de province en province, de royaume en royaume, pour chercher d'illustres matières à ma capacité, pour trouver des malades dignes[2] de m'occuper.... Je veux des maladies d'importance, de bonnes fièvres continues..., de bonnes pestes,[3]... de bonnes pleurésies,[4] avec des inflammations de poitrine; c'est là que je me plais,[5] c'est là que je triomphe.... Donnez-moi votre pouls. Allons donc, que l'on batte comme il faut. Ah! Je vous ferai bien aller comme vous devez. Ouais! ce pouls-là fait l'impertinent;[6] je vois bien que vous ne me connaissez pas encore. Qui est votre médecin?

ARGAN: Monsieur Purgon.

TOINETTE: ...De quoi dit-il que vous êtes malade?

ARGAN: Il dit que c'est du foie, et d'autres disent que c'est de la rate.

TOINETTE: Ce sont tous des ignorants. C'est du poumon que vous êtes malade.

ARGAN: Du poumon?

TOINETTE: Oui. Que sentez-vous?

ARGAN: Je sens de temps en temps des douleurs[7] de tête.

TOINETTE: Justement, le poumon.

ARGAN: Il me semble parfois que j'ai un voile[8] devant les yeux.

TOINETTE: Le poumon.

ARGAN: J'ai quelque fois des maux de cœur.

TOINETTE: Le poumon.

ARGAN: Je sens parfois des lassitudes par tous les membres.

TOINETTE: Le poumon.

ARGAN: Et quelquefois il me prend des douleurs dans le ventre, comme si c'était des coliques.

TOINETTE: Le poumon. Vous avez appétit à ce que vous mangez?

ARGAN: Oui, Monsieur.

TOINETTE: Le poumon. Vous aimez à boire un peu de vin?

ARGAN: Oui, Monsieur.

TOINETTE: Le poumon. Il vous prend un petit sommeil après le repas, et vous êtes bien aise de dormir?

ARGAN: Oui, Monsieur.

TOINETTE: Le poumon, le poumon, vous dis-je.

[1]*reaches* [2]*worthy* [3]*plagues* [4]*lung diseases* [5]j aime [6]*is acting impertinent* [7]des maux [8]*a curtain*

Extrait de: Molière, *Le Malade imaginaire,* Acte III, Scène X.

Leçon 2 Pour rester en forme

POINTS DE DÉPART

Santé physique et mentale

POUR GARDER LA FORME

LES CONSEILS DU DOCTEUR LESPÉRANCE

Dans le journal *La Gazette du Matin*, le Dr Lespérance répond aux lettres des lecteurs qui veulent des conseils pour se remettre en bonne forme.

J'ai tendance à grossir et je voudrais commencer un régime pour maigrir. Est-ce que je devrais éliminer toutes les graisses de mon régime? Est-ce que je pourrais supprimer complètement certains repas?

Le Dr Lespérance: *Non, il faut surtout éviter de sauter un repas. Il vous faut faire des repas équilibrés, donc, prendre des graisses en quantité raisonnable. Consommez des produits laitiers équilibrés comme le fromage, surtout le fromage blanc, et le yaourt. Surtout ne grignotez pas entre les repas ou en regardant la télévision.*

J'ai 58 ans. Depuis quelques années je ne fais plus de sport, et j'ai pris des kilos; surtout au ventre. Je voudrais recommencer à faire du sport. Qu'est-ce que vous me conseillez?

Le Dr Lespérance: *Je vous conseille un sport aérobique, le vélo, par exemple. Mais attention, en reprenant brutalement une activité sportive, vous risqueriez des blessures ou un accident cardiaque. Il vous faudrait consulter votre médecin et lui demander de vous faire un bilan médical. Après, commencez à faire de l'exercice progressivement, avec une période d'adaptation de plusieurs semaines. Commencez d'abord par la marche et la natation. La natation est excellente pour perdre du ventre. Essayez d'éliminer le tabac et buvez de l'alcool avec modération.*

J'ai souvent mal au dos mais j'aime les sports: le judo, le football et le tennis. On me dit d'abandonner ces sports. Qu'est-ce que vous en pensez?

Le Dr Lespérance: *Je ne suis pas du tout d'accord avec ce conseil. Bien sûr, il faudrait éviter les sports de compétition ou les exercices physiques comme la gymnastique et la musculation. Vous pourriez essayer le vélo ou les randonnées et, en hiver, le ski. Ce sont d'excellents sports aérobiques individuels qu'on pratique en plein air. Ils seront bons pour votre forme et votre moral.*

Pour rester en forme

Il faut consulter votre médecin
manger des repas équilibrés
faire du sport ou des exercices physiques
dormir huit heures par nuit
se détendre de temps en temps
Il ne faut pas fumer
boire trop d'alcool
sauter des repas
grignoter entre les repas
suivre des régimes trop rigides

Éclairages

La santé et les Français

D'après des sondages récents, plus de 75% des Français pensent qu'ils sont en bonne santé, mais 60% disent qu'ils se sentent toujours fatigués. Cette fatigue est sans doute le résultat du stress de la vie moderne: les conditions de travail, l'anxiété face aux problèmes de la vie dans les grandes villes (la pollution, le bruit,[1] le manque[2] de sécurité), la peur[3] du chômage,[4] etc. Aujourd'hui les Français ont quelquefois du mal à dormir, ils ont souvent mal à la tête, et les maux de dos sont assez fréquents.

Un autre problème de santé fréquent chez les Français est la crise de foie. Les symptômes que les Américains associent à l'indigestion sont interprétés par les Français comme un problème de foie. Lorsqu'ils ont trop mangé, surtout des plats sucrés ou très riches, ou lorsqu'ils ont bu trop d'alcool, ils font une crise de foie.

Les Français se méfient[5] aussi des courants d'air.[6] Beaucoup de Français pensent que les courants d'air peuvent provoquer des angines—des infections et des maux de gorge—alors ils gardent les fenêtres fermées, et ils se couvrent bien la gorge quand ils sortent dans le froid ou dans le vent.

Pour traiter les angines et d'autres maladies, les Français font souvent appel aux médecines alternatives comme l'homéopathie et l'acupuncture. Le succès de ces médecines douces est lié au désir des Français de lutter[7] contre la surmédicalisation caractéristique des années '80 et '90 quand les Français étaient connus comme les plus gros consommateurs de médicaments en Europe.

ET VOUS?

1. Quelles sont les maladies fréquentes chez les Américains? Décrivez-les et essayez d'en expliquer les causes. Pensez-vous que les Américains et les Français souffrent des mêmes maladies? Expliquez votre opinion.
2. Avez-vous déjà utilisé des médecines alternatives? Si oui, décrivez votre traitement. Si non, pourquoi pas?

[1]*noise* [2]*lack* [3]*fear* [4]*unemployment* [5]*are wary of* [6]*drafts* [7]*to fight*

À vous la parole

A. De bons conseils. Donnez un conseil à chaque personne.

MODÈLE: J'ai pris trois kilos!
→Il faut suivre un régime!
OU →Il vaut mieux manger moins de graisses et de sucre!
OU →Il est important de faire plus de sport!

1. Je voudrais faire du sport: j'aime la montagne.
2. Je voudrais faire un sport individuel.
3. Je voudrais faire de l'exercice, mais je n'aime pas le sport.
4. Je voudrais me remettre à faire du sport.
5. J'aimerais perdre quelques kilos.
6. Je voudrais perdre du ventre.
7. J'ai besoin de me détendre un peu mais je n'aime ni le sport ni les activités en plein air.

B. En bonne forme. Vos camarades de classe, est-ce qu'ils sont en bonne forme? Est-ce qu'ils ont des bonnes habitudes? Renseignez-vous auprès de vos voisins.

MODÈLE: se sentir toujours bien
É1 Tu te sens toujours bien?
É2 Non, j'ai souvent mal à la tête. Et toi?
É3 Moi, je suis en bonne forme; je me sens toujours bien.

1. se sentir toujours bien
2. se détendre pendant le week-end
3. faire du sport
4. manger des repas équilibrés
5. dormir huit heures par nuit
6. boire beaucoup d'alcool
7. boire beaucoup de café ou de thé
8. être stressé/e
9. fumer

C. Pour combattre le stress. Avec un/e partenaire, dressez une liste de choses qui sont source de stress pour vous. Ensuite, établissez une autre liste de solutions pour combattre le stress. Comparez vos listes avec celles de vos camarades de classe. Qu'est-ce qui cause du stress chez les étudiants en général? Quelles sont les solutions les plus efficaces pour combattre le stress, selon vous?

MODÈLE: les causes du stress
É1 Pour moi, ce sont les examens qui causent du stress.
É2 Et pour moi, c'est la famille et....

les solutions
É1 Moi, pour combattre le stress, je fais du sport.
É2 Et moi, j'écoute de la musique et....

La consonne *gn*

The consonant /ɲ/, as in **campagne** or **soigne,** is pronounced with the tip of the tongue placed against the lower front teeth with the tongue body touching the hard palate. It is as if you were pronouncing /n/ and /j/ simultaneously. It is always spelled **gn.**

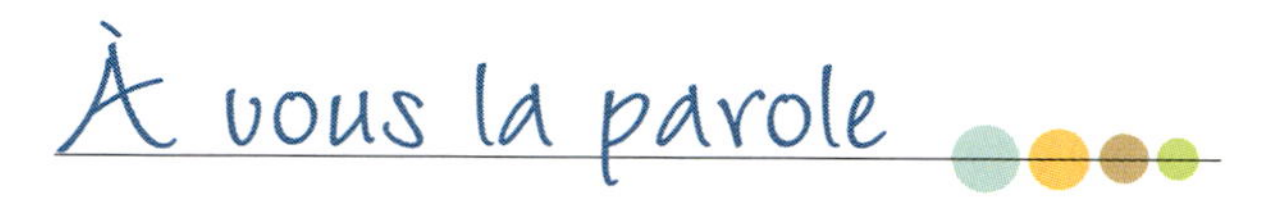

A. Répétition. Répétez chaque mot.

le si**gn**e	il ga**gn**e	elle soi**gn**e	ga**gn**er	l'Espa**gn**e
les Espa**gn**oles	la monta**gn**e	soi**gn**ez	la bai**gn**oire	l'Allema**gn**e

B. Phrases. Maintenant, lisez les phrases suivantes.

1. Il y a beaucoup de vignes en Champagne.
2. Digne, Cagnes et Cannes sont en Provence.
3. Les Montaigne vont en Allemagne et en Espagne.
4. Ta nièce se soigne à Cannes ou à Cagnes?
5. Diagnostic: votre fille a mal au poignet.

C. Comptine. Répétez après votre professeur.

Tire, tire, lorgne°
Le chat était borgne°.
Il a dit à l'écureuil°:
Tu te moques° de mon œil!
Monte sur ta branche
Tu mourras dimanche.
Sans fourchette° ni chaudron°
Mes petits te mangeront.

lorgner: *to stare*
one-eyed
squirrel
se moquer de: *to make fun of*
fork; cauldron

FORMES ET FONCTIONS

1. Le subjonctif des verbes irréguliers

- Verbs in **-er** that have different stems in the present indicative **nous** (and **vous**) and **ils/elles** forms will show the same pattern in the subjunctive. Note that for these verbs the singular forms of the present subjunctive and the present indicative will be identical, as will the third person plural form.

	present indicative forms	present subjunctive forms
préférer *(to prefer)*	nous **préfér**ons ils **préfèr**ent	que nous **préfér**ions qu'ils **préfèr**ent
acheter *(to buy)*	nous **achet**ons ils **achèt**ent	que nous **achet**ions qu'ils **achèt**ent
appeler *(to call)*	nous **appel**ons ils **appell**ent	que nous **appel**ions qu'ils **appell**ent
nettoyer *(to clean)*	nous **nettoy**ons ils **nettoi**ent	que nous **nettoy**ions qu'ils **nettoi**ent

Nous **achetons** un médicament. — Il faut que nous **achetions** un médicament.
Ils **appellent** le médecin. — Il vaut mieux qu'ils **appellent** le médecin.
Vous **employez** ce remède. — Il est urgent que vous **employiez** ce remède.

- Irregular verbs in **-ir** and **-re** also follow this pattern in that the **nous/vous** forms show a different pattern from the other forms. For these verbs, the stem for the singular forms and the third-person plural form is not based on the **nous** form of the present indicative but on the present indicative of the third person plural form.

	present indicative forms	present subjunctive forms
prendre	nous prenons ils **prennent** il prend	que nous prenions qu'ils **prennent** qu'il **prenne**
boire	nous buvons elles **boivent** elle boit	que nous buvions qu'elles **boivent** qu'elle **boive**
devoir	nous devons elles **doivent** je dois	que nous devions qu'elles **doivent** que je **doive**
venir	nous venons elles **viennent** tu viens	que nous venions qu'elles **viennent** que tu **viennes**

- A small number of verbs have a special stem for the subjunctive.

faire	**fass-**	Il vaut mieux qu'elle **fasse** un régime.
pouvoir	**puiss-**	Il faut qu'il **puisse** dormir.
savoir	**sach-**	Il est important qu'elles **sach**ent le nom du médecin.
pleuvoir	**pleuv-**	Il est important qu'il ne **pleuve** pas.

For **aller** and **vouloir,** the special stem is not used with the **nous** and **vous** forms:

	aller	**vouloir**
que j'/je	**aill**e	**veuill**e
tu	**aill**es	**veuill**es
il / elle / on	**aill**e	**veuill**e
nous	**all**ions	**voul**ions
vous	**all**iez	**voul**iez
ils / elles	**aill**ent	**veuill**ent

- **Avoir** and **être** show many irregularities:

	avoir	**être**
que j'/je	**aie**	**sois**
tu	**aies**	**sois**
il / elle / on	**ait**	**soit**
nous	**ay**ons	**soy**ons
vous	**ay**ez	**soy**ez
ils / elles	**ai**ent	**soi**ent

À vous la parole

A. Des bonnes habitudes. Expliquez comment Thierry doit changer certaines de ses habitudes pour avoir une meilleure santé.

MODÈLE: Il ne va jamais chez le médecin.
→Il faut qu'il aille chez le médecin une fois par an.

1. Il ne prend jamais de repas équilibrés.
2. Il ne se couche pas avant deux heures du matin.
3. Il ne va jamais chez le dentiste.
4. Il ne sait pas quel est son taux (*rate*) de cholestérol.
5. Il ne veut pas une meilleure santé.
6. Il n'est pas raisonnable.
7. Il ne prend pas de vitamines.
8. Il ne fait pas de sport.
9. Il fume des cigarettes.
10. Il boit beaucoup d'alcool.

B. Pour combattre le stress. Imaginez que vous conseillez une personne qui voudrait combattre le stress. Donnez vos conseils d'une manière plus personnelle.

MODÈLE: Il faut se détendre.
→Il faut que vous vous détendiez.

1. Il faut avoir des loisirs.
2. Il faut prendre des repas équilibrés.
3. Il est utile de faire du yoga.
4. Il est important de savoir comment se détendre.
5. Il vaut mieux être patient/e.
6. Il est important d'avoir des amis.
7. Il vaut mieux aller au gymnase, et pas aux bars.
8. Il faut pouvoir dormir sept ou huit heures par nuit.

C. Solutions. Comment est-ce qu'on pourrait résoudre ces problèmes? Prenez des rôles et discutez des solutions avec des camarades.

MODÈLE:
É1 Je ne réussis pas dans mes études; j'ai toujours de très mauvaises notes.
É2 Il faut que tu fasses plus d'effort, et que tu en parles avec tes profs.
É3 Oui, et il est important que tu sois toujours en classe et que tu lises les textes.

1. Je ne réussis pas dans mes études; j'ai toujours de très mauvaises notes.
2. J'ai de très mauvais rapports avec mes parents.
3. Je ne me sens pas bien; je suis toujours fatigué/e.
4. Je suis très stressé/e par tous mes problèmes.
5. J'ai besoin de maigrir, mais j'ai beaucoup de difficulté à le faire.

2. Le subjonctif avec les expressions de volonté et d'émotion

- When the main verb of a sentence expresses a desire or wish, the verb of the following clause is usually in the subjunctive.

Elles veulent qu'il **parte.**	*They want him to leave.*
Je préfère qu'il **vienne** demain.	*I prefer that he come tomorrow.*

Here are some verbs used to express desires or wishes that are followed by the subjunctive:

aimer	*to like*	exiger	*to require, demand*
aimer mieux, préférer	*to prefer*	souhaiter	*to hope, wish*
demander	*to request*	vouloir	*to want*
désirer	*to desire, want*		

- Use the subjunctive in the second clause when the main clause expresses any emotion: anger, fear, joy, sadness, etc.

Je regrette que vous **partiez.**	*I'm sorry (that) you're leaving.*
Elle est contente que tu **sois** là.	*She's happy (that) you're here.*

- Here are some verbs and expressions that convey emotion and are followed by the subjunctive:

être content/e, enchanté/e, heureux/heureuse, ravi/e
être déçu/e
être étonné/e, surpris/e
Il est/C'est étonnant que
regretter
être désolé/e, triste
Il est/C'est malheureux, dommage que
être fâché/e, furieux/furieuse
avoir peur
être inquiet/inquiète

- When the subject is the same for both parts of the sentence, use an infinitive construction instead of the subjunctive. Compare the following examples:

Je suis heureux **d'être** en France.	*I'm happy to be in France.*
Je suis heureux **que tu sois** en France.	*I'm happy that you are in France.*
Il voudrait **rester** ici.	*He'd like to stay here.*
Il voudrait **que ses enfants restent** ici.	*He'd like his children to stay here.*

À vous la parole

A. Devant la télé. M. Lemoël a eu une journée très stressante. Il est rentré tard et il voudrait seulement se détendre. Dites comment il va probablement répondre à sa femme.

MODÈLE: Alors, qu'est-ce que tu veux qu'on fasse? On pourrait sortir ce soir ou rester à la maison.
→Je voudrais rester à la maison.

1. Alors, qu'est-ce que tu veux qu'on fasse? On pourrait inviter des amis ou rester seuls à la maison.
2. Et qu'est-ce qu'on fait pour le dîner? On le prépare ensemble ou on commande une pizza?
3. Et après, tu veux lire ton roman ou tu veux regarder la télé avec moi?
4. Alors, il y a un match et un film a la télé. Qu'est-ce que tu préfères regarder?
5. On va attendre le film français ou on va regarder le film américain qui passe maintenant?
6. Tu as soif? Tu veux prendre un thé ou un jus de fruit?

B. Il faut suivre les conseils du médecin. Des amis viennent demander à Pierre s'il va faire les choses suivantes. Mais son médecin lui a donné des conseils très précis. Vous jouez le rôle de Pierre.

MODÈLE: Tu vas aller au bar avec nous?
→Non, je ne peux pas. Le médecin ne veut pas que j'aille au bar.

1. Tu vas fumer une cigarette?
2. Tu vas boire de l'alcool?
3. Tu vas sortir dans des boîtes (*nightclubs*)?
4. Tu vas prendre une bière?
5. Tu vas manger du biftek?
6. Tu vas boire un café?

C. Harmonie ou conflit. Parlez-en avec un/e partenaire: pour chaque catégorie, dites si vous et vos parents partagez les mêmes souhaits, désirs, etc.

MODÈLE: votre future profession: votre souhait
É1 Je souhaite devenir actrice. Mes parents souhaitent que je devienne médecin.
É2 Mes parents souhaitent que je devienne avocat, et moi aussi, je souhaite devenir avocat.

1. vos études: votre souhait
2. vos vacances de printemps ou d'hiver: votre désir
3. vos projets pour l'été prochain: votre préférence
4. votre prochaine voiture: votre désir
5. votre futur mari ou femme: votre préférence
6. vos futurs enfants: votre souhait
7. votre lieu de résidence éventuel: votre désir

You can listen to the **Écoutons** section on the Student audio CD.

ÉCOUTONS *Au cabinet du Dr Gabriel*

A. Avant d'écouter. Vous allez entendre deux conversations entre le Dr Marie Gabriel et ses patients. Avant d'écouter, pensez à la dernière fois que vous êtes allé/e chez le médecin. Quels étaient vos symptômes? Quels conseils ou médicaments est-ce que le médecin vous a donnés? Dressez une liste de deux ou trois questions que le Dr Gabriel pourrait poser à ses patients.

B. En écoutant.

1. D'abord le médecin parle à Christine, qui ne se sent pas bien.
   a. Quels symptômes est-ce qu'elle mentionne?
   b. Elle pense avoir une certaine maladie. Laquelle?
   c. Quels conseils est-ce que le médecin lui donne?
2. Ensuite, le Dr. Gabriel parle avec M. Albertini.
   a. Depuis combien de temps est-ce que M. Albertini essaie d'arrêter de fumer?
   b. Quel est son problème?
   c. Quelle/s suggestion/s est-ce que le docteur lui donne?

C. Après avoir écouté.

1. Est-ce que vous avez souffert de la mononucléose ou est-ce que vous connaissez quelqu'un qui l'a eue? Combien de temps est-ce qu'il a fallu pour vous en remettre ou pour retrouver la forme?
2. Est-ce que vous fumez ou est-ce que vous avez des amis ou des membres de la famille qui fument? Est-ce qu'ils ont envie d'arrêter? Est-ce qu'ils ont déjà essayé d'arrêter? Est-ce que vous êtes d'accord avec les conseils du Dr Gabriel? Pourquoi ou pourquoi pas?

Leçon 3 Sauvons la Terre et la forêt

POINTS DE DÉPART

Pour protéger l'environnement

CATHERINE: L'air devient vraiment pollué dans notre ville! Regarde cette fumée. Avec tous ces gaz toxiques, on ne pourra bientôt plus respirer!

SERGE: C'est vrai. Si on ne change pas notre manière de vivre nous allons contaminer toute la Terre.

CATHERINE: Et si on continue à polluer les fleuves et les rivières, il n'y aura plus d'eau potable.

RENÉE: Ce n'est pas grave. On peut toujours boire de l'eau minérale.

CATHERINE: Tu n'es jamais sérieuse, toi!

RENÉE: Si, mais je suis optimiste, moi. Avec les nouvelles technologies, on trouvera bien des solutions à tous ces problèmes.

SERGE: Oui, on quittera la Terre pour aller habiter sur la Lune.

Les pollutions	**sont causées par…**
la pollution atmosphérique	• les gaz d'échappement (qui viennent des voitures) • les gaz toxiques
la pollution de l'eau et du sol	• les déchets industriels (des produits chimiques) • les déchets domestiques (des ordures)
la pollution sonore	• les bruits des moteurs • les stéréos mises à fond

POUR LA PROTECTION DE L'ENVIRONNEMENT

- Utilisez du papier recyclé; ce sont des arbres et des forêts sauvés de la destruction.
- Faites vos courses avec des paniers; les commerçants n'auront plus besoin de sacs en plastique ou d'emballages non-biodégradables.
- Ne gaspillez pas l'eau! Prenez une douche au lieu d'un bain; c'est 20 litres d'eau et de l'énergie économisées.
- Triez les déchets domestiques; mettez les ordures, les boîtes de conserve usées, le papier, les bouteilles en verre dans de différentes poubelles; cela permet le recyclage.
- Ne versez pas les huiles de cuisine ou de moteur usées dans l'évier; elles empêchent l'oxygénation de l'eau. Mettez-les dans un récipient et apportez-les au centre de recyclage de votre quartier.
- Utilisez les transports en commun.
- Ne laissez pas les lumières allumées; éteignez-les en sortant de la salle.

Éclairages

La nuisance du bruit

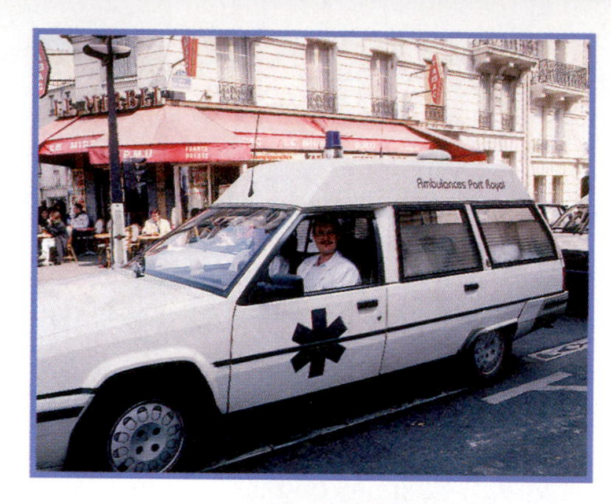

Les Français se plaignent[1] plus du bruit que de toute autre nuisance. Les causes principales du bruit sont les voitures et les motos, les avions, les sirènes des voitures de police et les alarmes des appartements et des voitures. D'après la loi, l'intensité du bruit ne doit pas dépasser 85 décibels dans les usines et les autres lieux de travail, mais on sait que dans les concerts de rock, par exemple, le son atteint[2] souvent plus de 100 décibels!

ET VOUS?

1. Quand est-ce que vous vous plaignez du bruit? Quels sont les conséquences d'être exposé à trop de bruit?
2. De quelle forme de pollution est-ce que les Américains se plaignent le plus?

L'écotourisme

Les Français sont de plus en plus nombreux à participer au tourisme vert aussi bien en France qu'à l'étranger. Dans les régions rurales en France les agriculteurs ouvrent des gîtes pour accueillir[3] un petit nombre de touristes. Les habitants des villes peuvent y découvrir les charmes de la vie rurale. Leurs hôtes leur apprennent aussi des recettes de la cuisine régionale et les coutumes et l'histoire locale. Des organisations locales organisent aussi des visites guidées et des promenades aux sites historiques et touristiques.

On fait du canoë près du Pont du Gard (à côté de Nîmes).

À l'étranger, les Français ont la possibilité de faire le même type d'écotourisme. Au Madagascar et à la Guadeloupe, par exemple, l'office du tourisme propose toutes sortes de randonnées pour découvrir la faune et la flore locales. La devise du tourisme vert, c'est: «Ne prenez que des photos; ne laissez que des traces de pas[4].»

Un autre aspect du tourisme vert sont les chantiers[5] pour les jeunes à partir de 14 ans. Il y a des chantiers archéologiques, d'autres où les jeunes replantent des arbres ou nettoient des forêts pour les protéger des incendies[6], d'autres enfin où ils nettoient des rivières pour les sauvegarder. En somme, avec l'écotourisme, les gens des villes reprennent contact avec la nature et apprennent l'importance de préserver notre terre.

ET VOUS?

1. Est-ce que vous avez déjà fait du tourisme vert? Si oui, décrivez votre expérience. Si non, pourquoi pas?
2. Pourquoi, à votre avis, est-ce que le tourisme vert est très développé en France? Où est-ce qu'on trouve des possibilités d'écotourisme en Amérique du nord?

[1]*complain* [2]*reaches* [3]*to welcome* [4]*footprints* [5]*work camps* [6]*fires*

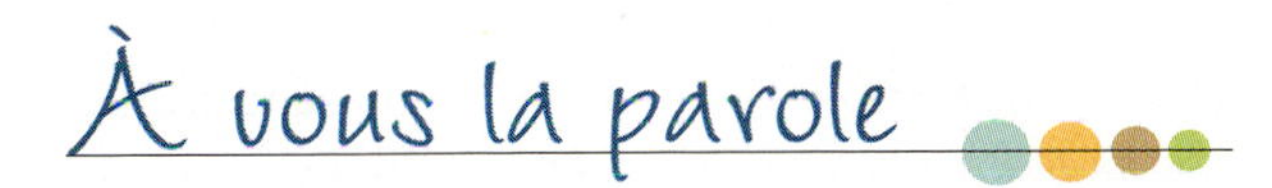

A. Pour chaque nuisance, il y a des solutions! Pour chaque problème de la colonne A, trouvez une solution (colonne B). Attention! Quelquefois il y a plus d'une solution.

MODÈLE: Il y a beaucoup de destruction d'arbres et de forêts.
→Utilisez du papier recyclé!

A. Nuisance

1. Il y a beaucoup de destruction d'arbres et de forêts.
2. Il y a trop de sacs en plastique et d'emballages non-biodégradables.
3. Nous gaspillons l'électricité.
4. Nous utilisons trop d'eau. Bientôt il n'y aura plus d'eau potable.
5. L'air devient vraiment pollué. Avec tous ces gaz toxiques, on ne pourra bientôt plus respirer.
6. Il y a trop de déchets dans la décharge municipale (*garbage dump*).
7. L'eau devient très polluée avec les huiles usées.
8. Notre Terre devient trop toxique.

B. Solution

a. Ne laissez pas les lumières allumées! Éteignez-les en sortant de la salle.
b. Ne gaspillez pas l'eau! Prenez une douche au lieu d'un bain; c'est 20 litres d'eau et de l'énergie économisés.
c. Mettez les huiles usées dans des récipients et apportez-les aux centres de recyclage.
d. Recyclez les sacs en plastique! Et faites vos courses avec des paniers!
e. Utilisez du papier recyclé!
f. Ne prenez pas votre voiture pour aller au travail! Utilisez les transports en commun ou prenez votre vélo.
g. Triez les déchets domestiques et faites du recyclage!
h. Allez habiter sur la Lune!

B. Changeons le comportement des gens. Suggérez une alternative moins polluante. Voici quelques verbes utiles: **économiser, gaspiller, recycler, trier, utiliser**

MODÈLE: Je prends ma voiture pour aller en ville.
→Mais non! Il faut prendre les transports en commun!

1. Je prends ma moto pour aller à la bibliothèque.
2. Je vais prendre un bon bain très chaud.
3. J'ai besoin d'un nouveau cahier et de papier pour mes cours.
4. Jetons l'huile usée du moteur dans l'évier.
5. Mettons ces vieilles boîtes, ces bouteilles et ces magazines dans la poubelle.
6. Achetons des sacs en plastique pour les clients.

C. Les soucis écologiques chez vous. Quelles sont les nuisances chez vous et qu'est-ce qu'on fait pour améliorer la vie? Parlez-en avec un/e partenaire.

MODÈLE: les nuisances du bruit

É1 À la résidence où j'habite tous mes voisins mettent leur chaîne stéréo trop fort. Alors, je ne peux pas travailler dans ma chambre. Je dois aller à la bibliothèque. Pendant la nuit, il y a des motos qui passent dans la rue; ça me réveille.

É2 Dans ma résidence on n'a pas le droit (*right*) de mettre la musique trop fort après dix heures du soir.

1. les nuisances du bruit
2. la pollution de l'air
3. la fumée et les gaz toxiques
4. la pollution des lacs et des rivières
5. le gaspillage d'énergie
6. les déchets non-biodégradables

D. Avantages écologiques. Quels sont les avantages des mesures ou des innovations suivantes pour la préservation de l'environnement?

MODÈLE: faire du compost

→ On peut utiliser certains déchets domestiques.

1. remplacer les autobus par des tramways
2. interdire (*forbid*) les voitures individuelles en centre-ville
3. faire du jardinage
4. ouvrir des gîtes ruraux
5. se promener dans les forêts en VTT (*vélo tout terrain*)
6. planter des arbres
7. nettoyer les forêts
8. nettoyer les rivières

E. Posters et slogans. Imaginez que vous préparez un poster ou un slogan pour une manifestation écologique. Les placards et les slogans ont souvent la forme d'une phrase impérative ou alors ils utilisent les expressions **À bas**… (*Down with …*), **Plus de**… (*No more …*), **Vive**… (*Hurray for …*). Organisez-vous en groupes de trois ou quatre pour trouver des slogans intéressants pour protester contre les activités polluantes et pour encourager les mesures écologiques.

MODÈLES: l'utilisation des voitures pour aller en cours
→Plus de voitures dans le centre du campus!
→À bas les voitures sur le campus!
→Laissez votre voiture chez vous!
→En ville, au lieu d'une voiture, utilisez un vélo!

l'utilisation des transports en commun
→Vive les tramways et le métro!
→Avec les transports en commun il y a moins de pollution!

1. la construction des centrales nucléaires
2. la réduction du bruit dans les résidences universitaires
3. le développement du tourisme vert
4. le gaspillage de papier
5. les randonnées en VTT
6. le remplacement des autobus par des tramways
7. les vacances d'été dans un chantier de jeunesse

FORMES ET FONCTIONS

1. Le subjonctif avec les expressions de doute

- As you've learned, the subjunctive is used when expressing obligation, emotion, and desires. It is also used in complex sentences to express doubt or uncertainty. The verb most often used to indicate doubt is **douter:**

Je doute que nous **ayons** une solution à ce problème.	*I doubt we have a solution to this problem.*
Il doute qu'on **prenne** responsabilité pour ces déchets industriels.	*He doubts that they will take responsibility for this industrial waste.*

- Verbs of belief, when used in the interrogative or in the negative, also express doubt and therefore are followed by the subjunctive.

penser	Est-ce que vous pensez qu'on **puisse** réduire le taux des gaz d'échappement?	*Do you think we can reduce the level of toxic emissions?*
	Je ne pense pas que ce **soit** possible.	*I don't think that's possible.*
estimer	Est-ce que vous estimez que nous **sachions** résoudre ce problème?	*Do you believe we know how to resolve this problem?*
trouver	Est-ce que vous trouvez que la protection de l'environnement **soit** une priorité?	*Do you believe that protection of the environment is a priority?*
	Vous ne trouvez pas qu'il y **ait** plus de problèmes dans les grandes villes?	*Don't you find that there are more problems in the large cities?*
être sûr/e	Est-ce que vous êtes sûr que ce **soit** la meilleure solution?	*Are you sure that this is the best solution?*
	Nous ne sommes pas sûrs que la Terre **soit** plus propre à l'avenir.	*We are not sure that the Earth will be cleaner in the future.*

- In contrast to the expressions listed above, impersonal expressions that indicate certainty are followed by the present indicative.

il est clair que	il est évident que	il est vrai que	il est sûr que

Il est clair que nous **devons** changer nos habitudes pour résoudre ce problème.	*It is clear that we must change our habits to resolve this problem.*
Il est évident que la défense de l'environnement **est** une question de première importance.	*It is obvious that protecting the environment is a question of great importance.*

When these expressions are used in the negative or interrogative, however, they express uncertainty and therefore require the subjunctive.

Il n'est pas évident que les gens **soient** prêts à changer leurs habitudes.	*It is not obvious that people are ready to change their habits.*

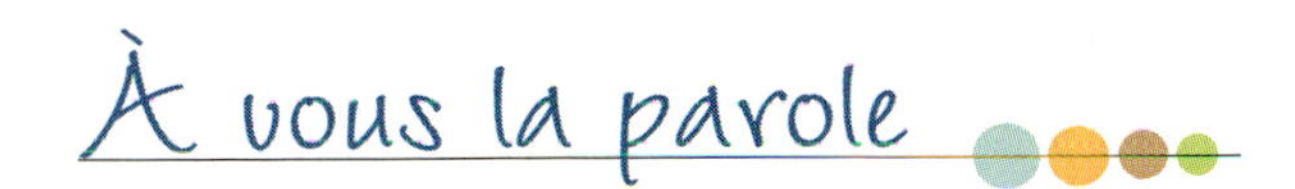

A. Débat politique. Imaginez un débat entre deux candidats qui ne sont pas d'accord; répondez donc avec le contraire.

MODÈLE: Je pense que c'est une bonne solution sur le plan économique.
→ Je ne pense pas que ce soit une bonne solution sur le plan économique.

1. Je trouve que nous pouvons réduire le nombre de voitures en ville.
2. Je suis sûr que nous trouverons une solution.
3. Je pense que les entreprises prendront responsabilité pour les déchets industriels.
4. Il est évident que les individus sont d'accord pour modifier leurs comportements.
5. Il est sûr que le gouvernement peut établir un règlement efficace.
6. Il est évident qu'on doit interdire la circulation des voitures en centre-ville.
7. Je trouve que nous réduisons les déchets dans notre ville.

B. Interview. Imaginez que vous interviewez un candidat. Posez-lui des questions d'après vos notes. Avec un/e partenaire, jouez les rôles du journaliste et du candidat.

1. Le rôle de la femme dans la politique est plus important aujourd'hui que dans le passé?
2. L'environnement est une question de première importance?
3. Le gouvernement peut résoudre tous les problèmes sociaux?
4. Les soins médicaux doivent être gratuits pour tout le monde?
5. Les entreprises sont responsables pour le nettoyage des rivières?
6. Les différences entre les pays pauvres et les pays riches grandissent?
7. La biogénétique peut réduire la faim dans le monde?

MODÈLE: É1 Madame, est-ce que vous pensez que le rôle de la femme dans la politique soit plus important aujourd'hui que dans le passé?
É2 Mais oui, il est évident que le rôle de la femme dans la politique est plus important aujourd'hui.
OU É2 Non, je ne pense pas que le rôle de la femme dans la politique soit plus important aujourd'hui que dans le passé. Elles ont toujours joué un rôle important.

C. Le plus grand problème. Quel est, pour vous, le plus grand problème en ce qui concerne l'environnement dans les domaines suivants? Comparez votre opinion avec celle de vos camarades de classe.

MODÈLE: la pollution en général
É1 Je pense que le plus gros problème, ce sont les déchets. On jette énormément de choses. Il faut absolument faire du recyclage.
É2 C'est vrai. Mais je ne pense pas que les gens soient d'accord pour changer leurs mauvaises habitudes. Il est évident que le gouvernement doit aussi aider à nettoyer l'eau et le sol.

1. la pollution en général
2. la pollution de l'eau
3. le bruit
4. la préservation des ressources
5. la surpopulation

PARLONS *Le mot caché*

Est-ce que vous avez déjà participé à un débat? Il faut donner des arguments pour ou contre une affirmation. Dans cet exercice, vous allez participer à un débat, tout en essayant de cacher un mot inattendu (*unexpected*).

A. Avant de jouer. Le professeur divise la classe en deux équipes, et il propose une assertion.

MODÈLE: Ils faut interdire l'utilisation des voitures en centre-ville.

Le professeur indique à chaque équipe si elle doit être d'accord avec l'assertion ou en désaccord avec elle. Ensuite, chaque équipe tire au sort (*draws at random*) un des mots inattendus préparés par le professeur.

MODÈLE: vous tirez le mot «poisson»

Avec votre équipe, vous préparez vos arguments en essayant de placer votre mot dans un contexte plausible.

B. En jouant. Après cinq minutes de préparation, les membres de chaque équipe donnent leurs arguments.

MODÈLE: . . . Par exemple, moi, j'habite en ville, et tous les jours je respire les gaz d'échappement des voitures. Ça sent mauvais, comme les vieux poissons! . . .

C. Après avoir joué. Après avoir entendu tous les arguments, chaque équipe essaie de découvrir le mot caché de l'autre. L'équipe qui découvre le mot caché reçoit un point; l'équipe qui réussit à cacher son mot reçoit un point; l'équipe qui ne réussit pas à placer son mot pendant le débat fait perdre un point à son équipe.

Quelques assertions:

Il faut interdire l'utilisation des voitures en centre-ville.
Il faut utiliser de l'énergie nucléaire pour satisfaire aux besoins des consommateurs.
Il faut interdire l'utilisation des voitures sur le campus.
Il faut recycler le plastique, le verre et le papier.
Il faut interdire le bruit dans les résidences après 10 h du soir.
Il faut interdire les voitures fabriquées avant 1985.
Il faut utiliser les déchets biodégradables pour faire du compost.

Venez chez nous! L'écologie dans le monde francophone

Partout dans le monde il y a des efforts pour protéger l'environnement, pour empêcher la destruction des forêts, des rivières et des prairies, et pour conserver nos ressources naturelles. En France il y a des initiatives pour réduire la pollution et éliminer le gaspillage des ressources énergétiques. La ville de Strasbourg, par exemple, a introduit des tramways qui marchent à l'électricité, donc ils ne polluent pas. En Afrique, au Sénégal et en Côte d'Ivoire, il y a de nombreux parcs naturels pour la protection des animaux sauvages. Ces parcs servent aussi comme centres de recherche pour l'histoire naturelle et la conservation de la nature. Voici quelques perspectives du monde francophone sur les sources et les solutions de nos problèmes écologiques actuels.

ÉCOUTONS *Une enquête auprès de «l'homme et la femme de la rue»*

A. Avant d'écouter. Vous allez écouter un sondage au sujet de l'environnement. Si vous aviez besoin de faire des interviews pour connaître les opinions de vos camarades de classe au sujet des problèmes écologiques, quelles questions est-ce que vous poseriez? Faites une liste de questions possibles.

B. En écoutant.

1. D'abord, écoutez ce sondage et notez la question qui est posée.
2. Deux femmes et un homme sont interviewés. Pour chaque personne, notez le problème qu'il/elle mentionne et la solution proposée.

C. Après avoir écouté. Quelle est votre opinion des solutions proposées par chaque personne? Quelle solution est-ce que vous préférez? Pourquoi?

	Problème	Solution(s)
Première femme		
Homme		
Deuxième femme		

PARLONS *Les problèmes écologiques et leurs solutions*

Dans ce chapitre il y a quelques photos de problèmes écologiques et/ou de leurs solutions possibles. Choisissez une de ces photos ou cherchez une photo vous-même qui illustre un problème écologique ou une solution dans le monde francophone. En groupes de deux ou trois, identifiez et décrivez le/s problème/s dans vos images. Ensuite proposez quelques solutions possibles. Dernièrement, considérez d'une façon critique vos solutions: sont-elles d'une portée (*reach*) universelle ou sont-elles plutôt limitées à une certaine région ou à un certain pays? Expliquez pourquoi. Partagez vos images et vos solutions avec vos camarades de classe.

MODÈLE: Cette photo montre un parc naturel au Madagascar. Ces parcs sont une solution pour le problème de la déforestation. Au Madagascar, on perd une quantité de forêts tous les ans. Cette destruction de forêts cause des problèmes d'érosion mais aussi la disparition de plusieurs types d'animaux et de fleurs. Le gouvernement et les organismes internationaux ont fait un certain nombre de réserves naturelles qui sont protégées. Ces réserves sont importantes pour sauvegarder la flore et la faune locales. Nous pensons que c'est une bonne solution qui peut s'appliquer à d'autres pays. Mais, dans certains pays où il n'y a pas assez de terre pour toute la population, cette solution peut être difficile.

La déforestation au Madagascar

Une réserve naturelle au Madagascar

LISONS *L'arbre nourricier*

A. Avant de lire. Deforestation is an ecological problem shared by developed and developing countries alike. Pre-industrial cultures have always realized the importance of harvesting trees in a responsible manner, rather than cutting them down wantonly. Below, an adaptation of a folktale collected from the Soninke people in Senegal carries as its message the need to protect trees in the arid Sahel region, between the Sahara Desert and the equatorial forests of Africa.

The tale opens with the storyteller saying **Xay,** the formula with which Soninke folktales begin. The audience responds in kind and the storyteller can proceed. It is common in the oral traditions of many cultures to mark the beginning of folktales with such formulas. In Haiti, for example, the storyteller says **Cric!,** the audience responding **Crac!**

Reminiscent of the story of the goose that laid golden eggs, this folktale features two widely known characters of African and Haitian folklore, the hare and the hyena. The hyena is slow-witted and gluttonous; the hare embodies cleverness. The hyena's gluttony makes him vulnerable to the hare's trickery, which leads to his demise. Do you know any tales in which animals are the main characters? Very often the animals in this type of literature are personified and made to speak to humans or among themselves. Why might the author/storyteller choose such a technique? What is generally the purpose of such tales?

B. En lisant. As you read the text, look for the following information.

1. Quickly skim the first part of the story to find:
   a. what Oncle Hyène and Oncle Lièvre were able to find to feed their families
   b. what parts of the tree Oncle Lièvre was invited to taste
   c. the meaning of the magical word **dunwari**
2. Quickly skim the second part of the story to find:
   a. the first thing Oncle Hyène must say to enjoy the same favorable treatment his friend received from the tree
   b. the difference between Oncle Hyène and Oncle Lièvre in their behavior after enjoying the tree's gifts
   c. why Oncle Hyène calls for his family's help
   d. how Oncle Hyène dies
   e. what happens to the tree

L'arbre nourricier

Dites-moi «xay»!

–Xay!

Il y avait la famine au village. Oncle Hyène et Oncle Lièvre ont décidé d'aller chercher de la nourriture pour leurs familles. Oncle Hyène est parti mais n'a rien trouvé. Oncle Lièvre s'est mis aussi en route.[1] Après avoir marché longtemps il a rencontré un arbre. Il s'est arrêté sous son ombre[2] et a dit:

–Arbre, que ton ombre est fraîche!

–Tu as goûté mon ombre mais tu n'as pas goûté mes feuilles.

Alors Lièvre a pris plusieurs feuilles et les a goûtées.

–Arbre, que tes feuilles sont bonnes!

–Tu as goûté mes feuilles mais tu n'as pas encoure goûté mon écorce.[3]

Lièvre a pris un bout d'écorce et l'a mis dans sa bouche. Il a dit:

–Arbre, que ton écorce est bonne!

–Tu as goûté mon écorce mais tu n'as pas goûté ce qu'il y a dans mon ventre.

–Comment faire pour en avoir?

–Si tu dis «dunwari», je m'ouvrirai.

Lièvre a dit «dunwari» et l'arbre s'est ouvert. Il y est entré et a mangé à sa faim. Quand il avait assez mangé, il a pris de la nourriture pour sa famille.

De retour au village, Oncle Lièvre a dit à Oncle Hyène qu'il avait rencontré un arbre, qu'il avait mangé à sa faim et qu'il avait rapporté de la nourriture à sa famille. Oncle Hyène lui a dit:

–Montre-moi où tu as trouvé cet arbre merveilleux. J'irai à mon tour demain matin. Quand j'aurai mangé à ma faim, je rapporterai de la nourriture à ma famille.

–D'accord, lui a répondu Lièvre, demain matin je te montrerai cet arbre.

Il se sont mis en route le lendemain,[4] et Lièvre a indiqué le chemin à Hyène:

–Tu marcheras, marcheras jusqu'à cet arbre là-bas. Tu t'arrêteras dessous et tu diras «que ton ombre est bonne!»

Hyène est allé jusqu'à l'arbre, et il lui a dit:

–Arbre, que ton ombre est bonne!

–Tu as goûté mon ombre mais tu n'as pas goûté mes feuilles.

Hyène a pris plusieurs feuilles et les a goûtées.

–Arbre, que tes feuilles sont bonnes!

–Tu as goûté mes feuilles mais tu n'as pas goûté mon écorce.

Hyène a pris un bout d'écorce et l'a mis dans sa bouche. Il a dit:

–Que ton écorce est bonne!

–Tu as goûté mon écorce mais tu n'as pas goûté ce qu'il y a dans mon ventre.

–Comment faire pour en avoir?

–Si tu dis «dunwari», je m'ouvrirai.

Hyène a dit «dunwari» et l'arbre s'est ouvert. Il y est entré et a mangé à sa faim. Quand il avait assez mangé, il a pris de la nourriture pour sa famille.

Oncle Hyène s'est dit alors: «Ah! Si j'avais quelqu'un pour m'aider je rapporterais cet arbre au village.» L'arbre lui a répondu:

–Tu n'as pas besoin de porteurs, je peux t'aider moi-même. Mets ton coussinet sur la tête.

Hyène a mis son coussinet sur la tête, puis a porté l'arbre sur sa tête, et l'a emporté au village. Arrivé là, il a appelé:

–Venez vite! J'ai rapporté quelque chose de la forêt! Venez m'aider à déposer ce lourd fardeau![5]

Sa femme et ses enfants sont venus mais n'ont pas réussi à déposer l'arbre.

–Eh bien! Appelez la moitié du village!

La moitié du village est venue mais sans résultat.

–Alors, appelez tout le village!

Le village entier est venu mais sans succès.

Écrasé sous le poids[6] de l'arbre, Hyène est mort. Alors l'arbre est parti et est retourné à sa place dans la forêt. Je remets le conte là où je l'ai trouvé.

[1]partir [2]*shadow* [3]*bark* [4]le jour suivant [5]*burden* [6]*weight*

C. En regardant de plus près. Now look more closely at some features of the text.

1. Use the context to guess at the meaning of the following expressions:
   a. il a mangé à sa faim
   b. mettre un coussinet sur sa tête
   c. cet arbre merveilleux
2. Give the meaning of the following related pairs of forms:
   a. porter / un porteur
   b. appeler / un appel
   c. parler / la parole
   d. un coussin / un coussinet

D. Après avoir lu. Now that you've read the entire tale, think about these questions.

1. Folktales are stories meant to be listened to, not read. How is the original performance context of folktales reflected in stylistic features of this text? You will note, for example, that the tale includes much dialogue between the protagonists.
2. Try to determine:
   a. what realistic elements are present in the tale
   b. what virtues the tale stresses
3. Compare the way the underlying ecological message is presented in this text and in the list of recommendations in the **Points de départ** section in Leçon 3. Which do you think is more effective? Why?

ÉCRIVONS *Une brochure*

A. Avant d'écrire. Le gouvernement français (et le gouvernement américain aussi!) publie souvent des brochures qui contiennent des conseils pour préserver l'environnement. Imaginez que vous faites partie d'une équipe (*team*) qui doit préparer une de ces brochures. Voici quelques sujets possibles:

1. la lutte contre le bruit
2. l'utilisation des transports en commun
3. le tri et le recyclage des déchets
4. la conservation des ressources énergétiques
5. la conservation des forêts

D'abord, choisissez votre sujet et notez deux ou trois aspects du problème et deux ou trois solutions possibles.

B. En écrivant. Maintenant, rédigez un texte qui décrit le problème et les solutions. N'oubliez pas que dans les brochures de ce type, on utilise souvent des statistiques, des impératifs et des slogans.

C. Après avoir écrit. Améliorez votre brochure en rajoutant des images. Imprimez-la et distribuez-la aux autres membres de la classe. Qui a la brochure qui explique le mieux le/s problème/s? Qui propose les solutions les plus innovatrices?

Vocabulaire

LEÇON 1

le corps humain	**the human body**
la bouche	*mouth*
le bras	*arm*
la cheville	*ankle*
le cœur	*heart*
le cou	*neck*
le coude	*elbow*
les doigts (m)	*fingers*
les doigts de pied (m)	*toes*
le dos	*back*
l'estomac (m)	*stomach*
l'épaule (f)	*shoulder*
le foie	*liver*
le genou	*knee*
la gorge	*throat*
la jambe	*leg*
les lèvres (f)	*lips*
le nez	*nose*
l'œil (m) (les yeux)	*eye (eyes)*
l'oreille (f)	*ear*
le pied	*foot*
le poignet	*wrist*
la poitrine	*chest*
les poumons (m)	*lungs*
la taille	*waist*
la tête	*head*
le visage	*face*
le ventre	*belly, abdomen*

des maladies et des symptômes	**sicknesses and symptoms**
une angine	*tonsillitis*
avoir du mal à (respirer)	*to have difficulty (breathing)*
avoir mal à (la tête)	*to hurt (to have a headache)*
une bronchite	*bronchitis*
un coup de soleil	*sunburn*
une fièvre	*fever*
une grippe	*flu*
une infection	*infection*
un mal (des maux)	*pain(s), ache(s)*
le mal au cœur	*nausea*
un/une malade	*sick person*
un rhume	*cold*
se sentir (fatigué/e)	*to feel (tired)*
une toux	*cough*

verbes concernant la santé	**verbs concerning health**
couler	*to flow, to run (a runny nose)*
se soigner	*to take care of oneself*
tousser	*to cough*

pour se soigner	**to take care of oneself**
un antibiotique	*antibiotic*
une aspirine	*aspirin*
un diagnostic	*diagnosis*
des gouttes (f) pour le nez	*nose drops*
un médicament	*medicine, drug*
une ordonnance	*prescription*
la pénicilline	*penicillin*
une pommade	*ointment, salve*
un remède	*remedy*
un sirop	*cough syrup*
une tisane	*herbal tea*

expressions de nécessité	**expressions of necessity**
Il est important que	*It is important that*
Il est nécessaire que	*It is necessary that*
Il est urgent que	*It is urgent that*
Il est utile que	*It is useful that*
Il faut que/il ne faut pas que	*You must/you must not*
Il vaut/vaudrait mieux que	*It is/would be better (best) that*

LEÇON 2

pour rester en forme	**to stay in shape**
se détendre	*to relax*
se remettre à (faire de l'exercice)	*to start (exercising) again*

un régime	*diet*
des repas équilibrés	*well-balanced meals*

choses à éviter pour rester en forme	**things to avoid to stay in shape**
fumer	*to smoke*
la graisse	*fat, grease*
grignoter	*to snack*
sauter (un repas)	*to skip (a meal)*

quelques verbes de volonté qui exigent le subjonctif	**some verbs of volition that require the subjunctive**
aimer mieux	*to prefer*
désirer	*to desire, to want*
exiger	*to require, to demand*
souhaiter	*to hope, to wish*

quelques expressions d'émotion qui exigent le subjonctif	**some expressions of emotion that require the subjunctive**
avoir peur	*to be afraid*
être déçu/e	*to be disappointed*
être étonné/e	*to be surprised*
Il est/C'est étonnant	*It's surprising*

LEÇON 3

bon pour l'environnement	**good for the environment**
économiser	*to save, economize*
empêcher	*to prevent*
éteindre (les lumières)	*to turn off (the lights)*
une manière de vivre	*way of life*
nettoyer	*to clean*
un panier	*basket*
protéger	*to protect*
le recyclage	*recycling*
recycler	*to recycle*
respirer	*to breathe*
sauver, sauvegarder	*to protect*
les transports en commun	*public transportation*
trier	*to sort*

mauvais pour l'environnement	**bad for the environment**
un bruit	*sound, noise*
contaminer	*to contaminate*
un déchet	*waste, refuse*
la fumée	*smoke*
gaspiller	*to waste*
un gaz	*gas*
les gaz (m) d'échappement	*exhaust fumes*
l'huile (f) usée	*waste (used) oil*
industriel/le	*industrial*
laisser les lumières allumées	*to leave the lights on*
mettre la musique à fond	*to turn the music up loud*
non-biodégradable	*nonbiodegradable*
les ordures (f)	*trash, waste*
polluer	*to pollute*
la pollution	*pollution*
atmosphérique	*air pollution*
sonore	*noise pollution*
un produit chimique	*chemical product*
un sac en plastique	*plastic sack/bag*
toxique	*toxic*
verser	*to pour*

des choses menacées par la pollution	**things threatened by pollution**
l'air (m)	*air*
l'eau potable (f)	*drinkable water*
l'environnement (m)	*environment*
un fleuve	*river*
une ressource	*resource*
le sol	*ground, earth*
la terre (la Terre)	*earth (Earth)*

autres mots utiles	**other useful words**
au lieu de	*instead of*
un emballage	*packaging*
la lune	*moon*
un moteur	*engine*
une poubelle	*trash can*

Chapitre 12

Quoi de neuf? cinéma et média

Leçon 1 Le grand et le petit écran

POINTS DE DÉPART Qu'est-ce qu'il y a à la télé?

SONS ET LETTRES Le *e* instable et les groupes de consonnes

FORMES ET FONCTIONS

1. Les verbes *croire* et *voir*
2. Le conditionnel

LISONS Les Français font leur cinéma

Leçon 2 On se renseigne

POINTS DE DÉPART La lecture et vous

SONS ET LETTRES Le *e* instable et les groupes consonne + /j/

FORMES ET FONCTIONS

1. L'ordre des événements
2. Les combinaisons de pronoms compléments d'objet

PARLONS Romans et magazines américains

Leçon 3 Êtes-vous branché?

POINTS DE DÉPART Les autoroutes de l'information

FORMES ET FONCTIONS

L'emploi des temps avec certaines conjonctions

ÉCRIVONS Répondre au forum

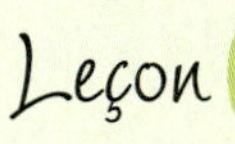

Venez chez nous!

Le cinéma dans le monde francophone

ÉCOUTONS Le Gala des Jutras

LISONS Un entretien avec Mamady Sidibé

ÉCRIVONS La critique d'un film

PARLONS Les films français aux États-Unis

Language Use

- Expressing opinions about the media
- Expressing hypothetical or conjectural events
- Ordering events
- Expressing simultaneous events

Media

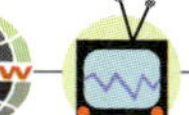

- CD-ROM: Chapitre 12
- Student audio CD: Chapitre 12
- Video: Chapitre 12
- Website: **http://www.prenhall.com/cheznous**

Le grand et le petit écran

POINTS DE DÉPART

Practice activities for each **Points de départ** section are provided on the CD-ROM and website **http://www.prenhall.com/cheznous**

Qu'est-ce qu'il y a à la télé?

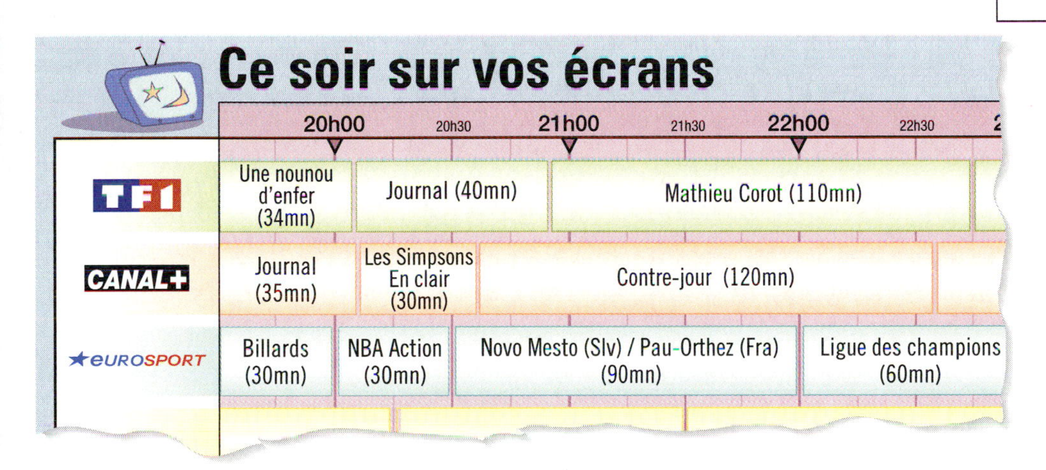

Ce soir sur vos écrans

	20h00 – 20h30 – 21h00 – 21h30 – 22h00 – 22h30			
TF1	Une nounou d'enfer (34mn)	Journal (40mn)	Mathieu Corot (110mn)	
CANAL+	Journal (35mn)	Les Simpsons En clair (30mn)	Contre-jour (120mn)	
EUROSPORT	Billards (30mn)	NBA Action (30mn)	Novo Mesto (Slv) / Pau-Orthez (Fra) (90mn)	Ligue des champions (60mn)

Contre-jour **Film (Drame)** De Carl Franklin (USA, 1998)	CANAL+	showview: 684570
Avec Meryl Streep, Renée Zellweger, William Hurt, Tom Everett Scott, Lauren Graham, Nicky Katt, Patrick Breen, Gerrit Graham	**sur Canal +**	**Aujourd'hui de 20h35 à 22h35**

Appelée au chevet de sa mère gravement malade, une femme découvre le vrai visage de ses parents. Ellen Gulden ne voit pratiquement plus sa famille, tant sa vie professionnelle l'absorbe. Volontaire et ambitieuse, elle mène une brillante carrière et s'investit sans compter dans son travail. Mais le jour où son père, George, professeur de littérature dans une petite université, requiert sa présence au domicile familial pour aider et soutenir sa mère atteinte d'un cancer, Ellen n'a d'autre choix que d'accepter son «invitation». Elle quitte son emploi, son compagnon et son appartement new-yorkais et s'installe chez ses parents. Peu à peu, elle découvre leur véritable visage.

Mathieu Corot "L'amour interdit" **Téléfilm (Policier)** De Pascale Dallet (Fr, 2000)	TF1	showview: 3059995
Avec Michel Boujenah, Bernard Verley, Erwan Creignou, Marie Bunel, Jean-Yves Chatelais, Fiona Gélin, Amandine Chauveau, Christopher Boyadji	**sur TF1**	**Aujourd'hui de 20h55 à 22h45**

Un policier parisien, muté à Bordeaux par sa hiérarchie, enquête sur le meurtre d'un homme, découvert calciné dans une cargaison de cacao. Mathieu Corot a quitté la capitale française, contraint et forcé par sa hiérarchie. Policier émérite, il commet parfois quelques impairs qui ne plaisent guère à ses supérieurs. C'est ainsi qu'il se retrouve, pour un temps, au SRPJ de Bordeaux, en compagnie de deux autres exclus. La fine équipe est chargée de mener l'enquête sur une affaire de meurtre. Le corps d'un homme a en effet été découvert, il y a peu, complètement calciné. Un incendie criminel, qui a détruit une cargaison de cacao, est à l'origine de l'état du cadavre. En fait, la victime était déjà morte avant que les flammes ne l'atteignent.

Novo Mesto (Slv) / Pau-Orthez (Fra) "Basket-ball: SuproLigue. 1re phase. 8e journée. Poule B. En direct. A Novo Mesto (Slovénie)."	EUROSPORT	showview: 524228
Sport (Basket-ball)	**sur Eurosport France**	**Aujourd'hui de 20h30 à 22h00**

L'Elan béarnais Pau-Orthez ne brille guère dans cette SuproLigue. Le 16 novembre dernier, les hommes de Claude Bergeaud concédaient leur troisième défaite en cinq matchs sur le parquet de l'Efes Pilsen Istanbul (88-76). Les Palois ont flanché d'entrée en accusant un retard de dix-sept points qu'ils ne parvinrent jamais à combler. Guère performants hors de leur base, les Palois devront inverser la tendance sur le parquet slovène de Novo Mesto, une formation qui réalise un parcours européen identique à celui des Palois.

CRYSTALLE:	Qu'est-ce qu'il y a à la télé ce soir?
THIERRY:	Attends, je vais regarder dans le magazine télé. Euh, sur Canal+, il y a un film, un drame psychologique avec Meryl Streep.
CRYSTALLE:	Meryl Streep? C'est une vraie vedette! Le film est en version originale?
THIERRY:	Non, il est doublé.
CRYSTALLE:	Zut alors!
THIERRY:	Bon, il y a un film policier sur TF1 et un match de basket sur Eurosport France. Qu'est-ce que tu préfères?
CRYSTALLE:	Si on regardait le match? Je n'aime pas les films policiers.
THIERRY:	D'accord. Tu veux allumer la télé?
CRYSTALLE:	C'est toi qui as la télécommande!
THIERRY:	Ah bon? Ah, voilà!
CRYSTALLE:	Arrête de zapper! Mets Eurosport!
THIERRY:	Bon, bon, ça va.

Des genres de programmes

un dessin animé	un jeu télévisé
un documentaire	le journal télévisé, les informations
une émission sportive	un magazine
un feuilleton	un programme de variétés
un film	une série

Des genres de films

On peut regarder des films à la télé, sur vidéocassette ou aller dans une salle de cinéma pour les voir sur grand écran. Il y a toutes sortes de films:

Gérard Depardieu, une vedette de films français et américains, joue le rôle du personnage principal dans *Cyrano.* C'est un film d'aventures qui raconte l'histoire du fameux Cyrano de Bergerac.

Les comédies racontent souvent les mésaventures amusantes des gens. *Rien ne va plus* est une comédie du metteur en scène Claude Chabrol avec Isabelle Huppert.

Claire Denis a tourné le drame psychologique, *Chocolat,* avec Isaach de Bankolé.

Dans le film fantastique *Rencontres du troisième type,* des extraterrestres prennent

Gérard Depardieu et Anne Brochet dans *Cyrano de Bergerac*

contact avec les habitants de la Terre. Le metteur en scène français François Truffaut joue un rôle dans ce film américain.

Un film d'espionnage est plein de suspense: il y a des agents qui partent en mission secrète. James Bond, c'est l'espion type.

Un film historique raconte d'une façon dramatique la vie d'un personnage historique ou un événement historique: la vie d'un roi ou d'une reine ou une guerre, par exemple.

Un film d'horreur a pour objet de faire peur aux gens: il s'agit de monstres, de fantômes, de vampires ou bien de psychopathes.

Pour les Français, le western est un genre de film typiquement américain: *La Conquête de l'ouest,* par exemple.

Les films policiers avec le fameux inspecteur Maigret sont pleins de suspense.

Un film musical contient beaucoup de danses et de chansons. Les Américains aiment beaucoup ce genre de film.

Les dessins animés de Disney sont connus partout dans le monde: *Le Roi lion, Mulan, Les 101 Dalmatiens.*

François Cluzet, Isabelle Huppert et Michel Serrault dans *Rien ne va plus*

Cécile duCasse et Isaach de Bankolé dans *Chocolat*

Éclairages

La télévision en France

La télévision occupe une place importante dans la vie moderne. Alors qu'en 1950 il n'y avait que 297 postes de télévision[1] en France, aujourd'hui, plus de 95% des Français possèdent une télé, et ils la regardent, en moyenne, trois heures par jour. Les chaînes que les Français regardent le plus sont les chaînes publiques comme TF1 et France 2, mais de plus en plus les Français regardent aussi des chaînes privées comme Canal+ ou bien ils s'abonnent[2] aux chaînes diffusées par câble ou par satellite.

L'influence de la télé américaine est omniprésente en France. On y trouve un grand nombre de films et de feuilletons américains doublés en français. C'est avec le câble et le satellite qu'il y a une plus grande ouverture aux émissions internationales diffusées en version originale—des chaînes en anglais comme CNN aussi bien que des chaînes allemandes, espagnoles et italiennes, par exemple. Vous noterez que c'est aux heures optimales, entre dix-neuf et vingt-trois heures, que les principales chaînes passent le journal télévisé, suivi de la météo[3], des films, des variétés, des magazines ou des émissions sportives et scientifiques.

ET VOUS?

1. Comparez les habitudes des Français avec celles des Américains en ce qui concerne la télé: par exemple, combien d'heures par jour est-ce que les Américains regardent la télé, en général?
2. Quelles chaînes et quels genres de programmes est-ce que les Américains préfèrent?
3. Regardez un magazine télé français pour voir quelles sont les émissions américaines diffusées en France. Quelle est l'image des États-Unis transmise par ces émissions?

[1]*TV sets* [2]*subscribe* [3]*weather report*

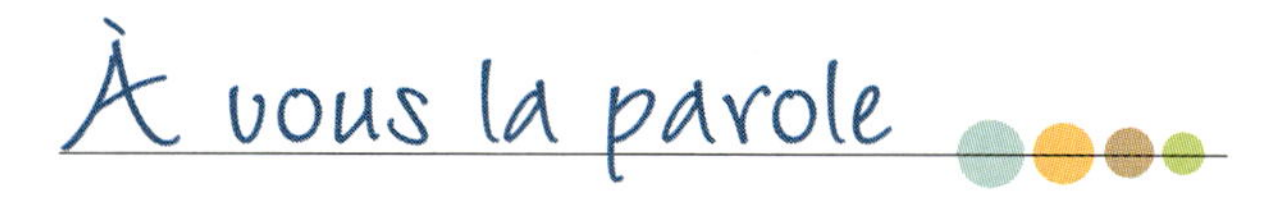

À vous la parole

A. Quel genre de programme? Imaginez que vous lisez le magazine télé. Selon la description, dites de quel genre de programme ou de film il s'agit.

MODÈLE: dernier épisode
→C'est peut-être une série.
OU →S'il y a des épisodes, c'est probablement un feuilleton.

1. un film prophétique
2. l'astrologie face à la science
3. le journal de la semaine
4. à gagner cette semaine: voyage à Tahiti
5. série américaine
6. matchs finals de la Ligue des champions
7. recettes: ris de veau, fumet aux vieux cèpes, galettes de pommes de terre
8. Rintintin junior

B. Les émissions de ce soir. Qu'est-ce qu'on peut regarder ce soir? Avec un/e partenaire, jouez les rôles de deux amis. Consultez le magazine télé et discutez de vos choix.

MODÈLE: É1 Je voudrais regarder un match.
É2 Si on regardait le match de basket sur Eurosport?

1. Il y a un programme pour enfants ce soir?
2. J'adore les séries américaines.
3. Il n'y a pas de film sur France 3 ce soir?
4. Pourquoi pas un film américain ce soir?
5. J'ai envie d'écouter un peu de musique.
6. J'ai mal à la tête, alors rien de sérieux!
7. Il y a un programme comique ce soir?
8. Je préfère regarder un documentaire.

C. Émissions préférées. Quelles sont vos émissions préférées? Classez les émissions par ordre de préférence, et demandez à un/e camarade de classe ses préférences. Comparez votre liste avec celle des autres membres de la classe et parlez de vos préférences.

MODÈLE:

moi	mon ami/e
1. émissions sportives	1. programmes musicaux
2. films	2. informations
3. variétés	3. films

É1 J'aime surtout les émissions sportives—le basket-ball et le football américain. Mais je regarde aussi les films et quelquefois les programmes de variétés. Et toi?
É2 J'aime les programmes musicaux, surtout les opéras, mais il y a très peu de musique classique sur les chaînes privées. Je regarde les infos tous les soirs, et parfois un film le week-end.

D. Quelle sorte de film? Quand nous choisissons un film, pour le juger bon nous nous attendons à ce qu'il possède certaines caractéristiques typiques. Quelles sont ces caractéristiques, selon vous et votre partenaire?

MODÈLE: un drame psychologique
É1 Un bon drame psychologique doit être triste.
É2 Dans un bon drame psychologique, on trouve un problème social.

1. un film fantastique
2. un western
3. un film d'espionnage
4. un film d'horreur
5. un film d'aventures
6. un film musical
7. une comédie
8. un film historique

E. Ça dépend des jours. Quelquefois on préfère une sorte de film, d'autres fois on préfère une autre sorte. Quelle sorte de film est-ce que vous et votre partenaire préférez voir dans les situations suivantes?

MODÈLE: quand vous êtes triste?
É1 Moi, je préfère les drames psychologiques.
É2 Moi non; j'aime plutôt les comédies.

1. quand vous êtes heureux/heureuse?
2. quand vous avez un problème que vous voulez oublier?
3. quand vous venez de passer un examen?
4. quand vous êtes avec votre petit frère ou un autre petit garçon?
5. quand vous êtes avec votre petite sœur ou une autre petite fille?
6. quand vous êtes avec vos parents?
7. quand vous êtes avec votre copain/copine?

The **Sons et lettres** section, including the practice activities, is recorded on the Student audio CD.

SONS ET LETTRES

Le *e* instable et les groupes de consonnes

In Chapter 7 you learned that generally speaking, an unstable **e** is dropped within words when it occurs after only one pronounced consonant (**un feuillɇton**) but that it is retained when it occurs after two pronounced consonants (**le gouvernement**). This general rule also applies across words in phrases. Compare:

un coup dɇ soleil	j'aime **le** soleil
Essaie dɇ zapper!	Arrête **de** zapper!
On peut rɇgarder.	Elles peuvent **re**garder.
les gens dɇ la Terre	les peuples **de** la Terre
vous mɇ cherchez	il **me** cherche

Unstable **e** is retained when it occurs after a group of consonants ending in /r/ or /l/. Compare:

nous montɇrons	nous mont**rerons**
facilɇment	simp**le**ment

Unstable **e** occurs in many one-syllable grammatical words: the pronouns **je, te, me, se, le;** the negative particle **ne,** the determiners **le, ce;** the preposition **de;** the conjunction **que.** In these words, the unstable **e** is usually retained when it occurs at the beginning of a phrase. Compare:

je peux	mais jɇ peux sortir
ne fais rien	on nɇ fait rien
ce documentaire	c'est cɇ documentaire
Me téléphonɇras-tu?	on mɇ téléphonɇra

This principle applies to combinations of two one-syllable words. Note that when two unstable **e**'s occur in succession, one of them is generally deleted. Compare:

Me le̸ donnes-tu?	Tu me̸ **le** donnes?
De ne̸ pas le̸ faire est triste.	C'est de̸ **la** publicité.

The exceptions to the above rule involve the combinations **je te** and **ce que.** Compare:

je̸ **te** parle	**je** ne̸ peux pas
ce̸ **que** je préfère	**ce** feuille̸ton

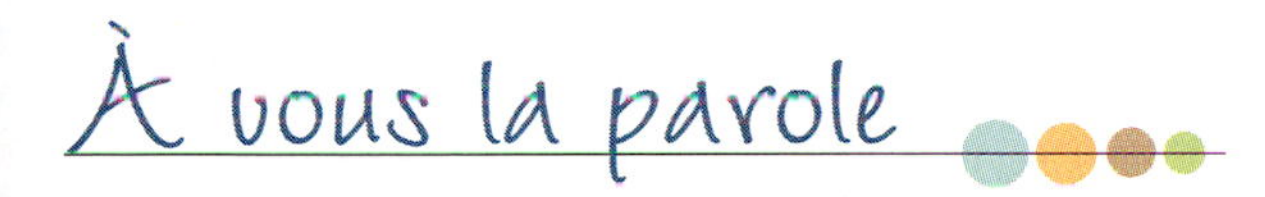

A. Comptons les consonnes! Indiquez les **e** instables qui devraient être prononcés.

MODÈLES: → nous de̸vons nous montr**e**rons

1. vous prenez
2. c'est demain
3. le festival de Cannes
4. une série de films
5. l'autre chaîne
6. arrête de parler
7. j'aime ce magazine
8. le petit écran
9. pas de musique

B. Choix de programmes. Lisez le dialogue suivant phrase par phrase en ne prononçant que les **e** instables indiqués.

—Arrête d**e** zapper! C**e**la m'énerve.
—**Je** ne trouve rien d'intéressant. Qu'est-ce qu**e** tu veux qu'on regarde?
—R**e**gardons dans le magazine télé. Tiens, je vois qu'on montre l**e** film célèbre «Au revoir, les enfants».
—**Je** l'ai déjà vu, **ce** film. **Je** ne l'ai pas trouvé si bon que ça.
—Alors n**e** le r**e**gard**e** pas. Va dans ta chambre écouter de la musique.

Additional practice activities for each **Formes et fonctions** section are provided on the CD-ROM and website: **http://www.prenhall.com/cheznous**

FORMES ET FONCTIONS

1. Les verbes croire et voir

- Here are the forms of the verb **croire** and of the verb **voir,** which is conjugated like **croire.**

	CROIRE *to believe*	VOIR *to see*
SINGULIER		
je	crois	vois
tu	crois	vois
il / elle / on	croi**t**	voi**t**
PLURIEL		
nous	**croy**ons	**voy**ons
vous	**croy**ez	**voy**ez
ils / elles	**croi**ent	**voi**ent
IMPÉRATIF:	**Crois**-moi! **Croyez**-nous! **Croyons** en Dieu! **Voyons!**	
PASSÉ COMPOSÉ:	J'ai **cru** ce qu'il disait. J'ai **vu** cette émission.	
FUTUR:	Je le **croir**ai quand je le **verr**ai.	

- Use the verb **croire:**

— To indicate that you believe someone or something:

Je **crois** Jean.	*I believe John.*
L'histoire de cette actrice? Nous la **croyons.**	*This actress's story? We believe it.*

— To indicate that you believe in something or someone. In this case, use **croire** along with the preposition **à.**

Nous **croyons à** l'avenir du cinéma.	*We believe in the future of film.*
Ils **croient au** Père Noël.	*They believe in Santa Claus.*

Note, however, the following special expression.

Nous **croyons en** Dieu. *We believe in God.*

- You may also use **croire** to express an opinion. In this case, you generally use **croire** followed by **que/qu'** plus a second clause.

Elle **croit que** ce film va gagner un prix.	*She thinks that this film will win an award.*
Je **crois qu'**elle a raison.	*I think she's right.*

When **croire** is used in the negative or interrogative in complex sentences, the subordinate clause requires the subjunctive.

Est-ce que vous **croyez que** l'acteur **réussisse** bien dans ce rôle?	*Do you believe the actor succeeds in this role?*
Je ne **crois** pas **que** ce **soit** son meilleur film.	*I don't believe that this is his best film.*

A. Les croyances. À quoi croient-ils? Pour chaque phrase, choisissez la réponse qui convient.

MODÈLE: Mme Martin achète des billets de LOTO chaque semaine.
→Elle croit à la chance.

Réponses possibles:

l'amour	l'argent	l'avenir
la chance	Dieu	la discipline
la médecine	le Père Noël	le plaisir

1. Je voudrais avoir beaucoup d'enfants.
2. Anne a six ans, son frère a quatre ans.
3. Gérard est un jeune homme sentimental.
4. Vous travaillez vingt-quatre heures sur vingt-quatre.
5. M. Leblanc va à l'église toutes les semaines.
6. Nous sortons jusqu'à trois heures du matin tous les soirs.
7. M. Gervais a trois enfants et il est très autoritaire.
8. Quand il ne se sent pas bien, il va tout de suite voir le médecin.

B. Allons au cinéma. Avec un/e partenaire, imaginez ce que les gens voient typiquement quand ils vont au cinéma.

MODÈLE: Maryse adore la musique et la danse.
→Typiquement, elle voit un film musical.

1. Les Keller vont au cinéma pour se détendre.
2. Jean-Paul aime le suspense.
3. Robert et ses parents préfèrent les films de Disney.
4. Nous aimons les films où il s'agit des extraterrestres.
5. Je suis passionné par l'histoire.
6. Christiane aime les films qui racontent une histoire sentimentale.
7. Vous préférez que les films vous fasse peur.
8. Et toi?

C. Les opinions sur la télé. Quelle est votre opinion, et celle de votre partenaire? Comparez vos idées avec celles de vos camarades de classe.

MODÈLE: La télé peut renseigner les gens.
É1 Oui, je crois que la télé peut renseigner les gens.
É2 Tout à fait d'accord, je crois qu'il est utile de regarder le journal télévisé, par exemple.
(*aux autres*) Nous croyons que la télé peut renseigner les gens. Par exemple, ...

1. La télé peut renseigner les gens.
2. Les acteurs sont responsables devant leur public.
3. La publicité crée des besoins artificiels.
4. Les séries américaines donnent une image fausse de la vie aux États-Unis.
5. La télé banalise la violence.
6. La télé peut être très instructive pour les enfants.
7. La puce V (*V chip*) est absolument nécessaire.

2. *Le conditionnel*

- You have used the conditional of **devoir, pouvoir,** and **vouloir** to express obligation, to soften commands, and to make suggestions.

Tu **pourrais** regarder dans le magazine télé.	*You could look in the TV listings.*
On **devrait** éteindre la télé plus souvent.	*We should turn off the TV more often.*

- Here are some additional uses of the conditional:

—To express events or situations that are hypothetical or conjectural:

J'**aimerais** voir ce film, mais il ne passe pas ici.	*I'd like to see this film, but it's not playing here.*
Tu **éteindrais** vraiment la télé pour de bon?	*You'd really turn off the TV for good?*
Cet acteur **serait** riche maintenant.	*That actor would be rich by now.*

—To express future events or situations in relation to the past. Compare the uses of the future with the present and the conditional with the **passé composé** in the following pair of sentences:

Future event with relation to the present:

Il **dit** qu'il ne **regardera** plus la télé.	*He says that he won't watch TV anymore.*

Future event with relation to the past:

Il **a dit** qu'il ne **regarderait** plus la télé.	*He said that he wouldn't watch TV anymore.*

- The conditional is formed by adding the imperfect endings to the future stem.

SINGULIER		PLURIEL	
je	donner**ais**	nous	donner**ions**
tu	donner**ais**	vous	donner**iez**
il / elle / on	donner**ait**	ils / elles	donner**aient** ←

Here are the conditional forms of the main verb groups. Verbs that have an irregular future stem use that same stem in the conditional: **j'irais, j'aurais, je serais,** etc.

verb group	infinitive	conditional
-er	parler	je **parlerais**
-ir	partir	je **partirais**
-ir/-iss-	maigrir	je **maigrirais**
-re	vendre	je **vendrais**
-yer	nettoyer	je **nettoierais**
-er (with spelling change)	jeter	je **jetterais**
	se lever	je me **lèverais**

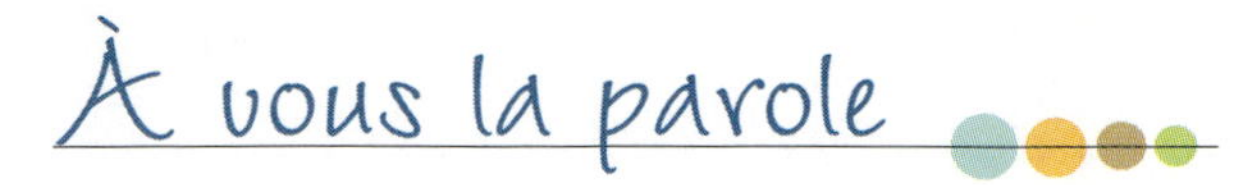

A. Vous aussi? Êtes-vous d'accord avec ce que ces gens feraient s'ils devenaient des acteurs très riches?

MODÈLE: Je m'achèterais une nouvelle voiture.
→Moi aussi, je m'achèterais une nouvelle voiture.
OU →Moi, je ne m'achèterais pas de nouvelle voiture; je m'achèterais plutôt un grand bateau.

1. Je voyagerais tout le temps.
2. Je ne travaillerais plus.
3. Je partagerais l'argent avec ma famille.
4. Je prêterais de l'argent à mes amis.
5. Je m'achèterais un château en France.
6. J'irais dîner dans les meilleurs restaurants.
7. Je me construirais une grande piscine.

B. Des bons conseils. Quel conseil est-ce que vous et votre partenaire donneriez à ces personnes?

MODÈLES: Je ne suis pas très bien informé.
É1 À ta place, je regarderais les infos le soir.
É2 À ta place, je lirais un journal tous les jours.

1. Ma fille regarde trop la télé.
2. J'ai envie de me détendre ce soir.
3. Nous partons bientôt en vacances.
4. Dans ma famille, on se dispute toujours pour choisir une émission de télé.
5. J'ai envie de voir un bon film ce week-end.
6. Il est difficile pour moi de choisir un candidat au moment des élections.
7. Je n'aime pas la violence à la télé.

C. Vous avez le pouvoir! Avec un/e partenaire, imaginez que vous pourriez agir dans les situations suivantes. Que feriez-vous? Ensuite, comparez vos idées avec celles de vos camarades de classe.

MODÈLE: Vous êtes le professeur de votre cours de français.
É1 Je donnerais moins de devoirs.
É2 Je ne permettrais pas aux étudiants de parler anglais.

1. Vous êtes le professeur de votre cours de français.
2. Vous êtes le président/la présidente de votre université.
3. Vous êtes un metteur en scène célèbre.
4. Vous êtes un acteur ou une actrice bien connu/e.
5. Vous êtes le chef d'une grande chaîne de télévision.
6. Vous êtes le/la maire de votre ville.
7. Vous êtes le président/la présidente des États-Unis.

LISONS *Les Français font leur cinéma*

A. Avant de lire. The results of a survey on the attitudes of the French toward the movies, reported by the magazine **Première,** appear on page 460.

1. Look at the introduction and text to see how the information is presented:
   a. The survey is divided into three main parts; how is this indicated?
   b. Two groups of people were surveyed; whom do these groups represent?
2. In part one, respondents have a range of possible responses; decide whether they are indicating frequency, agreement/disagreement, or preference.
3. If you were going to question Americans about their attitudes toward the movies, what types of questions would you ask?

B. En lisant. Read the survey results to find the following information.

1. Read through the results for the six questions in part one, then decide whether, for most French moviegoers, the sentences below are true or false. Explain your answers.
   a. En général, les Français vont moins souvent au cinéma parce qu'ils peuvent voir des films à la télé.
   b. Un bon film a toujours du succès.
   c. À présent, il y a plus de bons films que dans le passé.
   d. Le prix des places de cinéma est raisonnable.
   e. En général, les Français pensent qu'il y a plus de bons films américains que de bons films français.
2. Now read the results for the second question (part two of the survey):
   a. For each of the two groups—**Ensemble/Les Assidus**—list the results in order of importance.
   b. Look carefully at your list. Does the general public have the same preferences as the avid moviegoers? What are the particular preferences of the two groups? What conclusions can you draw?

C. En regardant de plus près. Look more closely at the following words and expressions.

1. In Chapitre 5, you learned how to make comparisons using the words **plus** and **moins (que).** Explain the meaning of the following sentences:
   a. Il y a **moins de** bons films **qu**'avant.
   b. Qu'est-ce qui vous donne **le plus** envie d'aller voir un film?
2. Use the context to help you decide the meaning of the highlighted words:
   a. La télévision **diffuse** un grand nombre de films.
   b. Un bon film n'a pas **forcément** de succès.

D. Après avoir lu. Have the members of your class respond to the survey, giving their own opinions. Summarize the results and compare your attitudes with those of the French. How do you explain any differences?

Le questionnaire suivant a pour objectif de sonder les opinions des Français à propos du cinéma et des films. Vous noterez que dans ce questionnaire on distingue entre les assidus — les Français qui vont souvent au cinéma — et l'ensemble du public.

LES FRANÇAIS FONT LEUR CINÉMA

QUESTION: **Voici un certain nombre d'opinions que l'on entend aujourd'hui à propos du cinéma. Vous-même, dites-moi pour chacune d'entre elles, si vous la partagez tout à fait, assez peu ou pas du tout?**

A) La présence de vedettes au générique d'un film ne garantit pas le succès de ce film:	ENSEMBLE %	ASSIDUS DU CINÉMA %
- Tout à fait	46	54
- Assez	29	27
- Peu	12	10
- Pas du tout	8	9
- NSP*	5	–

B) Le fait que la télévision diffuse un grand nombre de films donne moins envie d'aller au cinéma:	ENSEMBLE %	ASSIDUS DU CINÉMA %
- Tout à fait	42	27
- Assez	26	22
- Peu	13	20
- Pas du tout	16	30
- NSP	3	1

C) Un bon film n'a pas forcément de succès:	ENSEMBLE %	ASSIDUS DU CINÉMA %
- Tout à fait	40	51
- Assez	31	28
- Peu	14	12
- Pas du tout	7	7
- NSP	8	2

D) Il y a moins de bons films qu'avant:	ENSEMBLE %	ASSIDUS DU CINÉMA %
- Tout à fait	28	17
- Assez	20	16
- Peu	22	27
- Pas du tout	19	32
- NSP	11	8

E) Les places de cinéma sont vraiment trop chères:	ENSEMBLE %	ASSIDUS DU CINÉMA %
- Tout à fait	45	46
- Assez	22	29
- Peu	12	17
- Pas du tout	6	7
- NSP	15	1

F) Il y a plus de bons films américains que de bons films français:	ENSEMBLE %	ASSIDUS DU CINÉMA %
- Tout à fait	20	17
- Assez	5	15
- Peu	21	22
- Pas du tout	33	44
- NSP	11	2

QUESTION: **Parmi les choses suivantes, qu'est-ce qui vous donne le plus envie d'aller voir un film? Et ensuite?**

ENSEMBLE	1er choix %	2e choix %	Total %
- Les acteurs	25	24	49
- Le metteur en scène	5	6	11
- Le sujet	37	20	57
- Les critiques	5	8	13
- Le bouche-à-oreille	9	10	19
- Les extraits à la télévision ou les bandes-annonces dans les salles	8	13	21
- Les récompenses qu'il a pu obtenir (Palme à Cannes, Oscar, César...)	3	5	8
- L'affiche	1	2	3
- NSP	7	11	18

ASSIDUS	1er choix %	2e choix %	Total %
- Les acteurs	21	26	47
- Le metteur en scène	9	10	19
- Le sujet	42	16	58
- Les critiques	9	13	22
- Le bouche-à-oreille	9	14	23
- Les extraits à la télévision ou les bandes-annonces dans les salles	5	11	16
- Les récompenses qu'il a pu obtenir (Palme à Cannes, Oscar, César...)	3	4	7
- L'affiche	2	3	5
- NSP	–	3	3

QUESTION: **Généralement, préférez-vous...?**

	ENSEMBLE %	ASSIDUS %
- Les films français	49	40
- Les films américains	17	2
- Les films étrangers autres qu'américains	4	6
- Pas de préférence (spontanée)	28	34
- NSP	2	–

* Ne se prononcent pas

Leçon 2 On se renseigne

POINTS DE DÉPART

La lecture et vous

Quelles sont vos habitudes en ce qui concerne la lecture? Complétez le questionnaire!

Indiquez vos trois types de lecture préférés:

- ☐ les journaux (nationaux, régionaux, spécialisés -- sport, économie)
- ☐ les magazines (d'information, de télévision, féminins ou familiaux)
- ☐ les romans (d'amour, historiques, policiers, de science-fiction)
- ☐ les livres de loisirs (de cuisine, de sport, de bricolage, de jardinage)
- ☐ les livres d'art (sur la peinture, l'architecture, le cinéma)
- ☐ les livres d'histoire ou les biographies
- ☐ les livres sur la science ou la technologie (la santé, l'informatique)
- ☐ les poésies
- ☐ les bandes dessinées (les BD)
- ☐ les ouvrages de référence (le dictionnaire, l'atlas, l'encyclopédie)

Comment choisissez-vous un livre?

- ☐ les recommendations des critiques dans la presse ou à la télévision
- ☐ les recommendations d'amis
- ☐ la publicité

Comment obtenez-vous les livres?

- ☐ vous les empruntez à une bibliothèque
- ☐ vous les empruntez à des amis
- ☐ vous les achetez dans une librairie
- ☐ vous êtes abonné/e à un club lecture

Pourquoi lisez-vous?

- ☐ pour vous détendre
- ☐ pour vous instruire
- ☐ pour vous distraire

Quand lisez-vous?

- ☐ en vacances
- ☐ en voyage ou dans les transports publics
- ☐ à la bibliothèque
- ☐ chez vous
- ☐ en écoutant de la musique
- ☐ au lit pour vous endormir

Histoire d'enfant joliment illustrée.

INTRODUCTION
À LA PSYCHOLOGIE
psychologie,
psychanalyse,
FREUD,
Jung,
rêves,
le moi,
L'OMBRE.

Excellente introduction à l'étude de la psychologie.

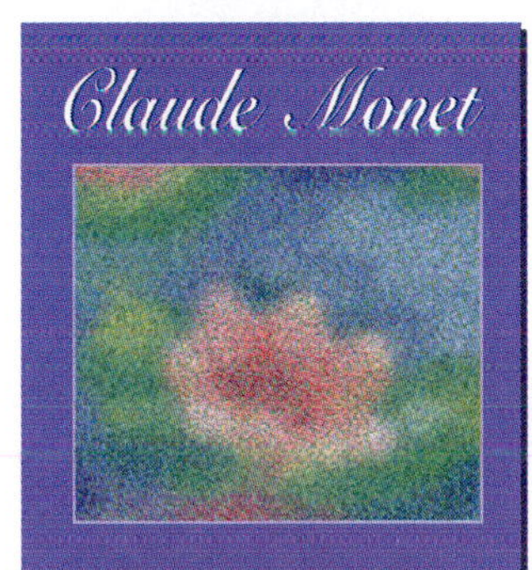

Son œuvre, sa vie. Avec 75 reproductions couleurs.

Un "must" pour tout étudiant de l'anglais! Exemples et explications des usages britanniques et américains.

1 000 recettes pour ceux qui mènent une vie chargée.

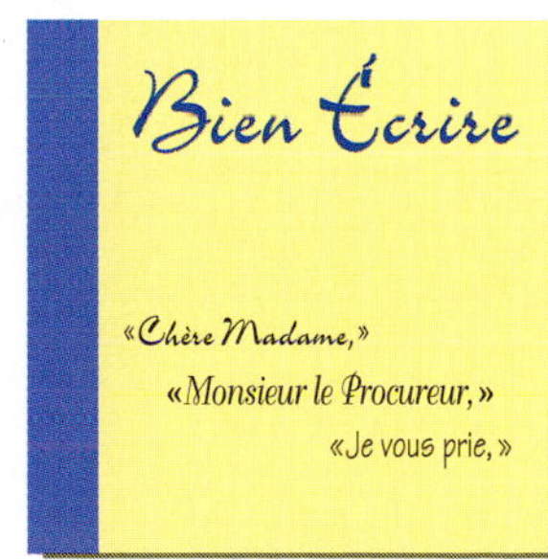

Bien Écrire
«Chère Madame,»
«Monsieur le Procureur,»
«Je vous prie,»

Guide pratique du savoir écrire.

Éclairages

La presse française

Les Français, comme les Américains, passent moins de temps à lire le journal aujourd'hui qu'autrefois. Seulement 45% des Français lisent un journal tous les jours et 23% admettent ne jamais en lire.

Un kiosque à Paris

daily

Le journal quotidien° le plus lu en France, c'est *L'Équipe*, un journal national de sport. Deux autres journaux nationaux, ceux qui sont les mieux connus à l'étranger, sont *Le Figaro,* qui offre une perspective assez conservatrice, et *Le Monde,* lui plus de gauche. Ces deux journaux sont tout de même assez objectifs.

Par contre, les Français sont de grands lecteurs de magazines. Le nombre de magazines qui sortent une fois par semaine **(les hebdomadaires)** ou une fois par mois **(les mensuels)** augmente. Les dix premiers hebdomadaires du point de vue de leur tirage sont:

- Télévision: *TV Magazine, Télé 7 Jours, Télé Z, Télé Star, Télé Loisirs*
- Féminins et familiaux: *Femme Actuelle*
- Actualités: *Paris Match, Le Nouvel Observateur, France Dimanche, L'Express*

Pour acheter des journaux et des magazines, il faut aller au tabac ou à la Maison de la Presse. Dans les grandes villes on peut aussi aller au kiosque à journaux.

ET VOUS?

1. Quels sont les journaux et les magazines que vous lisez le plus souvent? Faites un sondage dans votre classe et comparez vos résultats avec les tendances en France.
2. Comment est-ce que vous obtenez vos journaux ou vos magazines? Comparez vos pratiques avec les pratiques françaises.

À vous la parole

A. Un livre pour tout le monde. Consultez la liste des livres offerts sur la page précédente. Trouvez un livre pour…

MODÈLE: un enfant
→*Le chat perdu*

1. un étudiant qui fait de la psychologie
2. quelqu'un qui aime la peinture
3. quelqu'un qui aime faire la cuisine
4. quelqu'un qui apprend l'anglais
5. quelqu'un qui écrit beaucoup de lettres
6. quelqu'un qui lit surtout des biographies

B. D'après le titre. D'après le titre, c'est quel genre de livre, de journal ou de magazine?

MODÈLE: *La Maison de Marie-Claire*
→C'est probablement un magazine féminin.

1. *Télérama*
2. *InfoMatin*
3. *Elle*
4. *La Semaine du Foot*
5. *Les Années 80*
6. *Lucky Luke dans le Far-Ouest*
7. *Le Guide Pratique du Droit*
8. *Cuisine Minceur*

C. Et vous? Quelles sont vos habitudes? Comparez-les avec celles d'un/e camarade de classe.

1. Qu'est-ce que vous lisez tous les jours? le journal? des magazines? lesquels?
2. Quels ouvrages de référence est-ce que vous avez chez vous?
3. Qu'est-ce que vous lisez pour vos cours?
4. Qu'est-ce que vous lisez pour vous informer? pour vous détendre?
5. Est-ce que vous lisez juste avant de vous endormir? Si oui, qu'est-ce que vous lisez?
6. Qu'est-ce que vous lisez quand vous êtes en vacances?
7. Est-ce que vous êtes abonné/e à un magazine ou à un club pour acheter des livres?
8. Quel est le dernier livre que vous avez lu? Est-ce que vous êtes en train de lire un livre maintenant?
9. Quel est votre genre de livre préféré?
10. Quel est votre auteur préféré?

Le *e* instable et les groupes consonne + /j/

Unstable **e** is pronounced when it occurs before groups consisting of a consonant plus the semivowel /j/. Compare the corresponding present indicative versus imperfect or present subjunctive **nous** and **vous** forms:

nous app~~e~~lons	nous app**e**lions
vous d~~e~~vez	vous d**e**viez
vous ach~~e~~tez	il faut que vous ach**e**tiez
nous j~~e~~tons	il est nécessaire que nous j**e**tions

These groups also occur in the conditional **nous** and **vous** forms. Compare the corresponding future and conditional forms:

nous zapp~~e~~rons	nous zapp**er**ions
vous trouv~~e~~rez	vous trouv**er**iez

Recall that **i** is pronounced as the vowel /i/ rather than the semivowel /j/ after consonant groups ending with /r/ or /l/, for example: **le client, crier.** Such combinations occur especially in the **nous** and **vous** forms of the conditional of **-re** verbs. Compare:

vous prendrez	vous prend**ri**ez
nous nous détendrons	nous nous détend**ri**ons

À vous la parole

A. Changements de temps. Mettez le verbe à la forme correspondante du temps indiqué.

1. à l'imparfait

MODÈLE: vous jetez
→vous j**e**tiez

nous amenons	vous devez	nous appelons
vous achetez	nous épelons	

2. au futur

MODÈLE: il est
→il **sera**

elles font	je montre	elle regarde	ils doivent

3. au conditionnel

MODÈLE: nous vendrons
→nous vend**ri**ons

nous regarderons	vous descendrez	vous ferez
nous prendrons	vous réparerez	

B. Comptine. Répétez après le modèle.

Bonne fruitière, bonne rentière° — *manager (of finances)*
Ma mère en mourrant° — *when she died*
M'a laissé cinq francs
C'est à la halle° — *market*
Que je m'installe
C'est à Paris que je vends mes fruits.
Pomme de reinette et pomme d'api
D'api d'api gris.

FORMES ET FONCTIONS

1. L'ordre des événements

- To order events in time, you can use the expression **avant de** plus an infinitive. This expression can be used whether the time frame is past, present, or future.

Avant d'aller au travail, j'ai regardé les infos.	*Before going to work, I watched the news.*
Avant de me coucher, je lis un peu.	*Before going to bed, I read a little.*
Le ministre va y réflechir **avant de répondre** aux journalistes.	*The minister will think about it before responding to the journalists.*

- The expression **après avoir/après être** plus the past participle can be used in a similar way to order events. Choose **avoir** or **être** based on how the particular verb is congugated in the **passé composé.**

Après avoir entendu la nouvelle, j'ai téléphoné à ma sœur.	*After hearing the news, I called my sister.*
Le soir, je lis le journal **après avoir regardé** les infos.	*In the evening, I read the paper after watching the news.*
Après s'être installé, l'ambassadeur se réunira avec son personnel.	*After getting settled in, the ambassador will meet with his staff.*

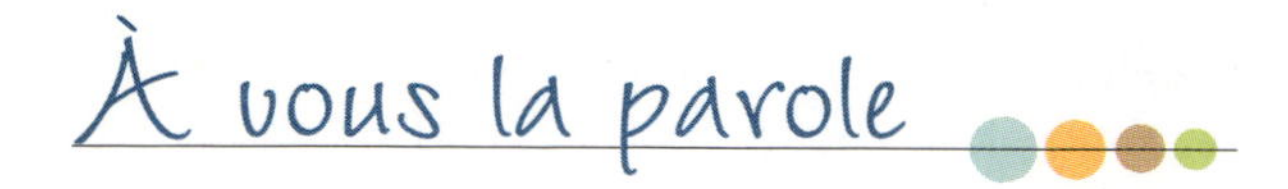

A. Vos activités. Avec un/e partenaire, parlez de vos activités passées, actuelles et futures.

MODÈLE: Avant de venir en classe aujourd'hui, ...
É1 Avant de venir en classe aujourd'hui, j'ai travaillé à la BU.
É2 Et moi, avant de venir en classe, j'ai déjeuné au resto U.

1. Avant de venir en classe aujourd'hui, ...
2. Après avoir fait mes devoirs hier soir, ...
3. Avant de me coucher normalement ...
4. Avant de sortir avec mes amis le week-end, ...
5. Après avoir passé les examens ce semestre, ...
6. Après avoir terminé mes études, ...
7. Avant de prendre la retraite (*to retire*), ...

B. Une journée typique. Expliquez quel est l'ordre logique des événements, à votre avis.

MODÈLE: manger, se brosser les dents
→Après avoir mangé, je me brosse les dents.

1. s'habiller, prendre une douche
2. mettre un manteau, sortir
3. arriver au bureau, acheter le journal
4. travailler un peu, déjeuner
5. quitter le bureau, téléphoner au chef de section
6. quitter le bureau, aller au supermarché
7. manger, faire la vaisselle
8. regarder la télé, se coucher

C. Dernières nouvelles. Imaginez le reportage d'un journaliste, qui doit utiliser un style plus succinct.

MODÈLE: Le président a parlé avec le ministre et ensuite il a donné une conférence de presse.
→Après avoir parlé avec le ministre, le président a donné une conférence de presse.
OU →Avant de donner une conférence de presse, le président a parlé avec le ministre.

1. Le ministre est passé devant le Sénat, mais d'abord il a lu la proposition.
2. L'ambassadeur a annoncé la nouvelle, mais d'abord il a téléphoné au président.
3. Le sénateur se réunira avec son personnel et ensuite il annoncera son plan économique.
4. Le ministre annoncera sa réforme éducative, mais d'abord il va prévenir (*inform*) la presse.
5. Le journaliste a interviewé le président et ensuite il a publié son article.

D. Narration. Expliquez à votre partenaire ce que vous avez fait hier, et ce que vous allez faire demain. Utilisez les expressions dans la liste.

d'abord	avant de + infinitif	après avoir } + participe passé
ensuite	finalement	après être } + participe passé

MODÈLE: →Hier, c'était dimanche. Je me suis levé très tard. D'abord, j'ai pris le petit déjeuner. Après avoir mangé, je me suis douché. Avant de sortir, j'ai lu le journal, etc.

2. *Les combinaisons de pronoms compléments d'objet*

- Certain pronoun combinations are very common in French:
  - — The expression **il y en a:**

Il y a combien de livres?	*How many books are there?*
—Il **y en a** cinq.	*There are five (of them).*

  - — Combinations involving a person and a thing (or things):

Tu **me le** prêtes?	*Will you lend it to me?*
Je **les lui** ai offerts.	*I offered them to her.*
Je **lui en** ai donné cinq.	*I gave him five of them.*
Ne **leur en** donne pas!	*Don't give them any!*

- When two object pronouns (*direct, indirect, reflexive*) occur together, their order is as follows:

subject	me te se nous vous	le/l' la les	lui leur	y	en	**verb**

- In affirmative commands, the order is somewhat different:

Voilà mon roman; apporte-**le-moi!**	*There's my novel; bring it to me!*
Donnez-**nous-en!**	*Give us some!*
Voilà du café; sers-**t'en!**	*Here's coffee; help yourself!*

verb	le la les	moi/m' toi/t' lui nous vous leur	y	en

A. Au kiosque à journaux. Vous écoutez des gens qui parlent devant un kiosque à journaux. De quoi est-ce qu'ils parlent probablement?

MODÈLE: Il y en a beaucoup.
→Il y a beaucoup de journaux.
OU →Il y a beaucoup de magazines.

1. Tenez, je vous la donne.
2. Non, il n'y en a pas.
3. Vous m'en donnez deux, s'il vous plaît?
4. Est-ce que je vous en ai donné un?
5. Passez-le-moi, s'il vous plaît.
6. Pas de problème; il y en a pour tout le monde.

B. Il y en a combien? Avec un/e partenaire, trouvez la bonne réponse.

MODÈLE: fenêtres dans la salle de classe
É1 Il y a combien de fenêtres dans la salle de classe?
É2 Il y en a cinq.
OU Il n'y en a pas.

1. semaines dans un semestre/trimestre
2. examens pour le cours de français
3. étudiants dans le cours de français
4. étages dans le bâtiment
5. ordinateurs dans le labo de langues
6. étudiants à l'université
7. personnes dans cette ville

C. Qui en prend? Alain vient de publier son premier livre. On arrose (*toast*) l'événement avec du champagne. À qui est-ce qu'on en sert?

MODÈLE: à son oncle?
→Oui, on lui en sert.

1. à sa mère?
2. à son fils de sept ans?
3. à sa tante?
4. à ses éditeurs?
5. à sa femme?
6. à son agent?
7. aux voisins?

D. Donnant donnant. Est-ce que vous faites les choses suivantes pour votre camarade de chambre ou votre meilleur/e ami/e?

MODÈLES: Vous lui prêtez votre ordinateur?
→Non, je ne le lui prête jamais.

Il/Elle vous prête son dictionnaire?
→Oui, il/elle me le prête souvent.

1. Vous lui prêtez des vêtements?
2. Il/Elle vous prête ses livres?
3. Vous lui empruntez des cassettes?
4. Il/Elle vous envoie une carte pour votre anniversaire?
5. Vous lui offrez des cadeaux?
6. Vous lui demandez des conseils? Et il/elle vous en demande aussi?

PARLONS *Romans et magazines américains*

Est-ce que vous connaissez ces romans et ces magazines américains? Comment est-ce que vous les décririez à un/e Français/e? Avec un/e partenaire, faites une description de chaque roman ou revue et comparez vos descriptions avec celles de vos camarades de classe.

MODÈLE: *The New York Times*

É1 C'est peut-être le meilleur journal des États-Unis. Il y a beaucoup d'articles sur la politique américaine et internationale.

É2 Oui, mais il n'y a pas de bandes dessinées, donc je ne le lis jamais.

É1 Tu n'es pas sérieux, toi. Il est aussi connu pour ses mots croisés (*crossword puzzles*) difficiles. Ma mère en fait un tous les dimanches.

Tom Sawyer

É1 C'est un roman très célèbre de Mark Twain. C'est l'histoire d'un garçon qui habite près du Mississippi.

É2 Oui, et le roman raconte toutes ses aventures avec ses amis Huckleberry Finn et Becky.

1. *The Washington Post*
2. *Newsweek*
3. *Sports Illustrated*
4. *People*
5. *The Color Purple*
6. *The Catcher in the Rye*
7. *Gone With the Wind*
8. *The Last of the Mohicans*

À votre avis, est-ce que ces journaux, magazines et œuvres littéraires sont assez représentatifs de la culture américaine? Pourquoi ou pourquoi pas?

Leçon 3 **Êtes-vous branché?**

POINTS DE DÉPART

Les autoroutes de l'information

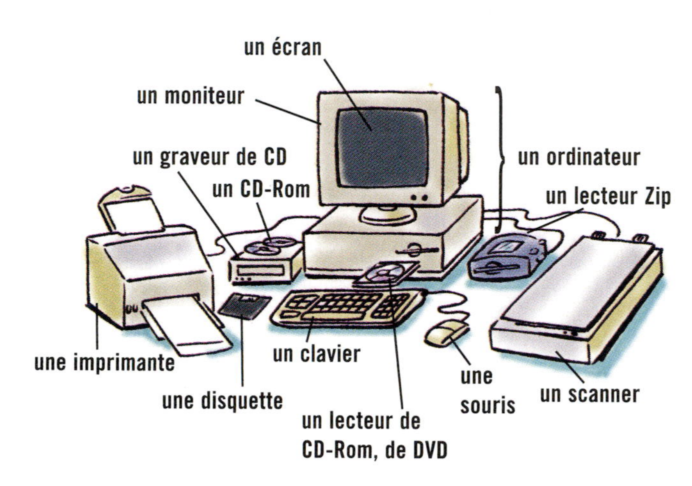

Comment est-ce que vous vous servez de l'ordinateur? C'est un outil indispensable pour les études, le travail et les loisirs!

- Pour écrire: Il y a des logiciels de traitement de texte: Word, WordPerfect, etc. N'oubliez pas de sauvegarder votre fichier, pour éviter de perdre votre travail!
- Pour apprendre: L'ordinateur rend possible un enseignement multimédia et interactif.
- Pour communiquer: Beaucoup de gens font du «télétravail», grâce au courrier électronique sur le Web. Les réseaux tels que l'Internet permettent la communication partout dans le monde et donnent accès à des banques de données.
- Pour jouer: Même les enfants se servent de l'ordinateur pour dessiner, pour faire de la musique, pour jouer tout simplement. Il ne vous manque jamais de partenaire!

Quels sont les points forts de ce portable? Si vous étiez vendeuse ou vendeur, sur lesquelles de ses qualités insisteriez-vous? Vous aimeriez le posséder vous-même?

HP Omnibook XE3
hp invent
Performant, ergonomique, communiquant, multimédia
• Pentium III 650/700 ou Celeron 600/650 Mhz
• 64 Mo à 256 Mo
• Disque 10 Go ou 5 Go
• Lecteur de disquette
• Port infrarouge
• Port USB
• Logement PCMCIA CardBus
• Modem 56 K V.90 et réseau Ethernet 10/100 sur modèles 14,1" TFT
• Panneau de contrôle LCD
• Pavé tactile sur repose-mains avec Scroll Button
• Écran 15,1" ou 14,1" TFT XGA ou 12,1 " TFT SVGA
• Autonomie de plus de 4 heures
• 4 boutons programmables
• CD-ROM 24x ou DVD 6x avec boutons externes
• Son stéréo 16 bits Sound Blaster Pro avec 2 haut-parleurs
• Contrôleur vidéo S3 Savage 3 Mo SGRAM
=> TV Out

Éclairages

Le Minitel et l'Internet

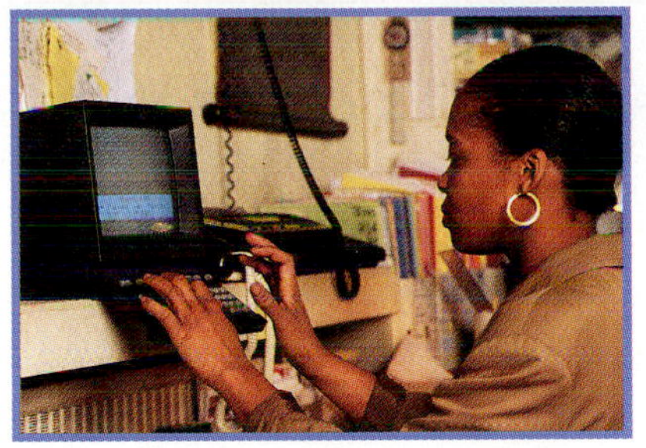
Hélène cherche un numéro sur le Minitel

Le Minitel, développé en France au début des années 80, était la première autoroute télématique francophone. Conçu pour remplacer l'annuaire° du téléphone, on peut dire que le Minitel était un véritable prédécesseur de l'Internet car il sert aussi de système de courrier électronique. Avec le Minitel, on peut envoyer des messages, payer ses factures°, réserver des billets de train et d'avion, acheter des provisions et apprendre les dernières nouvelles.

directory

bills

Aujourd'hui à cause de son réseau international, l'Internet tend à remplacer le Minitel. Alors de plus en plus de gens sont devenus des «Internautes», des personnes connectées sur Internet. Ils surfent sur le Net en français en se servant des moteurs de recherche comme yahoo.fr ou altavista.fr. Puisque le français est la deuxième langue de l'Internet, après l'anglais, ce n'est peut-être pas surprenant que beaucoup d'autres pays francophones s'y trouvent aussi.

ET VOUS?

1. Est-ce que vous vous servez de l'Internet pour chercher des numéros de téléphone et des adresses ou est-ce que vous préférez consulter l'annuaire? Pourquoi?
2. Est-ce que vous êtes surpris/e de découvrir que beaucoup de Français n'utilisent plus l'annuaire de téléphone depuis le début des années 80 mais qu'ils préfèrent se servir de leur Minitel? Pourquoi ou pourquoi pas?
3. Avec le Minitel les Français ont l'habitude de faire des réservations de train, vérifier les séances de cinéma et même s'inscrire dans les cours à la fac depuis bientôt trente ans. Est-ce que vous utilisez l'Internet pour les mêmes fonctions? Pourquoi ou pourquoi pas?

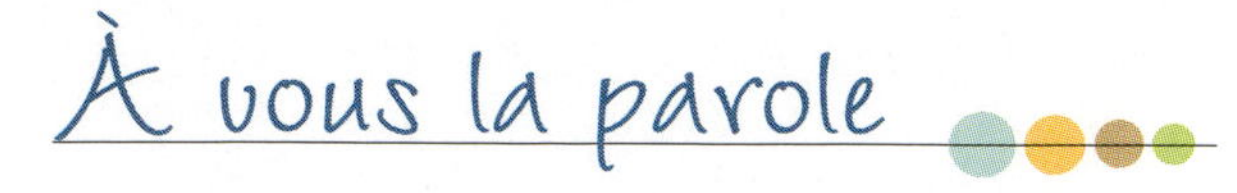

A. Définitions. Trouvez le mot qui correspond à chaque définition.

MODÈLE: C'est l'appareil qui produit le texte sur papier.
→C'est l'imprimante.

1. C'est un logiciel utilisé pour écrire des textes.
2. C'est un ordinateur qu'on peut facilement porter.
3. C'est sur cet instrument qu'on tape (*type*).
4. C'est un message qu'on reçoit par ordinateur.
5. C'est ce qu'on regarde lorsqu'on utilise l'ordinateur.
6. On peut sauvegarder son fichier sur ça.
7. C'est un terme général pour les programmes.
8. Cela permet un enseignement visuel et interactif.

B. Vous êtes technophile? Vous êtes technophile ou technophobe? Combien de ces appareils est-ce que vous savez utiliser? Comment est-ce que vous les utilisez? Comparez vos réponses avec celles d'un/e partenaire.

MODÈLE: un magnétoscope
É1 Mes parents ont un magnétoscope chez eux. Je l'utilise pour regarder des films sur vidéocassettes, mais malheureusement je ne sais pas comment le programmer.
É2 J'ai un magnétoscope, mais je ne l'utilise pas. J'utilise plutôt le DVD.

1. un fax
2. un logiciel de traitement de texte
3. le courrier électronique
4. un moteur de recherche
5. un magnétoscope
6. une platine laser pour écouter les CD
7. un répondeur automatique
8. un scanner

C. L'ordinateur et vous. Trouvez un/e partenaire et posez-lui les questions suivantes.

1. Est-ce que tu as un ordinateur chez toi? à la résidence?
2. Avec qui est-ce que tu échanges des méls?
3. Est-ce que tu envoies régulièrement des pièces-jointes (*attachments*)?
4. Combien de temps par semaine est-ce que tu passes en ligne?
5. Combien d'heures par jour est-ce que tu te sers d'un ordinateur?
6. Est-ce que tu participes aux forums de discussion?
7. Est-ce que tu as un scanner? Si oui, comment est-ce que tu t'en sers? Si non, est-ce que tu voudrais en acheter un?
8. Quel logiciel de traitement de texte est-ce que tu préfères? Pourquoi?

Éclairages

Le nouveau vocabulaire de l'Internet

Avec la nouvelle révolution technologique est venu tout un nouveau vocabulaire. Voici quelques termes que vous pourrez rencontrer si vous surfez sur le Net en français:

bal *n.f.* Boîte aux lettres. EX: Je vérifie s'il n'y a pas de courrier dans ma bal.
bogue *n.m.* Erreur de programmation dans un logiciel. EX: Encore un bogue dans Windows!
enli *adv. et adj.* Connecté à Internet. EX: Jérôme est enli, on peut lui envoyer un mél. SYN: en ligne.
fordit *n.m.* Groupe de discussion où on peut poster des message que tous les membres du groupe peuvent lire. EX: J'aime le fordit fr.sci.philo. SYN: forum de discussion, groupe de discussion.
horli *adv. et adj.* Non connecté a Internet. EX: Jérôme est horli: vous ne pouvez pas le joindre. SYN: hors ligne.
mél *n.m.* 1. Adresse d'une personne 2. Courrier électronique écrit d'un/e internaute à un/e autre. EX: Je t'envoie un mél. SYN: adèle, courriel, courrier, e-mail, eucour.
moteur de recherche *n.m.* Site permettant une recherche Internet par mot-clé ou par thème. EX: Le moteur de recherche que je préfère est yahoo.fr. SYN: araignée, morche.
navigateur *n.m.* Logiciel utilisé pour faire des recherches sur le Web. EX: Mon navigateur est Netscape. SYN: browser, butineur, fureteur.
ordir *v.* Faire de l'ordinateur. EX: Tu regardes la télé ce soir? –Non, j'ordis. Je veux envoyer des méls.
planter *v.* Se dit quand il y a une erreur qui ferme un logiciel ou qui bloque la machine. EX: La nouvelle version d'Excel a encore planté!

D. Pour convaincre. Quels arguments est-ce que vous pourriez utiliser pour convaincre les personnes suivantes d'acheter un ordinateur? Préparez vos arguments, et ensuite jouez des rôles avec un/e partenaire.

MODÈLE: la mère d'une fille de 10 ans
les arguments: avec un traitement de texte, elle fera ses devoirs plus rapidement; si on a le CD-ROM, on peut acheter l'encyclopédie et beaucoup de jeux; etc.
É1 Pourquoi est-ce que vous n'achetez pas un ordinateur pour votre fille?
É2 Je trouve que c'est cher, un ordinateur pour un enfant.
É1 Mais avec un logiciel de traitement de texte, elle fera ses devoirs plus rapidement, etc.

1. la mère d'une fille de 10 ans
2. une personne âgée
3. un/e camarade de classe
4. une femme au foyer
5. un médecin
6. votre mère ou votre père

FORMES ET FONCTIONS

L'emploi des temps avec certaines conjonctions

- When you want to talk about two events that occur at about the same time, you can use the following conjunctions:

quand, lorsque	*when*
dès que, aussitôt que	*as soon as*
pendant que	*while*

Since these conjunctions express simultaneous events, the verbs describing the two events in the two different clauses are in the same time frame:

— To describe the present, they are both in the present:

Il lit le journal **pendant que** je travaille.	*He reads the paper while I work.*

— To talk about a future event, both verbs are in the future:

Vous me téléphonerez **aussitôt que** le film commencera?	*You'll call me as soon as the film begins?*

— When talking about the past, both verbs are in the past:

Nous sommes allés voir une pièce de Molière **quand** j'étais à Paris.	*We went to see a play by Molière when I was in Paris.*

- With the imperative, use either the present or the future tense.

Enregistrez-les **dès qu**'ils commencent à jouer.	*Record them as soon as they begin to play.*
Lorsqu'on jouera La Marseillaise, ne restez pas assis.	*When they play the Marseillaise, do not remain seated.*

- The conjunction **si** is used to express a condition and its result.

— Use **si** plus the present tense to express a condition that, if fulfilled, will result in a certain action (stated in the present or future).

Si je trouve ce nouveau roman, je te l'envoie/enverrai.	*If I find this new novel, I'll send it to you.*

— Use the imperfect in the **si** clause and the conditional in the result clause if the situation is hypothetical.

Si je gagnais beaucoup d'argent, je m'achèterais un nouveau magnétoscope.	*If I won a lot of money, I would buy myself a new VCR.*

À vous la parole

A. Sur l'autoroute de l'information. David explique à son amie Chantal comment se mettre en route sur l'autoroute de l'information. Complétez chaque phrase d'une façon logique.

MODÈLES: Si tu veux apporter ton ordinateur en classe, …
→Si tu veux apporter ton ordinateur en classe, achète un portable.

Aussitôt que tu auras ton ordinateur, …
→Aussitôt que tu auras ton ordinateur, tu auras besoin d'un logiciel.

1. Si tu as besoin d'écrire un texte, …
2. Quand tu écris sur un fichier, …
3. Aussitôt que tu finis d'écrire le texte, …
4. Si tu cherches un numéro de téléphone, …
5. Lorsque tu veux avoir les dernières nouvelles, …
6. Si tu as le temps de jouer, …
7. Si tu veux regarder une vidéo sur ordinateur, …

B. Choix de profession. Quelques jeunes gens ne peuvent pas décider quelle profession choisir. Vous allez leur dire ce qu'ils feraient s'ils choisissaient une profession dans les arts ou dans les médias.

MODÈLE: journaliste
→Si vous étiez journaliste, vous écririez des articles pour un journal ou un magazine.

1. annonceur à la télé
2. acteur/actrice
3. metteur en scène
4. chanteur/chanteuse
5. photographe
6. musicien/ne
7. chef d'orchestre
8. écrivain

C. Les vacances. Complétez les phrases pour parler de vos vacances passées et futures.

MODÈLES: Lorsque j'étais petit/e…
→… nous passions toujours l'été dans le Maine.

Aussitôt que j'arriverai à ma destination…
→… j'irai à l'Office du tourisme.

1. Lorsque j'étais petit/e…
2. Quand j'allais au lycée…
3. Quand les vacances arrivent…
4. Si je trouve du travail cet été…
5. Dès que les cours se termineront…
6. Aussitôt que j'arriverai à ma destination…
7. S'il me reste encore de l'argent après les vacances…

D. Des rêves. Qu'est-ce que vous ferez ou feriez dans les situations suivantes? Avec un/e partenaire, parlez de vos projets.

MODÈLE: Si tu étais une actrice/un acteur célèbre?
É1 Si tu étais une actrice célèbre, qu'est-ce que tu ferais?
É2 Je serais très riche et j'habiterais à Beverly Hills.

1. Dès que tu auras ton diplôme?
2. Si tu étais millionnaire?
3. Quand tu trouveras un emploi?
4. Lorsque tu iras en vacances?
5. Si tu étais en France?
6. Si tu étais le président / la présidente des États-Unis?
7. Quand tu auras 50 ans?

ÉCRIVONS *Répondre au forum*

A. Avant d'écrire. Imaginez que vous allez participer à un forum de discussion (un fordit) au sujet de l'importance des médias dans la vie des étudiants.

1. D'abord, dressez une liste de questions que vous voudriez poser aux autres membres du forum. Quels aspects de ce sujet vous intéressent?
2. Les cinq opinions suivantes ont été postées dans ce forum. Lisez-les et choisissez-en une à laquelle vous voudriez répondre.

La jeune génération, trop orientée vers le visuel, ne possède plus la capacité de lire. —Roger

Les médias ont trop de pouvoir parce qu'ils déterminent quelles informations nous allons lire et voir. —Une amie

Les étudiants d'aujourd'hui restent mal informés, malgré une véritable explosion des médias. —Victor

Si notre société devient de plus en plus violente, c'est parce que les médias nous habituent à la violence. —Céline

Les nouvelles universités, entièrement «en ligne», nous préparent mieux pour le monde du travail que les universités plus traditionnelles. —Jean-François

B. En écrivant. Maintenant, composez une réponse à une de ces personnes. Êtes-vous d'accord ou pas avec l'opinion exprimée?

Pour exprimer votre opinion:
Je pense/Je crois/Je trouve que...
À mon avis, ...
Pour moi, ...

Pour réagir aux opinions des autres:
Je (ne) suis (pas) d'accord...
Au contraire...
De l'autre côté...

MODÈLES: →Je ne suis pas d'accord avec Victor. Je trouve que certains jeunes gens aujourd'hui sont très bien informés. Tous mes amis lisent au moins un journal par jour, et nous discutons ensemble des événements politiques. Je sais que ce n'est pas toujours le cas, mais, ...

→Je suis d'accord avec Céline pour dire que la télévision banalise la violence, et que les gens s'habituent de plus en plus à accepter la violence dans la vie de tous les jours. On voit la violence non seulement pendant le journal télévisé, mais aussi dans tous les feuilletons et séries les plus populaires. Même les émissions pour enfants...

C. Après avoir écrit.

1. Créez un mini-forum dans votre classe et échangez vos opinions. Est-ce que vous partagez tous les mêmes opinions sur les sujets dont vous parlez?
2. Visitez un forum français pour découvrir d'autres sujets de discussion.

Venez chez nous!

Le cinéma dans le monde francophone

Les Français ont joué un grand rôle dans le développement du cinéma. C'est en 1895 à Lyon que les frères Lumière inventent le cinématographe, une machine qui permet de produire les premiers films. Deux ans après, le premier studio cinématographique est construit à Montreuil, près de Paris. Depuis, le film français devient un véhicule important de la culture francophone.

Les frères Lumières

Les festivals internationaux du film

Il y a de nombreux festivals de film chaque année. Un des plus connus est en France, à Cannes. Chaque année, pendant quinze jours au mois de mai, la charmante ville touristique de Cannes devient la capitale cinématographique du monde. Le Festival International du Film est surtout un congrès professionnel: producteurs, metteurs en scène et vedettes y viennent pour se rencontrer, pour échanger des idées, pour essayer de vendre leurs nouveaux films, et pour distribuer les «Palmes d'or» pour les meilleurs films de l'année.

Pour savoir quels sont les meilleurs films canadiens, vous pouvez regarder Le Gala des Jutras. C'est le festival cinématographique qui a lieu chaque année au mois de mars au Québec. Et pour savoir ce qui se passe dans le cinéma africain, il faut aller au mois de février à Ouagadougou, au Burkina Faso. C'est là que vous trouverez le FESPACO, le Festival Panafricain du Cinéma et de la Télévision de Ouagadougou, un des festivals le plus grand et le plus important sur le continent d'Afrique. Ce grand festival a lieu tous les deux ans dans l'objectif de favoriser la diffusion de toutes les œuvres du cinéma africain ainsi que de contribuer au développement et à la sauvegarde du cinéma africain.

Le Palais des Festivals à Cannes

Le réalisateur danois Lars Von Trier a gagné la Palme d'Or pour son film «Dancer in the Dark» au Festival international du film à Cannes en 2000.

ÉCOUTONS *Le Gala des Jutras*

You can listen to the **Écoutons** section on the Student audio CD.

A. Avant d'écouter. Vous allez écouter une partie du Gala des Jutras de l'année 2000 au Québec. Cette cérémonie est une sorte de mini Oscars pour les films canadiens. Il y a un animateur qui joue le rôle de chef des cérémonies, des présentateurs et des présentatrices qui annoncent les finalistes, et puis il y a des gagnants de prix qui prennent le micro en acceptant leur prix pour faire des remerciements. Si vous gagniez vous-même un prix, qui est-ce que vous aimeriez remercier?

Marie-Josée Croze a gagné le Jutra de Meilleure Actrice en 2001 pour le film *Maelstrom*.

B. En écoutant. Vous allez entendre deux présentateurs, Pascale Buissières, qui annonce les quatre finalistes, et Davie Lahaye, qui annonce le gagnant, dans la catégorie du meilleur acteur de soutien. Ce prix n'est pas pour l'acteur principal du film mais pour un acteur qui joue un rôle secondaire.

1. Qui a gagné ce prix?
   a. Jean-Pierre Bergeron pour *Le grand serpent du monde*
   b. Gary Boudreault pour *Matroni et moi*
   c. Yves Jacques pour *Souvenirs intimes*
   d. Julien Poulin pour *Le dernier souffle*
2. Indiquez toutes les personnes que le gagnant remercie. Notez que **le réalisateur** du film est plus ou moins équivalent au **metteur en scène** et que **le scénariste** est la personne qui écrit le scénario (ou script) du film.

   ____ le réalisateur ____ la productrice ____ la maison de production
   ____ le/la scénariste ____ le chef d'orchestre ____ sa famille
   ____ les autres acteurs
3. Qui a dit au gagnant, «C'est pas important si tu ne gagnes pas; l'important c'est de participer»?

C. Après avoir écouté.

1. Êtes-vous d'accord avec l'opinion, «Ce n'est pas important si on ne gagne pas; l'important c'est de participer»? Expliquez votre point de vue à un/e camarade de classe.
2. Est-ce que vous avez vu un film canadien? Quelles étaient vos impressions? En vous servant de ce film comme exemple, pensez-vous que le cinéma canadien soit plus influencé par le cinéma américain ou le cinéma français?

LISONS *Un entretien avec Mamady Sidibé*

A. Avant de lire.

1. You are going to read an excerpt from an interview with the African filmmaker Mamady Sidibé. First, locate **la Guinée** and **le Burkina Faso** on the map of the world in your textbook. Where are these two countries located? What do they have in common with regard to their geographic location and their history?
2. Research the history of these two countries in order to discover what role the French and the French language have played.
3. Imagine that you were going to interview a famous filmmaker. What questions would you want to ask?

B. En lisant.

1. Skim the introduction to the interview and find the answers to the following questions:
   a. What is the title of Mamady Sidibé's new film?
   b. Where has he decided to make this film?
   c. What is the theme of the film?
2. Now, read the interview and decide if the following sentences are **vraie** or **fausse** based on what you have read. Correct the sentences that are false.
   a. Mamady Sidibé habite au Burkina Faso.
   b. Il a déjà gagné un prix pour un scénario de film qu'il avait écrit.
   c. Il n'aime pas le Burkina Faso parce qu'il trouve que les habitants ne sont pas sympa.
   d. Il pense que l'industrie de cinéma au Burkina est de très bonne qualité.
   e. On dirait que Mamady Sidibé a une vision pessimiste du monde.

Entrevue avec Mamady Sidibé

Le guinéen Mamady Sidibé a choisi le Burkina Faso pour le tournage de son film, «*Le berger*[1] *noir et la fée*[2] *rousse*». Son film pose la grande question de la rencontre des cultures en glissant vers[3] la responsabilité des Africains face à leur destin.

Le Journal du Soir: Peut-on mieux vous découvrir?

Mamady Sidibé: Je suis un jeune Guinéen vivant en France. Pour l'instant, je n'ai pas de gros faits d'arme[4] en tant que réalisateur. Mais je pense avoir franchi la barrière[5] dans l'écriture. Car j'ai reçu le prix du festival de Locarno en tant que scénariste. J'ai eu à réaliser de petits films que je n'ai pas jugé utile de montrer. Ce n'est pas que je n'en suis pas fier[6] mais c'est un simple choix de ne pas les montrer. Mais pour la première fois, je vais passer à un stade plus «sérieux» et c'est la raison pour laquelle je suis venu à Ouagadougou tourner avec Pierre Yaméogo comme producteur.

Le Journal du Soir: Avez-vous déjà connu le Burkina avant ce film?

M.S.: C'est la toute première fois que je visite le Burkina. Mais je ne m'y sens point dépaysé.[7] Car j'ai rencontré des gens formidables. Pour moi, l'avenir du cinéma africain passera forcement par le Burkina. J'ai connu des structures ailleurs[8] mais c'est au Burkina que j'ai trouvé la meilleure attente que je pouvais espérer de techniciens africains.

Le Journal du Soir: Pouvez-vous lever un coin du voile sur votre film *«Le berger noir et la fée rousse»?*

M.S.: Mon projet *«Le berger noir et la fée rousse»* est un film métaphorique dans lequel j'essaie d'expliquer la rencontre entre le monde européen et celui africain. Chacun des deux personnages le «berger» et la «fée» représente sa culture et la rencontre des deux cultures.

Le Journal du Soir: Votre thème central est-il donc le métissage culturel?

M.S.: Je crois au métissage culturel mais avec une chute[9] différente. J'estime qu'on ne peut pas faire un mélange culturel si on n'a pas le même niveau[10] de culture... sinon une des cultures va étouffer[11] l'autre, [D'ailleurs je crois] que les rapports de force ne sont pas en notre faveur pour qu'on puisse parler de mélange culturel.

Dans mon film j'essaie de dénoncer[12] qu'il y a d'autres voies,[13] peut-être que les Africains trouveront ces propositions futuristes ou même utopiques pour certains. Mais les utopies peuvent devenir des réalités de demain. C'est pour cela que j'ai donné une chute au film dans laquelle le «berger» prend son destin en main. Alors, pour l'instant, les pays d'Afrique ne prennent pas en main leur destin.

[1]*shepherd* [2]*fairy* [3]*heading towards* [4]expérience [5]*crossed over the boundary* [6]*proud* [7]*out of one's element* [8]*elsewhere* [9]une fin [10]*level* [11]détruire [12]annoncer [13]*paths*

Extrait du *Journal du Soir*, numéro 1450.

C. En regardant de plus près.

1. Find in the text synonyms for these words and expressions that you know:
   a. le metteur en scène   b. faire un film   c. l'avenir
2. In the answer to the last question of the interview, Mamady Sidibé talks about **mélange** and **métissage culturel.** Based on the context, and knowing that one often speaks of **mélange** and **métissage culturel** when talking about the United States, how would you explain these two terms?

D. Après avoir lu. Do you agree with Mamady Sidibé's ideas? With a partner or in a small group, react to these opinions:

1. Les utopies peuvent devenir des réalités de demain.
2. Pour l'instant, les pays d'Afrique ne prennent pas en main leur destin.

ÉCRIVONS *La critique d'un film*

A. Avant d'écrire.

1. Pensez aux critiques de film que vous avez déjà lues. Quels sont les éléments importants d'une bonne critique?
2. Dans les dix dernières années, le film français le plus populaire en France était *Les Visiteurs*. Lisez cette petite critique de ce film et notez les éléments présents.

Christian Clavier dans *Les Visiteurs*

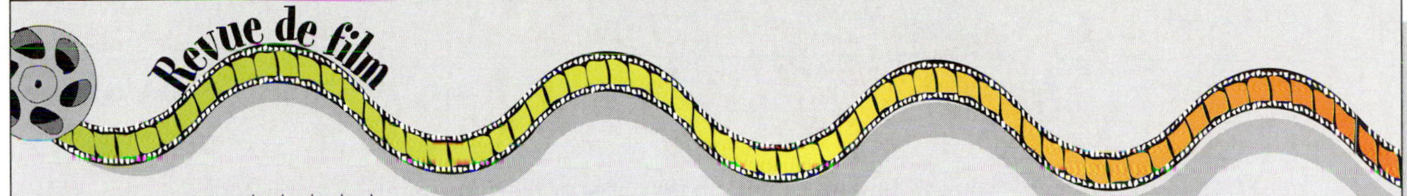

LES VISITEURS ☆☆☆☆☆

Un film de Jean-Marie Poire avec Christian Clavier, Jean Reno et Valérie Lemercier

Dans ce film comique, Jean Reno joue le rôle du chevalier Godefroy de Papincourt, comte de Montmirail. C'est sous le règne de Louis VI le Gros, en 1122, que notre héro rencontre une sorcière[1] qui, pour se venger de quelques malentendus, lui fait boire une potion magique. Cette potion lui tourne la tête, et pensant que le père de sa fiançée est un ours,[2] il le tue. Catastrophe! Il faut donc que Godefroy revient en arrière dans le temps pour changer le passé. L'enchanteur Eusaebius lui propose une nouvelle potion, mais il oublie d'y mettre un ingrédient important, et au lieu de remonter dans le passé, Godefroy et son assistant, Jacquouille la Fripouille (joué par Christian Clavier), sont projetés dans le futur, à la fin du vingtième siècle! Ils se retrouvent dans un monde qu'ils ne comprennent pas, et les malentendus qui en résultent nous font rire à chaque fois.

Le concept sur lequel ce film est basé n'est pas nouveau: Déplacer des personnages d'une époque à une autre (généralement plusieurs centaines d'années en avant ou en arrière) et imaginer les conséquences. On retrouve le même concept dans le livre de Mark Twain *A Connecticut Yankee in King Arthur's Court* ou plus récemment dans des films comme *Back to the Future*. Mais le réalisateur Jean-Marie Poire réussit à créer un scénario qui a l'air nouveau tout en étant familier. Grâce aux jeux des acteurs qui sont tous formidables, ce film a connu un succès incroyable en France et reste un des films préférés des Français.

[1]*witch* [2]*bear*

B. En écrivant. Choisissez un film que vous avez vu récemment et écrivez une petite critique.

1. D'abord, notez le nom du metteur en scène et des acteurs principaux. Quels rôles est-ce qu'ils jouent?
2. Ensuite, faites un résumé assez bref de l'intrigue. Pensez à l'intrigue du film et écrivez quelques phrases en français qui résument l'histoire. N'essayez pas de traduire de l'anglais en français. (En général le résultat est un désastre!) Essayez plutôt de penser en français et utilisez le vocabulaire que vous connaissez.
3. Après votre résumé, notez des similarités ou des différences avec d'autres films ou d'autres histoires que vous connaissez.
4. Finalement, n'oubliez pas de donner votre opinion du film.

C. Après avoir écrit. Échangez votre critique avec un/e camarade de classe ou lisez votre critique pour vos camarades de classe. Ne donnez pas le titre du film. Les autres vont essayer de deviner de quel film il s'agit.

PARLONS *Les films français aux États-Unis*

Vous savez que beaucoup de séries et de films américains passent à la télé et dans les salles de cinéma en France. Mais saviez-vous qu'un grand nombre de films populaires «américains» étaient à l'origine des films français? Par exemple, la comédie *Three Men and a Baby* a été basée sur le film français *Trois hommes et un couffin,* le drame psychologique *Sommersby* sur *Le retour de Martin Guerre* avec Gérard Depardieu et Nathalie Baye, la comédie *The Associate* avec Whoopi Goldberg sur *L'Associé* (un film tourné en 1982 avec Michel Serrault) et la comédie *Cousins* sur le film classique français *Cousin, Cousine.*

Regardez ces images des films *Le retour de Martin Guerre* et *Trois hommes et un couffin* et, avec un/e partenaire, imaginez le dialogue entre les personnages dans une de ces images. Présentez votre dialogue à vos camarades de classe. Qui a le dialogue le plus réaliste? le plus amusant? le plus surprenant?

MODÈLE: (basé sur le film, *Les Visiteurs*)

GODEFROY DE MONTMIRAIL: (*à cheval*) Jacquouille, où est ton cheval?

JACQUOUILLE: Mais, Mon Seigneur, je ne sais pas. Je suis tombé. Aidez-moi à le trouver!

GODEFROY DE MONTMIRAIL: Que tu es bête! Le voilà, derrière moi. Attrape-le et monte!

JACQUOUILLE: Je ne peux pas. Ce n'est pas grave. Je peux courir à côté de vous.

GODEFROY DE MONTMIRAIL: Attention! Regarde! Devant nous il y a un...

Gérard Depardieu et Nathalie Baye dans *Le Retour de Martin Guerre.* Dans ce drame psychologique, un soldat revient dans son village et auprès de sa famille après une longue absence mystérieuse. Mais ce «Martin Guerre» est-il le vrai Martin Guerre qui est parti à la guerre il y a si longtemps? Quelques villageois ont des doutes.

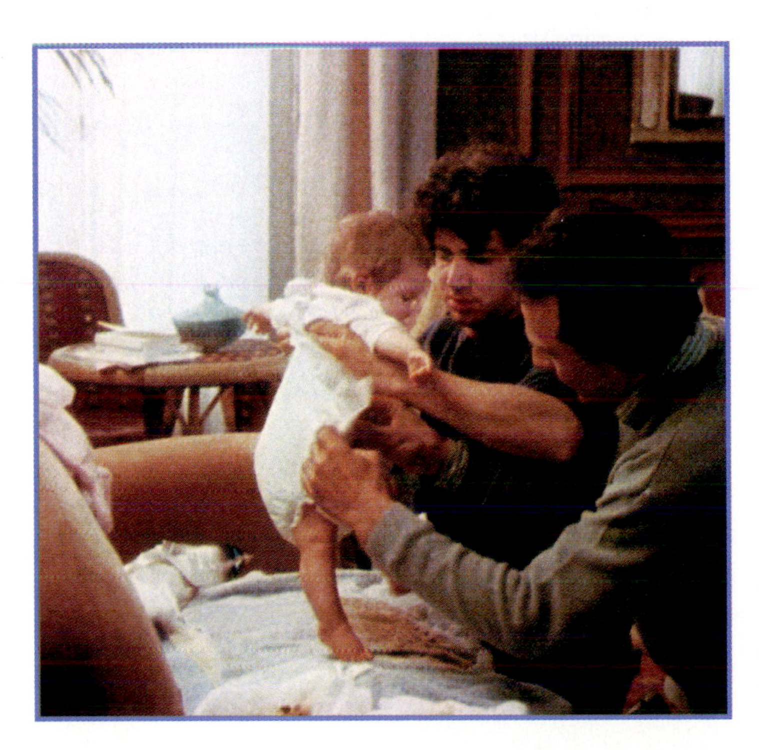

Trois hommes et un couffin. Trois hommes célibataires à Paris sont surpris un beau jour de découvrir un bébé chez eux. Dans ce film comique, très populaire en France, ces célibataires font ce qu'ils peuvent pour s'occuper du bébé mais il y a quelques changements surprenants dans leur vie.

Vocabulaire

LEÇON 1

des genres de programmes	**kinds of programs**
un dessin animé	*cartoon, animated film*
un documentaire	*documentary*
une émission	*program*
une émission sportive	*sports event*
un feuilleton	*series, soap opera*
un film	*film*
un jeu télévisé	*game show*
le journal télévisé	*news broadcast*
les informations	*news*
un magazine	*investigative news magazine*
un programme de variétés	*variety show*
une série	*TV serial*

pour regarder la télévision	**to watch TV**
allumer	*to turn on (an appliance)*
une chaîne	*TV (or radio) station*
un écran	*screen*
un magazine télé	*listing of TV programs*
une (la) publicité	*commercial, advertising*
une télécommande	*TV remote control*
une vidéocassette	*video tape*
zapper	*to channel-surf*

des genres de films	**genres of films**
une comédie	*comedy*
un drame psychologique	*psychological drama*
un film d'aventures	*adventure movie*
un film d'espionnage	*spy movie*
un film d'horreur	*horror movie*
un film fantastique	*science-fiction movie*
un film historique	*historical movie*
un film musical	*musical*
un film policier	*detective/police movie*
un western	*western*

pour parler d'un film	**to talk about a film**
célèbre	*famous*
doublé	*dubbed*
un metteur en scène	*film or stage director*
le personnage principal	*main character*
plein de	*full of*
un roi	*king*
un rôle	*role, part*
s'agir de; il s'agit de...	*to be about; it's about*
une vedette	*movie star*
en version originale (v.o.)	*in the original language*

quelques verbes	**some verbs**
croire	*to believe*
voir	*to see*

LEÇON 2

à lire	**to read**
un atlas	*atlas*
une bande dessinée (une BD)	*comic, comic strip*
une biographie	*biography*
un dictionnaire	*dictionary*
une encyclopédie	*encyclopedia*
un journal	*newspaper*
un livre d'art	*art book*
un livre d'histoire	*history book*
un livre de loisirs	*book on leisure time or hobbies*
un magazine	*magazine*
un ouvrage de référence	*reference book*
la poésie	*poetry*
la presse	*press*
une publicité (une pub)	*advertisement*
un roman	*novel*

pour choisir un livre	**to choose a book**
un critique	*critic (person)*
une critique	*review*
une recommandation	*recommendation*

où obtenir un livre/ un magazine	**where to get a book/ magazine**
s'abonner (à)	*to subscribe (to)*
un kiosque	*newsstand*
un tabac	*specialty shop for tobacco products, newspapers, magazines*

pour situer l'action	**to situate action**
d'abord	*first of all*
avant de…	*before …*
après avoir/être…	*after having …*
ensuite	*then, next*
finalement	*finally*

quelques mots utiles	**some useful words**
se distraire	*to amuse oneself*
s'instruire	*to educate oneself, to improve one's mind*
se renseigner	*to inform oneself*

LEÇON 3

l'ordinateur	**the computer**
un CD-ROM	*CD-ROM*
un clavier	*keyboard*
une disquette	*diskette*
un écran	*screen*
un graveur de CD	*CD burner*
une imprimante	*printer*
un lecteur de CD-ROM, de DVD	*CD-ROM drive DVD drive*
un lecteur Zip	*Zip drive*
un moniteur	*monitor*
un ordinateur	*computer*
un portable	*laptop computer*
un scanner	*scanner*
une souris	*mouse*

travaillant à l'ordinateur	**working at the computer**
une banque de données	*database*
le courrier électronique	*e-mail*
en ligne	*on-line*
un fichier	*computer file*
un logiciel	*software program*
un mél	*e-mail*
un moteur de recherche	*search engine*
un réseau	*network*
sauvegarder	*to save a file*
se servir de (quelque chose)	*to use (something)*
le traitement de texte	*word processing, editing*

pour situer l'action	**to situate action**
dès que/aussitôt que	*as soon as*
pendant que	*while*
quand/lorsque	*when*

quelques mots utiles	**some useful words**
enseignement	*instruction, teaching*
éviter	*to avoid*

pour exprimer une opinion	**to express an opinion**
Je pense / Je crois / Je trouve que ...	*I think / I believe / I find that ...*
À mon avis, ...	*In my opinion, ...*
Pour moi, ...	*For me, ...*

pour réagir à une opinion	**to react to an opinion**
Je suis d'accord ... / Je ne suis pas d'accord ...	*I agree ... / I disagree ...*
Au contraire, ...	*To the contrary, ...*
De l'autre côté, ...	*On the other hand, ...*

APPENDIXES

APPENDIX 1
Le plus-que-parfait

- Use the **plus-que-parfait** to describe an event in the past that occurred before another past event (even an implied event).

Nous ne nous étions jamais rencontrés.	*We had never met.*
J'ai appris qu'ils avaient divorcé.	*I learned that they had divorced.*
Quand je suis arrivé chez eux, ils étaient déjà sortis.	*When I arrived at their house, they had already gone out.*

- To form the **plus-que-parfait,** use the imperfect of **avoir** or **être** and the past participle.

j'avais joué	j'étais parti/e
tu avais joué	tu étais parti/e
il / elle / on } avait joué	il était parti elle était partie on était partis
nous avions joué	nous étions parti/e/s
vous aviez joué	vous étiez parti/e/s
ils / elles } avaient joué	ils étaient partis elles étaient parties

- Use the **plus-que-parfait** to report what someone said they did.

Elle dit: «J'écris une lettre.»	Elle a dit qu'elle écrivait une lettre.
Elle dit: «J'ai écrit une lettre.»	Elle a dit qu'elle avait écrit une lettre.

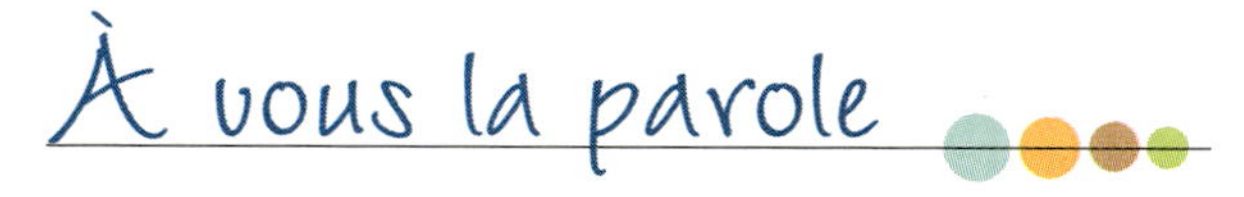

A. Histoire d'amour. Anne et Bruno se sont mariés. Voici toute leur histoire d'amour. Est-ce que les actions suivantes se sont passées avant ou après le mariage?

MODÈLE: Ils s'étaient rencontrés chez des amis.
→avant le mariage

1. Ils s'étaient souvent disputés.
2. Ils ont eu deux enfants.
3. Ils étaient souvent sortis ensemble.
4. Ils se sont séparés.
5. Ils étaient tombés amoureux.
6. Ils avaient acheté un petit appartement.
7. Ils ont fini par se réconcilier.
8. Ils ont fêté 25 ans de mariage.

B. Une sortie. Un soir, Pierre et Nathalie sont sortis ensemble. Pour chaque phrase, indiquez l'ordre des événements.

MODÈLE: Ils étaient arrivés au café quand Nathalie a suggéré d'aller voir un film.
1. Ils sont arrivés au café. 2. Nathalie a suggéré d'aller voir un film.

1. Ils avaient fini de boire leur café quand ils ont décidé d'aller au cinéma.
2. Avant de choisir un film, ils avaient acheté le journal.
3. Quand ils sont entrés dans le cinéma, le film avait déjà commencé.
4. Pierre avait déjà vu le film, mais il n'a rien dit.
5. Après avoir vu le film, ils sont allés chez Nathalie.
6. Ils avaient discuté du film avant de dîner ensemble.
7. Pierre avait fait la vaisselle avant de partir.

C. Rétablissez les faits. Ces histoires de couples sont données dans le désordre. Mettez-les dans l'ordre chronologique.

MODÈLE: Il l'a invitée à l'accompagner à la représentation. Ghislaine aimait la danse classique. Un jour, son ami avait pu trouver des places pour le ballet «Le lac des cygnes».
→Ghislaine aimait la danse classique. Un jour, son ami avait pu trouver des places pour le ballet «Le lac des cygnes». Il l'a invitée à l'accompagner à la représentation.

1. C'est là qu'ils s'étaient rencontrés. Ils sont tombés amoureux. Ils travaillaient tous les deux à la bibliothèque.
2. Je trouvais que mon copain jouait très mal au tennis. Je ne l'ai pas vu tomber. J'étais sortie avant la fin du match.
3. J'étais allée à une nouvelle piscine. À cette époque, je faisais beaucoup de natation. C'est là que j'ai rencontré ce garçon.
4. Ma sœur a tout de suite pensé à moi. Une de ses collègues voulait sortir avec quelqu'un qui savait parler anglais.
5. La sœur de mon copain cherchait quelqu'un pour l'accompagner à un bal. Malheureusement, j'avais déjà fait des projets pour partir en week-end. J'ai dû refuser son invitation.

APPENDIX 2
Le passé du conditionnel

- Use the past conditional to express a hypothetical action or event in the past. In this case, the past conditional is often used with such expressions as **à ta place, à votre place,** or with the stressed pronouns **moi, nous.**

À ta place, je n'**aurais** pas **versé** les huiles usées dans l'évier.	*If I were you, I wouldn't have poured the used oil down the sink.*
Nous, nous **serions sortis.**	*We would have gone out.*

- To express what should have or could have been done in the past, use the past conditional of **devoir** or **pouvoir.**

Il a pris un sirop contre la toux.	*He took a cough syrup for his cough.*
Il **aurait dû** prendre un antibiotique.	*He should have taken an antibiotic.*
J'ai mis de la glace dessus pour calmer la douleur.	*I put ice on it to soothe the pain.*
J'**aurais pu** y mettre de la pommade.	*I could have put some salve on it.*

- To form the past conditional, use the conditional of **avoir** or **être** plus the past participle. The forms of the past conditional are illustrated with the verbs **devoir** and **partir.**

j'aurais dû	je serais parti/e
tu aurais dû	tu serais parti/e
il/elle/on aurait dû	il/elle/on serait parti/e
nous aurions dû	nous serions parti/e/s
vous auriez dû	vous seriez parti/e/s
ils/elles auraient dû	ils/elles seraient parti/e/s

À vous la parole

A. Pour être un bon «vert». Dites ce que ces gens auraient dû ou auraient pu faire pour conserver les ressources énergétiques ou préserver l'environnement.

MODÈLE: J'ai laissé les lumières allumés.
→Tu aurais dû les éteindre.
ou →Tu aurais pu les éteindre.

1. Marion a jeté tous les déchets dans la même poubelle.
2. J'ai jeté les cannettes de bière vides sur la route.
3. Nous sommes allés à la fac en voiture.
4. Jacques a pris sa moto pour aller sur le chemin de randonnée.
5. Les Morin ont versé l'huile dans leur évier.
6. J'ai demandé des sacs en plastique.
7. Nos voisins ont mis leur stéréo à fond tard hier soir.

B. Conseils médicaux. Dites ce que ces gens auraient pu prendre ou faire dans les cas suivants.

MODÈLE: J'avais mal au ventre.
→Tu aurais pu prendre une tisane à la menthe.

1. J'avais de la fièvre.
2. Nous avions mal à la tête.
3. Le nez de Jeanne coulait.
4. Les enfants toussaient beaucoup.
5. Mon père ne pouvait pas dormir.
6. Nous avions trop mangé.
7. Maryse avait un gros rhume.
8. J'avais mal à la cheville.
9. Nous avons pris un gros coup de soleil.

APPENDIX 3 *Irregular Verbs*

VERBE INFINITIF	PRÉSENT DE L'INDICATIF		PRÉSENT DU SUBJONCTIF		IMPARFAIT	PASSÉ COMPOSÉ	FUTUR	CONDITIONNEL	IMPÉRATIF
acheter to buy	j'achète tu achètes il achète	nous **achet**ons vous achetez ils **achèt**ent	que j'achète que tu achètes qu'il achète	que nous **achet**ions que vous achetiez qu'ils **achèt**ent	j'**achet**ais	j'ai **acheté**	j'**achèter**ai	j'**achèter**ais	achète achetons achetez
aller to go	je vais tu vas il va	nous allons vous allez ils vont	que j'aille que tu ailles qu'il aille	que nous **all**ions que vous alliez qu'ils **aill**ent	j'**all**ais	je suis **allé/e**	j'**ir**ai	j'**ir**ais	va allons allez
amener to bring voir: acheter									
appeler to call	j'appelle tu appelles il appelle	nous **appel**ons vous appelez ils **appell**ent	que j'appelle que tu appelles qu'il appelle	que nous **appel**ions que vous appeliez qu'ils **appell**ent	j'**appel**ais	j'ai **appelé**	j'**appeller**ai	j'**appeller**ais	appelle appelons appelez
apprendre to learn voir: prendre									
s'asseoir to sit down asseyez-vous	je m'assieds tu t'assieds il s'**assied**	nous nous asseyons vous vous asseyez ils s'**assey**ent	que je m'asseye que tu t'asseyes qu'il s'asseye	que nous nous asseyions que vous vous asseyiez qu'ils s'**assey**ent	je m'**assey**ais	je me suis **assis/e**	je m'**assiér**ai	je m'**assiér**ais	assieds-toi asseyons-nous
avoir to have	j'ai tu as il a	nous avons vous avez ils ont	que j'aie que tu aies qu'il ait	que nous **ay**ons que vous ayez qu'ils **ai**ent	j'**av**ais	j'ai **eu**	j'**aur**ai	j'**aur**ais	aie ayons ayez
boire to drink	je bois tu bois il **boit**	nous **buv**ons vous buvez ils **boiv**ent	que je boive que tu boives qu'il boive	que nous **buv**ions que vous buviez qu'ils **boiv**ent	je **buv**ais	j'ai **bu**	je **boir**ai	je **boir**ais	bois buvons buvez
célébrer to celebrate voir: préférer									
commencer to begin	je commence tu commences il commence	nous commençons vous commencez ils **commenc**ent	que je commence que tu commences qu'il commence	que nous commencions que vous commenciez qu'ils **commenc**ent	je **commenç**ais	j'ai **commencé**	je **commencer**ai	je **commencer**ais	commence commençons commencez
comprendre to understand voir: prendre									

VERBE INFINITIF	PRÉSENT DE L'INDICATIF		PRÉSENT DU SUBJONCTIF		IMPARFAIT	PASSÉ COMPOSÉ	FUTUR	CONDITIONNEL	IMPÉRATIF
connaître to know, be acquainted with	je connais tu connais il connaît	nous connaissons vous connaissez ils connaissent	que je connaisse que tu connaisses qu'il connaisse	que nous connaissions que vous connaissiez qu'ils connaissent	je connaissais	j'ai connu	je connaîtrai	je connaîtrais	connais connaissons connaissez
craindre to fear voir: peindre									
croire to believe	je crois tu crois il croit	nous croyons vous croyez ils croient	que je croie que tu croies qu'il croie	que nous croyions que vous croyiez qu'ils croient	je croyais	j'ai cru	je croirai	je croirais	crois croyons croyez
décrire to describe voir: écrire									
détruire to destroy voir: produire									
devenir to become voir: venir									
devoir must, to have to; to owe	je dois tu dois il doit	nous devons vous devez ils doivent	que je doive que tu doives qu'il doive	que nous devions que vous deviez qu'ils doivent	je devais	j'ai dû	je devrai	je devrais	
dire to say	je dis tu dis il dit	nous disons vous dites ils disent	que je dise que tu dises qu'il dise	que nous disions que vous disiez qu'ils disent	je disais	j'ai dit	je dirai	je dirais	dis disons dites
disparaître to disappear voir: connaître									
écrire to write	j'écris tu écris il écrit	nous écrivons vous écrivez ils écrivent	que j'écrive que tu écrives qu'il écrive	que nous écrivions que vous écriviez qu'ils écrivent	j'écrivais	j'ai écrit	j'écrirai	j'écrirais	écris écrivons écrivez
s'ennuyer to become bored voir: payer									
envoyer to send	j'envoie tu envoies il envoie	nous envoyons vous envoyez ils envoient	que j'envoie que tu envoies qu'il envoie	que nous envoyions que vous envoyiez qu'ils envoient	j'envoyais	j'ai envoyé	j'enverrai	j'enverrais	envois envoyons envoyez

VERBE INFINITIF	PRÉSENT DE L'INDICATIF	PRÉSENT DU SUBJONCTIF	IMPARFAIT	PASSÉ COMPOSÉ	FUTUR	CONDITIONNEL	IMPÉRATIF
épeler *to spell* *voir: appeler*							
espérer *to hope* *voir: préférer*							
s'essuyer *to dry off* *voir: payer*							
éteindre *to turn out, extinguish* *voir: peindre*							
être *to be*	*je suis* *nous sommes* *tu es* *vous êtes* *il est* *ils sont*	*que je sois* *que nous* **soy***ons* *que tu sois* *que vous soyez* *qu'il soit* *qu'ils* **soi***ent*	*j'***ét***ais*	*j'ai* **été**	*je* **ser***ai*	*je* **ser***ais*	*sois* *soyons* *soyez*
faire *to do, make*	*je fais* *nous faisons* *tu fais* *vous faites* *il fait* *ils font*	*que je fasse* *que nous fassions* *que tu fasses* *que vous fassiez* *qu'il fasse* *qu'ils* **fass***ent*	*je* **fais***ais*	*j'ai* **fait**	*je* **fer***ai*	*je* **fer***ais*	*fais* *faisons* *faites*
falloir *to be necessary*	*il* **faut**	*qu'il* **faill***e*	*il* **fall***ait*	*il a* **fallu**	*il* **faudr***a*	*il* **faudr***ait*	
geler *to freeze* *voir: acheter*							
s'inquiéter *to be anxious, to worry* *voir: préférer*							
s'instruire *to educate oneself* *voir: produire*							
jeter *to throw* *voir: appeler*							
lever *to raise* *voir: acheter*							

VERBE INFINITIF	PRÉSENT DE L'INDICATIF		PRÉSENT DU SUBJONCTIF		IMPARFAIT	PASSÉ COMPOSÉ	FUTUR	CONDITIONNEL	IMPÉRATIF
lire *to read*	je lis tu lis il lit	nous lisons vous lisez ils lisent	que je lise que tu lises qu'il lise	que nous lisions que vous lisiez qu'ils lisent	je lisais	j'ai lu	je lirai	je lirais	lis lisons lisez
loger *to stay, lodge* *voir: manger*									
manger *to eat*	je mange tu manges il mange	nous mangeons vous mangez ils mangent	que je mange que tu manges qu'il mange	que nous mangions que vous mangiez qu'ils mangent	je mangeais	j'ai mangé	je mangerai	je mangerais	mange mangeons mangez
mettre *to put, put on*	je mets tu mets il met	nous mettons vous mettez ils mettent	que je mette que tu mettes qu'il mette	que nous mettions que vous mettiez qu'ils mettent	je mettais	j'ai mis	je mettrai	je mettrais	mets mettons mettez
mourir *to die*	je meurs tu meurs il meurt	nous mourons vous mourez ils meurent	que je meure que tu meures qu'il meure	que nous mourions que vous mouriez qu'ils meurent	je mourais	je suis mort/e	je mourrai	je mourrais	meurs mourons mourez
nager *to swim* *voir: manger*									
naître *to be born*	je nais tu nais il naît	nous naissons vous naissez ils naissent	que je naisse que tu naisses qu'il naisse	que nous naissions que vous naissiez qu'ils naissent	je naissais	je suis né/e	je naîtrai	je naîtrais	
obtenir *to obtain* *voir: venir*									
offrir *to offer* *voir: ouvrir*									
ouvrir *to open*	j'ouvre tu ouvres il ouvre	nous ouvrons vous ouvrez ils ouvrent	que j'ouvre que tu ouvres qu'il ouvre	que nous ouvrions que vous ouvriez qu'ils ouvrent	j'ouvrais	j'ai ouvert	j'ouvrirai	j'ouvrirais	ouvre ouvrons ouvrez
partager *to share* *voir: manger*									
payer *to pay*	je paie tu paies il paie	nous payons vous payez ils paient	que je paie que tu paies qu'il paie	que nous payions que vous payiez qu'ils paient	je payais	j'ai payé	je paierai	je paierais	paie payons payez

VERBE INFINITIF	PRÉSENT DE L'INDICATIF	PRÉSENT DU SUBJONCTIF	IMPARFAIT	PASSÉ COMPOSÉ	FUTUR	CONDITIONNEL	IMPÉRATIF
peindre *to paint*	je peins, tu peins, il peint; nous peignons, vous peignez, ils peignent	que je peigne, que tu peignes, qu'il peigne; que nous peignions, que vous peigniez, qu'ils peignent	je peignais	j'ai peint	je peindrai	je peindrais	peins, peignons, peignez
permettre *to permit* *voir: mettre*							
pleuvoir *to rain*	il pleut	qu'il pleuve	il pleuvait	il a plu	il pleuvra	il pleuvrait	
pouvoir *to be able to*	je peux, tu peux, il peut; nous pouvons, vous pouvez, ils peuvent	que je puisse, que tu puisses, qu'il puisse; que nous puissions, que vous puissiez, qu'ils puissent	je pouvais	j'ai pu	je pourrai	je pourrais	
préférer *to prefer*	je préfère, tu préfères, il préfère; nous préférons, vous préférez, ils préfèrent	que je préfère, que tu préfères, qu'il préfère; que nous préférions, que vous préfériez, qu'ils préfèrent	je préférais	j'ai préféré	je préférerai	je préférerais	préfère, préférons, préférez
prendre *to take*	je prends, tu prends, il prend; nous prenons, vous prenez, ils prennent	que je prenne, que tu prennes, qu'il prenne; que nous prenions, que vous preniez, qu'ils prennent	je prenais	j'ai pris	je prendrai	je prendrais	prends, prenons, prenez
produire *to produce*	je produis, tu produis, il produit; nous produisons, vous produisez, ils produisent	que je produise, que tu produises, qu'il produise; que nous produisions, que vous produisiez, qu'ils produisent	je produisais	j'ai produit	je produirai	je produirais	produis, produisons, produisez
promener *to walk* *voir: acheter*							
promettre *to promise* *voir: mettre*							
se rappeler *to remember* *voir: appeler*							
remettre *to hand in, turn in* *voir: mettre*							
répéter *to repeat* *voir: préférer*							

VERBE INFINITIF	PRÉSENT DE L'INDICATIF	PRÉSENT DU SUBJONCTIF	IMPARFAIT	PASSÉ COMPOSÉ	FUTUR	CONDITIONNEL	IMPÉRATIF
revenir *to return, come back* *voir: venir*							
savoir *to know*	*je sais* *nous savons* *tu sais* *vous savez* *il **sait*** *ils **savent***	*que je sache* *que nous sachions* *que tu saches* *que vous sachiez* *qu'il sache* *qu'ils **sachent***	*je **sav**ais*	*j'ai **su***	*je **saur**ai*	*je **saur**ais*	*sache* *sachons* *sachez*
se souvenir de *to remember* *voir: venir*							
venir *to come*	*je viens* *nous **ven**ons* *tu viens* *vous venez* *il **vient*** *ils **vienn**ent*	*que je vienne* *que nous **ven**ions* *que tu viennes* *que vous veniez* *qu'il vienne* *qu'ils **vienn**ent*	*je **ven**ais*	*je suis **venu/e***	*je **viendr**ai*	*je **viendr**ais*	*viens* *venons* *venez*
voir *to see*	*je vois* *nous **voy**ons* *tu vois* *vous voyez* *il voit* *ils **voi**ent*	*que je voie* *que nous **voy**ions* *que tu voies* *que vous voyiez* *qu'il voie* *qu'ils **voi**ent*	*je **voy**ais*	*j'ai **vu***	*je **verr**ai*	*je **verr**ais*	*vois* *voyons* *voyez*
vouloir *to want*	*je veux* *nous **voul**ons* *tu veux* *vous voulez* *il **veut*** *ils **veul**ent*	*que je veuille* *que nous **voul**ions* *que tu veuilles* *que vous vouliez* *qu'il veuille* *qu'ils **veuill**ent*	*je **voul**ais*	*j'ai **voulu***	*je **voudr**ai*	*je **voudr**ais*	*veuillez*

Regular Verbs

VERBE INFINITIF	PRÉSENT DE L'INDICATIF	PRÉSENT DU SUBJONCTIF	IMPARFAIT	PASSÉ COMPOSÉ	FUTUR	CONDITIONNEL	IMPÉRATIF
verbes **-er**							
regarder to look at	je regarde tu regardes il regarde ils **regard**ent nous regardons vous regardez	que je regarde que tu regardes qu'il regarde qu'ils **regard**ent que nous regardions que vous regardiez	je regardais tu regardais il regardait ils **regard**aient nous regardions vous regardiez	j'ai **regardé** tu as regardé il a regardé ils ont regardé nous avons regardé vous avez regardé	je regarderai tu regarderas il regardera ils **regarder**ont nous regarderons vous regarderez	je regarderais tu regarderais il regarderait ils **regarder**aient nous regarderions vous regarderiez	regarde regardons regardez
verbes **-ir**							
dormir to sleep	je dors tu dors il **dor**t ils **dorm**ent nous dormons vous dormez	que je dorme que tu dormes qu'il dorme qu'ils **dorm**ent que nous dormions que vous dormiez	je dormais tu dormais il dormait ils **dorm**aient nous dormions vous dormiez	j'ai **dormi** tu as dormi il a dormi ils ont dormi nous avons dormi vous avez dormi	je dormirai tu dormiras il dormira ils **dormir**ont nous dormirons vous dormirez	je dormirais tu dormirais il dormirait ils **dormir**aient nous dormirions vous dormiriez	dors dormons dormez
verbes **-ir/-iss**							
finir to finish	je finis tu finis il **fini**t ils **finiss**ent nous finissons vous finissez	que je finisse que tu finisses qu'il finisse qu'ils **finiss**ent que nous finissions que vous finissiez	je finissais tu finissais il finissait ils **finiss**aient nous finissions vous finissiez	j'ai **fini** tu as fini il a fini ils ont fini nous avons fini vous avez fini	je finirai tu finiras il finira ils **finir**ont nous finirons vous finirez	je finirais tu finirais il finirait ils **finir**aient nous finirions vous finiriez	finis finissons finissez
verbes **-re**							
attendre to wait for	j'attends tu attends il **attend** ils **attend**ent nous attendons vous attendez	que j'attende que tu attendes qu'il attende qu'ils **attend**ent que nous attendions que vous attendiez	j'attendais tu attendais il attendait ils **attend**aient nous attendions vous attendiez	j'ai **attendu** tu as attendu il a attendu ils ont attendu nous avons attendu vous avez attendu	j'attendrai tu attendras il attendra ils **attendr**ont nous attendrons vous attendrez	j'attendrais tu attendrais il attendrait ils **attendr**aient nous attendrions vous attendriez	attends attendons attendez
verbes pronominaux							
se laver to wash oneself	je me lave tu te laves il se lave ils se **lav**ent nous nous lavons vous vous lavez	que je me lave que tu te laves qu'il se lave qu'ils se **lav**ent que nous nous lavions que vous vous laviez	je me lavais tu te lavais il se lavait ils se **lav**aient nous nous lavions vous vous laviez	je me suis **lavé/e** tu t'es lavé/e il s'est lavé/elle s'est lavée ils/elles se sont lavés/lavées nous nous sommes lavé/e/s vous vous êtes lavé/e/s	je me laverai tu te laveras il se lavera ils se **laver**ont nous nous laverons vous vous laverez	je me laverais tu te laverais il se laverait ils se **laver**aient nous nous laverions vous vous laveriez	lave-toi lavons-nous lavez-vous

Comme **dormir** : *partir, servir, sortir.*
Comme **finir** : *choisir, désobéir à, grandir, grossir, maigrir, obéir à, pâlir, punir, réfléchir, remplir, réussir à, rougir.*
Comme **attendre** : *descendre, entendre, perdre, rendre à, rendre visite à, répondre à, vendre.*

APPENDIX 4
Lexique français-anglais

This glossary lists most French words found in the text. The vocabulary can be divided into two types: productive vocabulary and receptive vocabulary. Productive vocabulary words appear in the **Points de départ** and **Formes et fonctions** sections; these words reappear periodically. You are expected to recognize these words when you read and hear them and to use them yourself in exercises and conversational activities. All other words, including those presented in readings and realia, are receptive vocabulary; you are expected only to recognize them and to know their meanings when you see them in written form or hear them in context.

- For all productive vocabulary items, the numbers following an entry indicate the chapter and lesson in which that vocabulary item is first introduced. Since verbs in their infinitive form are occasionally introduced as vocabulary items before their conjugation is presented, refer to the Index to locate where the conjugation is introduced.
- The gender of nouns is indicated by the abbreviations *m.* for masculine and *f.* for feminine. Feminine and masculine nouns that are closely related in meaning and identical or similar in pronunciation are listed under a single entry: **architecte** *m./f.;* **étudiant** *m.,* **étudiante** *f.* Nouns that occur only in the plural form are followed by the gender indication and *pl.:* **beaux-arts** *m. pl.,* **vacances** *f. pl.*.
- Adjectives with differing masculine and feminine written forms are shown in the masculine form followed by the feminine ending: **allemand/e, ambitieux/-euse, canadien/ne.** For adjectives whose masculine and feminine forms vary considerably, both forms are listed: **cher/chère.** Special prenominal forms of adjectives are given in parentheses: **beau (bel), belle.** When necessary for clarity, adjectives and adverbs are indicated by *adj.* and *adv.,* respectively.
- An asterisk (*) before a word indicates that the initial **h** is aspirate.
- The hashmark (†) appears after productive verbs showing some irregularity in conjugation; these verbs appear in their full conjugation in the verb charts, Appendix 3. Verbs showing irregularities in conjugation that are considered part of receptive vocabulary are not indicated in the glossary since you are only expected to recognize and not produce these verbs. For verbs that require a preposition under certain conditions, the latter appears in parentheses: **commencer (à), (il commence son travail, il commence à travailler);** for verbs that always require a preposition, the preposition is indicated without parentheses: **s'occuper de (il s'occupe de moi).**

A

à to, at, in, on, 1, 1
abominable abominable
s'abonner (à) to subscribe (to), 12, 2
d'abord first (of all), 9, 2
abordable approachable
absence absence
absent/e absent, missing, 9, 1
absolument absolutely
accent accent
accepter to accept, 6, 3
accès *m.* access
accessoire *m.* accessory
accident *m.* accident
accompagner to accompany, 6, 3
d'accord agreed, OK
  Je suis d'accord ... I agree ..., 12, 3
  Je ne suis pas d'accord ... I disagree ..., 12, 3
accordéon accordion
accueillir to welcome
achat *m.* purchase
acheter † to buy, 4, 3
aquarium *m.* aquarium
acteur *m.,* **actrice** *f.* actress/actor, 4, 2
action *f.* action
actif/-ive active, 3, 2
activités *f.* activities
actuel/le current
acupuncture *f.* acupuncture

addition *f.* bill, 7, 1
adresse *f.* address
adjectif *m.* adjective
admettre to admit
administration *f.* administration
administratif/-ive administrative
admirer to admire
adolescent/e adolescent
adorable adorable
adorer to adore, love, 3, 2
adulte *m.* adult
adulte *adj.* adult
adverbe *m.* adverb
aérobique *f.* aerobics
aéroport *m.* airport, 10, 1
aérosol *m.* aerosol
affaires *f. pl.* belongings, things, 8, 2
affectueux/-euse affectionate, warm-hearted, 9, 3
affiche *f.* poster, 1, 2
affirmatif/-ive affirmative
afin de + inf. in order to + verb
Afrique *f.* Africa, 10, 2
âge *m.* age, 2, 2
  Quel est ton/votre âge? What is your age?, 2, 2
  Quel âge as-tu/avez-vous? How old are you?, 2, 2
  d'un certain âge middle-aged, 3, 1
âgé/e elderly, old, 3, 1
agenda *m.* datebook
agent de police *m./f.* police officer, 4, 2
s'agir de to be about, 12, 1
  il s'agit de ... it's about, 12, 1
agneau *m.* lamb
agréable pleasant, 8, 2
agricole agricultural
agriculteur *m.*, **agricultrice** *f.* farmer
aider to help, 4, 2
ail *m.* garlic
aimable lovable, 9, 3
aimer to like, to love, 2, 3
  aimer beaucoup to like or love a lot, 3, 2
  aimer bien to like fairly well, 3, 2
  aimer mieux to prefer, 11, 2
aîné/e older (brother/sister)
ainsi thus, in such a way
air *m.* air, 11, 3
  avoir l'air (bon) to appear/seem (good), 7, 3
  en plein air outdoors, 4, 2
aisance *f.* ease
aisé/e easy
ajouter to add
alarme *f.* alarm
album *m.* album
alcool *m.* alcohol
alcoolisé/e *adj.* containing alcohol, 7, 1
alerte *adj.* alert
Algérie *f.* Algeria, 10, 2
algérien/ne Algerian, 10, 2
aliments *m.* food, 7, 2
Allemagne *f.* Germany, 10, 2
allemand/e German, 4, 1
aller † to go, 3, 3
  Ça ne va pas. Things aren't going well., 1, 1
  Ça va, et toi? Fine, and you?, 1, 1
  Comment allez-vous? How are you?, 1, 1
allô hello (telephone only), 4, 3
allumer to turn on (an appliance), 12, 1
alors then, so, 5, 1
alphabet *m.* alphabet
alpinisme *m.* mountain climbing, 6, 2
  faire de l'alpinisme to go mountain climbing, 6, 2
ambassadeur *m.*, **ambassadrice** *f.* ambassador
ambitieux/-euse ambitious, 3, 1
améliorer to improve
amener † to bring (along) a person, 5, 3
américain/e American, 10, 2
Amérique *f.* **du nord** North America, 10, 2
Amérique *f.* **du sud** South America, 10, 2
ami *m.*, **amie** *f.* friend, 1, 1
amoureux/-euse in love, 9, 3
amphithéâtre *m.* amphitheater, lecture hall, 3, 3
amusant/e funny, 3, 1
s'amuser to have fun, 9, 3
an *m.* year, 2, 2
  J'ai 39 ans. I am 39 years old., 2, 2
analyse *f.* analysis
analytique analytical
anchois *m.* anchovy
ancien/ne old, ancient, 8, 2; former, 10, 1
angine *f.* strep throat, tonsillitis, 11, 1
anglais/e English, 4, 1
Angleterre *f.* England, 10, 2
angoisse *f.* anguish
angoissé/e anguished
animal *m.* animal, 2, 1
  animal familier *m.* pet, 2, 1
animateur *m.*, **animatrice** *f.* organizer
animation *f.* animation, excitement
animé/e animated, excited
année *f.* year, 3, 3
anniversaire *m.* birthday, 1, 3
annonce *f.* advertisement, 4, 3
annoncer to announce
annonceur *m.*, **annonceuse** *f.* announcer
annuaire *m.* phone book
anorak *m.* parka with hood, 5, 3
anthropologie *f.* anthropology, 4, 1
antibiotique *m.* antibiotic, 11, 1
anxiété *f.* anxiety

anxieux/-euse anxious, 9, 3
août August, 1, 3
apéritif (apéro) *m.* before-meal drink, 7, 2
appareil-photo *m.* camera, 10, 1
appartement *m.* apartment, 5, 1
appartement sous le toit attic apartment, 8, 2
appartenir to belong
appel *m.* call, 4, 3
appeler † to call, 5, 3
s'appeler to be called, 9, 3
Je m'appelle My name is..., 1, 1
appliquer to apply (something)
apporter to bring (an object), 8, 1
apprécier to appreciate
apprendre † to learn, 7, 1
apprentissage *m.* apprenticeship, learning
approprié/e appropriate
après after, 3, 3
après-midi *m.* afternoon, 2, 3
d'après vous according to you
de l'après-midi in the afternoon, P.M., 5, 2
aquarelle *f.* watercolor
arabe *m.* Arabic, 10, 2
araignée *f.* spider
arbre *m.* tree, 8, 3
archéologie *m.* archaeology
archipel *m.* archipelago
architecte *m./f.* architect, 4, 2
architecture *f.* architecture
argent *m.* money, 4, 3
argentin/e Argentinian, 10, 2
Argentine *f.* Argentina, 10, 2
argot *m.* slang
argotique *adj.* slang
argument *m.* argument
armoire *f.* armoire, 8, 2
s'arranger to be all right, to work out, 9, 3
arrêt *m.* stop
arrêter to stop
s'arrêter to stop oneself, 10, 1
arrière back, rear
arrière-grand-parent *m.* great-grandparent
arriver to arrive, 2, 3
arrondir to make round
arrondissement *m.* city district
arroser to water; to celebrate with wine or champagne
art *m.* art
articles de toilette *m.* toiletries, 5, 1
artifice *f.* artifice
artificiel/le artificial
artiste *m./f.* artist
artistique artistic
ascenseur *m.* elevator, 8, 1
Asie *f.* Asia, 10, 2
aspect *m.* aspect
asperges *f.* asparagus, 7, 2
aspirine *f.* aspirin, 11, 1
s'asseoir † to sit down, 9, 3
Asseyez-vous! Sit down!, 1, 2
assez rather, enough, 2, 1
assiette *f.* plate, 7, 3
assistant social *m.*, **assistante sociale** *f.* social worker, 4, 2
assister à to attend, 6, 3
associé/e associate(d)
assurance *f.* insurance
assuré/e insured
astrologie *f.* astrology
astrologue *m./f.* astrologer
astronomie *f.* astronomy, 4, 1
athlète *m./f.* athlete
atlas *m.* atlas, 12, 2
atmosphérique atmospheric
attendre to wait (for), to expect, 4, 3
attention *f.* attention
faire attention to pay attention; to be careful, 6, 2
attentivement attentively
attirant/e attractive
attraper to catch
au (à + le)
au revoir goodbye, 1, 1
auberge *f.* inn, 10, 3
auberge de jeunesse *f.* youth hostel, 10, 3
augmenter to increase
auprès de next to, close to
aussi also
aussi … que as … as, 5, 2
aussitôt que as soon as
Australie *f.* Australia 10, 2
australien/ne Australian, 10, 2
autant … que as much … as, 5, 2
auteur *m.* author
auto(mobile) *f.* car
autobus *m.* city bus
automatique automatic
automne *m.* fall, 6, 1
autonome independent, 4, 2
autonomie *f.* autonomy
autoritaire authoritarian, 9, 1
autorité *f.* authority
autoroute *f.* highway
autour around
autre other
autrefois in the past
autrement otherwise
aux (à + les)
avance: en avance early, 5, 2
avant de + inf. before …, 12, 2
avant-hier the day before yesterday, 6, 1
avantage *m.* advantage
avec with, 2, 3
avenir *m.* the future, 9, 1
aventure *f.* adventure, 12, 1
aventurier *m.*, **aventurière** *f.* adventurer
avenue *f.* avenue
avion *m.* plane, 10, 1
avis *m.* opinion, 12, 3
à mon avis, ... in my opinion, ..., 12, 3
avocat *m.*, **avocate** *f.* lawyer, 4, 2
avoir † to have, 2, 2
avril April, 1, 3

B

bac(calauréat) *m.* high-school leaving exam, (France), 4, 1
bacc(alauréat) (en) *m.* B.A. or B.S. degree (in), (Can.) 4, 1
bacon *m.* bacon, 7, 2
bagage *m.* luggage, 10, 3
bagnole *f.* car *(colloq.)*
baguette *f.* French bread (long, thin loaf), 7, 3
baignoire *f.* bathtub, 10, 3
bain *m.* bath
  prendre un bain to take a bath
baisser to lower
bal *m.* ball, dance
balade *f.* walk
balcon *m.* balcony, 8, 1
ballet *m.* ballet
banaliser to make commonplace
banane *f.* banana, 7, 2
bande dessinée (BD) *f.* comic, comic strip, 12, 2
banlieue *f.* suburbs, 8, 1
banque *f.* bank
banque de données *f.* database, 12, 3
baptême *m.* baptism, 9, 2
bar *m.* bar
bas low
  en bas downstairs
basilic *m.* basil
basket(-ball) *m.* basketball, 3, 2
bateau à voile *m.* sailboat, 8, 3
bateau *m.* boat, 10, 1
bâtiment *m.* building, 5, 1
batterie *f.* percussion, drum set, 3, 2
beau (bel), belle beautiful, handsome, 3, 1
  Il fait beau. It's beautiful weather., 6, 1
beaucoup a lot, 2, 1
beau-frère *m.* brother-in-law, 9, 1
beau-père *m.* stepfather, father-in-law, 2, 1
beaux-arts *m. pl.* fine arts, 4, 1
beige beige, 5, 3
belge Belgian, 10, 2
Belgique *f.* Belgium, 10, 2
belle-mère *f.* stepmother, mother-in-law, 2, 1
belle-sœur *f.* sister-in-law, 9, 1
besoin *m.* need, 10, 1
  avoir besoin de to need, 10, 1
bête stupid, 3, 1
béton *m.* cement
beurre *m.* butter, 7, 2
bibliothèque *f.* library, 3, 3
  bibliothèque universitaire (la BU) *f.* university library, 3, 3
bien well, fine, 1, 1
bien sûr of course, 3, 1
bientôt soon, 3, 3
  à bientôt see you soon, 1, 1
bière *f.* beer, 7, 1
bifteck *m.* beefsteak, 7, 3
  bifteck haché *m.* ground beef, 7, 3
bijou *m.* piece of jewelry, 5, 3
bilingue bilingual
billet (d'avion) *m.* (airplane) ticket, 6, 2
billet *m.* bill (paper currency), 4, 3
biographie *f.* biography, 12, 2
biologie *f.* biology, 4, 1
biscuits *m.* cookies, 7, 2
bise *f.* kiss
  faire une bise to kiss hello/goodbye on the cheeks
blanc/he white, 5, 3
bleu/e blue, 5, 3
blond/e blond, 3, 1
bloquer to block
blouson *m.* heavy jacket, 5, 3
bogue *f.* computer bug
boire † to drink, 7, 1
bois *m.* woods, 8, 3
boîte *f.* can, 7, 3
bol *m.* bowl, 7, 2
bonbon *m.* piece of candy
bon/ne good, 4, 1
  Bonne année! Happy New Year!, 9, 2
  Bon anniversaire! Happy birthday!, 9, 2
  bonjour hello, 1, 1
  bon marché cheap, 5, 3
  bonsoir good evening, 1, 1
  Il fait bon. It's nice weather., 6, 1
bonheur *m.* happiness
bord edge, shore
  au bord (du lac) at the shore (of the lake), 8, 3
bord de la mer *m.* seashore, 8, 3
borgne one-eyed
bosser to work (*colloq.*), 9, 1
botanique *f.* botany, 4, 1
botte *f.* boot, 5, 3
bouche *f.* mouth, 11, 1
boucher *m.*, **bouchère** *f.* butcher
boucherie *f.* butcher shop
bouffer to eat (*colloq.*)
bouger to move, 9, 1
bougie *f.* candle, 9, 2
bouillabaisse *f.* seafood stew
bouillir to boil
boulanger *m.*, **boulangère** *f.* baker
boulangerie *f.* bakery
boulevard *m.* boulevard
boulot *m.* work (*colloq.*)
boum *f.* party, 3, 2
bout *m.* tip, end
bouteille *f.* bottle, 7, 2
branché/e plugged in, connected with
bras *m.* arm, 11, 1
bravo! great! well done!, 6, 2
bref/ brève brief
Brésil *m.* Brazil, 10, 2
brésilien/ne Brazilian, 10, 2
Bretagne *f.* Brittany
breton/ne Breton
bricolage *m.* puttering around, odd jobs, 8, 3
bricoler to do odd jobs around the house, 3, 2
brochure *f.* brochure, pamphlet
brodé/e embroidered

bronchite *f.* bronchitis, 11, 1
brosse *f.* **à dents** toothbrush, 5, 1
se brosser to brush one's—, 5, 1
  se brosser les cheveux to brush one's hair, 5, 1
  se brosser les dents to brush one's teeth, 5, 1
brouillard *m.* foggy, 6, 1
  Il y a du brouillard. It's foggy., 6, 1
brouillon *m.* rough draft
browser *m.* web browser
bruit *m.* sound, noise, 11, 3
brûlé/e burned
brun/e brunette, 3, 1
bruncher to have brunch
bruyant/e noisy
budget *m.* budget
bureau *m.* desk, office, 1, 2
bus *m.* (city) bus, 10, 1
butineur *m.* web browser

C

ça that
  Ça va? It's going fine., 1, 1
  C'est ça. That's right., 4, 3
  Comment ça va? How's it going?, 1, 1
cabinet *m.* office (doctor's)
câble *m.* cable (television)
cacahouète *f.* peanut
cadeau *m.* present, gift, 9, 2
cadre *m.* business executive; frame (for a picture)
café *m.* café, 3, 3; coffee, 7, 1
  café au lait with milk, 7, 1
  café crème with cream, 7, 1
caféine *f.* caffeine
cahier *m.* notebook, 1, 2
caisse *f.* cash register
caissier *m.*, **caissière** *f.* cashier, 4, 3
calculatrice *f.* calculator
calendrier *m.* calendar
calme calm, 2, 1
se calmer to calm down, 9, 3
camarade *m./f.* friend, buddy
  camarade de chambre *m./f.* roommate, 2, 1
  camarade de classe *m./f.* classmate, 1, 1
Cameroun *m.* Cameroon, 10, 2
camerounais/e Cameroonian, 10, 2
caméscope *m.* camcorder
campagne *f.* countryside, 6, 2
  à la campagne *f.* in the country, 6, 2
camping *m.* campground, 10, 3
  faire du camping to camp, to go camping, 6, 2
camping-car *m.* RV, 10, 3
le campus *m.* campus, 3, 3
Canada *m.* Canada, 10, 2
canadien/ne Canadian, 10, 2
canapé *m.* couch, 8, 2
candidat *m.* candidate
canne *f.* cane
canoë *m.* canoe
capacité *f.* ability
car *m.* excursion bus, 10, 1
caractère *m.* nature
carafe *f.* **(d'eau)** carafe (of water), 7, 2
caravane *f.* camper (vehicle), 10, 3
carnet d'adresses *m.* address book, 10, 1
carotte *f.* carrot, 7, 3
carnet *m.* small notebook
carrière *f.* career, 4, 2
carte *f.* map, 2, 1; card, 3, 2
  carte bancaire *f.* debit card, 10, 1
  carte de crédit *f.* credit card, 10, 1
  carte météorologique weather map
  jouer aux cartes to play cards
cas *m.* case
casse-croûte *m.* snacks, 7, 1
casser to break
cassette *f.* cassette tape, 1, 2
catégorie *f.* category
cathédrale *f.* cathedral
catholicisme *m.* Catholicism
catholique Catholic
cause *f.* cause
  à cause de due to, because of
causer to cause
cave *f.* wine cellar
CD-ROM *m.* (cédérom) CD-ROM, 12, 3
ce (c') it, that
  c'est ... it is ..., 1, 1
  ce sont ... they are ..., 1, 1
ce (cet), cette this, that, 8, 1
  ces these, those, 8, 1
céder to relinquish
ceinture *f.* belt
cela that
célèbre famous, 12, 1
célibataire single, 2, 1
célébrer to celebrate
célébrité *f.* celebrity
céleste celestial
cendre *f.* ash
cendrier *m.* ashtray
cent hundred, 4, 3
centre *m.* center
  centre informatique *m.* computer center, 3, 3
  centre-ville *m.* downtown, 8, 1
cependant however
céramique ceramic
céréales *f. pl.* cereal, 7, 2
cérémonie *f.* ceremony
  cérémonie civile *f.* civil wedding, 9, 2
certain/e certain
certainement certainly
ces see **ce**
chacun/e each one
chaîne *f.* TV (or radio) station, 12, 1
chaise *f.* chair, 1, 2
chambre *f.* a bedroom, 5, 1
champ *m.* field, 8, 3
champignon *m.* mushroom, 7, 3
champion *m.*, **championne** *f.* champion

championnat *m.* championship
chance *f.* luck, 9, 1
  avoir de la chance to be lucky, 9, 1
changement *m.* change
changer to change
chanson *f.* song
chant *m.* singing
chanter to sing, 2, 3
chanteur *m.*, **chanteuse** *f.* singer, 4, 2
chapeau *m.* hat, 5, 3
chapelle *f.* chapel
chaque each
charcuterie *f.* pork butcher shop; cooked pork meats
charmant/e charming
charges *f. pl.* utilities
chariot *m.* shopping cart
chasse *f.* hunting
chat cat, 2, 1
château *m.* castle
chaud hot, 6, 1
  Il fait chaud. It's hot (weather)., 6, 1
  J'ai chaud. I'm hot/cold., 6, 1
chaudron *m.* cauldron
chauffeur *m.* driver
chausser to put shoes on
chaussette *f.* sock, 5, 3
chausson *m.* slipper
chaussure *f.* shoe, 5, 3
chef *m.* boss; chef
chemise *f.* man's shirt, 5, 3
chemisier *m.* blouse, 5, 3
cher/chère expensive, 5, 3
chercher to look for, 4, 2
cheval *m.* horse, 6, 2
  faire du cheval to go horseback riding, 6, 2
cheveux *m. pl.* hair, 11, 1
cheville *f.* ankle, 11, 1
chez at the home of, at the place of, 2, 1
Chic (alors)! Great!, 5, 2
chic chic, stylish, 5, 3
chien *m.* dog, 2, 1
chiffre *m.* numeral, digit
chimie *f.* chemistry, 4, 1
Chine *f.* China, 10, 2
chinois/e Chinese, 10, 2
chocolat chaud *m.* hot chocolate, 7, 1
choisir to choose, 7, 2
choix *m.* choice
cholestérol *m.* cholesterol
chômage *m.* unemployment
choquant/e shocking
chorale *f.* choir, 2, 3
chose *f.* thing
chou *m.* cabbage
choucroute *f.* sauerkraut
chouette! neat!, 6, 2
ci-dessous below
ci-dessus above
cidre *m.* cider
ciel *m.* sky, 6, 1
  Le ciel est couvert. The sky is overcast., 6, 1
cigarette *f.* cigarette
cimetière *m.* cemetery
cinéaste *m.* filmmaker
cinéma *m.* cinema
cinématographe *m.* cinematograph
cinq five, 1, 3
cinquante fifty, 2, 2
cinquième fifth, 5, 1
circoncision *f.* circumcision
circulation *f.* traffic
citer to cite
citoyen *m.*, **citoyenne** *f.* citizen
citron *m.* lemon, 7, 1
  citron pressé *m.* lemonade, 7, 1
clair/e clear, 11, 3
classique classic; classical (music)
clavier *m.* keyboard, 12, 3
clé *f.* key, 10, 1
climat *m.* climate
clinique *f.* private hospital, 3, 1
coca(-cola) *m.* cola, 7, 1
cocher to check off
code *m.* code
cœur *m.* heart, 11, 1
  avoir mal au cœur to be nauseated, 11, 1
coin *m.* corner
  au coin de at the corner (of), 10, 3
  coin cuisine *m.* kitchenette, 8, 2
colère *f.* anger, 9, 3
  en colère angry, 9, 3
colis *m.* package
collant *m.* pantyhose, 5, 3
collège *m.* middle school, 4, 2
collier *m.* necklace
colline *f.* hill, 8, 3
Colombie *f.* Colombia, 10, 2
colombien/ne Colombian, 10, 2
colonie *f.* colony
  colonie de vacances *f.* summer camp
colonne *f.* column
combattre to combat
combien how much, 3, 1
  combien de how many, 3, 1
combinaison *f.* combination
combiner to combine
comédie *f.* comedy, 12, 1
commander to order
comme like, as, 3, 1
  Comme-ci, comme-ça. So-so., 1, 1
commencer † to begin, to start, 3, 3
comment how, 3, 1
  Comment ça va? How's it going?, 1, 1
  Comment dit-on …? How do you say …?, 1, 2
  Comment tu t'appelles? What is your name?, 1, 1
  Comment vous appelez-vous? What is your name?, 1, 1
commentaire *m.* comment
commerçant *m.*, **commerçante** *f.* merchant
commission *f.* errand, message

communauté *f.* community
communément communally, in common
communication *f.* communication, 4, 1
communiquer to communicate
compagnie *f.* company
comparaison *f.* comparison
comparer to compare
complet *m.* man's suit, 5, 3
compliment *m.* compliment
compliqué/e complicated
comportement *m.* behavior
composé/e composite
composition *f.* composition, essay, 4, 1
compréhension *f.* comprehension
comprendre † to understand, 7, 1
  Je ne comprends pas. I don't understand., 1, 2
compris/e *adj.* included
comptabilité *f.* accounting, 4, 1
comptable *m./f.* accountant, 4, 2
compte *m.* account
compter to count
comptine *f.* nursery rhyme
concept *m.* concept
concerner to concern
concert *m.* concert, 3, 2
concierge *m./f.* manager, caretaker
concombre *m.* cucumber, 7, 3
condamner to condemn
condiments *m.* condiments, 7, 3
conduire to drive
confiture *f.* jam, 7, 2
conflit *m.* conflict
conformiste conformist, 2, 1
confort *m.* comfort
confortable comfortable (material objects), 8, 2
congé *m.* leave
congélateur *m.* freezer
conjonction *f.* conjunction
connaître † to know, be familiar with, 9, 3
connecté/e connected
conquête *f.* conquest
conseil *m.* piece of advice
conseiller to advise
conseiller *m.*, **conseillière** *f.* advisor
conséquence *f.* consequence
conservation *f.* conservation
conservateur/-trice conservative
conserver to store
consister to consist
consommateur *m.*, **consommatrice** *f.* consumer
consommation *f.* drink
construire to construct, build
consulter to consult
contaminer to contaminate, 11, 3
contempler to contemplate
contenir to contain
content/e happy, 9, 3
continent *m.* continent, 10, 2
continuer to go on/keep going, 10, 3
contraire *m.* opposite
  au contraire, ... To the contrary, ..., 12, 3
contraste *m.* contrast
contribuer to contribute
contrôle *m.* inspection, control
convaincre to convince
convenir to suit
  Cela vous convient? Does this suit you?, 10, 3
copain *m.*, **copine** *f.* friend, 2, 3
copieux/-euse copious, hearty, 7, 2
corps *m.* body, 11, 1
correspondre to correspond
costume *m.* man's suit, 5, 3
côte *f.* coast
côté *m.* side
  à côté de next to, 8, 2
  de l'autre côté, ... on the other hand, ..., 12, 3
Côte-d'Ivoire *f.* Ivory Coast, 10, 2
côtelette *f.* **d'agneau** lamb chop, 7, 3
coton *m.* cotton
cou *m.* neck, 11, 1
se coucher to go to bed, 5, 1
coude *m.* elbow, 11, 1
couffin *m.* cradle
couler to flow, to run (a runny nose), 11, 1
couleur *f.* color, 5, 3
  de quelle couleur est ...? what color is ...?, 5, 3
couloir *m.* hallway, 8, 1
coup *m.* blow, strike, punch
  coup de soleil *m.* sunburn, 11, 1
couper to cut
couple *m.* couple
cour *f.* courtyard, 8, 1
courant/e current
  au courant up-to-date (for a person)
  courant d'air *m.* draft, breeze
courir to run, 5, 2
couronne *f.* crown
courriel *m.* e-mail message
courrier électronique *m.* e-mail, 12, 3
cours *m.* course, class, 3, 3
course *f.* errand
  faire des courses *f.* to run errands, 6, 2
  faire les courses *f.* to go grocery/food shopping, 7, 3
court/e short, 5, 3
cousin *m.*, **cousine** *f.* cousin, 2, 1
coussin *m.* cushion
coussinet *m.* small cushion
coûter to cost, 4, 3
coutume *f.* custom
couture *f.* sewing, dressmaking
couturier *m.* fashion designer
couturière *f.* dressmaker, seamstress
couvrir to cover
craie *f.* stick of chalk, 1, 2
cravate *f.* tie, 5, 3
crayon *m.* pencil, 1, 2
crème *f.* cream

crémerie *f.* dairy store
crevettes *f.* shrimp, 7, 3
crier to yell, 9, 3
crime *m.* crime
crise *f.* crisis
cristal *m.* crystal
critère *m.* criterion
critique *f.* critique, criticism, 12, 2
critique *m.* critic (person), 12, 2
croire † (à, en) to believe, 12, 1
  J e crois que ... I believe that ..., 12, 3
croissant *m.* croissant, 7, 2
croque-monsieur *m.* grilled ham and cheese sandwich, 7, 1
crudités *f. pl.* cut-up raw vegetables, 7, 1
cuiller, cuillère *f.* spoon
cuisine *f.* kitchen, 8, 1
  coin cuisine *m.* kitchenette, 8, 2
  faire la cuisine to cook, 7, 2
cuisinière *f.* stove, 8, 2
culturel/le cultural

D

dame *f.* lady, 1, 2
danger *m.* danger
dans in, into, 1, 2
danse *f.* dance, 4, 1
danser to dance, 2, 3
date *f.* date
datte *f.* date (fruit)
davantage more
de (d') from, of, about, 1, 1
débardeur *m.* sleeveless top, tank top
débarquer to disembark
debout standing, on one's feet
  être debout to be up, 5, 1
début *m.* beginning
décembre December, 1, 3
déception *f.* disappointment
décharge *f.* dump
déchet *m.* waste, refuse, 11, 3
décider to decide, 4, 1
déclaration *f.* declaration
décontracté/e relaxed
décorer to decorate
découvrir to discover
décrire † to describe, 9, 1
déçu/e disappointed, 11, 2
déduire to deduce
défaire to undo
défaite *f.* defeat, loss
défilé *m.* parade
définir to define
déforestation *f.* deforestation
degré *m.* degree; step
  Il faut vingt degrés. It's 20 degrees (Celsius).
dégueulasse disgusting *(colloq.)*
dehors outside
déjà already, 1, 3
déjeuner *m.* lunch, 7, 2
délicieux/-euse delicious, 7, 3
demain tomorrow, 3, 3
  à demain see you tomorrow, 1, 1
demander to ask, request, 8, 1
demi/e half
  demi-frère *m.* half-brother, 9, 1
  demi-kilo *m.* half-kilo, 7, 3
  demi-sœur *f.* half-sister, 9, 1
  demi-tour *m.* U-turn, 10, 3
  faire demi-tour to make a U-turn, 10, 3
  et demi/e and a half, 5, 2
démodé/e old-fashioned, out-of-date, 5, 3
dent *f.* tooth
dentifrice *m.* toothpaste, 5, 1
dentiste *m./f.* dentist, 4, 2
départ *m.* departure
dépasser to exceed
se dépêcher to hurry up, 9, 3
dépense *f.* expenditure
dépenser to spend
depuis since, when, 4, 1
  depuis combien de temps ...? for how long ...?, 4, 1
  depuis quand ...? since when ...?, 4, 1
dernier/-ière last, behind, 4, 1
derrière behind, 8, 2
des *pl.* some, 1, 3
dès que as soon as, 12, 3
désagréable disagreeable, 2, 1
désastre *m.* disaster
descendre to go down, 4, 3
descente *f.* descent
désert *m.* desert
se déshabiller to undress, 5, 1
désignation *f.* name, designation
désirer to desire, to want, 11, 2
désobéir à to disobey, 7, 2
désolé/e sorry, 6, 3
  Je suis désolé/e ... I am sorry ..., 6, 3
dessert *m.* dessert, 7, 2
dessin *m.* drawing, 4, 1
dessin animé *m.* cartoon, animated film, 12, 1
dessiner to draw
se détendre to relax, 8, 3
détester to detest, 3, 2
deux two, 1, 3
deuxième *m.* third, 5, 1
devant in front of, 8, 2
développement *m.* development
développer to develop
devenir † to become, 4, 2
devoir † must, to have to, should, 4, 2
devoirs *m. pl.* homework, 1, 2
  faire des devoirs *m.* to do homework, 6, 2
dialecte *m.* dialect
dialogue *m.* dialogue
dictionnaire *m.* dictionary, 12, 2
différer to differ
difficile difficult, 4, 1
dimanche Sunday, 2, 3
dîner to have dinner, 2, 3
dîner *m.* dinner, 7, 2

diplomate *m./f.* diplomat
diplôme *m.* degree, 4, 1
avoir un diplôme *m.* to have a degree, 9, 1
dire † to say, 8, 1
discipliné/e disciplined, 2, 1
discuter to have a discussion, to talk, 3, 3
disjoint/e disjointed
disparaître to disappear
disparition *f.* disappearance
disponible available
se disputer to argue, 9, 3
disquette *f.* diskette, 12, 3
distractions *f.* amusements/diversions, 6, 3
se distraire to amuse oneself, 12, 2
divers/e various
diversité *f.* diversity
divisé/e divided, split
divorcé/e divorced, 2, 1
divorcer to divorce, 9, 1
dix ten, 1, 3
dixième tenth, 5, 1
dix-huit eighteen, 1, 3
dix-huitième eighteenth, 5, 1
dix-neuf nineteen, 1, 3
dix-neuvième nineteenth, 5, 1
dix-sept seventeen, 1, 3
dix-septième seventeenth, 5, 1
doctorat *m.* doctorate, Ph.D.
documentaire *m.* documentary, 12, 1
doigt *m.* finger, 11, 1
doigt de pied *m.* toe, 11, 1
domaine *m.* area, field
dommage: C'est dommage … It's too bad. It's a pity., 6, 3
donc then, therefore, 3, 1
donner to give, 8, 1
donner sur to look onto or lead out to, 8, 1
dormir to sleep, 5, 2
dos *m.* back, 11, 1
dossier *m.* file, dossier
double double
doublé/e dubbed, 12, 1
douche *f.* shower
se doucher to shower, 5, 1
doué/e to be talented, 4, 2
douleur *f.* pain
doute *m.* doubt
douter que … to doubt that …
sans aucun doute without a doubt
sans doute probably
doux/douce gentle, 9, 3
douzaine *f.* dozen, 7, 3
douze twelve, 1, 3
douzième twelfth, 5, 1
drame psychologique *m.* psychological drama, 12, 1
dresser to set up, make
droit *m.* law, 4, 1; straight, 10, 3
tout droit straight ahead, 10, 3
droite *f.* right, 8, 2
à droite (de) to the right (of), 8, 2
drôle amusing, funny, strange, 3, 1
du (de + le)
dur/e hard
durer to endure, last
dynamique dynamic, 2, 1

E

eau *f.* water, 7, 1
eau minérale *f.* mineral water, 7, 1
eau potable *f.* drinkable water, 11, 3
échange *f.* exchange
échanger to exchange
échappement *m.* exhaust
échapper to escape
échecs *m. pl.* chess, 3, 2
échelle *f.* ladder
éclair *m.* lightning, 6, 1
Il y a des éclairs. There is lightning., 6, 1
école *f.* elementary school, 2, 3
économie *f.* economics, 4, 1
économique economical
économiser to save, economize, 11, 3
écotourisme *m.* ecotourism
écouter to listen, 1, 2
écouter de la musique to listen to music, 2, 3
écran *m.* screen, 12, 1
écrire † to write, 4, 1
Écrivez votre nom! Write down your name!, 1, 2
écrivain *m.* writer, 4, 2
écureuil *m.* squirrel
éducatif/-ive educational
effacer to erase, 1, 2
effet *m.* effect
efficace efficient
effort *m.* effort
égal/e equal
église *f.* Catholic church, 9, 2
égoïste selfish, 3, 1
élaborer to elaborate
élégance *f.* elegance
élégant/e elegant, 3, 1
éliminer to eliminate
elle *f.* she, her, it, 1, 1
elle-même *f.* herself
elles *f. pl.* they, them, 1, 1
elles-mêmes *f. pl.* themselves
emballage *m.* packaging, 11, 3
embarrassé/e embarrassed, 9, 3
embarquement *m.* boarding dock
embarquer to embark, to board a boat
embarras *m.* trouble
s'embrasser to kiss, 9, 3
émission *f.* program, 12, 1
emmener to bring someone along
émotion *f.* emotion
empêcher to prevent, 11, 3
employer to use
emporter to bring, to take with, 6, 1
emprunter to borrow, 8, 1
en in, to, at, 1, 1; some, any, 7, 3

enchanté/e delighted (to meet you), 1, 1
encore still, yet, again
encyclopédie *f.* encyclopedia, 12, 2
s'endormir to fall asleep, 5, 1
endroit *m.* place
énergique energetic, 3, 1
énervé/e irritable, 9, 3
s'énerver to become irritated/worked up, 9, 3
enfance *f.* childhood
enfant *m.* child, 2, 1
enfin finally
s'ennuyer † to become bored, 9, 3
ennuyeux/-euse boring, tedious, 4, 1
enquête *f.* poll
enseignement *m.* teaching, 12, 3
enseigner to teach
ensemble together, 2, 3
ensuite then, next, 9, 2
entendre to hear, 4, 3
s'entendre (avec) to get along (with), 9, 3
enthousiaste enthusiastic
entraîneur *m.* trainer, coach
entre between
entrée *f.* appetizer or starter, 7, 2; entrance, foyer, 8, 1
entreprise *f.* firm, place of business
entrer to go/come in, 6, 3
entretien *m.* interview
envie *f.*: **avoir envie de …** to want, desire …, 5, 3
environ about, approximately
environnement *m.* environment, 11, 3
envoyer to send
épaule *f.* shoulder, 11, 1
épeler † to spell, 5, 3
épices *f.* spices, 7, 2
épinards *m. pl.* spinach, 7, 3
épisode *m.* episode
époque *f.* era, time
époux *m.*, **épouse** *f.* spouse
équipe *f.* team
équipé/e equipped, 8, 2
équivalent *m.* equivalent
escalier *m.* staircase, stairs, 8, 1
espace *m.* place, space
Espagne *f.* Spain, 10, 2
espagnol/e Spanish, 4, 1
espion *m.* spy
espionnage *m.* spying, 12, 1
en espèces in cash
espérer † to hope
essai *m.* essay, 4, 1
essayer to try, 9, 1
s'essuyer † to dry off, towel off, 5, 1
estomac *m.* stomach, 11, 1
établir to establish
étage *m.* floor, 5, 1
premier étage *m.* second floor, 5, 1
étape *f.* stage, step (in a process)
état *m.* state
état civil *m.* marital status
éteindre † to turn off, 11, 3
éteindre les lumières to turn off the lights, 11, 3
Etats-Unis *m. pl.* the United States, 10, 2
été *m.* summer, 6, 1
étonnant/e surprising
étonné/e surprised, 11, 2
étranger/-ère foreign, 3, 3
être † to be, 1, 1
être d'accord to agree, 12, 3
être en train de + inf to be busy doing something, 5, 1
être humain *m.* human being
études *f.* studies, 4, 1
étudiant *m.*, **étudiante** *f.* student, 1, 2
Europe *f.* Europe, 10, 2
européen/ne European
eux *m. pl.* they, them, 1, 3
eux-mêmes *m. pl.* themselves
événement *m.* event
éventuel/le probable
éventuellement probably, perhaps
évident obvious, 11, 3
évier *m.* sink, 8, 2
éviter to avoid, 12, 3
exacte exact
exactement exactly
exagérer to exaggerate
examen *m.* exam, 3, 3
excès *m.* excess
exercer to exercise, exert
exercice *m.* exercise
exigeant/e demanding
exiger to require, to demand, 11, 2
exotique exotic
expérience *f.* experience; experiment
expliquer to explain, 8, 1
exposition *f.* exhibition, 6, 3
exprimer to express
extraterrestre *m.* extraterrestrial, alien
extrême extreme
extrêmement extremely

F

fabriquer to make, to produce
facture *f.* bill
fac(ulté) *f.* college, university, 3, 1
face *f.*: **en face (de)** facing, opposite, 10, 3
fâché/e angry, upset, 9, 3
se fâcher (avec) to get angry (at), 9, 3
facile easy
facilement easily
faim *m.* hunger, 7, 1
avoir faim to be hungry, 7, 1
faire † to do, to make, 4, 2
deux et deux font quatre 2+2=4 (equals), 6, 2
faire partie de to belong to, 9, 1
Ne t'en fais pas!/Ne vous en faites pas! Don't worry!, 9, 3
s'en faire (du souci) to worry
falloir † to be necessary, 11, 1
Il faut que … It is necessary that …, 11, 1

fameux/-euse famous
familial/e familial, related to family
familier/-ière familiar
famille *f.* family, 2, 1
famille étendue extended family, 9, 1
famille monoparentale single-parent family, 9, 1
famille nombreuse big family, 2, 1
famille reconstituée blended family, 9, 1
fanatique *m.* fan, fanatic, 3, 2
fantaisiste fantastic (not based in reality)
fantastique fantastic (great, wonderful); fantasy, 12, 1
film fantastique *m.* science-fiction film, 12, 1
fantôme *m.* phantom, ghost
fasciné/e fascinated
fatigué/e tired, 1, 1
faune *f.* wildlife, fauna
faut see **falloir**
faute *f.* mistake
faire une faute to make a mistake, 6, 2
fauteuil *m.* armchair, 8, 2
faux/-sse false
Félicitations! Congratulations!, 9, 2
féminin/e feminine
féminisation *f.* to make feminine (esp. names of professions)
femme *f.* wife, woman, 2, 1
femme au foyer *f.* housewife, 9, 1
fenêtre *f.* window, 1, 2
jour férié *m.* legal holiday
ferme *f.* farm, 8, 3
fermer to close, 1, 2
ferroviaire rail
fête *f.* holiday, party, 6, 1
feu rouge *m.* stoplight, 10, 3
feuilleton *m.* series, soap opera, 12, 1
feutre *m.* felt-tip pen, marker
fève *f.* bean
février February, 1, 3
fiançailles *f. pl.* engagement
fiancé/e engaged, 2, 1
se fiancer to get engaged, 9, 3
fichier *m.* computer file, 12, 3
fidèle faithful, 9, 3
fièvre *f.* fever, 11, 1
figure *f.* face, 5, 1
fille *f.* daughter, girl, 2, 1
film *m.* film, 12, 1
fils *m.* son, 2, 1
fin/e thin, 5, 3
final/e final, 4, 1
finalement finally, 12, 2
finir to finish, 7, 2
fleur *f.* flower
fleuve *m.* river, 11, 3
foie *m.* liver, 11, 1
fois *f.* time
x fois par semaine x times a week, 3, 2
folklorique folkloric
fonctionner to function
fondre to melt
football (foot) *m.* soccer, 2, 3
football américain *m.* American football, 3, 2
foraine: fête foraine *f.* fair
forcément by obligation
forêt *f.* forest, 8, 3
formation *f.* formation; training
avoir une formation to have training, 9, 1
forme *f.* shape
être en forme to be fine, 1, 1; in shape
former to form
formidable great
fort loudly, 9, 3
fort/e strong, stout, 3, 1
foulard *m.* silk scarf, 5, 3
foule *f.* crowd
four *m.* oven, 8, 2
fourchette *f.* fork
fourrure *f.* coat, fur
foyer *f.* household
frais/fraîche fresh, 7, 3
Il fait frais. It's cool (weather)., 6, 1
fraise *f.* strawberry, 7, 3
français/e French, 10, 2
France *f.* France, 10, 2
francophone French-speaking
frangin *m.*, **frangine** *f.* brother or sister *(colloq.)*
fréquence *f.* frequency
frère *m.* brother, 2, 1
frigo *m.* fridge
frites *f.* French fries, 7, 1
froid cold, 6, 1
Il fait froid. It's cold (weather)., 6, 1
J'ai froid. I'm hot/cold., 6, 1
fromage *m.* cheese, 7, 2
frottoir *m.* washboard
fruit *m.* fruit, 7, 2
fruits de mer *m. pl.* seafood, 7, 2
fruitier/fruitière *adj.* fruit
fumée *f.* smoke, 11, 3
fumer to smoke, 11, 2
fureteur/-euse prying, inquisitive
furieux/-euse furious, 9, 3
fuseau horaire *m.* time zone

G

gagner de l'argent to earn money, 4, 3
galette *f.* thin pancake; cake for the Epiphany
gant *m.* glove
gant de toilette *m.* wash mitt, 5, 1
garage *m.* garage, 8, 1
garantir to guarantee, 9, 1
garçon *m.* boy, 2, 2
gare *f.* train station, 10, 1
garer to park, 8, 1
gaspiller to waste, 11, 3
gâteau *m.* cake, 7, 3
gauche *f.* left, 8, 2
à gauche (de) to the left (of), 8, 2

gaz *m.* gas, 11, 3
gaz d'échappement *m. pl.* exhaust gas, 11, 3
gazeux/-euse carbonated, 7, 1
geler † to freeze, 6, 1
gêné/e bothered, embarrassed, 9, 3
général/e general
généralement generally
généreux/-euse generous, warm-hearted, 3, 1
genou *m.* knee, 11, 1
gens *m. pl.* people
gentil/le kind, nice, 3, 1
C'est gentil à toi/vous. That's kind (of you)., 6, 3
géographie *f.* geography, 4, 1
géologie *f.* geology, 4, 1
gestion *f.* business, 4, 1
gîte *m.* bed and breakfast, 10, 3
glace *f.* ice cream, 7, 1
glace au chocolat *f.* chocolate ice cream, 7, 1
glaçon *m.* ice cube, 7, 1
golf *m.* golf, 2, 3
gomme *f.* eraser, 1, 2
gorge *f.* throat, 11, 1
goût *m.* taste, liking
goûter *m.* afternoon snack, 7, 2
goutte *f.* drop, 11, 1
gouttes pour le nez *f.* nose drops, 11, 1
gouvernement *m.* government
grâce à thanks to
graisse *f.* fat, grease, 11, 2
gramme (gr) *m.* gram
grand magasin *m.* department store, 4, 3
grand/e tall, 3, 1
grandir to grow taller, to grow up (for children), 7, 2
grand-mère *f.* grandmother, 2, 1
grand-père *m.* grandfather, 2, 1
grands-parents *m.* grandparents, 2, 1
grave serious
graveur de CD *m.* CD burner, 12, 3
gravité *f.* gravity, seriousness
grignoter to snack, 11, 2
grillé/e grilled, toasted, 7, 2
grimper to climb up
grippe *f.* flu, 11, 1
gris/e gray, 5, 3
gros/se fat, 3, 1
grossir to gain weight, 7, 2
gueule *f.* jaws, jowls (of an animal)
guerre *f.* war
guide *m.* guide (tour guide or guidebook), 10, 3
guidé/e guided
guitare *f.* guitar, 2, 3
gymnase *m.* gym, 3, 3

H

s'habiller to get dressed, 5, 1
habitation *f.* dwelling, housing
habiter to live, 2, 3
d'habitude usually, 8, 3
***hamburger** *m.* hamburger, 7, 1
***haricot** *m.* bean, 7, 3
***haricot vert** *m.* green bean, 7, 2
harmonica *m.* harmonica, 3, 2
harmonie *f.* harmony
***haut** high
hebdomadaire *adj.* weekly
***hein!** huh!, understood?
heure *f.* hour, 4, 1,
Il est une heure. It's one o'clock., 5, 2
Quelle heure est-il? What time is it?, 5, 2
Vous avez l'heure? Do you have the time?, 5, 2
heurter to strike
heureusement luckily, 9, 1
heureux/-euse happy, 9, 3
hier yesterday, 6, 1
histoire *f.* history, 4, 1
histoires drôles *f.* jokes, 3, 1
historique historical, 12, 1
hiver *m.* winter, 6, 1
hockey *m.* hockey, 3, 2
***hollandais/e** Dutch, hollandaise (sauce)
***Hollande** *f.* Holland
***homard** lobster
homéopathie *f.* homeopathy, alternative medicine
homme *m.* man
homme au foyer *m.* house husband, 9, 1
hôpital *m.* public hospital, 4, 2
horreur *f.* horror, 12, 1
***hors** except; outside
hôte *m.* guest or host
hôtel *m.* hotel, 10, 3
huile *f.* oil, 7, 3
huile d'olive *f.* olive oil
huile usée *f.* wasted or used oil, 11, 3
huit eight, 1, 3
huitième eighth, 5, 1
huître *f.* oyster
humain/e human 11, 1
humide humid, 6, 1
Il fait humide. It's humid., 6, 1

I

ici here, 3, 3
idéal/e ideal
idée *f.* idea
idéaliste idealistic, 2, 1
il *m.* he, it, 1, 1
ils *m. pl.* they, 1, 1
il y a there is/are, 1, 2; ago, 6, 1
il y a deux jours two days ago, 6, 1
il n'y a pas de … there isn't/aren't …, 1, 2
Il n'y a pas de quoi. You're welcome., 1, 2
illogique illogical
illustre illustrious
imaginaire imaginary
imaginer to imagine
imbécile *m./f.* idiot
immense huge, immense
immeuble *m.* building, 8, 1
immigré/e immigrant

immobilier *m.* real estate business
immunodéficitaire immune-system deficient
impatience *f.* impatience
imper(méable) *m.* raincoat, 5, 3
importance *f.* importance
important important, 11, 1
imprimante *f.* printer, 12, 3
inclus/e included
inconvénient *m.* inconvenience
Inde *f.* India, 10, 2
indication *f.* sign, indication
indien/ne Indian, 10, 2
indifférence *f.* indifference
indigestion *f.* indigestion
indiquer to indicate
indiscipliné/e undisciplined, 2, 1
indiscret/ète indiscreet
indispensable necessary
individualiste individualistic, 2, 1
individu *m.* individual
individuel/le individual
indulgent/e indulgent, lenient, 9, 1
industriel/le industrial, 11, 3
infection *f.* infection, 11, 1
infirmerie *f.* health center/clinic, 3, 3
infirmier *m.,* **infirmière** *f.* nurse, 4, 2
informaticien *m.,* **informaticienne** *f.* programmer, 4, 2
informations *f.* news, 12, 1
informatique *f.* computer science, 4, 1
ingénieur *m.* engineer, 4, 2
innovateur/trice innovative
innovation *f.* innovation
inquiet/ète worried, uneasy, anxious, 9, 3
s'inquiéter † to worry, 9, 3
insensible insensitive
installer to put in, to install
instant *m.* moment, instant
instituteur *m.,* **institutrice** *f.* elementary teacher, 4, 2
s'instruire † to educate oneself, to improve one's mind, 12, 2
instrument *m.* instrument
insulter to insult
insupportable unbearable
intégrer to incorporate, integrate
intelligent/e intelligent, smart, 3, 1
intensité *f.* intensity
interactif/-ive interactive
interdiction *f.* ban
interdire to ban, to forbid
intéressant/e interesting, 4, 1
s'intéresser (à) to be interested (in), 4, 2
intérieur *m.* inside, interior
interlocuteur *m.* partner in dialogue, interlocutor
internaute *m.* Internet user
interpreter to interpret
interrogation *f.* quiz, 4, 1
intime intimate
invitation *f.* invitation
inviter to invite, 2, 3
irrégularité *f.* irregularity
irrégulier/-ière irregular
Italie *f.* Italy, 10, 2
italien/ne Italian, 10, 2
ivoirien/ne Ivorian, 10, 2

J

jalousie *f.* jealousy
jaloux/-ouse jealous, 9, 3
jambe *f.* leg, 11, 1
jambon *m.* ham, 7, 1
janvier January, 1, 3
Japon *m.* Japan, 10, 2
japonais/e Japanese, 10, 2
jardin *m.* garden, yard, 8, 3
jardiner to garden, to do some gardening
jaser to chatter, prattle
jaune yellow, 5, 3
jazz *m.* jazz, 3, 2
je (j') I, 1, 1
jean *m.* jeans, 5, 3
jet *m.* spurt, spray; jet
jeter † to throw/throw out, 5, 3
jeu *m.* game, 3, 2
  jeu de société *m.* board game, 3, 2
  jeu télévisé *m.* game show, 12, 1
  jeux électroniques *m. pl.* video games
jeudi Thursday, 2, 3
jeune young, 3, 1
jeûne *m.* fast
jeûner to fast
job (d'été) *m.* (summer) job, 4, 3
jogging *m.* 6, 2
  faire du jogging to go jogging, to jog, 6, 2
joie *f.* joy
joli/e pretty, 3, 1
jouer to play, 2, 3
  jouer une pièce to perform a play
  jouer à to play (a sport), 2, 3
  jouer de to play (an instrument), 2, 3
jour *m.* day, 4, 1
  ce jour-là that day, 6, 1
journal *m.* newspaper, 12, 2
  journal télévisé *m.* news broadcast, 12, 1
journalisme *m.* journalism, 4, 1
journaliste *m./f.* journalist, 4, 2
journée *f.* day, 5, 1
Joyeux Noël! Merry Christmas!, 9, 2
juger to judge
juillet July, 1, 3
juin June, 1, 3
jumelles/jumeaux twins, 2, 1
jupe *f.* skirt, 5, 3
jus d'orange *m.* orange juice, 7, 1
jusqu'à until, 5, 2
juteux/-euse juicy

K

kayak *m.* kayak
kilo *m.* kilo, 7, 3
kiosque *m.* newsstand, 12, 2

L

la (l') *f.* the, 1, 1; her, it, 7, 2
là there, 10, 3
labo(ratoire) *m.* laboratory, 3, 3
  labo(ratoire) de chimie *m.* chemistry lab, 3, 3
  labo(ratoire) de langues *m.* language lab, 3, 3
lac *m.* lake, 8, 3
laisser to leave (alone)
  laisser les lumières allumées to leave the lights on, 11, 3
  laisser passer des heures to waste time, 9, 1
lait *m.* milk, 7, 2
lampe *f.* lamp, 8, 2
lancer to throw
langagier/-ière linguistic, of language
langue *f.* language, 4, 1
  langue maternelle *f.* native language, 10, 2
  langue étrangère *f.* foreign language, 4, 1
lapin *m.* rabbit
large big, large, 5, 3
se laver to wash oneself, 5, 1
  se laver la figure to wash one's face, 5, 1
  se laver les mains to wash one's hands, 5, 1
leçon *f.* lesson, 2, 3
  leçon de chant *f.* singing lesson, 2, 3
lecteur *m.*, **lectrice** *f.* reader
lecteur de CD-ROM, de DVD *m.* CD-ROM, DVD drive, 12, 3
lecteur Zip *m.* Zip drive, 12, 3
lecture *f.* reading
leger/-ère light
légumes *m.* vegetables, 7, 2
les *pl.* the, 1, 3
lettre *f.* letter
lettres *f.* humanities, 4, 1
leur their, 2, 2; to them, 8, 1
lever † to raise, 5, 3
se lever † to get up, 5, 1
  Levez-vous! Get up/stand up!, 1, 2
lèvre *f.* lip, 11, 1
liaison *f.* linking
librairie *f.* bookstore, 3, 3
libre free (a person), 6, 3
  Je ne suis pas libre. I'm not free., 6, 3
lieu *m.* place
  au lieu de instead of, 11, 3
  avoir lieu to take place
  lieu de travail *m.* workplace, 4, 3
ligne *f.* line
  en ligne on-line, 12, 3
limonade *f.* lemon-lime soft drink, 7, 1
linguistique *f.* linguistics, 4, 1
lire † to read, 9, 1
  Lisez les mots ...! Read the words ...!, 1, 2
lit *m.* bed, 8, 2
litre *m.* liter, 7, 3
littérature *f.* literature, 4, 1
livre *m.* book, 1, 2
locataire *m.* tenant, renter
loger † to lodge, 10, 3
logiciel *m.* software program, 12, 3
loin (de) far from, 8, 3
loisir *m.* leisure time
long/longue long, 5, 3
longtemps a long time, 6, 1
  il y a longtemps a long time ago, 6, 1
lorsque when, 12, 3
loterie *f.* lottery, 3, 2
louer to rent
loyer *m.* rent, 8, 2
lui *m.* him, 1, 3; to him, to her, 8, 1
  lui-même *m.* himself
luisant/e gleaming, shining
lunaire lunar, pertaining to the moon
lundi Monday, 2, 3
lune *f.* moon, 11, 3
lunettes *f.* **de soleil** pair of sunglasses, 10, 1
lutte *f.* struggle; wrestling
lutter to struggle, fight
luxe *f.* luxury
luxueux/-euse luxurious
lycée *m.* high school, 3, 1

M

ma *f.* my, 2, 1
MacDo *m.* McDonald's restaurant
machine *f.* machine
macroéconomique *f.* macroeconomics
madame (Mme) Mrs., Ms, 1, 1
mademoiselle (Mlle) Miss, 1, 1
magasin *m.* store
magazine *m.* investigative news show, 12, 1; magazine, 12, 2
  magazine télé *m.* a listing of TV programs, 12, 1
magnétophone *m.* tape player, 1, 2
magnétoscope *m.* videocassette recorder
magnifique magnificent
mai May, 1, 3
maigre skinny, thin
maigrir to lose weight, 7, 2
maillot (de bain) *m.* swimsuit, 5, 3
main *f.* hand, 5, 1
maintenant now
maire *m.* mayor
mairie *f.* city hall, 9, 2
mais but, 2, 1
maison *f.* house, home, 2, 3
maîtrise *f.* mastery; M.A. or M.S. degree
majeur/e principal, major
majoritairement predominantly
mal *adv.* badly
mal *m.* **(maux** *pl.*) pain, ache, 11, 1
  avoir du mal à respirer to have difficulty breathing, 11, 1

avoir mal to hurt, 11, 1
avoir mal à la tête to have a headache, 11, 1
avoir mal au cœur to be nauseated, 11, 1
mal au cœur *m.* nausea, 11, 1
malade *adj.* sick, 1, 1
malade *m./f.* sick person, 11, 1
maladie *f.* sickness, disease, 11, 1
malgré in spite of
malheureux/-euse unhappy, unfortunate, 9, 3
manière de vivre *f.* way of life, 11, 3
manifestation *f.* protest, demonstration
manger † to eat, 3, 3
manque *m.* lack
manteau *m.* overcoat, 5, 3
manuel *m.* manual, handbook
maquillage *m.* makeup, 5, 1
se maquiller to put on makeup, 5, 1
marché *m.* market
mardi Tuesday, 2, 3
mari *m.* husband, 2, 1
mariage *m.* wedding, 9, 2
marié *m.*, **mariée** *f.* bridegroom/bride, 9, 2
marié/e married, 2, 1
se marier to get married, 9, 3
marin/e related to the sea
maritime coastal, seaside, maritime
Maroc *m.* Morocco, 10, 2
marocain/e Moroccan, 10, 2
marraine *f.* godmother, 9, 2
marron brown, 5, 3
mars March, 1, 3
masse *f.* group, mass
mathématiques *f.* **(les maths)** mathematics, 4, 1
matin *m.* morning, 2, 3
mauvais/e bad, 4, 1
Il fait mauvais. The weather's bad., 6, 1
maux see **mal**
mazurka *f.* Mazurka, Polish folk dance
me (m') me, to me, 1, 1
mécanicien *m.*, **mécanicienne** *f.* mechanic, 4, 2
méchant/e mean, naughty, 3, 1
médecin *m.* doctor (M.D.), 4, 2
médecine *f.* medicine, 4, 1
médicament *m.* medicine, drug, 11, 1
médiocre mediocre, 4, 1
se méfier to be suspicious
meilleur/e *adj.* better, best, 2, 1
meilleur/e ami/e *m./f.* best friend, 2, 1
Meilleurs vœux! Best wishes!, 9, 2
mél *m.* e-mail, 12, 3
melon *m.* cantaloupe, 7, 3
membre *m.* member, limb
même same
mémoire *m.* long essay, M.A. thesis
mémoire *f.* memory
mensuel/le monthly
mentionner to mention
merci thank you, 1, 2
mercredi Wednesday, 2, 3
mère *f.* mother, 2, 1
mériter to earn, merit
merveilleux/-euse marvelous, wonderful
mes *pl.* my, 2, 1
mésaventure *f.* misfortune
message *m.* message
messe *f.* Catholic mass
mesure *f.* measurement
météo *f.* the weather forecast, 6, 1
métier *m.* occupation, job, 4, 2
métissage *m.* intermixing, cross-breeding
métro *m.* subway, 10, 1
metteur en scène *m.* film or stage director, 12, 1
mettre † to put on, 6, 1
mettre la musique à fond to turn the music up loud
mettre la table to set the table
meublé/e furnished, 8, 2
meuble *m.* piece of furniture, 8, 2
mexicain/e Mexican, 10, 2
Mexique *m.* Mexico, 10, 2
midi noon, 5, 2
mieux better, 5, 2
mieux ... que better ... than, 5, 2
militaire military
mille thousand
milliard billion
million million
mince *adj.* thin, slender, 3, 1
Mince! Shoot!, 5, 2
mineur *m.* **(en)** minor, (Can.) 4, 1
minorité *f.* minority
minuit midnight, 5, 2
minute *f.* minute, 4, 1
mobylette *f.* moped, motor scooter, 10, 1
moche ugly, 3, 1
modalité *f.* form, modality
mode *f.* fashion, 5, 3
à la mode fashionable, 5, 3
moderne modern, 8, 2
modeste modest
modifier to modify
moelle *f.* marrow
moi me, 1, 3
moi-même myself
moins less, 5, 2
moins ... que less ... than, 5, 2
moins le quart a quarter past, 5, 2
moins vingt twenty past, 5, 2
mois *m.* month, 3, 3
moitié *f.* half
moment *m.* moment, 6, 1
à ce moment-là at that moment, 6, 1
mon *m.* my, 2, 1
mondial/e worldwide
moniteur *m.* monitor, 12, 3
moniteur *m.*, **monitrice** *f.* camp counselor

moniteur *m.*, **monitrice de ski** *f.* ski instructor, 3, 1
monnaie *f.* currency; change
mononucléose *f.* mononucleosis
monotone monotonous
monsieur (M.) Mr., 1, 1
monsieur *m.* man, 1, 2
monstre *m.* monster
montagne *f.* mountain, 6, 2
montée *f.* climb
monter to go up, 6, 3; to take up, carry up, 10, 3
montre *f.* watch, 5, 2
montrer to show, 1, 2
monument *m.* monument, 6, 2
se moquer to tease, mock
morceau *m.* piece, 7, 3
mortel/le mortal
mot *m.* word, 1, 2
moteur *m.* engine, 11, 3
moteur de recherche *m.* search engine, 12, 3
moto *f.* motorcycle, 10, 1
mouche *f.* fly (insect)
mourir † to die, 6, 3
moutarde *f.* mustard, 7, 3
moyen de transport *m.* means of transportation 10, 1
multiethnique multiethnic
multimédia multimedia
multiple multiple
municipal/e municipal
mur *m.* wall, 8, 2
mûr/e ripe, 7, 3
mûre *f.* blackberry
musée *m.* museum, 3, 3
musical/e *adj.* musical, 12, 1
musicien *m.*, **musicienne** *f.* musician, 3, 2
musique *f.* music, 2, 3
musulman/e Muslim
mystérieux/-euse mysterious
mythe *m.* myth

N

nager † to swim, 3, 2
naissance *f.* birth
naître † to be born, 6, 3
narratif/-ive narrative
natation *f.* swimming, 6, 2
  faire de la natation to swim, 6, 2
nationalité *f.* nationality
nature *f.* nature, 8, 3
ne ... pas not, 2, 3
ne … jamais never, 5, 1
ne ... rien nothing, 9, 1
nécessaire necessary, 11, 1
nécessité *f.* need, necessity
néerlandais/e Dutch
neiger to snow, 6, 1
nettoyer to clean, 11, 3
neuf nine, 1, 3
neuf/ve brand new, 8, 2
neuvième ninth, 5, 1
neveu *m.* nephew, 2, 1
nez *m.* nose, 11, 1
nièce *f.* niece, 2, 1
noir/e black, 5, 3
nom *m.* last name, 1, 2
nombre *m.* number
nombreux/-euse numerous
nommer to name
non non, 1, 1
  non plus neither
non-biodégradable non-biodegradable, 11, 3
normalement normally, 2, 3
nos *pl.* our, 2, 2
note *f.* grade, 4, 1
  avoir une note to have/receive a grade, 4, 1
notre *m./f.* our
nourricier/-ière nourishing
nourrir to nourish
nourriture *f.* food, nourishment
nous we, 1, 1; us, to us, 8, 2
  nous-mêmes ourselves
nouveau (nouvel), nouvelle new, 4, 1
  de nouveau again, 5, 1
nouvelle *f.* piece of news, 9, 3
nouvelles *f. pl.* the news
novembre November, 1, 3
nuage *m.* cloud, 6, 1
  Il y a des nuages. It's cloudy., 6, 1
nucléaire nuclear
nuisance *f.* environmental problem
nuit *f.* night, 5, 1
numéro *m.* number

O

obéir à to obey, 7, 2
obligatoire required, 4, 1
observer to observe
obtenir † to obtain, 9, 1
occupé/e busy, 1, 1
s'occuper de to take care of, 8, 3
Océanie *f.* South Pacific, 10, 2
octobre October, 1, 3
odeur *f.* odor
œil *m.* **(yeux** *pl.***)** eye, 11, 1
œuf *m.* egg, 7, 2
  œuf sur le plat *m.* fried egg, 7, 2
œuvre *f.* work (esp. literary or artistic)
office du tourisme *m.* tourism office, 10, 3
offrir † to give (a gift), 8, 1
oignon *m.* onion, 7, 3
oiseau *m.* bird, 6, 1
olive *f.* olive
omelette *f.* omelet
omniprésent/e omnipresent
on one, people in general, 1, 1
oncle *m.* uncle, 2, 1
onze eleven, 1, 3
onzième eleventh, 5, 1
opinion *f.* opinion
optimiste optimistic, 2, 1
orage *m.* (thunder) storm, 6, 1
Il y a un orage. There is a (thunder) storm., 6, 1
orange orange, 5, 3
Orangina *f.* Orangina orange soda, 7, 1
ordinaire ordinary
ordinateur *m.* computer, 1, 2

ordonnance *f.* prescription, 11, 1
ordre *m.* order
ordures *f. pl.* trash, waste, 11, 3
oreille *f.* ear, 11, 1
organiser to plan, to organize, 6, 3
origine *f.* origin
orphelin/e orphaned
ou or
où where, 3, 1
oublier to forget, 10, 1
oui yes, 1, 1
ouvrage de référence *m.* reference book, 12, 2
ouverture *f.* opening
ouvreuse *f.* usherette
ouvrier *m.*, **ouvrière** *f.* worker, laborer, 4, 2
ouvrir † to open, 1, 2

P

pagne *m.* wrap, piece of cloth
paillette *f.* sequin, spangle
pain *m.* bread, 7, 2
  pain au chocolat *m.* chocolate croissant, bread with chocolate, 7, 2
  pain de campagne *m.* round loaf of bread, 7, 3
  pain de mie *m.* loaf of sliced bread, 7, 3
  pain grillé *m.* toast, 7, 2
  petit pain *m.* roll, 7, 3
paire *f.* pair
paix *f.* peace
pâlir to become pale, 7, 2
panier *m.* basket, 11, 3
pantalon *m.* slacks, 5, 3
pantouflard/e homebody, 3, 1
paquet *m.* package, 7, 3
par by, through
parapente *m.* parachuting (off a cliff)
parapluie *m.* umbrella
parc de stationnement *m.* parking lot, 10, 3
parce que because, 2, 1
pardon excuse me, 1, 2
parent *m.* parent, relative, 2, 1
paresseux/-euse lazy, 3, 1
parfaitement perfectly, completely, 10, 3
parité *f.* equal representation
parler to speak, 1, 2
  parler au telephone to talk on the phone, 2, 3
  Parlez plus fort! Speak louder!, 1, 2
paroisse *f.* parish, county in Louisiana
parrain *m.* godfather, 9, 2
partager † to share, 7, 1
partenaire *m./f.* partner, 2, 1
participer à to participate in, 4, 1
partir en vacances to go on vacation
partir to leave, 5, 2
partout everywhere, all over
pas not, 1, 1
  pas du tout not at all, 3, 1
  pas mal not bad, 1, 1
  pas tout à fait not quite, 6, 2
passage *m.* passage
passager *m.*, **passagère** *f.* passenger
passant *m.*, **passante** *f.* passerby, 10, 3
passé *m.* past
passeport *m.* passport, 10, 1
passer to go/come by, 6, 3
  passer une soirée tranquille to spend a quiet evening, 6, 3
se passer to happen, 9, 3
passion *f.* passion
passionné/e passionate
pâté *m.* pâté, 7, 3
patience *f.* patience
patin *m.* **à glace** ice skate
patin *m.* **à roulettes** roller skate
patinage *m.* skating
pâtissier/-ère *m.* pastry chef
pâtisserie *f.* pastry shop
patron *m.*, **patronne** *f.* boss
pauvre poor
payer † to pay
pays *m.* country, 10, 2
Pays-Bas *m.* The Netherlands, 10, 2
peau *f.* skin
  être bien dans sa peau to have confidence in oneself, 9, 1
pêche *f.* peach, 7, 3
pêche *f.* fishing, 6, 2
  aller à la pêche to go fishing, 6, 2
peigne *m.* comb, 5, 1
se peigner to comb, 5, 1
peintre *m./f.* painter, 4, 2
peinture *f.* painting, 4, 1
pellicule *f.* roll of film, 10, 1
pendant during, for, 5, 2
  pendant que while, 12, 3
pénicilline *f.* penicillin, 11, 1
penser **(à, de)** to think, 9, 1
  Je pense que non. I don't think so., 9, 1
  Je pense que oui. I think so., 9, 1
  Je pense que ... I think that ..., 12, 3
perdre to lose, to waste, 4, 3
  perdre son sang-froid to lose one's composure, 9, 3
père *m.* father, 2, 1
période *f.* period
perle *f.* pearl
permettre † **(à, de)** to permit
permis de conduire *m.* driver's license, 10, 1
persan/e Persian
persil *m.* parsley
personnage principal *m.* main character, 12, 1
personnalisé/e personalized
personne *f.* person
perspective *f.* perspective
persuader to persuade
perte *f.* loss
pessimiste pessimistic, 2, 1
petit déjeuner *m.* breakfast, 7, 2
petit/e short, small, 3, 1

petite-fille *f.* granddaughter, 2, 1
petite annonce *f.* classified ad, 4, 3
petit-fils *m.* grandson, 2, 1
petits pois *m. pl.* peas, 7, 3
petit-enfant *m.* grandchild, 2, 1
peu *m.* a little, 2, 1
peur *f.* fear, 11, 2
  avoir peur to be afraid, 11, 2
peut-être maybe, 4, 3
pharmacie *f.* pharmacy
pharmacien *m.*, **pharmacienne** *f.* pharmacist, 4, 2
phénomène *m.* phenomenon
philosophie *f.* philosophy, 4, 1
photo *f.* photograph
photographe *m./f.* photographer
photographie *f.* photography
phrase *f.* sentence
physiologie *f.* physiology, 4, 1
physique *f.* physics, 4, 1
physique *m.* physical traits, 3, 1
piano *m.* piano, 2, 3
pièce *f.* coin
  un cinq-pièces *m.* three-bedroom apartment, 8, 1
  pièce de monnaie *f.* coin, 4, 3
  pièce-jointe *f.* attachment
pied *m.* foot, 11, 1
  à pied on foot, 10, 1
piétonnier/-ière for pedestrians
piquant/e spicy, hot
pique-nique *m.* picnic, 6, 2
  faire un pique-nique to have a picnic, 6, 2
piquer to sting
pire worse
piscine *f.* a swimming pool, 3, 3
pizza *f.* pizza, 7, 1
placard *m.* cupboard, kitchen cabinet, 8, 2
place *f.* seat, place, 6, 3; (city) square, 10, 3
plage *f.* beach, 6, 1
se plaindre to complain
plaisir *m.* pleasure, 6, 3
plan de ville *m.* city map, 10, 1
planche à voile *f.* windsurfing, windsurfing board, 6, 2
  faire de la planche à voile to windsurf, 6, 2
planète *f.* planet
plastique plastic, 11, 3
plat principal *m.* main dish, 7, 2
platine laser *f.* compact disk player
plat préparé *m.* prepared dish, 7, 3
plein/e (de) full (of), 12, 1
pleurer to cry, 9, 3
pleuvoir †: Il pleut. It's raining., 6, 1
plongée *f.* scuba diving
plonger to dive
pluie *f.* rain, 6, 1
plume *f.* feather
plupart *f.* majority, most, 3, 3
plus more
  non plus neither
  plus … que more … than, 5, 2
plusieurs several
plutôt more, rather, 3, 2
pneumonie *f.* pneumonia
poche *f.* pocket
poêle *f.* pan
poème *m.* poem
poésie *f.* poetry, 12, 2
poète *m./f.* poet
poignet *m.* wrist, 11, 1
point *m.* point, period
poire *f.* pear, 7, 2
poirier *m.* pear tree
poison *m.* poison
poisson *m.* fish, 7, 2
poissonerie *f.* seafood shop
poitrine *f.* chest, 11, 1
poivre *m.* pepper, 7, 2
poivron *m.* (bell) pepper
policier: film policier *m.* detective/police film, 12, 1
polluer to pollute, 11, 3
pollution *f.* pollution, 11, 3
  pollution atmosphérique *f.* air pollution, 11, 3
  pollution sonore *f.* noise pollution, 11, 3
pommade *f.* ointment, salve, 11, 1
pomme *f.* apple, 7, 2
pomme de terre *f.* potato, 7, 2
populaire popular
popularité popularity
porc *m.* pork, 7, 3
portable *m.* cell phone 4, 3; laptop computer 12, 3
porte *f.* door, 1, 2
portée *f.* reach
portefeuille *m.* wallet, 10, 1
porte-monnaie *m.* change purse, 10, 1
porter to wear, 5, 3
porto *m.* port wine
portugais/e Portuguese, 10, 2
Portugal *m.* Portugal, 10, 2
poser to place, put
  poser une question to ask a question
posséder to possess
possibilité *f.* possibility
possible possible
poste *m.* job, position, 9, 1
poster *m.* poster
pot *m.* jar, 7, 3
potager *m.* vegetable garden, 8, 3
poubelle *f.* trash can, 11, 3
poule *f.* hen
poulet *m.* chicken, 7, 2
pouls *m.* pulse
poumon *m.* lung, 11, 1
pour
  pour (discuter) in order to (discuss), 3, 3
pourboire *m.* tip, 4, 3
pourcentage *m.* percentage
pourquoi why, 2, 1
pousser to push, encourage, 9, 1
pouvoir † to be able to, 4, 2
poux *m. pl.* lice
pratiquant/e practicing (esp. for religion)
pré *m.* meadow

précis/e precise
prédécesseur *m.* predecessor
prédiction *f.* prediction
préfecture *f.* **(de police)** prefecture (police headquarters)
préférence *f.* preference
préférer † to prefer, 3, 2
premier/-ière first, 4, 1
prendre † to take, to have a meal, 7, 1
  prendre le petit déjeuner to have breakfast, 7, 2
  prendre une douche to take a shower
  Prenez un stylo! Take a pen!, 1, 2
prénom *m.* first name, 1, 2
préparer to prepare
  préparer le dîner to fix dinner, 2, 3
  préparer un diplôme (en) to do a degree (in), 4, 1
  préparer un examen to study for an exam, 3, 3
  préparer une leçon to prepare for a lesson/ class, 2, 3
près (de) near to, 10, 3
  tout près very near
présentateur *m.*, **présentatrice** *f.* presenter; newscaster
présenter to introduce, présent, 1, 1
  Je te/vous présente Guy. Let me introduce Guy to you., 1, 1
préservation *f.* conservation, preservation
préserver to preserve
presque almost
presse *f.* press, 12, 2
prestige *m.* prestige, 4, 2
prêt/e ready
prêter to lend, 8, 1
prétexte *m.* excuse
prêtre *m.* priest
prier to beg, to pray, 9, 3
  Je vous/t'en prie. You're welcome., 1, 2
  Je vous/t'en prie. I beg you, I implore you., 9, 3
prière *f.* prayer
primaire primary
principal/e main, principal
printemps *m.* spring, 6, 1
priorité *f.* priority
pris/e: Je suis pris/e. I'm busy. I have a previous engagement., 6, 3
privé/e private
privilégier to favor
prix *m.* price, 5, 3
probable probable
probablement probably
prochain/e next, 3, 3
proche close
producteur *m.*, **productrice** *f.* producer
produit *m.* product
  produit chimique *m.* chemical product, 11, 3
prof *m.* **= professeur**
professeur *m.*, **professeure** *f.* (Can.) professor, 1, 2; teacher, 1, 2
  professuer d'école *m.* elementary school teacher
profession *f.* profession, 4, 2
profond deep
programme de variétés *m.* variety show, 12, 1
projet *m.* (future) plan, 4, 3
  projets de vacances *m. pl.* vacation plans, 6, 1
promenade *f.* walk, stroll, 6, 2
  faire une promenade to go for a walk, 6, 2
se promener † to take a walk, 9, 3
promettre † **(à, de)** to promise, 6, 1
prophétique prophetic
propos *m.* remark
  à propos de on the subject of, about
proposer to propose
propre clean; one's own
  son propre livre his own book
propriétaire *m./f.* landlord/landlady; homeowner, 8, 1
protéger to protect, 11, 3
province *f.* province
provisions *f. pl.* food
provoquer to provoke
proximité *f.* nearness, closeness, proximity
prune *f.* plum
psychologie *f.* psychology, 4, 1
public *m.* public, 4, 2
  un contact avec le public *m.* contact with the public, 4, 2
publicitaire promotional, advertising
publicité *f.* **(pub)** advertisement, 12, 1
puce *f.* flea
puis then, 5, 1
pull(-over) *m.* pullover sweater, 5, 3
punir to punish, 7, 2

Q

qualification *f.* label, description, qualification
quand when, 3, 1
  quand même anyway, just the same, 11, 1
quantité *f.* quantity, 7, 3
quarante forty, 2, 2
quart *m.* quarter, 5, 2
  et quart a quarter after, 5, 2
  moins le quart a quarter to, 5, 2
quartier *m.* neighborhood, 8, 1
quatorze fourteen, 1, 3
quatorzième fourteenth, 5, 1
quatre four, 1, 3
quatrième fourth, 5, 1
quatre-vingts eighty, 2, 2
quatre-vingt-dix ninety, 2, 2
que (qu') what, whom, which, that, 6, 2
  qu'est-ce que/qui ...? what ...?, 6, 2

quel/le which, 3, 2
quelque some
quelque chose something, 7, 1
quelquefois sometimes, 5, 1
quelqu'un someone
questionnaire *m.* questionnaire, survey of questions
queue *f.* line (of people)
qui who, which, whom, 6, 2
quinze fifteen, 1, 3
quinzième fifteenth, 5, 1
quitter to leave, 6, 1
quoi what, 6, 2
  n'importe quoi anything, no matter what
  Quoi de neuf? What's new?
quotidien/ne daily

R

racket-ball *m.* racquetball, 3, 2
rafraîchissant/e refreshing, 7, 1
raisin *m.* grape, 7, 3
raison *f.* reason, 9, 1
  avoir raison to be right, 9, 1
raisonnable reasonable, 2, 1
rajouter to add (some) more
randonnée *f.* hike, 6, 2
  faire une randonnée to take a hike, 6, 2
ranger to arrange, to tidy up, 8, 2
rap *m.* rap music
rapide quick, rapid
rapidement quickly, rapidly
rappel *m.* reminder
se rappeler † to remember, 9, 3
rapport *m.* report, 3, 3; relationship, 9, 1
  avoir des bons rapports avec to get along well with, 9, 1
rare rare
rarement rarely, 5, 1
ras-le-bol: avoir ras-le-bol to have enough ("up to here")
se raser to shave, 5, 1
rasoir *m.* razor, 5, 1
ravi/e delighted, 9, 3
rayon du supermarché *m.* supermarket aisle, 7, 3
  rayon boucherie *m.* meat counter, 7, 3
  rayon boulangerie- pâtisserie *m.* bakery/pastry aisle, 7, 3
  rayon charcuterie *m.* deli counter, 7, 3
  rayo crémerie *m.* dairy aisle
  rayon fruits et légumes *m.* produce aisle, 7, 3
  rayon poissonnerie *m.* fish counter, 7, 3
  rayon surgelés *m.* frozen foods, 7, 3
réagir to react
réalisateur *m.*, **réalisatrice** *f.* film director
réaliste realistic, 2, 1
rebelle rebellious, 9, 1
récemment recently
récent/e recent
réception *f.* welcome; reception (room)
réceptionniste *m./f.* receptionist, 10, 3
recette *f.* recipe
recevoir to receive
réchauffer to reheat
récipient *m.* container
réciprocité *f.* reciprocity
réciter to recite
recommandation *f.* recommendation, 12, 2
recommander to recommend
reconstitué/e reconstituted
recyclage *m.* recycling, 11, 3
recycler to recycle, 11, 3
rédaction *f.* composition, short essay
rédiger to compose, write
redoubler to repeat a grade, to be held back, 9, 1
réfléchir à to think, 7, 2
refléter to reflect
réfrigérateur *m.* refrigerator, 8, 2
refuser to refuse
regarder to watch, 2, 3
régime *m.* diet, 11, 2
  suivre un régime to be on a diet, 11, 2
région *f.* area, region
règle *f.* ruler, 1, 2
regretter to be sorry, to regret, 6, 3
régulier/-ière regular
régulièrement regularly
réincarcération *f.* reimprisonment
reine *f.* queen
relation familiale *f.* family relation, 2, 1
relier to join, link together
religion *f.* religion
relire to reread
remarié/e remarried, 2, 1
rembourser to reimburse
remède *m.* remedy, 11, 1
remercier to thank
remettre † to hand in/over, 8, 1
se remettre à to start … (again), 11, 2
remplacer to replace
remplir to fill, 7, 2
se rencontrer to meet, 9, 3
rendez-vous *m.* meeting, date, appointment, 6, 3
rendre (à) to hand in, 1, 2; to give back, 4, 3
rendre visite à to visit someone, 4, 3
rénové/e renovated, 8, 2
renseignement *m.* information, 10, 3
renseigner to inform
rentrer to return home, 5, 1; to go/come back, 6, 3
renversement *m.* reversal
repas *m.* meal, 7, 2
  repas équilibré *m.* well-balanced meal, 11, 2
répandu/e widespread
repartir to leave again
répéter † to repeat, 1, 2; to rehearse, 3, 2

replanter to replant
répondre to answer, 4, 3
Répondez en français! Answer in French!; 1, 2
répondeur automatique *m.* answering machine
reportage *m.* report (esp. news)
repos *m.* rest, 6, 2
se reposer to rest, 9, 3
reprendre to take back
représentant *m.*, **représentante** *f.* **de commerce** sales representative, 4, 2
reproche *f.* reprimand
réputation *f.* reputation
RER *m.* commuter train from Paris to suburbs, 10, 1
réseau *m.* network, 12, 3
réservation *f.* reservation, 10, 3
réservé/e reserved, 2, 1
réserver to reserve
résidence *f.* dormitory, 3, 2
résidentiel/le residential, 8, 1
résoudre to resolve
respirer to breathe, 11, 3
responsabilité *f.* responsibility, 4, 2
ressentir to feel, be affected by, 9, 1
ressource *f.* resource, 11, 3
restaurant *m.* restaurant, 3, 3
restaurant universitaire *m.* **(resto U)** dining hall, 3, 3
rester to stay, 3, 2
rester en forme to stay in shape
résultat *m.* result
résumé *f.* summary
résumer to summarize
résurrection *f.* resurrection
retard: être en retard to be late, 5, 2
retomber to fall again
retour *m.* return
retourner to go back, 6, 3
retrouver to meet up with, 3, 3
se retrouver to meet, 6, 3
se réunir to get together
réussir (à) to succeed/pass, 7, 2
rêve *m.* dream, 9, 1
faire un rêve to have a dream
se réveiller to wake up, 5, 1
réveillon *m.* Christmas or New Year's Eve
revenir † to return, 6, 3
rêver to dream
revêtir to don, put on
réviser to review
revoir to see again
au revoir goodbye, 1, 1
rez-de chaussée *m.* ground floor, 5, 1
se rhabiller to get dressed again
rhume *m.* cold, 11, 1
rideau *m.* curtain, 8, 2
rien *m.* nothing
De rien. Not at all. You're welcome., 1, 2
rire to laugh
rivière *f.* large stream or river (tributary), 8, 3
riz *m.* rice, 7, 2
robe *f.* dress, 5, 3
robot *m.* robot
rock *m.* rock music, 3, 2
roi *m.* king, 12, 1
rôle *m.* role, part, 12, 1
roman *m.* novel, 12, 2
romanche *f.* Romansch (language spoken in Switzerland)
rond/e round
rond-point *m.* traffic circle, 10, 3
rosbif *m.* roast beef, 7, 3
rose pink, 5, 3
rosé *m.* rosé wine, 7, 1
rôti *m.* roast, 7, 3
rôtie *f.* piece of toast (Can.), 7, 2
rouge red, 5, 3
rougir to blush, 7, 2
routine *f.* routine, 5, 1
roux/-sse redhead, redheaded, 3, 1
rue *f.* street, 8, 1
rugby *m.* rugby, 3, 2
rupture *f.* break, rupture
rural/e rural, 10, 2
rythme *m.* rhythm

S

sa *f.* his, her, 2, 1
sac *m.* sack, bag, 11, 3
sage wise; well-behaved (for children)
saison *f.* season, 6,1
salade *f.* green salad, lettuce, 7, 1
salaire *m.* salary, 4, 2
salle *f.* room, 1, 2
salle à manger *f.* dining room, 8, 1
salle de bains *f.* bathroom, 8, 1
salle de séjour *f.* living room, 8, 1
saluer to greet
salut hi, bye, 1, 1
samedi Saturday, 2, 3
sandales *f.* sandals, 5, 3
sandwich *m.* sandwich, 7, 1
sandwich au jambon ham sandwich, 7, 1
sandwich au fromage cheese sandwich, 7, 1
sang *m.* blood
sang-froid *m.* composure, 9, 3
sanglot *m.* sob
sans without
sans doute undoubtedly
sapin *m.* pine tree
satellite *f.* satellite
sauce *f.* sauce
saumon *m.* salmon, 7, 3
sauter to jump, to skip
sauter un repas to skip a meal, 11,2
sauvage wild, savage
sauvegarder to save a file, 12, 3
sauver to protect, 11, 3
savane *f.* savannah
savoir † to know (how), 9, 3
savon *m.* bar soap, 5, 1
saxophone *m.* saxophone, 3, 2
scanner *m.* scanner, 12, 3

science *f.* science
sciences de l'éducation *f. pl.* education, 4, 1
sciences économiques *f. pl.* economics, 4, 1
sciences humaines *f. pl.* social sciences, 4, 1
sciences naturelles *f. pl.* natural sciences, 4, 1
sciences physiques *f. pl.* physical sciences, 4, 1
sciences politiques *f. pl.* political science, 4, 1
scientifique scientific
sculpture *f.* sculpture, 4, 1
sec/seche dry
secondaire secondary
secrétaire *m./f.* secretary, 4, 2
sécurité *f.* security
sédentaire unmoving, sedentary
seize sixteen, 1, 3
seizième sixteenth, 5, 1
séjour *m.*, living room, 8, 1; stay (abroad)
sel *m.* salt, 7, 2
selon according to
semaine *f.* week, 2, 3
par semaine per week, 4, 3
semestre *m.* semester, 4, 1
semoule *f.* semolina
Sénégal *m.* Senegal, 10, 2
sénégalais/e Senegalese, 10, 2
sensible sensitive, 9, 3
sentiments *m.* feelings
se sentir to feel, 11, 1
se séparer to separate, 9, 3
sept seven, 1, 3
septembre September, 1, 3
septième seventh, 5, 1
série *f.* TV serial, 12, 1
sérieux/-euse serious, 3, 1
serpent *m.* snake, serpent
se serrer la main to shake hands
serveur *m.*, **serveuse** waitress/waiter, 4, 2
service *m.* service
service compris *m.* gratuity included
services *m. pl.* service sector, 4, 2
serviette de toilette *f.* towel, 5, 1
servir to serve, 5, 2
se servir de (quelque chose) to use (something), 12, 3
ses *pl.* his, her, 2, 1
seulement only, 4, 3
shampooing *m.* shampoo, 5, 1
short *m.* shorts, 5, 3
si yes, 2, 3; if, whether, 9, 3
SIDA *m.* AIDS
siècle *m.* century
sieste *f.* nap
sigle *m.* initials, acronym
signaler to indicate, to be a sign of
signe *m.* sign
silence *m.* silence
s'il vous/te plaît please, 1, 2
similaire alike, similar
similarité *f.* likeness, similarity
sirène *f.* siren
sirop *m.* cough syrup, 11, 1
situé/e located, situated, 8, 1
situer to situate
six six, 1, 3
sixième sixth, 5, 1
ski *m.* skiing, 6, 2
faire du ski nautique to water ski, 6, 2
ski nautique *m.* water skiing
slogan *m.* slogan
snack-bar *m.* snack bar, 3, 3
sociable outgoing, 2, 1
socialisme *m.* socialism
sociologie *f.* sociology, 4, 1
sœur *f.* sister, 2, 1
se soigner to take care of oneself, 11, 1
soif *f.* thirst, 7, 1
avoir soif to be thirsty, 7, 1
soir *m.* evening, 2, 3
ce soir tonight, 3, 3
soixante sixty, 2, 2
soixante-dix seventy, 2, 2
sol *m.* ground, earth, 11, 3
soleil *m.* sun, 6, 1
Il y a du soleil. It's sunny., 6, 1
somme *f.* amount, sum
sommet *m.* top, summit
son *m. adj.* his, her, 2, 1
son *m.* sound, volume
sondage *m.* survey, poll
sonner to ring, 4, 3
sonore resonant, sonorous
sortir to go out, 5, 2
souhaiter to hope, to wish, 11, 2
soupe *f.* soup, 7, 2
souper *m.* dinner, 7, 2
source *f.* source
souris *f.* mouse, 12, 3
sous under, below, 8, 2
sous-sol *m.* basement, 8, 1
soutenir to support, uphold
souvent often, 3, 2
souvenir *m.* memory
se souvenir de to remember
spécial/e peculiar, special
spécialisation *f.* **(en)** major (in), 4, 1
spectacle *m.* a show, 6, 3
sport *m.* sport, 2, 3
faire du sport to do/play sports, 6, 2
sports d'hiver *m. pl.* winter sports, 6, 2
sportif/-ive athletic, 3, 1
stade *m.* stadium, 3, 3
standardiste *m./f.* telephone operator, receptionist
statistique *f.* statistic
stéréotype *m.* stereotype
stressé/e stressed, 1, 1
strophe *f.* stanza
studio *m.* studio apartment, 8, 1
style *m.* style
stylo *m.* pen, 1, 2
subventionné/e subsidized
succès *m.* success
succession *f.* sequence, succession

sucre *m.* sugar, 7, 2
sucré/e sweet (for food)
suggérer to suggest, 3, 2
Suisse *f.* Switzerland, 10, 2
suisse Swiss, 10, 2
suivre † to follow, 4, 1
  suivre un cours to take a course, 4, 1
  suivre un régime to be on a diet, 11, 1
super super, 3, 2
superstition *f.* superstition
supplément *m.* extra or additional part
supplémentaire extra or additional
sur over, on, 8, 2
sûr sure
surf *m.* surfing
  faire du surf to surf, 6, 2
  faire du surf des neiges to snowboard, 6, 2
surface: grande surface *f.* large (department) stores
surfer to surf (the Internet)
surgelé/e *adj.* frozen, 7, 3
  surgelés *m. pl.* frozen foods, 7, 3
surmédicalisation *f.* overmedication
surpopulation *f.* overpopulation
surprenant/e surprising
surprendre to surprise
surpris/e surprised, 9, 3
surtout above all
surveiller to oversee
survol *m.* overview, survey
sympa(thique) nice, 2, 1
symptômes *m.* symptoms, 11, 1
syncopé/e syncopated, irregular (rhythm)
syndicat *m.* (trade) union

T

ta *f.* your, 2, 1
tabac *m.* specialty shop for tobacco products, newspapers, magazines, 12, 2
table *f.* table
  table basse *f.* coffee table, 8, 2
tableau *m.* blackboard, 1, 2; chart, table; painting
taille *f.* waist, 11, 1; size
  de taille moyenne average height, 3, 1
tailleur *m.* women's suit, 5, 3
tante *f.* aunt, 2, 1
taper to type
tapis *m.* rug, 8, 2
tard late, 5, 1
tarte *f.* pie, 7, 2
  tarte aux pommes *f.* apple pie, 7, 2
tartelette *f.* small pie or tart
tartine *f.* slice of bread, 7, 2
tasse *f.* cup, 7, 2
taxi *m.* taxi, 10, 1
te (t') you, to you, 1, 1
technicien *m.*, **technicienne** *f.* lab technician, 4, 2
tee-shirt *m.* t-shirt, 5, 3
télé(vision) *f.* TV, television, 3, 2
télécommande *f.* TV remote control, 12, 1
télécours *m.* distance learning
téléguide *m.* TV guide
télématique *adj.* telematic
télématique *n.* data communications
téléphoner (à quelqu'un) to phone (somebody), 2, 3
se téléphoner to phone one another, 9, 3
télétravail *m.* telecommuting (for work)
télévisé/e televised
tempérament *m.* disposition, temperament
température *f.* temperature
tempéré/e temperate
temps *m.* time; weather, 6, 1
  à mi-temps part-time, 4, 3
  à plein temps full-time, 4, 3
  depuis combien de temps ...? for how long ...?, 4, 1
  Quel temps fait-il? What's the weather like?, 6, 1
tendance *f.* tendency
tendre tender, affectionate, 9, 3
tendresse *f.* tenderness
tennis *m.* tennis, 2, 3; tennis shoes, 5, 3
tension *f.* tension; blood pressure
tente *f.* tent, 10, 3
terrain de sport *m.* playing field, court, 3, 3
terrasse *f.* terrace, 8, 1
terre (Terre) *f.* earth (the Earth), 11, 3
  par terre on the floor, 8, 2
terrine *f.* loaf made of ground meats, fish, and/or vegetables
tes *pl.* your, 2, 1
tête *f.* head, 11, 1
têtu/e stubborn, 2, 1
thé *m.* tea, 7, 1
théâtre *m.* theater, 3, 3
thèse *f.* thesis
thon *m.* tuna, 7, 3
timide shy, 2, 1
tirage *m.* printing, circulation in print
tisane *f.* herbal tea, 11, 1
toilettes *f. pl.* toilets, restroom, 8, 1
  articles de toilette *m. pl.* toiletries, 5, 1
toi you, 1, 3
  toi-même yourself
toit *m.* roof, 8, 2
  sous les tois in the attic, 8, 2
tomate *f.* tomato, 7, 3
tomber to fall, 6, 3
  tomber amoureux/-euse (de) to fall in love (with)
tonnerre *m.* thunder, 6, 1
  Il y a du tonnerre. There is thunder., 6, 1
tôt early, 5, 1
toujours always, 5, 1
tour *f.* tower
tour *m.* trip, outing

tourisme *m.*: **faire du tourisme** *m.* to go sightseeing, 6, 2
tourner to turn, 10, 3
tout, tous, toute, toutes all, 10, 1
tous les ... every ..., 3, 2
tous les jours every day, 8, 3
tout à fait completely, 9, 3
tout droit straight ahead, 10, 3
tout le monde everyone, everybody
tousser to cough, 11, 1
toux *f.* cough, 11, 1
toxique toxic, 11, 3
trace *f.* trace
traduire translate
train *m.* train, 10, 1
être en train de + inf. to be busy doing something, 5, 1
traitement de texte *m.* word processing, editing, 12, 3
tranche *f.* a slice, 7, 2
tranquil/le calm, tranquil
transports en commun *m.* public transportation, 11, 3
travail *m.* work
travailler to work, to study, 4, 1
travailler dans le jardin to work in the garden/yard, 2, 3
traverser to cross, 10, 3
treize thirteen, 1, 3
treizième thirteenth, 5, 1
trente thirty, 1, 3
très very, 2, 1
triangle *m.* triangle
trier to sort, 11, 3
trimestre *m.* trimester, quarter, 4, 1
triste sad, 9, 3
trois three, 1, 3
troisième third, 5, 1
trop too much, 2, 1
troupe *f.* troop
trouver to find
Je trouve que ... I find that ..., 9, 1
se trouver to be located, 8, 3
truite *f.* trout
tu you, 1, 1
typique typical, 2, 3

U

un one, 1, 3
un/e a, an, one, 1, 2
-unième: vingt et unième twenty-first, 5, 1
uniforme *adj.* regular, uniform
uniforme *m.* uniform
union libre *f.* cohabitation, 9, 1
universel/le universal
universitaire related to the university
urbain/e related to the city, urban
urgent urgent, 11, 1
usé/e worn, worn out (objects), 8, 2
usine *f.* factory, 4, 2
utile useful, 11, 1
utopie *f.* ideal place to live, utopia

V

vacances *f. pl.* vacation, 6, 2
grandes vacances *f. pl.* summer vacation, 9, 2
vaisselle *f.* dishes, 6, 2
faire la vaisselle to do the dishes, 6, 2
valise *f.* suitcase, 10, 1
vallée *f.* valley, 8, 3
valse *f.* waltz
vaste vast
vaut: Il vaut/vaudrait mieux que It is/would be better (best) that, 11, 1
vedette *f.* movie star, 12, 1
vélo *m.* bicycle, 6, 2
faire du vélo *m.* to ride a bicycle, to go bike riding, 6, 2
vendeur *m.*, **vendeuse** *f.* sales clerk, 4, 2
vendre to sell, 4, 3
vendredi Friday, 2, 3
venir † to come, 6, 3
venir de + inf. to have just (done something), 10, 2
vent *m.* wind, 6, 1
Il y a du vent. It's windy., 6, 1
ventre *m.* belly, abdomen, 11, 1
verdoyant/e green, verdant
verglas *m.* sleet, ice on the ground, 6, 1
Il y a du verglas. It's icy, slippery., 6, 1
vérifier to check, verify
verre *m.* glass, 7, 2
vers toward, around, 7, 2
verser to pour, 11, 3
version originale (v.o.) *f.* in the original language, 12, 1
vert/e green, 5, 3
veste *f.* jacket, suit coat, 5, 3
vêtement *m.* clothing, 5, 3
viande *f.* meat, 7, 2
vidéocassette *f.* videotape, 12, 1
vieux (vieil), vieille old, 4, 1
Viêt-Nam *m.* Vietnam, 10, 2
vietnamien/ne Vietnamese, 10, 2
villa *f.* house in a residential area, villa, 8, 3
ville *f.* city, 3, 1
vin *m.* wine, 7, 1
vinaigre *m.* vinegar, 7, 3
vingt twenty, 1, 3
vingtième twentieth, 5, 1
violon *m.* violin
virus *m.* virus
visage *m.* face, 11, 1
visite *f.* visit, 6, 2
rendre visite à to visit a person, 4, 3
visiter to visit a place, 6, 2
vitesse *f.* speed
vitrine *f.* display window, 5, 3
vive ... (les Seychelles)! hurray for ... (the Seychelles)!, 6, 2
vivre to live

vœu *m.* wish, 9, 2
Meilleurs vœux! Best wishes!, 9, 2
voici … here is/are …, 1, 1
voilà … here/there is/are …, 1,
voile *f.*: **faire de la voile** to go sailing, 6, 2
voir † to see, 5, 2
voisin *m.*, **voisine** *f.* neighbor, 8, 1
voiture *f.* automobile, car, 4, 1
vol *m.* flight, 10, 1
voler to fly; to steal
volley(-ball) *m.* volleyball, 3, 2
Volontiers. With pleasure, gladly., 6, 3
vos *pl.* your, 2, 2
votre *m./f.* your, 2, 2
vouloir † to want, to wish, 4, 2
vous you, 1, 1; to you, 8, 2
vous-même yourself
vous-mêmes yourselves
voyage *m.* trip, voyage
voyager to travel, 4, 2
vrai true
C'est vrai. That's true.
vraiment really, 2, 1

W

W.-C. *m. pl.* toilets, restroom, (*lit.* water closet), 8, 1
week-end *m.* weekend, 2, 3
western *m.* western (film), 12, 1

Y

y there, 10, 1
yaourt *m.* yogurt, 7, 2
yeux *m. pl.* see **œil**

Z

zapper to channel surf, 12, 1
zéro zero, 1, 3
zoologie *f.* zoology, 4, 1
Zut (alors)! Darn!, 5, 2

APPENDIX 5
Lexique anglais-français

A

a un/e
abdomen ventre *m.*
able: to be able to pouvoir †
about de, environ
  to be about il s'agit de
absent, missing absent/e
accountant comptable *m./f.*
accounting comptabilité *f.*
active actif/-ive
activities activités *f.*
actress/actor acteur *m.*, actrice *f.*
address book carnet d'adresses *m.*
  to adore adorer
adventure movie film d'aventures *m.*
advertisement annonce *f.*, publicité *f.* (pub)
affectionate, warm-hearted affectueux/-euse
afraid: to be afraid avoir peur
Africa Afrique *f.*
after après
  after having … après avoir/être …
afternoon après-midi *m.*
  in the afternoon, P.M. de l'après-midi
age âge *m.*
  What is your age? Quel est ton/votre âge?, Quel âge as-tu/avez-vous?
aged, old âgé/e
ago il y a ...
  two days ago il y a deux jours
  to (not) agree (ne pas) être d'accord
air pollution pollution atmosphérique *f.*
air air *m.*
airplane avion *m.*
airport aéroport *m.*
Algeria Algérie *f.*
Algerian algérien/ne
all tout, tous, toute, toutes
along: to get along (with) s'entendre (avec)
already déjà
also aussi
always toujours
ambitious ambitieux/-euse
American américain/e
amphitheater, lecture hall amphithéâtre *m.*
to amuse oneself se distraire
amusements/diversions distractions *f.*
amusing, funny, strange drôle
anger colère *f.*
angry fâché/e, en colère
  to be angry, upset être fâché/e, en colère
  to become angry se fâcher
ankle cheville *f.*
to answer répondre
  answer réponse *f.*
anthropology anthropologie *f.*
antibiotic antibiotique *m.*
anxious anxieux/-euse; inquiet/-ète
anyway quand même
apartment appartement *m.*
to appear/seem (good) avoir l'air (bon)
appetizer or starter entrée *f.*
apple pomme *f.*
April avril
Arabic language arabe *m.*
architect architecte *m./f.*
Argentina Argentine *f.*
Argentinian argentin/e
to argue se disputer
arm bras *m.*
armchair fauteuil *m.*
armoire armoire *f.*
around vers, autour
to arrange, tidy up ranger
to arrive arriver
art book livre d'art *m.*
as comme
  as … as aussi … que
  as much … as autant … que
  as soon as dès que/aussitôt que
Asia Asie *f.*
to ask, request demander
asparagus asperge *f.*
aspirin aspirine *f.*
astronomy astronomie *f.*
athletic sportif/-ive
atlas atlas *m.*
to attend assister
attention attention *f.*
August août
aunt tante *f.*
Australia Australie *f.*
Australian australien/ne
authoritarian autoritaire
automobile, car voiture *f.*

B

back dos *m.*
bacon bacon *m.*
bad mauvais/e
  Not bad. Pas mal.
  It's too bad. C'est dommage.
bag sac *m.*
bakery/pastry aisle rayon boulangerie-pâtisserie *m.*
balcony balcon *m.*
banana banane *f.*

baptism baptême *m.*
bar soap savon *m.*
basement sous-sol *m.*
basket panier *m.*
basketball basket(-ball) *m.*
bathroom salle de bains *f.*
to be être †
beach plage *f.*
  to go to the beach aller à la plage
beans *haricots *m.*
beautiful beau (bel), belle
  It's beautiful weather. Il fait beau.
because parce que
  because of à cause de
to become devenir
bed lit *m.*
  to go to bed se coucher
  bed and breakfast gîte *m.*
bedroom chambre *f.*
beef (ground) bifteck haché *m.*
beer bière *f.*
beg: I beg you. Je vous/t'en prie.
before ... avant de + inf.
to begin, start commencer
behind derrière
beige beige
Belgian belge
Belgium Belgique *f.*
to believe croire † (à, en)
  I believe that ... Je crois que ...
  I don't believe so Je ne crois pas.
belly ventre *m.*
belongings affaires *f.*
best le/la meilleur/e
  Best wishes! Meilleurs vœux!
better meilleur/e *adj.*, mieux *adv.*
  better ... than mieux ... que
  it is better (to) il vaut mieux
  it would be better (to) il vaudrait mieux
bicycle vélo *m.*
  to go for a bike ride faire du vélo
big grand/e, gros/se, large
bill (paper currency) billet *m.*
bill (restaurant) addition *f.*
biography biographie *f.*
biology biologie *f.*
bird oiseau *m.*
birthday anniversaire *m.*
black noir/e
blackboard tableau *m.*
blond blond/e
blouse chemisier *m.*
blue bleu/e
to blush rougir
board game jeu de société *m.*
boat bateau *m.*
book livre *m.*
bookstore librairie *f.*
boots bottes *f.*
border frontière *f.*
bored ennuyé/e
  to become bored s'ennuyer †
boring, tedious ennuyeux/-euse
born: to be born naître †
to borrow emprunter
botany botanique *f.*
bothered gêné/e
bottle bouteille *f.*
bowl bol *m.*
boy garçon *m.*
brand new neuve/neuf
Brazilian brésilien/brésilienne
Brazil Brésil *m.*
bread pain *m.*
  round loaf of bread pain de campagne *m.*
breakfast petit déjeuner *m.*
  to have breakfast prendre le petit déjeuner
to breathe respirer
bridegroom/bride marié *m.*, mariée *f.*
to bring (along) a person amener †
to bring (something) apporter, emporter
bronchitis bronchite *f.*
brother frère *m.*
brother-in-law beau-frère *m.*
brown marron
brunette brun/e
to brush se brosser
  to brush one's teeth se brosser les dents
  to brush one's hair se brosser les cheveux
building bâtiment *m.*, immeuble *m.*
business gestion *f.*, les affaires *f. pl.*
to be busy doing something être en train de ...
  I'm busy. Je suis pris/e. Je suis occupé/e.
but mais
butter beurre *m.*
to buy acheter †
by par
bye salut

C

cake gâteau *m.*
call appel *m.*
to call appeler †
  to be called s'appeler †
calm calme
  to calm down se calmer
camera appareil-photo *m.*
Cameroon Cameroun *m.*
Cameroonian camerounais/e
campground camping *m.*
to camp, go camping faire du camping
camper (vehicle) caravane *f.*
campus campus *m.*
can boîte *f.*
Canada Canada *m.*
Canadian canadien/ne
candle bougie *f.*
cantaloupe melon *m.*
carafe carafe *f.*
card carte *f.*
  to play cards jouer aux cartes *f. pl.*
care: to take care of s'occuper de
  to take care of oneself se soigner

career carrière *f.*
carrot carotte *f.*
cartoon, animated film dessin animé *m.*
cash register caisse *f.*
cashier caissier *m.*, caissière *f.*
cassette tape cassette *f.*
cat chat/te (m/f)
CD-ROM CD-ROM *m.*
  CD-ROM, DVD drive lecteur *m.* de CD-ROM, de DVD
  CD burner graveur de CD *m.*
cell phone portable *m.*
cereal céréales *f. pl.*
chair chaise *f.*
chalk (stick of) craie *f.*
change purse porte-monnaie *m.*
to channel-surf zapper
character disposition *f.*
cheap bon marché
cheese fromage *m.*
chemical product produit chimique *m.*
chemistry chimie *f.*
chemistry lab labo(ratoire) *m.* de chimie
chess échecs *m. pl.*
chest poitrine *f.*
chicken poulet *m.*
child enfant *m.*
China Chine *f.*
Chinese chinois/e
choir chorale *f.*
to choose choisir
church (Catholic) église *f.*
city ville *f.*
  in the city en ville
  city bus bus *m.*
  city hall mairie *f.*
  city map plan de ville *m.*
civil wedding cérémonie civile *f.*
classified ad petite annonce *f.*
classmate camarade de classe *m./f.*
to clean nettoyer
clear clair/e
clothing vêtement *m.*
cloud nuage *m.*
  It's cloudy. Il y a des nuages.
coffee café *m.*
  coffee with cream café crème *m.*
  cofee with milk café au lait *m.*
coffee table table basse *f.*
cohabitation union libre *f.*
coin pièce de monnaie *f.*
cola coca(-cola) *m.*
cold froid/e; rhume *m.*
  I have a cold. J'ai un rhume. Je suis enrhumé/e.
  I'm cold. J'ai froid.
  It's cold (weather). Il fait froid.
college, university fac(ulté) *f.*
Colombia Colombie *f.*
Colombian colombien/colombienne
color couleur *f.*
comb peigne *m.*
to comb se peigner
to come venir †
  to come back revenir †
  to come by passer
  to come home rentrer
  to come in entrer
comedy comédie *f.*
comfortable (material objects) confortable
comic strip bande dessinée (BD) *f.*
communications communication *f.*
commuter train from Paris to suburbs RER *m.*
compact disk player platine laser *f.*
completely tout à fait
composition, essay composition *f.*
computer ordinateur *m.*
  computer center centre informatique *m.*
  computer file fichier *m.*
  computer science informatique *f.*
  laptop computer portable *m.*
concert concert *m.*
condiments condiments *m.*
conformist conformiste
Congratulations! Félicitations!
to contaminate contaminer
continent continent *m.*
to cook faire la cuisine
cookies biscuits *m.*
cool: It's cool weather. Il fait frais.
confidence: to have confidence in oneself être bien dans sa peau
contrary: To the contrary, ... au contraire, ...
copious, hearty copieux/-euse
corner coin *m.*
  at the corner (of) au coin de
to cost coûter
couch canapé *m.*
cough toux *f.*
to cough tousser
cough syrup sirop *m.*
country pays *m.*
course, class cours *m.*
  to take a course suivre un cours
  of course bien sûr
courtyard cour *f.*
cousin cousin *m.*, cousine *f.*
credit card carte de crédit *f.*
critic (person) critique *m.*
critique, criticism critique *f.*
croissant croissant *m.*
  chocolate croissant pain au chocolat *m.*
to cross traverser
to cry pleurer
cucumber concombre *m.*
cup tasse *f.*
cupboard, kitchen cabinet placard *m.*
curtain rideau *m.*

D

dairy aisle rayon crémerie *m.*
dance danse *f.*
to dance danser
Darn! Zut (alors)!

database banque de données *f.*
daughter, girl fille *f.*
day jour *m.,* journée *f.*
  day before yesterday avant-hier
  that day ce jour-là
dear cher/-ère
debit card carte bancaire *f.*
December décembre
to decide décider
deep profond
degree (in) diplôme *m.* (en)
  to do a degree (in) préparer un diplôme (en)
  to have a degree avoir un diplôme, une formation
deli counter rayon charcuterie *m.*
delicious délicieux/-euse
delighted enchanté/e, ravi/e
dentist dentiste *m./f.*
department store grand magasin *m.*
to describe décrire †
to desire désirer, vouloir †
desk, office bureau *m.*
dessert dessert *m.*
detective/police movie film policier *m.*
to detest détester
dictionary dictionnaire *m.*
to die mourir †
diet régime *m.*
  to be on a diet suivre un régime
difficult difficile
difficulty: to have difficulty avoir du mal à
dining hall restaurant universitaire *m.* (resto U)
dining room salle à manger *f.*
dinner souper *m.*, dîner *m.*
  to have dinner dîner
  to fix dinner préparer le dîner
disagreeable désagréable
disappointed déçu/e
disciplined discipliné/e
to discuss discuter
dish assiette *f.*
  to do the dishes faire la vaisselle
diskette disquette *f.*
to disobey désobéir à
display window vitrine *f.*
to divorce divorcer
divorced divorcé/e
to do faire †
doctor (M.D.) médecin *m.*
documentary documentaire *m.*
dog chien *m.*, chienne *f.*
door porte *f.*
dormitory résidence *f.*
to doubt (that) douter (que)
downtown centre-ville
dozen douzaine *f.*
drawing dessin *m.*
dream rêve *m.*
to dream rêver
dress robe *f.*
  to get dressed s'habiller
to drink boire †
driver's license permis de conduire *m.*
to dry off, towel off s'essuyer
dubbed doublé
due to à cause de
during, for pendant
dynamic dynamique

E

ear oreille *f.*
early tôt
  to be early être en avance
to earn money gagner de l'argent
earth (the Earth) terre (Terre) *f.*
to eat manger †
economics sciences économiques *f.*, économie *f.*
edge, shore bord *m.*
to educate oneself s'instruire
education sciences de l'éducation *f.*
egg œuf *m.*
  fried egg œuf sur le plat *m.*
elbow coude *m.*
elegant élégant/e
elementary school école *f.*
  elementary school teacher instituteur *m.*, institutrice *f.*, professeur d'école *m.*
elevator ascenseur *m.*
e-mail courrier électronique *m.*, mél *m.*
embarrassed embarrassé/e, gêné/e
to encourage encourager
encyclopedia encyclopédie *f.*
energetic énergique
engaged fiancé/e
  to get engaged se fiancer
engine moteur *m.*
engineer ingénieur *m.*
England Angleterre *f.*
English anglais/e
enough assez de
entrance (foyer) entrée *f.*
evening soir *m.*
environment environnement *m.*
equipped équipé/e
eraser gomme *f.*
essay essai *m.*
Europe Europe *f.*
evening soir *m.*
every chaque; tout, toute, tous, toutes
  every day tous les jours
  every evening tous les soirs
  everything tout
  everywhere partout
exam examen *m.*
excursion bus car *m.*
exhaust gases gaz d'échappements *m. pl.*
exhibition exposition *f.*
expect attendre
expensive cher/chère
to explain expliquer
eye (eyes) œil *m.* (yeux)

F

face visage *m.*
facing, opposite face *f.*: en face de
factory usine *f.*
  factory worker ouvrier *m.*, ouvrière *f.*

fairly assez
faithful fidèle
fall automne *m.*
to fall tomber
to fall asleep s'endormir
to fall in love (with) tomber amoureux/-euse (de)
family famille *f.*
big family famille nombreuse *f.*
blended family famille reconstituée *f.*
extended family famille étendue *f.*
single-parent family famille monoparentale *f.*
family relation relation familiale *f.*
fan, fanatic fanatique
far (from) loin (de)
farm ferme *f.*
fashionable mode *f.*: à la mode
fat, *adj.* gros/se
fat, grease graisse *f.*
father père *m.*
father-in-law beau-père *m.*
fear peur *f.*
to fear avoir peur de
February février
to feel se sentir
to feel, be affected by ressentir
feminine féminin/e
fever fièvre *f.*
field champ *m.*
to fill remplir
film film *m.*
film or stage director metteur en scène *m.*
final final/e
finally finalement
to find trouver
I find that ... Je trouve que ...
fine arts beaux-arts *m. pl.*
fine, in shape en forme
Fine, also. Bien aussi.
Fine, and you? Ça va, et toi?
finger doigt *m.*
to finish finir
first of all d'abord
first premier/-ière
fish counter rayon poissonnerie *m.*
fish poisson *m.*
fishing pêche f.
to go fishing aller à la pêche
to fix réparer
flight vol *m.*
floor étage *m.*
first floor rez-de-chaussée *m.*
second floor premier étage *m.*
on the floor par terre
to flow (a runny nose) couler
flower fleur *f.*
flu grippe *f.*
fog brouillard *m.*
It's foggy. Il y a du brouillard.
food aliment *m.*
foot pied *m.*
on foot à pied
football football américain *m.*
for pour, depuis (temps)
foreign étranger/-ère
forest forêt *f.*
to forget oublier
former ancien/ne
France France *f.*
free (a person) libre
I'm not free. Je ne suis pas libre.
to freeze: It's freezing. geler; † Il gèle.
French français/e
French bread (long, thin loaf) baguette *f.*
French fries frites *f.*
fresh frais/fraîche
Friday vendredi
friend ami/e, camarade *m./f.*, copain *m.*, copine *f.*
best friend meilleur/e ami/e *m./f.*
from de (d')
front: in front of devant
frozen foods surgelés *m.*
fruits fruits *m.*
fun: to have fun s'amuser
funny amusant/e
furious furieux/-euse
furnished meublé/e
furniture meuble *m.*
future avenir *m.*

G

to gain weight grossir
game show jeu télévisé *m.*
garage garage *m.*
garden, yard jardin *m.*
to do some gardening jardiner, travailler dans le jardin
gas gaz *m.*
generous, warm-hearted généreux/-euse
gentle doux/douce
geography géographie *f.*
geology géologie *f.*
German allemand/e
Germany Allemagne *f.*
to get up se lever †
Get up/stand up! Levez-vous!
girl fille *f.*
to give donner, offrir †
to give advice conseiller
to give back rendre
glass verre *f.*
glove gant *m.*
to go aller †
to go back retourner
to go down descendre
to go on/keep going continuer
to go out sortir
to go up monter
godfather parrain *m.*
godmother marraine *f.*
golf golf *m.*
to play golf jouer au golf
good bon/ne
goodbye au revoir
Good evening. Bonsoir.
grade note *f.*
to have/receive a grade avoir une note

grandchild petit-enfant *m.*
granddaughter petite-fille *f.*
grandmother grand-mère *f.*
grandparent grands-parent *m.*
grandson petit-fils *m.*
grape raisin *m.*
gray gris/e
great! chic (alors)!
green vert/e
  green beans *haricots verts *m.*
  green salad salade *f.*
grilled grillé/e
  grilled ham and cheese sandwich croque-monsieur *m.*
ground sol *m.*
  ground floor rez-de chaussée *m.*
to grow taller, grow up (for children) grandir
to guarantee garantir
guide (tour guide or guidebook) guide *m.*
guitar guitare *f.*
  to play the guitar jouer de la guitare
gym gymnase *m.*

H

hair cheveux *m. pl.*
half demi/e
  half-brother demi-frère *m.*
  half-kilo demi-kilo *m.*
  half-past et demi/e
  half-sister demi-sœur *f.*
hallway couloir *m.*
hamburger *hamburger *m.*
hand main *f.*
  to hand in/over remettre †
  On the other hand, ... De l'autre cote, en revanche
handsome beau (bel), belle
to happen se passer, avoir lieu
happy heureux/-euse, content/e
  Happy birthday! Bon anniversaire!
  Happy New Year! Bonne année!
harmonica harmonica *m.*
hat chapeau *m.*
to have avoir †
  to have just (done something) venir de + inf.
  to have to (do something) devoir †
he il
head tête *f.*
health center/clinic infirmerie *f.*
hear entendre
heart cœur *m.*
heavy jacket blouson *m.*
height taille *f.*
  of average height de taille moyenne
Hello. Bonjour.
  hello (telephone only) allô
to help aider
her elle; la; son, sa, ses
  to her lui
herbal tea tisane *f.*
here is/are ... voici ...
here ici
here/there is/are ... Voilà ...
herself elle-même
hi salut
high school lycée *m.*
high *haut
hike randonnée *f.*
  to take a hike faire une randonnée
hill colline *f.*
him le; lui
  to him lui
himself lui-même
his son, sa, ses
history histoire *f.*
hockey hockey *m.*
holiday, party fête *f.*
homebody pantouflard/e
homework devoirs *m.*
  to do homework faire des devoirs *m.*
to hope espérer †, souhaiter
horror movie film d'horreur *m.*
horse cheval *m.*
  to go horseback riding cheval *m.*: faire du cheval
hospital (public) hôpital *m.*
  private hospital clinique *f.*
hostel (youth) auberge de jeunesse *f.*
hot chocolate chocolat chaud *m.*
hot chaud
  I'm hot. J'ai chaud.
  It's hot weather. Il fait chaud.
hotel hôtel *m.*
hour heure *f.*
house maison *f.*
  at the home of, at the place of chez
  housewife/househusband femme *f.*, homme *m.* au foyer
how comment
  how many combien de
  how much combien
  How's it going? Comment ça va?
human body corps humain *m.*
humanities lettres *f.*
humid humide
  It's humid. Il fait humide.
hunger faim *m.*
  to be hungry avoir faim
hurray for ...! vive ...!
to hurry up se dépêcher
to hurt avoir mal à
husband mari *m.*

I

I je (j')
ice cream glace *f.*
ice cube glaçon *m.*
icy: It's icy, slippery. Il y a du verglas.
idealistic idéaliste
if si
important important
in à, dans, en
independent autonome
India Inde *f.*
Indian indien/ne

individualistic individualiste
indulgent, lenient indulgent/e
industrial industriel/le
infection infection *f.*
information renseignement *m.*
inn auberge *f.*
instead of au lieu de
intelligent, smart intelligent/e
intensity intensité *f.*
interesting intéressant/e
to be interested (in) s'intéresser (à)
into dans
to invite inviter
irritable énervé/e
irritated: to become irritated s'énerver
it ce (c'); il; elle; le; la
it is ... c'est ...
Italian italien/ne
Italy Italie *f.*
Ivorian ivoirien/ne
Ivory Coast Côte-d'Ivoire *f.*

J

jacket (suit coat) veste *f.*
jam confiture *f.*
January janvier
Japan Japon *m.*
Japanese japonais/e
jar pot *m.*
jazz jazz *m.*
jealous jaloux/-ouse
jeans jean *m.*
job, position poste *m.*, travail *m.*
  summer job job d'été *m.*
  a full-time job un travail à plein temps
  a part-time job un travail à mi-temps
to jog faire du jogging
joke histoire drôle *f.*
journalism journalisme *m.*
journalist journaliste *m./f.*
July juillet
June juin

K

keyboard clavier *m.*
keys clés *f.*
kilo kilo *m.*
kind, nice gentil/le
  That's kind (of you). C'est gentil à toi/vous.
king roi *m.*
to kiss s'embrasser
kitchen cuisine *f.*
kitchette walls coin cuisine des murs *m.*
knee genou *m.*
to know (how to) savoir †
to know or be familiar with connaître †

L

lab technician technicien *m.*, technicienne *f.*
lady dame *f.*
lake lac *m.*
lamb chop côtelette *f.* d'agneau
lamp lampe *f.*
landlord/landlady; homeowner propriétaire *m./f.*
language langue *f.*
  language lab labo(ratoire) de langues *m.*
  in the original language version originale (v.o.) *f.*
  foreign language langue étrangère *f.*
  native language langue maternelle *f.*
large stream or river (tributary) rivière *f.*
last, behind dernière/dernier
  last Saturday samedi dernier
late retard *m.*
  to be late être en retard
law droit *m.*
lawyer avocat *m.*, avocate *f.*
lazy paresseux/-euse
to learn apprendre †
to leave partir, quitter
  to leave the lights on laisser les lumières allumées
left gauche *f.*
  to the left à gauche
leg jambe *f.*
lemon citron *m.*
lemonade citron pressé *m.*
lemon-lime soft drink limonade *f.*
to lend prêter
less ... than moins ... que
library bibliothèque *f.*
lightning éclair *m.*
like comme
to like aimer
  to like fairly well aimer bien
  to like or love a lot aimer beaucoup
line ligne *f.*
linguistics linguistique *f.*
lip lèvre *f.*
to listen écouter
to listen to music écouter de la musique
listing of TV programs magazine télé *m.*
liter litre *m.*
literature littérature *f.*
little bit peu *m.*
live habiter
liver foie *m.*
living room séjour *m.*, (une salle de séjour)
loaf of sliced bread pain de mie *m.*
to locate, to find trouver
  located, situated situé/e
  to be located se trouver
long long/ue
  a long time longtemps
  a long time ago il y a longtemps
  for how long ...? depuis combien de temps ...?
to look for chercher
to lose perdre
  to lose one's composure perdre son sang-froid

to lose weight maigrir
a lot beaucoup (de)
lottery loterie *f.*
loudly fort
lovable aimable
to love aimer
in love amoureux/-euse
luck chance *f.*
luckily heureusement
to be lucky avoir de la chance
luggage bagages *m. pl.*
to carry up luggage monter les bagages
lunch déjeuner *m.*
lung poumon *m.*

M

magazine magazine *m.*
main character personnage principal *m.*
main dish plat principal *m.*
major (in) spécialisation *f.* (en)
majority plupart *f.*
to make faire †
to make a mistake faire une faute
makeup maquillage *m.*
to put on makeup se maquiller
man monsieur *m.*
March mars
marital status état civil *m.*
married marié/e
to get married se marier
mathematics mathématiques *f.*, (les maths)
May mai
maybe peut-être
mayor maire *m.*
me moi
to me me (m')
meal repas *m.*
before-meal drink apéritif *m.*
well-balanced meal repas équilibré *m.*
mean méchant/e
to mean vouloir dire
meat viande *f.*
meat counter rayon boucherie *m.*
mechanic mécanicien *m.*, mécanicienne *f.*
medicine (field of study) médecine *f.*
medicine (drug) médicament *m.*
mediocre médiocre
to meet se rencontrer, se retrouver
to meet up with (se) retrouver
meeting rendez-vous *m.*
Merry Christmas! Joyeux Noël!
Mexico Mexique *m.*
Mexican mexicain/e
middle: in the middle au milieu de
middle school collège *m.*
middle-aged d'un certain âge
midnight minuit
milk lait *m.*
minor (in) mineur *m.* (en) (Can.)
mint menthe *f.*
minute minute *f.*
Miss mademoiselle (Mlle)
mistake faute *f.*
modern moderne
moment moment *m.*
at that moment à ce moment-là
Monday lundi
money argent *m.*
monitor moniteur *m.*
month mois *m.*
moon lune *f.*
moped, motorscooter mobylette *f.*
more … than plus … que
morning matin *m.*
Moroccan marocain/e
Morocco Maroc *m.*
most plupart *f.*
mother mère *f.*
mother-in-law belle-mère *f.*
motorcycle moto *f.*
mountain montagne *f.*
to go mountain climbing faire de l'alpinisme *m.*
mouse souris *f.*
mouth bouche *f.*
to move (an object) bouger
to move (one's home) déménager
movie star vedette *f.*
Mr. monsieur (M.)
Mrs. madame (Mme)
museum musée *m.*
mushroom champignon *m.*
music musique *f.*
musical film musical *m.*
musician musicien *m.*, musicienne *f.*
must devoir †
mustard moutarde *f.*
my mon, ma, mes
myself moi-même

N

name (last) nom *m.*
first name prénom *m.*
nickname surnom *m.*
My name is ... Je m'appelle
What is your name? Comment vous appelez-vous/tu t'appelles?
natural sciences sciences *f.* naturelles
nature nature *f.*
nausea mal au cœur *m.*
near (to) près (de)
very near tout près (de)
neat! chouette!
necessary nécessaire
to be necessary falloir: il faut
neck cou *m.*
to need avoir besoin de
neighborhood quartier *m.*
nephew neveu *m.*
Netherlands Pays-Bas *m.*
network réseau *m.*
never ne … jamais
new nouveau (nouvel), nouvelle

news informations *f. pl.*, nouvelles *f. pl.*
news broadcast journal télévisé *m.*
newspaper journal *m.*
newstand kiosque *m.*
next prochain/e
next to à côté de
nice sympa(thique)
niece nièce *f.*
nighttime nuit *f.*
no non
no matter what n'importe quoi
noise bruit *m.*
noise pollution pollution sonore *f.*
nonbiodegradable non-biodégradable
noon midi
normally normalement
North America Amerique du nord *f.*
nose nez *m.*
nose drops gouttes pour le nez *f. pl.*
not pas, ne … pas
not at all pas du tout
not bad pas mal
notebook cahier *m.*
nothing ne ... rien
novel roman *m.*
November novembre
now maintenant
nurse infirmier *m.*, infirmière *f.*

O

to obey obéir à
to obtain obtenir †
obvious évident
occupation, job métier *m.*
October octobre
odd jobs: to do odd jobs around the house bricoler
of de (d')
often souvent
ointment pommade *f.*
OK d'accord
old vieux (vieil), vieille; ancien/ne
old-fashioned, out-of-date démodé/e
I am 39 years old. J'ai 39 ans.
on à, sur
one un/e
onion oignon *m.*
on-line en ligne
only seulement
to open ouvrir †
opinion: In my opinion, ... à mon avis, ...
opposite contraire *m.*; en face (de)
optimistic optimiste
or ou
orange orange
orange juice jus d'orange *m.*
Orangina orange soda Orangina *f.*
other autre
our notre, nos
ourselves nous-mêmes
outdoors en plein air
outgoing sociable
outside dehors
oven four *m.*
over, on sur
overcast: It's overcast. Le ciel est couvert.
overcoat manteau *m.*
to owe devoir †
to own posséder

P

package paquet *m.*
packaging emballage *m.*
pain, ache mal (des maux) *m.*
painter peintre *m./f.*
painting peinture *f.*
pale: to become pale pâlir
pantyhose collant *m.*
parent parent *m.*
to park garer
parka with hood anorak *m.*
parking lot parc de stationnement *m.*
to participate in participer à
partner partenaire *m./f.*
part-time à mi-temps
party boum *f.*; fête *f.*
to pass (an exam/a course) réussir
passerby passant *m.*, passante *f.*
passport passeport *m.*
pastry chef pâtissier *m.*, pâtissière *f.*
pâté pâté *m.*
to pay attention faire attention
peach pêche *f.*
pear poire *f.*
peas petits pois *m.*
pen stylo *m.*
pencil crayon *m.*
penicillin pénicilline *f.*
people gens *m. pl.*
pepper poivre *m.*
percussion, drum set batterie *f.*
perfectly parfaitement
person personne *f.*
pessimistic pessimiste
pet animal familier *m.*
pharmacist pharmacien *m.*, pharmacienne *f.*
philosophy philosophie *f.*
to phone one another se téléphoner
to phone téléphoner
physical sciences sciences *f.* physiques
physics physique *f.*
physiology physiologie *f.*
piano piano *m.*
picnic pique-nique *m.*
to have a picnic faire un pique-nique
pie (apple) tarte *f.* (aux pommes)
piece morceau *m.*
piece of news nouvelle *f.*
piece of toast (Can.) rôtie *f.*
pink rose
pizza pizza *f.*

place endroit *m.*, lieu *m.*
to plan organiser
plane avion *m.*
plan projet *m.*
  already have plans être pris/e
plastic plastique
plate assiette *f.*
to play jouer
  a sport jouer (à)
  an instrument jouer (de)
playing field, court terrain *m.* de sport
pleasant agréable
please s'il te plaît, s'il vous plaît
poetry poésie *f.*
police officer agent de police *m./f.*
political science sciences *f.* politiques
to pollute polluer
pork porc *m.*
Portugal Portugal *m.*
Portuguese portugais/e
poster affiche *f.*
potato pomme de terre *f.*
to pour verser
to practice répéter †
to prefer préférer †, aimer mieux
prepared dish plat préparé *m.*
prescription ordonnance *f.*
present, gift cadeau *m.*
to present présenter
press presse *f.*
prestige prestige *m.*
pretty joli/e
to prevent empêcher
price prix *m.*
printer imprimante *f.*
produce aisle rayon fruits et légumes *m.*
profession profession *f.*
professor professeur *m.*, professeure *f* (Can.)
program (TV) émission *f.*
programmer informaticien *m.*, informaticienne *f.*
to promise promettre
to protect protéger, sauver
psychological drama drame psychologique *m.*
psychology psychologie *f.*
public public *m.*
  public transportation transport en commun *m.*
pullover sweater pull(-over) *m.*
to punish punir
to push pousser
to put (on) mettre
puttering around, odd jobs bricolage *m.*

Q

quantity quantité *f.*
quarter quart *m.*; trimestre *m.*
  quarter past et quart
  quarter to moins le quart
queen reine *f.*
quiz interrogation *f.*

R

racquetball racket-ball *m.*
rain pluie *f.*
to rain pleuvoir †
  It's raining. Il pleut.
raincoat imper(méable) *m.*
to raise lever †
rarely rarement
rather assez, plutôt
razor rasoir *m.*
to read lire
ready prêt/e
real vrai/e
realistic réaliste
really vraiment
reason raison *f.*
reasonable raisonnable
rebellious rebelle
receptionist réceptionniste *m./f.*
recommendation recommandation *f.*
recycle recycler
recycling recyclage *m.*
red rouge
redhead, redheaded roux/-sse
reference book ouvrage de référence *m.*
refrigerator réfrigérateur *m.*
to rehearse répéter †
relax se détendre
relative parent *m.*
remarried remarié/e
remedy remède *m.*
remember se rappeler
renovated renové/e
rent loyer *m.*
to rent louer
to repeat répéter †
  to repeat a grade redoubler
  report rapport *m.*
to request demander (à, de)
to require exiger
required obligatoire
reservation réservation *f.*
to reserve réserver
reserved réservé/e
residential quartier *m.*
resource ressource *f.*
responsibility responsabilité *f.*
rest repos *m.*
to rest se reposer
restroom toilettes *f. pl.*, W.-C. *m. pl.*
to return revenir
to return home rentrer
rice riz *m.*
to ride a bicycle faire du vélo *m.*
right droite *f.*
  to the right à droite
  to be right avoir raison
  to be all right, work out s'arranger
to ring sonner
ripe mûr/e
river fleuve *m.*
roast rôti *m.*
roast beef rosbif *m.*
rock music rock *m.*
role rôle *m.*
roll of film pellicule *f.*
roll petit pain *m.*

roommate camarade de chambre *m./f.*
routine routine *f.*
rug tapis *m.*
rugby rugby *m.*
ruler règle *f.*
run courir
  to run errands faire des courses *f.*
RV camping-car *m.*

S

sad triste
sailboat bateau à voile *m.*
  to go sailing faire de la voile
salary salaire *m.*
sales clerk vendeur *m.*, vendeuse *f.*
sales representative représentant *m.*, représentante *f.* de commerce
salmon saumon *m.*
salt sel *m.*
salve pommade *f.*
same même
  just the same quand même
sandals sandales *f.*
sandwich (ham, cheese) sandwich *m.* (au jambon, au fromage)
Saturday samedi
to save (money) économiser
  to save a file sauvegarder
saxophone saxophone *m.*
to say dire †
scanner scanner *m.*
schedule emploi du temps *m.*
school école *f.*
  middle school collège *m.*
  high school lycée *m.*
  school within a university faculté *f.*
science science *f.*
science-fiction movie film fantastique *m.*
screen écran *m.*
sculpture sculpture *f.*
seafood fruits de mer *m. pl.*
search engine moteur de recherche *m.*
seashore bord de la mer *m.*
season saison *f.*
seat place *f.*
second floor premier étage *m.*
secretary secrétaire *m./f.*
to see voir †
  see you soon à bientôt
  see you tomorrow à demain
selfish égoïste
to sell vendre
semester semestre *m.*
Senegal Sénégal *m.*
Senegalese sénégalais/e
sensitive sensible
separate se séparer
September septembre
series feuilleton *m.*
serious sérieux/-euse; grave
to serve servir
service sector services *m. pl.*
set the table mettre la table
several plusieurs
shampoo shampooing *m.*
to share partager †
to shave se raser
she elle
shirt (man's) chemise *f.*
shoes chaussures *f.*
to shop for groceries faire les courses *f. pl.*
shore bord *m.*
short court/e; petit/e
shorts short *m.*
shoulder épaule *f.*
show spectacle *m.*
to show montrer
to shower se doucher, prendre une douche
shrimp crevette *f.*
shy timide
sick malade
sick person malade *m./f.*
sickness maladie *f.*
side côté *m.*
sightseeing: to go sightseeing faire du tourisme *m.*
silk scarf foulard *m.*
since (because) puisque
since (time) depuis
  since when ...? depuis quand ...?
to sing chanter
singer chanteur *m.*, chanteuse *(m/f)*
singing lesson leçon *f.* de chant
single célibataire
sink (bathroom) lavabo
sink (kitchen) évier *m.*
sister sœur *f.*
sister-in-law belle-sœur *f.*
to sit down s'asseoir †
size taille *f.*
to ski faire du ski *m.*
ski instructor moniteur *m.*, monitrice de ski *f.*
skin peau *f.*
to skip (a meal) sauter (un repas)
skirt jupe *f.*
sky ciel *m.*
slacks pantalon *m.*
to sleep dormir
sleet, ice on the ground verglas *m.*
slice tranche *f.*
small petit/e
smoke fumée *f.*
to smoke fumer
to snack grignoter
  afternoon snack goûter *m.*
  snack casse-croûte *m.*
  snack bar snack-bar *m.*
snow neige *f.*
to snow neiger
  It's snowing. Il neige.
to snow-board faire du surf des neiges
so alors
soap opera feuilleton *m.*
soccer football (foot) *m.*
social sciences sciences humaines *f.*

social worker assistant *m.*, assistante *f.* social/e
sociology sociologie *f.*
sock chaussette *f.*
software program logiciel *m.*
some des, en
someone quelqu'un
something quelque chose
sometimes quelquefois
son fils *m.*
soon bientôt
sorry désolé/e
  to be sorry être désolé/e, regretter
to sort trier
so-so comme-ci, comme-ça
sound, noise bruit *m.*
soup soupe *f.*
South America Amerique *f.* du sud
South Pacific Océanie *f.*
Spain Espagne *f.*
Spanish espagnol/e
to speak parler
  Speak louder. Parlez plus fort!
specialty shop for tobacco products, newspapers, magazines tabac *m.*
to spell épeler †
to spend (money) dépenser
to spend (time) passer
to spend a quiet evening passer une soirée tranquille
spice épice *f.*
spinach épinards *m. pl.*
sport sport *m.*
  sports show émission sportive *f.*
  do/play sports faire du sport
spring printemps *m.*
spy movie film d'espionnage *m.*
square (in a city) place *f.*
stadium stade *m.*
staircase, stairs escalier *m.*
to start commencer †
  to start exercising again se remettre à faire de l'exercice
to stay rester
  to stay in a hotel loger † dans un hôtel
stepfather beau-père *m.*
stepmother belle-mère *f.*
stomach estomac *m.*; ventre *m.*
to stop (s')arrêter
stoplight feu rouge *m.*
stove cuisinière *f.*
straight ahead tout droit
strawberry fraise *f.*
street rue *f.*
strep throat angine *f.*
strong, stout fort/e
stubborn têtu/e
student étudiant *m.*, étudiante *f.*
studies études *f. pl.*
studio apartment studio *m.*
to study étudier
to study for an exam préparer un examen
stupid bête
stylish chic, à la mode
to subscribe (to) s'abonner (à)
suburb banlieue *f.*
subway métro *m.*
to succeed réussir à
sugar sucre *m.*
to suggest suggérer †
suit (man's) complet/costume *m.*
suit (woman's) tailleur *m.*
suitcase valise *f.*
summer été *m.*
summer vacation grandes vacances *f.*
sun soleil *m.*
  It's sunny. Il y a du soleil.
sunburn coup de soleil *m.*
Sunday dimanche
sunglasses lunettes de soleil *f. pl.*
super super
supermarket aisles rayons du supermarché *m.*
sure sûr/e
surfing surf *m.*; faire du surf
surprised étonné/e, surpris/e
swim nager †, faire †de la natation
swimming la natation *f.*
  swimming pool piscine *f.*
swimsuit maillot (de bain) *m.*
Swiss suisse
Switzerland Suisse *f.*
symptom symptôme *m.*

T

table table *f.*
  to set the table mettre la table
take prendre †
to take courses suivre des cours †
talented doué/e
to talk parler
tall grand/e
tape player magnétophone *m.*
taste goût *m.*
to taste goûter
taxi taxi *m.*
tea thé *m.*
teacher (elementary level) instituteur *m.*, institutrice *f.* (un professeur d'école)
teacher professeur *m.*
television télé(vision) *f.*
tender, affectionate tendre
tennis tennis *m.*
  to play tennis jouer au tennis
tennis shoes tennis *m.*
tent tente *f.*
terrace terrasse *f.*
thank you merci
theater théâtre *m.*
their leur
them eux; elles; les
  to them leur
themselves eux-mêmes; elles-mêmes
then alors, ensuite, puis
there là; y
there is/are … voilà; il y a …
therefore donc
these ces
they ils, elles
thin fin/e, mince
think penser, réfléchir à

I don't think so. Je pense que non.
I think so. Je pense que oui.
I think that ... Je pense que ...
thirst soif *f.*
to be thirsty avoir soif
this ce (cet), cette
this is ... c'est/ce sont ...
throat gorge *f.*
through par
to throw (out) jeter †
thunderstorm orage *m.*
thunder tonnerre *m.*
Thursday jeudi
ticket billet *m.*
tie cravate *f.*
time temps *m.*; l'heure *f.*
What time is it? Quelle heure est-il?
full-time plein temps
part-time mi-temps
long time longtemps
tip pourboire *m.*
tired fatigué/e
to à, en
today aujourd'hui
toe doigt de pied *m.*
together ensemble
toilet toilette *f.*
toiletries articles de toilette *m.*
tomato tomate *f.*
tomorrow demain
tonight ce soir
too aussi
too much trop
tooth dent *f.*
toothbrush brosse à dents *f.*
toothpaste dentifrice *m.*
tourism office office du tourisme *m.*
toward vers
towel serviette de toilette *f.*
town hall mairie *f.*
toxic toxique
traffic circulation *f.*
traffic circle rond-point *m.*
traffic jam embouteillage *m.*
train train *m.*
train station gare *f.*
transportation (means of) moyen de transport *m.*
mass transportation transports en commun *m. pl.*
trash ordures *f. pl.*
trash can poubelle *f.*
to travel voyager
tree arbre *m.*
fruit tree arbre fruitier *m.*
tremendous formidable
trimester trimestre *m.*
true vrai/e
That's true. C'est vrai.
to try essayer
t-shirt tee-shirt *m.*
Tuesday mardi
tuna thon *m.*
to turn tourner
to turn off (the lights) éteindre † (les lumières)
to turn on (an appliance) allumer
TV télé(vision) *f.*
TV (or radio) station chaîne *f.*
TV remote control télécommande *f.*
TV serial série *f.*
twin jumeau *m.*, jumelle *f.*
typical typique

U

ugly moche
umbrella parapluie *m.*
uncle oncle *m.*
under sous
to understand comprendre †
undisciplined indiscipliné/e
to undress se déshabiller
unhappy malheureux/-euse
United States États-Unis *m. pl.*
university université *f.*
university dining hall restaurant universitaire, resto U *m.*
university library bibliothèque universitaire (la BU) *f.*
until jusqu'a
up: to be up être debout
to get up se lever †
to go up monter
urgent urgent
us nous
to use (something) se servir de (quelque chose), employer
useful utile
usually d'habitude
utilities charges *f.*
U-turn (to make a U-turn) demi-tour *m.* (faire demi-tour)

V

vacation vacances *f. pl.*
vacation plans projets de vacances *m.*
to go on vacation partir en vacances
valley vallée *f.*
variety show programme de variétés *m.*
vegetable légume *m.*
vegetable garden potager *m.*
cut-up raw vegetables crudités *f. pl.*
very très
video games jeux électroniques *m. pl.*
videotape vidéocassette *f.*
Vietnam Viêt-Nam *m.*
Vietnamese vietnamien/ne
vinegar vinaigre *m.*
to visit someone rendre visite à
to visit (someplace, something) visiter
volleyball volley(-ball) *m.*
to play volleyball jouer au volley(-ball)

W

waist taille *f.*
to wait (for) attendre
waiter/waitress serveur *m.*, serveuse *f.*
to wake up se réveiller

to walk marcher
to take a walk se promener †, faire une promenade
wall mur *m.*
wallet portefeuille *m.*
to want vouloir †, avoir envie de, désirer
to wash se laver
to wash one's face se laver la figure
to wash one's hands se laver les mains
wash mitt gant de toilette *m.*
waste ordures *f. pl.*; déchet *m.*
to waste gaspiller
to waste time laisser passer des heures
watch montre *f.*
to watch regarder, voir
water (drinkable) eau *f.* (potable)
mineral water eau minérale *f.*
water skiing ski nautique *m.*
to go water skiing faire du ski nautique
way of life manière de vivre *f.*
we nous
to wear (a dress) porter (une robe)
weather temps *m.*
weather forecast météo *f.*
What's the weather like? Quel temps fait-il?
The weather's bad. Il fait mauvais.
It's nice weather. Il fait bon.
wedding mariage *m.*
Wednesday mercredi
week semaine *f.*
weekend week-end *m.*
welcome; you're welcome je t'en prie/je vous en prie
well bien
well done! bravo!
western western *m.*
what ...? qu'est-ce que/qui ...?; quoi
what color is ...? de quelle couleur est ...?
what? quoi?
when quand, lorsque, où
where où
whether si
which quel/le; que (qu'), qui
while pendant que
white blanc/blanche
who qui
why pourquoi
wife femme *f.*
willingly volontiers
wind vent *m.*
It's windy. Il y a du vent.
window fenêtre *f.*
to windsurf faire de la planche à voile
wine vin *m.*
winter hiver *m.*
winter sports sports d'hiver *m. pl.*
to wish vouloir †, souhaiter
wish(es) vœu(x) *m.*
with avec
without sans
woman femme *f.*
woods bois *m.*
word mot *m.*
word processing, editing traitement de texte *m.*
to work travailler
hard-working travailleur/euse
to work (colloq.) bosser
to work in the garden travailler dans le jardin
to work at the computer travailler à l'ordinateur
workplace lieu de travail *m.*
world monde *m.*
worn, worn out (objects) usé/e
worried, uneasy, anxious inquiet/-ète
to worry s'en faire (du souci), s'inquiéter †
wrist poignet *m.*
to write écrire †
writer écrivain *m.*

Y

year an *m.*
I am 19 years old. J'ai 19 ans.
Happy New Year! Bonne année!
to yell crier
yellow jaune
yes oui; si (after negative question)
yesterday hier
yet encore
not yet pas encore
yogurt yaourt *m.*
young jeune
you tu; vous; toi
to you te (t'); vous
your ton, ta, tes, votre, vos
yourself toi-même; vous-même
yourselves vous-mêmes

Z

zero zéro *m.*
Zip drive lecteur Zip *m.*
zoology zoologie *f.*

APPENDIX 6
The International Phonetic Alphabet [IPA]

a	l**a**	m	**m**al
ã	bl**an**c	n	**n**euf
b	la **b**aie	o	hôtel, **eau**
k	le **c**afé, **qu**i	ɔ	r**o**be
ʃ	le **ch**at	ò	b**on**
d	**d**ans	u	n**ou**s
e	**é**t**é**	p	**p**ère
ɛ	la m**è**re	r	**r**ouge
ɛ̃	le v**in**	s	**s**on, **c**ertain
ø	d**eu**x	t	**t**ous
œ	l**eu**r, s**œu**r	y	d**u**
f	la **f**emme	ɥ	l**u**i
g	le **g**ant	œ̃	**un**
ɳ	la campa**gn**e	v	**v**a
i	**i**c**i**	w	m**oi**, **jou**er
ʒ	**j**our, **g**entil	j	le p**i**ed, la fi**ll**e
l	**l**a	z	**z**éro, cui**s**ine

CREDITS

Text Credits

Page 35: **(1)** Extrait du journal "Le Soir" (Bruxelles, Belgique) du 20 février, 1993; **(2)** Extrait de l'hebdomadaire "Haïti en marche" vol. 4, no. 44; **(3)** "Dossier beauté" 20ANS no. 67, mars 1992, page 68; **(4)** "L'Express" Neuchâtel; **(5)** "Le Devoir," Gilles Lesage, 11 mars 1992; **(6)** Titre paru dans "Le Nouvel Observateur," no. 1447 (30.7.1992); **page 91:** Gérard Mermet, *Francoscopie* 1999, pp. 350–358; **page 112:** ©2000 Milan Presse/Claude Faber/Les éléphants sequestrés/Clés de l'actualité no. 383; **page 139:** Publicités d'offres d'emplois publiées dans le Journal de Montréal; **page 142:** **(1)** Draft banknote design ©European Monetary Institute, 1997/European Central Bank, 1998; **(2)** Monnaie Royale de Belgique; **page 154:** Courtesy of Moving to Magazines Ltd., Toronto, Canada, www.movingto.com; **page155:** reprinted courtesy of University of Ottawa; **page 176 (bottom):** ©Hachette Filipacchi Anccies; **page 194:** Groupe Marie Claire/Journaliste: Caroline Rochman; **page 198:** reprinted courtesy of Alphadi; **page 199:** Amina—No. 325; **page 218:** Philippe Delerme, La première gorgée de bière et autres, ©Éditions GALLIMARD; **page 234:** Pratiques culturelles des Français. Enquête 1997 Olivier Donnat, Ministère de la culture; **page 241:** Textes issus de "Guide Pratique" Martinique édité par l'O.D.T. de la Martinique; **page 259:** Jacques Prévert, *Paroles* © Éditions GALLIMARD; **page 271:** Extrait original de la carte d'un des plus anciens restaurants parisiens; **page 287:** François Prévost, *150 recettes pour cuisiniéres nulles*; **page 321:** J.M.G. Clézio, *Printemps et autres saisons* ©Éditions GALLIMARD; **page 325**: *Le Français dans tous les sens,* Henriette Walter; **page 375:** Ce document est la propriété dela SCNF. Droits de reproduction réservés; **page 380:** Source: Les Technologies Méterologiques, MET TECH Inc., Montréal; **page 401:** Albert Camus, Journeaux de Voyage. ©Éditions GALLIMARD; **page 441:** Troy Leleux; **page 447 (all):** Extrait du site Internet Tele7jours.com; **page 460:** Survey/Hachette Filipachi Presse; **page 470:** Copyright 2000 Hewlett-Packard Company. Reproduced with permission; **page 478:** Logo du Festival Panafricain du Cinéma et de la télévision de Ouagadougou (FESPACO); **page 481:** *Journal du Soir,* no. 1450.

Photo Credits

Page 2: Peter Menzel Photography; **page 5 (top):** Owen Franken/Stock Boston; **page 5 (bottom):** R. Lucas/The Image Works; **page 13:** Owen Franken/Stock Boston; **page 33 (top):** P. Quittemelle/ Stock Boston; **page 33 (bottom):** Owen Franken/Stock Boston; **page 36 (left to right):** Beryl Goldberg; Beryl Goldberg; Ulrike Welsch Photography; Frank Fournier; Syndey Byrd; **page 40:** Philip Gould Photography; **page 43 (top):** Hazel Hankin/Stock Boston; **page 43 (bottom):** Syndey Byrd; **page 52:** Greg Meadors/Stock Boston; **page 59:** Mike Mazzaschi/Stock Boston; **page 69:** R. Frazier Photolibrary, Inc.; **page 70:** Philip Gould Photography; **page 72:** Syndey Byrd; **page 73:** Philip Gould Photography; **page 76:** Material World; **page 79:** Owen Franken/Stock Boston; **page 83:** Greg Meadors/Stock Boston; **page 90:** Lee Snider/ Photo Images; **page 102 (top):** Owen Franken/Stock Boston; **page 102 (bottom):** Beryl Goldberg; **page 109:** Liaison Agency, Inc.; **page 113 (left to right):** ©Wally McNamee/CORBIS; Ron Angle/ Liaison Agency, Inc.; ©Reuters NewMedia Inc./CORBIS; **page 116:** Chip and Rosa Maria de la Cueva Peterson; **page 117 (left):** Beryl Goldberg; **page 117 (right):** Peter Cade/Stone; **page 120:** Guy Schiele/Publiphoto, Inc.; **page 121:** Lesinge/Psaila/Liaison Agency, Inc.; **page 141:** Mary Ellen Scullen; **page 142:** **(3)** Mediatheque Commission europeene; **(4–7)** Jayendu De; **page 149 (top):** Ed Simpson/Stone; **page 149 (bottom):** Lee Snider/The Image Works; **page 151:** Nick Wheeler; **page 160:** © Owen Franken/CORBIS; **page 182 (top left):** Philip Gould Photography; **page 182 (top right):** ©Charles & Josette lenars/CORBIS; **page 182 (bottom):** John Elk III; **page 184:** Stock Boston; **page 185 (left):** ©Robert Holmes/CORBIS; **page 185(right):** Beryl Goldberg; **page 191:** Mary Ellen Scullen; **page 194:** François Eglin; **page 197:** Jean-Christophe Kahn, ©Reuters New Media Inc./CORBIS; **page 199:** Noel Quidu/Liaison Agency, Inc.; **page 200:** Noel Quidu/Liaison Agency, Inc.; **page 201 (all):** Mary Ellen Scullen; **page 202 (left):** Philip Gould Photography; **page 202 (right):** Robert Fried/Stock Boston; **page 206:** © Owen Franken/CORBIS; **page 210 (top left):** Arv Diesendruck/Stone; **page 210 (top right):** Esbin-Anderson/The Image Works; **page 210 (bottom left):** Lawrence Migdale/Stock Boston; **page 210 (bottom right):** Mark Junak/Stone; **page 230:** Sylvain Grandadam/Stone; **page 242:** Scala/Art Resource, NY; **page 243:** Scala; **page 292:** Owen Franken/Stock Boston; **page 244:** Patrick Aventurier/Liaison Agency, Inc.; **page 245:** Patrick O'Hara/Saola/ Liaison Agency, Inc.; **page 248:** © Owen Franken/CORBIS; **page 249:** Richard Passmore/Stone; **page 272:** Material World; **page 276 (top):** IPA/The Image Works; **page 276 (bottom):** Peter Menzel Photography; **page 277:** John Elk III/Stock Boston; **page 283 (top):** Envision; **page 283 (bottom):** Envision; **page 284 (top left):** Becky Luigart-Stayner/Corbis; **page 284 (top right):** Beryl Goldberg; **page 284 (bottom left):** Envision; **page 284 (bottom right):** Beryl Goldberg; **page 286:** Beryl Goldberg; **page 293:** courtesy of Hilde Valdman; **page 296:** Beryl Goldberg; **page 297:** John Elk III; **page 301:** Christian Vioujard/Liaison Agency, Inc.; **page 305:** Beryl Goldberg; **page 306:** Erich Lessing/Art Resource, NY; **page 313:** Beryl Goldberg; **page 319 (left):** Nathan Benn/ Woodfin Camp & Associates; **page 319 (right):** Patrick Ingrand/Stone; **page 323:** B. Beliard/Publiphoto, Inc.; **page 327 (top):** Art Resource, NY; **page 327 (bottom):** Owen Franken/Stock Boston; **page 330:** ©Nathan Benn/CORBIS; **page 331**: Owen Franken/Stock Boston; **page 332:** David Simson/Stock Boston; **page 341:** Philippe Renault/ Liaison Agency, Inc., **page 342 (all):** Virginie Cassidy; **page 343 (top):** Beryl Goldberg; **page 343 (bottom):** K. Preuss/The Image Works; **page 352:** Owen Franken/Stock Boston; **page 364:** Michael A. Dwyer/Stock Boston; **page 367 (top left):** Danielle Hayes/Omni-Photo Communications, Inc.; **page 367 (top right):** Robert Fried/Stock Boston; **page 367 (bottom):** Chris Brown/Stock Boston; **page 368:** Robert Fried/Stock Boston; **page 372:** Owen Franken/Stock Boston; **page 384 (top left):** Fotografía Productions/Julie Houck/Stock Boston; **page 384 (top right):** Owen Franken/Stock Boston; **page 384 (bottom):** J.C. Francolon/Liaison Agency, Inc.; **page 393:** David Simson/Stock Boston; **page 394:** David Simson/Stock Boston; **page 395:** David W. Hamilton/The Image Bank; **page 401:** Liaison Agency, Inc.; **page 404 (left):** Stock Boston; **page 404 (middle and right):** Photo by Cathy Pons; **page 406 (left):** Hulton Getty/ Liaison Agency, Inc.; **page 406 (right):** Paris Walery/Hulton Getty/ Liaison Agency, Inc.; **page 410:** Oscar C. Williams; **page 421:** Richard Pasley/Stock Boston; **page 432 (all):** Beryl Goldberg; **page 440 (all):** Frans Lanting/Minden Pictures; **page 446:** Robin Holland; **page 448:** Hachette/Camera 1/FilmsA2/DD Prod/UGC; **page 449 (top):** Everett Collection, Inc.; **page 449 (bottom):** Everett Collection, Inc.; **page 462:** Beryl Goldberg; **page 471:** Owen Franken/Stock Boston; **page 478:** Kobal Collection; **page 479 (top left):**): ©Rufus F. Folkks/CORBIS; **page 479 (top right):** Thierry Carpico/ Everett Collection, Inc.; **page 479 (bottom):** Andre Forget/CP Picture Archive; **page 482:** Everett Collection, Inc.; **page 485 (top):** Everett Collection, Inc.; **page 485 (bottom):** Everett Collection, Inc.

INDEX

SINGLE PC LICENSE AGREEMENT AND LIMITED WARRANTY

READ THIS LICENSE CAREFULLY BEFORE OPENING THIS PACKAGE. BY OPENING THIS PACKAGE, YOU ARE AGREEING TO THE TERMS AND CONDITIONS OF THIS LICENSE. IF YOU DO NOT AGREE, DO NOT OPEN THE PACKAGE. PROMPTLY RETURN THE UNOPENED PACKAGE AND ALL ACCOMPANYING ITEMS TO THE PLACE YOU OBTAINED THEM.

1. GRANT OF LICENSE and OWNERSHIP: The enclosed computer programs ("Software") are licensed, not sold, to you by Prentice-Hall, Inc. ("We" or the "Company") and in consideration of your purchase or adoption of the accompanying Company textbooks and/or other materials, and your agreement to these terms. We reserve any rights not granted to you. You own only the disk(s) but we and/or our licensors own the Software itself. This license allows you to use and display your copy of the Software on a single computer (i.e., with a single CPU) at a single location for academic use only, so long as you comply with the terms of this Agreement. You may make one copy for back up, or transfer your copy to another CPU, provided that the Software is usable on only one computer.

2. RESTRICTIONS: You may not transfer or distribute the Software or documentation to anyone else. Except for backup, you may not copy the documentation or the Software. You may not network the Software or otherwise use it on more than one computer or computer terminal at the same time. You may not reverse engineer, disassemble, decompile, modify, adapt, translate, or create derivative works based on the Software or the Documentation. You may be held legally responsible for any copying or copyright infringement, which is caused by your failure to abide by the terms of these restrictions.

3. TERMINATION: This license is effective until terminated. This license will terminate automatically without notice from the Company if you fail to comply with any provisions or limitations of this license. Upon termination, you shall destroy the Documentation and all copies of the Software. All provisions of this Agreement as to limitation and disclaimer of warranties, limitation of liability, remedies or damages, and our ownership rights shall survive termination.

4. LIMITED WARRANTY AND DISCLAIMER OF WARRANTY: Company warrants that for a period of 60 days from the date you purchase this SOFTWARE (or purchase or adopt the accompanying textbook), the Software, when properly installed and used in accordance with the Documentation, will operate in substantial conformity with the description of the Software set forth in the Documentation, and that for a period of 30 days the disk(s) on which the Software is delivered shall be free from defects in materials and workmanship under normal use. The Company does not warrant that the Software will meet your requirements or that the operation of the Software will be uninterrupted or error-free. Your only remedy and the Company's only obligation under these limited warranties is, at the Company's option, return of the disk for a refund of any amounts paid for it by you or replacement of the disk. THIS LIMITED WARRANTY IS THE ONLY WARRANTY PROVIDED BY THE COMPANY AND ITS LICENSORS, AND THE COMPANY AND ITS LICENSORS DISCLAIM ALL OTHER WARRANTIES, EXPRESS OR IMPLIED, INCLUDING WITHOUT LIMITATION, THE IMPLIED WARRANTIES OF MERCHANTABILITY AND FITNESS FOR A PARTICULAR PURPOSE. THE COMPANY DOES NOT WARRANT, GUARANTEE OR MAKE ANY REPRESENTATION REGARDING THE ACCURACY, RELIABILITY, CURRENTNESS, USE, OR RESULTS OF USE, OF THE SOFTWARE.

5. LIMITATION OF REMEDIES AND DAMAGES: IN NO EVENT, SHALL THE COMPANY OR ITS EMPLOYEES, AGENTS, LICENSORS, OR CONTRACTORS BE LIABLE FOR ANY INCIDENTAL, INDIRECT, SPECIAL, OR CONSEQUENTIAL DAMAGES ARISING OUT OF OR IN CONNECTION WITH THIS LICENSE OR THE SOFTWARE, INCLUDING FOR LOSS OF USE, LOSS OF DATA, LOSS OF INCOME OR PROFIT, OR OTHER LOSSES, SUSTAINED AS A RESULT OF INJURY TO ANY PERSON, OR LOSS OF OR DAMAGE TO PROPERTY, OR CLAIMS OF THIRD PARTIES, EVEN IF THE COMPANY OR AN AUTHORIZED REPRESENTATIVE OF THE COMPANY HAS BEEN ADVISED OF THE POSSIBILITY OF SUCH DAMAGES. IN NO EVENT SHALL THE LIABILITY OF THE COMPANY FOR DAMAGES WITH RESPECT TO THE SOFTWARE EXCEED THE AMOUNTS ACTUALLY PAID BY YOU, IF ANY, FOR THE SOFTWARE OR THE ACCOMPANYING TEXTBOOK. BECAUSE SOME JURISDICTIONS DO NOT ALLOW THE LIMITATION OF LIABILITY IN CERTAIN CIRCUMSTANCES, THE ABOVE LIMITATIONS MAY NOT ALWAYS APPLY TO YOU.

6. GENERAL: THIS AGREEMENT SHALL BE CONSTRUED IN ACCORDANCE WITH THE LAWS OF THE UNITED STATES OF AMERICA AND THE STATE OF NEW YORK, APPLICABLE TO CONTRACTS MADE IN NEW YORK, AND SHALL BENEFIT THE COMPANY, ITS AFFILIATES AND ASSIGNEES. THIS AGREEMENT IS THE COMPLETE AND EXCLUSIVE STATEMENT OF THE AGREEMENT BETWEEN YOU AND THE COMPANY AND SUPERSEDES ALL PROPOSALS OR PRIOR AGREEMENTS, ORAL, OR WRITTEN, AND ANY OTHER COMMUNICATIONS BETWEEN YOU AND THE COMPANY OR ANY REPRESENTATIVE OF THE COMPANY RELATING TO THE SUBJECT MATTER OF THIS AGREEMENT. If you are a U.S. Government user, this Software is licensed with "restricted rights" as set forth in subparagraphs (a)-(d) of the Commercial Computer-Restricted Rights clause at FAR 52.227-19 or in subparagraphs (c)(1)(ii) of the Rights in Technical Data and Computer Software clause at DFARS 252.227-7013, and similar clauses, as applicable.

Should you have any questions concerning this agreement or if you wish to contact the Company for any reason, please contact in writing: Modern Languages Media Editor, Prentice Hall, One Lake Street, Upper Saddle River, NJ 07458.

La France: les provinces les départements

Le Canada
LA RUSSIE
L'océan Arctique
GROENLAND (Dan.)
L'ALASKA
l'île Victoria
l'île de Baffin
TERRITOIRE DU YUKON
Mackenzie
le Grand Lac de l'Ours
LES TERRITOIRES DU NORD-OUEST
L'océan Atlantique
Whitehorse
Yellowknife
le Grand lac des Esclaves
LES MONTAGNES ROCHEUSES
LA CHAÎNE CÔTIÈRE
la baie d'Hudson
TERRE-NEUVE
le lac Athabasca
L'ALBERTA
LE MANITOBA
St-Jean
St-Pierre-et-Miquelon (Fr.
L'océan Pacifique
LE SASKATCHEWAN
LA COLOMBIE BRITANNIQUE
Athabasca
Saskatchewan
Nelson
LE QUÉBEC
L'ÎLE DU PRINCE-ÉDOUARD
Edmonton
l'île de Vancouver
Vancouver
Saskatoon
le lac Winnipeg
Charlottetown
Calgary
Regina
L'ONTARIO
Moncton
LA NOUVELLE-ÉCOSSE
Victoria
Winnipeg
le lac Huron
Québec
Halifax
Montréal
0 500 1000 1500 2000
Kilomètres
Seattle
le lac Supérieur
Ottawa
St-Laurent
Fredericton
LE NOUVEAU-BRUNSWICK
Toronto
le lac Michigan
le lac Ontario
Hamilton
Boston
LES ÉTATS-UNIS
Chicago
Détroit
le lac Érié

LA PÉNINSULE D'UNGAVA
La Baie d'Ungava
La Baie d'Hudson
Le Québec
Arnaud
Rivière aux Feuilles
Koksoak
George
Caniapiscau
Rivière à la Baleine
L'océan Atlantique
les îles Belcher
NOUVEAU-QUÉBEC
le lac à l'Eau Claire
le lac Bienville
Grande Rivière de la Baleine
Terre-neuve
La Grande Rivière
Réservoir de Caniapiscau
Labrador
Rivière du Petit-Mécatina
LES MONTS OTISH
Eastmain
Natashquan
Harricana
le lac Mistassini
Sept-Îles
Chibougamau
l'île d'Anticosti
Baie-Comeau
LES LAURENTIDES
le lac St-Jean
Gaspé
Le Golfe du St-laurent
Matane
Saguenay
Rouyn-Noranda
Val-d'Or
Roberval
Rimouski
Chicoutimi
Jonquière
ONTARIO
La Tuque
St-Pierre-et Miquelon (Fr.)
Québec
L'ÎLE DU PRINCE-ÉDOUARD
Montmagny
Shawinigan
LE NOUVEAU-BRUNSWICK
Lévis
St-Jérôme
Sorel
St-Laurent
Thetford Mines
Hull
0 100 200 300 400 500
St-Hyacinthe
LA NOUVELLE-ÉCOSSE
Ottawa
Montréal
Kilomètres
Granby
Sherbrooke
MAINE